19,80

Christian Begemann

Furcht und Angst im Prozeß der Aufklärung

Christian Begemann

Furcht und Angst
im Prozeß der Aufklärung

Zu Literatur und Bewußtseinsgeschichte
des 18. Jahrhunderts

CIP-Kurztitelaufnahme der Deutschen Bibliothek

Begemann, Christian:
Furcht und Angst im Prozess der Aufklärung: zu Literatur u. Bewußtseinsgeschichte
d. 18. Jh. / Christian Begemann. – Frankfurt am Main: Athenäum, 1987.
    ISBN 3-610-08923-7

© 1987 Athenäum Verlag GmbH, Frankfurt am Main
Umschlagmotiv: Johann Heinrich Füssli, *Furcht*. In: Werner Hofmann, *Johann Hein-
rich Füssli 1741–1825;* Prestel-Verlag, München.
Umschlaggestaltung: Lochmann's Studio, Frankfurt am Main
Gesamtherstellung: Bercker Graphischer Betrieb GmbH, Kevelaer
Printed in West Germany
ISBN 3-610-08923-7

Inhaltsverzeichnis

ERSTES KAPITEL

»Sapere aude«: Aufklärung, Furcht und Mut

Furcht als Hemmnis von Verstand und Vernunft 15 – Geistige
Autonomie und Mut: Aufklärung als Risiko, ›Schuld‹ und Verlust 17

ZWEITES KAPITEL

Das bürgerliche Ideal der Furchtlosigkeit. Zur Bewertung der Furcht in der bürgerlichen Gesellschaft

Drittes Kapitel

Die Furcht vor der äußeren Natur im Prozeß der Naturbeherrschung

VIII

tasie 291 – Die zweifache Dialektik der Phantasie 293 – Vernünftige Identität als Unterdrückung 295 – Das geheime Leben des Verbotenen in der Phantasie (Sexualität und Gewalt) und der Umschlag der Wunschphantasien in Angst 298 – Der Charakter der Angst: Phantasie und Moralität 302 – Selbstentfremdung, Identitätskrise und Erschrecken vor sich selbst 304 – Das Unheimliche: Zur Beziehung von Aberglauben und Triebsphäre 306

Vorwort

Diese Arbeit entstand im wesentlichen in den Jahren 1982 bis 1985; die Vorarbeiten zu ihr reichen ins Jahr 1980 zurück. Im Wintersemester 1985/86 wurde sie von der Philosophischen Fakultät der Ludwig-Maximilians-Universität München als Dissertation angenommen. Für den Druck wurde sie leicht überarbeitet.

Viele Menschen haben dazu beigetragen, daß das Buch zustande kommen konnte. Mein besonderer Dank gilt Renate von Heydebrand, die das Projekt mit ungewöhnlichem Engagement, kritischer Sympathie und großer Geduld betreut hat. Ich danke ferner der Studienstiftung des deutschen Volkes, die mich jahrelang unterstützt hat. Ich danke schließlich meinen Freunden, die die Arbeit mit Interesse begleitet, sie mit mir diskutiert oder den monadischen Schreiber einfach nur ertragen haben.

München, im März 1987   Christian Begemann

1

Einleitung

Daß es ein Verhältnis von Aufklärung, Furcht und Angst gebe, ist eine Einsicht, die lange Zeit in Vergessenheit geraten war. Haben sich die Aufklärer des 18. Jahrhunderts mit Entschiedenheit zu Furcht und Angst geäußert, so erschien dies ihren Historiographen kaum der Beachtung wert. Erst Horkheimer und Adorno haben an exponierter Stelle ihrer *Dialektik der Aufklärung,* im Eingangssatz nämlich, wieder auf das fundamentale Interesse der Aufklärung an Furcht hingewiesen: »Seit je hat Aufklärung im umfassendsten Sinn fortschreitenden Denkens das Ziel verfolgt, von den Menschen die Furcht zu nehmen und sie als Herren einzusetzen.«[1] Was hier im Rahmen geschichtsphilosophischer Konstruktion behauptet wird, gilt zumindest für die Aufklärung als historische Epoche, bezeichnet aber nur eine Seite ihres Verhältnisses zu Furcht und Angst. Denn auch dieses ist von der Dialektik der Aufklärung bestimmt, die aber im Gegensatz zu Horkheimer und Adorno strikt als historische, in den konkreten Bedingungen des 18. Jahrhunderts gründende Bewegung begriffen werden soll.[2] Die Aufklärung, die den Menschen von der Furcht befreien will, mündet in die Evokation neuer Angst.

Einer der Gründe für die geringe Beschäftigung der Forschung mit dieser Problematik mag darin liegen, daß das Sprechen über Furcht und Angst im 18. Jahrhundert äußerlich keine so scharfen Konturen gewinnt wie etwa der Diskurs über den Aberglauben oder auch der über die Melancholie. Im Gegensatz zu diesen manifestiert es sich nicht in einem thematisch eindeutig definierten Korpus von Texten; es konstituiert vielmehr einen, jedoch mit großer Regelmäßigkeit auftretenden Seitenstrang bestimmter Diskurse, sozusagen einen sekundären Diskurs. In zahlreichen unterschiedlichen Kontexten, in Schriften zur Erkenntnistheorie, zur Anthropologie und Erfahrungsseelenkunde, zur Theologie und zum Aberglauben, zu Naturphänomenen, zur Pädagogik und zur Poetologie, in autobiographischen Zeugnissen und im engeren Sinne literarischen Werken begegnet man Reflexionen über Furcht und Angst, die ungeachtet ihrer jeweiligen Einbettung große Gemeinsamkeiten aufweisen. Diese ausgebreitete und facettenreiche Auseinandersetzung mit Furcht und Angst soll in der vorliegenden Arbeit untersucht und in ihrer komplexen Beziehung zu Aufklärung dargestellt werden. Sie läßt sich aber als bloß geistesgeschichtliches Phänomen nur unzulänglich begreifen und ist daher unter sozialhistorischer und bewußtseinsgeschichtlicher bzw. psychogenetischer Perspektive auf die ihr zugrunde liegenden Intentionen und einen in ihr sich ausdrückenden Erfahrungswandel hin zu befragen. Die große Ausdehnung des weitgehend unerschlossenen Terrains erfordert freilich die noch zu präzisierende Beschränkung auf bestimmte Problembereiche und innerhalb dieser auf repräsentative Positionen und Texte; Vollständigkeit des Materials jedenfalls wird hier nicht angestrebt. – Dieses Vorhaben setzt einen weiten, nicht nur die sog. ›schöne Literatur‹ umfassenden Literaturbegriff voraus und ist interdisziplinär orientiert, ohne deswegen seinen literaturwissenschaftlichen Charakter preisgeben zu wollen. Das Verfahren ist ein weithin interpretatives, das Texte ausbreitet, in Zusammenhänge stellt und analysiert, und der Griff über die Grenzen des Fachs dient allein diesem Zweck und nicht dem, aktuelle Theorien soziologischer, psychologischer, pädagogischer oder anderer Provenienz am historischen Material zu bestätigen.

Deshalb wird hier auch von der Übernahme einer fixen, an der geschichtlichen Situation der Gegenwart gebildeten Angsttheorie aus Philosophie, Psychologie oder Psychoanalyse abgesehen. Aus heuristischen Gründen praktiziert wird indessen die Unterscheidung von Furcht und Angst, deren Verfechter sich üblicherweise auf Kierkegaard, Freud oder die Existenzphilosophie berufen. Für Kierkegaard unterscheidet sich die Furcht von der Angst, indem sie »auf etwas Bestimmtes« gerichtet ist,[3] und Freud differenziert anhand desselben Kriteriums. »Furcht« oder »Realangst«

»ist eine Reaktion auf die Wahrnehmung einer äußeren Gefahr, d.h. einer erwarteten vorhergesehenen Schädigung, sie ist mit dem Fluchtreflex verbunden, und man darf sie als Äußerung des Selbsterhaltungstriebes ansehen.«

Von der unbestimmten – oder doch unbestimmteren – Angst trennt sie gerade dieser Objektbezug:

»[. . .] Angst bezieht sich auf den Zustand und sieht vom Objekt ab, während Furcht die Aufmerksamkeit gerade auf das Objekt richtet.«[4]

Diese Unterscheidung, die auch in soziologischen und historischen Arbeiten getroffen wird,[5] ist allerdings nicht unumstritten. Doch können die von sprachwissenschaftlicher und psychologischer Seite gegen sie erhobenen Einwände, Furcht und Angst würden weder in der literarischen noch in der Umgangssprache unterschieden und bezeichneten auch psychologisch gesehen keine verschiedenen Phänomene,[6] den heuristischen Wert der Differenzierung nicht treffen – und einzig auf diesem soll hier insistiert werden.[7]

Die Unterscheidung könnte sich darüber hinaus, und das wäre sei-

4

nerseits ein Einwand gegen das sprachwissenschaftliche Argument, auch auf den Sprachgebrauch des 18. Jahrhunderts berufen, der damit jedoch nicht zum maßgeblichen Kriterium erhoben werden soll. Zwar werden »Furcht« und »Angst« im 18. Jahrhundert vielfach synonym verwendet, doch zeichnet sich die vom aufklärerischen Interesse an klarer und deutlicher Begrifflichkeit in Gang gesetzte Tendenz ab, beide voneinander zu scheiden. Freilich sind die diesbezüglichen Bemühungen nicht homogen. Auffällig ist zunächst, daß der Begriff der Furcht viel schneller prägnante Umrisse erhält als der der Angst. Abgesehen von wenigen Ausnahmen bleibt man im 18. Jahrhundert bei Gottscheds Definition, »Furcht« sei »ein Misvergnügen über ein vermeyntlich bevorstehendes Uebel.«[8] »Angst« ist demgegenüber, vor allem in der ersten Jahrhunderthälfte, ein wesentlich diffuserer Begriff, der zunächst noch eine besondere Affinität zu religiösen Kontexten aufweist (Höllenangst, Seelenangst, Herzensangst, Gewissensangst).[9] In der zweiten Jahrhunderthälfte mehren sich die Ausführungen, die das Verhältnis von Furcht und Angst als ein quantitatives beschreiben: Für Johann Georg Sulzer beispielsweise ist Angst der »höchste Grad der Furcht«, Johann Bernhard Basedow sieht in ihr »eine große anhaltende Furcht«.[10] Nicht seltener als diese Unterscheidung – und übrigens nicht notwendig im Widerspruch mit ihr – ist eine andere, die sich mit derjenigen Kierkegaards und Freuds deckt. In Johann Christoph Adelungs Wörterbuch von 1775 etwa wird Furcht bestimmt als »die Unlust über ein bevorstehendes Übel, es mag nun wirklich, oder nur in der Einbildung bevorstehen.« Angst dagegen ist »die Beklemmung der Brust, die Wirkung der dunkeln Empfindung eines hohen Grades von Furcht und Traurigkeit.«[11] Die Differenz liegt hier nicht allein darin, daß Angst ein gesteigerter Grad der Furcht ist. Entscheidend ist vielmehr, daß »Furcht« die psychophysische Folge einer bestimmten Subjekt-Objekt-Relation bezeichnet, »Angst« hingegen zunächst nur einen Zustand des Subjekts, ein, wie Adelung mit Bezug auf die Etymologie feststellt, Enge-Sein der Brust oder des Herzens, das allerdings genauso zur Traurigkeit gehört; der Grund dieses Zustands wird dabei ausgeblendet. Noch deutlicher in diese Richtung geht ein anthropologisches Werk Johann Georg Heinrich Feders, in dem »Angst« entschieden als endogener Zustand des Subjekts definiert wird.

»Aus der Vorstellung eines künftigen Uebels entsteht die *Furcht* [. . .] Furcht aus innern Empfindungen ohne klare Vorstellung des Uebels ist *Angst*.«[12]

Es ist wohl kein Zufall, daß erst in der zweiten Hälfte des 18. Jahrhunderts das Bedürfnis entsteht, einem vagen Gefühl der Beengung, Beklemmung, Bangigkeit, das auf äußere Gefahren nicht mehr bezogen werden kann, einen eigenen Terminus zu reservieren – zumeist, nicht immer, eben den der Angst. Wie überall so scheint auch hier der Begriffswandel Indikator tieferliegender ›lebensweltlicher‹ Veränderungen zu sein. Sollte er sich im Zusammenhang mit einer realen Zunahme von ›innerer Angst‹ vollziehen? Mit dieser Vermutung soll nicht das Vorkommen ›unbestimmter Angst‹ in früheren Zeiten geleugnet werden; zu fragen ist jedoch, ob ihr Stellenwert nicht bedeutend geringer war als im 18. Jahrhundert, und dies vielleicht auch deshalb, weil sie leichter als Furcht interpretiert, auf wirkliche oder vermeintliche Objekte bezogen werden konnte. Wenn August Wilhelm Schlegel kurz nach der Wende zum 19. Jahrhundert ganz selbstverständlich von einem unbestimmten, gegenstandslosen Grauen spricht,[13] so gibt es dafür im frühen 18. Jahrhundert wenig Vergleichbares. Am ehesten wird man in der Autobiographie Adam Bernds fündig. Wie Schlegel kennt nämlich der von Befürchtungen und Ängsten aller Art gepeinigte Melancholiker Bernd eine Angst, bei der »kein Objectum noch Übel vorhanden« ist, eine Angst, die er aus körperlichen Störungen erklärt, in die Symptomatologie der Melancholie einordnet und deshalb auch als »Milz-Angst« bezeichnet.[14] Doch diese Deutung wird in einem nächsten Schritt von einer zweiten, religiösen überlagert: Die physiologisch erklärte Melancholie im allgemeinen und die objektlose Angst im besonderen können für Bernd Instrumente Gottes sein, der den Menschen strafen, prüfen oder durch Schwächung im Glauben stärken will. Die endogene Angst erhält einen Bezugspunkt außerhalb des Subjekts und transformiert sich damit großenteils in Furcht: Charakteristischerweise spricht Bernd in diesem Zusammenhang von der »große[n] Furcht vor Gottes Zorn bei dergleichen Angst«.[15] Solche Konstruktionen sind im späten 18. Jahrhundert kaum mehr möglich. Doch ist das vermutete Wachstum innerer Angst nicht allein damit, als Anschein also, zu erklären; andere Entwicklungen befördern es ›objektiv‹.

Zunächst sieht sich diese Vermutung freilich der Schwierigkeit gegenüber, daß die Intentionen der Aufklärung aufs genaue Gegenteil zielen, auf Überwindung oder doch Verringerung der Furcht. In allen Gattungen des Schrifttums begegnet als Konsens der Epoche die oft radikale Abwertung der Furcht als schädlich, verächtlich, unverständlich, unangemessen und überdies die innerweltliche Glückseligkeit, Endzweck der Aufklärung, vereitelnd. Bei Adam Bernd ist zu lesen:

»Aber wer ist in der Welt verachter, als ein furchtsamer und blöder [schüchterner] Mensch? Man kann eher einen zornigen, als furchtsamen Menschen um sich leiden, so unangenehm sie auch alle beide sind. Beide stecken an; doch die Furcht noch eher, als der Zorn. Die Furcht ist so was Schimpfliches, daß auch der ärgste Poltron [Angsthase], wenn er klug ist, aus List diese menschliche Schwachheit verbirgt, so gut, und so lange er kann. Hingegen haben wir ein natürliches Vergnügen an allem großem Mute und beherztem Wesen [. . .]«[16]

Johann Gottfried Seume ruft: »Treibet die Furcht aus! Dann ist Hoffnung, daß der gute Geist einziehen werde.«[17] Schiller äußert gesprächsweise: »Man könnte den Menschen zum halben Gott bilden, wenn man ihn durch Erziehung suchte alle Furcht zu benehmen. Nichts in der Welt kann den Menschen sonst unglücklich machen, als bloß und allein die Furcht.«[18] Die Kinderliteratur hat sich diese Maxime zu Herzen genommen und beschwört ihre Adressaten:

»O, meine Lieben! Gewöhnt euch frühe, gewöhnt euch schon als Kinder Furchtsamkeit und Feigheit ab. Fasset Mut. Wer als Knabe vor nichts zittert, vor nichts sich fürchtet als vor bösen Handlungen, der wird einst als Jüngling und als Mann tausenderlei Gefahren trotzen, sein Leben froher genießen und Ruhm und Ehre einernten.«[19]

Auch Jean Paul reiht sich als Pädagoge in die Front gegen die Furcht ein: »Unsere Zeit macht Regeln gegen die Furcht, die den ganzen Menschen entwaffnet und bindet, am ersten zur Pflicht.«[20] Der Mediziner Christoph Wilhelm Hufeland rechnet die Furcht zu den »allerunanständigsten Leidenschaften«, obendrein ist sie höchst gesundheitsschädlich[21] – Grund genug, die Herausgabe von Traktaten wider den Aberglauben als Bekämpfung der Furcht zu legitimieren:

»Folgende Vertheidigungsgründe wegen Ausgabe meiner Schrift glaube ich mir zueignen zu können. 1) Verursachet der Glaube an die Gespenster = Phantome gar oft bey den Menschen eine solche schreckensvolle Furcht, die ihnen auf einmal die Gesundheit und wohl gar das Leben raubet. [. . .]«[22]

Daß ein derart hinterhältiger Affekt der »vorzüglichen Aufmerksamkeit der Polizey« empfohlen wird, wie in Krünitz' *Encyclopädie,* kann da nicht weiter verwundern:

»Furcht und Schrecken, die nur dem Grade und der Heftigkeit nach verschieden sind, machen eine Hauptursache, von welcher die Gesundheit beträchtlich leidet, aus. [. . .] Sollte dem Staate nicht daran gelegen seyn, seine Unterthanen, so viel als möglich, dagegen zu sichern?«[23]

Noch von der Opernbühne klingt die allgemeine Einschätzung der Furcht dem Publikum in die Ohren:

»Frisch zum Kampfe! Frisch zum Streite!
Nur ein feiger Tropf verzagt.

7

Sollt' ich zittern, sollt' ich zagen?
Nein, ach nein, es sei gewagt!
Nur ein feiger Tropf verzagt.«[24]

Es ist klar, daß es triftiger Begründungen bedarf, wenn trotz solcher
Wertsetzungen die Furcht ästhetisch funktionalisiert werden soll, wie
etwa im Trauerspiel. Der Graf Calepio, Briefpartner Bodmers, glaubt
diesem gegenüber bemerken zu müssen,

»daß die Furcht, welche von dem Tragischen Jammer, so fern der eine Strafe und Züchtigung ist, verursacht wird, eigentlich keine Schand mit sich
führt, und der wahren Tapferkeit nicht entgegen ist.«[25]

Diese Auflistung ließe sich noch lange fortsetzen. Zu ihrem Abschluß
sei bemerkt, daß, wo die Furcht schädlich und schändlich ist, umgekehrt Furchtlosigkeit und Mut nicht nur als »Tugend« gelten (Kant),[26]
sondern geradezu unter die Kategorie des Erhabenen fallen.[27]

Dieser negativen Bewertung der Furcht, die übrigens von historisch
älteren Idealen der Furchtlosigkeit und Tapferkeit ganz verschieden ist,
und ihren Hintergründen hat sich die Untersuchung zunächst zuzuwen-
den. Die Suche nach ihren Gründen wird ins Zentrum der Zielsetzun-
gen der Aufklärung führen, die gerade durch ihr Verhältnis zur Furcht
charakterisiert werden kann, und zwar als eine in sich widerspruchsvolle Bewegung. Einerseits nämlich steht die Forderung nach Überwindung der Furcht im Zeichen einer Aufklärung, die sich als der Prozeß
begreift, in dem das Subjekt sich vom »Vorurteil« befreit, zum selbständigen Denken fähig wird und so geistige Mündigkeit und Autonomie
erlangt. Andererseits gehört sie in einen Zusammenhang, der nicht weniger ›aufklärerisch‹ ist, in dem aber die Zielrichtung auf Autonomie
durch die auf gesellschaftliche Konditionierung ersetzt ist, die freilich
im Verständnis der Zeit selbst noch unter einem Begriff von Autonomie
Platz findet. Furcht gilt als Störfaktor innerhalb der bürgerlichen Gesellschaft, als Widerpart der bürgerlichen Tugend, die deren Verhaltens-
imperative kodifiziert, als Ausdruck einer undomestizierten ›inneren
Natur‹, die im Prozeß der Genese des bürgerlichen Subjekts der Herrschaft der Vernunft unterworfen werden soll, die ihrerseits bürgerliche
Wertsetzungen in sich aufgenommen hat. Der Begriff des ›Bürgerlichen‹ wird hier im Sinne der seit dem 17. Jahrhundert sich herausbil-
denden Schicht neuer Bürgerlicher verwendet, die sich aus Kaufleuten,
frühen Kapitalisten, Beamten und der ›Intelligenz‹, d.h. Gelehrten,
Schriftstellern, Geistlichen, zusammensetzt, die dem altständischen
Bürgertum nicht mehr zuzurechnen sind und ihre Identität entsprechend nicht mehr über das ständische Geburtsprinzip bilden, sondern

über eine gemeinsame ›Ideologie‹, deren wesentliche Bestandteile individuelle Leistung, Bildung, Vernunft, Tugend und Humanität sind.[28] Die diesem Wertekomplex zugehörige vernünftige Beherrschung der ›inneren Natur‹ im allgemeinen und der Furcht im besonderen liegt nicht zuletzt im Interesse an Beherrschung der äußeren Natur, die sie allererst ermöglicht. Umgekehrt hat das für die Zeitgenossen eindrucksvolle Fortschreiten der wissenschaftlichen Durchdringung und praktischen Zähmung und Nutzbarmachung der Natur deutliche Rückwirkungen auf die Einschätzung der Furcht, verlieren doch im Bereich der äußeren Natur zahlreiche traditionelle Gegenstände der Furcht alle Bedrohlichkeit. Das ist Wasser auf die Mühlen der Aufklärung: Furcht, die als grundsätzlich schädlich gilt, kann hier überdies als unangemessen und absurd erscheinen.

Hieran knüpft sich ein weiterer Problembereich. Es wird zu untersuchen sein, ob und in welcher Weise die den skizzierten Einschätzungen der Furcht zugrunde liegenden historischen Entwicklungen auf die reale Erfahrung von Furcht bzw. Angst eingewirkt haben. Deutlich ist nämlich, daß sich im Sprechen über Furcht und Angst im 18. Jahrhundert nicht nur die Interessen an Überwindung der Furcht ausdrücken, sondern auch ein Wandel der Erfahrung, der sich zunächst im Bedeutungsverlust traditioneller Furcht- bzw. Angstthemen und im Auftreten neuer zu erkennen gibt und sich daher nur zum Teil im Sinne jener Interessen vollzieht.[29] Es läßt sich zeigen, daß das kein Spiel des Zufalls ist, sondern in den Bedingungen derselben bürgerlichen Aufklärung gründet, die Furcht zu vertreiben sucht. Dabei ist von vornherein festzuhalten, daß, wie die Aufklärung überhaupt von den bürgerlichen Schichten ausgeht und auf sie zurückwirkt, auch die hier zu analysierenden Veränderungen im Bereich der Erfahrung vorwiegend im aufgeklärten Bürgertum stattfinden.

Daß die Forschung erst in den letzten Jahren Zugang zu der Auseinandersetzung mit Furcht und Angst im Zeitalter der Aufklärung gewonnen hat, mag übrigens einen Grund auch darin haben, daß sich diese Problematik mit Hilfe einer statischen Auffassung von Angst, die diese, wie es im Ausgang von der Existenzphilosophie üblich war, als »Grundbefindlichkeit« eines menschlichen »Wesens« oder einer menschlichen »Natur« begreift, nicht erschließt. Erst die historische Beschäftigung mit Angst, die in dieser ein bei allen Momenten von Invarianz geschichtlich wandelbares und sich wandelndes Phänomen sieht und sich darin den Fragestellungen einer »Historischen Anthropologie« verpflichtet weiß,[30] erlaubt die Feststellung einer tiefreichenden Veränderung der Erfahrung von Furcht und Angst, die den Diskurs über diese in vielen Punkten erst aufzuschließen vermag. Als fruchtbar für diesen Versuch – fruchtbar jedoch mehr im Sinne einer Schärfung von Blick und Methodik als in dem der Anwendbarkeit aufs 18. Jahrhundert – erweisen sich einige Forschungsansätze, die Furcht und Angst historisieren, indem sie sie als durch äußere Faktoren veränderbar erkennen. So hat man die »moderne Angst« des Menschen in »durchrationalisierten Gesellschaften« von der Angst des »primitiven« Menschen unterschieden,[31] die Funktionalität von Furcht und Angst für Staat und Gesellschaft von historischen[32] oder soziologisch-systematischen Standpunkten[33] aus untersucht, die Bedeutung ökonomischer Strukturen für Ausprägung und Stärke des Affekts betont[34] oder »angstbildende« und »angstlösende« Intentionen in verschiedenen Phasen der Theologie- bzw. Kirchengeschichte behandelt.[35] Hervorzuheben sind daneben einige im engeren Sinn historische Arbeiten über Furcht und Angst, die der französischen, von einer »Histoire des Mentalités« inspirierten Forschung entstammen, jedoch das 18. Jahrhundert allenfalls streifen. Jean Delumeaus umfangreiches Werk *La Peur en Occident* etwa beschreibt die kollektiven Befürchtungen in Spätmittelalter und früher Neuzeit – Befürchtungen, die den Widerwillen der Aufklärung in besonderem Maße auf sich gezogen haben –, nimmt jedoch die Veränderungen des 18. Jahrhunderts nicht mehr in den Blick.[36] Von der Literaturwissenschaft sind für die hier behandelten Fragestellungen nur wenige Impulse ausgegangen. Zwar liegen zahlreiche geistes- und motivgeschichtliche Untersuchungen zu Furcht und Angst vor, diese behandeln aber meist andere Epochen und Sprachräume und verfahren in der Regel rein geistesgeschichtlich-immanent,[37] weshalb sie diskursive Wandlungen nur unzulänglich zu erklären vermögen. Ausnahmen bilden hier lediglich Arbeiten von Richard Alewyn und Thomas Anz, der Angst in der Literatur des Expressionismus untersucht, auf ihre sozialen Voraussetzungen hin befragt und ihre Historizität betont.[38]

Alewyns verdienstvoller Aufsatz *Die Lust an der Angst*,[39] der anregend auch auf die Schauerromanforschung gewirkt hat,[40] vertritt die These, die Entstehung des »Naturgefühls« und der Schauerliteratur im 18. Jahrhundert indiziere ein »Absterben der Angst«.[41] Das Fortschreiten der Naturbeherrschung und der Rationalisierung des Weltbilds, die den Aberglauben vertreibt, führt nach Alewyn dazu, daß einst furchterregende Orte, Gegenstände und Vorstellungen ihre Bedrohlichkeit verlieren und so zur Quelle eines ambivalenten Genusses werden können. An diesen Gedanken schließt der in dieser Arbeit unternommene Versuch an, den Zusammenhang von Naturfurcht, Naturbeherrschung und Naturgenuß anhand des Diskurses über das Erhabene zu analysieren, ein Versuch, der allerdings in wichtigen Punkten von Alewyn abzurükken sich genötigt sieht. Das gilt besonders für Alewyns Bestimmung

10

von Gestalt und Funktion des Genusses der ehemals fürchterlichen Natur, in dem »das Potential kreatürlicher Angst zwar einerseits noch nicht abgestorben ist, andererseits aber schon als Reiz erlebt wird [. . .]«.[42] In ihm lasse sich daher ebenso wie durch den Schauerroman ein »Bedürfnis nach Angst« befriedigen, das die absterbende »Fähigkeit zur Angst überlebt« habe.[43] Zu bemängeln ist hier nicht nur die äußerste Fragwürdigkeit der Annahme eines solchen Bedürfnisses, sondern auch die unzulässige Generalisierung, die von der Reduzierung der Natur- und Gespensterfurcht auf ein Verschwinden der Furcht überhaupt »aus dem Leben«,[44] ja auf ein Verschwinden der Fähigkeit zu ihr schließt. Die Texte des 18. Jahrhunderts belegen jedoch, nimmt man sie ernst und unterstellt ihnen nicht eine bloße »Koketterie mit der Angst«,[45] anderes, nämlich die Kristallisation neuer Ängste.

Die Aufklärung hat, das ist richtig, im Bereich der äußeren Natur zahlreiche Befürchtungen gegenstandslos gemacht. Zwischen dieser Befreiung der Menschen von Furcht und dem Auftauchen ›innerer‹ Angst aber besteht ein, wenn man das in bezug auf historische Entwicklungen sagen darf, ohne dem Verdacht des Hegelianismus zu verfallen, ›systematischer‹ Zusammenhang, der als ein dialektischer zu fassen ist. Es läßt sich detailliert nachweisen, daß dieselben Entwicklungen, aufgrund deren Naturfurcht sich zerstreut, die Entstehung von Angst ermöglichen oder bewirken. Nicht nur machen die aufklärerische Umstrukturierung des Weltbildes, des Realitäts- und Naturbegriffs, die Zerstörung tradierter »Vorurteile« und die Entzauberung der Natur bestimmte Ängste erst möglich, allen voran die im späten 18. Jahrhundert vielfältig beschriebenen, die auf die Phantasie bezogen sind. Fundamentaler noch ist ein anderer Konnex: Dieselbe Bewußtseins- und Psychostruktur, die als Voraussetzung aller theoretischen und praktischen Naturbeherrschung, und damit auch der Entzauberung der Natur, gelten muß und, wie bereits skizziert, zu den Begründungsfaktoren der negativen Bewertung und der Bekämpfung von Furcht überhaupt gehört, ist eine Quelle innerer Angst.

Historisch gesehen beginnt die Genese dieser mentalen und psychischen Struktur, deren Etablierung zu den nachweislichen Intentionen der bürgerlichen Aufklärung gehört, lange Zeit vor dieser. Norbert Elias, an dessen Zivilisationstheorie diese Arbeit mehrfach anknüpfen kann, hat den Prozeß des psychischen Umbaus in den weltlichen Oberschichten seit der frühen Neuzeit beschrieben und auch auf seine Besonderheiten und seine Radikalisierung in der bürgerlichen Gesellschaft hingewiesen, freilich ohne diesen Zusammenhang genauer zu verfolgen. Bedeutsam ist, daß Elias die Veränderung von Furcht und Angst im Zivilisationsprozeß und speziell die Zunahme von innerer

Angst betont hat.[46] Der psychische Wandel nämlich besteht, grob gesagt, in der zunehmenden Kalkulation und Rationalisierung der Lebensvollzüge, in der wachsenden Selbstdistanz, Kontrolle und Modellierung des Verhaltens, der Triebe und Neigungen und in der Herausbildung innerer Kontrollinstanzen. Aus diesem spannungsreichen Verhältnis des Subjekts zu sich selbst erwächst Angst als Angst vor den Trieben, als Gewissensangst und Schuldgefühl.

In diese Richtung argumentiert neuerdings auch das die Theorien von Elias, Horkheimer/Adorno und Freud aufnehmende Buch von Hartmut und Gernot Böhme über *Das Andere der Vernunft,* mit dem sich die Überlegungen der vorliegenden Arbeit verschiedentlich berühren. Die Autoren analysieren am Beispiel Kants den dominanten Typus neuzeitlicher Vernunft und sehen das Charakteristikum seiner Konstitution in der rigiden Ausgrenzung, Abwehr und Verdrängung alles dessen, was er sich nicht aneignen kann: der Natur, des Leibes, der Triebe. Die Vernunft, die den Anspruch absoluter Herrschaft stellt und das, was sie nicht ist, nicht mehr respektiert, erzeugt so überhaupt erst ihr Anderes, das Irrationale. Je mehr aber die innere Natur, mit der umzugehen das vernünftige Subjekt verlernt, exiliert, unterdrückt oder verdrängt wird, desto fremder und bedrohlicher erscheint sie, desto größer wird die innere Angst.[47] Angst ist das Korrelat der herrschaftlichen Vernunft. Obwohl diese Form der Vernunft von den Brüdern Böhme in Anlehnung an Elias als historisches bzw. zivilisatorisches Produkt gekennzeichnet wird, bleibt ihr sozialgeschichtlicher Hintergrund doch einigermaßen unscharf.[48] Wie schon bei Horkheimer und Adorno ist auch hier unterbelichtet, daß der Herrschaftsgestus der Vernunft und damit wesentliche Momente ihrer Dialektik sich im 18. Jahrhundert großenteils der Amalgamierung der ›Vernunft‹ mit bürgerlichen Interessen und Wertsetzungen verdanken, die sich deutlich im Begriff des ›Vernünftigen‹, dessen also, was als ›vernünftig‹ gilt, abzeichnet. Unscharf bleibt aber weithin auch die Genese der Angst. Anstatt Angst nur abstrakt im Spannungsverhältnis zwischen der Vernunft und ihrem Anderen bzw. im Spannungsverhältnis zwischen den im Zuge des Zivilisationsprozesses sich ausdifferenzierenden Instanzen des Ich, Über-Ich und Es[49] zu lokalisieren, soll in dieser Arbeit der Versuch unternommen werden, die konkreten Mechanismen ihrer Entstehung und ihrer Einsenkung ins Individuum zu verfolgen, die sich in den die Bildung des vernünftigen bürgerlichen Subjekts konzipierenden Texten reflektieren. Dabei wird deutlich, daß Angst in diesen nicht lediglich als unvermeidliches Implikat, als bedauerlicher Begleitumstand der bürgerlich-vernünftigen Organisation des Subjekts erscheint, sondern zugleich auch als funktionale Größe, als Bindemittel, das den bürgerlichen Charakter bis zu einem gewissen Grad zusammenhält. Hier liegt ein unausgetragener Widerspruch der Aufklärung und ihrer Pädagogik.

Auf diese Weise also soll der dialektische Zusammenhang von Aufklärung, Furcht und Angst ausgeschritten werden, der sich in den Diskursen des 18. Jahrhunderts ausdrückt. Der Weg der Darstellung führt dabei gewissermaßen aus dem Hellen ins Dunkle, vom aufklärerischen Ideal der geistigen Autonomie der Subjekte und dem Optimismus der Furchtbekämpfung zu den inneren Ängsten und den Schrecknissen der Phantasie, die das Produkt der bürgerlich gewordenen Aufklärung sind. Der *bürgerlichen* Aufklärung: das ist als eine historische Bedingung der allzugern immanent ausgelegten Dialektik der Aufklärung festzuhalten gleichermaßen gegen die derzeit modische Vernunftkritik wie gegen die bewährten Versuche, auch die Selbstkritik der Aufklärung als »Angriff auf die Vernunft« und Philosophie aus dem Bauch abzukanzeln.[50]

Die Auswahl der Themenkreise, die ich in dieser Arbeit behandle, orientiert sich an dem skizzierten Zusammenhang, dessen Rekonstruktion besonders geeignet ist, die noch wenig erforschte Problematik systematisch zu erschließen. Freilich gibt es daneben noch andere Kontexte, innerhalb deren Furcht und Angst von großer Bedeutung sind. Weitgehend unberücksichtigt bleiben mußte schmerzlicherweise die im engeren Sinn literarische Behandlung von Furcht und Angst, für deren Verständnis die Analyse des Erfahrungswandels äußerst ergiebig, wenn nicht die Voraussetzung ist, insofern Erfahrung – nicht im biographistischen Sinn verstanden – als das vermittelnde Glied zwischen historischen Prozessen und ihrem Ausdruck in der Literatur gelten muß.[51] Unberücksichtigt bleibt ferner die Auseinandersetzung mit Furcht und Angst in der poetologischen Diskussion um Trauerspiel und Schauerroman, ebenso das Problem der Gottesfurcht bzw. der religiösen Furcht überhaupt und ihrer Wandlungen, sofern es nicht für die Behandlung der Naturfurcht relevant ist; auch die Frage der Todesfurcht, die man im 18. Jahrhundert ebenfalls zu verringern sucht, und die im Umkreis der Autonomiediskussion angesiedelte Debatte um das Verhältnis von Furcht und Macht, in der bestimmte, »tyrannische« Formen der Herrschaft wegen der Funktionalisierung von Furcht kritisiert werden, konnten nicht untersucht werden. Schließlich, um die Liste der Unterlassungen zu beenden, mußte auch darauf verzichtet werden, jene neuen, auf Naturbeherrschung, Wissenschaft und Technik selbst sich beziehenden Befürchtungen in den Blick zu nehmen, die schon im späten 18. Jahrhundert den Kontrapunkt zum allgemeinen Wissenschaftsoptimismus bilden, deren Berechtigung aber erst die Gegenwart ganz einzusehen gelernt hat: die Furcht vor einer Rache der unterdrückten Natur, von der Karl Philipp Moritz spricht, vor der Zerstörung der Welt durch

Wissenschaft, über die Lichtenberg und Jean Paul spekulieren, vor dem moralfreien Wissenschaftler, wie er dann im Werk E. T. A. Hoffmanns auftritt. Auch an dieser neuen Furcht bestätigt sich die These von der Dialektik der (historischen) Aufklärung: An die Stelle der traditionellen Naturfurcht tritt Furcht vor dem, was diese beseitigt hat. »Was«, fragt sich Baudelaire um die Mitte des 19. Jahrhunderts, »bedeuten die Gefahren des Waldes und der Prärie neben den täglichen Choks und Konflikten der Zivilisation?«[52]

ERSTES KAPITEL

»Sapere aude«: Aufklärung, Furcht und Mut

Kants *Beantwortung der Frage: Was ist Aufklärung?*, die der Berliner Pfarrer Zöllner 1783 in der *Berlinischen Monatsschrift* gestellt hatte, beginnt mit den berühmt gewordenen Sätzen:

»Aufklärung ist der Ausgang des Menschen aus seiner selbstverschuldeten Unmündigkeit. Unmündigkeit ist das Unvermögen, sich seines Verstandes ohne Leitung eines anderen zu bedienen. *Selbstverschuldet* ist diese Unmündigkeit, wenn die Ursache derselben nicht am Mangel des Verstandes, sondern der Entschließung und des Mutes liegt, sich seiner ohne Leitung eines andern zu bedienen. Sapere aude! Habe Mut, dich deines *eigenen* Verstandes zu bedienen! ist also der Wahlspruch der Aufklärung.«[1]

Aufklärung als der Prozeß, in dem das Individuum fähig wird, eigenständig zu denken, und damit Mündigkeit erlangt, basiert, so wird hier deutlich, auf einem vorgängigen Willensakt und einer bestimmten psychischen Disposition: Zum selbständigen Verstandesgebrauch »ohne Leitung eines andern« bedarf es der »Entschließung und des Mutes«. »Faulheit und Feigheit sind die Ursachen, warum ein so großer Teil der Menschen, nachdem sie die Natur längst von fremder Leitung freigesprochen [...], dennoch zeitlebens unmündig bleiben [...]«[2] Die zunächst befremdliche Behauptung, daß der Mut als eine der Voraussetzungen von Aufklärung anzusehen sei, ist nicht erst von Kant aufgestellt worden. Bereits lange vor ihm war das horazische »sapere aude« »Wahlspruch der Aufklärung«. 1736 hatte die zur Verbreitung der Leibnizschen und Wolffschen Philosophie gegründete Berliner Gesellschaft der Alethophilen eine Medaille mit der Sentenz schmücken lassen.[3] Und schon zu Beginn der deutschen Aufklärung hatte Christian Thomasius festgestellt, daß man »Muth und Courage« brauche, um sich »der Weißheit zu widmen«.[4] Wie aber hat man dies zu verstehen? Weshalb bedarf Aufklärung des Mutes?

Die Forderung nach Mut weist verschiedene Aspekte auf. Betrachtet man sie vor dem Hintergrund der zeitgenössischen Erkenntnistheorie, so zeigt sich, daß in ihr eine quasi erkenntnispsychologische Beobachtung verborgen ist, der zufolge die Furcht die Wahrnehmungsfähigkeit trübt und den Gebrauch des Verstandes und der Vernunft verhindert. Diese Wirkung hat sie grundsätzlich mit den anderen Affekten gemein, zu denen sie traditionellerweise gezählt wird.[5] Es ist zwar richtig, daß man im 18. Jahrhundert, vor allem im Einflußbereich des englischen und französischen Empirismus und Sensualismus, nicht mehr durchgängig die rein negative Einschätzung der Affekte als »perturbationes animi« teilt, die etwa bei Descartes vorherrschte, doch geht es wohl zu weit, wenn Ernst Cassirer schreibt, das 18. Jahrhundert sehe in den Affekten »keine bloße Hemmung«, sondern suche sie »als einen ursprünglichen und unentbehrlichen Impuls für alles seelische Geschehen zu erweisen.«[6] Die deutsche Aufklärung, und keineswegs nur ihre strikt rationalistische Strömung, hält zumeist an der Beurteilung der Leidenschaften und Affekte als Hemmnisse des Erkenntnisvermögens fest, und dahinter verbirgt sich die Einsicht, daß Rationalität ein hohes Maß an Selbstdistanz und Affektkontrolle voraussetzt. So schreibt etwa der Baumgarten-Schüler Georg Friedrich Meier: »Die Leidenschaften unterdrücken [. . .] den Gebrauch der obern Erkenntnißkräfte«[7], und bei Kant ist zu lesen: »[. . .] der Affekt macht (mehr oder weniger) blind.«[8] Unter allen Affekten entfaltet dabei die Furcht die stärkste und schädlichste Wirkung. Diese Feststellung war schon zu Zeiten Montaignes nicht mehr neu, der sich mit ihr auf die Tradition berufen konnte:

»Ich [. . .] weiß wenig davon, durch welche Triebkräfte die Furcht in uns wirkt; aber so viel steht fest, daß es eine seltsame Leidenschaft ist: und die Ärzte sagen, daß es keine andere gibt, die unsere Vernunft heftiger aus ihrer geziemenden Fassung wirft.«[9]

Während des Aufklärungszeitalters begegnet diese Einschätzung der Furcht dann allerorten als ein Gemeinplatz, der allenfalls in der Formulierung variiert; noch Jean Paul wiederholt ihn, indem er bemerkt, daß die Furcht »unter allen Gemütbewegungen den Verstand am meisten schwächt und lähmt«.[10]

Natürlich tritt die denkhemmende Wirkung der Furcht vor allem in Gefahrensituationen ein, ist jedoch nicht auf diese beschränkt. Das klare Denken ist behindert auch im Falle der Furchtsamkeit als dauernder psychischer Disposition und der abergläubischen Furcht, die, wie noch zu zeigen sein wird, sich an den alltäglichsten Begebenheiten entzünden kann. In diesen Fällen besteht eine Neigung des Individuums, sich häufig und bei geringfügigen Anlässen zu fürchten und so die Fähigkeit zur klaren und deutlichen Erkenntnis der Realität einzubüßen – eine Neigung, die überdies im Interesse von Mächten mißbraucht werden kann, die den Menschen in der Unmündigkeit festhalten wollen, um ihn desto leichter zu beherrschen.

Es ist begreiflich, daß die jahrhundertealte Aussage, Furcht lähme den Verstand, im Zeitalter der Aufklärung neues Interesse erweckt und Aktualität erlangt. Die Furcht, die das Denken verwirrt, steht dem Prozeß der Aufklärung im Wege, der gerade darauf abzielt, den Menschen zu vorurteilsfreiem selbständigem sowie zu objektbezogen richtigem Denken fähig werden zu lassen. Diese Fähigkeit zu erlangen, gehört zur »ursprüngliche[n] Bestimmung« des Menschen, die nach Kant darin besteht, seine »Erkenntnisse zu erweitern, von Irrtümern zu reinigen und überhaupt in der Aufklärung weiterzuschreiten«.[11] Überwindung der Furcht bzw. der Furchtsamkeit als eine Voraussetzung der Denkfähigkeit muß daher zu einem Hauptanliegen der Aufklärung werden und der Mut als deren natürlicher Verbündeter erscheinen.

Des Mutes bedarf das eigenständige Denken um so mehr, als es selbst das Subjekt in besonderem Maße der Furcht und der Angst aussetzt und sich so zu paralysieren droht. Denken und Wissen sind offenbar Wagnisse, bergen Gefahren, die nicht nur die kognitive Fähigkeit, sondern auch den Willen des Subjekts lähmen könnten, im Prozeß der Aufklärung »weiterzuschreiten« oder überhaupt in ihn einzutreten. Kant etwa bemerkt, daß »der bei weitem größte Teil der Menschen [. . .] den Schritt zur Mündigkeit außer dem, daß er beschwerlich ist, auch für sehr gefährlich« hält.[12] Und auch Friedrich Schiller betont die Notwendigkeit des Muts im »Kampf mit dem Irrtum«, den der selbständig Denkende zu bestehen hat:

»Erkühne dich, weise zu seyn. Energie des Muths gehört dazu, die Hindernisse zu bekämpfen, welche sowohl die Trägheit der Natur als die Feigheit des Herzens der Belehrung entgegensetzen.«[13]

Von welchen Gefahren, von welchen Hindernissen ist die Rede?

Mit großer Deutlichkeit hat Christian Thomasius die machtpolitischen Konsequenzen der intellektuellen Mündigkeit gesehen und vor den Gefahren gewarnt, die von den Sachwaltern institutionalisierter »Irrthümer« ausgehen. Wer selbständig denkt und das Gedachte durch Sprechen oder Handeln zum Ausdruck bringt, tritt fast unausbleiblich in Konflikt mit denjenigen, deren Macht auf dogmatischen Setzungen und der Erhaltung der Menschen in Unwissen und Unmündigkeit beruht und daher schon von der bloßen Tatsache abweichenden Denkens bedroht erscheint. Seit seiner Vertreibung aus Leipzig im Jahre 1690 wußte Thomasius aus eigener Erfahrung, wovon er schrieb; er wußte freilich auch, daß es noch schlimmer kommen konnte, so schlimm wie im Fall des Sokrates oder des in der Bartholomäusnacht ermordeten antiaristotelischen und antischolastischen Philosophen Petrus Ramus:

»[. . .] wie ich bey Erklärung des Ursprungs der Irrthümer erwehnet / du wirst dir nothwendig viel *Feinde* machen / die dir Verdruß genung anzuthun sich bemühen werden.
[. . .] du wirst *Feinde* kriegen / die das Vermögen und die Verschlagenheit

haben werden / dir grossen Dampff anzuthun / und es kan leicht kommen / daß deine *Freiheit* / deine *Ehre* / ja dein *Leib* / und *Leben* / selbst grosse Gefahr läufft. Besinne dich dessen / was ich dir ohnlängst vom Tode des Socratis und Petri Rami erzehlet.«[14]

Neben solchen gewissermaßen ›äußerlichen‹ Gefahren müssen Probleme gemeistert werden, die dem Vollzug des vorurteilsfreien Selbstdenkens, wie es Thomasius – und später Kant – versteht, immanent sind. – Um zu »Weißheit« und »Warheit« zu gelangen, so sagt Thomasius, dürfe man sich nicht auf das verlassen, was von Autoritätspersonen als Wahrheit ausgegeben wird. Denn diese könnten lügen oder sich täuschen. Die Behauptung, eine Aussage könne allein schon deshalb Wahrheit beanspruchen, weil eine Autoritätsperson sie geäußert hat, erscheint als Vorurteil, als »praejudicium autoritatis«, und wird von Thomasius verworfen. Als wahr kann vielmehr nur das gelten, was man nach Ablegung aller Vorurteile durch *eigenes* Nachdenken als Wahrheit erkennen kann. Daher muß man alle vorgeblichen Wahrheiten zunächst dem Descartesschen Prinzip des methodischen Zweifels unterwerfen, d.h. fragen, ob sie wahr oder falsch sind.

»Verlaß dich in Erforschung der Warheit niemalen auff die autorität einiges Menschen / er sey auch wer er wolle [...] Denn du hast in der Vernunfft-Lehre allbereit gelernet / daß die Warheit in Ubereinstimmung der eusserlichen Dinge und unserer eigenen / nicht aber frembder Gedancken bestehe / und daß man die Menschliche autorität weiter nicht als nur ein klein wenig in wahrscheinlichen Dingen / die nicht zu unstreitigen Warheiten gebracht werden können / brauchen müsse.«[15]

Von hier aus führt eine gerade Linie zu Kant: »*Selbstdenken* heißt den obersten Probierstein der Wahrheit in sich selbst (d.i. in seiner eigenen Vernunft) suchen; und die Maxime, jederzeit selbst zu denken, ist die *Aufklärung*.«[16]

Es liegt auf der Hand, daß die auf dem Weg des systematischen Zweifels erlangte »Weißheit« teuer bezahlt werden muß. Beim Angriff auf Autoritäten und althergebrachte ›Wahrheiten‹ erweist sich, daß die psychische Verwurzelung in diesen die intellektuelle weitaus überdauert. Mag die Kritik gedanklich auch noch so stichhaltig sein, es bleibt eine innere Unsicherheit, ob man mit dem Zweifel nicht vielleicht doch eine sakrilegartige Handlung begehe, gegen eine höhere Ordnung verstoße und sich schuldig mache – besonders wenn sich die Kritik gegen Religion und Kirche richtet. Die hier entstehenden Regungen der Furcht, der Angst und des Schuldgefühls wiederum mögen die dem Zweifel eigene Tendenz zur Selbstbezüglichkeit verstärken und so die Plausibilität der rationalen Argumentation unterhöhlen. Es ist daher

18

nur konsequent, wenn Thomasius den künftigen Selbstdenker gegen den von seinen Gegnern bestärkten und instrumentalisierten Gewissensdruck zu feien sucht:

»Dannenhero laß dich das Geschrey derer / denen sehr viel dran gelegen ist / daß die Welt nicht aus den gemeinen Irrthümern gerissen werde / nicht irre machen / wenn sie dir die Autorität deiner Obrigkeit / deiner Eltern oder Praeceptorum vorhalten / und dein Gewissen ängstigen wollen / als wenn du das natürliche Recht gröblich verletztest / wenn du an der Warheit dessen / was von deinen Obern / Eltern oder Praeceptoren du gelehret worden bist / zweiffeln und dich unterfangen soltest von ihrer Meinung abzuweichen.«[17]

Zum Schuldgefühl gesellt sich ein Sicherheits-, Orientierungs- und Sinnvakuum, das die Kritik und Destruktion der alten Ordnungen und ›Wahrheiten‹ hinterlassen haben. Alles, was bisher als selbstverständlich und fraglos wahr gegolten hatte, kann, ja muß jetzt prinzipiell in Zweifel gezogen werden; bislang unbezweifelte sinnstiftende Weltdeutungen geraten ins Wanken, und es bleibt dem allein auf seine Vernunft gestellten einzelnen überlassen, neue Sicherheiten und neuen Sinn in die Welt zu bringen. Durch Aufklärung und Mündigkeit gewinnt das Individuum nicht nur, es erleidet auch Verluste. Was es verliert, ist zwar nur der ›Irrtum‹, immerhin aber ein sinngebender und bequemer Irrtum, innerhalb dessen es sich in relativer Sicherheit hatte leben lassen. Diesen Tatbestand reflektiert Schiller kritisch, wenn er diejenigen angreift, die durch »eigene Wahl« auf die Wahrheit verzichten, und rhetorisch fragt:

»[. . .] und sie sollten eine Wahrheit so theuer kaufen, die damit anfängt, ihnen alles zu nehmen, was Werth für sie besitzt.«[18]

Dem sinnlichen Bedürfnissen entsprechenden Leben in der »süßen Ruhe« des unbezweifelten tradierten Irrtums, in den »Formeln, welche der Staat und das Priesterthum [. . .] in Bereitschaft halten«,[19] in einer »Unmündigkeit«, die der Mensch, so Kant, »sogar liebgewonnen« hat und die ihm »beinahe zur Natur« geworden ist,[20] diesem Leben hat das Selbstdenken nur Unsicherheit und Anstrengung entgegenzusetzen. Außerdem bietet es keinen sicheren Ersatz für das Zerstörte. Denn Aufklärung ist ein Prozeß: Das Selbstdenken muß erst gelernt werden, und nicht immer stellt sich schneller Erfolg ein. So kann es leicht geschehen, daß der Adept der Aufklärung bei seinem Bemühen, »allein zu gehen«, wie Kant sagt, »durch einigemal Fallen« »schüchtern« und »von allen ferneren Versuchen« abgeschreckt wird.[21]

Von ihrem Beginn bei Thomasius bis zu ihrem Ende bei Kant bilanziert die Aufklärung ihre eigenen Kosten: die Befürchtungen, Ängste und Unsicherheiten, denen sie das Subjekt aussetzt. Es sind genau diese Faktoren, die auch Max Horkheimer für die große Beharrungskraft kultureller Institutionen, sozialer und wirtschaftlicher Organisationsformen verantwortlich gemacht hat. Horkheimer spricht von der großen Schwierigkeit und der »Angst [. . .], aus der in die Seele jedes Individuums eingesenkten alten Glaubens- und Vorstellungswelt hinauszutreten«, und bemerkt, daß die Lösung »aus der alten Lebensgestalt, der Übergang zu einer neuen, besonders, wenn diese eine erhöhte rationale Tätigkeit verlangt, Kraft und Mut, kurz, eine große seelische Leistung erfordert.«[22] Diese Einsicht, auf der auch Erich Fromms Theorie von der »Furcht vor der Freiheit« fußt,[23] liegt dem aufklärerischen »sapere aude« zugrunde. Die Aufklärung erkennt, daß sie sich nicht aus eigener, intellektueller Kraft erhalten kann, sondern der Hilfe außerhalb der Vernunft liegender seelischer Kräfte bedarf, der Hilfe des Mutes, der gegen die Gefahr der Lähmung von Fähigkeit und Willen zum eigenen, vorurteilsfreien Denken durch Furcht und Angst aufgeboten werden muß. Die Überwindung der Furcht ist so ein genuines Anliegen der Aufklärung, die diese Furcht zum Teil selbst unwillentlich, aber zwangsläufig hervorgebracht hat. Die Aufklärung ist daher immer vom Rückfall bedroht, von der Wiederkehr dessen, was sie bekämpft, oder der Flucht ihrer Subjekte in neue, selbst nicht mehr der Kritik unterzogene Sicherheiten. Das ließe sich nicht nur am Konvertitentum einiger Romantiker zeigen, sondern auch an den Lebens- und Werkgeschichten so mancher Aufklärer, etwa an derjenigen Wielands.[24] Daß – wovon noch zu sprechen sein wird – Aufklärung und Vernunft im 18. Jahrhundert dazu tendieren, neue Autoritäten aufzurichten, Kritik stillzustellen und sich selbst in der Kategorie der Herrschaft zu begreifen, ist unter dieser Perspektive nicht so sehr dialektische Folge der Tatsache, daß Aufklärung »rationalisierte Gegenmacht« gegen illegitime Formen der Herrschaft »und folglich in den Kampf um die Macht bis in die Kategorien ihrer Geltung hinein verwickelt« ist (Grimminger),[25] sondern Ergebnis eines aus dem Zerfall alter Ordnungen geborenen Bedürfnisses nach Orientierung, Sicherheit und Halt.

Das bürgerliche Ideal der Furchtlosigkeit. Zur Bewertung der Furcht in der bürgerlichen Gesellschaft

1. Einleitung

Die aufklärerische Ablehnung, Beargwöhnung und Bekämpfung der Furcht läßt sich nicht monokausal erklären und ist ebensowenig wie die Bewegung der Aufklärung selbst frei von Widersprüchen der verschiedensten Art. Es bildet nur *eine* Facette des Gegensatzes von Aufklärung und Furcht, daß diese das selbständige Denken verhindert und so das geistige Mündigwerden, die Autonomie des Individuums, vereitelt. Aufklärung, und das ist allen ihren heterogenen Strömungen im 18. Jahrhundert gemeinsam, versteht sich niemals bloß als theoretischer Prozeß, als Verbesserung der Erkenntnis bzw. der Erkenntnisvermögen und als Zuwachs an Wissen; sie zielt vielmehr immer auch auf eine umfassende vernünftige Ordnung der Praxis im Bereich des Individuums, der Gesellschaft und des Staates. Es ist sattsam bekannt, daß in die vernünftige Bestimmung der Maximen des Verhaltens und Handelns die Wertsetzungen der sozialen Trägerschicht der Aufklärung, des neuen Bürgertums, maßgeblich eingehen. Auch wenn die über solche soziale Spezifika hinausschießenden Züge der Aufklärung keineswegs geleugnet werden sollen, ist doch festzuhalten, daß diese sich über weite Strecken ihrer Geschichte darauf beschränkt, die bürgerliche Tugend zu begründen, zu systematisieren, zu rationalisieren und somit als vernünftige Moral auszuweisen. Das hat zwangsläufig Folgen für die Reichweite des Selbstdenkens und der Kritik und für die Fassung des Autonomiebegriffs. Indem die Aufklärung die Interessen des Bürgertums vertritt und nobilitiert, ja der Vernunftbegriff selbst sich mit bürgerlichen Inhalten füllt, zieht die Aufklärung ihre eigenen Grenzen und gerät in Gegensatz zu ihrem prinzipiellen und universalen Anspruch.[1]

Die vernünftige Ordnung des bürgerlichen Verhaltens und Handelns stellt den zweiten Kontext dar, in dem Furcht negativ bewertet und als schädlich angesehen wird. Furcht und Furchtsamkeit stehen in einigen zentralen Punkten im Widerspruch zum bürgerlichen Verhaltensideal; das Postulat ihrer Überwindung nimmt daher einen festen, freilich relativ unauffälligen und daher dem Interesse der Forschung bisher entgangenen Platz im Katalog der bürgerlichen Werte und Normen ein. Wer sich fürchtet, erscheint als schlechter Bürger. Um das zu zeigen, müssen die Argumente gegen die Furcht auf der Folie des bürgerlichen Tugend- und Lasterkatalogs gemustert werden, der daher in seinen wesentlichen Positionen zu untersuchen ist. Erst dann tritt der spezifisch ›bürgerliche‹ Charakter der aufklärerischen Warnungen vor der Furcht deutlich hervor, die sich von denen früherer Zeiten merklich unterscheiden. Die Forderung nach Überwindung der Furcht steht hier nicht im Dienst des Selbstdenkens, der geistigen Mündigkeit und Autonomie, sondern trägt dem Bedürfnis nach Ausrichtung der Individuen an den Erfordernissen der bürgerlichen Gesellschaft, nach ihrer sozialen »Nützlichkeit« und »Brauchbarkeit« Rechnung, einer Konditionierung, die selbst ›vernünftig‹ legitimiert wird. Daß hier das Postulat der Furchtlosigkeit auf bestimmte soziale Funktionen bezogen und ihnen unterstellt wird, impliziert allerdings die Möglichkeit seiner Einschränkung, ja im extremen Fall sogar seiner Aufhebung – dann nämlich, wenn sich erweisen sollte, daß die vernünftige bürgerliche Tugend ohne die Mithilfe von Furcht und Angst nicht zu unumschränkter Geltung gelangen kann. Von dieser gegenläufigen und widersprüchlichen Tendenz soll jedoch erst in einem späteren Kapitel dieser Arbeit die Rede sein.[2]

In größter Deutlichkeit und Vollständigkeit bietet sich das bürgerlich-aufklärerische Werte- und Normengefüge dem Blick dort, wo es zum Zweck seiner Vermittlung an die kommende Generation systematisch reflektiert wird: in der Pädagogik und der ihren Maximen folgenden Kinderliteratur. Auf Texte aus diesen beiden Bereichen wird sich daher die folgende Untersuchung weitgehend, aber nicht ausschließlich stützen. Wenn dabei der Darstellung der bürgerlichen Tugenden breiter Raum gegeben wird, so geschieht das nicht allein, um den Gegensatz der Furcht zu ihnen plastisch hervortreten zu lassen, sondern auch schon im Hinblick auf die später zu behandelnde Frage, auf welche Weise sich derartige Verhalten*sideale* als feste Verhaltens*weisen* und sogar Charakterstrukturen etablieren und welche positive Rolle in diesem Prozeß der Furcht und der Angst nun doch zufällt. Auch in dieser Hinsicht scheint die Wahl der Pädagogik, die entsprechende Vermittlungsstrategien entwirft, als Paradigma besonders geeignet.

Als repräsentativ für die Pädagogik der bürgerlichen Aufklärung wiederum darf die Bewegung des »Philanthropismus« oder »Philanthropinismus« gelten, an deren Anfang Johann Bernhard Basedows *Vorstellung an Menschenfreunde und vermögende Männer über Schulen, Studien und ihren Einfluß auf die öffentliche Wohlfahrt* von 1768 steht. Neben Basedow gehörten Joachim Heinrich Campe, der Erzieher der Brüder Humboldt, Christian Gotthilf Salzmann, Peter Villaume, Ernst Christian Trapp, der die philanthropistischen Gedanken in seinem *Versuch einer Pädagogik* von 1780 erstmals systematisierte, und andere zum Kreis der Philanthropisten; Johann Stuve, Carl Friedrich Bahrdt und andere standen ihm nahe, ebenso Eberhard von Rochow, der als Reformer des Landschulwesens und Volksaufklärer bekannt geworden ist. Sein räumliches Zentrum hatte der Philanthropismus einige Jahre in Basedows Dessauer Erziehungsanstalt, dem »Philanthropin«, an dem auch Karl Philipp Moritz zeitweise lehrte und das das Vorbild zahlreicher ähnlicher Institute abgab, in denen die Pädagogen ihre Theorien in die Praxis umsetzten; um 1790 gab es etwa sechzig mehr oder weniger bedeutende Philanthropine (darunter die von Campe und Trapp in Hamburg, Salzmann in Schnepfenthal, Bahrdt in Marschlins und Heidesheim, Wolke in St. Petersburg, Pfeffel in Colmar, ferner Anstalten von Olivier, Feder, Spazier, André u.a.). Die Theoriediskussion wurde außer in zahllosen Einzelveröffentlichungen in eigens gegründeten Zeitschriften geführt, den *Vierteljährigen Unterhandlungen* (1768–1776), den *Pädagogischen Unterhandlungen* (1777–1782) und dem *Braunschweigischen Journal* (1788–1790); die theoretische Summe bildet das von Campe zwischen 1785 und 1792 herausgegebene sechzehnbändige Sammelwerk *Allgemeine Revision des gesammten Schul = und Erziehungswesens von einer Gesellschaft praktischer Erzieher,* in dem auch Übersetzungen der für die Philanthropisten vorbildhaften Erziehungsschriften John Lockes und Rousseaus enthalten sind.[3]

Bevor nun am Beispiel der Schriften der genannten, mitunter aber auch anderer Autoren die wichtigsten bürgerlichen Tugenden untersucht werden, sind zunächst die grundlegenden Intentionen der aufklärerischen Pädagogik zu skizzieren.

In einer Auseinandersetzung mit den beiden dominanten pädagogischen Strömungen seiner Zeit hat Friedrich Immanuel Niethammer die Absichten des Philanthropismus auf den Begriff zu bringen versucht. In seiner Schrift *Der Streit des Philanthropinismus und Humanismus in der Theorie des Erziehungs = Unterrichts unsrer Zeit* von 1808 stellt er fest, der Philanthropismus ziele primär auf »Bildung des Menschen für seine künftige Bestimmung in der Welt«, es gehe um Vermittlung »der möglich größten Masse brauchbarer Kenntnisse« und Erziehung zu Nützlichkeit und Tatkräftigkeit.

»Dem Erziehungsunterricht [des Philanthropismus] kann *Bildung des Geistes an und für sich selbst nicht Zweck seyn;* sie gilt ihm vielmehr für etwas zweckloses, sofern nicht dadurch *der Geist zu bestimmten Geschäften geschickt gemacht* werden soll.«[4]

August Wilhelm Schlegel hat Niethammers kritische Sicht geteilt. Lapidar bemerkt er: »[...] die Sittlichkeit, worauf alles [in der aufklärerischen Pädagogik] abzielt, ist doch nichts anderes als ökonomische Brauchbarkeit.«[5] In der Tat fällt es schwer, sich dieser Einschätzung zu entziehen.[6]

Zunächst scheint es allerdings, als hätten die Philanthropisten ein anderes Anliegen, als folgten sie einem »Traum vom ganzen Menschen« (Ludwig Fertig), einem Erziehungsideal, das an die Bildungsidee der Klassik und des Neuhumanismus erinnert. Nicht die Züchtung einzelner Fähigkeiten ist etwa Campes pädagogisches Ideal, sondern die gleichmäßige Entwicklung aller ursprünglichen Kräfte des Menschen, die Harmonie der ganzen Persönlichkeit. Campe schreibt,

»[...] daß die höchstmögliche und [...] proporzionierte Ausbildung aller [...] wesentlichen Kräfte und Fähigkeiten der gesamten menschlichen Natur unsere eigentliche Bestimmung hiniden sei [...],

und irdisches Glück sei nichts anderes als die Erfüllung dieser Bestimmung.[7] Methodisch entspricht diesem Ziel die Orientierung an der »Natur«, am »natürlichen« Entwicklungsvorgang und den je aktuellen Möglichkeiten und Bedürfnissen des Kindes, kurz eine größere Kindgerechtheit.

Dieses Ideal kollidiert aber mit den Gegebenheiten der Gesellschaft, denen sich der einzelne anzupassen habe, da er nur im Verband mit seinesgleichen lebensfähig sei. Der Mensch ist ein zoon politikon, und daß er nur insofern er dies ist, auch wirklich Mensch heißen darf, beweisen den Zeitgenossen die »wilden Kinder« (oder »Wolfskinder«), denen große Aufmerksamkeit geschenkt wird.[8] Campe spricht in diesem Zusammenhang von »unserer eigenen Hülflosigkeit ohne fremden Beistand und der augenscheinlichen Unmöglichkeit, unsere dringendsten Bedürfnisse ohne Mitwirkung anderer Menschen zu befriedigen, ohne ihre Mithülfe uns zu vervollkommnen [...]«.[9] Johann Stuve faßt diesen Sachverhalt präziser, indem er die wechselseitige Angewiesenheit der Individuen, von der das Ausmaß der Einschränkung individueller Entfaltungsfreiheit abhängt, als historisch variable Größe beschreibt.

»Je größer, zusammengesetzter und vollkommner die Gesellschaft wird, desto zusammengesetzter wird das Verhältniß, worinn jedes Mitglied gegen den Staat stehet, die Abhängigkeit wird größer, der Verbindlichkeiten, der Einschränkungen werden mehrere.«[10]

Die bestehende Gesellschaft ist durch einen hohen Grad von Arbeitsteilung, Verflechtung und Interdependenz gekennzeichnet, und dieser Tatsache muß die Erziehung Rechnung tragen, die daher nicht nur Bildung einer harmonischen Persönlichkeit sein darf, sondern zum Erwerb be-

24

sonderer berufsbezogener Fertigkeiten verhelfen muß. Das liegt gleichermaßen im Interesse von Überleben und äußerem Erfolg des einzelnen wie im Interesse des ›gemeinen Wesens‹ und des ›gemeinen Wohls‹. Erziehung muß daher »Erziehung des künftigen Bürgers« werden;[11] dieser Terminus meint explizit die Erziehung zum Mitglied der gegebenen Gesellschaftsformation überhaupt, die aber in der philanthropistischen Pädagogik immer zugleich als Erziehung gemäß den besonderen situativen Bedingungen, den Werten und Normen des Bürgertums als sozialer Schicht gedacht wird. Ab einem bestimmten Alter des Kindes, fordert Campe, müsse die Erziehung zum Gleichgewicht der Kräfte der einseitigen Spezialisierung *einer* Fähigkeit weichen und eine bestimmte soziale Rolle eingeübt werden; die Ausbildung der Kräfteharmonie wird eingeschränkt auf einige Kindheitsjahre.

»Die Erziehung der Natur [...] zwekt auf die Vervollkommnung und Beglückung des einzelnen Menschen ab, ohne Rüksicht auf diejenigen Lagen und Verhältnisse, worin er künftig, als Mitglied einer bürgerlichen Gesellschaft, kommen wird. Diese seine künftigen Lagen und Verhältnisse aber erfordern, [...] daß zur Vergrösserung seiner Brauchbarkeit mancher nicht unerhebliche Grad seiner Vollkommenheit aufgeopfert werde. Wir müssen also irgend einmahl aufhören, ihn blos der Natur gemäß zu erziehen, um ihn für die Gesellschaft auszubilden; wir müssen irgend einmahl anfangen, mehr an seiner künftigen Brauchbarkeit, als an seiner individuellen Vollkommenheit zu arbeiten, mehr den Bürger und den Gesellschafter als den Menschen in ihm zu bilden.«

Für die Berechnung des Endes der Menschen- und des Beginns der Bürgererziehung liefert Campe eine Formel, die an Deutlichkeit wenig zu wünschen übrigläßt:

»Man erwäge zuvörderst die Bestimmung des Zöglings, dann berechne man nach Wahrscheinlichkeit die Zeit, welche erfordert wird, ihn zu dieser seiner Bestimmung in der bürgerlichen Gesellschaft vorzubereiten; ziehe hierauf diese Zeit von der für die ganze menschliche und bürgerliche Erziehung bestimmten Zahl von Jahren ab, und was übrig bleibt, das widme man getrost der Erziehung der Natur.«

Ein künftiger Gelehrter kann nach dieser pädagogischen Arithmetik zwölf, ein Kaufmann elf, ein Lehrling aber bloß neun Jahre »der Natur gemäß« erzogen werden.[12] – Auch die anderen philanthropistischen Autoren arbeiten sich an dem seit Rousseau die Diskussion bewegenden Gegensatz von Bildung zum »Menschen« und Erziehung zum »Bürger« ab. Peter Villaume etwa schreibt einen Aufsatz zum Thema *Ob und in wiefern bei der Erziehung die Vollkommenheit des einzelnen*

Menschen seiner Brauchbarkeit aufzuopfern sey?[13] Auch wenn dabei immer der Anspruch erhoben wird, beiden Interessen Gerechtigkeit widerfahren zu lassen oder sie gar zu versöhnen, wird doch de facto der Nützlichkeit und Berufsarbeit der eindeutige Vorrang eingeräumt.

Keiner der Autoren leugnet, daß daraus schweres Leiden entstehen kann. Denn die Ausrichtung des einzelnen auf die gesellschaftlichen und ökonomischen Gegebenheiten bedeutet, daß er »sich mit seiner ganzen Thätigkeit, seinen Begierden, Wünschen und Handlungen dem Posten und Verhältniß, worinn er in der Gesellschaft steht, anpassen« muß, wie Stuve feststellt. Das führt zu einer radikalen Vereinseitigung der Kräfte – einer Vereinseitigung, die von Karl Philipp Moritz und Friedrich Schiller als Signum der Epoche angesehen und in ihrem Zusammenhang mit der Entfremdung der Arbeit erkannt wurde. Der Mensch, so Stuve,

»muß oft der Ausbildung und dem Gebrauch der edelsten Kräfte, der Entwiklung und Befriedigung der edelsten Triebe entsagen, wird von so vielen Seiten in seiner Selbstthätigkeit und seinem Genuß eingeschränkt!«[14]

In einer staunenswerten Wendung aber wird dieses Leiden alsbald für eine Form des Glücks in Anspruch genommen. Denn nur die leidvolle Anpassung an die Erfordernisse der Gesellschaft erlaube es, innerhalb dieser zu reüssieren, in ihr nicht nur »nützlich«, sondern auch »glüklich« zu werden.[15] Der emphatische Glücksbegriff transformiert sich in einen pragmatischen: Glück ist Erfolg in den Grenzen des gesellschaftlichen status quo sowie Abwesenheit sozialer Konflikte. Und auch das Ideal der Vervollkommnung glaubt Stuve nun ins Prinzip der gesellschaftlichen Brauchbarkeit hinüberretten zu können. Stuve nämlich, der vom Gedanken einer optimalen Einrichtung der Welt und einer Kongruenz von individuellem und gemeinem Wohl nicht lassen kann, behauptet kurzerhand, daß sub specie aeternitatis alle Einschränkung, aller Verzicht und alles Leiden

»so wenig es auch den Anschein haben mag, doch sicher und gewiß zu mehrerer eignen Vervollkommung und Beseligung abzwekt, und sie unfehlbar befördert [. . .] Es scheint, daß er oft nur um des Ganzen willen aufopfern und dulden muß, aber das scheint nur so; in der Wirklichkeit zielet das alles zugleich auf sein eigenes Wohl ab. [. . .] Was hier misklingt, löset sich dort auf in ewigen Harmonien!«[16]

Doch nicht erst drüben winkt der Lohn. Zwanglos läßt sich der theologisch imprägnierte Gedanke säkularisieren, gelten doch die Eigenschaften, deren es zur Anpassung an die gesellschaftlichen Verhältnisse bedarf – Verzicht, Gehorsam, Arbeit –, allgemein als Tugenden. Als solche führen sie nicht nur Glückseligkeit im Gefolge,[17] sondern auch Vervollkommnung. Faßt man aber derart den Verzicht als tugendhafte Fähigkeit, als Kraft, so ergibt sich das Paradox, daß man zwar nicht der seelischen Harmonie, wohl aber der Vollkommenheit gerade auch dadurch näherkommen könne, daß man auf sie verzichtet.

Glauben die Pädagogen also einerseits, die gesellschaftliche Konditionierung des Individuums mit seinem Glücks- und Vervollkommnungsanspruch harmonisieren zu können, so läßt sich andererseits zeigen, daß auch die der ausdrücklichen »Erziehung des Bürgers« vorausgehende »Erziehung der Natur« (Campe) immer schon bürgerliche Erziehung ist – ›bürgerlich‹ im Sinne der Wertsetzungen der neuen bürgerlichen Sozialschichten. Die Bildung zum »Menschen« ist Standeserziehung nicht nur gewissermaßen akzidentiell, insofern nämlich Campe die »ursprünglichen Kräfte«, die idealiter ins »Gleichgewicht« gebracht werden sollen, »an solchen Gegenständen« entwickelt sehen will, »welche innerhalb der Grenzen seines [des Kindes] künftigen Wirkungskreises liegen«.[18] Vielmehr sind schon die Begriffe »Mensch«, »Natur« und »Vervollkommnung« mit bürgerlichen Inhalten gefüllt. Das erweist sich etwa daran, daß der Begriff der »Natur« und des »Natürlichen« nicht zuletzt als ein gegen die »Unnatur« der vornehmen Erziehung des höfisch orientierten Adels gerichteter polemischer Begriff entworfen wird.[19] Daß es dabei besonders auch die vergleichsweise freizügige Haltung zur Sexualität ist, die der Kritik der Pädagogen verfällt,[20] zeigt wie vieles andere, daß die »naturgemäße« Erziehung keineswegs der ›inneren Natur‹ der Triebe und Leidenschaften irgendwelche Konzessionen zu machen gedenkt. Die »ursprünglichen Kräfte«, die ausgebildet werden sollen, und die »natürlichen« Bedürfnisse, die der Erzieher zu berücksichtigen und auf die er aufzubauen hat, müssen selbstverständlich im Einklang mit dem stehen, was als Tugend gilt. Andernfalls sind sie lediglich Objekt der Disziplinierung. Umgekehrt erhebt die bürgerliche Tugend den Anspruch, »natürlich« und »vernünftig« zu sein.[21] Die »Natur«, der die Erziehung gemäß sein soll, ist, wie manche Zeitgenossen klar zum Ausdruck bringen, immer gesellschaftlich vermittelt.[22] Es ist daher kein Widerspruch, sondern ganz konsequent, daß in der Phase der naturgemäßen allgemeinen Menschenbildung das Fundament aller Tugendhaftigkeit gelegt werden soll und muß. Es wird noch zu zeigen sein, daß es gerade auch diese ist, die das Individuum nützlich, brauchbar und sozusagen ›gesellschaftsfähig‹ macht und sinnvolle Berufsausübung, zu der Campes zweite Erziehungsphase führen soll, überhaupt erst ermöglicht.

Man wird daher auch die von den Philanthropisten geforderte Kindgerechtheit der Erziehung in ihren Funktionen für die derart gefaßte

»Erziehung der Natur« sehen müssen und ihr keinen allzugroßen Eigenwert zusprechen dürfen. Mag sein, daß sie auch auf einer gegenüber früheren Zeiten angewachsenen Empathie und emotionalen Zuwendung zum Kind beruht; es ist aber nicht zu verkennen, daß sie dem Erzieher einen besonders wirkungsvollen Zugriff auf das Kind erlaubt und genau aus diesem Grund propagiert wird. Eine entscheidende Rolle spielt die kindgerechte Erziehung für die Steigerung der Effektivität des Lernens:[23] Erst indem sich der Erzieher einläßt auf das, was das Kind in jedem Alter will, braucht und leisten kann, vermag er die jeweils adäquaten und daher faßbaren Lehrstoffe mit Erfolg zu vermitteln; Lernen soll sich mit Spiel verbinden, das Lernen spielerisch, das Spiel belehrend sein, wie seit Basedow empfohlen wird. Bedeutungsvoller noch ist der Effekt der Kindgerechtheit bei der Vermittlung fundamentaler Werte und Normen. Das Eingehen auf die ›natürlichen‹ Bedürfnisse, Wünsche und Möglichkeiten des Kindes, das freilich dort seine Grenzen findet, wo solche ›Natur‹ sich dem moralisch Bedenklichen nähert, dient dazu, das Kind desto leichter den ihrerseits als ›natürlich‹ deklarierten pädagogischen Zielvorstellungen gemäß zu dirigieren und hat unverhüllt manipulatorischen Charakter. Der Erzieher, so Campe, solle die Kinder

»nicht durch Unterdrückung ihrer unschuldigen Lustigkeiten von dem untersten Absatze des Lebens auf einen der höhern schleudern wollen, soll vielmehr ihre Spiele zu vervielfältigen und zu ordnen, ihre Vergnügungen dabei zu fördern und nur die übertriebenen und schädlichen Äußerungen ihrer Lebhaftigkeit zu dämpfen und mäßigen suchen, soll selbst mit Kind sein, soll an ihren Vergnügungen und Spielen einen sichtbaren Anteil nehmen, um sich in die Liebe und das Vertrauen seiner Zöglinge erst ganz hineinzukindern, wenn ich so sagen darf, um unter dem Charakter eines erfahrenen Spielkameraden sie zu lehren und zu lenken, wohin er will.«[24]

Ein ähnliches Prinzip unbemerkter und daher besonders wirkungsvoller Steuerung hatte schon Rousseau vertreten:

»Folgt mit eurem Zögling dem umgekehrten Weg. Laßt ihn immer im Glauben, er sei der Meister, seid es in Wirklichkeit aber selbst. Es gibt keine vollkommenere Unterwerfung als die, der man den Schein der Freiheit zugesteht. So bezwingt man sogar seinen Willen. Ist das arme Kind, das nichts weiß, nichts kann und erkennt, euch nicht vollkommen ausgeliefert? Verfügt ihr nicht über alles in seiner Umgebung, was auf es Bezug hat? Seid ihr nicht Herr seiner Eindrücke nach eurem Belieben? Seine Arbeiten, seine Spiele, seine Vergnügen und sein Kummer – liegt nicht alles in euren Händen, ohne daß es davon weiß? Zweifellos darf es tun, was es will, aber es darf nur das wollen, von dem ihr wünscht, daß es es tut. Es darf keinen

Schritt tun, den ihr nicht für es vorgesehen habt, es darf nicht den Mund auftun, ohne daß ihr wißt, was es sagen will.«[25]

Welche Werte und Normen sollen nun mittels derartiger Methoden anerzogen werden?

2. Schwerpunkte bürgerlicher Tugend: Arbeit, Affektbeherrschung und Geselligkeit

Von ihren Bestandteilen her ist die Tugendlehre der bürgerlichen Aufklärung keineswegs neu. Die antik-christlichen Tugenden (Mäßigkeit, Tapferkeit, Weisheit, Gerechtigkeit, Glaube, Liebe, Hoffnung)[26] haben sich in ihr großenteils, die sieben christlichen Hauptsünden vollständig erhalten (Hoffart, Neid, Unmäßigkeit, Geiz, Trägheit, Zorn, Unkeuschheit). Neu sind jedoch die sozialen Funktionen der Tugend, ihre rationalen Begründungen und die Akzentsetzungen. Eine religiöse Komponente schwingt zwar im aufklärerischen Tugendbegriff immer noch mit, ist aber nicht mehr grundlegend; üblicherweise wird Tugend jetzt mit säkularen Argumenten begründet. Eine Formulierung Basedows, die als repräsentativ gelten darf, lautet: »Die *Tugend eines Menschen* besteht in seiner Einsicht und Neigung, für sich selbst und für andre gemeinnützig zu handeln.«[27] Der gleichermaßen individuelle, gesellschaftliche und staatliche Nutzen, auf den die Tugend ausgerichtet ist, ist nicht zuletzt ein ökonomischer. Schon August Wilhelm Schlegel hat bissig bemerkt, »daß es das ökonomische Prinzip ist, welches die Aufklärer leitet«, und daß die Orientierung auf »Brauchbarkeit und Anwendbarkeit« nicht nur das Streben nach »Wahrheit«, sondern auch die »Sittlichkeit« bestimme:

»Natürlich hat sich die Aufklärung auch in die Moral gemischt und darin großes Unheil angerichtet. Nach ihrer ökonomischen Richtung gab sie alle Tugenden, die sich nicht der Brauchbarkeit für irdische Angelegenheiten fügen wollten, für Überspannung und Schwärmerei aus.«[28]

Es ist tatsächlich auffallend, in welchem Maße im 18. Jahrhundert zum einen traditionelle Tugenden überhaupt einen wirtschaftlichen Einschlag bekommen[29] und zum anderen die »virtutes oeconomicae« selbst an Bedeutung gewinnen. Diese entstammen dem Zusammenhang des »oikos«, des »ganzen Hauses«, und legen ein um die Schwerpunkte Ordnung, Fleiß und Sparsamkeit zentriertes haushälterisches, eben

»ökonomisches« Verhalten fest, das den Bestand der Hausgemeinschaft, die zugleich Produktionsgemeinschaft ist, sichert.[30] Im 18. Jahrhundert erscheinen die »ökonomischen Tugenden« als wesentlicher Bestandteil der Tugendlehre der neuen bürgerlichen Schichten, transformieren sich gemäß deren Interessen und radikalisieren sich dabei.

Joachim Heinrich Campes *Robinson der Jüngere* (1779f.) macht exemplarisch deutlich, auf welche tugendhaften Verhaltensweisen sich die aufklärerische Pädagogik das Wohl von Individuum, Gesellschaft und Staat gegründet denkt. Gegen Ende des Romans kommt es auf Robinsons Insel zu einer Art von Staatsgründung. Die Verfassung, oder vielmehr: der Unterwerfungsvertrag, auf den Robinson seine Nachfolger verpflichtet, beinhaltet folgende Forderungen: Gehorsam gegen die Obrigkeit und die von ihr »zum Wohl der ganzen Niederlassung« erlassenen Gesetze; »ein arbeitsames, mäßiges und tugendhaftes Leben«; widerspruchslose Ausführung derjenigen »Arbeiten, die zum Wohle der ganzen Gesellschaft nöthig sein werden«; Geselligkeit und Verträglichkeit.[31] Im Zentrum des gesamten didaktischen Romans stehen denn auch schon von Anfang an die Tugenden »Arbeitsamkeit und Mäßigkeit« – Robinson meißelt diese Worte als Lebensmotto über seiner Höhle in den Fels[32] – sowie Geselligkeit, die den Bereich der gemeinschaftliches Leben erst ermöglichenden Verhaltensweisen bezeichnet und deren Bedeutung sich nicht nur am schmerzlichen Fehlen der Möglichkeit ihrer Ausübung für Robinson erweist, sondern ebenso an ihrer Kultivierung in der Rahmenhandlung.[33] Diese Trias bildet, so scheint mir, das Fundament des bürgerlichen Normengebäudes; unschwer lassen sich die meisten anderen Tugenden bzw. Laster auf sie beziehen, sobald erst klargeworden ist, welche Verhaltensforderungen sie umfaßt.[34] Arbeitsamkeit, Mäßigkeit und Geselligkeit sollen daher im folgenden genauer in Augenschein genommen werden.

Die Hochwertung der Arbeit ist eine spezifisch neuzeitliche Erscheinung. Zwar bestand schon in der alttestamentlichen und vorreformatorisch-christlichen Tradition von Anfang an ein göttlicher Auftrag zur Arbeit an den Menschen, der eine Geringschätzung der – vor allem körperlichen – Arbeit, wie sie in der griechischen Antike bestand, nicht zuließ. Nach dem Sündenfall erst war Arbeit zu Mühsal und Qual geworden und mußte vom Menschen als Pflicht und Dienst an Gott, am Nächsten und der Gemeinde auf sich genommen werden. Dabei aber sollte Arbeit keinen Eigenwert erlangen, Gewinnstreben wurde abgelehnt.[35] Max Weber hat bekanntlich einen engen, nämlich kausalen Zusammenhang zwischen der Reformation, der »protestantischen Ethik« und ihrem Arbeitsbegriff einer- und dem »Geist des Kapitalismus« andererseits konstatiert, einen Zusammenhang, dessen Beschaffenheit und Dichte in der Forschung allerdings seit langem umstritten ist.[36] Das Verständnis der Arbeit als Selbstzweck und Lebensinhalt oder als Mittel zu innerweltlichen Zwecken, zu Erfolg, sozialem Aufstieg und materiellem Gewinn jedenfalls setzt die Tendenz zur Ablösung vom radikalisierten christlichen Arbeitsbegriff voraus, den die Reformatoren selbst – Luther wie Calvin – vertreten hatten, für die Arbeit nach wie vor mühevoller Dienst an Gott und am Nächsten war.[37]

Diese Tendenz läßt sich, wie in der Aufklärung überhaupt, so auch in der aufklärerischen Pädagogik beobachten, die eine der Berufsausbildung vorgängige, frühzeitige und gründliche Erziehung zur Arbeit propagiert: Basedow etwa möchte die Kinder ab dem vierten Lebensjahr an Arbeit gewöhnen, und auch Kant bemerkt, es sei »von der größesten Wichtigkeit, daß Kinder arbeiten lernen« und »zum Arbeiten gewöhnt werden«.[38] Auch hier beruft sich die Aufforderung zur Arbeit noch häufig auf eine religiöse Verpflichtung,[39] erscheint aber insgesamt als ein säkulares Gebot, dem die religiöse Komponente mehr Nachdruck verleiht, ohne seine eigentliche Begründung zu sein. In den verschiedenen Argumenten, in denen diese gegeben wird, spiegeln sich heterogene Interessen, die aber nach Ansicht der Zeitgenossen in harmonischem Verhältnis zueinander stehen.

Die allgemeinste – und allgemeine Anwendbarkeit garantierende – Begründung des Werts der Arbeit ist eine quasi anthropologische. Unabhängig von ihrem intendierten Effekt, etwa der Herstellung nützlicher Objekte, ist Arbeit schon als solche, als Tätigkeit, rundherum vorteilhaft. Weit davon entfernt, als Mühsal und Plage charakterisiert zu werden, soll sie vielmehr Zufriedenheit bewirken und zur Glückseligkeit führen, deren conditio sine qua non sie geradezu ist; sie fördert ferner die Gesundheit, ist Prophylaxe gegen die aus Müßiggang notwendig entstehenden Laster, wodurch sie sich als moralischer Faktor ausweist, und erhöht die Lebenstauglichkeit, kurz: Sie läßt das Individuum »größere Vollkommenheit« erlangen.[40] Diese Einschätzung macht verständlich, daß Arbeit im 18. Jahrhundert unabhängig von ihrem Produktionswert als Mittel der Heilung und Besserung in Irrenhaus und Gefängnis eingesetzt werden konnte.[41]

Die sozialen Interessen, von denen die genannten Argumente getragen werden, treten deutlich in der Vorstellung des sozialen und wirtschaftlichen Aufstiegs durch Arbeit zutage, die in zahllose Beispielgeschichtchen eingekleidet begegnet.[42] Diese Vorstellung verweist auf die Lebensbedingungen der Angehörigen der neuen bürgerlichen Schichten insgesamt, die zwischen den traditionellen Ständen und damit außerhalb ihrer stehen und deren Existenz dementsprechend nicht durch das ständische Prinzip der Geburt bestimmt wird, sondern durch die eigene

Leistung. Das bürgerliche Individuum muß, und das prägt die Erziehung und ihre Theorie, sich seine gesellschaftliche Stellung aus eigener Kraft schaffen, durch den frühzeitigen Erwerb von Wissen, besonderen Fertigkeiten und vor allem der Tugend der Arbeitsamkeit. Angewiesenheit auf persönliche Leistung besteht sowohl beim Streben nach Ämtern im Bildungswesen, in den Universitäten und den fürstlichen Verwaltungsapparaten, in denen sich trotz vielfältiger Behinderungen des bürgerlichen Aufstiegs im 18. Jahrhundert doch insgesamt das Prinzip der Auslese nach der Leistung Geltung verschafft,[43] als natürlich auch im Bereich des Handels und Gewerbes, in dem sich in dieser Zeit kapitalistische Tendenzen abzuzeichnen beginnen.[44] Die Interessen des Wirtschaftsbürgertums bestimmen die pädagogische Literatur offensichtlich, wo Arbeit und Arbeitsamkeit als ökonomische Faktoren in den Blick kommen, die zu Produktions- und Umsatzsteigerung und damit Kapitalakkumulation führen. Das ist etwa in Campes *Robinson* der Fall, in dem die Propaganda des Arbeitsethos angesichts des Insellebens des Protagonisten einigermaßen skurrile Züge annimmt: Weit über das zur Bedarfsdeckung Notwendige hinaus und durch den Zweck der Vorsorge für Zeiten der Mißernte nur mühsam gerechtfertigt, häuft Robinson in ungehemmtem Arbeitsdrang landwirtschaftliche Güter auf.[45] Ans Wirtschaftsbürgertum wendet sich auch Salzmanns *Moralisches Elementarbuch,* in dem der Vater und Erzieher Herrmann selbst Manufakturkapitalist und Kaufmann ist und seinen Kindern die entsprechenden Werte vermittelt, die ganz in der Tradition der von Werner Sombart bis in die italienische Renaissance zurückverfolgten Kaufmannstugenden stehen.[46] Trotz Akzentuierung ihrer ökonomischen Funktion wird hier jedoch die Tugendlehre so allgemein formuliert, daß sie auch für die anderen Teile des Bürgertums und darüber hinaus für die gesamte Gesellschaft Verbindlichkeit beansprucht. Die von Herrmann generell geforderte Arbeitsamkeit dient zunächst dem privaten Profit, zugleich damit aber immer auch dem allgemeinen Wohl. Das wird am Beispiel des Reichen verdeutlicht: Indem dieser Wohltätigkeit im Sinne gezielter ›Hilfe zur Selbsthilfe‹ übt und indem das von ihm erwirtschaftete Kapital Arbeitsmöglichkeiten schafft, erfüllt sein Gewinn eine wichtige gesellschaftliche Funktion. Der Reiche ist Organisator der Arbeit und Verteilungsstelle des gesellschaftlichen Reichtums.[47] Streben nach privatem Nutzen und gemeines Wohl werden hier quasi präliberalistisch miteinander identifiziert. Es kann daher nicht verwundern, wenn Arbeitsamkeit nicht nur als individuelle Tugend, sondern als »Pflicht gegen die Welt« (Basedow) ausgegeben wird.[48]

Zugleich mit den bürgerlichen Interessen vertritt die philanthropistische Arbeitserziehung die des Staates.[49] Seit der Formierungsphase der absolutistischen Staaten gehört zu deren wesentlichen Anliegen die Steigerung von Produktivität und Produktion in den Bereichen Gewerbe, Landwirtschaft und Handel, um den durch Einrichtung stehender Heere, Ausbau der Verwaltung und luxuriöses Hofleben steigenden Geldbedarf zu decken und schließlich auch die aufgrund der Bevölkerungsvermehrung wachsende Nahrungsmittelnachfrage zu befriedigen. Die seit dem 17. Jahrhundert entstehenden, merkantilistisch-kameralistisch oder physiokratisch geprägten »ökonomischen« Theorien, d.h. die »Politische« oder »Nationalökonomie«, die nicht mit der »alteuropäischen Ökonomik« (Otto Brunner), der Lehre vom »ganzen Haus«, zu verwechseln ist, tragen diesen staatlichen Bedürfnissen Rechnung und versuchen Abhilfe für sie zu schaffen. Der säkularisierte Begriff der Arbeit, die immer ausgeprägter auch als Medium der Beherrschung und Ausbeutung der Natur gefaßt wird, ist das theoretische Zentrum dieser Theorien. Arbeit wird in ihnen zur allgemeinen Forderung an die Untertanen erhoben. In der *Staatswirthschaft* des Kameralisten Johann Heinrich Gottlob Justi von 1755 beispielsweise gilt es als Pflicht der Menschen, »dem Staate durch ihren Fleiß und Arbeit nützlich zu werden«.[50] Die staatliche Kampagne zur Steigerung der Arbeitsamkeit, die von einer Welle der Internierung von ›Müßiggängern‹ aller Art, Bettlern, Landstreichern, Armen und Irren, in Arbeits- und Zuchthäuser begleitet wird,[51] kann dabei nicht nur an die christliche Arbeitspflicht, sondern an den im älteren Sinn »ökonomischen« Verhaltenskodex anknüpfen.[52]

Auch vor diesem Hintergrund muß die Hochwertung der Arbeit in der aufklärerischen Pädagogik gesehen werden, die ja die Erziehung zur »Brauchbarkeit« nicht nur mit dem Interesse des einzelnen begründet, sondern expressis verbis auch mit dessen Verpflichtung gegen Gesellschaft und Staat. Vielfach übernimmt die Pädagogik in diesem Zusammenhang Argumente, die der »ökonomischen« Wissenschaft entstammen. Besonders deutlich wird die fiskalische Komponente der Pädagogik in den Bestrebungen zur Volkserziehung, die sich häufig genug in Ratschlägen erschöpfen, wie die Arbeitsmethoden zu rationalisieren und die Erträge zu steigern seien.[53] Eberhard von Rochows Erziehungsprogramm für die Unterschichten z.B. erweist sich als weitgehend staatswirtschaftlich motiviert. Wo der »Landmann, diese eigentliche Stärke des Staats-Körpers«, nicht »verhältnismäßig gebildet und zu allem guten Werk geschickt gemacht« werde, seien die Staatseinnahmen ernstlich gefährdet: »so leidet denn der Staat bei diesem Zustande der Sachen [...] mehr Verlust als in der blutigsten Schlacht.«[54] Dieselbe Erwägung liegt der Einrichtung von Industrieschulen für das Volk zugrunde, in denen eine »Bildung der Jugend zur Industrie«,[55] und d.h. hier primär zur »Industriosität«, zum Fleiß, angezielt wurde; die Kinder mußten in solchen Schulen abwechselnd oder auch gleichzeitig lernen und handwerklich arbeiten.[56]

Aus ihrer Zugehörigkeit zum Arbeitsethos erklärt sich die Bedeutung einiger anderer Normen in der bürgerlichen Pädagogik. Ausdauer und Beständigkeit stellen Ingredienzien der Arbeitsamkeit dar, Konzentration aufs Lernen und Aufmerksamkeit dabei sind Voraussetzungen effektiver Arbeitsvorgänge, ebenso das frühe Aufstehen bzw. überhaupt die Einführung präziser Zeiteinteilung und die Ausbildung eines neuen Zeitgefühls.[57] Vom Arbeitsethos her wird auch das Vergnügen beurteilt, das als bloße Zeitverschwendung und Ablenkung gilt, sofern es nicht als Mittel zur Reproduktion der Arbeitskraft legitimiert werden kann.[58] Schließlich wird man auch die von den Philanthropisten geforderte körperliche ›Ertüchtigung‹ durch Turnen und Gymnastik – Johann Christoph Friedrich Gutsmuths war ihr Vorkämpfer – als Mittel zur Erhaltung der Gesundheit, zur Steigerung der Leistungsfähigkeit und zur Rationalisierung, Disziplinierung und Homogenisierung von Bewegungsabläufen in den Zusammenhang der Arbeits- und Leistungserziehung einordnen können.[59]

Der Begriff der »Mäßigkeit« beinhaltet im 18. Jahrhundert den Grundriß einer ganzen, in jeder Hinsicht ›vernünftigen‹ Lebensordnung. Er bezieht sich grundsätzlich auf alle Lebensbereiche, auf das Essen, Trinken, Schlafen etc. und weiter auf die Haushalts- und Geschäftsführung. Hier begegnet Mäßigkeit etwa in Gestalt der den Mittelweg zwischen Verschwendung und Geiz einschlagenden Sparsamkeit, die darauf dringt, die Früchte der Arbeit nicht nach hofadeligem Vorbild in der Repräsentation des eigenen Status zu verprassen, sondern sie nützlichen und vernünftigen Zwecken zuzuführen: der Kapitalbildung, der Wohlfahrt usw.[60] Doch sind das gewissermaßen Oberflächenphänomene. Denn die Mäßigkeit im Essen und Trinken ist ebenso wie die Sparsamkeit nur möglich, wenn man völlig Herr über seine aktuellen Bedürfnisse, Wünsche und Begierden ist, wenn man diese gegen langfristige Ziele und Vorteile rational abzuwägen, ihnen unterzuordnen und so die Gegenwart der Zukunft oder einer ›höheren‹ Pflicht aufzuopfern gelernt hat und die schwere Kunst des Verzichts mühelos beherrscht.

Schon aus dieser Perspektive ist daher festzustellen, daß sich hinter dem Begriff der »Mäßigkeit« eine umfängliche Programmatik der Kontrolle, Beherrschung, Moderierung und Modellierung der Triebe, Neigungen, Affekte und Leidenschaften[61] verbirgt, und diese Programmatik darf, so sehr ihre einzelnen Bestimmungen im 18. Jahrhundert auch differieren, als eine Konstante der Aufklärung gelten. Die ›innere Natur‹ des Menschen tendiert, auch wenn sie nicht von vornherein zum Widersacher der Vernunft erklärt wird, doch immer dazu, ein solcher zu werden und die vernünftige Ordnung aller Lebenszusammenhänge zu unterlaufen und zu vereiteln. Für die rationalistische Strömung der Aufklärung ist die Unvereinbarkeit der Triebe und Affekte mit der Vernunft und der von ihr gesetzten Moral ein Faktum. Im Anschluß an Christian Wolff und in der weiteren Tradition Descartes' bezeichnet Gottsched »die Gewalt der sinnlichen Begierden und Leidenschaften, welche mit der Vernunft allezeit streiten, und mehrentheils die Oberhand behalten« als ein bedeutendes »Hinderniß der Tugend«.[62] Die Bestimmung des Verhaltens und Handelns durch Sinne und Affekte erscheint als »Sclaverey«,[63] als Verlust vernünftiger Autonomie, weshalb dieses illegitime Gewaltverhältnis zu beseitigen und die »Herrschaft« der Vernunft über »Gemüthsbewegungen« aller Art aufzurichten sei.[64]

Die ausgeprägte Vorliebe für diese quasi politische Metaphorik, für die Rede von »Herrschaft«, »Gesetzgebung« und »Regierung« der Vernunft, von »Unterwerfung« und »Gehorsam« der anderen Gemütskräfte ist keineswegs das Spezifikum eines strikten Rationalismus, sondern durchzieht das ganze Jahrhundert; sie findet sich, um nur einige Namen zu nennen, bei Johann Georg Sulzer und Georg Friedrich Meier nicht anders als später bei Kant.[65] Auch dort, wo die Aufklärung aufhört, rationalistisch zu sein, und »empfindsam« wird, bleibt es in Deutschland in aller Regel bei gründlichem Mißtrauen gegen die Gewalt der Affekte, Leidenschaften und Triebe. Im Zeichen der Empfindsamkeit kommt es bekanntlich zu einer bedeutenden Öffnung des Vernunftbegriffs in Richtung auf Empfindung und Gefühl, deren notwendige Funktion sowohl für die theoretische wie für die praktische Vernunft anerkannt wird. So wie Erkenntnis auf äußerer Empfindung, auf sinnlicher Wahrnehmung der Welt, basiert, so ist die vernünftige Tugend auf innere Neigungen als ihr unentbehrliches Agens angewiesen;[66] auch die irdische »Glückseligkeit« ist ohne die von der Empfindung ausgehende Lust nicht mehr denkbar. Nirgends allerdings wird dabei einem Freilauf der inneren Regungen das Wort geredet; empfindsames Ideal ist vielmehr die Synthese bzw. das »Gleichgewicht von ›Kopf‹ und ›Herz‹« (Gerhard Sauder),[67] und das bedeutet nicht nur, daß die Vernunft sich um das Element der Empfindung bzw. Empfindsamkeit zu erweitern habe, ohne das sie unvollkommen sei, sondern ebensowohl, daß die Empfindung vernunftgemäß oder gar vernünftig sein muß. Empfindung und Empfindsamkeit sollen nicht nur per definitionem unter der Aufmerksamkeit,[68] sondern zugleich unter der Kontrolle des Bewußtseins stehen. Denn das Gleichgewicht ist - obzwar ›natürlich‹ - nicht naturgegeben, sondern ein Ideal, das gegen verschiedenartige Widerstände erst zu realisieren ist, an dem gearbeitet und gebildet werden muß. Es versteht sich von selbst, daß an ihm nur ›gute‹ Neigungen und Empfindungen Anteil haben dürfen, solche, die mit einer Konzeption von Tugend kompatibel sind, die daher vorgängig ist. Kann und muß die so verstandene Empfindsamkeit gefördert und entwickelt werden, so müssen die ›schlechten‹ und ›schädlichen‹ Neigungen überwunden oder domestiziert werden. So bleibt es denn in der Empfindsamkeit bei einer qualitativen Unterscheidung der Empfindungen nach Maßstäben, die außerhalb der Empfindung selbst liegen müssen, um Verbindlichkeit beanspruchen zu können.

Neben das qualitative Kriterium tritt ein eher quantitatives. Gerechtfertigt werden allein die gemäßigten, keineswegs aber extreme Gemütsbewegungen, vor denen man sich zu hüten habe. Insbesondere werden die starken Affekte und Leidenschaften überwiegend verworfen – die Ausnahme des Sturm und Drang bestätigt diese Regel. Die englischen und französischen Theorien, die sich bis zu einer Apologie der Leidenschaften wagen (Francis Hutcheson, Joseph Butler, Henry Home u.a.), finden in Deutschland nur wenige Anhänger, und selbst wo man den Leidenschaften eine Funktion im Haushalt von Körper und Seele einräumt, wird damit noch nicht behauptet, daß man sie blindlings ausleben dürfe. Meist folgt man der Ansicht des englischen Assoziationstheoretikers David Hartley und sieht die Leidenschaften als »temporary Madness«,[69] entthronen sie doch die Vernunft, errichten ihre eigene willkürliche und gefährliche Herrschaft im Subjekt und zerstören damit die Freiheit des Willens. Dieses Risiko im Blick, bekennt sich die deutsche Empfindsamkeit zu den Prinzipien der »Zufriedenheit«, »Gemütsruhe« und »Gelassenheit« und empfiehlt, selbst wo sie den »ganze[n] Stoicismus« mit häufiger Berufung auf Epikur ablehnt, doch wenigstens einen »halbe[n] oder Viertelstoicismus« – so ein unter dem bezeichnenden Pseudonym »Quietus« schreibender Autor (1775).[70] Noch Kant, der die Berechtigung von Sinnlichkeit und Neigungen anerkennt, vertritt, darin mehr als nur halb stoisch, das »Prinzip der Apathie«, das besagt, daß »der Weise niemals im Affekt [...] sein müsse«. Mögen die »Neigungen« auch noch so gut sein, »daß sie *Leidenschaften* werden dürften [...] hat die Vorsehung nicht gewollt«, denn »Leidenschaften sind Krebsschäden für die reine praktische Vernunft«. Von dieser Verurteilung ist aber die Empfindsamkeit selbst gar nicht betroffen. Denn

» *Empfindsamkeit* ist jener Gleichmütigkeit nicht entgegen. Denn sie ist ein *Vermögen* und eine *Stärke,* den Zustand sowohl der Lust als Unlust zuzulassen, oder auch vom Gemüt abzuhalten und hat also eine Wahl.«[71]

Auch die empfindsame Aufklärung hält somit am Postulat einer ›Herrschaft der Vernunft‹ fest, die gegenüber der des Rationalismus zwar in manchen Bereichen modifiziert ist, dort aber, wo Tugend und Selbstbeherrschung in Gefahr sind, nicht weniger rigide auftritt als jene. Noch das empfindsame Subjekt definiert seine Identität letzten Endes über das Vermögen der Vernunft, einer Vernunft, die zwar nicht mehr strikt rationalistisch begriffen wird, sondern Koalitionen mit der Empfindung eingeht oder diese einbezieht, immer aber der Maßstab bleibt, der festlegt, welche Empfindung zulässig ist und in welchem Grad. Gerade auch dort, wo »Kopf« und »Herz« nicht mehr strikt einander gegenübergestellt werden sollen, wo die Maximen der vernünftigen Tugend in Neigung und Empfindung aufgehen sollen oder Empfindsamkeit überhaupt mit Tugend identifiziert wird,[72] erweist sich die Empfindung de facto als eine nach ›vernünftig‹ legitimierbaren Prinzipien geordnete, von diesen ganz durchdrungene. Die ständige, nur eben mitunter latente Präsenz der Ordnungsmacht ›Vernunft‹ tritt klar zutage, wenn Ansprüche der ›inneren Natur‹ in Gestalt von Affekten, Leidenschaften oder Trieben die »Gelassenheit« des empfindsamen Subjekts aufstören und seine Tugend gefährden. Hier setzen zahlreiche Strategien der Kolonisierung der inneren Natur ein, sei es nun, daß man die ›schlechten‹ Neigungen und Leidenschaften zu dämpfen oder schlicht zu unterdrücken versucht, daß man sie durch Entgegensetzung ›guter‹ Regungen zu neutralisieren gedenkt oder daß sie kanalisiert, auf andere, nützliche Ziele hin umgelenkt werden sollen.

In der Entwicklung solcher Strategien hat sich die aufklärerische Pädagogik seit ihren Anfängen hervorgetan. Bereits in John Lockes einflußreichen *Some Thoughts Concerning Education* erscheint die Herrschaft der Vernunft über die innere Natur als Bedingung der Tugend und daher Ziel der Erziehung.

»Wer nicht Herr seiner Neigungen ist, wer dem Andrängen augenblicklicher Lust oder Unlust nicht zu widerstehen weiß, wie die Vernunft ihm anempfehlen würde, dem fehlt die echte Grundlage der Tugend und Strebsamkeit; er läuft Gefahr, nie für irgend etwas brauchbar zu sein. Diese der ungeleiteten Natur so entgegengesetzte Geistesverfassung muß daher frühzeitig erworben werden; diese Gewohnheit, die wahre Grundlage künftiger Fähigkeiten und künftiger Glückseligkeit, muß dem Gemüt so früh wie möglich eingepflanzt werden [...]«[73]

Ähnliches läßt sich an allen pädagogischen Positionen der Aufklärung zeigen, an den der Erziehung gewidmeten Passagen in Gottscheds Moralischer Wochenschrift *Der Biedermann*[74] ebenso wie an den Schriften der Philanthropisten, die sich überwiegend zur Empfindsamkeit bekennen – zur ›wahren‹ natürlich nur, die, wie es jede Lebensäußerung sollte, unter dem Prinzip der »Mäßigung« steht, das für Peter Villaume die einzige absolute Tugend ist.[75]

Die von der bürgerlichen Aufklärung geforderte spezifische Herrschaft der Vernunft über die innere Natur stellt eine neue Etappe in dem von Norbert Elias beschriebenen »Prozeß der Zivilisation« dar. Elias' Theorie bietet wichtige Ansatzpunkte zum Verständnis der bürgerlichen Affektmodellierung – und soll deshalb im folgenden rekapituliert werden –, wird deren Eigenart jedoch nicht überall gerecht. – Der Prozeß der Zivilisation, der durch eine fortschreitende Kontrolle und Modellierung der Triebe und Affekte gekennzeichnet ist, ist nach Elias das Korrelat langfristiger gesellschaftlicher Veränderungen, die dem Individuum ein bestimmtes Verhalten aufnötigen. Zwei Aspekte dieses sozialen Wandels sind von besonderem Gewicht für die Umformung des psychischen Habitus.

1. Ausmaß und Charakter der Unterdrückung und Kontrolle der Triebsphäre stehen in funktionaler Abhängigkeit vom Grad der gesellschaftlichen Verflechtung und der Interdependenz der Individuen. In der europäischen Geschichte liegt ein starkes Bevölkerungswachstum bei gleichzeitigem Übergang des Grund und Bodens in festen Besitz am Beginn eines Prozesses der Differenzierung von Gesellschaft und Arbeit, für den der Bedeutungsgewinn der städtischen Märkte seit dem Hochmittelalter ebenso Ausdruck ist wie die Entwicklung der Geldwirtschaft gegenüber der Naturalwirtschaft.[76] Aufgrund der Differenzierung gesellschaftlicher Strukturen und Funktionen sowie des Fortschreitens der Arbeitsteilung wird der einzelne in ein zunehmend komplexes Interdependenzgeflecht eingewoben, in dem er schließlich selbst bei den einfachsten Verrichtungen von einer Vielzahl anderer Menschen abhängig ist. Diese Situation produziert neue Verhaltensanforderungen: »Das Verhalten von immer mehr Menschen muß aufeinander abgestimmt, das Gewebe der Aktionen immer genauer und straffer durchorganisiert sein, damit die einzelne Handlung darin ihre gesellschaftliche Funktion erfüllt. Der Einzelne wird gezwungen, sein Verhalten immer differenzierter, immer gleichmäßiger und stabiler zu regulieren.« (II, 317) Er muß die Fähigkeit zur »Langsicht« entwickeln, d.h. zur Berücksichtigung der langen »Handlungsketten«, in denen er steht, und noch der fernen Konsequenzen seiner Aktionen, die jetzt genau geplant sein müssen, um individuell und gesellschaftlich funktional zu sein. Dies aber erfordert eine gesteigerte Selbstbeherrschung und Selbstkontrolle: Das Individuum darf momentanen Affektwallungen nicht nachgeben, sondern muß sein Handeln in größtmöglicher Unabhängigkeit von ihnen organisieren; sollen gravierende Nachteile vermieden werden, die bis zum Subsistenzverlust oder zur sozialen Äch-

tung reichen können, so müssen aktuelle Neigungen langfristigen Erfordernissen untergeordnet werden.[77]

2. In steter Wechselbeziehung mit der fortschreitenden gesellschaftlichen Differenzierung und den damit einhergehenden ökonomischen Prozessen bildet sich ein stabiles Herrschaftsmonopol mit alleiniger Verfügung über körperliche Gewalt. Ist letzteres in Gestalt und Funktion von ersteren geprägt, so sind diese umgekehrt abhängig vom Bestehen übergreifender Monopol- und Zentralinstitutionen: »[...] das Gedeihen der Arbeitsteilung selbst, die Sicherung von Wegen und Märkten über größere Gebiete hin, die Regelung der Münzprägung und des gesamten Geldverkehrs, der Schutz der friedlichen Produktion vor dem Einbruch körperlicher Gewalt«, all dies ist angewiesen auf »oberste Koordinations- und Regulationsorgane für das Gesamte der funktionsteiligen Prozesse« (II, 225). Unter dem staatlichen Gewaltmonopol ist der einzelne vor physischer Gewalt durch Feinde oder Konkurrenten weitgehend gesichert, freilich nur um den Preis, daß auch er seine zu Gewalttätigkeit treibenden Leidenschaftsausbrüche beherrscht; von klein auf wird hier das Individuum an ein »genau geregeltes An-Sich-Halten« gewöhnt (II, 320).

Diese gesellschaftlichen Transformationen wirken sich im Sinne einer umfassenden Verhaltensmodellierung zunächst dort aus, wo sie de facto das gesamte Alltagsleben bestimmen: in der städtisch-bürgerlichen Gesellschaft und am Hof. Der fürstliche Hof, an dem nach Elias »alle Fäden eines größeren Interdependenzgeflechts« zusammenlaufen (II, 352), entsteht im Zuge des neuzeitlichen Staatsbildungsprozesses u.a. aus der strukturellen Notwendigkeit einerseits der Erhaltung des von der wirtschaftlichen Entwicklung benachteiligten Adels, andererseits seiner Unterwerfung und Zähmung im Rahmen eines pazifizierten Gemeinwesens (II, 271, 368). Ökonomische, soziale und Prestige-Chancen sind in der Hand des Fürsten monopolisiert, an dessen Hof sich der Adelige begeben muß, will er auf eine standesgemäße Lebensführung und damit ein wesentliches Konstituens seiner sozialen Identität nicht verzichten.[78] Hier aber sieht er sich mannigfachen Verhaltenszwängen unterworfen. Er befindet sich nun in Angewiesenheit auf den Fürsten und die von diesem vergebenen Chancen und Ämter, deren gesellschaftliche Steuerungsfunktion schon für sich genommen ein hohes Maß an Überblick, Langsicht und Selbstkontrolle von ihrem Inhaber erfordert. Zudem, und das ist mit Blick darauf, daß die soziale Funktion des Adels keineswegs unabdingbar an die persönliche Ausübung eines Amtes gebunden ist, noch wichtiger, zudem steht der Hofadelige in ständiger Konkurrenz mit Gleichrangigen, aber auch mit dem nachdrängenden Bürgertum, mit dem ihn ebenfalls bereits vielfältige Abhängigkeitsverhältnisse verknüpfen. Diese Lage zu meistern, bedarf es Eigenschaften, die innerhalb der neueren europäischen Geschichte ein Novum darstellen: Es bedarf kluger Vorausplanung, genauer Berechnung und Regulierung des eigenen Verhaltens, es bedarf der Selbstbeobachtung ebenso wie der präzisen Wahrnehmung und Einschätzung der aktuellen Situation und ihrer Protagonisten; ein Fehltritt kann den sozialen Ruin bringen. So entsteht hier eine spezifisch höfische Rationalität, eine von Affekten und Trieben unabhängige und vom Verstand gesteuerte, hochgradig bewußte utilitaristische Verhaltensmodellierung (II, 377ff.). Zugleich aber ist das Verhalten des Hofmannes durch eine permanente Verfeinerung des Benehmens im Sinne des »Alamodischen« gekennzeichnet, die über die genannten Funktionen hinausreicht und – so Elias – als Distinktionsinstrument gegen das aufstrebende Bürgertum zu interpretieren ist (II, 409ff.).

Diesem fehlt ein derartiger Schliff, eine derartige »Zivilisierung« des Benehmens. Zwar stellt das Bürgertum, insbesondere das kaufmännische, nach Elias einen zweiten sozialen Kontext dar, in dem Triebunterdrückung, Affektkontrolle und rationale Verhaltenssteuerung zu Lebensnotwendigkeiten werden, die konkrete Ausformung des psychischen Habitus und des Verhaltens ist hier jedoch von anderen sozialen Funktionen bestimmt als beim Hofadel (II, 336ff.). Im kaufmännischen Bürgertum sind es vor allem die Erfordernisse von Berufsarbeit und Kapitalakkumulation, die affekt- und triebregulierend wirken, wogegen der Bereich der Umgangsformen von geringerer sozialer Relevanz und daher in geringerem Maße elaboriert und zeremonialisiert ist (II, 416, 418). Auf der Basis derselben gesellschaftlichen Prozesse bildet sich hier eine eigenständige Form der »Zivilisation« heraus, die nur in der Anfangsphase des bürgerlichen Aufstiegs am höfischen Verhaltenskodex phänotypisch orientiert ist, sich aber keineswegs genetisch aus solcher Orientierung herleiten läßt; seit dem zweiten Viertel des 18. Jahrhunderts entwickelt sie sich im Zeichen gestiegenen bürgerlichen Selbstbewußtseins geradezu in Konkurrenz zur höfischen Zivilisation,[79] der sie in puncto Triebkontrolle, Selbstbeherrschung und Stabilität des Verhaltens nichts nachgibt, ja sie durchaus ›übertrifft‹. Das Problem, wie nun allerdings die spezifischen Erfordernisse der bürgerlichen Gesellschaft eine Trieb- und Affektkontrolle erzwingen, die noch rigider und beständiger als die des Hofmannes ist, findet man bei Elias nur in unbefriedigender Weise behandelt, der es, sieht man von wenigen Hinweisen, etwa auf den – im übrigen unklar bleibenden – Zusammenhang von Berufsarbeit und sexueller Disziplinierung, ab (I, 255; II, 401f., 417f., 429), wesentlich unter denselben übergeordneten Gesichtspunkten subsumiert wie die Genese der höfischen Zivilisation. Damit soll nicht gesagt werden, daß diese nicht stichhaltig seien, wohl aber, daß sie in vielem unspezifisch bleiben.

Mustert man die Argumente, mit denen in der bürgerlichen Pädagogik des 18. Jahrhunderts die Programmatik einer umfassenden Modellierung der Triebe und Affekte begründet wird, so zeigt sich, daß diese in der Tat immer wieder aus der Notwendigkeit der Arbeit abgeleitet wird. Das gilt zunächst dort, wo die gesellschaftliche Organisation der Arbeit reflektiert wird, und hier erweist sich die Bedeutung der von Elias hervorgehobenen Faktoren. Bereits oben ist deutlich geworden, daß den Philanthropisten die Anpassung des Kindes an die gegebene gesellschaftliche Situation, die durch Arbeitsteilung und hochgradige Verflechtung und Interdependenz der Individuen gekennzeichnet ist, als Hauptabsicht der Erziehung erscheint. Diese Situation erfordert aber nicht nur die Spezialisierung der Fähigkeiten zwecks Ausübung eines bestimmten Berufs, sondern dringt überhaupt auf Ausbildung besonderer Verhaltensweisen.

Die Einübung in die Arbeitsteilung stellt im Philanthropismus einen erklärten Erziehungsinhalt dar. In Basedows monumentalem *Elementarwerk* belehrt eine längere Passage die Kinder über die Arbeitsteilung, ebenso in Campes *Robinson,* in dem der Vater die Herstellung einer Matratze beschreibt und dabei beweist, daß es nicht übertrieben ist, »tausend Hände« als dazu erforderlich zu bezeichnen.[80] Solcher Demonstration größere Einprägsamkeit zu verleihen, hat Campe andernorts Spiele vorgeschlagen, die komplexe Arbeitsvorgänge imitieren, etwa die Herstellung eines Schranks von Auswahl, Transport und Bearbeitung des Holzes bis hin zur Fertigstellung.[81] Zu lernen ist dabei nicht nur, daß es notwendig ist, mit gut geschultem Spezialkönnen in den Arbeitsprozeß einzutreten, sondern auch, daß die wechselseitige Angewiesenheit der Individuen diesen ein beherrschtes, affektfreies Verhalten aufnötigt.

Das Funktionieren arbeitsteiliger Produktion mit ihren Konsequenzen für Geldwirtschaft, Marktentwicklung, Handel und Verkehr erfordert zunächst die Pazifizierung der Gesellschaft, den Übergang vom Gewaltprinzip zur umfassenden Verrechtlichung aller sozialen Beziehungen. Dem trägt nicht nur das staatliche Gewaltmonopol Rechnung, das diese ökonomische Entwicklung umgekehrt auch erst befördert (Elias), sondern zugleich die gesellschaftliche Ächtung der Ausübung von körperlicher Gewalt bzw. aller aggressiven Regungen überhaupt. Der französische Materialist Claude-Adrien Helvétius z.B. fordert, und darf darin als repräsentativ für seine Epoche angesehen werden, die Unterdrückung aller Leidenschaften, die »darauf ausgehen, die Menschen zu trennen«, und so dem sozialen Frieden abträglich sind. Für

Helvétius definiert sich der »bürgerliche Zustand«, d.h. der gesellschaftliche, geradezu durch die Bekämpfung aggressiver und eigensüchtiger Tendenzen.

»Die Neigungen, die die Natur zur Vereinigung der Menschen bestimmt hat, wie etwa das Vergnügen, mit seinesgleichen zusammenzuleben, das Mitleid und die Wohltätigkeit, die zunächst die Familienväter und dann die Familien einander nahebringen, wenn sich die Umstände dem nicht widersetzen: dies sind jene Gefühle, die für die ersten Vereinigungen entscheidend sind. Da aber das menschliche Herz von Leidenschaften bewegt wird, die darauf ausgehen, die Menschen zu trennen, so ergibt sich der bürgerliche Zustand oder die Zivilisation aus den Gesetzen, die diese verderblichen Leidenschaften zügeln. [...] Die Vernunft muß [...] die wahren und guten Neigungen des Menschen erforschen, um sie zu fördern und zu festigen, und sich jenen widersetzen, die dem allgemeinen Glück schaden könnten.«[82]

Aggressive und mißgünstige Regungen gelten im 18. Jahrhundert samt und sonders als Laster, auch wenn sie nicht die Schwelle zum Verbrechen überschreiten.[83] Zorn, Neid, Haß, Mißvergnügtheit und Argwohn stören das konfliktfreie und berechenbare soziale Zusammenleben, das die Voraussetzung arbeitsteiliger Ökonomie ist. Darüber hinaus unterhalten freilich alle Affekte überhaupt, und besonders die Begierden, eine geheime Beziehung zu Gewalt und Kriminalität. Zu den Topoi der Kinderliteratur gehört die Warnung vor der Eskalation der Laster mit allseits letalem Ausgang: Der unbeherrschte Wunsch, der das Kind zum Naschen in die Speisekammer oder auf Nachbars Apfelbaum treibt, wird es nach Ansicht der Pädagogen konsequent zum Gelddiebstahl und von dort zum Raubmord führen. Daß die Begierde nicht nur zur Verletzung des Gewaltverbots, sondern auch zu der des Eigentumsprinzips neigt, das ein weiterer Grundpfeiler der gegebenen Wirtschaftsform ist, verschärft das Verdikt über sie beträchtlich.[84]

Müssen die Begierden, Affekte und Leidenschaften schon aus diesen Gründen beseitigt oder gemäßigt werden, so widersprechen sie überdies dem Ideal der Geselligkeit. Zweifellos hat dieser Begriff im 18. Jahrhundert zahlreiche Facetten, von denen im vorliegenden Kontext jedoch nur eine von Bedeutung ist: ›Geselligkeit‹ ist nicht bloß eine allgemeine Umgänglichkeit und Extraversion, sondern meint im strengen Sinn zunächst ein Verhalten, das den Gegebenheiten und Erfordernissen der Gesellschaft im allgemeinen und der bestehenden Gesellschaft im besonderen adäquat ist; das »gesellige Leben«, dessen »Vortheile« in Campes *Robinson* gerühmt werden, ist das Leben in der Gesellschaft,[85] und diese ist, wie an derselben Stelle ausgeführt wird, arbeitsteilig organisiert. Die damit gegebene Interdependenz der Individuen verlangt von diesen Anpassung, Kooperationsbereitschaft und Rücksichtnahme auf die Interessen aller anderen, auf die sie angewiesen sind.[86] In Campes *Abeze= und Lesebuch* heißt es:

» *Was du willst, das dir die Leute thun sollen, das thue du ihnen auch.* Wenn wir andern Leuten etwas zu Gefallen thun, so thun sie es uns wieder; aber wenn wir selbst nicht dienstfertig sind, so will uns keiner wieder dienen. Und glaubst du wol, daß man sich immer allein helfen könnte, wenn andere Leute uns ihre Dienste versagten? [. . .] Das Wenigste von dem, was wir nöthig haben, können wir uns selbst verschaffen. Aber indem der Eine dem Andern aushilft mit dem, was er hat, oder kann, so ist uns Allen geholfen.«[87]

Nicht zuletzt aufgrund solcher materiellen Notwendigkeiten werden im 18. Jahrhundert allerorten die Tugenden der Eintracht, Hilfsbereitschaft, Sanftmut, Redlichkeit und allgemeinen Menschenliebe gefordert, die von Sulzer explizit zu den »unumgängliche[n] Tugenden für das Gesellschaftsleben« gerechnet werden.[88] Basedow propagiert in diesem Sinn die Einübung in die Geselligkeit als »Nothwendigkeit einer gesellschaftlichen Erziehung«:

»Sind nicht die gegenseitigen Pflichten derer, welche gleiche Rechte haben, diejenigen, in welchen wir der vielfältigsten Uebung bedürfen? Kann aber ein Kind, welches ohne Gespielen in Einsamkeit erzogen wird, in diesen Pflichten auf irgend eine Weise von seinen Aufsehern geübt werden?«[89]

Der Gleichgewichtszustand der Geselligkeit qua Gesellschaftlichkeit wird von Affekten und Leidenschaften empfindlich gestört. Der von diesen Beherrschte ist egoistisch, rücksichtslos und pflichtvergessen, insofern er den eigenen Wallungen nachgibt, ohne die Interessen anderer zu bedenken, die dadurch beeinträchtigt werden. Johann Stuve bemerkt:

»Wildheit und zugroße Heftigkeit der Leidenschaften macht den Menschen in der Gesellschaft überall anstoßen, und wird die Quelle vieles Mißvergnügens und Nachtheils für ihn und andere. Man muß daher das Kind gewöhnen, daß es seine Triebe bezwingen und seine Leidenschaften mäßigen kann, und eine gewisse Milde der Empfindung und des Charakters annehmen.«[90]

Es sind nicht nur die aggressiven oder eindeutig als ›lasterhaft‹ klassifizierbaren Regungen, die als »gemeinschädlich« (Stuve, ebd.) angesehen werden, jede übermäßige oder unbeherrschte Emotion ist anstößig und a-sozial.[91] Selbst ein vergleichsweise harmloser Affekt wie die kindliche Sehnsucht nach den Eltern gilt in Salzmanns *Moralischem Elementarbuch* als »unanständig« und erntet entsprechend harsche Worte.

»So geht es! fuhr der Magister fort, mit dem Sehnen nach Dingen, die man nicht haben kann. Man bringet sich nicht nur selbst um seine Freude, sondern macht auch durch das beständige Klagen und Seufzen und Wimmern und Winseln alle seine Freunde verdrüßlich. Da habe ich mich den ganzen Tag über auf diesen Abend gefreuet, und meine Frau und Kinder haben sich darauf gefreuet, da muß der Kleine – nun liebe Frau, unsere Lust ist doch verderbt, bring ihn zu Bette.«[92]

Die Asozialität des von Affekten und Leidenschaften Umgetriebenen beruht überdies auf seiner Unberechenbarkeit und Unzuverlässigkeit, durch die er sich als Ungewißheits- und Störfaktor innerhalb eines auf genaue Vorausplanung, Kalkulierbarkeit und damit Verhaltensregelmäßigkeit angewiesenen sozialen Zusammenlebens erweist.

Diese Unzuverlässigkeit gründet zum großen Teil in einer weiteren negativen Beziehung zwischen Arbeit und Affekten bzw. Leidenschaften. Diese nämlich heben nicht nur tendenziell die ›geselligen‹ Rahmenbedingungen der arbeitsteiligen Produktion auf, sondern verunmöglichen auch die Arbeitsvorgänge selbst, beeinträchtigen sie zumindest erheblich. Es ist schon oben ausgeführt worden, daß die Affekte und Leidenschaften nach Meinung einflußreicher Theoretiker des 18. Jahrhunderts die Denk- und Urteilsfähigkeit ablenken, trüben oder lähmen. Damit ist notwendig allem vernünftigen Handeln die Basis entzogen. Das gilt generell, in besonderem Maße jedoch für die Angehörigen der neuen bürgerlichen Schichten – seien sie nun in staatlichen Ämtern, im Wirtschaftsleben oder in gelehrten Berufen tätig –, deren Praxis in ein komplexes Interaktionssystem eingespannt ist, das sie jederzeit zu überschauen in der Lage sein müssen und das ihnen vielfältige intellektuelle Operationen abverlangt. Unter der Überschrift »Vorübungen der bürgerlichen und ökonomischen Klugheit [...]« – wobei »Klugheit« die »Fertigkeit, unfehlbare oder wahrscheinliche Mittel zu erlaubten Zwecken zu erfinden und anzuwenden«, bezeichnet – fordert Basedow die Schulung der Fähigkeit, »auf viele Umstände einer Sache aufmerksam zu sein, ohne irgend einen zu übergehen«, ebenso der Fähigkeit, das Wesentliche zu sehen, Mittel und Zwecke und wiederum kurzfristige und langfristige Zwecke zu korrelieren und die Aufmerksamkeit auf viele Personen gleichzeitig zu richten;[93] natürlich gehört in diesen Kontext auch die »Ueberlegung der Folgen« jeder Aktion.[94] Es handelt sich bei diesen Fähigkeiten, deren der Hofmann ebenso bedarf wie der Bürger, jedoch aufgrund anderer sozialer Erfordernisse, genau um die, die Elias unter dem Begriff der »Langsicht« gefaßt hat, mit deren sozial bedingter Verbreitung auch die »Zivilisation« des Verhaltens, die Kontrolle und Regulierung der Leidenschaften, Affekte und Begierden fort-

44

schreite. Denn zum einen erfordert die Orientierung des Verhaltens an komplexen Zusammenhängen und entfernten Zwecken, daß man, um diese zu erreichen, spontanen Wünschen, Begierden und Wallungen nicht nachgibt, zum anderen zerstört der Affekt die Langsicht als kognitives Vermögen. Ist der Affekt, wie Kant sagt, ein »Rausch«,[95] dann versinken in ihm die Zukunft und die in ihr liegenden Zwecke, das Individuum verfällt dem Augenblick, seine Fähigkeit zur Langsicht wie überhaupt seine Erkenntnisvermögen klinken aus, Blindheit tritt an ihre Stelle. Sollte sich trotz aller Selbstbeherrschungsversuche ein Affekt einstellen, so hat man alles Handeln zu vermeiden, wie Basedow fordert:

»Verschiebe, wenn es geschehen kann, eine jede wichtige Handlung, so lange Du Deinen Affect merkest. Denn er ist merklich genug, und selten sind diejenigen Handlungen, die im Affect geschehen, gut oder die besten.«[96]

Beispiele für diese Auffassung finden sich zahlreich in der Kinderliteratur. Über den Zorn etwa heißt es bei Salzmann:

»[...] wenn der Mensch erst zornig wird, so handelt er nicht mehr klug, er weis nicht mehr, was er thut, und wenn der Zorn vorbei ist, so reuet ihn sein Betragen allemal.«

Ähnliches gilt von allen starken Gemütserregungen, von der Freude nicht weniger als der Trauer, vor deren Ausschweifungen gewarnt wird, weil sie vernünftiges Handeln nicht zulassen und so die »Geschäfte« schädigen:

»»Es ist aber ein Elend, wenn man so ausschweifend trauret, daß man sich gar nicht zu fassen weis. Man richtet durch Trauern doch nichts aus; [...] Man macht durch das Trauern seinen Zustand nur noch schlimmer. Ernst wird durch das Weinen seine Augen verderben, seine Geschäfte vernachläßigen, und sich einen sehr misvergnügten Abend machen!«« [97]

Das im 18. Jahrhundert immer wieder behauptete Ausschließungsverhältnis zwischen den gegen das Prinzip der Mäßigung verstoßenden Regungen der ›inneren Natur‹ einerseits und vernunftgelenkter Arbeit andererseits ist schließlich auch vor dem Hintergrund energetischer Überlegungen zu betrachten. Diese betreffen vor allem die Sexualität, darüber hinaus aber die Affekte, Leidenschaften, Begierden usw. überhaupt.

Zu den Charakteristika der bürgerlichen Aufklärung gehört die mit außerordentlicher Intensität geführte Kampagne zur Regulierung der sexuellen Verhaltensweisen und der Einstellungen zur Sexualität.[98] Mediziner, Pädagogen und Philosophen lassen in einer Unzahl dickleibiger

Schriften eine beeindruckende Versammlung geschlechtlicher Verirrungen Revue passieren – ›Verirrungen‹ gemessen an dem, was jetzt als »Absicht der Natur« angesehen und als verpflichtende gesellschaftliche Norm festgesetzt wird. Die Grundüberzeugung dieser Schriften lautet in den Worten Gottscheds:

»Nun ist die Absicht der Natur in dem Beyschlafe, ohne Zweifel, die Fortpflanzung der Geschlechter [. . .] gewesen. [. . .] Folglich soll ein Tugendhafter, die Beywohnung, nur als ein Mittel zum Kinderzeugen ansehen: und also müssen sich alle dazu untüchtigen Personen, oder die solche Absicht nicht haben, des Beyschlafes gänzlich enthalten.«[99]

Die Reduktion der Sexualität auf die Fortpflanzungsfunktion impliziert die Verurteilung aller über diese hinausgehenden, bloß lustbezogenen Aktivitäten. Lust darf nicht der Zweck des Beischlafs sein und wird konsequenterweise als ein »sehr kurzes und nichtiges Vergnügen«, an dem überdies die »eitle Einbildung« großen Anteil habe, heruntergespielt.[100] Schon innerhalb der Ehe hat daher, soll nicht gerade der »Absicht der Natur« Genüge getan werden, »Keuschheit« zu walten, außerhalb der Ehe darf es überhaupt keine sexuelle Betätigung geben. Sind »Ehebruch«, »Hurerey«, »stumme und sodomitische Sünden« Übertretungen des »Gesetzes der Natur«, so ist es nicht mehr als gerecht, daß diese dem Täter mit drakonischen Strafen an Leib und Leben geht, zu denen sich auch noch soziale Sanktionen und nicht zuletzt finanzielle Folgen gesellen.[101] Allerdings werden nicht selten auch die schädlichen Auswirkungen völliger Enthaltsamkeit bei Erwachsenen bemerkt, die dem Gebot der Mitte nicht minder widerspricht – wobei freilich niemals dem Lustprinzip das Wort geredet wird, sondern lediglich der Erhaltung der Gesundheit gedient werden soll. Im Kampf gegen die von der Norm abweichende Sexualität gilt ein nachgerade obsessives Interesse der Onanie der Kinder, die als Sachverhalt offenbar erst einmal präzis umrissen werden mußte.[102] Dem Zweck der völligen Unterbindung der Onanie widmen sich im 18. Jahrhundert mehr als fünfzig, zum Teil auflagenstarke Werke;[103] von den sechzehn Bänden der *Allgemeinen Revision* befassen sich allein zwei vielhundertseitige mit dem Thema »Selbstschwächung«.

Die Deutung der skizzierten Vorgänge, ihrer historischen Hintergründe und der Intentionen, die ihnen zugrunde liegen, hat durch Michel Foucaults leider unvollendet gebliebenes Werk über »Sexualität und Wahrheit« neue, wenn auch nicht unproblematische Impulse empfangen. Vehement attackiert Foucault den weithin bestehenden Konsens, daß sich die Geschichte der Sexualität seit dem 17. Jahrhundert als Geschichte ihrer Unterdrückung schreiben lasse, einer Unterdrückung, die im Zuge der Etablierung neuer Produktionsweisen notwendig werde, um die Energie unproduktiver Lüste in die Bahnen gesellschaftlich nützlicher Arbeit zu lenken. Diese These ist im mehr oder minder expliziten Anschluß an die Freudsche Trieb- und besonders die Sublimierungstheorie verschiedentlich vertreten worden. Mit Freud geht etwa Herbert Marcuse davon aus, daß die unabhängig von gesellschaftlichen Faktoren lebensnotwendige Arbeit die Abkehr vom Lustprinzip erzwinge, d.h. eine gewisse Unterdrückung und Modifizierung der Triebe, vor allem des Sexualtriebs. Nicht nur werde deren Befriedigung während der Dauer der Arbeit suspendiert, auch die Energie der Triebe müsse dieser zugeführt werden.[104] Denselben Gedanken hat auch Georges Bataille formuliert:

»Der Mensch ist zunächst ein Tier, das arbeitet, das sich der Arbeit unterwirft, und aus diesem Grunde auf einen Teil seiner Exuberanz verzichten muß. [...] Jeder Mensch verfügt über eine begrenzte Energie-Summe, und wenn er einen Teil für die Arbeit verwendet, ist der erotische Energie-Verbrauch um dieses Quantum vermindert.«[105]

Über Freud hinausgehend hat Marcuse das Ausmaß der Triebunterdrückung von historischen Bedingungen, den Produktionsweisen und Herrschaftsformen, abhängig gemacht. Besonders durch die Inthronisation des »Leistungsprinzips« komme es zu einem Schub von »zusätzlicher Unterdrückung«, die das Maß der zur Lebenserhaltung notwendigen weit überschreite. Der Körper werde hier zu einem Arbeitsinstrument umgeformt und die Sexualität auf die Fortpflanzungsfunktion eingeschränkt und ›genitalisiert‹.[106] Ganz in diesem Sinn hat auch Jos van Ussel die »Sexualunterdrückung« und »Sexualfeindschaft« in den bürgerlichen Schichten seit der frühen Neuzeit auf die Ausbildung von Arbeitsethos und Leistungsdenken zu beziehen versucht.[107]

Folgt man demgegenüber Foucault, der seine Geschichte der Sexualität als Exemplifikation seiner Theorie der Macht bzw. der Techniken von Macht entwirft, so scheint es zunächst, als müsse man die »Repressionshypothese« und das energetische Modell ad acta legen. Nicht eine viktorianische Untersagung und Verheimlichung des Sexuellen ist für Foucault das wesentliche Charakteristikum der letzten Jahrhunderte, sondern vielmehr seine explosionsartige »Diskursivierung«, die im 19. Jahrhundert zur Entstehung einer von der Biologie der Fortpflanzung unterschiedenen »scientia sexualis« führe. Solcher Organisation von Wissen, die Foucault als Mechanismus eines historisch neuartigen Machttyps interpretiert, steht die Sexualität nicht als ein ihr vorgängiges Äußeres gegenüber, sondern konstituiert sich allererst in ihrem Verlauf: Die vielfältigen peripheren Sexualitäten (die des Kindes, der hysterischen Frau, der Homosexuellen, der Perversen etc.) – und im Gegenzug die ›normale‹ Sexualität – werden nicht entdeckt und bewertet, sondern durch Isolierung und Spezifizierung überhaupt erst als Verhaltensmuster verfestigt und den Körpern »eingepflanzt«.[108] Foucault leugnet weder grundsätzlich Momente der Repression von Sexualität noch die diese betreffenden Sprachregelungen, sieht in ihnen jedoch lediglich taktische Elemente in einer umfassenderen, komplexen Strategie der Macht, die in erster Linie auf anderes zielt und anderes bewirkt,[109] nämlich die Ausstreuung, Anreizung und Intensivierung »polymorpher Sexualitäten« (23, 8, 20ff. u.ö.). Diese sozial und ökonomisch fundierte historisch neue Form von Macht stützt sich nicht, wie die bis dahin dominante ältere, auf das »Vorrecht, sich des Lebens zu bemächtigen, um es auszulöschen« (162), sondern tendiert dazu, »Kräfte hervorzubringen, wachsen zu lassen und zu ordnen, anstatt sie zu hemmen, zu beugen oder zu vernichten« (163); sie ist nicht repressive Herrschaft, sondern eine gerade durch ihre »produktive Effizienz« (106) gekennzeichnete »strategische Situation«.[110] Konkret habe sich diese »Macht zum Leben« in zwei Hauptformen entwickelt: 1. in den Techniken der Disziplinierung, die die Dressur des Körpers, die Steigerung und Ausnutzung seiner Kräfte und Fähigkeiten sowie seine totale Kontrolle ermöglichen und die Individuen an der Norm ausrichten;[111] 2. in der »Bio-Politik der Bevölkerung«, die die Geburten- und Sterblichkeitsrate, die Fortpflanzung, die Gesundheit usw. kontrolliert und reguliert (166ff.) und in der Tat seit dem Merkantilismus zu den Grundfesten der ökonomischen Theorie gehört.[112] Die zentrale Bedeutung der Sexualität innerhalb dieser »politischen Technologie des Lebens« (173) erklärt sich aus ihrer Stellung quasi am Kreuzungspunkt beider Tendenzen: »Der Sex eröffnet den Zugang sowohl zum Leben des Körpers wie zum Leben der Gattung« (174). Er vor allem muß daher beobachtet, geprüft, organisiert, normalisiert und auf diese Weise ganz und gar von Machtprozeduren durchdrungen, nicht aber prinzipiell unterdrückt oder verdrängt werden.

In sich problematisch scheint mir Foucaults Theorie dort zu werden, wo er auf die sozialen und ökonomischen Aspekte des neuen Machttypus zu sprechen kommt. 1. Ebenso wie die »Repressionshypothese« stellt Foucault die historischen Wandlungen im Bereich des Sexuellen in den Zusammenhang des Aufstiegs der bürgerlichen Klasse, behauptet jedoch im Gegensatz zu ihr, daß das Bürgertum keine Askese anstrebe, sondern gerade eine Aufwertung des Körpers, dessen Stärke, Gesundheit und Zeugungskraft gesteigert werden sollten.[113] Im Zuge der Diskursivierung der Sexualität tendiere das Bürgertum dazu, sich primär aus Gründen seiner Selbstaffirmation »eine Sexualität zu geben und sich von da aus einen spezifischen Körper, einen ›Klassenkörper‹ [...] zu erschaffen« (149). Es fragt sich allerdings, ob das, was Foucault erstmals, und zwar mit einigem Recht, positiv formuliert, tatsächlich in unvereinbarem Gegensatz zu dem steht, was die »Repressionshypothese« in Begriffen der Negation ausgedrückt hatte. Denn die bürgerliche »Selbstsexualisierung« bezieht sich unzweifelhaft auf das Sexuelle im Sinne der diskursiv erstellten Normalität und impliziert damit zwangsläufig den Verzicht auf die Praktiken der »peripheren Sexualitäten«. Auch wenn man einmal zugeben mag, daß letztere – ebenso wie »›die Sexualität‹« und »›der Sex‹« – vielleicht nicht Naturgegebenheiten sind, die im 18. Jahrhundert vorgefunden und (negativ) bewertet, sondern in der Ausübung der neuen Machttechniken erst »hervorgerufen« werden (64, vgl. 59, 87f., 119f., 127f., 179ff.), so muß man doch von *irgendeinem* realen Substrat der Diskursivierung ausgehen, von irgendwelchen Praktiken des Körpers, auf die im Zuge der Kodifizierung sexueller Normalität, so sehr man diese auch als Form der »Sexualisierung« und damit als *Konstitutions*prozeß begreifen mag, Verzicht geleistet werden muß.

2. Die »politische Technologie des Lebens« mit ihrer Steigerung der individuellen und kollektiven Kräfte ist für Foucault ein entscheidender Faktor der Wirtschaftsgeschichte, »ein unerläßliches Element bei der Entwicklung des Kapitalismus«. Denn zum einen erlaubt sie »die Abstimmung der Menschenakkumulation mit der Kapitalakkumulation, die Anpassung des Bevölkerungswachstums an die Expansion der Produktivkräfte«, zum anderen gelingt ihr auf der Ebene der Individuen »die kontrollierte Einschaltung der Körper in die Produktionsapparate« (168). Hier nun scheint durch die Hintertür des Theoriegebäudes hereinzuschleichen, was Foucault zum Haupteingang hinausgetrieben hat, nämlich eine Spielart des an der »Repressionshypothese« gerügten »verschwommenen Energetismus [...], der dem Gedanken einer aus ökonomischen Gründen unterdrückten Sexualität zugrundeliegt« (138). Denn nicht zum geringsten Teil besteht die Anpassung des Körpers an die Produktionsweise in der »Verwaltung und Verteilung seiner Kräfte« (168), in der »Abstimmung und Ökonomie der Energien« (173) – eine These, die der Verschwommenheit keineswegs schon dadurch entgeht, daß sie den psychoanalytischen Rekurs auf eine »mythische« Triebtheorie[114] durch beredtes Schweigen über die Herkunft der Energie ersetzt.

Die Problematik des Energetismus, dem auch Foucault heimliche Zugeständnisse macht, und seiner Stringenz als theoretische Konstruktion kann natürlich hier – und vielleicht überhaupt – nicht abstrakt geklärt werden. Mit Blick auf die Quellen des 18. Jahrhunderts läßt sich aber –

was Foucault übersieht – immerhin so viel feststellen, daß der in ihnen konzipierte Zugriff auf die Sexualität, der auf Mäßigung und Normalisierung zielt, häufig ausdrücklich in Beziehung zur Arbeitspflicht gesetzt und mit energetischen Überlegungen begründet wird. Es war nicht erst Freud, der im Anschluß an naturwissenschaftliche Paradigmen des 19. Jahrhunderts das energetische Denken in die Anthropologie und Psychologie eingeführt hat,[115] bereits im 18. Jahrhundert war es verbreitet: Man denke etwa an Hufelands *Makrobiotik* (1796), in der die einflußreiche, aber keineswegs singuläre Theorie einer »Lebenskraft« entwickelt wird (vgl. z.B. auch S. A. D. Tissot), von der jedes Lebewesen ein bestimmtes Quantum habe, mit dem es haushalten müsse. Das gefährlichste unter allen »Lebensverkürzungsmitteln« sei die sexuelle Ausschweifung und insbesondere die Onanie, da mit dem Samen die Lebenskraft in ihrer »konzentriertesten Gestalt« verausgabt werde. Daraus folgten das baldige »Verwelken des Körpers«, völlige »Kraftlosigkeit« und »Untätigkeit« im allgemeinen und eine »Schwächung der Denkkraft« im besonderen, da die Verrichtungen des Denkens und des Zeugens – die Sublimierungstheorie ist nah! –

»miteinander im umgekehrten Verhältnis stehen, und einander gegenseitig ableiten. Je mehr wir die Denkkraft anstrengen, desto weniger lebt unsre Zeugungskraft; je mehr wir die Zeugungskräfte reizen und ihre Säfte verschwenden, desto mehr verliert die Seele an Denkkraft, Energie, Scharfsinn, Gedächtnis.«[116]

Hufeland verleiht hier mehr oder weniger einem zeitgenössischen Konsens Ausdruck, den auch die pädagogischen Schriften gegen ›Unzucht‹ und Onanie teilen. Auch in ihnen wird, wie schon der Terminus der »Selbstschwächung« zeigt, der enorme und irreversible Verlust an Energie, Körper- und Geisteskräften als unausbleibliche Folge unerlaubter sexueller Befriedigungen beklagt.[117] Damit ist die Fähigkeit zur Arbeit zerstört, da es einerseits an den intellektuellen Voraussetzungen, andererseits an der nötigen Kraft und Ausdauer fehlt, ganz abgesehen von der körperlichen Gesundheit, die, so versucht eine ungeheure imaginäre Symptomatologie nachzuweisen, hoffnungslos ruiniert werde. Die Bilanz eines wollüstigen Lebens kann für J. F. Oest und seine Zeitgenossen nur lauten,

»daß alle Berufsgeschäfte des Menschen darüber vernachläßigt worden sind; das Vermögen ist verschwendet worden; die Kräfte der Seele und des Leibes sind verschwendet worden.«[118]

Gemäß dem Arbeitsbegriff des 18. Jahrhunderts ist dies keine Privatangelegenheit, sind doch die »Kräfte und Gesundheit«, deren sich der Lasterhafte beraubt, Potentiale, »auf die die Welt mit Recht Anspruch machen kann.«[119] Der Schaden des Individuums ist zugleich der der Gesellschaft und des Staates; amoralisch sind ›Unzucht‹ und Onanie daher schon deshalb, weil sie die Erfüllung der Arbeitspflicht unmöglich machen,[120] und nicht zuletzt daraus erklärt sich Campes Ruf nach obrigkeitlichen Maßnahmen gegen die vermeintliche »Ausbreitung der Unzucht«.[121]

Die Quellen lassen somit die Feststellung zu, daß die bürgerlich-aufklärerische Kampagne zur Modellierung der Sexualität zumindest partiell im Zeichen der Sicherung der Arbeitskraft geführt wird, deren Schwächung durch die »Verschwendung« von psychischer und physischer Energie für ›anormale‹ sexuelle Betätigung vermieden werden soll. Unter dieser Perspektive ist es kein Zufall, daß sich die Radikalisierung des Arbeitsethos und des Zugriffs auf die Sexualität zur selben Zeit vollziehen.

Das energetische Kalkül erstreckt sich über die Sexualität hinaus auf alle Äußerungen der ›inneren Natur‹, Affekte, Leidenschaften u.ä., die als ›unökonomische‹, nutzlose und fehlbestimmte Akkumulationen oder Entladungen von Energie betrachtet werden, die nützlichen Verwendungen zugeführt werden könnte und sollte. Johann Georg Heinrich Feder beispielsweise schreibt allgemein:

»Der Affect treibt die Kräfte schneller zusammen und hervor. Aber eben deswegen richtet er im ganzen weniger aus. Denn er verschwendet die Kraft; indem er mehr anregt, als auf einmal zweckmäßig verwendet werden kann; und verursacht durch unmäßige Anstrengung frühere Ermüdung und Erschlaffung. Nicht zu gedenken, daß im Affecte manches verkehrt angefangen, unrecht fortgesetzt, eingerissen wird [. . .]«[122]

Andere Autoren sind ähnlicher Meinung. Nach Johann Stuve »erschöpft« eine »zuheftige feurige Liebe« – auch ohne jede sexuelle Schwächung – »die Kräfte«; Traurigkeit »verzehret die Kräfte des Körpers und des Geistes«, und ebenso greifen Haß, Neid und Eifersucht »den Körper heftig an, und schwächen ihn«.[123] Das steht in striktem Widerspruch zum Ideal einer Ökonomie der Kräfte, wie es auch Peter Villaume vorschwebt, wenn er fordert, man solle das Kind »seine Kräfte auf eine nützliche Art brauchen« lehren.[124]

Die bürgerliche Tugendkonzeption, wie sie sich in der aufklärerischen Pädagogik manifestiert, beinhaltet also ein ausgedehntes Programm der Modellierung nicht nur des Verhaltens, sondern auch der psychischen Struktur selbst. Es liegt auf der Hand, daß solche Tugend ein selbst gegenüber dem höfischen Verhaltensmodell erhöhtes Maß an Verzicht, Selbstkontrolle und -disziplin vom einzelnen fordert und daß diese Eigenschaften im Lauf der Sozialisation mühsam erworben werden müssen. Im Anschluß an Elias[125] läßt sich feststellen, daß die Kindererziehung mit dem Fortschreiten des Zivilisationsprozesses und der damit sich vergrößernden zivilisatorischen Distanz zwischen Kindern und Erwachsenen an Bedeutung gewinnt und sich als planmäßiger Vorgang etabliert und daß es überhaupt erst diese Distanz ist, die die von Philippe Ariès in die Diskussion gebrachte »Entdeckung der Kindheit«[126] als eines vom Erwachsenenalter unterschiedenen Entwicklungsstadiums möglich werden läßt. Aus dieser Perspektive erklärt sich der erstaunliche Aufschwung der Pädagogik im 18. Jahrhundert als Antwort auf das unter den Bedingungen der bürgerlichen Gesellschaft noch einmal bedeutend gewachsene Bedürfnis nach Techniken, mittels deren das Kind auf das zivilisatorische Niveau der Erwachsenen gehoben werden kann.[127]

Die Vernunft, in deren Namen die psychische Modellierung erfolgen und der die Erziehung zur Herrschaft im Subjekt verhelfen soll, trägt deutliche Züge von »Zweckrationalität« (Max Weber) bzw. »instrumenteller Vernunft« (Max Horkheimer). Deutlich zeigt sich das bei der Begründung der Affektdämpfung: Erscheint diese einerseits notwendig, um einen ›klaren Kopf‹ zu behalten und durch selbständiges Denken zur geistigen Mündigkeit gelangen zu können, so reduziert sich dieses Denken andererseits zur Voraussetzung planmäßiger Arbeit, die wiederum dem bürgerlichen Aufstieg dient. Es ist zwar ersichtlich, daß die aufklärerische Vernunft des 18. Jahrhunderts sich nicht damit begnügt, geeignete Bedingungen und Mittel zur Erreichung anderweitig vorgegebener Zwecke zu schaffen, sondern immer auch diese selbst als vernünftig zu legitimieren sucht. Es ist aber ebenso ersichtlich, daß es sich dabei zumeist um eine bloße Identifikation des ›Vernünftigen‹ mit bürgerlichen Interessen, die als schlechthin ›menschliche‹ universalisiert werden, handelt, eine Identifikation, die ihrerseits der vernünftigen Reflexion entzogen wird – und allemal im Kontext der Erziehung. Vom Stillstehen des Prinzips des methodischen Zweifels, des von Thomasius und Kant geforderten selbständigen Denkens vor bestimmten Axiomen, zu denen die Vernünftigkeit der bürgerlichen Tugendpostulate gehört, wird noch ausführlicher zu sprechen sein.[128]

3. Furcht als Störfaktor der bürgerlichen Ordnung. Bürgerliche Furchtfeindschaft und Furchtbekämpfung

Aus den geschilderten Wertvorstellungen und Normen erklärt sich die weithin ablehnende Haltung der Aufklärer zur Furcht, die im folgenden zu rekonstruieren ist.

Natürlich wird auch im 18. Jahrhundert nicht geleugnet, daß Furcht durchaus positive, ja lebensnotwendige Funktionen erfüllen kann. Die Furcht nämlich, die in aller Regel als eine dem Prinzip der Mäßigkeit tendenziell entgegengesetzte, unkontrollierte Regung gilt, ist in »mäßigem« Umfang ein Werkzeug des »Selbsterhaltungstriebs«, wie John Locke feststellt:

»Furcht ist eine Leidenschaft, die, recht geleitet, ihren Nutzen hat. [...] Die Furcht ist uns als Mahner gegeben worden, um unsere Aufmerksamkeit zu wecken und uns vor drohendem Übel auf der Hut sein zu lassen; keine Furcht vor drohendem Mißgeschick zu haben, die Gefahr nicht richtig einzuschätzen, sondern unüberlegt in sie hineinzustürzen, ganz gleich, was auf dem Spiel steht, nicht zu bedenken, welchen Nutzen oder welche Folgen es haben könnte, das ist nicht die Entschlossenheit eines vernunftbegabten Wesens, sondern tierische Wut. [...]
Wo sich Gefahr zeigt, kann Besorgnis nicht fehlen, es sei denn, man sei stumpfsinnig; wo Gefahr ist, sollte auch das Bewußtsein der Gefahr sein und so viel Furcht, daß sie uns wach sein läßt und unsere Aufmerksamkeit, Bedachtsamkeit und Tatkraft erregt, nicht aber den ruhigen Gebrauch unserer Vernunft stört oder uns an der Ausführung dessen hindert, was sie uns vorschreibt.«[129]

Mäßige Furcht hat eine Schutzfunktion: Zum einen aktiviert sie die zur Überwindung der Gefahren notwendigen Eigenschaften, zum anderen könnte sie in einem System sich gegenseitig ausbalancierender emotionaler Regungen das Korrektiv für die ›unvernünftigen‹ – weil das Prinzip der Mäßigkeit mißachtenden – Formen des Muts bilden: für Über-Mut, Toll-Kühnheit, Waghalsigkeit. »[...] denn Tollkühnheit und Gleichgültigkeit gegenüber Gefahren sind ebenso unvernünftig wie Zittern und Zagen vor jedem kleinen Übel, das auf uns zukommt«.[130] Dergleichen Äußerungen über die mögliche positive Wirkung mäßiger Furcht finden sich auch bei Johann Georg Heinrich Feder:

»Mäßige Furcht, indem sie die Aufmerksamkeit verdoppelt, kann scharfsichtig, vorsichtig und wirksam machen«,[131]

und Jean Paul:

»Die Furcht kann in kleinen Gaben so langsam und so berechnet gegeben werden, daß sie immer mehr ein Reiz des Entschlusses und des Denkens wird als ein Gift beider.«[132]

Doch kaum kann man in dem, was in solchen Aussagen noch als »Furcht« gelten darf, den Affekt erkennen, vor dem in der überwiegenden Mehrzahl der Fälle so heftig gewarnt wird. Die »mäßige Furcht« muß wohl eher mit der »Besorgnis« (John Locke) identifiziert oder mit den löblichen Eigenschaften der Vorsicht, Wachsamkeit, Aufmerksamkeit und Besonnenheit in Verbindung gebracht werden; mit Freud zu sprechen, handelt es sich bei ihr um »Angstbereitschaft«, nicht um »Angstentwicklung«.[133] Solch zweckmäßig mäßige Furcht aktiviert gerade die Verstandestätigkeit, Umsicht und Tatkraft, Fähigkeiten also, die unter der zum Affekt gewordenen Furcht am meisten leiden. Sind diese Fähigkeiten einmal geweckt, so macht sich die hemmende Wirkung der Furcht bereits wieder geltend:

»Wer das *Böse* kennt und verabscheut, wie es die *Vernunft* kennen und verabscheuen lehrt, der widersetzt sich ihm gewiß ohne *Zorn* und *Furcht* besser, als der Zornige und Furchtsame.« (Feder)[134]

Sobald aber die Furcht den Grad des Mäßigen überschreitet, wird sie allemal schädlich, und diese Eigenschaft prägt im 18. Jahrhundert zumeist ihren Begriff überhaupt, der alle Merkmale des unbeherrschten Affekts beinhaltet.

Ebensowenig wie die meisten als Laster erkannten inneren Regungen ist die Furcht ein Affekt, der erst unter den besonderen historischen Bedingungen des 18. Jahrhunderts als unheilvoll angesehen wird. Vielmehr ist die aufklärerische Bekämpfung der Furcht eine Transformation des alten Tapferkeitsideals, mit dem sie freilich nicht mehr allzuviel zu tun hat. Denn während es im 18. Jahrhundert um eine ausgesprochen ›zivile‹ Form der Furchtfreiheit geht, ist der ursprüngliche Sinn der Tapferkeit ein kriegerischer. In der Antike – bei Platon beispielsweise[135] – ist die Tapferkeit eine vor allem den Kriegern zugeordnete Tugend. Für diese ist Tapferkeit als Überwindung der Furcht vor dem todbringenden Gegner eine Überlebensnotwendigkeit,[136] die ihren gewissermaßen ideologischen Niederschlag im Begriff der kriegerischen Ehre findet. Auch im Ethos des mittelalterlichen Rittertums, das sich vor allem durch seine kriegerischen Aufgaben definiert,[137] nimmt die Tapferkeit einen zentralen Ort ein.[138] Und natürlich gehören Tapferkeitsideal und Furchtverachtung für den Erben des mittelalterlichen Rittergedankens, den bis ins 19. Jahrhundert meist adeligen Offizier, weiterhin unbezweifelt zu den Ingredienzien seines Ehrgefühls. Ihm gegenüber kommt der Vorwurf der Zaghaftigkeit einer Duellforderung gleich.[139] Es liegt auf der Hand, daß in Kriegszeiten auch in nicht als Kriegergesellschaften anzusehenden sozialen Formationen ein Interesse an Aktivierung kriegerischer Tugenden besteht, während man gleichzeitig die Furcht als schändlich und unehrenhaft verwirft. Solche Wertsetzungen findet man überall, wo es um Kriegführung geht – bis ins 18. Jahrhundert, ja bis in die Gegenwart. Man denke an Paul Flemings im Dreißigjährigen Krieg verfaßtes Sonett *Er beklagt die Änderung und*

Furchtsamkeit itziger Deutschen oder an Gleims *Preussische Kriegslieder in den Feldzügen 1756 und 1757 von einem Grenadier.*[140] Noch Friedrich Eberhard von Rochow exemplifiziert die Tugend des Muts und der Unerschrockenheit an einem »guten Soldaten«.[141] – Doch nicht nur in derartiger mehr oder weniger situationsbezogener Kriegspropaganda tauchen im 18. Jahrhundert das kriegerische Ideal der Tapferkeit und die Geringschätzung der Furcht auf; eine Funktion erfüllen sie auch in der waffenklirrenden frühpatriotischen Dichtung aus dem letzten Drittel des 18. Jahrhunderts, in der Germanentum, Freiheit und Heroismus in Abgrenzung gegen den Absolutismus und seine an Frankreich orientierte Hofkultur gepriesen werden.[142]

Doch nicht von solchen kämpferischen Traditionen der Diskreditierung der Furcht soll hier die Rede sein. Denn weniger einem ›Kampfesgeist‹ als den Lebensbedingungen der bürgerlichen Gesellschaft gilt die Furcht während der Aufklärungszeit als abträglich. Weniger die Herstellung eines guten Soldaten, als die Bildung eines verläßlichen und nützlichen Bürgers ist das Ziel der aufklärerischen Kampagne gegen die Furcht.

Die Furcht wird im 18. Jahrhundert, wie schon erwähnt, als eine »Leidenschaft« bzw. ein »Affekt« angesehen[143] und teilt in dieser Bestimmung alle Vorwürfe, die man den unbeherrschten Gemütsregungen macht. Punkt für Punkt wiederholen sich im Falle der Furcht jene Argumente, die man gegen die ungezügelten Leidenschaften und Affekte aufmarschieren läßt. Daß der Furchtaffekt nach den Theorien des 18. Jahrhunderts den Gebrauch der Erkenntnisvermögen beeinträchtigt, wenn nicht vereitelt, ist schon oben gezeigt worden. Bereits die sinnliche Wahrnehmung ist schwer gestört, wie Salzmann feststellt:

»Mit der Furcht ist es aber gar eine schlimme Sache. Wenn sie bey einem Menschen stark wird, so sieht er nicht mehr recht, und hört nicht mehr recht, es kommt ihm vor, als wenn alles Böse, an das er denkt, wirklich da wäre.«[144]

Die Trübung der Sinne, des Urteilsvermögens und des Verstandes verschleiert den eigentlichen Anlaß der Furcht, läßt ihn undurchschaubar werden und vergrößert ihn grenzenlos. »Alles Böse«, an das der Fürchtende denkt, scheint ihm »wirklich da« zu sein. Wäre er bei Sinnen, so fände er, »was der Furchtsame fast immer finden würde, wenn er sich nur Zeit zum Untersuchen nähme – daß er gar nicht Ursache gehabt hätte, zu erschrecken« (Campe).[145] Sofern ein Übel überhaupt vorhanden ist, erscheint es im Affekt der Furcht weit schlimmer, als es ›in Wahrheit‹ ist, und dies erklärt, warum die Furcht als quälender als das eigentliche Übel gelten kann. Barthold Heinrich Brockes dichtet:

»Ein kluger Wund = Artzt schneidet drein,
Eh' er vom Schneiden viel erzählet.
Warum? er weis, daß insgemein
Die Furcht mehr, als das Uebel quälet.«[146]

Verantwortlich für diese Eskalation des Grauens ist die vom Furchtaffekt entfesselte, diesen wiederum steigernde und so einen Teufelskreis in Bewegung setzende Phantasie, die an der Stelle von klarer und deutlicher Wahrnehmung und vernünftigem Nachdenken ihre Herrschaft im fürchtenden Individuum errichtet. Dieses erkennt nicht mehr, was *ist,* sondern hält für Realität, was seinen Ursprung in der Phantasie hat. Heftige Furcht ist daher eine Form des Realitätsverlusts. Die verhängnisvolle Koalition von Furcht und Phantasie ist freilich keine Entdekkung des 18. Jahrhunderts, sondern wurde bereits viel früher beschrieben, bei Montaigne etwa, bei Shakespeare oder in den einflußreichen Ausführungen des Nicole Malebranche zur Einbildungskraft.[147] Im Zeitalter der Aufklärung gewinnt sie jedoch einen neuen Stellenwert und wird zum Gegenstand ständiger Warnungen. Ihre größte Aktivität entfalte die Phantasie, so liest man bei Ernst Platner, im Schlaf, im Fieber und in der Furcht,[148] und ähnlich äußert sich Jean Paul: »Übrigens treibt die Phantasie in keiner Seelenbewegung – nicht einmal in der Liebe – ihre Schaff- und Herrschkraft so weit als in der Furcht [. . .]«.[149] Daß die Furcht Einbildungen sehen und für Realität halten läßt, muß Freitag in Campes *Robinson* erfahren – »seine Furchtsamkeit hat ihm wieder einen Streich gespielt und ihn Etwas sehen lassen, was nicht da war« –, und nicht besser ergeht es dem kleinen Ludwig in Salzmanns *Moralischem Elementarbuch:*

»Itzo gieng der Mond auf und erleuchtete den ganzen Wald. Dadurch wurde die Furcht des armen verirrten Männchens noch mehr vergrößert. [. . .] nun sah er neben und über sich Dinge, die, wegen des schwachen Lichtes des Mondes, ein sehr sonderbares Ansehn hatten. Nicht weit von ihm saß ein schwarzes Männchen, das von Zeit zu Zeit ihm mit dem Kopfe zunickte, hinter demselben sah eine Nonne mit einem weißen Schleier, aus einem Busche hervor, da winkte eine lange hagere Gestalt, aus jener Eiche guckte, hu! hu! hu! ein Todtenkopf [. . .] In der That war von allem diesen gar nichts da. Es waren nichts als Büsche, Zweige, dürre Aeste, die aber Ludwig, weil das Mondenlicht nicht helle genung war, nicht gehörig erkennen konnte, und die ihm so schrecklich vorkamen, weil die Furcht seine Gedanken so verwirret hatte, daß er weder Gelassenheit genung hatte sie hinlänglich zu betrachten, noch Muth genung sie in der Nähe zu untersuchen.«[150]

Im Wechselverhältnis der Furcht zur Phantasie liegt ihre Tendenz zur unkontrollierten Eskalation aus dem Status einer vernünftigen ›Mahnerin‹ vor Gefahren (John Locke) in verzweifelte Panik und völlige Realitätsblindheit. Unüberhörbarer Zweifel am Nutzen auch der »mäßigen Furcht« meldet sich zu Wort. Denn schon Besorgnis und Wachsamkeit neigen zur Entfesselung der Einbildungskraft und verhindern damit die richtige Erkenntnis der Realität. Rousseau beschreibt die Situation des Wachsamen in der Nacht:

»Höre ich gar nichts, bin ich darum nicht weniger unruhig, denn man könnte mich ja geräuschlos überfallen. Ich muß mir die Dinge vorstellen, wie sie vorher waren, wie sie noch sein müssen, und sehen, was ich nicht sehe. Muß ich so meine Vorstellungskraft einsetzen, bin ich ihrer bald nicht mehr Herr, und was ich unternommen hatte, um mich zu beruhigen, dient nur noch dazu, mich noch mehr zu alarmieren. Bei jedem Geräusch höre ich Diebe; höre ich nichts, so sehe ich Gespenster; die Wachsamkeit, die mir die Sorge um meine Selbsterhaltung eingibt, verschafft mir nur Anlaß zu Angst und Schreck. Nur meine Vernunft könnte mich beruhigen, aber der Instinkt, stärker als sie, spricht eine andere Sprache zu mir.«[151]

Wenn Furcht durch Anregung der Phantasie Gespenster entstehen läßt, so liegt nach Auffassung der Aufklärer eine große Gefahr darin, daß sich die momentane Verwirrung des von ungehemmter Einbildungskraft beherrschten Individuums zu dauerndem Aberglauben verfestigt. Campe etwa erklärt die Genese des Aberglaubens aus dem individuellen psychischen Vorgang, in dem der vom Affekt Verwirrte die Welt mit Phantasmen bevölkert.

»Siehst du, Freitag, rief ihm Robinson mit freundlicher Stimme entgegen, was die Furchtsamkeit uns Alles weismachen kann? Wo sind denn die großen glühenden Augen? Wo ist der ungeheure Rachen, den du vorher zu sehen glaubtest?
Freitag. Es kam mir doch wirklich so vor, als wenn ich sie sähe! Ich hätte darauf schwören wollen.
Robinson. Daran zweifle ich nicht, daß es dir so vorkam; aber du hättest wissen sollen, daß die Furchtsamkeit eine Lügnerin ist, die uns allerlei vorgaukelt, was gar nicht da ist. – Sieh, Freitag, so sind alle die alten Weibermährchen von Gespenstern, und ich weiß nicht, von was für anderen Undingen mehr, entstanden! Die Urheber solcher abgeschmackten Histörchen waren furchtsame alte Mütterchen, oder ihnen ähnliche Hasenfüße von Männern, die so wie du, sich einbildeten, Etwas zu sehen, was nicht da war und die dann nachher, gerade so wie du, betheuerten, daß sie wirklich so Etwas gesehen hätten. Werde ein Mann, Freitag; siehe künftig zweimal zu und verbanne aus deinem Herzen alle weibische Furchtsamkeit!«[152]

Trübt die Furcht die Wahrnehmung, aktiviert sie die Phantasie und beseitigt sie durch die Lähmung von Verstand und Vernunft das Korrektiv dieser Phantasie, so hat das gravierende Folgen für jede Form von Praxis. Da die Furcht das »gewöhnliche Vermögen zur Ueberlegung der Handlungen« raubt (Basedow),[153] kann es zu keiner sinnvollen Reaktion auf die furchterregende Situation kommen. Wenn sich der Fürchtende zum Handeln entschließt, dann ist mit diesem nicht viel Staat zu machen: Es ist irrational und zweckwidrig. Campe bemerkt:

»O, zu was für thörichten und schädlichen Entschließungen schreitet der Mensch, wenn die Leidenschaften [hier sind Furcht und besorgte Gedanken gemeint] erst einmal seinen Verstand verfinstert haben!«[154]

Ähnlich äußert sich Feder:

»Gewiß ist es, daß bloß die Furcht Ursache ist, daß die Menschen vieles nicht zu thun geschickt sind, was außerdem ihre Kräfte gar nicht übertrifft, oft ganz leicht ist.«[155]

In vielen Fällen aber kommt es überhaupt nicht zu einer Aktion. Denn der Fürchtende, dessen Phantasie das Übel überdimensional aufgeblasen hat, denkt – so Salzmann –,

»er sey nicht im Stande diesem Bösen zu entgehen, giebt sich nicht die geringste Mühe mehr sich zu retten, und kann auf diese Art wirklich sehr unglücklich werden.«[156]

Die Furcht also übertreibt das Übel nicht nur, läßt es subjektiv schlimmer erscheinen, als es ist, sie steigert de facto die Gefahr, indem sie den Fürchtenden hindert, dem Übel sinnvoll zu begegnen.

»Eben daher kann es auch kommen, daß einer in wirkliche Gefahr geräth, indem er denenjenigen ausweichen will, die seine beunruhigte Einbildungskraft ihm vorstellet.« (Feder)[157]

Und so gilt denn Basedows Feststellung: »Oft machen nur die Wirkungen der Angst, daß das geschehe, was man befürchtet.«[158]

Solche Erkenntnisse sind keineswegs erst im Kontext einer spezifisch bürgerlichen Bekämpfung der Furcht formuliert worden und verdanken sich auch nicht einem neuen Bewußtsein in der Aufklärungszeit, sondern haben geradezu topischen Charakter. Seitdem über Furcht gesprochen wird, gehören sie ins Arsenal der Argumente. Ihre Tradition reicht zurück in die Antike – der römische Geschichtsschreiber Quintus Curtius etwa äußert sich in einem bei Montaigne zitierten Satz: »So sehr verschlägt uns die Furcht sogar den Gedanken an Rettung«[159] – und vorwärts in die Moderne: Freud beispielsweise, der verschiedentlich auf die Unzweckmäßigkeit der »Angstentwicklung« zu sprechen kommt, begründet sie mit nahezu denselben Überlegungen wie die Aufklärer.[160]

Gleichwohl ist in der aufklärerischen Aktualisierung traditioneller Argumentationen gegen die Furcht mehr zu sehen als bloß der Reflex eines uralten menschlichen Erfahrungsbestandes. Das zeigt sich schon an der Breite und Häufigkeit, mit der im 18. Jahrhundert Furcht thematisiert wird, vor allem aber an der besonderen Wendung, die einzelne Argumente erhalten. Muß es der Aufklärung überhaupt darum gehen, Faktoren zu beseitigen, die den Erkenntnisapparat behindern oder gar außer Betrieb setzen und damit auch jede vernunftgemäße Praxis verunmöglichen, so macht sich in dieser Bestrebung zugleich dasselbe spezifisch bürgerliche Interesse bemerkbar, das dem Willen zur Modellierung der ›inneren Natur‹ insgesamt zugrunde liegt. Auch die Furcht stellt ein Hindernis des Arbeitsethos und des Leistungsprinzips dar.

Das wird besonders plausibel, wo energetische Erwägungen auf die Furcht Anwendung finden. Furcht bewirkt Kräftelähmung, Schwäche, Untätigkeit, nicht nur solange sie als Affekt andauert, sondern nachhaltig, da sie dem Individuum offenbar auf irgendeine Weise Energie entzieht. Ernst Platner schreibt: »Das Allgemeine und Wesentliche in den Wirkungen der Furcht [...] ist Niederschlagung der Kraft des Menschen – der geistigen sowohl als der thierischen [...]«[161] Die fortdauernde und »unheilbare« Schwächung durch die Furcht macht Campe explizit. Es hinterlasse

»keine andere leidenschaftliche Empfindung, wenn sie einmal vorüber ist, eine so auffallende und unheilbare Schwäche des Körpers, Aengstlichkeit, Muthlosigkeit, Verzagtheit und Unthätigkeit des Geistes, als diese.«[162]

Ähnlich äußert sich Hufeland, der die Furcht zu den »allerunanständigsten Leidenschaften« rechnet:

»Furcht raubt Kraft, Überlegung, Verstand, Entschlossenheit, genug alle Vorzüge des menschlichen Geistes, und es sollte einer der ersten Grundsätze der Erziehung sein, dem Menschen die Furcht abzugewöhnen.«

Der Verlust an Kraft hat in Hufelands System die Konsequenz, daß Furcht »lebensverkürzend« wirkt, insbesondere wenn sie, wie im Falle der Naturfurcht, der Furcht im Dunkeln oder der Gespensterfurcht, habituell geworden ist: »Man kann leicht abnehmen, welchen nachteiligen Einfluß solche beständige Angst auf die Dauer des Leben haben muß.«[163] Solche Lebensverkürzung ist allerdings nicht nur Folge der Verschwendung der Lebenskraft, sondern auch der ruinösen physiologischen Prozesse, die die Furcht in Gang setzt. Mit deren Annahme teilt Hufeland die Meinung seiner Zeitgenossen, die die Furcht immer wieder als gesundheitsschädlich bezeichnen, sie überdies mit der gleichfalls beargwöhnten Melancholie in Verbindung bringen und sie mitunter gar in Wahnsinn und Tod münden sehen.[164] Diese Untergrabung der Gesundheit, die eine Voraussetzung zielgerichteter und anhaltender Arbeit ist, darf als ein weiterer Aspekt angesehen werden, der den Gegensatz von Furcht und Arbeitsethos begründet.

Am Beispiel Hufelands hat sich gezeigt, daß die unheilvollen Begleiterscheinungen und Folgen der Furcht bei jedem einzelnen affektiven Schub eintreten, ein wahrhaft fatales Ausmaß aber vor allem dann erreichen, wenn »Furchtsamkeit«, die nach Platner »unbestimmte Furcht« bzw. »Anlage zur Furcht« ist,[165] als dauernde Charaktereigenschaft besteht. Hier kommt es zu einer permanenten Störung der Erkenntnis der Realität und des praktischen Zugriffs auf diese, und das verhindert jeden Erfolg im Leben – bei der Arbeit, in den Geschäften und beim gesellschaftlichen Aufstieg. Bereits John Locke gibt zu bedenken:

»[. . .] niedergeschlagene Gemüter, die furchtsam und zaghaft sind, und solche, denen es an Unternehmungsgeist fehlt, können kaum je aufgerichtet werden und bringen es nur selten zu etwas.«[166]

Auch das Zedlersche Universallexikon bemerkt, daß der Furchtsame zu bedeutenden Aktionen und Transaktionen nicht der Mann sei; offenbar fehlt es ihm am rechten »Unternehmungsgeist«.

»[. . .] eben dieses machet, daß ein Furchtsamer sich zu Ausführung großer Sachen gar nicht schicket, indem er die Zeit mit furchtsamen Speculationen und langen Zaudern vergeblich zu bringet.«[167]

Der Furchtsame verbringt seine Zeit »vergeblich«, d.h. nutzlos – schon das ist ein schwerer Makel in den Augen einer Epoche, die sich Zeit als Geld zu betrachten gewöhnt (Franklin). Weil er dazu neigt, sich vor allem und jedem, und vor der Wirklichkeit überhaupt, zu fürchten, sind seine »Speculationen« wirr und realitätsfremd. Statt zu handeln, zaudert er, und kommt es doch zur Aktion, so ist diese wenig geeignet, die vom Furchtsamen als bedrohlich erfahrene Realität zu meistern. Die habituell gewordene Furcht erscheint unter dieser Perspektive gleichermaßen als Hindernis bei den privaten »Geschäften«, bei der Ausübung öffentlicher »Ämter« und der Erfüllung der »Pflichten gegen die Welt«.

Dieser bürgerliche Sinn der Bekämpfung der Furcht tritt auch dort deutlich hervor, wo die positiven Eigenschaften behandelt werden, deren es zum Leben in der bürgerlichen Gesellschaft bedarf und die daher in der Erziehung erworben werden müssen. Sulzer etwa fordert:

»Alles ängstliche, zaghafte, kleinmütige Wesen soll ihnen [den Kindern] so viel als möglich abgewöhnt werden. Man muß niemals zugeben, daß sie über Kleinigkeiten klagen, sie niemals ängstlich sein lassen, wenn sie nicht gleich das, was sie suchen oder tun wollen, ausführen können. Sie müssen lernen sich selbst und andern etwas zuzutrauen. Man muß ihnen Mut zusprechen, wenn sie zagen.«[168]

Selbstvertrauen und »guter Mut« bilden auch in Campes *Robinson* die notwendige Voraussetzung jeder Realitätsbewältigung und -gestaltung auf dem Weg rationeller Arbeit. Mut braucht der Bürger für den Beginn der Arbeit und für den Entschluß zu jedem »wichtigen Geschäft«; er braucht ihn für die überlegte und aktive Bewältigung auftauchender Schwierigkeiten, d.h. als psychische Disposition, die ihn davor bewahrt, in Krisensituationen – mögen diese nun im Arbeitsprozeß selbst oder aus äußeren Ursachen entstehen – lähmender Furcht zu verfallen; und Mut braucht er schließlich für das Durchhalten des einmal Angefangenen, für die Kontinuität der Arbeit. Umgekehrt wird der Mut durch die Erfahrung geglückter Arbeitsvorgänge gesteigert.

»Durch ein mäßiges und immer arbeitsames Leben war auch sein Muth zu jedem wichtigen Unternehmen viel größer geworden, als er bei weichlichen, in Müssiggang und Wohlleben aufgewachsenen Menschen zu sein pflegt. *Mit Gott und gutem Muthe!* war der Wahlspruch, mit welchem er jedes wichtige Geschäft anfing; und wir wissen schon, daß er dann auch nicht eher nachließ, als bis das Werk geendigt war.«[169]

Entschlußkräftige, rationelle, kontinuierliche und somit effektive Arbeit ist möglich nur auf einer Grundlage, über die der Fürchtende oder Furchtsame nicht verfügt: »anhaltender Fleiß, fortgesetztes Nachdenken und ausdauernder Muth« werden im *Robinson* als Voraussetzungen jeder anspruchsvollen Arbeit genannt, die »schon viele Dinge zu Stande gebracht [haben], die man vorher für unmöglich hielt.«[170] Jeder einzelnen dieser Voraussetzungen aber stehen Furcht und Furchtsamkeit entgegen.

Mut und Überwindung der Furcht ermöglichen schließlich Arbeit noch in einem besonderen, ebenfalls historisch neuen Sinn. Sie sind nämlich Voraussetzungen auch der spezifisch neuzeitlichen prometheischen Haltung zur Natur, Voraussetzungen der Naturbeherrschung, die seit Bacon zu den zentralen Bestandteilen des Arbeitsbegriffs gehört.[171] Gilt schon ganz allgemein, daß die theoretische Erklärung der Natur durch rationale Wissenschaft sowie ihre praktische Unterwerfung und Ausbeutung durch Arbeit, die von ersterer erst möglich gemacht werden, vom Subjekt einen hohen Grad der Distanz sowohl zum Objekt wie zu sich selbst fordern, einen hohen Grad der Affektdämpfung, Selbstbeherrschung, kurz der Kontrolle der ›inneren Natur‹, so trifft das ganz besonders für die Furcht zu, die das Subjekt vom zielsicheren

Zugriff auf die Natur abhält. Das wird in Campes *Robinson,* der als *das* exemplarische Lehrstück der Naturbeherrschung im 18. Jahrhundert gelten darf, reflektiert, wo Robinson sich klar macht, wie sehr seine »Furchtsamkeit« ihn von seinem »Vortheile« abgehalten hat, indem sie ihn an der Erforschung und Kultivierung seiner Insel gehindert hat.

»Das ist doch nicht recht, dachte er, daß du durch deine Furchtsamkeit dich so lange hast abhalten lassen, eine Reise von einem Ende der Insel bis an das andere zu machen. Wer weiß, was du in den anderen Gegenden derselben zu deinem Vortheile hättest entdecken können!«[172]

Die Vorteile der durch Rationalität und Arbeit angeeigneten Natur bleiben dem Furchtsamen versagt. Das ist der Hintergrund, vor dem Campe auch am Beispiel des Kolumbus die Vorzüge des Mutes preist. Der tatkräftige und unternehmende, die Meere bezwingende und der Natur ihre Geheimnisse entreißende Kolumbus, der gleich Robinson eine »Idealgestalt des aufstrebenden Bürgers« ist (Fertig),[173] hat nach Campe ein umfängliches Programm zur Furchtüberwindung absolvieren müssen, um all jene Tugenden und Fähigkeiten zu erlangen, die ihm zu seinen Erfolgen verholfen haben, und dieses Programm ist mit demjenigen identisch, das für die Erziehung der Bürgerkinder empfohlen wird.

»Als er in eurem Alter war, da übte er sich, bei jeder kleinen Verlegenheit, worin er gerieth, bei jedem kleinen Unfalle, der ihn betraf, jedesmahl seine ganze Besonnenheit zu behalten; sich nicht von Furcht und Schrekken betäuben zu lassen; sondern vielmehr gleich auf Mittel und Wege zu denken, wie er das Unglük abwehren, oder den Schaden wieder gut machen könte. Er verließ sich nicht auf den Beistand seiner Führer, sondern suchte immer sich selbst zu helfen, selbst irgend ein kluges Mittel zu erdenken, wodurch er aus der Verlegenheit kommen könte. Nie ließ er sich von Andern eine Handreichung thun, wenn seine eigenen Hände zu einem Werke, welches er vorhatte, hinreichend waren, und er verachtete von ganzem Herzen die weichlichen, verzärtelten, zu allen menschlichen Geschäften untauglichen Geschöpfe, die immer andere Leute für sich denken, andere für sich sorgen und handeln zu lassen gewohnt sind. Dadurch, und durch ein immer arbeitsames, thätiges und zugleich gottesfürchtiges Leben, welches er von früher Jugend an geführt hatte, wurde es ihm denn nach und nach zur andern Natur, vor keiner Verlegenheit zu stuzen, vor keiner auch noch so großen Gefahr zu zittern, sondern gleich seinen ganzen Verstand zusammen zu nehmen, um sich mit Muth und Klugheit aus der Sache zu ziehen. Und so, Kinder, müst ihrs also auch machen, wenn ihr eben solche Männer zu werden wünscht.«[174]

Furcht und Furchtsamkeit stehen endlich auch in Opposition zur Tugend der Geselligkeit, die auf Arbeit bezogen ist, insofern sie das einer hochgradig arbeitsteiligen und interdependenten Gesellschaft angemessene Verhalten kodifiziert. Innerhalb einer sozialen und ökonomischen Ordnung, die auf Kalkulierbarkeit und Vorhersehbarkeit angewiesen ist oder dies zu sein glaubt, muß der Furchtsame, wie grundsätzlich jeder den Affekten und Leidenschaften Unterworfene, schon wegen seiner mangelnden Befähigung zu zweckgerechter und kontinuierlicher Arbeit als unzuverlässig und das Geflecht wechselseitiger Pflichterfüllungen zerreißend erscheinen. Es ist charakteristisch, daß die alte Tugend der Beständigkeit in der bürgerlichen Aufklärung zu einer Basistugend ernannt und die Furchtsamkeit ihr entgegengeordnet wird; Sulzer zählt so die Furcht zu den »Hindernissen der Tugend«.

»Ein ungeduldiges, wankelmütiges und leicht zu beunruhigendes Gemüt kann darum nicht tugendhaft sein, weil die Tugend hauptsächlich in einer Beständigkeit besteht.«[175]

In ähnlichem Sinn nennt Feder den ausdauernden Mut als ein notwendiges Ingrediens der Tugend.[176]

Außer durch seine Unbeständigkeit, Unzuverlässigkeit und Unberechenbarkeit erweist sich der Furchtsame auch durch andere unerfreuliche Eigenschaften als geselligkeits- und gesellschaftsschädigendes Subjekt. Er neigt beispielsweise dazu, seiner Mitwelt mit ständigen Sorgen und Befürchtungen in den Ohren zu liegen, und das schickt sich aus mancherlei Gründen nicht. Basedow hält daher eine wohlmeinende Warnung für angebracht:

»[...] rede von dem Bösen nicht mehr als nöthig ist, um ihm vorzubeugen oder abzuhelfen. Denn es kann dir zu nichts dienen, daß andre, welche dir zu helfen nicht fähig, oder nicht geneigt sind, dich für unglücklich halten. Es verursacht ihnen nur Beschwerlichkeit, oder dir Verachtung. Es wird von dem Bösen gewöhnlicher Weise zu viel, und von dem Guten zu wenig geredet. Durch diese Thorheit werden viele Uebel erzeugt, die sonst nicht wären, und viel Vergnügen zerstöret, welches Gott durch den Lauf der Natur uns anbietet.«[177]

Wer zuviel von Sorgen und Gefahren redet, läuft demnach Gefahr, noch in einer weiteren Hinsicht als unzuverlässig zu erscheinen. Man könnte nämlich seine Sorgen für berechtigt und ihn selbst wirklich »für unglücklich« halten. So etwas schädigt nicht nur das handelsübliche Vertrauen in die beste aller Welten, sondern zweifellos auch den Kredit. Überdies muß man gar nicht wirklich unglücklich sein, um es durch vieles Reden schließlich zu werden. Denn der Furchtsame tendiert dazu, sich in den Affekt mit allen seinen Folgen ›hineinzusteigern‹ und sich seine »Uebel« nach dem Mechanismus der selffulfilling prophecy selbst zu erzeugen. Außerdem empfinden es die Zeitgenossen schlicht als Zumutung und »Beschwerlichkeit«, mit den nutzlosen Klagen anderer Leute behelligt zu werden; das verdirbt gute Laune und »Vergnügen« und ist daher asozial. Wo sich schließlich die Furcht, wie es angeblich leicht geschehen kann, gar zum dauernden Aberglauben auswächst, ist der soziale Friede ernsthaft in Gefahr. Denn, so Rochow, »aus Aberglauben entsteht viel Unglück und Feindschaft unter den Leuten, die sich doch unter einander lieben sollten.«[178]

All dies mag das harte Verdikt erklären, das den Furchtsamen der »Verachtung« übergibt (Basedow) oder die Furcht als eine der »allerunanständigsten Leidenschaften« abkanzelt (Hufeland). Für Johann Ludwig Ewald ist »ein feiger, ohnmächtiger, hinschmachtender Mann« ein »unerträgliche[s], unbrauchbare[s] Geschöpf«.[179] Der Fürchtende oder Furchtsame ist eines der Gegenbilder des guten und nützlichen Bürgers, dessen gute Laune zum Totalitarismus neigt.

Aus diesen Argumentationen erklärt sich die in der Pädagogik verbreitete Absicht, zum einen die Erregung von Furcht nach Möglichkeit zu vermeiden, zum anderen Strategien zur Bekämpfung und Beherrschung der Furcht zu entwickeln. Diese Intention begründet eine ausgedehnte Polemik gegen bestimmte traditionelle Erziehungspraktiken, die Furcht als Mittel einsetzten, um die Kinder zum Gehorsam zu bringen. Besonders unheilvoll erscheint den Aufklärern dabei die ›abergläubische‹ Furcht, die zwar im Zuge von Traditionsvermittlung auch unbeabsichtigt entstand, vielfach aber durch Erzählungen und selbstgemachte Schreckgespenster gezielt erregt wurde. In der Tat hat diese Methode eine lange Geschichte[180] und ist auch im 18. Jahrhundert ausgiebig angewendet worden. Zahlreiche autobiographische Texte berichten von ihr[181] und machen zugleich deutlich, warum sie so gefährlich ist: Die in der frühen Kindheit evozierte Furcht nämlich etabliert sich als fester Charakterzug, als dauernde Furchtsamkeit, die sich zeitlebens nicht mehr ausrotten läßt, und das ist besonders fatal, weil sich in der abergläubischen Furcht die Gefahren der Furcht überhaupt zu ›irrationalen‹ und ›falschen‹ Vorstellungskomplexen gesellen. Aufgrund des Mechanismus der frühkindlichen Prägung, der im 18. Jahrhundert erkannt und häufig beschrieben wird, kommt es daher selbst bei dezidierten Aufklärern zu einer aller Vernunft spottenden abergläubischen Furcht, gegen die kein Kraut gewachsen ist. Diese Erfahrung, von der noch ausführlicher zu sprechen sein wird, bildet das biographische Substrat der pädagogischen Kampagne gegen das Fürchtenmachen. Ihren Beginn findet diese bei John Locke, der den skizzierten Zusammenhang in aller Deutlichkeit formuliert:

»[. . .] bewahre sein zartes Gemüt unter allen Umständen vor allen Eindrücken und Begriffen von Geistern und Gespenstern oder irgendwelchen angsterfüllten Vorstellungen im Dunkeln. Diese Gefahr droht ihm durch die Unbesonnenheit der Dienstboten, deren Art es gewöhnlich ist, Kinder zu erschrecken und sich gefügig zu machen durch Erzählungen von Totenkopf und Knochenmann und ähnlichen Namen, mit denen sich die Vorstellung von etwas Schrecklichem und Unheilvollem verbindet, vor dem sie sich mit Recht fürchten, wenn sie allein sind, vor allem im Dunkeln. Das muß man sorgfältig vermeiden; denn wenn man sie auch auf so törichte Weise von kleinen Vergehen abhalten kann, ist das Heilmittel weit schlimmer als die Krankheit, weil ihrer Einbildung Vorstellungen eingeprägt werden, die sie mit Schrecken und Angst verfolgen. [. . .] solange sie vorhanden sind, suchen sie die Kinder häufig mit seltsamen Hirngespinsten heim und machen sie zu Feiglingen, wenn sie allein sind, und jagen ihnen für ihr ganzes späteres Leben Angst vor ihrem Schatten und der Dunkelheit ein. Denn man muß daran denken, daß die ersten Eindrücke sich am tiefsten im Gemüt der Kinder verankern und daß die Begriffe, die sie sich aneignen, solange sie jung sind, später durch noch so großen Fleiß oder durch noch so große Kunst kaum je ausgelöscht werden können.«[182]

Lockes Argumente gehören durch das ganze 18. Jahrhundert hindurch zum festen Inventar der Pädagogik,[183] und das gilt auch für die Feststellung, es seien besonders die Dienstboten und die Ammen, von denen die Gefahr der Infiltration der Kinder mit abergläubischen Schreckensvorstellungen drohe. Zweifellos ist diese Bemerkung mehr als ein polemischer Topos, halten sich doch in den Unterschichten, denen die Ammen und Dienstboten entstammen, die traditionellen Inhalte des Volksglaubens nahezu ungebrochen während der gesamten Aufklärung, die ja weitgehend aufs Bürgertum beschränkt bleibt, und bis weit ins 19. Jahrhundert hinein. Der ständigen Rede von den Ammenmärchen liegt freilich nicht nur die Intention der Furchtvermeidung zugrunde; sie steht überdies in dem umfassenderen Kontext der im 18. Jahrhundert vielfältig nachweisbaren Abgrenzung des Bürgertums von den Unterschichten, deren Einfluß auf die Erziehung der Bürgerkinder beseitigt werden soll. Auch in diesem Punkt erweist sich der spezifisch bürgerliche Charakter der aufklärerischen Pädagogik. Bezeichnenderweise ist das zweite Hauptangriffsziel der Pädagogen die angeblich freizügigere Haltung der Ammen und Dienstboten zur Sexualität.[184]

Die abergläubische Furcht ist zwar die meistgenannte, keineswegs aber die einzige Form der Furcht, deren Vermeidung sich die Pädagogen zum Ziel stecken. Furcht soll, sofern das irgend möglich und mit anderen Erziehungszielen vereinbar ist, von den Erziehern überhaupt nicht erregt werden.[185] Daß es dabei Ausnahmen gibt, die in der Pädagogik vor allem im Zusammenhang mit der Frage nach Berechtigung, Art und Ausmaß der Erziehungsstrafe diskutiert werden, deren Funktionsprinzip die Furcht ist, soll hier nicht unterschlagen werden,[186] ändert aber nichts daran, daß Furchtlosigkeit grundsätzlich eines der Erziehungsideale der bürgerlichen Pädagogen ist und bleibt, auch wo man dieses ›realistisch‹ einschränken zu müssen glaubt. Wo dennoch, trotz aller pädagogischen Bemühungen, Furcht entsteht, besonders ›irrationale‹, ›unangemessene‹ Furcht wie eben z.B. die vor abergläubischen Gestalten, vor bestimmten Naturgegenständen und -ereignissen, vor der Finsternis, vor Tieren usw., da müssen Maßnahmen ergriffen werden, um sie schleunigst zu vertreiben. Von diesen Maßnahmen muß hier nicht eingehend gesprochen werden. Nur soviel sei festgehalten, daß man der vernünftigen Belehrung über das Gefürchtete, die dieses als harmlos oder gar inexistent erweist, zwar durchaus große Bedeutung beimißt, ihrer Wirkungskraft jedoch kein rechtes Vertrauen schenkt. Die rationale Erkenntnis muß immer durch psychisch wirksamere Mittel unterstützt werden, allen voran Abhärtung und Gewöhnung.[187] Wie ernst es den Zeitgenossen mit solchen Methoden zur Überwindung der Furcht war, zeigt sich daran, daß diese tatsächlich praktiziert wurden. Der junge Laukhard etwa wurde nächtens von seinem Vater auf den Friedhof mitgenommen, damit ihm die Gespensterfurcht verginge;[188] auch von Goethe ist bekannt, daß er sich in seiner Straßburger Zeit die »ahndungs- und schauervollen Eindrücke der Finsternis, der Kirchhöfe, einsamer Örter, nächtlicher Kirchen und Kapellen« ebenso wie die »Angst und Qual« des Schwindels auf dem Münster durch Gewöhnung »gleichgültig zu machen« wußte.[189] Und auch bei Goethe schimmert der bürgerlich-praktische Sinn solcher Kuren zur Befreiung von der Furcht durch, wenn er bemerkt, wie sehr ihm die Überwindung des Schwindels bei seinen »Bergreisen und geologischen Studien« zustatten gekommen sei.

DRITTES KAPITEL

Die Furcht vor der äußeren Natur im Prozeß der Naturbeherrschung

Besondere Bedeutung kommt im aufklärerischen Diskurs über die Furcht der Furcht vor der äußeren Natur zu. Wird diese einerseits ebenso wie die meisten anderen Arten der Furcht abgelehnt und zu reduzieren gesucht, gerade auch im Interesse fortschreitender Naturbeherrschung, so hat andererseits die Naturbeherrschung im 18. Jahrhundert bereits unverkennbare Wandlungen in der Einstellung zur Naturfurcht und deren Gestalt selbst bewirkt. Ein neuer, immanenter Naturbegriff, ein gewaltig wachsendes Wissen über die Natur und eine für die damalige Zeit bedeutende Steigerung technischer Möglichkeiten – diese Faktoren sind gemeint, wenn hier von ›Naturbeherrschung‹ die Rede ist – entziehen zahlreichen traditionellen ›Bedrohungen‹ die Existenz – sei es, daß diese sich als schlechtweg nicht vorhanden herausstellen, sei es, daß es gelingt, sie zu domestizieren oder sich vor ihnen zu schützen. Von solchen Erfolgen beflügelt, erklären die Aufklärer die Naturfurcht fortan als unangemessen, ja unberechtigt, weil gegenstandslos, oder gar als einen pathologischen Sachverhalt – wie etwa Basedow, der die Furcht vor der Dunkelheit kurz und gut als »Krankheit« klassifizieren zu müssen glaubt.[1] Es ist wahrscheinlich, daß von hier aus der gesamte Diskurs über die Furcht seine grundsätzlich optimistische Färbung erhält. Daß es dem Wissen und der Macht des Menschen gelungen war, einen ganzen Komplex traditioneller Befürchtungen als ein archaisches Relikt erscheinen zu lassen, mit dessen baldigem Verschwinden zu rechnen war, bot Anlaß zu antizipatorischem Überschwang, was die Möglichkeit der Bekämpfung von Furcht überhaupt anbelangte.

1. Grundzüge traditioneller Naturfurcht

Beim Versuch, die traditionelle Naturfurcht in den Blick zu bekommen, ist Vorsicht geboten, handelt es sich bei ihr doch um ein Phänomen, das in der Regel entweder ignoriert oder überschätzt wird. Begegnet man auf der einen Seite in der älteren Forschung zum »Naturgefühl« nicht selten fassungsloser Verblüffung, daß die Menschen früherer Zeiten einfach »kein Verständnis für die Schönheit der Gebirgsnatur« oder des Meeres aufbringen konnten[2] – so als sei solche Schönheit eine objektive Gegebenheit und als hätten der ästhetischen Wahrnehmung der Natur nicht Bedrohungen mannigfacher Art im Weg gestanden –, begegnet man daneben nostalgiegetönten Beschwörungen einer Vergangenheit, in der Mensch und Natur noch nicht entzweit waren, sondern in mütterlich-kindlicher Eintracht lebten, die Mutternatur nährend, das Menschenkind pflegend, so besteht das andere Extrem darin, wie Richard Alewyn oder Jürgen Kuczynski das Bild einer »von Ängsten gefolterten Menschheit« zu entwerfen, der Aufklärung und Naturbeherrschung nichts anderes als eine »Wohltat« bedeuten konnten.[3] Das ist eine zwar nicht gerade falsche, aber doch einigermaßen reduktionistische Perspektive, die selbst ganz unreflektiert in der Tradition der Aufklärung steht. Drei Vorwürfe sind ihr nicht zu ersparen: Zu einer Einschätzung der Naturfurcht, wie sie Alewyn und Kuczynski geben, gelangt man

1., wenn man barockreligiöse Quellen wie Predigten und Gebete allzu direkt als Ausdruck oder Abbildung realer Naturerfahrung liest.

2., wenn man aus einem ›ganzheitlichen‹ Weltbild die Furcht, die nur einen Teilaspekt bildet, isoliert und nicht berücksichtigt, daß es für sie Bewältigungsmechanismen gab, die zugleich mit ihr untergehen mußten. Realistischer als Alewyn hat das wohl schon August Wilhelm Schlegel gesehen, bei dem über die aufklärerische »Befreiung von den Ängstigungen des Aberglaubens«, die sozusagen eine Teilmenge der Naturfurcht darstellen, zu lesen ist:

»Ich sehe nicht, daß diese so arg waren, vielmehr finde ich jeder Furcht eine Zuversicht entgegengesetzt, die ihr das Gleichgewicht hielt, und von jener erst ihren Wert bekam. Gab es traurige Ahnungen der Zukunft, so gab es auch wieder glückliche Vorbedeutungen; gab es eine schwarze Zauberei, so hatte man dagegen heilsame Beschwörungen; gegen Gespenster halfen Gebete und Sprüche; und kamen Anfechtungen von bösen Geistern, so sandte der Himmel seine Engel zum Beistande.«[4]

Mag Schlegel seinerseits zur ›romantischen‹ Idealisierung neigen, so hat er doch ein Charakteristikum ›voraufklärerischer‹ Weltbilder getroffen.

3., wenn man die Selbsteinschätzung der Aufklärung bruchlos übernimmt. Für die Naturfurcht gilt aber, was Hans Blumenberg so formuliert: »Auch die Aufklärung hat ein gut Teil der Dunkelheiten, aus denen herausgeführt zu haben sie beansprucht, erst selbst erfunden, so wie alle Revolutionen notwendig die Definition ihres Ausgangszustandes zu leisten haben.«[5]

Nach diesen Warnungen vor optischer Täuschung ist die Feststellung erlaubt, daß das Ausmaß der Naturfurcht in der Tat vor der Aufklärung weit größer gewesen zu sein scheint als danach. Das war die Folge nicht allein der geringeren Aneignung der Natur durch den Menschen, der beschränkteren Möglichkeiten des Schutzes vor ihrer Gewalt und damit der größeren Gefahren durch diese, sondern vor allem der religiösen, dämonologischen, animistischen Deutungen, die über die Natur gelegt wurden. Die sichtbare Natur war nicht ein im Sinne der Aufklärung ›natürlicher‹, gesetzlich erklärbarer und rekonstruierbarer Zusammenhang, sondern Manifestation einer machtvollen unsichtbaren Welt, die in sie eingreifen und die gewohnten Abläufe durchbrechen konnte. Natur war daher immer bedeutungsvoll, Ausdruck eines in oder hinter ihr verborgenen Anderen und in günstigen Fällen über dieses beeinflußbar. Es waren großenteils diese in der Natur angenommenen unberechenbaren Mächte, auf die sich Naturfurcht richtete. Als besonders bedrohlich, und um so bedrohlicher, je mehr sie vom Kreis des Vertrauten, Angeeigneten und Gewöhnlichen ablagen, erschienen dabei bestimmte Orte, Zeiten und Ereignisse.

Eine ganze Mythologie rankte sich beispielsweise um das Meer, wie Jean Delumeau gezeigt hat.[6] Lange Zeit wurde es als unheimlich und gefahrdrohend empfunden nicht nur wegen der Möglichkeit von Sturm, Schiffbruch und Tod für die Seefahrer, wegen seiner Fremdheit und Unerforschtheit und der mit seltsamen Wesen bevölkerten Küsten an seinem anderen Ende, wegen seiner unendlichen Weite und Tiefe, die den Menschen zu verschlingen drohten; entsetzlich war das Meer auch als Element des Chaos, der Apokalypse, der Sünde und als Domäne schlimmer Kräfte: Der Ozean war bewohnt von Dämonen, Ungeheuern und höllischen Mächten, und etwas davon blieb an den Seeleuten haften, die im Ruf standen, große Sünder und schlechte Christen zu sein. Ihren Niederschlag haben diese Vorstellungen in ›Weltbeschreibungen‹, literarischen Werken, Sprichwörtern und in der Metaphorik gefunden.

Aus ähnlichen Gründen war das Gebirge furchterregend, dem man, wenn es irgend möglich war, fernblieb. Bergbesteigungen waren vor dem 18. Jahrhundert ausgesprochen selten; allenfalls aus wissenschaftlichen oder wirtschaftlichen Gründen unterzog man sich der gefahrvollen Strapaze, die, abgesehen von wenigen Ausnahmen – etwa den von der Forschung in diesem Zusammenhang immer wieder zitierten schweizerischen Humanisten des 16. Jahrhunderts Konrad Gesner und Benedikt Marti[7] –, keineswegs als ein Vergnügen, als ein Reiz besonderer Art erfahren wurde. Man weiß, welches Unverständnis und was für innere Zweifel Petrarcas ›zwecklose‹ Besteigung des Mont Ventoux ausgelöst hat.[8] Bis weit ins 18. Jahrhundert hinein dominiert in den Gebirgsbeschreibungen der Reiseberichte und der ›schönen Literatur‹ der Eindruck der Mühe, der Gefahr und des Gräßlichen – ich erinnere an Brockes' Gedicht *Die Berge*[9] –, und erst seit dem späten 17. Jahrhundert beginnt sich die Erfahrung des Gebirges allmählich zu wandeln und ›ästhetische‹ Momente in sich aufzunehmen. Wie beim Meer waren es gleichermaßen ›wirkliche‹ wie ›abergläubische‹ Gefahren, die hier gefürchtet wurden. Überquerungen des Gebirges, das gleich dem Ozean Inbegriff grenzenloser und unbeherrschter Natur war, waren durch schlechte Wege, ungesicherte Abstürze, Steinschlag und Lawinen eine große Gefahr für den Reisenden.[10] Überdies glaubte man die Gebirge nicht nur von wilden Tieren, sondern auch von »Feurigen Drachen« bewohnt; noch der Naturforscher Johann Jacob Scheuchzer, der in seiner *Natur=Historie des Schweizerlandes* alles Erforschte und ihm Zugetragene getreulich aufschreibt, glaubt ihnen eine eigene Überschrift widmen zu müssen. Die Unschlüssigkeit seiner Formulierung spiegelt den geringen Stand des naturwissenschaftlichen Wissens seiner Zeit:

»Es entlehnen diese Geschichten mehr von der Einbildung des sehenden / als von der Natur selbs / und kan wol seyn / daß viele Drachen=Historien auf dieses blöde Fundament gegründet sind.«[11]

Daneben waren die Berge – wie auch der Wald – seit alters Sitz übernatürlicher Mächte: der Götter, Dämonen und Geister.[12] Der Pilatus bei Luzern beispielsweise galt als Behausung böser Geister, der Brocken als Ort heidnischer Wotans-, Hexen- und Teufelskulte, im Riesengebirge bekam man es mit Rübezahl zu tun. Dessen Gestalt ist charakteristisch für die volkstümliche Naturfurcht: Wenn Rübezahl, wie die Überlieferungen (Praetorius, Musäus) berichten, dem Menschen in allen möglichen Gestalten entgegentreten konnte, als Rabe, als Mensch, als Bach, als Fels, dann konnte umgekehrt in jedem beliebigen Gegenstand der Berggeist vermutet und gefürchtet werden. Diese Vorstellung einer durchgeisterten und durchgötterten Natur liegt auch den Versöhnungs- und Opferriten zugrunde, die die Bergleute praktizierten, um sich vor den Folgen der Verletzung der lebendigen Erde zu schützen, und setzte der Ausbeutung der Natur Grenzen.[13]

Nacht und Dunkelheit erweckten gleichfalls Furcht. Lapidar bemerkt Abraham a Sancta Clara: »Bey denen Lateinern wird die Nacht Nox genennt / welches herrühret von dem Wort Noces, so nichts anderst heist / als schaden [...]«[14] Wiederum gesellten sich ›natürliche‹ zu ›übernatürlichen‹ Gefährdungen: In der Nacht drohen Raub und Mord; das Wahrnehmungsvermögen ist getrübt und vereitelt so wirkungsvollen Selbstschutz; die Nacht deckt die Sünde und unterhält daher Beziehungen zur Hölle, die finster ist wie sie; die Feinde des Menschen versammeln sich: Wölfe, Vampire, Gespenster und Dämonen, die den Alptraum erzeugen. Abraham verleiht nur der allgemeinen Meinung Ausdruck, wenn er schreibt:

»der Teufel / als ein Fürst der Finsternus / braucht meinstens die Nacht zu seinem Vortheil / plaget die Menschen / und beunruhiget die Wohnungen mit allerley erschröcklichen Gespenstern und Abendtheuer [...]«[15]

In der Nacht herrscht der kalte Mond, ein zwielichtiges Gestirn, das Pest und Wahnsinn hervorrufen kann, und niemand darf sicher sein, ob die Sonne – auch im Volksglauben Inbegriff des Guten, Lebenspendenden, Vertrauenerweckenden – am Morgen wieder über dem Horizont erscheinen wird.[16]

Naturereignisse, die bedrohlich waren oder den Anschein des Außerordentlichen trugen, erklärte sich der Volksglaube häufig durch die Einwirkung von Hexen, Elementargeistern und Dämonen. Noch im späten 18. Jahrhundert polemisiert ein aufgeklärter katholischer Geistlicher gegen die volkstümliche Vorstellung vom Gewitter als »Hexenwetter«.[17] Über derartige Deutungen lagerte sich – nicht notwendig im Widerspruch mit ihnen – die von kirchlicher Seite vertretene religiöse Interpretation, der zufolge Naturphänomene wie Gewitter, Sturm, Erdbeben, Kometen, aber auch Epidemien Gottes undurchschaubaren Willen oder seinen Zorn über die Sündhaftigkeit der Welt ausdrückten.[18] Die Natur war Zeichen.

Als Beispiel dafür mögen die 1605–1610 erschienenen *Vier Bücher vom wahren Christentum* des lutherischen Theologen Johann Arndt dienen, die in zahllosen Auflagen bis weit ins 19. Jahrhundert hinein enorme Verbreitung auch in den Unterschichten fanden und zweifellos die volkstümliche Naturauffassung prägen halfen.[19] Die Natur ist für Arndt ein mehrschichtiges Verweisungssystem. Ihre Ereignisse können auf einer ersten Ebene, wie die »Erfahrung im gemeinen Leben« lehrt, als »natürliche Zeichen« andere natürliche Ereignisse ankündigen, Morgenrot etwa Regen oder Südwind Hitze.[20] Sodann aber verweist die Natur immer und überall auf ihren Schöpfer. Arndt beschreibt sie traditionell als »Buch der Schöpffung«, aus dessen Lektüre der Mensch allenthalben die Allmacht, Weisheit und Liebe Gottes erkennen soll, der alttestamentlich strenge Züge trägt.[21] Zudem, so macht Arndt im Durchgang durch die ganze Schöpfung deutlich, haben viele Naturphänomene eine ganz bestimmte geistliche Bedeutung; sie lassen sich bei rechter Kenntnis lesen wie eine Schrift, und Arndt hilft sie dechiffrieren. So zeugen beispielsweise die Sonne und ihr Licht von der Verklärung von Leib und Seele in der Auferstehung. Naturphänomene können also in diesem Sinne Verheißung sein, sie können aber auch der Warnung des Menschen vor göttlicher Strafe dienen oder diese Strafe schon selbst sein. Arndt unterscheidet dabei zwischen »natürlichen« und »übernatürlichen« Naturereignissen. Eindeutig von Gott geschickt, um den Sünder zu warnen oder zu strafen, sind die letzteren, also etwa »unnatürliche Hitze und Kälte / unnatürliche Nässe und Dürre / unnatürliche Donner / Hagel und Feuer [. . .]«.[22] Doch sind derartige Begebenheiten, auch wo sie aus ganz natürlichen Ursachen entspringen, als göttliche Drohung zu entziffern. Arndt spricht deshalb auch von »natürliche[n] Warnungs = Zeichen« und exemplifiziert dies etwas später in der Bemerkung, daß auch die »natürlichen Finsternissen« der Sonne und des Mondes »Zeichen« seien, »die uns den Jüngsten Tag verkündigen [. . .]«[23] Hier wird nun eindeutig festgelegt, was schon in der für die Betroffenen wohl einigermaßen heiklen Unterscheidung zwischen natürlichen und übernatürlichen Naturereignissen als Tendenz enthalten ist: Jedes dem Menschen irgend gefährliche, ungünstige oder nur bedenkliche Naturphänomen muß als Warnung oder Strafe gelesen werden.

»Auf diese Weise reden alle Elemente mit uns / verkündigen uns unsere Boßheit und Straffen. Was ist der schreckliche *Donner* anders / denn eine gewaltige Stimme des Himmels / dafür die Erde zittert / dadurch uns Gott warnet? Was ist das *Erdbeben* anders / denn eine schreckliche Sprache der Erde / die ihren Mund auffthut / und grosse Veränderungen verkündiget? Also auch die reisenden und tobenden *Sturmwinde* / und Brausen des Meers.«[24]

Bezüglich dieser Naturdeutung scheint es keine nennenswerten konfessionellen Unterschiede gegeben zu haben. Nahezu identisch findet sie sich in Abrahams a Sancta Clara *Huy! und Pfuy! Der Welt* von 1707, einem Kompendium barockkatholischer Naturanschauung, in dem alle Bereiche der Natur abgehandelt werden, und besonders die furchterregenden: Meer, Gebirge, Wald, Nacht, Gewitter, Sturm, Kometen, Erdbeben usw. Eine im Sinn des damaligen Kenntnisstandes wissenschaftliche Erklärung der Natur verbindet sich hier wie schon bei Arndt in bemerkenswerter Eintracht mit der geistlichen Allegorese des Naturtextes. Das Bild Gottes ist dabei noch deutlicher als bei Arndt das eines undurchschaubaren, schrecklich strafenden Richters, der keinen Fehltritt ungeahndet läßt.[25] Das ist durchaus zeittypisch. Das Gewitter ist im Barock geradezu die adäquate Sprache der Gottheit. Von Gott als Donnerer, von seiner »Donnerstimm« ist immer wieder die Rede, natürlich auch bei Abraham. Auch wenn man Verse wie die folgenden nicht unbedingt als pure Abbildung des consensus omnium ansehen möchte und aus ihnen eine propagandistische Intention heraushören zu können glaubt, die Intention nämlich, die Christenschäflein mit dem Mittel der Furcht in den Pferch der Kirche zu bannen, so gibt es andererseits wenig Grund zu der Annahme, diese Strategie habe ihre Adressaten völlig verfehlt.

»Du / ungezähmte Welt / fang an einmahl zu zittern /
   wenn so ein Prediger auf Wolken-Kanzeln steht:
Der Donner zeugt / daß GOtt laß auf den Sünder wittern /
   der nicht in wahrer Buß / bey Zeiten in sich geht.
     Bewegt dich dieses nicht? So steht dem tauben Ohr
     ein Donner-Wort / das dich zur Höllen stürzet / vor.«[26]

Es ist plausibel, daß die in dieser Zeit zahlreichen »Lieder beim Gewitter zu singen« bei dieser Interpretation des Naturereignisses weniger um göttlichen Schutz vor einer äußerlichen Naturgefahr bitten als vielmehr um Gottes Gnade angesichts seines in Donner und Blitz erfahrenen Grimms: Sie gehören zur Gattung der Bußlieder.[27]

Naturfurcht, die bloß Furcht vor dem reinen Naturgeschehen wäre, scheint es in einer derart gedeuteten Welt nicht geben zu können; immer ist sie religiös überlagert, geht ganz in der viel schrecklicheren Furcht Gottes auf. Ja, nach kirchlicher Meinung ist Furcht überhaupt nicht anders, denn als religiöse denkbar – sogar dort, wo sie sich selbst gar nicht als solche versteht. Folgt man Abraham, der in seinem *Centifolium Stultorum* eine verklausulierte kleine Furchttheorie gibt, so wird mit der religiösen Entwertung der weltlichen Dinge auch die Furcht vor diesen bzw. um diese aufgehoben. »Die Forcht Gottes machet / daß der Mensch nichts Irdisch förchtet [. . .]« Umgekehrt bezeugt die Furcht vor »Irdischem« einen Mangel an Gottesfurcht, der jedoch ein schlechtes Gewissen über solche Mißachtung der göttlichen Autorität nach sich zieht. Die Furcht vor Irdischem resultiert dabei einzig aus diesem schlechten Gewissen, ist also wiederum religiös begründet.

»[. . .] daß es aber auf der Welt soviel forchtsame Haasen / und geschröcki-
ge Narren gibt / ist bloß die Ursach / wie gesagt: Daß / kein Forcht GOttes
in ihnen ist [. . .] Ist also derjenige unglückseelig / der GOtt nicht förcht;
und in Abgang dessen / ist über ihn verhänget / daß er eine schlechte Sach
förchten muß / dann er hat kein gutes Gewissen / weilen er mehr auf das
Zeitlich= als Ewige beflissen; Dahero die Zaghafftigkeit und Forcht von
nichts anders herrühret / als vom bösen Gewissen / so da entspringet aus
dem / daß er GOtt nicht förchtet.«[28]

Freilich gab es bei der Deutung der Naturzeichen, selbst bei der religiösen, einigen Spielraum. Das Naturgeschehen konnte auf die göttlichen Strafen am Jüngsten Tag oder auf ein individuelles Gericht nach
dem Tode verweisen, es konnte aber auch das nahe Weltende ankündigen, das in der frühen Neuzeit immer wieder berechnet und erwartet
wurde.[29] Daraus erklärt sich beispielsweise die panikartige Volksreak-
tion auf die Sonnenfinsternis von 1654: Eine der vielen Berechnungen
hatte den Weltuntergang für das Jahr 1656 vorausgesagt.[30] Daß solche
Naturphänomene nicht selten Ketzerverfolgungen auslösten, lag in der
Konsequenz ihrer Auslegung.[31] – Daneben gab es die Annahme, außer-
gewöhnliche Erscheinungen deuteten auf den Tod einzelner Individuen
hin – meist den eigenen. Für Luther war es unzweideutig, daß ein Re-
genbogen und ein ohne Kopf geborenes Kind den Tod des Kurfürsten
von Sachsen bezeichneten,[32] und noch Lavater berichtet, sein schwind-
süchtiger Bruder habe nach dem auch in Deutschland spürbaren Erdbeben von Lissabon (1756) alle Hoffnung auf Genesung aufgegeben.

»Seit diesem Erdbeben – resignirte er. Er ergab sich ganz kindlich an Gott;
wünschte keinen Tag länger zu leben – seufzte herzrührend nach seiner
Auflösung. Achtzehn Tage nach dem Erdbeben, den 27. Dezember starb
er.«[33]

Zeichencharakter hatten allerdings nicht nur die schon für sich genommen gefährlichen oder die ungewöhnlichen Naturereignisse. Schienen zwar diese zum Bedeutungsträger buchstäblich prädestiniert, so
konnte doch darüber hinaus nahezu alles und jedes etwas anderes ankündigen, meistens – nicht immer jedoch – Unheilvolles, Tod oder Unglück. In der Autobiographie Johann Beers gilt es als ausgemacht, daß
zwischen dem »grossen Cometten« von 1680 und dem »Türken und
Franzosen Krieg« ebenso eine Beziehung besteht, wie das Entspringen
eines neuen Heilbrunnens »ein Vorzeichen, des bald darauf erfolgten
Rißwikischen Friedens« darstellt.[34] Bis über das 18. Jahrhundert hinaus

ist die Herstellung solcher Relationen weit verbreitet; Adam Bernd, Ulrich Bräker, Johann Peter Hebel und andere legen davon Zeugnis ab; noch tief im 19. Jahrhundert versucht Jeremias Gotthelf diesem Denken neue Geltung zu verschaffen.[35] Keine Begebenheit war zu gering, um den Eindruck des Bedeutungsvollen zu erwecken und dadurch Furcht und Schrecken vor dem Angekündigten zu erregen. Das zeigt die Lebensbeschreibung des Girolamo Cardano (1501–1576). Wenn »ein sonst ganz stiller Hund gegen seine Gewohnheit ununterbrochen« heult, wenn die Raben auf dem Dach »ungewöhnlich laut« krächzen, wenn ein »sanftes Haushündchen« ein Vorlesungsmanuskript zerreißt: lauter düstere Prophezeiungen.[36] Es war dies nicht Cardanos individuelle Meinung, sondern Ausfluß einer festgefügten Weltdeutung, aus der sich noch Karl Philipp Moritz nur mit Schwierigkeiten befreien konnte. Dieser berichtet von der schrecklichen Todesfurcht, die ihm in seiner Kindheit durch die Belehrungen seiner Mutter verursacht wurde, was alles »ein sicheres Zeichen des nahen Todes« sei: »wenn einem beim Waschen die Hände nicht mehr rauchen«, wenn »ein Huhn wie ein Hahn krähete« und dergleichen mehr.[37]

Grammatik und Semantik solcher Zeichen waren entweder durch Überlieferung bekannt oder konnten von besonders Kundigen aufgedeckt werden. Wenn noch die kleinsten Vorgänge bedeutungsvoll sein konnten, so bestand konsequenterweise die Möglichkeit, dies für die gezielte Erforschung der Zukunft nutzbar zu machen. Ganze ›Wissenschaften‹, ›Künste‹ und Berufssparten befaßten sich mit dieser, lasen die Zeichen des Kommenden in den Elementen, dem Ruf der Tiere, dem Vogelflug, den Sternen, den Träumen oder arrangierten Situationen, in denen die Zukunft offenbar werden konnte: die Geomantie, die Hydromantie, Aeromantie, Pyromantie, Chiromantie, Metoposcopie, Onychomantie, Kristallomantie, Lekanomantie, Nekromantie, Bibliomantie und wie sie alle heißen.[38]

Die Natur stellt sich hier als ein umfassendes Beziehungsgeflecht dar, in dem nahezu jede Erscheinung auf eine andere verweisen kann. Bloße Zufälligkeiten gibt es nicht – und schon gar nicht bei irgend ›auffälligen‹ Vorkommnissen. Alles hat eine Bedeutung, will dem Menschen etwas sagen, ihn warnen, ihm drohen. Mag auch die Botschaft verschiedenen Auslegungen offen und ihr konkreter Inhalt immer umstritten sein, die Tatsache der Bedeutsamkeit der Natur überhaupt wird nur in den seltensten Fällen in Frage gestellt. Auffällig ist dabei – um terminologisch an Rudolf Bilz anzuschließen, der auf den »Subjektzentrismus im Erleben der Angst« aufmerksam gemacht hat[39] – ein ausgeprägter

Subjektzentrismus in der Erfahrung der Natur. Der Mensch sieht sich, und darin besteht eine strukturelle Verwandtschaft mit den älteren Kosmologien, der ptolemäischen ebenso wie der altgermanischen,[40] im Zentrum aller Vorgänge, die er auf verschiedenen Abstraktionsniveaus auf sich bezieht: auf die eigene Person, auf die eigene Ortschaft oder Stadt, auf die Menschheit als ganze, auf andere Individuen. Auch das räumlich Entfernte (das Erdbeben von Lissabon), auch das, was ebenso von anderen Menschen wahrgenommen wird (das krähende Huhn), ist – wer weiß? – von höheren Mächten vielleicht nur als Zeichen für die eigene Person gesetzt worden. Die Auffassung, daß Naturvorgänge sich ganz unabhängig vom Menschen und ohne intentionalen Bezug auf ihn vollziehen, setzt eine hohe Fähigkeit zur Abstraktion, zur Distanzierung von sich selbst, und d.h. zur ›Sachlichkeit‹, voraus, die sich im nachantiken Europa erst seit der frühen Neuzeit in größeren Kreisen auszubreiten beginnt.

Die skizzierte Deutung der Natur hatte, wie schon angedeutet, gravierende Folgen für die Furcht vor dieser. Zweifellos richtete Furcht sich auch auf die von einem Ereignis wie dem Gewitter, dem Sturm oder dem Erdbeben unmittelbar ausgehenden Gefahren für Leib, Leben und Eigentum. In erster Linie aber richtete sie sich auf die Mächte (Gott, Geister, Hexen), die hinter solchen Heimsuchungen steckten, oder auf das Entsetzliche, das diese erst ankündigten. Naturfurcht war daher immer mehr als bloße Naturfurcht. Im Kontext einer grundsätzlich bedeutenden Natur konnte Furcht überdies von Gegenständen und Geschehnissen erweckt werden, die ›an sich‹ gar nicht gefährlich oder schädlich waren; jeder Bedeutungsträger, und d.h.: fast alles, konnte ein Auslöser von Furcht sein.

Man sollte das Ausmaß der Furcht allerdings auch nicht aus ›aufgeklärter‹ Perspektive übertreiben. Denn hier, wie vermutlich überall, war es möglich, sich bis zu einem gewissen Grad mit den jeweiligen Bedrohungen zu arrangieren, wie unter Hinweis auf A. W. Schlegel schon oben bemerkt worden ist. Die Bewältigungsmechanismen entsprachen dabei dem Charakter der Furcht. Im aufklärerischen Sinn ›rationale‹ Techniken zum Schutz vor den akuten Gefährdungen durch die Naturgewalt oder zu deren Beherrschung finden sich entsprechend selten, ist es doch einigermaßen aussichtslos, wenn nicht gar frevlerisch, sich auf dieser Ebene gegen etwas sichern zu wollen, das man als übernatürliche Heimsuchung oder Drohung begreift. Erfolgversprechender schien es da schon, das Übel sozusagen an der Wurzel zu packen, d.h. es auf dem Umweg über seinen Urheber abzuwenden, den es zu besänftigen oder zu bannen galt. Dieses Ziel verfolgten die religiösen und magischen Praktiken, die in der Logik ihres Systems nicht weniger ›rational‹ waren als die zuerst genannten Techniken. Mit Reue, Buße und Opfer, gemeinschaftlichem Beten und Singen, Fürbittgottesdiensten, Flucht in die Kirche bei Unwettern, Läuten der Gewitterglocken und ähnlichem suchte man Gott milde zu stimmen oder seinen Schutz vor dämonischen Mächten zu erlangen.[41] Daneben gab es magische Rituale, Exorzismen, Beschwörungen und Besprechungen, Talismane und Amulette, mit deren Hilfe man die Macht böser Geister zu brechen und künftiges Unheil abzuwenden hoffte und der Furcht Grenzen setzte. Der solchen Maßnahmen zugrunde liegende Glaube an die menschliche Fähigkeit, Einfluß auf die übernatürlichen Mächte nehmen zu können, zeigt sich auch in der Annahme, man könne diesen willentlich Schaden und Schmerz zufügen. Nicht selten finden sich beispielsweise Berichte vom Versuch, sich an Heiligen, die trotz Fürbitten die Hilfe vorenthalten oder gar Unheil schicken, in effigie zu rächen.[42] Auch die furchterregenden höheren Mächte, jedenfalls die niedrigeren unter ihnen, standen nicht völlig außerhalb menschlicher Reichweite; war man ihnen zwar grundsätzlich unterlegen, so konnte man sich doch auch vor ihnen schützen, sie versöhnen oder es ihnen gegebenenfalls sogar heimzahlen.

2. Die aufklärerische Haltung zur Natur und ihre Konsequenzen für die Naturfurcht

Seit ihren Anfängen arbeitet die Aufklärung in Wechselbeziehung mit den expandierenden Naturwissenschaften an der Demontage der alten Vorstellungen von Natur und an der Entwicklung und Durchsetzung neuer Naturkonzeptionen. Dieser Prozeß hat bedeutende Konsequenzen für die Einschätzung der Naturfurcht. Einerseits zerstört er großenteils die Gegenstände und damit die Rechtfertigung der Naturfurcht, andererseits erscheint diese für seinen Fortgang und seine Ausbreitung hinderlich – Grund genug, ihre Beseitigung auf breiter Front zu betreiben. Es ist bisher so gut wie nie beachtet worden, daß diese Absicht immer zu den erklärten Zielen jener umfassenden Popularisierung eines neuen, tendenziell immanenten Naturverständnisses gehört, die im 18. Jahrhundert von einer Vielzahl von Büchern und Zeitschriften geleistet wird. Analytisch lassen sich in den Diskursen über die Natur und die Furcht vor ihr mehrere, faktisch meist ineinander verwobene Argumentationsstränge sondern, die auf Umstrukturierungen in verschiedenen Bereichen verweisen, die für die Deutung von Natur von Relevanz sind.

Zu den Hauptgegnern der Aufklärung im allgemeinen und ihres Naturverständnisses im besonderen rechnen im 18. Jahrhundert die als »Aberglaube« klassifizierten Vorstellungskomplexe.[43] Dieser Begriff, der sich auch als argumentative Keule in den religiösen Auseinandersetzungen der Zeit bewährt hat, in denen es ausgesprochen beliebt war, abweichende theologische Gehalte als »Aberglauben« zu disqualifizieren, dieser Begriff umfaßt im weitesten Sinn den Glauben an bestimmte übernatürliche, nach den Grundsätzen der »gesunden Vernunft« aber unwahrscheinliche und von der intersubjektiven »Erfahrung« nicht verifizierbare Wesen und Beziehungen. Zu den aus der aufgeklärten Welt ins bloß Irreale Verbannten gehören die Gestalten des traditionellen Volksglaubens wie Gespenster, Elementargeister, Dämonen, Vampire, Werwölfe und andere zwielichtige Erscheinungen, dazu gehören aber seit dem späten 17. Jahrhundert auch die Hexen und der Teufel selbst. Stellvertretend für zahlreiche andere seien hier die Schriften des Christian Thomasius gegen den Hexenglauben (*Theses inaugurales de crimine magiae* [. . .], 1701) genannt sowie das in viele Sprachen, auch die deutsche, übersetzte Werk *De betooverte Wereld* des reformierten Theologen Balthasar Bekker (1691), der dem Teufelsglauben zu Leibe rückt. Der sich selbst als religiöse Aberglaubensbekämpfung begreifende und bis ins 18. Jahrhundert hinein zu beobachtende Versuch, den volkstümlichen »Aberglauben« im Sinne des Teufelsglaubens umzudeuten und zu bündeln oder ihn als Werkzeug des Versuchers auszugeben, verfällt in der Aufklärung selbst dem Verdikt des »Aberglaubens«. Schritt für Schritt büßt der Gottseibeiuns seine personale Existenz ein und sieht sich schließlich zu einem Schattendasein im Reich der Metaphorik verdammt.[44]

Das Verfahren der Bekämpfung des – sei es nun teuflischen, zauberischen oder gespenstischen – Aberglaubens ist dabei nicht nur das abstrakte der vernünftigen Belehrung über Natur und Realität, sondern auch das quasi empirische der ›natürlichen‹ Erklärung des Unverständlichen und vermeintlich Übernatürlichen. Unzählige Beispielfälle untermauern die These, daß sich jede angebliche Erscheinung oder Einwirkung einer zweiten Welt bei gründlicher Untersuchung auf Schwindel, Einbildung, gestörte oder fehlgedeutete Wahrnehmung auf Seiten des Subjekts oder auf physikalisch erklärbare Vorgänge in der Objektwelt zurückführen lasse. Die durchgeisterte und bezauberte Welt wird, um einen lange vor Max Weber von A. W. Schlegel gebrauchten Terminus zu verwenden, »entzaubert«.[45] Daß dabei die ›natürlichen‹ Erklärungen oft nicht weniger abenteuerlich als die ›übernatürlichen‹ anmuten und schon die Zeitgenossen anmuteten, tut dem keinen Abbruch; bedeutsam ist hier lediglich der fundamentale Wandel des Erklärungsmodells.

Nicht besser als dem Teufel und den Gespenstern ergeht es den Omina und Prophezeiungen. In der Tradition Montaignes, Bacons und Hobbes'[46] wird seit der zweiten Hälfte des 17. Jahrhunderts der Vorzeichencharakter außergewöhnlicher Erscheinungen ebenso geleugnet wie die Möglichkeit von Orakeln und prophetischen Träumen. Unter den einflußreichen frühen Publikationen, die diese Formen des Aberglaubens aufs Korn nehmen, sind besonders Pierre Bayles Schriften über die Kometen (1680, 1682, 1694, 1705) und Fontenelles *Histoire des Oracles* von 1686 hervorzuheben.

Parallel dazu führt ein zweiter Prozeß ebenfalls dahin, daß die Natur ihre übernatürlichen Bedeutungen zu verlieren beginnt: der Wandel des Gottesbildes bzw. überhaupt des religiösen Denkens.[47] Vereinfachend gesagt, zeigt sich im 18. Jahrhundert die Ablösung der Vorstellung eines gestrengen und schrecklichen deus absconditus, eines Gottes, dessen Erkenntnis unmöglich ist und dem es sich blind zu unterwerfen gilt, durch das Bild eines gütigen Gottes, der seine strafenden und rächenden Attribute weitgehend einbüßt. Gottsched etwa greift, grundsätzlich ganz im Sinne Leibniz' und Wolffs, zu der einfachen Formel, »daß Gott nicht ein tyrannischer Richter, sondern ein liebreicher Vater ist [. . .]«[48] Dieser Gott ist nicht mehr undurchschaubar und unberechenbar, vielmehr gibt es, wie Leibniz ausführt, für Gott und Mensch nur eine einzige Vernunft und Gerechtigkeit, so daß Gottes Wege, wenn nicht im einzelnen, so doch ihrem Prinzip nach begreifbar sind.[49] Für Leibniz wie die Neologie, die aufklärerische evangelische Theologie, gilt, daß Gott kein unbekannter, sondern ein offenbarer und berechenbarer Gott ist. Die Welt hat er als eine harmonische zum Besten, auch zum Besten des Menschen, eingerichtet; selbst das physische und moralische Übel ist sub specie aeternitatis im Ganzen der besten aller möglichen Welten notwendig.

Hört Gott auf, ein Tremendum zu sein, so hat das Rückwirkungen auf die Gestalt der Gottesfurcht, Rückwirkungen, die von der aufklärerischen Philosophie und Theologie reflektiert, ja eingeplant werden. Aus der abgründigen Furcht des Herrn soll tendenziell kindliche Liebe werden, die freilich Momente von Furcht beinhaltet. Gottsched unterscheidet eine »knechtische Furcht«, die dem von ihm entworfenen Gottesbild ganz unangemessen ist, von der »wahren Gottesfurcht«, die eine »kindliche Furcht« ist und in die jene, »wo man sie findet, [. . .] zu verwandeln« sei.[50] Furcht also soll auch im religiösen Bereich explizit reduziert werden. Gottsched steht damit völlig im Einklang mit der Neologie, etwa mit Johann Joachim Spalding, dem einflußreichen Berliner Oberkonsistorialrat, der eine »verzweifelnde Bangigkeit und Furcht vor dem zornigen und strafenden Gott« mit Mißtrauen betrachtet.[51] Allerdings ist auch der personale Gott der Aufklärung nicht nur gütig und nachsichtig, sondern auch gerecht: Er belohnt die Guten und bestraft die Sünder. Zum einen aber nähert sich das Verhältnis von Gott und Mensch immer mehr der Vertragsform an, wie Bernhard Groethuysen an der Auseinandersetzung zwischen Jesuiten und Jansenisten nachgewiesen hat[52] – möglicherweise ist das der theologische Reflex des gleichzeitig ablaufenden Prozesses einer umfassenden Verrechtlichung der sozialen Beziehungen. Der von ungebrochener Heilsgewißheit beseelte Christ der Aufklärung glaubt geradezu einen Anspruch auf göttliche Gnade und ewige Seligkeit zu haben, wenn er seinerseits seinen Verpflichtungen gegen Gott nachkommt; diese aber sind meist schon mit der ernstgemeinten Bemühung um ein rechtschaffenes Leben erfüllt. Campe beispielsweise denkt die Kinder belehren zu dürfen, daß Gott »uns lauter Liebes und Gutes thut, wenn wir ihn nur auch lieben und gute Menschen zu werden suchen.«[53] Dem Menschen steht es somit frei, selbst zu entscheiden, ob er selig oder bestraft wird. Zum anderen modifiziert sich auch der Strafgedanke. Zwar sieht sich Gott trotz seiner Neigung, Gnade vor Recht ergehen zu lassen, auch im 18. Jahrhundert bisweilen veranlaßt, die Sünder zu bestrafen; doch dienen diese Strafen allein »zu ihrem Besten«, wie Gottsched weiß.[54] Der theologische Strafgedanke nimmt dieselbe Entwicklung wie der juristische und der pädagogische, die im 18. Jahrhundert gleichfalls auf Besserung des Delinquenten zielen.[55] Von ewiger Verdammnis ist denn auch nur noch selten die Rede, und der Hölle widerfährt dasselbe Schicksal wie ihrem Herrn, dem Teufel: sie wird zu einem immer blasseren Mythologem ohne rechte Überzeugungskraft.[56]

Je mehr sich das neue Gottesbild durchsetzt, desto weniger wird vorstellbar, daß Gott sich bestimmter Naturphänomene zur Demonstration seines Zorns und zur Warnung des Menschen vor seiner schrecklichen Rache bediene. In Barthold Heinrich Brockes' physikotheologischen Gedichten, die sich geradezu als didaktische Einübung des Lesers in eine bestimmte Wahrnehmung und Deutung der sinnfälligen Natur begreifen lassen, kommt noch einmal die Furcht vor dem Gewitter als numinoser Schauer zum Ausdruck – ganz anders jedoch als im Barock. Im Gewitter werden Größe, Macht und Erhabenheit Gottes anschaulich.

Blitz und Donner, so heißt es im *Gesang zur Zeit des Ungewitters*,[57] sind
»Proben Seiner Macht« (13), die der Mensch nicht herausfordern sollte.
Denn angesichts ihrer Manifestation in der »Gewalt der Elemente«
schrumpft er zum »Nichts« (14) und muß seine Schwäche und Armse-
ligkeit erkennen. »Ehrfurcht = volles Grauen« ist geboten vor der unendlichen Übermacht (10). Gott aber zürnt nicht, er droht nicht: Er ist
einfach nur groß. Den Menschen will er, darin gewissermaßen ganz
Bürger, nicht furchtsam: »An uns liebt unser GOtt zwar Ehrerbietig-
keit, / Doch mehr noch Zuversicht, noch mehr Gelassenheit.« (10) Seine Macht nämlich setzt er nicht *gegen,* sondern *für* den Menschen ein;
das Gewitter dient »zum Heil, und nicht zur Ruthen« (6), es ist »wahrer
Vater = Lieb untrüglich = helles Zeichen« (7), spendet es doch fruchtba-
ren Regen und reinigt die Luft vom »schwülen Dunst« (4–6). Und kann
das Gewitter auch gefährlich sein und »Schaden« bringen (11), so möge
sich der Mensch damit trösten, daß der gütige Gott alles zum Besten be-
stellt hat (11) und außerdem seine Macht zum Schutz des Menschen vor
dem notwendigen Naturgeschehen einsetzen kann: »Schreckt dich des
Schöpfers Macht; So dencke doch dabey, / daß Er, zu deinem Schutz,
nicht minder mächtig sey.« (8)

Eine ähnliche Auffassung des Gewitters herrscht in Klopstocks *Die
Frühlingsfeyer.* Auch hier naht Gott der Herr im Gewitter, auch hier
aber zeigt er in diesem nicht seinen Zorn, sondern seine Macht als eine
wohltätige, seine Liebe und Güte, und erweist sich so als Vater.

»Zürnest du, Herr,
Weil Nacht dein Gewand ist?
Diese Nacht ist Segen der Erde.
Vater, du zürnest nicht!

Sie kommt, Erfrischung auszuschütten,
Über den stärkenden Halm!
Über die herzerfreuende Traube!
Vater, du zürnest nicht!«[58]

Zwar verweist das Gewitter in Klopstocks Darstellung noch durchaus
auf das unausweichliche Gericht, doch ist damit keine eigentliche Drohung mehr verbunden. Diese ist aufgehoben in der Verheißung der Erlösung und Unsterblichkeit. In Gerhard Kaisers Worten: »Im Bild des
Gewitters verkündigt sich die letzte Epiphanie des richtenden Gottes
als das Versprechen der Vollendung und Erlösung der ganzen Schöpfung am Jüngsten Tag. Gereinigt und gerettet überstehen Erde und

Menschheit das Gericht, und über ihnen wölbt sich der Bogen des Friedens.«[59]

Für Brockes und Klopstock wie für Leibniz und die Neologie existiert ein persönlicher Schöpfergott, der in steter Präsenz die Natur erhält, oder vielmehr: kontinuierlich erschafft, und in dieser angeschaut werden kann. Das ist, wie sich besonders an der theistischen Physikotheologie plastisch zeigt,[60] kein Hindernis für die ›natürliche‹ Erklärung der Natur mit den Mitteln der Wissenschaft. Naturwissenschaft und Religion stehen im 17. und 18. Jahrhundert keineswegs in einem Verhältnis gegenseitiger Ausschließung. Immer wieder wird – man denke etwa an Bacon, Newton oder Robert Boyle – der Versuch einer Verbindung und Versöhnung beider gemacht; religiöse Ergriffenheit kann gerade auch von den neuen naturwissenschaftlichen Erkenntnissen ausgehen, die Gottes Größe erweisen. Gleichwohl ist das Verhältnis beider Bereiche alles andere als unproblematisch. Denn fast zwangsläufig schränkt das Fortschreiten der tendenziell mechanistischen Naturwissenschaften den Aktionsradius des personalen Schöpfergottes ein; je mehr die Erkenntnislücken, in denen ein unmittelbares göttliches Eingreifen angenommen werden konnte, durch wissenschaftliche Erklärungen geschlossen werden, desto mehr wird Gott an die Peripherie der Natur gedrängt.[61] In der Konsequenz dieser Bewegung liegt der Deismus, der Gott als prima causa – Grund und Ursache – an den Anfang der Schöpfung zurückversetzt und aus ihm den Mechaniker eines Uhrwerks macht, das, einmal aufgezogen, ohne seine weitere Mithilfe läuft. Die einzelnen Naturerscheinungen verdanken sich nicht der unmittelbaren Einwirkung Gottes, sondern der ein für allemal installierten Naturgesetzlichkeit. Zwar hat sich der Deismus in Deutschland, anders als in England und Frankreich, nur begrenzt durchsetzen können. In der Nachfolge Leibniz' hält man zumeist an dem personalen Schöpfergott fest, der die Natur hier und jetzt regiert, doch ist der Deismus als *Tendenz* auch in Deutschland durchaus spürbar.[62]

Sehr weit in Richtung eines unverhohlenen Deismus geht beispielsweise Zedlers Universallexikon bei der Erklärung des Gewitters. Das Gewitter überhaupt geht als Teil der Schöpfung auf Gottes Willen als erste Ursache zurück, sein je gegenwärtiges Auftreten aber muß allein aus den immanenten Gesetzen der Natur erklärt werden. Gott ist nur »Causa remota«, nicht »Causa proxima« des Gewitters.

»[. . .] was aber die eigentliche Natur des Blitzes, und wie derselbe entstehe, anbelanget, finden wir verschiedene Meynungen. Einige schreiben dessen

Erzeugung geistigen, andere natürlichen Ursachen zu. Die erstern machen GOtt zur unmittelbaren Ursache dieser Dinge. Sie bemercken, daß es ohne Wolcken und bey heiterm Himmel blitze und donnere, und dahero vermeynen sie, man könne hieraus die unmittelbare Straff = Hand GOttes erkennen. [...] Die Verwechselung der Natur = Lehre mit der GOttes = Lehre mag an dieser Meynung [...] einen grossen Antheil haben. Wir als Christliche Weltweisen wissen, daß GOtt, als der ersten Ursache aller Dinge, zwar alles zuzuschreiben sey, doch so, daß man, wo die ordentlichen Wege der Natur annoch Statt finden, seinem unmittelbaren Beytrage nichts zuschreiben müsse. [...] Man thut also besser, daß man bey natürlichen Ursachen, die der Vernunfft begreifflicher vorkommen, verbleibet [...]«[63]

Eine so weitgehend deistische Position wird in Deutschland, wie gesagt, vergleichsweise selten bezogen, doch ändert das nichts daran, daß sich die Naturerklärung faktisch immer weiter von der Theologie ablöst und ihr gegenüber verselbständigt. Tendenziell wird die äußere Natur als rein immanenter Zusammenhang begriffen, als Mechanismus, als Totalität der nach more geometrico abbildbaren Gesetzen organisierten Erscheinungen.[64] Zur Erklärung der Vorgänge innerhalb dieser Natur bedarf es letztlich gar keines Rekurses auf Gott mehr. Gott, und das gilt nicht nur für den Deismus, sondern auch dort, wo man an einem die Welt stetig erhaltenden persönlichen Schöpfergott festhält (z.B. Leibniz), Gott also greift nicht willkürlich in das Naturgeschehen ein und durchbricht nicht die von ihm selbst erlassenen Naturgesetze. Auch die Tatsache, daß es in der Natur noch immer Unzähliges gibt, was dem Menschen unerklärlich und rätselhaft erscheint, ist kein Grund, diese Überzeugung aufzugeben. Die »natürliche«, d.h. immanente Erklärbarkeit aller Phänomene ist das Apriori der aufklärerischen Naturauffassung. Das zeigt sich etwa bei Gottsched, der zwar die Möglichkeit von »Wunderwerken« Gottes, also unmittelbaren, naturgesetzlich nicht erklärbaren Eingriffen in den Weltlauf, nicht leugnet, aber dringend davor warnt, »alles, dessen Grund und Ursache wir nicht einsehen«, für übernatürlich zu halten. Denn mag aufgrund der göttlichen Allmacht die Möglichkeit von Wundern bestehen, so ist doch deren Wirklichkeit höchst unwahrscheinlich aufgrund der Weisheit Gottes, der ja die Welt schon von vornherein seinen Absichten völlig entsprechend geordnet hat und daher keinen Grund sieht, von der »einmal beliebten Verknüpfung« abzugehen. Die Weisheit Gottes begrenzt die Ausübung seiner Macht.[65] Damit wird die Natur zum durchgängig »natürlich« erklärbaren Zusammenhang.

»Da wir nicht aller besondern Körper Wesen vollkommen einsehen, am wenigsten aber verborgene Kräfte der Welt erkennen können: so sieht man leicht, daß man unsere Einsicht und Erkenntniß nicht zum Maaße dessen, was natürlich ist, annehmen müsse. Die Welt und Natur ist lange genug ein Räthsel vor den Augen der Menschen gewesen, darinn sie nichts deutlich zu erklären gewußt. Aber auch heute zu Tage erkennet man noch bey weiten nicht die Gründe alles dessen, was in der Welt vorhanden ist. Gleichwohl machet unsere Unwissenheit nicht, daß solches aufhören sollte, natürlich zu seyn.«[66]

Metaphysische, religiöse oder ›abergläubische‹ Erklärungen von Naturphänomenen sind für diese Auffassung gleichermaßen Folge eines falschen Gottes- und Naturbegriffs wie Resultat des puren Unwissens. Beide Faktoren bedingen sich wechselseitig. Es hat sich aber gezeigt, daß, stellt man sich erst einmal auf die Basis eines immanenten Naturbegriffs, zahlreiche rätselhafte Vorgänge begreiflich werden. »[...] Würkungen, wovon Ein Jahrhundert die Ursache nicht einsehen konnte, hat das 14te nachher einsehen lernen«, bemerkt Lichtenberg. Die übernatürliche Deutung erweist sich als bloßer Lückenbüßer, etwa im Fall des Gewitters, dessen altchristliche Auffassung Lichtenberg, einen Umweg über die Antike nehmend, karikiert: »Ehmals warf ein Gespenst, Jupiter, die Donner, keilte und polterte über den Wolken, wir wissen nun, daß es dieselbe Kraft ist die in einem Stückgen geriebenen Bernstein Staub anzieht.«[67] Solche Leistungen der Wissenschaft entzünden einen Erkenntnisoptimismus, der nur selten und schon aufgrund neuer Erfahrungen mit der Eigendynamik der Wissenschaft skeptisch eingefärbt ist. Das von der einmal befreiten Vernunft hervorgebrachte Wissen wird sprunghaft expandieren, keine Grenzen kennen und die ganze Natur umfassen. Seine Vollendung steht bevor. Noch der entlegenste Winkel der Natur wird so entzaubert werden.[68]

Mit der Etablierung des neuen Gottes- und Naturbegriffs geht ein Wandel der Einstellung zur Naturfurcht einher. Die alten, ›falschen‹ Deutungen stehen nach Ansicht der Aufklärer mit der Furcht in einem Wechselverhältnis. Einerseits, so glaubt man, auf dem Boden eines neuen Wissens stehend, retrospektiv erkennen zu können, gehört die Furcht zu den Gründungsfaktoren der überholten Naturdeutungen und erweist so einmal mehr ihre prinzipielle Schädlichkeit. In seinem Lehrgedicht *Gedanken über Vernunft, Aberglauben und Unglauben* (1729) schreibt Albrecht von Haller in Anknüpfung an den alten Topos, Furcht habe die Götter gemacht:

»[. . .]
Der Gottheit Merkmal heißt, was ihn [den Menschen] erstaunen macht.
Das rollende Geknall von Schwefel-reichen Dämpfen,
Die mit dem feuchten Dunst geschloßner Wolken kämpfen,
Verrückte gleich ihr Hirn, sie dachten: Was uns schreckt,
Ist mächtiger als wir; so ward ein Gott entdeckt.«[69]

Das mit Lärm und Lichterscheinungen, Gewalt und Gefahr auftretende
Naturereignis, über das man noch kein vernünftiges Wissen besitzt, er-
regt spontane Furcht, und diese »verrückt« bekanntlich den Verstand.
Dementsprechend fällt die Ursachenbestimmung des Phänomens aus:
An die Stelle der durch Furcht vereitelten rationalen und planmäßigen
Nachforschung tritt eine phantastische Spekulation und schließlich die
Vergegenständlichung der eigenen Furcht zum schrecklichen Gott oder
Dämon. Andererseits sind diese falschen Erklärungen die Quelle weite-
rer Furcht. Es entsteht so ein Teufelskreis, der den Erwerb vernünftigen
Wissens dauerhaft unmöglich macht, zumal sich die religiösen und
abergläubischen Deutungskonstrukte über das Blasphemieverdikt ge-
gen ihre Auflösung zu immunisieren suchen. Das macht die aufklärerische Strategie plausibel, den circulus vitiosus sowohl durch Abbau der
Furcht im allgemeinen und der Gottes- bzw. der abergläubischen
Furcht im besonderen als auch durch Vermittlung vernünftiger, ›natürlicher‹ Erkenntnisse über die Natur zu sprengen. Auch hier liegt eine re-
ziproke Beziehung vor. Ermöglicht tendenziell erst die Reduzierung der
Furcht – man denke an Gott als Tremendum – den neuen Naturbegriff,
so führt umgekehrt dieser zum Hinfälligwerden der Naturfurcht in ihrer
traditionellen Gestalt. Mit dem neuen Deutungsparadigma und dem
mit Hilfe der Naturwissenschaften erworbenen Wissen verschwindet
für die Aufklärer vieles von dem, was bisher in der Natur gefürchtet
wurde: das Wirken von Geistern und Dämonen, der Zorn Gottes, die
Ankündigung kommenden Unheils usw. In vielen Fällen verlieren so
einstmals fürchterliche Ereignisse jeden Schrecken, in anderen
schrumpft Naturfurcht auf die Furcht vor einer ›natürlichen‹ Gefahr.
Die »Wahrheit« über die Natur rückt die Bedrohung zurecht. Aufklärung über sie ist daher unersetzliches Mittel gegen die Naturfurcht.
Lichtenberg bemerkt über die Gewitterfurcht:

»Zum Teil liegt freilich der Grund von jener übermäßigen Furcht da, wo
noch so mancher andere von unserm Elend liegt, in der Erziehung. *Horch!
der liebe Gott zürnt,* sagt man Kindern, wenn es donnert [. . .] Gegen diese
durch schlechte Erziehung erst eingepflanzte und dann durch menschliche

Natur von einer Seite begünstigte Furcht, weiß ich in der Welt keinen Rat, als man lehre den Patienten *Wahrheit* in ihrer reinsten Form, die schadet niemals. Man erkläre ihm was das Gewitter ist, ohne leichtsinnige Herabsetzung noch ängstliche Übertreibung der Gefahr. Man vergleiche die Gefahr dabei mit der von Krankheiten [. . .] und zeige mit aller Stärke, [. . .] daß die Gewitter die leichtesten Epidemien sind die einen Landstrich befallen können.«[70]

Die Befreiung des Menschen von der Furcht ist das ausdrückliche Anliegen vieler Werke der Aufklärung über die Natur; Holbachs *Système de la nature,* um nur ein Beispiel zu nennen, verfolgt explizit dieses epikureische Ziel.[71]

Diese Absicht ist emanzipatorisch übrigens nicht nur in dem Sinn, daß sie mit der Furcht die Macht der äußeren Natur über den Menschen zerstören will; sie will zugleich, mit Diderot zu sprechen, die Furcht als den »Henkel« abbrechen, »an dem der Starke den Schwachen packt, um ihn zu führen, wohin er will.«[72] Der Rationalisierung, Entzauberung und Säkularisierung des Weltbilds liegt häufig auch ein gewissermaßen ideologiekritischer Ansatz zugrunde. So unterschiedliche geistige Charaktere wie Spinoza, Gottsched, Lichtenberg, Jung-Stilling und andere sind sich darin einig, daß Unwissen und Aberglaube, die Vorstellung eines zürnenden Gottes oder der Höllenstrafen, auf welche Naturereignisse verweisen sollten, bewußt eingesetzte Instrumente zur Erhaltung der Macht von Kirche und Staat seien.[73] Die Entzauberung der Natur steht daher nicht nur im Kontext der Entwicklung eines rationaleren Weltbilds, sondern zielt zugleich damit auf Befreiung des Menschen aus geistiger – seltener aus politischer – Vormundschaft.

Zum Abbau der Furcht trägt in verschiedener Hinsicht ein theologisches, dann auch in säkularisierter Form auftretendes Argument bei, das schon im Zusammenhang mit Brockes und Klopstock berührt worden ist. Seiner vermittelnden Position wegen soll hier auf dieses noch einmal zurückgegriffen werden. – Auch wo die Natur vollständig ›natürlich‹ erklärt wird, behält sie in der Regel im 18. Jahrhundert – und allemal in seiner ersten Hälfte – eine religiöse Dimension. In der Natur als Ganzer nämlich offenbart sich die staunenswerte Weisheit und Güte Gottes, der – darin stimmen Theisten und Deisten überein – alles zum nachweisbaren Nutzen des Menschen eingerichtet hat. Die Demonstration des Nutzens einer jeden Naturerscheinung gehört zu den Lieblingsbeschäftigungen der Aufklärer. Geistesgeschichtlich betrachtet hat diese Auffassung ihre Wurzeln zum einen in der von England sich ausbreitenden Physikotheologie, die in einer Vielzahl von Einzeluntersuchungen den Erweis Gottes aus der wunderbar sinnvollen Organisation aller Lebewesen und Naturgegenstände unternahm,[74] zum anderen in der *Theodizee* Leibniz' und ihrer Popularisierung durch Christian Wolff, der ein dickleibiges Werk, die *Vernünfftige[n] Gedancken von den Absichten der natürlichen Dinge* (1724), der Aufhellung des Nutzens aller Naturgegenstände und -vorgänge gewidmet hat. Diese Argumentationsform hat zweifellos einen psychologischen Effekt, der übrigens von den Autoren durchaus beabsichtigt ist. Immer wieder wird die traditionelle Auffassung, in außergewöhnlichen und bedrohlichen Naturphänomenen zeige sich der göttliche Zorn, mit der Darlegung des Nutzens solcher Erscheinungen bekämpft. Im Gewitter etwa kommt, eben weil Gott ein liebender Vater und kein drohender und rächender Richter ist, dessen Zorn nicht nur nicht zum Ausdruck, vielmehr ist das genaue Gegenteil der Fall: Das Gewitter ist von Gott allein aus Gründen des innerweltlichen Nutzens geschickt bzw. in den Weltlauf einprogrammiert worden. Scheint es zwar auf den ersten Blick entsetzlich, so indiziert es doch in Wahrheit Gottes Güte, da es die Atmosphäre reinigt, Regen und Fruchtbarkeit schenkt. Seine nicht zu leugnende Gefährlichkeit ist nicht mehr als die offenbar selbst für Gott unvermeidliche Nebenwirkung eines außerordentlichen Nutzens, ja eines unbedingt notwendigen Vorgangs; sie ist ein bloßes Oberflächenphänomen.[75] Nach demselben Muster funktioniert die Beruhigung auch in anderen seit alters furchterregenden Bereichen der Natur. Ebenso wie das Gewitter wird die Nacht, selbstverständlich ebenfalls eine natürliche Erscheinung, als eine von Gott gewollte nützliche Wohltat erwiesen,[76] und auch ein so bedenkliches Gebilde wie das Gebirge scheint allein dem Menschen zum Nutzen zu existieren, einem Nutzen, der sich durchaus in Geldeswert ausdrücken läßt. Das Gebirge ist ein Reservoir kostbarer Erze und heilkräftiger Pflanzen; es reinigt die Luft und ist ein raffiniertes regulatives System zum Schutz des Menschen: Es schützt gleichermaßen vor Überschwemmung und Trockenheit, indem ein Teil des niedergehenden Regens dort als Schnee gelagert wird und erst im Sommer, wenn das Flachland trocken ist, diesem zugute kommt und für seine Fruchtbarkeit sorgt.[77]

Aus derartigen Argumentationen, die auf sämtliche Naturphänomene Anwendung finden, wird ersichtlich, daß der Subjektzentrismus, der an den traditionellen Naturdeutungen beobachtet werden konnte, keineswegs gänzlich verschwunden ist. Zwar wird seine ungebrochenste Form, in der das Individuum die Naturerscheinungen auf sich selbst oder die eigene Ortschaft, Stadt usw. gemünzt erfährt, in der Aufklärung als eine Absurdität bekämpft, etwa bei Christian Wolff, der von einer Bedeutung der Kometen nichts wissen will:

»Denn was sich um den Erdboden herum bewegen und an allen Orten gesehen wird [!], das kan keinem gewissen Lande, noch auch einer gewissen Stadt etwas bedeuten. Man findet nicht genungsamen Grund, warum sich dieses Zeichens mehr dieser, als ein anderer Ort anzunehmen hat.«[78]

Einzelne Naturvorgänge stehen in einer langen ›natürlichen‹ Kausalkette und sind nicht intentional auf einzelne Menschen oder Gruppen bezogen. In der auf höherer Abstraktionsebene angesiedelten Schwundform der Anthropozentrik aber bleibt der Subjektzentrismus noch weiterhin bestehen. Das bürgerliche Subjekt der Aufklärung bezieht die Naturphänomene nicht mehr auf sich als einzelnen, es sieht jedoch den Menschen überhaupt im Zentrum und als Endzweck der Natur. Wenn aber alles in dieser auf den Menschen hin orientiert und zu seinem Nutz und Frommen eingerichtet ist, dann braucht man keinerlei Bedenken mehr zu tragen, diesen Nutzen auch voll und ganz ›auszunützen‹. Die aufklärerische Lehre von einer von Gott zum Nutzen des Menschen erschaffenen Welt liefert diese dem ungehemmten menschlichen Zugriff förmlich aus; sie ist eine Theologie der Naturbeherrschung.

So wird auch theologisch legitimiert, worauf die Naturwissenschaften seit ihren Anfängen in der frühen Neuzeit ausdrücklich zielten: die Entmächtigung und systematische Aneignung der Natur. Ermöglicht werden diese in großem Umfang erst durch die skizzierte Idee einer ›natürlich‹ erklärbaren, gesetzmäßig organisierten, buchstäblich berechenbaren Natur, der gegenüber sich jene Furcht und Scheu nicht mehr einstellen, die das Verhältnis des Menschen zu einer belebten, durchgeisterten, numinosen Natur kennzeichneten und seinem Zugriff auf sie Grenzen setzten. Schon Bacons Programm der Entfaltung einer neuen Wissenschaft, der Naturwissenschaft, die durch Abkehr von der aristotelischen Tradition möglich werden sollte, verfolgte bekanntlich den praktischen Zweck, die dem Menschen »aufgrund einer göttlichen Schenkung« zustehende »Herrschaft über die Natur« bis an die »Grenzen des überhaupt Möglichen« auszudehnen.[79] Auf diese Funktion ist die Zergliederung der Natur ausgerichtet, durch die der Mensch alle Kräfte, Wirkungsweisen und Gesetze der Natur erforschen und sich in den Besitz eines vollständigen Wissens setzen sollte, das zum »Sieg der Kunst über die Natur« führen würde.[80] Nicht zwar, was den methodischen Ansatz, wohl aber was den praktischen Endzweck der Wissenschaft anbelangt, ist Descartes einer Meinung mit Bacon. Auch ihm geht es darum, die Menschen »zu Herren und Eigentümern der Natur« zu machen.[81] Von hier reicht eine gerade Linie etwa zu Fichte – und natürlich über ihn hinaus bis in die Gegenwart: »Alles vernunftlose sich zu unterwerfen, frei und nach seinem eignen Gesetze es zu beherrschen, ist lezter Endzweck des Menschen«.[82]

Im Rahmen dieser Programmatik vollziehen sich die methodische Sicherung und die bedeutende Entfaltung von Wissenschaft und Technik in der frühen Neuzeit.[83] Das Fortschreiten der praktischen Naturbeherrschung durch Technik ist neben der Entzauberung, Säkularisierung und wissenschaftlichen Durchdringung der Natur, die es voraussetzt, ein weiterer Faktor, der gravierende Folgen für die Naturfurcht und ihre Einschätzung hat. Wiederum läßt sich das, um bei diesem Beispiel zu bleiben, am Gewitter zeigen. Die Furcht vor diesem hat, so war zu sehen, im Zeichen des aufgeklärten Gottes- und immanenten Naturbegriffs jede metaphysische Komponente verloren. Aber auch das ›natürlich‹ erklärte Gewitter, bei dem man kein göttliches Strafgericht mehr befürchten muß, ist und bleibt eine objektive Gefahr. Gewitterfurcht ist jetzt zwar erstmals nur noch Furcht vor dem Gewitter, bleibt aber als solche bestehen, solange man sich nicht wirkungsvoll vor der Gefahr schützen kann. Das ist in der ersten Hälfte des 18. Jahrhunderts der Fall. »Ein weiser Mann«, bemerkt das Zedlersche Lexikon von 1733, »weiß, daß das Gewitter natürlich ist, doch weiß er auch, daß die natürlichen Dinge schaden können.« Solchen drohenden Schadens für Gesundheit und Leben sowie »Haab und Güter« muß man sich bewußt sein: »Dahero ist es sehr gut, bey entstehenden Gewittern wachsam zu seyn, um bey vorstehenden Fällen die nöthige Anstalt zu machen.« »Frech und verwegen« hingegen wäre es, das Gewitter zu ignorieren, »als wenn man sich vor einer natürlichen Gefahr nicht hüten dürffte.« Selbstverständlich ist dies kein Aufruf zur Furcht. Furcht ist vielmehr meist die Folge der alten, überholten Auffassungen und daher »ungebührlich«:

»Doch halten wir dafür, daß eine furchtsame Auferziehung, eine nicht recht begriffene Meynung von GOtt und dessen Fürsehung, eine allzugrosse Furcht vor dem Tode, und ein böses Gewissen meistentheils die Ursachen einer solchen ungebührlichen Furcht sind.«

Doch auch unter dem gewandelten Natur- und Gottesbegriff bleibt angesichts der entfesselten Naturgewalt ein Gefühl tiefer Unsicherheit und Ausgesetztheit; die anempfohlene Wachsamkeit schließt daher das Gedenken an die letzten Dinge ein:

»Wer also in dieser Gelegenheit an GOtt, an den Tod und an sich ge-
dencket, keinesweges aber eine kindische Furcht bezeuget, ist mit nichten
unter die kleinen Geister zu rechnen.«

Unsicherheit also bleibt bestehen, und auch die Furcht ist, obwohl das
Lexikon sie nicht gern sieht und durch zweckmäßigere Gefühle wie
Vorsicht und Wachsamkeit ersetzt wissen möchte, ein Faktum. Deswegen empfiehlt der Autor noch durchaus das »Beten und Singen« beim
Gewitter. Doch das hat nichts mehr mit den traditionellen religiösen Ri-
ten zur Versöhnung Gottes oder zur Bitte um seinen Schutz zu tun: Hier
handelt es sich nur noch um ein »Mittel, das Gemüthe in Ruhe zu setzen«, eine rein psychologische Beruhigungstechnik also, eine Art geho-
bener Beschäftigungstherapie, der alles religiöse Pathos abhanden gekommen ist:

»Wer die Würckung dieses Mittels bey sich empfindet, thut übel, wenn er
sich nicht dessen bedienet, und daher ist der Gebrauch bey Gewittern zu
beten und zu singen höchst löblich; nur muß man nicht meynen, daß ein
leeres Geschrey die Wege GOttes verändern könne.«[84]

Zedlers Lexikon markiert eine Zwischenposition im Prozeß der Naturbeherrschung: Mit der Zerstörung der metaphysischen Naturdeutung wird auch die dieser entsprechende Furcht hinfällig, es bleibt aber
die reale Gefahr durch die Naturgewalt und damit eine gegenüber früher modifizierte Naturfurcht. Möchte das Lexikon zwar auch diese
noch im Zeichen allgemeiner Diskreditierung der Furcht als unangemessene Reaktion deklarieren, so muß es doch die Berechtigung eines
tiefen Unsicherheitsgefühls zugeben, das der Furcht de facto zum Verwechseln ähnlich sieht.

Ein Ereignis, dessen Bedeutung für die aufklärerische Haltung zur
Natur und zur Furcht vor ihr gar nicht überschätzt werden kann, stellt
die Entwicklung des Blitzableiters durch Benjamin Franklin seit den
späten 1740er Jahren dar.[85] In ihrem Gefolge verbreitet sich grenzenloser Optimismus bezüglich der Möglichkeiten der Naturbeherrschung
und des Verschwindens der Naturfurcht. Rational betrachtet gibt es unter dem Schutz des Blitzableiters am Gewitter überhaupt nichts mehr zu
fürchten; die Gewitterfurcht kann unter diesen Bedingungen nur noch
allerletzte Rückzugsgefechte führen, um sich dann endgültig »von der
Erde [zu] verlieren« – so jedenfalls stellt es Lichtenberg, der sich zeitlebens mit dieser Thematik befaßt hat, in seinem schon zitierten Aufsatz
Über Gewitterfurcht und Blitzableitung dar.

90

»Wäre zum Beispiel eine ganze Stadt mit Blei oder Kupfer gedeckt [. . .] so würde man gar nichts mehr von schädlichen Wirkungen des Blitzes an diesem Orte hören [. . .] Nach einer Generation würde sich alles Schreckliche hierbei völlig verlieren; man würde dem Donnerwetter [. . .] zuhören, wie der Kanonade bei einer Musterung, und dem Wetterstrahl zusehen wie einem Lustfeuer. [. . .] So muß es kommen, wenn alle Gewitterfurcht sich von der Erde verlieren soll. Man muß nur deutlich und anschaulich einsehen lernen, daß man sich vor dem Blitze sichern kann, wenn man will.«

Wer sich jetzt noch vom Gewitter schädigen läßt, ist nach Lichtenbergs Meinung selber schuld:

»Die Häuser werden von ihm gezündet und Menschen von ihm getödet, weil sie nicht für Ableitung desselben gesorgt haben. [. . .] Genug, daß der Satz außer allem Zweifel ist: *Die Menschen werden vom Blitze getroffen und ihre Häuser angezündet, weil sie es nicht anders haben wollten.*«[86]

Obwohl die tatsächliche Verbreitung des Blitzableiters im Deutschland des späteren 18. Jahrhunderts noch nicht sonderlich bedeutend ist,[87] hat sich die Auffassung, daß Gewitterfurcht angesichts der wissenschaftlichen und technischen Entwicklung ein Atavismus, vernünftiger Leute unwürdig, sei, als die weithin herrschende etabliert. In der Erziehung, der Kinderliteratur und den Schriften zur Volksaufklärung sucht man sie zusammen mit dem neuen Gottesbild und vernünftigem Wissen über die Natur zu popularisieren.[88] Die eigentliche Bedeutung des Blitzableiters liegt im 18. Jahrhundert nicht so sehr in der schon wirklich hergestellten Sicherheit, sondern darin, daß er diese in umfassender Weise erstmals möglich macht. Und das wiederum ist ein Faktum, das weit über sich hinausweist. Daß es gelungen ist, das von tradierten Irrtümern emanzipierte naturwissenschaftliche Wissen in die praktische Beherrschung eines der gefährlichsten und symbolträchtigsten Naturereignisse umzusetzen, ist ein Signal, das eine Parallele vielleicht nur in der Entwicklung der Pockenimpfung hat: Was der Mensch hier erreicht hat, wird er auch überall sonst erreichen können. »Franklin hat dem ganzen Menschengeschlecht ein neues hohes Zutrauen zu seinen Kräften eingeflößt«, schreibt 1790 die *Berlinische Monatsschrift* in ihrem Nachruf auf Franklin.[89] Der Blitzableiter ist ein Beweis, ein Beweis für die menschlichen Fähigkeiten, ein Beweis, daß Bacons Forderung vor ihrer Einlösung steht, ja, wie man in etwas unzeitigem Optimismus bisweilen behauptet, bereits eingelöst sei.[90] Immer wieder wird am Blitzableiter nicht nur sein eigentlicher Effekt gerühmt, sondern gerade seine paradigmatische Bedeutung hervorgehoben, bei dem Volksaufklärer

Rudolph Zacharias Becker, für den er »ein gar schönes Exempel« ist, »daß es auf der Erde immer besser mit den Menschen wird und werden muß, wenn sie ihren Verstand immer mehr gebrauchen«,[91] nicht anders als bei Voltaire oder Schleiermacher, in dessen Reden *Über die Religion* (1799) zu lesen ist:

»Das ist ja das große Ziel alles Fleißes, der auf die Bildung der Erde verwendet wird, daß die Herrschaft der Naturkräfte über den Menschen vernichtet werde und alle Furcht vor ihnen aufhöre [. . .] Jupiters Blitze schrecken nicht mehr, seitdem Vulkan uns einen Schild dagegen verfertigt hat. Vesta schützt, was sie dem Neptun abgewann, gegen die zornigsten Schläge seines Tridents, und die Söhne des Mars vereinigen sich mit denen des Äskulaps, um uns gegen die schnelltötenden Pfeile Apollos zu sichern.«[92]

Daß der Prozeß der Naturbeherrschung hier in die Bildlichkeit des Mythos gekleidet auftritt, mag im Rückblick als ein Menetekel erscheinen.

Die Möglichkeit von Naturbeherrschung im Sinne von wissenschaftlicher Erklärung und theoriegeleiteter praktischer Domestizierung, Bearbeitung und Nutzbarmachung der Natur gründet in psychogenetischer Hinsicht in einem neuen Verhältnis des Menschen zu sich selbst, zu seiner ›inneren Natur‹. Es ist daher keineswegs ein bloßer Zufall, daß sich das rapide Fortschreiten von Wissenschaft und Technik gleichzeitig mit dem von Norbert Elias beschriebenen Zivilisationsprozeß vollzieht, dessen Wiederholung in der Erziehung des einzelnen an der bürgerlichen Pädagogik beobachtet werden konnte. Beide Bewegungen sind eng miteinander verzahnt. Die neuzeitliche Wissenschaftsentwicklung mit ihren Umbrüchen des Weltbilds, allen voran der kopernikanischen Wende, läßt sich nicht allein als Geschichte einer Revision und Akkumulation von Wissen begreifen. Elias hat gezeigt, daß die menschliche Fähigkeit zur Distanzierung von Objekten der Außenwelt, die eine wesentliche Voraussetzung der neuen Naturwissenschaft ist, wie überhaupt die radikale Subjekt-Objekt-Spaltung, die die neuzeitliche Bewußtseinsgeschichte bestimmt, sich erst im Zusammenhang mit und auf der Basis der Fähigkeit zur Distanzierung von sich selbst, von den affektiven Besetzungen der Objekte und überhaupt von Regungen der ›inneren Natur‹ entwickelt.[93] Um Naturvorgänge in ihren immanenten Strukturen und Gesetzmäßigkeiten wissenschaftlich erforschen und in der Folge praktisch kontrollieren zu können, muß zunächst die Möglichkeit bestehen, sie als etwas ganz Eigenständiges, vom Menschen Unabhängiges und nicht intentional auf ihn Ausgerichtetes zu erkennen. Beides, die Auflösung des Erfahrungstypus des Subjektzentrismus in seiner unmittelbaren Form – und damit auch der abergläubischen Konstrukte, die er hervorbringt – und die wissenschaftliche Erkenntnis, beides basiert auf der Fähigkeit der rationalen »Langsicht«, die sich nach Elias erst unter dem Druck wachsender gesellschaftlicher Interdependenz und Funktionsteilung entwickelt und differenziert:[94] der Fähigkeit, unter Absehung und Abweisung von spontanen Wünschen und Affekten große Zusammenhänge und lange Kausalketten zu überblicken und sein Handeln diesen entsprechend zu organisieren. Erst die Kontrolle und Beherrschung der inneren Natur ermöglichen so das wissenschaftliche Wissen und die praktische Herrschaft über die äußere Natur, denen es gelingt, deren vermeintliche und wirkliche Gefahren bedeutend zu verringern. Umgekehrt aber – und schon die Aufklärer erkennen, wie sich gezeigt hat, die Reziprozität dieses Zusammenhangs – setzen die theoretische und praktische Aneignung der äußeren Natur nicht nur die »Naturbeherrschung am Menschen« (zur Lippe) im allgemeinen voraus, sondern schon den Abbau der Furcht im besonderen, den sie dann vorantreiben.

Die geschilderte aufklärerische Sicht der Natur hat sich seit dem 18. Jahrhundert als die dominante etabliert. Ihr gehörte die Zukunft. Auf ihr fußen die immer radikalere Domestizierung, Aneignung und schließlich industrielle Verwertung der Natur. Das darf aber nicht darüber hinwegtäuschen, daß ihre Ausbreitung im 18. Jahrhundert auf große Schwierigkeiten stieß und weitgehend auf die Schicht der Gebildeten beschränkt blieb. Die Aufklärung, die von den neuen bürgerlichen Schichten ausging, fand ihre Adressaten de facto fast ausschließlich in diesen; die Bemühungen der Volksaufklärer um Vermittlung der neuen Erkenntnisse scheinen im Bauerntum wenig Widerhall gefunden zu haben,[95] und das hat seine Gründe – Gründe, die nicht allein in der ›Renitenz‹ einer Schicht zu suchen sind, die ihre eigene Kultur wahren wollte und keine Lust hatte, sich von Obrigkeiten und dahergelaufenen Städtern dreinreden zu lassen. Wenn es richtig ist, daß die aufgeklärte Natursicht ein hohes zivilisatorisches Niveau voraussetzt, eine hohe Selbstdistanz und Selbstkontrolle, dann mußte ihre Verbreitung zwangsläufig dort ihre Grenzen finden, wo diese Voraussetzung nicht gegeben war. Der Versuch der Vermittlung von bloßem, ›vernünftigem‹ und ›sachlichem‹ Wissen über Naturereignisse und -zusammenhänge hatte keine Chance, den aus einem ganz anderen Verhältnis des Menschen zu sich selbst und zur Objektwelt erwachsenden Subjektzentrismus in der Naturerfahrung zu besiegen, solange dieses Verhältnis fast ungebrochen fortbestand; auf diesem zivilisatorischen Niveau waren das aufgeklärte Wissen und seine Prinzipien einfach nicht einsehbar.[96] Der oft heftige Widerstreit der traditionellen und der aufklärerischen Naturdeutungen, der sich im 18. Jahrhundert beobachten läßt, ist daher nicht nur einer von alt und neu, von Aberglauben und Aufklärung, Religiosität und Profanität, Unwissen und Wissen, sondern immer auch einer von zivilisatorischen Standards und den entsprechenden Kulturen, die immer stärker auseinanderdriften. Und als ein zivilisatorischer ist der Widerstreit zugleich ein sozialer.

In allen seinen Dimensionen, der sozialen, zivilisatorischen und praktischen, wird er in einer Kindheitserinnerung Goethes erfaßt:

»Der folgende Sommer gab eine nähere Gelegenheit, den zornigen Gott, von dem das Alte Testament so viel überliefert, unmittelbar kennen zu lernen. Unversehens brach ein Hagelwetter herein und schlug die neuen Spiegelscheiben der gegen Abend gelegenen Hinterseite des Hauses unter Donner und Blitzen auf das gewaltsamste zusammen, beschädigte die neuen Möbeln, verderbte einige schätzbare Bücher und sonst werte Dinge, und war für die Kinder um so fürchterlicher, als das ganz außer sich gesetzte Hausgesinde sie in einen dunklen Gang mit fortriß, und dort auf den Knieen liegend durch schreckliches Geheul und Geschrei die erzürnte Gottheit zu versöhnen glaubte; indessen der Vater, ganz allein gefaßt, die Fensterflügel aufriß und aushob [...]«[97]

Am Hagelwetter scheiden sich die Geister. Die Rollen sind dabei klar verteilt. Es sind die den Unterschichten entstammenden Dienstboten, die noch tief im Zeitalter der Aufklärung das Unwetter als Ausdruck des göttlichen Zorns unmittelbar auf sich beziehen. Daß das etwas mit ihrem zivilisatorischen Niveau zu tun hat, zeigt sich an ihrem Verhalten, das durch und durch von diesem bestimmt ist. Ganz »außer sich« gesetzt, läßt das Gesinde in Heulen und Schreien seinen Affekten freien Lauf. Das ist zutiefst unbürgerlich – der polemische Unterton dieser Schilderung ist unüberhörbar. Das sublime Prinzip der Apathie scheint den Dienstboten nicht viel zu bedeuten. Ganz anders der aufgeklärte Hausherr, der nicht nur auf die Naturgewalt, sondern auch auf die fatale Zerstörung seines Eigentums völlig »gefaßt« reagiert. Seine Beherrschtheit und seine andere Deutung des Naturereignisses, die bewußtseins- und zivilisationsgeschichtlich gesehen jene voraussetzt und sie dann wiederum erleichtert, erlauben ihm als einzigem, der ›natürlichen‹ Schädigung durch ›vernünftiges‹ Handeln Einhalt zu gebieten, während das Gesinde im dunklen Flur mit Versöhnungsriten auf das

Tremendum antwortet. Die verschiedenen Weltdeutungen ziehen also eine gänzlich verschiedene Praxis nach sich, und ganz besonders an dieser Praxis entzündet sich die Kritik der jeweiligen Gegenseite. Die Aufklärer attackieren den ›Aberglauben‹ im weitesten Sinn nicht nur im Dienst der ›Wahrheit‹ des Weltbilds, sondern auch, weil er ein in ihren Augen ›vernünftiges‹ und nützliches Handeln vereitelt. Das nämlich hat üble ökonomische Folgen, im Fall der Goetheschen Spiegelscheiben ebenso wie etwa für die landwirtschaftliche Produktion, die dadurch in erheblichem Maße behindert wird.[98] Umgekehrt muß den Dienstboten im Hause Goethe ein Handeln wie das des Vaters sinnlos vorgekommen sein, denn wie sollte man einen gottgewollten, als Strafe aufgefaßten Schaden mindern können? Ja, ist ein solcher Versuch nicht geradezu eine Herausforderung Gottes, die die Strafe nur um so sicherer auf sich ziehen wird?

Diese Auffassung stand hinter den massiven Widerständen des ›Volks‹ gegen die Einführung der neuen, auf der Basis eines immanenten Naturbegriffs entwickelten Verfahren zur praktischen Beherrschung der Natur bzw. zum Schutz vor ihr. Noch 1788 hat sich beispielsweise die Bevölkerung Nürnbergs gegen die Installation des Blitzableiters, weit entfernt, diesen im Sinne der Aufklärung als eine Segnung der Wissenschaft zum Schutz des Menschen zu begrüßen, als eine pure Blasphemie gewehrt.[99] Das ist kein Einzelfall. Ähnliche Aversionen rief die Blattern- und etwas später die Pockenimpfung hervor, die außerhalb des aufgeklärten Bürgertums als lästerlicher Versuch angesehen wurde, Gott seine Strafruten abzubrechen. Die 1766 als Tochter eines wohlhabenden Kaufmanns geborene Johanna Schopenhauer, die in ihrer Kindheit zusammen mit zwei Schwestern gegen die Blattern geimpft worden war, hat später von den Widerständen gegen dieses avantgardistische Unternehmen berichtet:

»[...] die Inokulation der Blattern, war besonders ein Gegenstand des allgemeinen Widerwillens, gegen den alle Stimmen sich erhoben. Vergebens ging das Lob derselben vermittelst der Zeitungen wie ein Lauffeuer durch halb Europa. Auf viele, viele Meilen weit rings um Danzig her dachte niemand auch nur auf das entfernteste daran, ein solches gottversuchendes, vorwitziges und frevelhaftes Wagestück zu unternehmen, wofür es von eifrigen Zeloten überlaut, sogar mitunter öffentlich von der Kanzel herab, erklärt ward. [...] viele fromme Seelen nahmen ein großes Ärgernis daran.«[100]

Neben den Unterschichten sind es, freilich aus anderen Gründen, Teile der Geistlichkeit, die der aufklärerischen Naturerklärung und den durch sie ermöglichten Techniken Widerpart bieten: Diese bedrohen ihre Machtbasis. So vollzieht sich die Ablösung der traditionellen Sicht von Natur und Welt durch die neue der bürgerlichen Aufklärung auch in dieser Hinsicht keineswegs konfliktfrei, sondern trägt Züge eines Machtkampfs. Wieder erweist sich die Berechtigung des »Wahlspruchs der Aufklärung«; man muß Mut haben, um aufgeklärt zu sein: Sapere aude!

Naturfurcht, Naturbeherrschung, Naturgenuß. Rekonstruktion der Erfahrung erhabener Natur im 18. Jahrhundert

1. Einleitung

Offenkundig ist die Einschätzung des Verhältnisses von Mensch und Natur seit der frühen Neuzeit in erheblichem Maße in Bewegung geraten. Die neue Naturdeutung, das gewachsene wissenschaftliche Wissen und die fortschreitende Technik sind gleichermaßen Grund wie Ausdruck dieser Bewegung. Konnte bisher nachgewiesen werden, daß die Aufklärer des 18. Jahrhunderts in diesem Zusammenhang Naturfurcht als unangemessen und unbegründet ausgeben, so läßt das jedoch noch nicht den zwingenden Schluß zu, daß die von ihnen zur Geltung gebrachten und popularisierten Faktoren tatsächlich eine lebensweltliche Reduzierung von Furcht im Bürgertum bewirkt und damit einen Wandel der alltäglichen Erfahrung von Natur hervorgebracht oder ermöglicht haben. Zweifel daran, daß der Diskurs über Naturfurcht einen realen Erfahrungswandel indiziert, könnte gerade seine quasi ›propagandistische‹ Tendenz wecken, die sich der Auffassung von der prinzipiellen Schädlichkeit aller Furcht und der Intention ihrer größtmöglichen Verminderung verdankt. Die Klärung des Problems erfordert die Untersuchung, auf welche Weise die bis ins 18. Jahrhundert furchterregenden Orte und Ereignisse der äußeren Natur am Ende des Jahrhunderts von den bürgerlichen Subjekten erfahren wurden. Damit tritt man in den Problemkreis des vielbeschworenen, in Literatur und Alltagsleben gleichermaßen bedeutsamen ›Naturgefühls‹ des 18. Jahrhunderts, dessen Verhältnis zur Naturfurcht somit systematisch in den Blick gerät.[1]

Bekanntlich werden in der Tat Gebirge, Wald und Meer, Gewitter, Sturm und Nacht im späten 18. Jahrhundert ganz anders erfahren als in früheren Zeiten, in denen sie nicht nur Furcht evozierten, sondern auch als bar aller ›ästhetischen‹ Qualitäten angesehen wurden. Livius' Wort von der Häßlichkeit der Alpen (foeditas Alpium) galt, sieht man von wenigen Ausnahmen ab, bis übers 17. Jahrhundert hinaus, das Meer wurde häufig als langweilig bezeichnet, und der Rheinfall bei Schaffhausen, im späten 18. Jahrhundert beliebtes Ausflugsziel, fand, obgleich schon im Mittelalter an einer Verkehrsverbindung gelegen, bis zum Beginn des 15. Jahrhunderts keinerlei schriftliche Erwähnung.[2] Mit dem Ende des 17. Jahrhunderts jedoch beginnt die Auflösung dieser traditionellen Haltung; freilich ist die Artikulation eines Gefallens am Un-Schönen, Bedrückenden und Fürchterlichen in der äußeren Natur zunächst nur in einzelnen Fällen zu belegen. In England sind es etwa John Dennis und Joseph Addison, die ihre auf Reisen durch die Alpen gemachten Erfahrungen mit Oxymora wie »delightful Horrour« und »terrible Joy« beschreiben; Thomas Burnet registriert mit einigem Befremden sein Vergnügen am Anblick einer Bergwelt, die allen klassischen Vorstellungen von Geschmack und Schönheit ins Gesicht schlägt, hat sie doch »neither form nor beauty, nor shape nor order«.[3] In Frankreich spricht Madame de Sévigné von der »schrecklichen Schönheit« der Alpen, die »prächtig in ihrer Schauerlichkeit« seien,[4] und in Deutschland ist im literarischen Werk des Barthold Heinrich Brockes von denselben ambivalenten Gefühlen vielfältig die Rede: »Lust = vermischtes Grausen«, so liest man dort, errege der Wildbach im Gebirge, »süsse Furcht« und »bange Lust« das Dunkel des Waldes.[5]

Erst in der zweiten Hälfte des 18. Jahrhunderts jedoch gewinnt diese neue, eigentümliche Rezeptionsweise von Natur allgemeine Bedeutung und präzise Konturen. Läßt man einmal die Veränderungen im künstlerischen und literarischen Umgang mit Natur außer acht, so zeigen sich Faktum und Bedeutung der neuen Naturerfahrung am deutlichsten am Entstehen einer breiten alltagskulturellen Bewegung in die Natur, die nicht bloß in »schöne« Gegenden führt, sondern gerade auch in die bisher gemiedenen wilden Regionen. Begleitet wird sie von einem Prozeß der theoretischen Selbstverständigung der Subjekte, denen es darum geht, die ungewohnten Gefühle reflexiv einzuholen, zu deuten und sich begreiflich zu machen. Diese Bewegung wird greifbar etwa in der Entstehung des Alpinismus oder der Hochkonjunktur von Wanderungen und zunehmend auch den Naturgenuß intendierenden Vergnügungsreisen, die durch die erhebliche Verbesserung der Verkehrswege und des Reisewesens zwar ermöglicht wurden, daraus aber keineswegs zureichend erklärt werden können.

Die erst wissenschaftliche, dann touristische Erschließung des Hochgebirges datiert ins letzte Drittel des Jahrhunderts. Seit den 1760er Jahren beispielsweise führen Forschungsreisen, die mit den Namen Bourrit und Saussure verbunden sind, in das Tal von Chamonix und das Massiv des Montblanc, der 1786 erstmals erstiegen wird. Zur selben Zeit leistet Ramond de Carbonnières eine vergleichbare Erschließungsarbeit in den Pyrenäen.[6] In der Folge werden nicht nur polyglotte Reisehandbücher und -beschreibungen in großer Zahl auf den Markt geworfen, beträchtlich ist auch das Anwachsen des Tourismus. Das Besteigen von Bergen und Bewundern von Gletschern erscheint schon den Zeitgenossen als Mode,[7] doch muß darauf hingewiesen werden, daß dies zwar das Ausmaß der Bewegung anzeigt, daß die Bergbegeisterung jedoch keineswegs im Aspekt des Modischen aufgeht. 1790 beklagt sich der Göttinger Philosophieprofessor Christoph Meiners, die »Ankunft so vieler Fremden« in Chamonix habe »den Einwohnern eine so industrieuse Dienstfertigkeit eingeflößt, daß sie den Reisenden äußerst zur Last wird«; am Montanvert zeigt ihm – spektakuläres Indiz – der Bergführer die Stelle, »wo eine Teutsche Prinzessin«, die sich den Anforderungen des Zeitgeistes offenbar nicht hatte entziehen können, »von Erschöpfung und Athemlosigkeit hingesunken war«, und im Gästebuch des Grimsel-Hospizes bestaunt er »die Namen von Reisenden fast aus allen Gegenden von Europa, die schon in diesem Sommer über das Gebirge gegangen waren«.[8]

Eine weitere Manifestation des gewandelten Naturverhältnisses kann man in der Gründung der ersten Seebäder erblicken (1750 Margate, 1776 Dieppe, 1794 Heiligendamm bei Rostock, 1799 Norderney), bei der es durchaus nicht allein auf medizinisch-therapeutische Zwecke abgesehen war: Lichtenberg etwa argumentiert in seinem Plädoyer für die Eröffnung deutscher Seebäder nicht zuletzt mit dem »unbeschreibliche[n] Reiz«, der unvergleichlichen »Macht« der Wirkung, die »der Anblick der Meereswogen, ihr Leuchten und das Rollen ihres Donners« auf den »gefühlvollen Menschen« ausüben.[9] Überdies gibt sich im Aufkommen des Freiluftsports – skandalöses Beispiel sind die Freibäder Goethes und der Brüder Stolberg – eine neuartige Relation von Körper und Natur zu erkennen.[10]

Die lustvolle Furcht, der Schauer, der im späten 18. Jahrhundert die vorherrschende Wirkung des Wilden und Gewaltigen in der Natur wird, beginnt auch in der Gartenkunst eine nicht unerhebliche Rolle zu spielen, versucht diese doch zunehmend, Elemente der düsteren, bedrohlichen und furchtbaren Natur zu integrieren und zu funktionalisieren. So tauchen denn dunkle Haine, Grotten, Felsbrocken, Wasserfälle und wüste, heideartige Gegenden im Landschaftspark auf; in dem seit 1770 angelegten Park von Wörlitz installierte man sogar einen künstlichen Vulkankrater, der schwarzen Rauch und Feuer speien konnte.[11] Bei solchen Anlagen handelt es sich keineswegs um kuriose Ausnahmefälle, sie spiegeln vielmehr getreu einen bedeutungsvollen Aspekt des Naturgeschmacks ihrer Zeit, der seinen Stempel auch den theoretischen Konzeptionen zur Gartenkunst aufprägt. Die einflußreiche *Theorie der Gartenkunst* des Christian Cay Lorenz Hirschfeld beispielsweise nennt unter den verschiedenen Gattungen von Gärten auch einen »feyerlichen«, der die »feyerliche (ernsthafte, erhabene, majestätische) Gegend« nachahmt, die sich zur Gänze aus einstmals furchterregenden Elementen der

Natur zusammensetzt. Hirschfeld beschreibt diesen Landschaftstypus so:

»Die Stille, die einen erhabenen Gegenstand umschwebt, vermehrt das Feyerliche. Allein weil ein starkes Getöse, der Sturm im Walde und auf dem Meere, das Toben der Wasserfälle, erhabne Empfindungen erwecken, so gehören sie eben so, wie tiefe Stille, zum Ausdruck dieses Charakters. Gebirge, Felsen, zumal wenn sie kahl oder dunkel und schwarz da liegen, hohe Waldungen und Baumgruppen, reißende Ströme, stürmende Wasserfälle, Aussichten auf das Weltmeer, auf Schneeberge, auf Vulcane, in unermeßliche Abgründe hinab – Dunkelheit der Belaubung, starke Beschattungen, Finsterniß der Nacht überall ausgebreitet, oder durch sparsame Blicke des hinter wandelnden Wolken hervorschimmernden Mondes beleuchtet – tiefe Stille und Einsamkeit umher, die der Seele Freyheit schenkt, die Eindrücke dieser Gegenstände aufzufangen, und sich den Gedanken und Phantasien, die sie veranlassen, ganz zu übergeben – dies alles mehr oder weniger macht die feyerliche Gegend.«[12]

Schon diese skizzenhafte erste Orientierung zeigt, daß die Regionen und Objekte der Natur, die früher Furcht evozierten, gemieden und abgelehnt wurden, sich im 18. Jahrhundert eines breiten alltagskulturellen Interesses und einer neuen Wertschätzung erfreuten. In Hirschfelds Text taucht das entscheidende Stichwort auf: Aus dem einst Fürchterlichen ist das »Erhabene« geworden. Diesem der Kunsttheorie entstammenden Begriff hat infolgedessen das besondere Augenmerk der Untersuchung zu gelten.

Die Anwendung des Begriffs des Erhabenen auf Gegenstände der äußeren Natur ist eine Neuerung des 18. Jahrhunderts, über die sich die bisherige Forschung noch nicht genügend gewundert hat.[13] Sie basiert nicht allein auf dem Wandel der Naturerfahrung, den sie gewissermaßen ratifiziert, sondern zugleich auf einer gänzlichen Umstrukturierung des Begriffs, die sich am deutlichsten darin zeigt, daß er, der im 17. Jahrhundert bis zur Popularisierung des Pseudo-Longin durch Boileau als rhetorischer terminus technicus, bestimmte stilistische Qualitäten bezeichnend, begegnet, nun zur zweiten zentralen ästhetischen Kategorie neben dem Schönen avanciert und sich fast hundert Jahre in dieser Position hält. Wie und unter welchen kunsttheoretischen Bedingungen es zu diesem Wandel des Begriffs kommt, braucht hier nicht eingehend erörtert zu werden, doch müssen einige Hinweise auf die Art seiner neuen Verwendung gegeben werden.

Im Zuge der Lösung der Poetik und Dichtung von der Rhetorik, an die sie im Barock – und früher – gebunden waren, zeigt sich eine ›Entrhetorisierung‹ auch des Erhabenheitsbegriffs: Dieser wird im 18. Jahrhundert zumeist nicht mehr als rhetorische, immer seltener aber auch als rein poetische Kategorie gefaßt, sondern zunehmend auf reale Gegenstände unabhängig von ihrer rhetorischen oder poetischen Faktur ausgedehnt. Obwohl diese zunächst nur als Stoff einer um Erhabenheit bemühten Dichtung ins Blickfeld der Kunsttheorie kommen, ist damit doch grundsätzlich der Weg geebnet für die Übernahme des Begriffs aus der Kunsttheorie in alltagssprachliche Kontexte.[14]

Im Verlauf dieser Entwicklung können – im deutschen Sprachraum seit Bodmer, in England seit Shaftesbury und Hildebrand Jacob – Gegenstände der äußeren Natur unter den Erhabenheitsbegriff fallen, ja werden geradezu Paradigma des Erhabenen wie etwa in Kants *Kritik der Urteilskraft*. Es handelt sich dabei niemals um die »schöne«, durch Lieblichkeit, Regelmäßigkeit, Begrenzung und Harmonie gekennzeichnete Natur: »Erhaben« ist nur das überwiegend als un-schön beurteilte Unermeßliche, Gewaltige, Chaotische, Regel-, Form- und Maßlose. Die Theoretiker des 18. Jahrhunderts unterscheiden zumeist zwei Gattungen des Erhabenen, deren Inhalte konstant bleiben, während die Bezeichnungen wechseln. Ihre bekannteste Ausprägung erfährt diese Differenzierung in Kants Dualismus des Mathematisch- und des Dynamisch-Erhabenen, der hinsichtlich der jeweiligen Gegenstände weitgehend identisch ist mit Bodmers 1741 getroffener Unterscheidung des »Großen« und des »Ungestümen« bzw. »Heftigen«.[15] Das jeweils erstere umfaßt unermeßliche Ausdehnungen: zum einen die immense Weite des Kosmos, in die sich der Blick bei der Betrachtung des Sternenhimmels verliert, aber auch die Weite des Meeres oder einer Ebene, zum anderen große Höhe, Tiefe oder Masse, wie etwa im Fall des Gebirges. Das letztere meint gewaltige Kraftäußerungen der Natur, wie sie dem Menschen im Gewitter, dem Sturm, dem Erdbeben oder dem Anblick eines Wasserfalls, eines reißenden Flusses oder eines Vulkans entgegentreten.

Neben der Tendenz zum ›attributiven‹ Gebrauch des Erhabenheitsbegriffs zeichnet sich im 18. Jahrhundert eine zweite ab, die zu seiner Psychologisierung bzw. Subjektivierung. Als erhaben gelten nicht allein Gegenstände, der Begriff bezieht sich immer auch auf das von diesen evozierte Gefühl. Die Intensität des Interesses am Gefühl des Erhabenen zeigt sich nicht nur an der Existenz von Abhandlungen, die schon im Titel ihre Konzentration auf das Gefühl zu erkennen geben,[16] sondern auch daran, daß mitunter die Anthropologie und die entstehende Psychologie die Diskussion des Gefühls aufgreifen, die in der Kunsttheorie entstanden ist.[17] Daß innerhalb dieser die emotive Qualität von Objekten eine so erhebliche Bedeutung gewinnt, ist dem epochalen kunsttheoretischen Paradigmenwechsel zuzuschreiben, in dessen Verlauf die rationalistische und regelorientierte Poetik sich auflöst und einer – unter welchen Prämissen auch immer – stärker ›empfindsamen‹ weicht, die auf Erregung von Gefühlen zielt. Solche Wirkungsorientierung spielt eine große Rolle allgemein für die Rechtfertigung des Schrecklichen als Gegenstand der Kunst,[18] sie bedingt im besonderen, wie sich nachweisen läßt,[19] das Interesse an der weiten und wilden Natur ihrer emotiven Kraft wegen, die sich von der Kunst funktionalisieren läßt.

Grob skizziert ist dies der Zusammenhang, in dem die Kunsttheorie der Jahrhundertmitte das Erhabenheitsgefühl reflektiert. Ihre Konzeption setzt voraus, daß das künstlerisch funktionalisierte Gefühl wenigstens tendenziell seiner Theoretisierung vorgängig ist, die es auf den Begriff bringt.[20] Tatsächlich ist das von Dennis und Addison im Oxymoron sprachlich verdichtete Gefühl im wesentlichen identisch mit dem in den Kunsttheorien erörterten Gefühl des Erhabenen. Dieses wird, wo nicht immer, so doch mit außerordentlicher Häufigkeit als ein gemischtes beschrieben: Bodmer spricht von »angenehme[r] Bestürtzung«, Edmund Burke von »delightful horror«, Kant in seiner frühen Erhabenheitsschrift von »Wohlgefallen, aber mit Grausen«, Moses Mendelssohn, der in seiner *Rhapsodie* die erste deutsche Theorie der vermischten Empfindungen entwirft, von »angenehme[m] Schauern«, Carl Grosse von »sanfte[m] Schauer«, Schiller bemerkt, das Gefühl sei aus »Wehseyn« und »Frohseyn« zusammengesetzt, und so ließe sich noch lange fortfahren.[21] Die weite und wilde Natur bewirkt, so werden diese paradoxen Formulierungen aufgeschlüsselt, zwar ein Moment von Furcht, Schrecken oder Unlust, erregt unter der Bedingung der Sicherheit ihres Betrachters jedoch zugleich Lust, die als ein Gefühl der »Erhebung« charakterisiert wird; das vermischte Gefühl ist so im Grundton angenehm.[22]

Es zeigt sich, daß der kunsttheoretische Diskurs über das Erhabene – vom anthropologischen ganz zu schweigen – als eine grundlegende Quelle für die Erforschung der Naturerfahrung des 18. Jahrhunderts angesehen zu werden verdient, sofern man die in ihm thematisierten Gefühle der Analyse unterzieht. Ein solches Verfahren, das bislang noch nicht planvoll versucht worden ist, darf als methodisch legitim erscheinen, da die Kunsttheorie diese Gefühle primär im Zusammenhang mit dem Gegenstandsbereich künstlerischer Nachahmung behandelt und erst sekundär als Produkt der Kunst: Sie spiegelt ein Stück realer Naturerfahrung, indem sie unter dem Gesichtspunkt künstlerischer Indienstnahme die emotionalen Wirkungen an sich selbst erhabener Objekte zur Sprache bringt, die als Stoff der Kunst bedeutsam sind. Um die auf der Basis der kunsttheoretischen Erhabenheitsschriften erarbeiteten Ergebnisse zu überprüfen, werden der folgenden Untersuchung noch andere Werke, die Naturerfahrung thematisieren, zugrunde gelegt, insbesondere autobiographische Berichte; das nämlich erlaubt den Vergleich zwischen dem theoretischen Reflex des Naturgefühls und der versprachlichten Alltagserfahrung. Der hier eingeschlagene systematische Weg der Darstellung ist schon aufgrund der bereits getroffenen Feststellung naheliegend, daß sich die Autoren bei aller Verschiedenheit ihres theoretischen Hintergrundes fast ausnahmslos auf ein und dieselbe Grunderfahrung, das gemischte Gefühl, beziehen. Diese soll herausgearbeitet und in ihre Komponenten zerlegt werden;[23] was auf diese Weise sichtbar wird, ist eine Art Idealtypus des Erhabenheitsgefühls. Die leitenden Fragen der Untersuchung werden dabei die nach dem Verhältnis des Erhabenheitsgefühls bzw. seines Furchtbestandteils zur traditionellen Naturfurcht und, damit zusammenhängend, nach den Bedingungen der Genießbarkeit der gewaltigen Natur sein. Konkreter gesprochen handelt es sich um die Frage, ob und in welcher Weise die Prozesse theoretischer und praktischer Naturbeherrschung, die in den Augen der Aufklärer Naturfurcht als einen Anachronismus des Gefühlslebens haben erscheinen lassen, de facto Furcht verringert und damit die Konstitution des Erhabenheitsgefühls ermöglicht oder gar bewirkt haben.

Wenn in dieser Arbeit autobiographische Zeugnisse als Quellen für die Erforschung der neuen Naturerfahrung herangezogen werden, so wirft das die Problematik ihrer ›Authentizität‹ auf, die Frage nach der Wahrhaftigkeit des Dargestellten. Zweifel an ihr ließen sich mit einem Analogieschluß begründen. Manches in Dichtung und Theorie des 18. Jahrhunderts nämlich weist auf eine Konventionalisierung der Darstellung des Naturgefühls, ja mitunter auf seine ›Literarizität‹ hin: Brockes etwa, der wohl niemals ein wirkliches Gebirge zu Gesicht bekommen hat, oder Kant, der zeitlebens Königsberg nicht verlassen hat, sprechen geläufig von den emotionalen Wirkungen des Anblicks von Bergmassen,[24] die sie nur aus Literatur und Malerei gekannt haben können. Es fragt sich, ob nicht auch im autobiographischen Bereich mit einer literarischen Überformung und Stilisierung des als Erfahrungsbericht Ausgegebenen zu rechnen ist, die Zweifel an dessen Realitätsgehalt wecken könnten – schließlich ist ja auch die Autobiographie eine literarische Gattung. Obwohl dieser Einwand nicht gänzlich von der Hand gewiesen werden kann, wäre es doch unangebracht, das Naturgefühl des 18. Jahrhunderts als ein rein literarisches Phänomen, quasi ein Thema ohne Referenzialisierbarkeit, einzuschätzen. Dem widerspricht offenkundig die alltagskulturelle Bewegung in die Natur, und gerade auch die erhabene Natur, die nicht nur auf einem historisch neuartigen

Bedürfnis beruht, sondern auch, so viel sei hier vorgreifend gesagt, einen affektiven Wandel im Bereich der Furcht voraussetzt. Selbst wenn man einerseits die Züge des Modischen und Anempfundenen, die an dieser Bewegung ja durchaus *auch* nachweisbar sind, andererseits den literarischen Charakter autobiographischer Schriften in Rechnung stellt, wird man daher die Beschreibungen von Naturgefühl nicht ins Reich bloßer Fiktion verbannen können, sondern grundsätzlich auf lebensweltliche Erfahrung zurückführen müssen. Unternimmt man den Versuch einer Rekonstruktion historischer Gefühlslagen und Erfahrungshorizonte, so sieht man sich bei allen Vorbehalten zwangsläufig auf autobiographische Texte verwiesen, die Erfahrung wiederzugeben zumindest behaupten – und die Hoffnung, daß die Autobiographen nicht lügen.

Mit größerem Recht als auf der Darstellungsebene könnte auf der der Erfahrung selbst von einer ›Literarizität‹ des Naturgefühls gesprochen werden, freilich in einem anderen Sinn. Zwar muß grundsätzlich davon ausgegangen werden, daß das Naturgefühl seiner theoretischen Erklärung und literarischen Darstellung in irgendeiner Form vorgängig ist, im Gegenzug aber wird es wiederum von diesen geprägt, indem sie Möglichkeiten seiner Versprachlichung und Deutung anbieten: Durch das literarische und theoretische Werk hindurch artikuliert, konkretisiert und modifiziert das Subjekt sein Erleben. So erklärt sich, daß in den Naturdarstellungen des 18. Jahrhunderts immer wieder Dichter genannt werden, denen die Rolle einer Identifikationsfigur zukommt.[25] Die Begegnung mit der Natur findet mit dem Buch in der Hand statt. Mit Blick auf diese Funktion von Literatur als Medium der Selbstverständigung und der Konstitution von Erfahrung wird man in der Tat Gestalten wie Klopstock, Geßner oder Rousseau eine nicht unerhebliche Bedeutung für die Ausbildung des Naturgefühls einräumen können, allerdings nicht gewissermaßen als dessen Erfindern, als die sie die ältere Forschung darzustellen liebte.

Ein schönes Beispiel für die hier skizzierten Vorgänge findet sich in der bekannten Szene in Goethes *Werther,* in der eine Gesellschaft junger Leute beim Tanzen vom Gewitter überrascht wird.[26] Diese Stelle ist nicht nur deshalb aufschlußreich, weil sie etwas von der literarischen Vermitteltheit des Naturgenusses verrät; sie gewährt überhaupt einen Einblick in die damalige Haltung dem Gewitter gegenüber. Bei dessen Aufziehen wird Werther Zeuge eines Ausbruchs ganz ›traditioneller‹ Gewitterfurcht: »Unordnung« greift um sich, und die »Frauenzimmer« brechen in panischen Schrecken aus; einige schneiden »wunderbare Grimassen«, halten sich die Ohren zu, lösen sich in Tränen auf oder stammeln »ängstliche Gebete«. Und doch markiert diese Szene den historischen Rückzug der Gewitterfurcht: Hatte Goethe sie in der oben angeführten Stelle aus *Dichtung und Wahrheit* schichtenspezifisch verteilt, so ist hier die Verteilung eine geschlechtsspezifische. Die Männer haben sie bereits überwunden und nutzen den Schrecken der Frauen zu unlauteren Annäherungsversuchen oder auch schlicht, um sich zurückzuziehen und »ein Pfeifchen in Ruhe zu rauchen«. Auch Lotte hat, freilich mit Mühe, die Furcht bezwungen. Ihre Strategie verdient Beachtung: Lotte will die Gesellschaft von der Furcht befreien, sie will sich nicht fürchten, und diese Einstellung zum Affekt bewirkt, daß sie ihn unter Kontrolle halten kann. »›Ich war‹«, gesteht sie Werther, »»eine der Furchtsamsten, und indem ich mich herzhaft stellte, um den andern Mut zu geben, bin ich mutig geworden.‹« Die Überwindung der Furcht ist die Voraussetzung, unter der Lotte nun an Werthers Seite einen genießenden Blick auf die Landschaft werfen kann. »Wir traten ans Fenster. Es donnerte abseitwärts, und der herrliche Regen säuselte auf das Land, und der erquickendste Wohlgeruch stieg in aller Fülle einer warmen Luft zu uns auf.« Doch erst mit der Erinnerung an Klopstocks *Frühlingsfeyer* gewinnt die Empfindung an Bestimmtheit – insbesondere wohl durch die dort gegebene Deutung des Naturgeschehens als Offenbarung der göttlichen Herrlichkeit – und steigert ihre Intensität. Die vom Gedicht evozierte Empfindung legt sich über das ›unmittelbare‹ Naturgefühl und überformt es. Im Medium der (erinnerten) Lektüre wandelt sich das Empfinden.

»Sie stand auf ihren Ellenbogen gestützt, ihr Blick durchdrang die Gegend; sie sah gen Himmel und auf mich, ich sah ihr Auge tränenvoll, sie legte ihre Hand auf die meinige und sagte: ›Klopstock!‹ – Ich erinnerte mich sogleich der herrlichen Ode, die ihr in Gedanken lag, und versank in dem Strome von Empfindungen, den sie in dieser Losung über mich ausgoß.«

Hier von einem bloßen Anempfinden, von einem modischen Erkünsteln des Naturgefühls zu sprechen, würde dem im Text vorgestellten Sachverhalt nicht gerecht: Deutlich ist es ja etwas Vorausliegendes, das durch die Lektüre seine Ausprägung erhält, etwas Vorausliegendes, dem ›Unmittelbarkeit‹ freilich nur in einem heuristischen Sinn zugesprochen werden sollte. – Sicherlich darf der Prozeß der Prägung der Erfahrung mit den anhand des *Werther* skizzierten Stufen nicht als vollständig beschrieben gelten. Es ist anzunehmen, daß die durch theoretische und literarische Deutungs- und Sprachmuster geformte Erfahrung ihrerseits eine neue Form ihrer Diskursivierung bedingt und daß der neue Diskurs im Zusammenwirken mit außerliterarischen Faktoren wiederum auf den Bereich der Erfahrung zurückwirkt.

Bevor der Versuch unternommen wird, das Gefühl für das Erhabene in der Natur aus der Analyse seiner Komponenten zu verstehen, soll der soziohistorische bzw. soziokulturelle Zusammenhang skizziert werden, in dem die neue Wendung zur Natur zu sehen ist; von hier aus nämlich ergeben sich weitere Gesichtspunkte, die die Reaktion des Subjekts auf das Erhabene in der Natur zu deuten erlauben.

»Trotz seiner Vermittlung durch die gesellschaftliche Immanenz«, schreibt Theodor W. Adorno verallgemeinernd, sei das Naturschöne »Allegorie« von etwas, das »jenseits der bürgerlichen Gesellschaft [. . .] wäre«.[27] Diese Aussage, die ebensowohl für das Naturerhabene gilt, trifft ein wesentliches Moment gerade auch der historisch neuartigen Naturerfahrung des späteren 18. Jahrhunderts. Geschichtlich und gesellschaftlich vermittelt ist diese sowohl auf der Ebene ihrer Bedingung, von der ausführlich zu sprechen sein wird, als auch auf der Ebene ihrer Funktionen, die man als utopische, kompensatorische oder therapeutische qualifizieren kann: Immer versteht sich das Hinausgehen in die ›freie Natur‹ zugleich als ein Heraustreten aus den zivilisatorisch formierten, seien es höfischen, seien es bürgerlich-städtischen Lebensbedingungen der Gegenwart. Es ist dies keineswegs, wie man mit Blick etwa auf die höfische Schäferdichtung vermuten könnte, bloß ein allmählich zum Topos gerinnendes literarisches Motiv, sondern hat durchaus lebenspraktische Gültigkeit – die autobiographischen Schriften der Zeit geben darüber Aufschluß.

Ein Unbehagen an der Zivilisation läßt sich schon an dem medizinischen Wert ablesen, der der Natur beigemessen wird. Nicht nur um das gesunde und dabei kostenlose Vergnügen der »Motion« zu genießen, auch um dem schon von Albrecht von Haller beargwöhnten »Rauch« der Städte[28] zu entgehen, eilt der Bürger ins Freie. Die Themen »Luft« und »Ausdünstung« bilden im 18. Jahrhundert den Bezugspunkt einer Vielzahl gesundheitlicher Befürchtungen, und bereits dies erklärt wenigstens teilweise die befreienden Wirkungen, die an der reinen Bergluft gerühmt werden.[29] Den Bürger des 18. Jahrhunderts macht Landluft – nicht Stadtluft – frei.

Noch mehr als im buchstäblichen gilt das freilich im übertragenen Sinne. Wenn Johann Heinrich Voß lapidar dichtet: »Im Freien sind wir frei / von Tand und Ziererei!«,[30] so meint »Freiheit« die Abwesenheit der zivilisatorischen und sozialen Zwänge, denen sich der Städter sonst unterworfen sieht. Daß insofern Natur in der Tat die Funktion eines Fluchtraums übernimmt, in dem das Individuum Entlastung sucht, rechtfertigt nicht, den bürgerlichen Zug zur Natur generell und unter Absehung von seinen sonstigen Funktionen mit dem Etikett des »bürgerlichen Eskapismus« zu versehen.[31] Unterschlagen wird dabei insbesondere die utopische Potenz, die der Anschauung der äußeren Natur innewohnt.

Diese kommt, um nur ein Beispiel zu nennen, bei Friedrich Schiller zum Ausdruck. Auf der Suche nach den sozialen und geschichtlichen Fundamenten des »sentimentalischen« Bedürfnisses nach Naturbetrachtung, das es in der Antike nicht gegeben habe, begreift Schiller dieses als Komplement der als »Unnatur« angesehenen aktuellen Lebensbedingungen, die die der frühbürgerlichen Gesellschaft sind. Es entspringe daraus, daß

»die Natur bey uns aus der Menschheit verschwunden ist, und wir sie nur außerhalb dieser, in der unbeseelten Welt, in ihrer Wahrheit wieder antreffen. Nicht unsere größere *Naturmäßigkeit,* ganz im Gegentheil die *Naturwidrigkeit* unsrer Verhältnisse, Zustände und Sitten treibt uns an, dem erwachenden Triebe nach Wahrheit und Simplicität, der, wie die moralische Anlage, aus welcher er fliesset, unbestechlich und unaustilgbar in allen menschlichen Herzen liegt, in der physischen Welt eine Befriedigung zu verschaffen, die in der moralischen nicht zu hoffen ist.«[32]

In den Gegenständen der äußeren Natur nämlich findet das bürgerliche Subjekt das verkörpert, was es im Laufe seiner Geschichte verloren hat: nichtentfremdete Existenz, Identität, Autarkie, »innere Notwendigkeit«.[33] Ihre Betrachtung ist somit wertvoll als Vergegenwärtigung des Ideals wie als Selbstreflexion des Subjekts auf die eigene Entfernung von diesem. Die Naturgegenstände »*sind,* was wir *waren;* sie sind, was wir wieder *werden sollen.*«[34] Sowenig aber wie für Rousseau gibt es für Schiller ein »Zurück zur Natur« als der ursprünglichen.[35] Natur kann nicht wiedergewonnen werden durch Rückkehr in eine zwar mit sich selbst identische Existenz, der jedoch Vernunft und Willensfreiheit noch unbekannt sind, sondern nur im Durchgang durch die Kultur. »Wir waren Natur wie sie, und unsere Kultur soll uns, auf dem Wege der Vernunft und der Freyheit, zur Natur zurückführen.«[36]

Schillers Konzeption ist hier nicht nur deshalb von Interesse, weil sie das freilich gebrochene utopische Moment der äußeren Natur zur Sprache bringt; sie erlaubt zugleich noch einmal den Hinweis auf die Problematik des Naturbegriffs im 18. Jahrhundert, dessen divergierende Konnotationen fast sämtlich in ihr verbunden sind.[37] In geschichtsphilosophischer Hinsicht bezeichnet »Natur« einen Anfangszustand, der in der ›äußeren Natur‹, der Erscheinungswelt, sinnfällig werden kann, sofern diese als noch nicht aus ihm herausgetreten betrachtet wird. Gleichzeitig aber ist »Natur« der Zielpunkt der Geschichte, in deren Verlauf sich der Mensch mit der ersten Natur entzweit und entzweien muß. Solche Entzweiung äußert sich nicht nur etwa im Verhältnis des Menschen zur äußeren Natur, die er sich durch Wissenschaft und Technik zum Objekt macht, sondern auch im Verhältnis zu seiner ›inneren

Natur‹, seiner Bedürfnis- und Triebstruktur, deren Entmächtigung nicht nur für Schiller die Voraussetzung der Freiheit darstellt, die ein Signum jener anderen, durch Kultur erreichten Natur ist. So kann Schillers Naturbegriff sogar noch das Verlassen des Naturzustands in Richtung auf Vernunft und Freiheit umgreifen, das auch bei Kant als »Absicht der Natur selbst« gilt.[38] Der Zustand der Entzweiung bleibt dabei freilich immer ambivalent: notwendig, insofern Überwindung der Natur zur Freiheit erfordert wird, unheilvoll, weil damit zugleich ein zu Bewahrendes verloren worden ist, das nun zum Gegenstand der Sehnsucht wird. In Abhängigkeit von diesem charakteristischen Changieren des Naturbegriffs schwankt schließlich die Bedeutung dessen, was mit Emanzipation gemeint ist, im 18. Jahrhundert zwischen »Befreiung von der Natur« und »Befreiung der Natur«[39] bzw. im Falle Schillers genauer »Befreiung zur Natur«.

Die hier stark verkürzt wiedergegebene Problematik spiegelt sich auch in der Bewertung der bäuerlichen Lebensweise. Obgleich der Bauer als konkrete Person vorwiegend als ökonomischer Faktor und Objekt aufklärerischer Bemühungen ins bürgerliche Blickfeld kommt, richtet sich andererseits eine »sentimentalische« Sehnsucht auf bestimmte Momente seiner Lebensweise, die freilich dem Bürger nicht im Ernst erstrebenswert ist. Die Naturnähe im räumlichen und geschichtsphilosophischen Sinn und die Einfachheit des Bauern, positive Seiten von Zivilisationsferne, bilden den Ansatzpunkt literarischer Idealisierungen, die seit der Mitte des 18. Jahrhunderts zunehmend auf zeitliche Fernrückung in ein arkadisches Goldenes Zeitalter verzichten.[40]

Die Frage nach den Funktionen von Naturbetrachtung im Kontext der gesellschaftlichen Lebensbedingungen, die, wie zu sehen war, schon von Autoren des 18. Jahrhunderts gestellt wurde, ist in der neueren Forschung verschiedentlich Gegenstand globaler theoretischer Beantwortungsversuche geworden, von denen allerdings keiner wirklich zu befriedigen vermag. In einer theoretisch elaborierten Studie von Dieter Groh und Rolf-Peter Sieferle[41] wird die neue Naturerfahrung vor dem Hintergrund der ökonomischen Entwicklung als Kompensation begriffen. Im Zuge wachsender Marktintegration, die die Autoren definieren als »den für die bürgerliche Gesellschaft konstitutiven Prozeß, in dessen Verlauf Wertbeziehungen, die über den Markt – im abstrakten Sinn – vermittelt wurden, sich schließlich als die zwischen Individuen dominierende Beziehung durchsetzten« (663), werde Natur zunehmend dequalifiziert und erscheine schließlich nur noch als ein »unendlicher qualitätsloser Verfügungsraum für den produktiven Zugriff der Gesellschaft« (665). Abzulesen sei dieser Prozeß an der ihn reflektierenden, erklärenden und legitimierenden Politischen Ökonomie seit dem späten

18. Jahrhundert (Adam Smith, David Ricardo, John Stuart Mill etc.). In diesem Zusammenhang ist nach Groh und Sieferle die gegenläufige Entwicklung einer neuen, und zwar ästhetischen Qualität der Natur zu interpretieren. Auf dem »sozialen Feld der Individuen« als dem vermittelnden Glied zwischen Marktintegration und Naturerfahrung nämlich führe die ökonomische Entwicklung zu einem Sinndefizit und zur »Verletzung von Bedürfnissen« (670, 675), auf die das Individuum zum Zwecke ihrer Kompensation mit der Konstitution eines neuen Sinnzusammenhangs, der symbolischen Umstrukturierung der Natur, reagiere. Natur erhalte so »eine die Lebenswelt gleichsam transzendierende Qualität, eine utopische Dimension« (675). Freilich hält Grohs und Sieferles theoretischer Ansatz dem selbstgesteckten Erklärungsanspruch nicht stand. Auch wenn man einmal die keineswegs erwiesene Richtigkeit der Annahme unterstellt, daß die Entstehung der neuen Naturerfahrung sich zeitgleich mit der Ausbildung der kapitalistischen Wirtschaftsform und der Industrialisierung vollzogen habe – die man aber doch wohl eher im 19. Jahrhundert ansiedeln muß –, bleibt immer noch völlig abstrakt, wie bzw. als Verletzung welcher Bedürfnisse sich die ökonomische Dequalifizierung der Natur, die prinzipiell nicht zu leugnen ist, im Alltag bemerkbar gemacht hat, und zwar so, daß sie gerade von der *ästhetischen* Anschauung der Natur kompensiert werden konnte.

Trotz expliziter Abgrenzung gegen Joachim Ritter beziehen Groh und Sieferle ein entscheidendes Argument aus dessen 1962 gehaltener Rede über *Landschaft. Zur Funktion des Ästhetischen in der modernen Gesellschaft*.[42] Schon Ritter nämlich hat die ästhetische Zuwendung zur Natur in der Neuzeit als Kompensation einer allerdings anders gefaßten historischen Entwicklung interpretiert. Ritter zufolge übernimmt die ästhetische Vergegenwärtigung der Natur als Landschaft[43] die Funktion, die in der Antike die philosophische »Theorie« erfüllt hatte, die anschauende Betrachtung des Kosmos, der Weltordnung, der allem Seienden zugrunde liegenden »ganzen Natur« im Medium des philosophischen Begriffs gewesen war. Da in diesem bereits alle sinnfällige Natur gewußt und ausgesagt wird, gibt es in der Antike »keinen Grund für den Geist, ein besonderes, von der begrifflichen Erkenntnis unterschiedenes Organ für die Vergegenwärtigung und Anschauung der sichtbaren Natur ringsum auszubilden« (149). Die Entstehung eines solchen Organs gründet in der »Entzweiungsstruktur der modernen Gesellschaft« (161): Wo die Natur von der Wissenschaft objektiviert, begrifflich zerstückelt und dem metaphysischen Begriff entzogen, schließlich vom Menschen unterworfen und ausgebeutet wird, ist es, so Ritter, das »ästhetische Gefühl« (150), das die »ganze Natur« als Landschaft gegenwärtig hält, sei es im genießenden Hinausgehen in sie oder in ihrer künstlerischen Darstellung. Treibt so die Entzweiung mit der Natur die Notwendigkeit und das Bedürfnis nach ihrer empfindenden Anschauung erst hervor, so bildet sie zugleich noch in anderer Hinsicht deren Voraussetzung: Erst die Verdinglichung der Natur und die gesellschaftliche Herrschaft über sie setzen den Menschen in »Freiheit« – verstanden als Freiheit vom Naturzwang – und ermöglichen so überhaupt den Naturgenuß (162). – Die Beschäftigung mit dem neuzeitlichen Naturgefühl kann durchaus von Ritters Ansatz profitieren, sofern sie seine Überlegungen ihrer ideologischen Tendenz entkleidet. Ritters Entwurf einer späthegelianischen harmonistischen Geistkonzeption versteht sich explizit als Abwehr zivilisationskritischer Bedenken (163): Die totale Verdinglichung, Unterwerfung und Ausbeutung der Natur finden ihre geschichtsphilosophische Rechtfertigung einerseits darin, daß sie dem Menschen zur – völlig reduktionistisch gefaßten – »Freiheit« verhelfen (»Freiheit ist Dasein über der gebändigten Natur« [162]), andererseits in der Fürsorge des »Geistes«, der die Schadensbilanz auf der Subjektseite durch Stiftung eines kompensatorischen Organs ausgleicht. In einer historischen Situation allerdings, in welcher der auf dem Konto der »Freiheit« abzubuchende großflächige Kollaps ökologischer Systeme längst begonnen hat, wird sich schwerlich ein »Vertrauen« in »die unserer Welt an sich einwohnende Vernunft« (163) herbeiphilosophieren lassen, die mit der einen Hand ersetze, was sie mit der anderen genommen hat. Mit Blick auf diese Intention der Ritterschen Überlegungen wird man methodische und inhaltliche Bedenken gegen sie kaum unterdrücken können. Der Verdacht liegt nahe, Ritters These, daß das moderne Naturgefühl ästhetisch die »ganze Natur« gegenwärtig halte, die aufgrund der Entzweiung mit ihr ohne diese Vermittlung aus dem Bewußtsein verschwinden müßte, verdanke sich nicht zuletzt der Absicht, die Vernünftigkeit des faktischen Geschichtsverlaufs trotz seiner Folgelasten zu beweisen.

Trotz aller Einwände jedoch läßt sich an Gedanken Ritters anknüpfen, wenn man sie aus ihrem affirmativen Kontext herauslöst und deskriptiv wendet. So ist festzustellen, daß es derselbe historische Prozeß ist, der das Bedürfnis nach Anschauung der Natur und zugleich die Möglichkeit zu seiner Befriedigung hervorbringt. Der neuzeitliche Zivilisationsprozeß im weitesten Sinn, der das Individuum mit der inner- und außermenschlichen Natur entzweit, weckt ein wachsendes Unbehagen und das kompensatorische Bedürfnis nach Begegnung mit der verlorenen Natur, die in der äußeren Natur angeschaut und zum Gegenbild zivilisierter Denaturierung stilisiert wird. Gleichzeitig aber wird diese Begegnung in weiten Bereichen erst möglich auf der Basis eben desselben Vorgangs der Entzweiung mit der Natur: Zum einen trägt gerade auch die neuzeitliche Naturwissenschaft, die zugleich ein Grund wie ein Symptom der Entzweiung ist, dazu bei, ein neuartiges Interesse an den Phänomenen der Natur zu wecken, das sich im Gegenzug dann durchaus dem wissenschaftlichen Zugriff auf die Natur widersetzen kann – Karl Richter hat dies für das 18. Jahrhundert vielfältig nachweisen können;[44] zum anderen, und das ist für den hier verfolgten Zusammenhang bedeutsamer, ermöglicht die Entzweiung mit der Natur, was für deren Genuß vielfach unabdingbar ist: die Herrschaft über sie. Natur nämlich kann nur dort genossen werden, wo sie dem Menschen nicht feindlich gegenübersteht, wo er nicht primär mit Furcht auf sie reagiert. So ist in der genießenden Begegnung mit der Natur die Gesellschaft mit ihrer Zivilisation immer präsent nicht nur als negierte, sondern ebenso, insofern sie Freiheit vom Naturzwang begründet.

Daß diese, die Furcht zu eliminieren vermag, als Bedingung des Naturgefühls anzusehen ist, ist lange schon vor Ritter bemerkt worden: 1912 von R. Hennig,[45] 1936 von Norbert Elias;[46] auch Richard Alewyn hat den »Durchbruch des Naturgefühls« auf »eine Epoche in der Geschichte der Angst« zurückgeführt.[47] Diese Anregungen sind jedoch bisher ohne Konsequenzen für die Erforschung des Naturgefühls geblieben. In den »nichtdurchrationalisierten Gesellschaften« der Naturvölker, in denen der Grad der Naturbeherrschung sehr gering und die Zahl der furchtevozierenden Faktoren daher hoch ist, besteht, wie Wolfgang Schoene bemerkt hat, die Tendenz, den Kontakt mit derartigen Furchtanlässen, und d.h. mit der Umwelt, sofern sie noch nicht in die Kultur »hineingenommen« ist, entsprechend gering zu halten.[48] Sicherlich trifft dies für einen Großteil der ›vormodernen‹ Gesellschaften zu. Mag sein, daß es in ihnen, wie Ritter von der Antike behauptet, keine Notwendigkeit einer ästhetischen Beziehung zur Natur gibt, nicht minder wichtig ist jedoch, daß der ästhetische Genuß einer von Göttern und Dämonen belebten Natur, vor deren Gewalt man sich nur unzureichend zu schützen weiß, kaum möglich ist. Naturgenuß setzt so zum mindesten die Entzauberung der Natur als eine Form ihrer theoretischen Beherrschung, vielfach aber auch die praktische Herrschaft über sie voraus. Dementsprechend ermöglicht das Fortschreiten der Naturbeherrschung im 18. Jahrhundert die Ästhetisierung immer weiterer Bereiche der Natur: Das einstmals Fürchterliche, von dem Furcht nun nicht mehr, oder doch nicht mehr im früheren Ausmaß, ausgeht, kann so zum »Erhabenen« werden. Unter dieser Beobachtungsperspektive läßt sich nachweisen, daß die Unterscheidung des Schönen und Erhabenen in der Natur nicht allein nach Maßgabe rein ästhetischer Kriterien erfolgt. Wesentliches Unterscheidungskriterium ist vielmehr der Grad der Beherrschtheit bzw. Beherrschbarkeit der Natur. Da er tendenziell über das Verschwinden oder Fortbestehen von Furcht entscheidet, prägt er in hohem Maße die jeweiligen Weisen der Rezeption von Natur, die Gefühle des Schönen und des Erhabenen. Die Prozesse gesellschaftlicher Aneignung der Natur sind so dem Naturgefühl eingeschrieben. Dies soll die folgende Untersuchung des Erhabenheitsgefühls zeigen.

Sie zeigt zugleich aber noch etwas anderes. Im Zentrum der Funktionen von Naturerfahrung, auf die ich bisher hingewiesen habe, steht der Wert der Natur selbst. Gleichgültig, ob man sie als Therapeutikum, als Fluchtraum, als Ort einer utopischen Präsenz oder der Gegenwart eines Verlorenen ansieht, Ziel des Hinausgehens in die Natur ist in diesen Fällen immer sie selbst. Die bisherige Forschung hat, sofern sie sich für die Funktionen von Naturerfahrung überhaupt interessiert hat, ihr Augenmerk fast ausschließlich auf diesen Punkt gerichtet und dabei keinen Unterschied zwischen dem Schönen und dem Erhabenen gemacht; die Beispiele Groh/Sieferle und Ritter sind in dieser Hinsicht durchaus repräsentativ.[49] Untersucht man jedoch das Gefühl des Erhabenen von seinen Beziehungen zur Naturfurcht her, so tritt demgegenüber ein neuer Aspekt in den Vordergrund. Zwar haben die genannten Funktionen grundsätzlich auch für den Bereich des Erhabenen, den Grenzbereich von beherrschter und unbeherrschter Natur, Gültigkeit; ausgehend von der für die Theoretiker des 18. Jahrhunderts zentralen Frage, als was sich das Subjekt selbst in solcher Natur begreift, gelangt man jedoch zu der ebenso entscheidenden Funktionsbestimmung der Reaktion auf das Naturerhabene als Akt subjektiver Selbstbehauptung des Menschen gegenüber der Natur. Pointiert ausgedrückt ist das Gefühl des Erhabenen nicht nur Indiz fortgeschrittener Beherrschung der Natur, seine Kultivierung kann zudem als einer ihrer Modi interpretiert werden. Von hier aus fällt auch auf die Funktion der Selbstverständigung der Subjekte über die Erfahrung des Erhabenen neues Licht. Wenn der Aspekt des Selbstgefühls im folgenden etwas übergewichtet wird, so ist das als Reaktion auf seine mangelnde Berücksichtigung durch die bisherige Forschung zu verstehen.[50]

2. Die Furcht- bzw. Unlustkomponente im Gefühl des Erhabenen

Die Furcht- bzw. Unlustkomponente im Erhabenheitsgefühl ist Resultat einer Grenzerfahrung des Subjekts, deren Beschaffenheit vom Charakter des rezipierten Gegenstandes abhängt, d.h. konkret davon, ob es sich um einen mathematisch- oder einen dynamisch-erhabenen handelt. Diese Unterscheidung wird nicht nur mit der Eigenart der jeweiligen

Objekte begründet, sondern immer auch mit der Betroffenheit verschiedener innerer »Vermögen« des betrachtenden Subjekts. Hatte Edmund Burke 1757 Schrecken und Schmerz als »Leidenschaften, die die Selbsterhaltung betreffen«,[51] grundsätzlich für das »beherrschende Prinzip des Erhabenen«[52] gehalten, so wird diese Auffassung in der deutschen Erhabenheitsdiskussion eingeschränkt. Nur das Dynamisch-Erhabene wirkt – mit Schillers Begriffen – auf die »Lebenskraft«, den »Selbsterhaltungstrieb« bzw. den Willen ein,[53] wogegen die Unlust angesichts des Mathematisch-Erhabenen aus einer anderen Quelle fließt: Hier wird die »Fassungskraft« des Subjekts (Sinne, Einbildungskraft, Verstand) von der Größe des Gegenstands überfordert. Freilich ergeben sich, wie sich zeigen wird, Überschneidungen beider Bereiche.[54]

Das Fürchterliche, den Selbsterhaltungstrieb Aktivierende der dynamisch-erhabenen Natur resultiert aus der »Unwiderstehlichkeit« ihrer zerstörenden Kraft, die dem Menschen seine »physische Ohnmacht« bewußt macht[55] und ihn mit dem Tod bedroht; als körperliches Wesen hat er der Naturgewalt nichts entgegenzusetzen. Schiller schreibt:

»Daß unsre Existenz als Sinnenwesen, von Naturbedingungen ausser uns abhängig gemacht ist, wird wohl kaum eines Beweises bedürfen. Sobald die Natur ausser uns das bestimmte Verhältniß zu uns ändert, auf welches unser physischer Wohlstand gegründet ist, so wird auch sogleich unsre Existenz in der Sinnenwelt, die an diesem physischen Wohlstande haftet, angefochten und in Gefahr gesetzt. Die Natur hat also die Bedingungen in ihrer Gewalt, unter denen wir existiren. [...] Ein Objekt also, dessen Existenz den Bedingungen der unsrigen widerstreitet, ist, wenn wir uns ihm an Macht nicht gewachsen fühlen, ein Gegenstand der Furcht, furchtbar.«[56]

Reale Gefahren können jedoch auch in der üblicherweise als mathematisch-erhaben klassifizierten Natur, besonders im Gebirge, drohen – darin zeigt sich eine erste Überschneidung der beiden Gattungen des Erhabenen, die zwar analytisch, nicht aber in der Realität scharf getrennt werden können. Neben der Gefahr des Erfrierens in den freilich noch selten erstiegenen Regionen des ewigen Schnees und neben der verheerenden, dynamisch-erhabenen Kraft der Lawinen und des Einsturzes von Felsmassen, den der Reisende beim Anblick großer Höhe befürchtet, ist vor allem die Tiefe furchtbesetzt: Gähnende Abgründe erzeugen »Furcht von Schwindel« und das Risiko des Absturzes.[57] Von diesen Gefahren als der »schlimme[n] Seite« des Gebirges weiß Hirschfeld in seinen 1769 erschienenen *Briefe[n] über die vornehmsten Merkwürdigkeiten der Schweiz* zu berichten, deren schlichter Beschreibungsduktus die Bestürzung und das Erschrecken vor so viel bedrohlicher Größe nicht verbergen will:

»Einige Gletscher aber sind ungeheure Wildnisse, wo in einer Strecke von vielen Meilen Eisberge an Eisberge stoßen, und keines Menschen Fuß hingekommen ist. Diesen Theil scheint sich die Natur allein vorbehalten zu haben, um da ihre ganze furchtbare Majestät zu zeigen. Die Klüfte zwischen diesen Bergen sind von einer unermeslichen Tiefe. Oft hört man von den Spaltungen des Eises, oder von dem Einstürzen desselben ein so entsetzliches Krachen, als wenn das ganze umher liegende Gebirge in Stücken zerspringen wollte. Die Spaltungen sind oft über 400 Ellen tief; und wenn jemand hineinfällt, so ist er verloren [...] Man stürzt in einen Abgrund, wo man entweder von der großen Kälte, oder vom Schnee, oder von Hunger seinen Geist aufgeben muß. Indessen giebt es unter diesen Gegenden doch einige, worüber man reisen muß, weil man keinen andern Weg wählen kann. Oft bedeckt der Schnee so sehr die Oefnungen, daß ein Reisender sich kaum bei aller Vorsicht genug in Acht nehmen kann, um nicht hineinzustürzen. [...] Oftmals reissen sich von den Spitzen der Berge große Stücke von Eis los, die sich mit einer ungestümen Gewalt herabwälzen, alles niederreißen, was ihnen begegnet, und die Wege dergestalt bedecken, daß man weder weiter gehen, noch wieder zurückkommen kann. [...] Oft fallen von den obersten Theilen der Berge fürchterliche Ballen von Schnee, welche ein Getöse machen, das einem Donner ähnlich ist, und dabei die Vorübergehenden begraben. [...] Es ist beinahe unglaublich, wie leicht die hohlen Schneeklumpen sich losreißen. Die Bewegung von dem Sprunge einer Gemse, der Schall von einem Pistolenschuß, ein Geschrey, ein lauter Ton ist schon fähig, auf den Schneebergen eine Erschütterung zu machen, die ganze Stücke losstürzt.«[58]

Auch die unermeßliche Weite, Inbegriff des Mathematisch-Erhabenen, kann durchaus von konkreter Bedrohlichkeit sein, insbesondere wenn man sich den jetzt zunehmend systematisch erforschten außereuropäischen Ländern zuwendet: »Arabiens und Peru's weite Sandebenen schrecken [...] durch die Vorstellung der Beschwerlichkeit und Gefahr, denen der Reisende in ihnen ausgesetzt ist«.[59] Gleichwohl ist dieser Aspekt nicht der entscheidende. Im Zentrum der Argumentation steht eine Bedrohung von ganz anderer Art.

Lange vor Kants Analyse des Mathematisch-Erhabenen, von der noch zu sprechen sein wird, wird die Begegnung mit dem Meer, dem Himmel, dem Gebirge und anderen immensen Gegenständen als kognitive und psychische Grenzerfahrung des Subjekts beschrieben. Die Sinne, die Einbildungskraft als das Vermögen der Vorstellungssynthese und, wie mitunter hinzugefügt wird, auch der Verstand[60] versagen vor der Aufgabe, die Unermeßlichkeit solcher Gegenstände in *eine* Anschauung zusammenzufassen und machen so dem Subjekt die Grenzen seines sinnlichen Erkenntnisvermögens schmerzhaft bewußt. Schon

Bodmer schildert – in Anlehnung an Brockes – den Eindruck, den das »Große« in der Natur, das wir »wegen der Einschränkung der menschlichen Sinnen nicht wohl umfassen« können,[61] auf den Betrachter macht, als eine

»Erstreckung und Unterdrückung der Fähigkeit, womit sowohl das Auge des Cörpers als des Geistes siehet, indem es von seinem Gegenstande über sein Maaß angefüllet wird, so daß es darinnen untergeht und versinket. Dadurch wird zugleich alle Würcksamkeit des Gemüthes zu Boden geschlagen und eine Zeit lang gedämpfet [. . .]«[62]

Ganz ähnlich äußert sich Moses Mendelssohn über die ästhetische Erfahrung des »Sinnlichunermeßlichen«, das dadurch gekennzeichnet ist, daß die Grenzen seiner Ausdehnung »für die Sinne ganz verschwinden«:

»Die Sinne, die etwas zusammengehörendes warnehmen, schweifen umher, die Grenzen desselben zu umfassen, und verlieren sich ins Unermeßliche. Daraus entstehet [. . .] Anfangs ein *Schauern,* das uns überläuft, und sodann etwas dem Schwindel ähnliches, das uns nöthiget, die Augen von dem Gegenstande abzuwenden. Das große Weltmeer, eine weitausgedehnte Ebene, das unzehlbare Heer der Sterne, jede Höhe oder Tiefe, die unabsehnlich ist, die Ewigkeit und andere solche Gegenstände der Natur, die den Sinnen unermeßlich scheinen, erregen diese Art von Empfindung [. . .]«[63]

Diese niederdrückende Erfahrung der Insuffizienz des Erkenntnisapparats angesichts des »Sinnlichunermeßlichen«, die sich für die zweite Hälfte des 18. Jahrhunderts außerordentlich häufig nachweisen läßt, kann sich auch der unermeßlichen *Kraft* der Natur gegenüber einstellen und als Unlustmoment zu der Furcht vor deren physischen Gefahren gesellen.[64]

Wie unangenehm diese Erfahrung aber auch sein mag, für sich genommen würde sie nicht ausreichen, um jene Qualität von Schrecken zu begründen, die in der Faszination durch das Grenzenlose aufgehoben ist. Nur durch die Implikationen und Assoziationen, die mit dem Gewahrwerden der kognitiven Unzulänglichkeit verbunden sind, wird der Schrecken verständlich, der etwa aus einer Beschreibung der »Arabischen Wüste« in Buffons *Histoire naturelle* spricht, die Johann Georg Jacobi als Beispiel des Erhabenen zitiert. Zwar werden hier durchaus die konkreten Gefahren von »Hunger, Durst und brennende[r] Hitze« genannt, wichtiger aber ist etwas anderes:

»Man stelle sich ein Land vor, ohne Grün und ohne Wasser, eine brennende Sonne, einen allezeit trockenen Himmel, sandigte Ebnen, noch dürrer die Berge, auf welchen das Auge sich ausdehnt, und der Blick sich verliert

[. . .] Mehr verlassen, entblößt, verlohren in diesen leeren, grenzenlosen Gegenden, sieht er [der Mensch] den ganzen Raum, wie sein Grab. Das Licht des Tages, trauriger als die Schatten der Nacht, kömmt nur wieder, zu beleuchten seine Blösse, sein Unvermögen, und ihm darzustellen das Schauderhafte seiner Lage, indem es vor seinem Gesichte die Schranken des Leeren weiter rückt, um ihn her den Abgrund des Unermeßlichen ausbreitet, welches ihn von der bewohnten Erde trennt, des Unermeßlichen, das er umsonst versuchen würde zu durchlaufen [. . .]«[65]

Die unabsehbare Weite, die das Subjekt vergeblich aufzufassen sucht, macht ihm seine verschwindende körperliche Kleinheit und Ausgesetztheit im Raum bewußt, ja wird zur kosmischen Erfahrung. Jeder Blick, der in die Weite geht – sei es die einer großen Ebene, die des Meeres oder natürlich des bestirnten Himmels – läßt an die Unendlichkeit des Universums denken und bringt dieselben emotionalen Wirkungen hervor wie dessen Vorstellung. Edmund Burke schreibt:

»Unendlichkeit hat die Tendenz, den Geist mit derjenigen Art frohen Schreckens zu erfüllen, die die eigentümlichste Wirkung und das sicherste Merkmal des Erhabenen ist. Unter den Dingen, die zu Objekten unserer Sinne werden können, gibt es schwerlich irgendwelche, die in Wahrheit und ihrer eigenen Natur nach unendlich sind. Aber da das Auge in vielen Dingen nicht fähig ist, die Grenzen wahrzunehmen, sind diese Dinge *scheinbar* unendlich und bringen dieselben Wirkungen hervor, als ob sie es wirklich wären.«[66]

Die große Ausdehnung wird durch die Assoziation mit dem Kosmos zum Abbild der Unendlichkeit, die den Menschen mit Schrecken erfüllt – von der Bedeutung des Epithetons »froh« wird später zu sprechen sein –, da sie ihn zu verschlingen droht: Immer wieder wird sie in die Metaphorik des Abgrunds gekleidet, vor dem den Betrachter Schwindel und Verwirrung befallen, in den er versinkt und sich verliert.[67] Im Anblick der unendlichen Weite ist somit die Gefahr des Selbstverlusts für den Menschen gegeben, der mit dem Versagen seiner (sinnlichen) Erkenntnisorgane die Orientierungsmöglichkeit zunächst verloren zu haben glaubt. Die Selbsterfahrung des Menschen im Raum erschüttert, und dieser durchaus nicht selbstverständliche Vorgang verdient festgehalten zu werden, sein Selbstwertgefühl, sein Selbstbewußtsein als Zentrum und Beherrscher der Natur. Beim jungen Heinrich Zschokke ist zu lesen:

»Der Mensch, der sich so gern als den Weltherrn anerkennt, fühlt neben dem Erhabnen seine Kleinheit, er verliert sich in dem Gränzenlosen, als ein unbedeutender Staubpunkt. Mit dem Gefühl seiner Kleinheit verbindet sich das Gefühl seiner Schwäche, daher die Empfindung der Achtung und Ehrfurcht gegen das Erhabne. – Große Stille, unabsehbare Tiefe, für Auge und Phantasie gränzenlose Ausdehnung, Höhen, die dem Auge zuletzt entschwinden u. s. f. sind erhaben. An sie knüpft sich die Vorstellung vom Unendlichen, das Gefühl der Ohnmacht der Phantasie [...]«[68]

Diese Reaktion auf die Anschauung des Unermeßlichen ist ein spezifisch neuzeitliches Phänomen, das sich aus der Revolutionierung der antiken und mittelalterlichen Kosmologie erklärt, deren bewußtseinsgeschichtlich gravierendste Ereignisse in der Verlagerung des Weltzentrums von der Erde auf die Sonne bei Kopernikus und der Ausdehnung des Kosmos in die Unendlichkeit durch Giordano Bruno zu sehen sind. Man wird die geschilderte Reaktion jedoch nicht bruchlos als Wirkung der theoretischen Einsichten in die Konstruktion des Weltbaus seit Kopernikus ansehen dürfen. Hans Blumenberg hat gezeigt, daß die primäre, jedenfalls für ihre Urheber Kopernikus, Galilei und Bruno gültige Wirkung der neuen astronomischen Erkenntnisse nicht im Bewußtsein einer Ent-Setzung und Erniedrigung des Menschen, sondern in dem seiner Nobilitierung durch die Selbstbestätigung der menschlichen Vernunft bestand. »Kopernikus hatte durch seine Weltkonstruktion dem Prinzip der durchgehenden Rationalität des Kosmos seine Geltung zu wahren oder neu zu gewinnen gesucht und damit den Menschen als den durch sein theoretisches Vermögen im Bezugszentrum der Intelligibilität der Natur Stehenden auszuweisen unternommen.«[69]
Doch bald schon tritt eine andere Sicht der kosmologischen Revolution auf den Plan, eine Sicht, die, durchaus unkopernikanisch, sich schließlich als die epochemachende etabliert hat. Sie stellt die Basis der oben zitierten Quellen dar und bewahrt ihre Geltung bis in die Moderne. Für Nietzsche etwa beginnt mit Kopernikus die nihilistische Tendenz der Naturwissenschaft zur »Selbstverkleinerung des Menschen«: »Seit Kopernikus scheint der Mensch auf eine schiefe Ebene geraten – er rollt immer schneller nunmehr aus dem Mittelpunkte weg – wohin? ins Nichts?«[70] Und Freud sieht in der kopernikanischen Wende den Anfang einer durch Darwin und die Psychoanalyse komplettierten Reihe großer Kränkungen der Eigenliebe der Menschheit.[71] In dergleichen Bewertungen aber wird nach Blumenberg die kosmologische Erkenntnis nicht als theoretische Wahrheit genommen, sondern als »Metapher«, indem die Umkonstruktion des Weltgebäudes »zur Orientierung für die Beantwortung einer Frage bestimmt wird, die sich mit rein theoretischen und begrifflichen Mitteln noch nie beantworten ließ: die Frage nach der Stellung des Menschen in der Welt [...] Geozentrik und Heliozentrik bzw. Azentrik werden zu Diagrammen, von denen abzulesen sein sollte, was es mit dem Menschen in der Welt auf sich hatte.«[72]

Erneut kommt hier zur Geltung, was Kopernikus zugunsten der Selbstbestätigung des Menschen durch seine theoretische Leistung gerade preisgegeben hatte: die Bindung des menschlichen Ranges an die räumliche Stellung innerhalb des Universums.[73]

Erst unter dieser keineswegs selbstverständlichen metaphorisierenden Prämisse – im aristotelischen Weltbild etwa ist sie nicht gesetzt[74] – kann der Blick in den in der kopernikanischen Konsequenz ins Immense aufgeschwellten Kosmos jene tiefe existentielle Beunruhigung, jenen Schock der Nichtigkeit evozieren, die die kosmische Erfahrung des 17. Jahrhunderts prägen.[75] Im Zuge der Auseinandersetzung mit dem Brunoischen unendlichen Universum muß sich die Wahrnehmung des Sternenhimmels in dramatischer Weise verändert haben: Erst jetzt weiß, fürchtet oder negiert der wissenschaftlich gebildete Mensch, daß sein Blick nicht auf die kristallenen Sphärenschalen auftrifft, sondern sich, unfähig, dort noch etwas zu erkennen, in den unendlichen Weiten des Raums verliert. Schon Kepler gesteht mit Bezug auf Bruno, dessen Spekulationen er als nicht zu bestätigen abweist, daß ihm »schon der bloße Gedanke einen dunklen Schauder bereite, sich in diesem unermeßlichen All umherirrend zu finden, dem die Grenzen und daher auch die Mitte und die örtliche Bestimmtheit abgestritten würden.«[76] Wie Ernest Tuveson und Wolfgang Philipp nachgewiesen haben, lassen sich zahlreiche theologische und philosophische Strömungen des 17. Jahrhunderts als Versuche der Integration oder Abwehr der neuen Idee eines infiniten, form- und zentrumlosen Universums interpretieren.[77] Übrigens wird die in Antike und Mittelalter eher implizite Idee der Geozentrik erst im Lauf solcher Abwehrkämpfe in den Rang einer expliziten Überzeugung erhoben; Blumenberg bezeichnet sie als ein »Theologoumenon ex eventu«.[78] Wie weit im 18. Jahrhundert die subjektive Bewältigung des kosmischen Schreckens fortgeschritten ist, läßt sich am Gefühl des Erhabenen ablesen: In ihm lebt der Schrecken fort, ist aber, wie zu zeigen sein wird, zugleich domestiziert, ja überwunden.

Man darf annehmen, daß die neuen kosmologischen Erkenntnisse, die seit Beginn des 18. Jahrhunderts in einer Vielzahl von Schriften popularisiert wurden und erst so ein breites Publikum erreichen konnten,[79] von einschneidender Bedeutung für die Erfahrung des Raums überhaupt gewesen sind. Wie aus einigen der zitierten Texte bereits hervorgegangen ist, stellt sich die neue Raumerfahrung, die den Schauer vor dem Unendlichen beinhaltet, nämlich nicht nur dort ein, wo sich der Blick auf den Himmel selbst richtet, sondern auch angesichts anderer unermeßlicher oder gigantischer Gegenstände, insbesondere im Gebirge. Natürlich spielt für die Erfahrung des Gebirges im 18. Jahrhundert auch – und gerade – der Ausblick ins Grenzenlose eine große Rolle, die Idee der räumlichen Unendlichkeit wird jedoch ebenso vom Anblick der gewaltigen Masse der Felsen, der unauslotbaren Abgründe und der in den Wolken sich verlierenden Höhe erweckt.[80] Auf dem Wege der Assoziation gewinnt so der ›reale‹ Schwindel am Abgrund der Gebirgsschlucht oder am Fuße sich türmender Bergmassive einen Beigeschmack des metaphorischen kosmischen Schwindels am Abgrund des Alls. Dessen nun erkannte Dimensionen prägen auch die Erfahrung des Gebirges.

Eine nicht minder wichtige Rolle für diese spielt der Gedanke an die Unendlichkeit der Zeit. Mit einer Häufigkeit, die die hohe Evidenz solcher Vorstellungen bezeugt, fühlen sich die Reisenden im Gebirge ins »graue Alterthum der Welt« zurückversetzt, die zerrissenen Felsen werden ihnen zu »Ruinen der Schöpfung«,[81] zu »Trümmer[n] von der Niederlage jener Giganten, die mit ausgewurzelten Felsen den Himmel bestürmten«.[82] Hier tut sich ein Blick auf in eine prähistorische oder mythische Urzeit, deren Trümmern noch eine relative Unvergänglichkeit und Ewigkeit eignen, der gegenüber die eigene Lebenszeit, ja überhaupt die menschliche Geschichte nicht ins Gewicht fallen.[83] Zugleich zeigt sich im Anblick dieser natürlichen Ruinenwelt das Wirken einer ubiquitären Vergänglichkeit und unerhört machtvollen Zerstörungskraft, denen selbst die massivsten Werke der Natur, und um so mehr der Mensch, unterworfen sind. Daher drängen sich dem Wanderer im Gebirge, besonders aber im Hochgebirge, das Wilhelm Heinse als »Gebeinhaus der Natur« bezeichnet,[84] Gedanken an den Tod auf; auch die Kargheit und Vegetationslosigkeit verweisen auf ihn.

So werden im Gebirge die Idee der Ewigkeit der Zeit und die der Unendlichkeit des Raums quasi sinnfällig, werden zu Anschauung und Erfahrung; beide vereinigen sich hier und machen dem Menschen seine Vergänglichkeit, seine Unbedeutendheit und Winzigkeit in Kosmos und Weltlauf bewußt. Hirschfeld schreibt:

»So veranlaßt der Anblick dieser großen Gegenstände bey dem Weltweisen Betrachtungen über die vergangenen und zukünftigen Veränderungen unsers Erdballs. Aber wenn mitten in diesen Betrachtungen sich die Idee von den kleinen Wesen mit einwirft, welche auf der Oberfläche dieser Kugel herumkriechen; wenn er dieser ihre Dauer mit den großen Epochen vergleicht, wornach man die Veränderungen der Natur datiren kann: wie sehr muß er nicht erstaunen, daß sie, obschon sie einen so kleinen Platz in Raum und Zeit einnehmen, glauben konnten, sie seyn der einzige Zweck von der Schöpfung des Universums!«[85]

Angesichts der zuletzt genannten Assoziationen – Ewigkeit, Vergänglichkeit und Tod –, die sich beim Anblick konkreter Naturphänomene einstellen, wird deutlich, welche Rolle der Phantasie, verstanden als produktives Vermögen, bei der Konstitution des Erhabenheitsgefühls zukommt. Unlust, Furcht und Schauer gründen in diesen Fällen primär in den über das wahrgenommene Objekt gelegten Vorstellungen. Aber auch die vom Dynamisch-Erhabenen der Natur ausgehenden Gefahren sind, so müssen die obigen Ausführungen nun präzisiert werden, allein als imaginierte zu denken. Eine unmittelbare Bedrohung des Subjekts darf nicht stattfinden, soll sich nicht das Gefühl des Erhabenen verflüchtigen. Das Gefühl von Furcht, oder vielmehr: das Gefühl einer quasi aufgehobenen Furcht, entsteht dabei dadurch, daß das Subjekt sich der zerstörenden Macht eines Naturereignisses unterworfen *vorstellt,* ohne es jedoch de facto zu sein; der betreffende Gegenstand erscheint als »furchtbar«, sofern man sich in die Situation versetzt, »da wir ihm etwa Widerstand tun wollten, und [...] alsdann aller Widerstand bei weitem vergeblich sein würde.« (Kant)[86] Die Vorstellung von Gefahr hat hier durchaus einen, wie Schiller sagt, »realen Grund, und es bedarf bloß der einfachen Operation: die Existenz dieser Dinge mit unserer physischen Existenz in *eine* Vorstellung zu verknüpfen.« Diese Verknüpfung leistet die »Einbildungskraft«; sie ist es, die die gewaltigen Naturphänomene »auf den Erhaltungstrieb bezieht« und sie so zu »furchtbare[n]« macht.[87] Das bei diesem Vorgang evozierte Gefühl ist zwar keine wirkliche Furcht, dieser aber doch nah verwandt:

»Das Schreckliche ist also bloß in der Vorstellung, aber auch schon die bloße Vorstellung der Gefahr, bringt, wenn sie einigermaßen lebhaft ist, den Erhaltungstrieb in Bewegung, und es erfolgt etwas dem analoges, was die wirkliche Empfindung hervorbringen würde. Ein Schauer ergreift uns, ein Gefühl von Bangigkeit regt sich, unsre Sinnlichkeit wird empört.«[88]

Noch indirekter ist die Beziehung auf Gefahr dort, wo sich der Betrachter nicht dem angeschauten konkreten Naturereignis ausgesetzt denkt, sondern wo dieses ihm zum Bild der unermeßlichen Naturgewalt überhaupt wird. Das durch eine derartige Symbolisierung vermittelte Unterlegenheitsgefühl kann zwar allen dynamisch-erhabenen Objekten gegenüber auftreten, zeigt sich aber besonders deutlich bei solchen, die normalerweise keine oder nur eine geringe Einflußmöglichkeit auf den Menschen haben; hier sieht sich der Betrachter einem Gegenstand konfrontiert, der ihn als solcher gar nicht tangieren kann, in dem er aber gleichwohl das Wirken einer ungeheuren Kraft erkennt, der er grundsätzlich immer unterlegen ist. Dies trifft beispielsweise für den Anblick eines Wasserfalles zu, dessen »reißende Geschwindigkeit und schäumendes Fortjagen« laut Hirschfeld »den Begriff von Stärke« erwecken, und der konsequenterweise »erhabne Empfindungen« erregt, die »an

das Schreckhafte gränzen«.[89] Ebenso vermittelt ist das von den Hochge-
birgsgletschern ausgehende Moment von Gefährdung und Schrecken:
In einer verbreiteten Metapher, die sich u.a. in der Benennung des
»Mer de glace« am Montblanc dauerhafte Gültigkeit verschafft hat,
wird der Gletscher mit einem vom Frost erstarrten sturmgepeitschten
Meer verglichen,[90] in dessen statischer Majestät man eine nur schlafende Dynamik ahnt, eine Kraft, die in aktivem Zustand verheerend wäre.
Zeugnis von ihr legen die aus dem Berg gebrochenen und am Gletscher-
rand aufgetürmten gigantischen Felstrümmer ab, die »kleinen, und
selbst mäßigen Häusern an Größe und Höhe gleich« sind.

»Die zusammengehäuften Ruinen von Persepolis, von Palmyra, und andern
im Staub liegenden Königsstädten würden, glaube ich, hinter den Trümmern des Eismeers vom Montanvert eben so weit zurückbleiben, als die
größten Werke menschlicher Kunst hinter den großen Werken der Natur.
An diesen erstaunlichen Trümmern erkennt, und fühlt man die Majestät der
Natur, die Größe der Berge, die das Eismeer umgeben, und die unwider-
stehliche Kraft, womit diese todte, und unbeweglich scheinende Eismasse
in gewissen Augenblicken wirkt, und fortschreitet [. . .] Wenn solche Massen, als man vor dem Gletscher des Bois sehr häufig sieht, von den Gipfeln
der Urgebirge herabstürzen, wie muß da das Eismeer erbeben, und wie
furchtbar müssen davon alle Thäler, und alle Höhen wiederhallen! Welche
dicke und unverwüstliche Eisgewölbe werden erfordert, um solche Massen
von dem Fuße der Gebirge, wozu sie gehörten, bis an den Vorgrund des
Gletschers hinzutragen!«[91]

Am stärksten entfaltet die produktive Phantasie ihren Einfluß jedoch
im Bereich der »Privationen« (»privations«), um einen Terminus Edmund Burkes zu gebrauchen.[92] Gemeint sind damit Dunkelheit, Leere,
tiefe Stille und Einsamkeit, Phänomene, die sich trotz vieler Überschneidungen weder dem Mathematisch- noch dem Dynamisch-Erhabenen eindeutig zuordnen lassen und daher als eine dritte Gattung des
Erhabenen angesehen werden können.[93] Die Tatsache, daß Finsternis,
Stille und Einsamkeit Furcht oder doch wenigstens Schauer erregen, gehört zu denen, die im 18. Jahrhundert aufgrund des Wandels der Prinzipien der Naturdeutung zum Problem geworden sind und daher zahlreiche – und unterschiedliche – Erklärungen provozieren. John Locke,
Buffon und Rousseau etwa seien hier, stellvertretend für viele andere,
als Verfasser prominenter Überlegungen zur Furcht in bzw. vor der
Dunkelheit genannt. Die Vielfalt der sozialisations-, assoziations- oder
wahrnehmungstheoretischen Erklärungsansätze kann an dieser Stelle
nicht untersucht werden; festzuhalten aber ist, daß nahezu überall –
selbst dort, wo man wie Edmund Burke oder Johann Karl Wezel eine

primär physiologische Deutung vorlegt – der Phantasie eine Hauptrolle bei der Produktion der Furcht zugesprochen wird. Im Bereich der Privationen »entdeckt« die Phantasie nicht, wie es beim Dynamisch-Erhabenen der Fall ist, potentielle Gefahren seitens gewaltiger Naturereignisse und -objekte, sondern »erschafft« allererst das Furchtbare »ohne einen zureichenden objektiven Grund dazu zu haben«; auf diese Weise »werden an sich gleichgültige Gegenstände der Natur, durch Dazwischenkunft der Phantasie, subjektiv in furchtbare Mächte verwandelt«, wie es bei Schiller heißt.[94] Johann August Eberhard schildert diesen Vorgang wie folgt:

»In einer wilden Einöde, deren starre Unbeweglichkeit durch keine Spur von Leben, deren Todesstille durch keinen Laut unterbrochen, und deren tiefe Dunkelheit nur durch ein zweifelhaftes Licht aufdämmert – in diesem Aufenthalte, wo der Seele kein bestimmtes Bild durch die Sinne zugeführt wird, findet sie sich von allen Seiten in der Mitte des unendlichen leeren Raumes und der unendlichen leeren Zeit, die die bebende Phantasie nach allen Richtungen vor sich und hinter sich, neben sich und über sich hinstreckt, und mit allen gestaltlosen Schattenbildern anfüllt. Der kleinste schwach erleuchtete Fleck zerfließt ins Ungeheure, und der geringste Laut, der das allgemeine Schweigen unterbricht, wird zu einer Donnerstimme.«[95]

Bei allen Formen der Privation ist der Realitätsbezug des Subjekts gestört, wenn nicht gänzlich aufgehoben. Die Dunkelheit beeinträchtigt die sinnliche Wahrnehmung, indem sie die Gegenstände verbirgt oder verschleiert; deren schemenhafte Umrisse täuschen das Auge und entfesseln die produktive Phantasie, die das undeutlich Aufgefaßte nach ihren eigenen Gesetzen konkretisiert: Wo dem Auge die bestimmten Bilder vorenthalten werden, schafft sich die Phantasie eine imaginäre Realität, und diese ist fürchterlich. In diesem Sinne ist »das unbestimmte« für Schiller »ein Ingrediens des Schrecklichen«, da es »der Einbildungskraft Freyheit giebt, das Bild nach ihrem eigenen Gutdünken auszumahlen. Das bestimmte hingegen führt zu deutlicher Erkenntniß, und entzieht den Gegenstand dem willkührlichen Spiel der Phantasie, indem es ihn dem Verstand unterwirft.«[96] – Auch die tiefe Stille kann zur phantastischen Umgestaltung der Realität führen: Kaum minder als die Finsternis gibt sie »der Einbildungskraft einen freyen Spielraum, und spannt die Erwartung auf etwas Furchtbares, welches kommen soll.«[97]

Aus derselben Quelle entspringen auch die Schrecken der Einsamkeit, sieht man einmal davon ab, daß in ihr mit dem Ausgesetztsein des Individuums gegenüber der Natur, seiner Schutz- und Hilflosigkeit, durchaus auch ein »realer Grund« der Gefahr gegeben sein kann.[98] In der Einsamkeit aktiviert sich zum einen die Phantasie des Subjekts, das

122

durch das Fehlen von »Gesellschaft« ganz auf sich selbst zurückgeworfen ist, zum anderen fehlt hier jede Möglichkeit ihrer intersubjektiven Überprüfung: Die Einbildungskraft droht so, sich zu verselbständigen. Im Extremfall der dauernden Einsamkeit etwa des Einsiedlers bestehen daher die Risiken von Halluzination, Schwärmerei, Melancholie und Wahnsinn. So jedenfalls ist es Johann Georg Zimmermanns 1784/85 erschienenem Werk *Ueber die Einsamkeit* zu entnehmen, in dem ein umfängliches Kapitel der »nachtheilige[n] Einwirkung der Einsamkeit auf die Einbildungskraft« gewidmet ist. Einsamkeit, der bei Zimmermann im übrigen durchaus auch positive Funktionen zugesprochen werden, könne »rasend« machen, so heißt es hier, »wenn man seine Einbildungen für Thatsachen hält, und in diesem Wahn durch nichts gestöret, und von niemand zurückgeführet wird«.[99] Wenn auch diese Gefahr in ihrem vollen Umfang nur in Ausnahmefällen gegeben sein mag, der Mechanismus, der sie bedingt, ist grundsätzlich in allen Erfahrungen tiefer Einsamkeit wirksam. Auch Immanuel Kant spricht ihn in seinen *Beobachtungen über das Gefühl des Schönen und Erhabenen* von 1764 implizit an:

»Tiefe Einsamkeit ist erhaben, aber auf eine schreckhafte Art. Daher große weitgestreckte Einöden, wie die ungeheure Wüste Schamo in der Tartarei, jeder Zeit Anlaß gegeben haben, fürchterliche Schatten, Kobolde und Gespensterlarven dahin zu versetzen.«[100]

Das Wirken der Einbildungskraft wird hier nicht ausdrücklich thematisiert, deutlich aber ist, daß es sich bei den Schatten und Larven um Projektionen handelt, daß es das Subjekt ist, das sie in die Außenwelt »versetzt«. Die Möglichkeit derartig verkürzter Äußerungen scheint mir nur unter der Voraussetzung eines breiten zeitgenössischen Konsenses bezüglich dieses Problems begreiflich.

Die Behandlung der Frage, warum sich die Phantasie gerade zum Schrecklichen entfaltet, muß an dieser Stelle aufgeschoben werden.[101] Es ist jedoch schon hier nachdrücklich sowohl das Neuartige an der skizzierten Erklärung der Schauer der Privation als auch das Eigentümliche an deren Erfahrung zu betonen. Bemerkenswert ist, daß das Subjekt sich selbst als verantwortlich für seine Beängstigungen erkennt und sich daher in völliger Sicherheit fühlen könnte; es weiß, daß seine Angst keinen »realen Grund« hat, und es kennt die Mechanismen, die sie hervorbringen. Dies gilt besonders hinsichtlich jener Befürchtungen, die vom traditionellen Volksglauben ausgehen, von nunmehr als »Aberglauben« abgestempelten magischen oder animistischen Vorstellungen, die ja seit alters eng mit Einsamkeit, Finsternis usw. verbunden waren. Zweifellos ist damit ein gewisses Maß an Beruhigung und objektiver Sicherheit ermöglicht; dennoch aber will sich die Angst nicht völlig zerstreuen. Obwohl die Welt nun entzaubert und entgeistert ist, werden einsame, finstere und totenstille Orte weiterhin als unheimlich empfunden; ein irrationales Gruseln meldet sich dort, das zwar nicht stark genug ist, die rationale Weltdeutung ernsthaft zu erschüttern – und das daher der Phantasie zugeschrieben wird –, andererseits aber auch nicht mit dem vernünftigen Wissen um seine reale Grundlosigkeit und phantastische Herkunft ausgetrieben werden kann. Der Bereich des Gefühls und der Imagination erweist sich an dieser Stelle als nicht ›rationalisierbar‹. So entsteht das eigenartige psychische Phänomen eines Schauers, von dem man weiß, daß er ins Reich der Imagination gehört, und der dennoch nichts von seiner psychischen Realität einbüßt. Diese Form des Schauers ist es, die der Schauerroman sich zunutze macht und durch den nachgerade inflationären Einsatz erhabener Lokalitäten als Kulisse gräßlicher Geschehnisse in seinen Lesern zu erregen sucht. Daß der Schauer hier mit einem angenehmen Prickeln erlebt werden kann, darf nicht darüber hinwegtäuschen, daß es sich dabei um eine im Kern ambivalente Grunderfahrung der Spätaufklärung handelt, die durchaus in das Gefühl einer neuen, jetzt freilich anders gearteten Bedrohung umschlagen kann.

Die erhabenen Gegenstände und Ereignisse der Natur also sind in irgendeiner Weise furchtbar oder bedrückend: Sie entziehen sich dem Zugriff des Menschen, indem sie seine physische Widerstandskraft überschreiten, seine kognitiven Fähigkeiten überfordern oder unheimliche Vorstellungen in ihm hervorrufen, deren er sich nicht erwehren kann. Furcht, Unlust oder Schauer sind daher die Gefühle, mit denen die Menschen des 18. Jahrhunderts auf das Erhabene in der Natur reagieren. Insofern reflektiert sich im Gefühl des Erhabenen die Unterlegenheit des Menschen gegenüber der Natur.

Freilich haben sich der Grad dieser Unterlegenheit sowie die Art, in der sie vom Subjekt erfahren wird, im Vergleich zu früheren Zeiten gewandelt: Mit der traditionellen Naturfurcht kommt die Furcht, die im Erhabenheitsgefühl aufgehoben ist und als eine quasi ›aufgeklärte‹ identifiziert werden kann, nur noch partiell zur Deckung. Deutlich ist dies beim Dynamisch-Erhabenen und dem Erhabenen der Privation zu beobachten; die Unlust angesichts des Mathematisch-Erhabenen stellt in dieser Hinsicht ohnehin einen Sonderfall dar, da sie in ihrer Beziehung auf Unendlichkeit erst mit der kosmologischen Revolution der frühen Neuzeit entstanden ist; ältere Momente von Unbehagen und Abneigung kommen in der Diskussion um das Mathematisch-Erhabene nicht mehr zur Sprache. Der entscheidende Unterschied zum Komplex der traditionellen Naturfurcht besteht darin, daß die von erhabenen

Objekten potentiell ausgehenden Gefahren als lediglich ›natürliche‹ angesehen werden; die Tatsache der Entzauberung der Natur ist auch an den Theorien des Erhabenen abzulesen. Wie weit übernatürliche Mächte nun aus der Natur verbannt sind, hat sich bereits darin gezeigt, daß sie als Ausgeburten der Phantasie betrachtet werden. Das Unheimliche der Privation erscheint als Produkt des Subjekts, und dieses erkennt sich als verantwortlich an: Wenigstens tendenziell weiß es seine eigenen Projektionen von der externen Realität zu unterscheiden. Dämonologische, magische oder animistische Deutungen der Natur gelten nunmehr als Erzeugnis von überwundenen historischen Epochen oder von Kulturkreisen, die vom Licht der Aufklärung noch nicht erhellt sind.[102] Kaum anders ergeht es unvermittelten religiösen Begründungen schrecklicher Naturerscheinungen, Begründungen also, auf deren Konto ein wesentlicher Teil der ›alten‹ Naturfurcht gesetzt werden muß. Auch wenn keineswegs geleugnet werden kann, daß die Natursicht der deutschen Aufklärung häufig, wenn nicht zumeist, religiös fundiert ist, so hat sich doch die Gestalt dieser Religiosität gewandelt, wie ich schon ausgeführt habe. In der Folge wird die traditionelle Interpretation einzelner Naturereignisse als direkter Ausdruck des göttlichen Zorns, sofern sie in den Theorien des Erhabenen überhaupt noch erwähnt wird, meist nur in kritischer Abgrenzung diskutiert.[103] Statt dessen bevorzugt man die immanente, physikalisch-mechanische Erklärung von Naturvorgängen, wie sie schon von Johann Jacob Bodmer, fraglos keinem Vertreter einer *rein* immanenten Naturanschauung, auf das »Ungestüme« oder »Heftige« in der »Materialischen Welt« angewendet worden ist.[104] Ich habe bereits ausführlich gezeigt, daß mit der Tendenz zur immanenten Erklärung der Natur, die als eine Form theoretischer Naturbeherrschung angesehen werden kann, traditionelle Befürchtungen den Boden verlieren. Sieht man einmal von ihrem Transfer in die Phantasie ab, so bezieht sich jetzt Furcht primär auf die physische, den Körper des Menschen betreffende Macht der Natur.

Allerdings ist diese auch ohne jede metaphysische Drohung so gewaltig, daß der Mensch bestrebt sein muß, sich außerhalb ihrer Reichweite zu flüchten. Soll er sie, die ihm seine physische Unterlegenheit so nachdrücklich erfahrbar macht, genießen, soll es angesichts ihrer zu einer ›Erhebung‹ kommen, so muß er sich in Sicherheit wissen.

3. Das Postulat der Sicherheit und die Rolle der Naturbeherrschung

Die Forderung nach Sicherheit des Betrachters wird explizit oder implizit von nahezu allen Theoretikern des Erhabenen gestellt. Kant beispielsweise schreibt in einer berühmten Passage der *Kritik der Urteilskraft*:

»Kühne überhangende gleichsam drohende Felsen, am Himmel sich auftürmende Donnerwolken, mit Blitzen und Krachen einherziehend, Vulkane in ihrer ganzen zerstörenden Gewalt, Orkane mit ihrer zurückgelassenen Verwüstung, der grenzenlose Ozean, in Empörung gesetzt, ein hoher Wasserfall eines mächtigen Flusses u.d.gl. machen unser Vermögen zu widerstehen, in Vergleichung mit ihrer Macht, zur unbedeutenden Kleinigkeit. Aber ihr Anblick wird nur um desto anziehender, je furchtbarer er ist, wenn wir uns nur in Sicherheit befinden [. . .]«[105]

Ein Beleg, daß nicht nur den Theoretikern, sondern auch den ›Praktikern‹ des Erhabenen bewußt war, wie notwendig die persönliche Sicherheit für die lustvolle Erfahrung des Übermächtigen und Gefährlichen in der Natur ist, findet sich in Rousseaus Autobiographie:

»Es ist dem Leser bekannt, was ich unter einer schönen Gegend verstehe. Nie gefiel mir ein flaches Land, so lieblich es auch war. Ich brauche Bergwässer, Felsen, Tannen und dunkle Wälder; ich muß Berge und steile Wege erklimmen und von ihnen hinabsteigen, muß Abgründe zu meiner Seite sehen, die mir ordentlich Furcht einjagen. Ich hatte diesen Genuß und kostete ihn in seinem ganzen Zauber aus, als ich mich Chambéry näherte. [. . .] Man hat den Weg mit einem Geländer versehen, um Unglück zu verhüten; so konnte ich auf den Grund hinabblicken und in mir nach Herzenslust Schwindel erregen; denn das Merkwürdige bei meinem Geschmack an wilden Bergpartien ist, daß sie mir den Kopf schwindeln machen, und ich liebe dieses Wirbeln sehr, vorausgesetzt, daß ich dabei in Sicherheit bin. Fest auf das Geländer gestützt, streckte ich das Gesicht vor und blieb da ganze Stunden lang [. . .]«[106]

Sicherheit vor Gefahr ist die Bedingung des Erhabenheitsgefühls, da das Individuum auf reale Bedrohungen mit Fluchtimpulsen und wirklicher Furcht reagiert. Letztere aber blockiert, wie überall betont wird,[107] sämtliche kognitiven Kompetenzen, zerstört die Urteilsfähigkeit,[108] setzt das Individuum außer sich selbst und vernichtet jene »innre Gemüthsfreyheit«, die nach Schiller schlechterdings notwendig ist, »um das Furchtbare erhaben zu finden, und Wohlgefallen daran zu haben.« Wirkliche Furcht kann somit im Gefühl des Erhabenen nicht enthalten sein, und daher folgert Schiller: »Das erhabene Objekt muß also zwar furchtbar seyn, aber wirkliche Furcht darf es nicht erregen.«[109] Diese Situation kann nur unter der Bedingung gegeben sein, daß das Subjekt sich sicher fühlt und weiß; in diesem Wissen *imaginiert* es sich als der bedrohlichen Naturgewalt unterworfen und reagiert auf diese Phantasie mit »Schauer« und einem »Gefühl von Bangigkeit«.[110]

Die Feststellung, daß das Erhabenheitsgefühl unvereinbar sei mit wirklicher Furcht, dient einem Strang der deutschen Kunsttheorie als Argument gegen die erste bedeutende Theorie des Erhabenen von Edmund Burke. Von welchen Mißverständnissen deren Rezeption mitunter geprägt war, zeigt sich beispielsweise an den Einwänden Carl Grosses. Burkes These, daß alles Schreckliche eine »Quelle des Erhabenen« und der Schrecken dessen »beherrschende[s] Prinzip« sei,[111] aus ihrem Kontext isolierend, polemisiert Grosse:

»Schrecken ist keine Quelle des Erhabenen, was Burke auch dafür sagen mag; denn Schrecken verschliest die Seele krampfhaft wie die Furcht, und das Entsetzliche kann nie angenehm seyn, weil es die Furcht nie ist. [. . .] Wie kann das Erhabene Eingang finden, wenn Furcht alle Poren der Seele zudrückt, ihren Sinn nur auf sich ziehet und von äußeren Empfindungen weg? Das Gewürz dieser Leidenschaft: die süße Empfindung in der Folge ihrer Modifikationen wird dann nur über die Seele gestreuet, wenn wir über Gefahren hinweg sind, und also nur in der Vermischung mit dem Gefühle unserer Sicherheit.«
»Der beobachtende Philosoph muß in Sicherheit seyn, und ohne Besorgniß betrachten.«[112]

Grosse ist dabei freilich entgangen, daß auch Burke nichts anderes behauptet hatte. Schon für Burke ist Sicherheit des Betrachters die Voraussetzung, unter der allein das Fürchterliche mit dem für das Gefühl des Erhabenen konstitutiven »Frohsein« (delight) aufgenommen werden kann, das Burke ja gerade durch die Abwesenheit von wirklicher Gefahr und wirklichem Schmerz bei gleichzeitiger Fortdauer ihrer Vorstellung definiert.[113]

»Wenn Gefahr oder Schmerz zu nahe auf uns eindringen, so sind sie unfähig, uns irgendein Frohsein zu verschaffen; sie sind dann schlechthin schrecklich. Aber aus einer gewissen Entfernung und unter gewissen Modifikationen können sie froh machen [. . .]«[114]

Der bei Grosse explizierte Gedanke führt in einigen, jedoch seltenen Fällen zu der Konsequenz, die Anwesenheit von Furcht und Schmerz auch in ihrer gemäßigten Ausprägung als Bangigkeit oder Schauer im Gefühl des Erhabenen zu leugnen, das dann in der Folge nicht als vermischt, sondern als ungebrochen angenehm beschrieben wird. Doch der Unterschied zu den Theorien, die den Schauer integrieren möchten, ist nicht so groß, wie es zunächst scheint. Auch für Grosse – wenigstens implizit ist dies auch dem zitierten Text zu entnehmen – kann sich nämlich das Gefühl des Erhabenen durchaus am Furchtbaren entzünden; geleugnet wird nur, daß das Gefühl der Erhebung, das der in Sicherheit befindliche Betrachter genießt, noch irgendeine Verwandtschaft mit dem der Furcht habe; beide stehen allenfalls in der Beziehung einer zeitlichen Folge zueinander.[115] Entscheidend ist für den vorliegenden Zusammenhang, daß Grosse weder in seiner Darlegung, welche Gegenstände als erhaben empfunden werden, noch in deren Charakterisierung als furchtbar, sofern man ihnen schutzlos preisgegeben ist, von den bisher behandelten Theorien abweicht.[116]

Unter welchen Bedingungen kann sich nun das Gefühl der Sicherheit angesichts dynamisch-erhabener Ereignisse einstellen? Am sichersten fühlt sich das bürgerliche Subjekt zweifellos in seiner Wohnstube, wenn es sich die erhabenen Schrecken der Natur nur in künstlerischer Nachahmung zu Gemüte führt.[117] Daß das in natura Furchterregende und Häßliche in der Nachahmung Gefallen erregen können, ist ein uraltes, bis auf Aristoteles[118] zurückzuverfolgendes Argument innerhalb der Kunsttheorie, das im 18. Jahrhundert besondere Aktualität erlangt und intensiv diskutiert wird.[119] Hatte man aber bis dahin den Grund dieses Vergnügens im wesentlichen im bloßen Faktum, der Funktion oder der Vollkommenheit der Nachahmung gesucht, so richtet sich der Blick spätestens seit dem Übergang zu einer wirkungsorientierten ›empfindsamen‹ Kunsttheorie verstärkt auf den Gegenstand der Nachahmung selbst. Er, der realiter schrecklich ist, ist für die neue Intentionen verfolgende Kunsttheorie seiner emotiven Qualität wegen von Interesse, die dem Rezipienten nützlich oder angenehm sein soll, sofern sie von allem wirklich Unangenehmen »gereinigt« ist.[120] Wenn etwa Johann Jacob Breitinger in seiner *Critischen Dichtkunst* von 1740 die Wahl derjenigen Gegenstände als Stoff der Kunst propagiert, »welche die heftigsten, ungestümsten und widerwärtigsten Gemüths = Leidenschaften, als Furcht, Schrecken, Mitleiden erregen«, so tut er dies unter der Prämisse, daß »die Kunst der Nachahmung diese Leidenschaften [...] von allem würcklich Widerwärtigen reiniget«.[121] Breitinger verdeutlicht dies in Anknüpfung an eine in dieser Zeit häufig zitierte Lukrez-Stelle am Beispiel der Furcht:

»Lucretius hat solches von der Furcht angemercket, welches eine ungestüme und beklemmende Leidenschaft ist; er sagt, daß die Nachahmung sie gleichsam von aller Gefährlichkeit erledige, und alle Bangigkeit davon sondere:

Suave mari magno turbantibus aequore ventis
E terra alterius magnum spectare laborem:
Suave etiam belli certamina magna tueri
Per campos instructa, tui sine parte pericli.

Und diese Ueberlegung tui sine parte pericli ist eben die Ursache, daß die künstlichen Vorstellungen von erschrecklichen und furchtbaren Dingen in der Nachahmung ergetzlich werden [. . .]«[122]

Die Reinigung des Affekts der Furcht fällt hier mit dem Wissen um die eigene Sicherheit zusammen, das im Bewußtsein des Scheincharakters der Kunst gründet.[123]

Doch das historisch Neue in der zweiten Hälfte des 18. Jahrhunderts ist ja gerade, daß das Erhabene in natura genossen werden kann. Die dazu erforderliche Sicherheit kann durch räumliche Distanz vom Ort der Gefahren gewährleistet sein: Vom festen Land aus ist eine ruhige Betrachtung des sturmzerwühlten Ozeans möglich, wie die Erhabenheitstheoretiker mit direkter oder impliziter Bezugnahme auf die erwähnte Lukrez-Stelle immer wieder bemerken.[124] Aber auch der vom Naturereignis unmittelbar Betroffene kann dieses furchtlos erleben, sobald ihm klar wird, daß es nur scheinbar, nicht wirklich, gefährlich ist; Wissen um den wahren Charakter des Ereignisses genügt hier, um das Gefühl der Sicherheit zu vermitteln, das die »Erhebung« erlaubt:

»Der Sturm erwachte, es öfnete sich der Abgrund; die Winde heulten; Höhe und Tiefe, Wolken und der Abgrund, Himmel und Hölle sind Eins; wir werden hinauf = und hinabgeschleudert. ›Tritt an den Mastbaum, sagte der Schiffer dem Unterfahrnen, und umfass' ihn; es ist keine Gefahr!‹ Ich rief die Sinne zusammen; und in diesem Aufruhr der Natur erblickte ich welch' Erhabnes in einer höheren Ordnung!«[125]

Man muß sich deutlich bewußt machen, welch hohes Maß an Säkularisierung der Naturauffassung, an Abbau des religiösen »Subjektzentrismus im Erleben der Angst« (Rudolf Bilz) der Vorstellung zugrunde liegt, daß ein »Aufruhr der Natur« möglicherweise gar »keine Gefahr« bedeuten müsse oder daß man sich ihm, sollte er doch gefährlich sein, durch einen bloßen Ortswechsel entziehen könne. Hatte das als göttliche Mahnung oder Drohung gedeutete Naturphänomen eine letztlich ubiquitäre Bedrohlichkeit besessen, so ist das Ereignis jetzt zu einem lokal umgrenzten mit abwägbaren ›natürlichen‹, nicht metaphysischen, Gefahren geschrumpft. Diese immanente Naturdeutung fundiert auch Lichtenbergs ironische Hoffnung, daß in einer mit Blitzableitern versehenen Stadt auf die Dauer alle Furcht vor dem Gewitter verschwinden werde und dieses so zum Gegenstand ästhetischen Genusses werden könne:

»Nach einer Generation würde sich alles Schreckliche hierbei [beim Gewitter] völlig verlieren; man würde dem Donnerwetter, das man jetzt wie eine Belagerung fürchtet, zuhören, wie der Kanonade bei einer Musterung, und dem Wetterstrahl zusehen wie einem Lustfeuer.«[126]

Für den Menschen hingegen, der das Gewitter als Ausdruck des göttlichen Zorns interpretiert, kann vom Blitzableiter keinerlei Beruhigung ausgehen – eher deren Gegenteil. Am Beispiel Lichtenbergs wird überdies deutlich, daß es nicht allein theoretische Naturbeherrschung qua immanente Naturerklärung ist, die dem Menschen Räume erschließt, in denen er vor Gefahr sicher ist, sondern auch praktische Naturbeherrschung: Dem Blitzableiter, dem vielleicht spektakulärsten Fall von Naturbeherrschung im 18. Jahrhundert, gelingt es, mitten im Wüten der Naturgewalt eine Sicherheitszone zu schaffen.

Es hat seinen guten Grund, daß die Theoretiker des 18. Jahrhunderts die Notwendigkeit der Sicherheit für das Zustandekommen des Erhabenheitsgefühls zumeist nur im Zusammenhang mit dem Dynamisch-Erhabenen ausdrücklich thematisieren, fällt doch unter diese Kategorie die Mehrzahl der gefährlichen, furchterregenden Naturobjekte. Jene Form von Unterlegenheit hingegen, die angesichts der anderen, mathematisch- oder ›privativ‹-erhabenen Gegenstände empfunden wird, ist in der Regel nicht existenzbedrohend und evoziert nicht eigentlich Furcht; körperliche Sicherheit kann hier vorausgesetzt werden und erscheint daher nicht weiter erwähnenswert. Gleichwohl kann auch diese Grenzerfahrung in manchen Fällen ein Gefühl von Unsicherheit, Verwirrung, ja Beängstigung erzeugen, das so stark ist, daß es die ›Erhebung‹ vereiteln würde, würde es nicht durch bestimmte Distanzierungsvorgänge zerstreut oder doch wenigstens gedämpft, so daß das Subjekt das Gefühl seiner Sicherheit zurückgewinnen kann. Obwohl diese Fälle nicht in allen ihren Komponenten verallgemeinerungsfähig sind, sollen sie hier besprochen werden – nicht so sehr, weil dies aus systematischen Gründen unabdingbar wäre, sondern weil sich an ihnen noch einmal gut illustrieren läßt, welche Faktoren zur Verminderung von Unlust, Beunruhigung und Furcht angesichts der Natur beigetragen und so deren Genuß ermöglicht haben.

Wie stark die Verstörung war, die noch im späten 18. Jahrhundert vom Anblick des Hochgebirges ausging, läßt sich daraus ersehen, daß nicht selten räumliche Distanz zu ihm als opportun angesehen wurde – so, als handle es sich um eine reale körperliche Gefahr. Wie ich schon ausgeführt habe, hat man sicherlich auch diese, die es im Gebirge ja durchaus gibt, gescheut, häufig aber ist es bereits dessen bloßer Anblick, der heftiges Unwohlsein bewirkt. Christian Garve z.B. begründet die Notwendigkeit der Entfernung vom Hochgebirge nicht allein mit dem ästhetischen Argument, daß es eines gewissen Abstandes bedürfe, um Größe zu beurteilen; die Urteilsunfähigkeit in der Nähe scheint überdies damit zusammenzuhängen, daß die unmittelbare Präsenz des Gebirges geradezu physisch unerträglich ist. Distanz hat somit auch die Funktion, Unlust und Beklemmung abzubauen und so die ästhetische Einstellung erst zu ermöglichen. Garve schreibt,

»daß nur der erste Anblick schön und groß zugleich, und der zweite schauderhaft und nur auf kurze Zeit dem Auge erträglich, und dem menschlichen Körperbaue aushaltbar sey. Die hohen Alpen können nur in der Ferne genossen, – nur in dieser können sie nach ihrer ganzen Größe und Erhabenheit übersehn werden. In der Nähe und wenn man in die Oeffnungen ihrer Mauern eindringt, verschwinden sie selbst wieder unter ihrer eignen Größe.«[127]

Sicherlich ist Garves Aussage nicht unbedingt repräsentativ für seine Epoche. Dies zeigt sich schon daran, daß viele seiner Zeitgenossen durchaus auf räumliche Distanz als Voraussetzung des Erhabenheitsgefühls verzichten können. Zahlreiche individuelle Faktoren mögen dabei ins Gewicht fallen. An Garves Text wird jedoch deutlich, daß auch im Bereich des Mathematisch-Erhabenen übermächtige Beunruhigung, sofern sie hier entsteht, durch bestimmte Schutzmaßnahmen aufgehoben werden muß. Lokale Entfernung ist nur die augenfälligste dieser Maßnahmen.

Auch das zweite Beispiel hat mit Räumen des Schauers und der Sicherheit zu tun. Unter dem Datum des 22. März 1824 beschreibt Eckermann Goethes Garten an der Ilm und den angrenzenden großherzoglichen Park. Obgleich beide in unmittelbarer Nähe der Stadt gelegen sind, bleibt diese dem Auge völlig verborgen. Nirgendwo sehe man »ein Gebäude oder eine Turmspitze ragen, die an eine solche städtische Nähe erinnern könnte; die hohen dichten Bäume des Parks verhüllen alle Aussicht nach jener Seite.« Etwas später heißt es dann:

»Diese Ansicht des Parkes über die Wiese hin, besonders im Sommer, gewährt den Eindruck, als sei man in der Nähe eines Waldes, der sich stundenweit ausdehnt. Man denkt, es müsse jeden Augenblick ein Hirsch, ein Reh auf die Wiesenfläche hervorkommen. Man fühlt sich in den Frieden tiefer Natureinsamkeit versetzt, denn die große Stille ist oft durch nichts unterbrochen als durch die einsamen Töne der Amsel oder durch den pausenweise abwechselnden Gesang einer Walddrossel.«

Unschwer erkennt man, daß diese Landschaft alle Züge des Erhabenen der Privation trägt; nicht nur die tiefe Einsamkeit, die »große Stille«

und das Dunkel des Waldes zeigen dies, auch das Wirken der Phantasie weist darauf hin: Formulierungen wie »gewährt den Eindruck«, »man denkt« und »man fühlt sich [...] versetzt« machen deutlich, daß das Imaginierte vom Realen abweicht. Und doch vermißt man hier zunächst alle erhabenen Schauer der Privation: Die Landschaft scheint tiefen Frieden zu atmen, sie hat »etwas sehr Trauliches« und wird als »höchst angenehmer Aufenthalt« charakterisiert, in dem der Besucher sich offenbar geborgen fühlen kann. In einer überraschenden Wendung wechselt Eckermann jedoch schon im nächsten Absatz die Perspektive:

»Aus solchen Träumen gänzlicher Abgeschiedenheit erwecket uns jedoch das gelegentliche Schlagen der Turmuhr, das Geschrei der Pfauen von der Höhe des Parks herüber, oder das Trommeln und Hörnerblasen des Militärs der Kaserne. Und zwar nicht unangenehm; denn es erwacht mit solchen Tönen das behagliche Nähegefühl der heimatlichen Stadt, von der man sich meilenweit versetzt glaubte.«[128]

Dezent, aber unübersehbar trägt Eckermann hier dunklere Farben in sein Landschaftsgemälde ein. Nicht ohne eine gewisse Erleichterung registriert er, wie die Geräusche der nahen, aber unsichtbaren Stadt eine Illusion von »gänzlicher Abgeschiedenheit« zerstören, die man zumindest als ambivalent wird charakterisieren müssen. Die vermeintliche »tiefe Natureinsamkeit«, so darf wohl gefolgert werden, läßt sich deshalb als »höchst angenehm« genießen, weil der Besucher sich in der Lage weiß, ihr jederzeit aufzukündigen, sobald sie ihm unheimlich wird: Das »behagliche Nähegefühl der heimatlichen Stadt« als des Ortes suspendierter Naturgewalt und menschlicher Kommunikation trägt zum Naturgenuß im Sinne einer Bedingung bei. Eckermanns Erfahrung ist, wie gesagt, ambivalent. Die unberührte menschenleere Natur ist zu seiner Zeit zwar bereits durchsetzt mit Räumen der Sicherheit, zu denen auch die »schöne« Natur gehört, die immer Züge von menschlicher Nähe und Tätigkeit trägt;[129] wären solche Schutzzonen wie im Mittelalter nur vereinzelte Inseln inmitten unermeßlicher ›wüster‹ Landstriche, ein Genuß der einsamen Natur, die abweisend, undurchdringlich und feindlich dem ihr ausgelieferten Menschen gegenüberstünde, könnte schwerlich stattfinden. Gleichzeitig aber muß sie für den Betrachter eine ganz andere Bedeutung gehabt haben als heutzutage ein Naturschutzpark: Abgesehen von ihrer phantastischen Dimension erinnert sie noch im frühen 19. Jahrhundert an ihre ehemalige, den Menschen absorbierende Weite und Macht und erregt daher Schauer. Eckermanns Erfahrung verweist so auf objektive historische Bedingungen.

Von ganz anderer Art ist die Distanzierung, von der Johann Jacob Bodmer im Zusammenhang mit dem Großen und Unermeßlichen in der äußeren Natur spricht. Um seine Beschreibung der angenehmen und unangenehmen Wirkungen des Großen zu illustrieren, greift Bodmer auf Fontenelles *Entretiens sur la pluralité des mondes* von 1686 zurück. In den Dialogen dieses Werks führt bekanntlich der Erzähler eine befreundete Marquise in die neuzeitliche Kosmologie ein. Am fünften Abend der heiteren Gespräche kommt die Rede auf die Unermeßlichkeit des Universums. Die Marquise reagiert mit Verunsicherung auf diese Vorstellung, die ihr neu ist, da sie bisher das ptolemäische System ungeprüft für richtig gehalten hatte.

»›Siehe da, sagt sie, die Welt ist so groß, daß ich mich darinnen verliehre, ich weiß nicht mehr, wo ich bin, ich bin nichts mehr. [. . .] Dieser gantz unermeßliche Raum, der unsere Sonne und Planeten in sich begreiffet, sollte nur ein Stückleyn von der gantzen Welt seyn? Sollen so viel dergleichen grosse Räume seyn, als Fixsterne sind? Dieses verwirret, verunruhiget und erschrecket mich.‹«[130]

Die Marquise, der die Idee der Unendlichkeit Gefühle von Selbstverlust und Schrecken erregt, wird jedoch im Gespräch mit dem Erzähler eines Besseren belehrt und anderer Gefühle teilhaftig. Mit einer Ausführlichkeit, die ein Bedürfnis nach Beruhigung zu erkennen gibt, berichtet Bodmer, mit Hilfe welcher Maßnahmen Fontenelles Erzähler den ursprünglichen Schrecken in ein »erhabenes Ergetzen«, ein Gefühl des Großen überführt, das bei Bodmer als ein vermischtes beschrieben wird.

»An seinem Orte war der Herr Fontenelle bey der Betrachtung eben dieser unermeßlichen Würbel gantz ruhig, weil ihm dieser Begriff gantz bekannt und geläufig war, und er Zeit gehabt, denselben bey sich zu überlegen, und sich in diesen erstaunlichen Weltgebäuden umzusehen; also daß er den Grund davon einigermassen erkennen, und sich selber, sein eigenes Wesen, und viele Sachen, die neben ihm sind, darinnen finden und sich davon vergewissern konnte; wodurch denn die Erstaunung gesetzter ward, und auf einen geringern Grad fiel; aber sich darum nicht verlohr, sondern allezeit noch groß genug war, daß sie bey ihm ein seltenes und erhabenes Ergetzen gebähren konnte. In eben diesen Zustand mußte auch die Marggräfin kommen, wenn sie mit diesen unzehligen Welten, die sie jetzo verwirreten, sich bekannter gemachet hatte.«[131]

Unverkennbar sind es Wissenschaft und Reflexion, die die verwirrenden Eindrücke ordnen und dem Subjekt erlauben, sich selbst wiederzugewinnen, zu lokalisieren und zu stabilisieren. Das Gefühl der Unterlegenheit wird dadurch zwar nicht überwunden, wohl aber auf ein erträgliches Maß reduziert – damit ist die Möglichkeit des »Ergetzens« gegeben.

Welche Bedeutung Wissen und Reflexion für die Verminderung von

Furcht und Unlust haben, wird am Ende des Jahrhunderts noch einmal von Herder ausgeführt. In einer Art Geschichtsphilosophie des Erhabenen beschreibt Herder, wie der Mensch im kulturellen und individuellen Urzustand von dem »Unendlichen an Vielheit, Umfang, Kraft« in der Welt übermannt wird, das er dumpf und verständnislos anstaunt, und das Herder daher als das »roh = Erhabne« bezeichnet. Nun aber erwachen Vernunft und Wahrheitsstreben, Wissenschaften und Künste, das »Licht« verbreitet sich, und der Geist möchte die »Ordnung« der Schöpfung »nach einer innern ewigen Regel« erfassen; »er denkt dem Weltordner nach, Gottesgedanken.« Erst jetzt kann die richtige Vorstellung von Erhabenheit entstehen; die rohen und »falschen Erhabenheiten, samt ihrer abscheulichen Brut, Entsetzen, Furcht, enge Persönlichkeit, Abgötterei« etc. weichen dem »mit dem Geist erfaßte[n] Erhabene[n]«.[132] Erkenntnis zerstört damit nicht nur Befürchtungen, die aus Unwissen entstanden sind, für Herder enthüllt sie dem Blick überhaupt erst das wahrhaft Bewundernswerte und ist daher konstitutiv für das Erhabene. Diesen Vorgang verdeutlicht Herder an einigen Beispielen. Der Sternenhimmel etwa sei in der Kindheit der Menschheit und des Individuums erkenntnislos bestaunt und mit »Götter[n] und Geister[n]« bevölkert worden, »bis endlich Herschel [der englische Astronom Sir William Herschel, 1738–1822] kam und das Buch der Himmel, Blatt nach Blatt aufrollte. Die roh = erhabnen Träume unsrer Kindheit mit ihrem dumpfen Anstaunen sind verschwunden; ein Erstaunen andrer Art hat ihren Platz und besitzt ihn ewig.«[133] Im Bereich des Bergbaus bewirkt der Erwerb mineralogischen und geologischen Wissens denselben Effekt.[134] Die Nacht verdankt ihre Schrecken nach Herder allein den »Mährchen«, die sie mit »Lügengestalten« und »Gespinste[n] der Furcht« erfüllen. Die erwachende Vernunft, Wissen über den wahren Charakter der Nacht und über den Vorgang der optischen Täuschung aber würden diese Bedrängnisse verscheuchen und so die Einsicht in das wirklich Erhabene der Nacht ermöglichen[135] – eine, wie sich in manchen Wendungen andeutet, selbst in den Augen ihres Urhebers reichlich optimistische Annahme, die von der historischen Entwicklung denn auch nur halbwegs bestätigt wird. Ich habe bereits darauf hingewiesen: Sicherlich schaffen das Bewußtsein der Phantasietätigkeit und die Reflexion auf sie dem Subjekt Entlastung, der Schauer aber bleibt nach wie vor bestehen. Freilich wäre dies für die meisten Autoren nicht nur kein Einwand gegen, sondern vielmehr ein Beleg für die Erhabenheit der Nacht – im Gegensatz zu Herder, der zu der kleinen Gruppe derer gehört, die jedes Moment von Furcht aus dem Gefühl des Erhabenen verbannen wollen,[136] und daher zu der Behauptung genötigt ist, die Nacht könne, wenigstens prospektiv, ohne Furcht erlebt werden.

Ein letztes Beispiel soll noch einmal die Bedeutung der Wissenschaft als sicherheitstiftende Instanz bestätigen. Am 22. Februar 1824 kommt das Gespräch zwischen Goethe und Eckermann bei der Betrachtung einiger Zeichnungen auf die Alpen.

»Ich machte die Bemerkung, daß mir, als einem in der Ebene Geborenen, die düstere Erhabenheit solcher Massen ein unheimliches Gefühl errege und daß ich keineswegs Lust verspüre, in solchen Schluchten zu wandern. ›Dieses Gefühl‹, sagte Goethe, ›ist in der Ordnung. [...] Die Schweiz machte anfänglich auf mich so großen Eindruck, daß ich dadurch verwirrt und beunruhigt wurde; erst bei wiederholtem Aufenthalt, erst in späteren Jahren, wo ich die Gebirge bloß in mineralogischer Hinsicht betrachtete, konnte ich mich ruhig mit ihnen befassen.‹«[137]

Während Eckermann, wie schon aus dem zweiten Beispiel hervorgegangen ist, auf die Möglichkeit räumlicher Distanzierung angewiesen ist, gelingt es Goethe, seine Verwirrung und Beunruhigung quasi durch eine Objektivierung des Blicks auf die Natur aufzuheben. Die Wissenschaft erlaubt, in dem, was auf den ersten Blick unfaßbar und regellos erscheint, Strukturen, Formationen und Ordnungen zu erkennen, das unfaßliche Unbekannte in Bekanntes und Begreifbares zu übersetzen, dadurch die unermeßliche Differenz zwischen Subjekt und Objekt zu verringern und so die Beunruhigung des Betrachters abzubauen. Darüber hinaus mag die Konzentration auf die ›objektiven‹ Eigenschaften des Gegenstands die Tätigkeit der Phantasie und der Assoziation, die ja nicht nur beim Erhabenen der Privation, sondern auch beim Mathematisch-Erhabenen von großer Bedeutung ist, regulieren und kanalisieren. Damit ist natürlich noch nicht gesagt, daß von dieser wissenschaftlichen Zuwendung zur Natur auch tatsächlich ein Weg zu ihrer Erfahrung als erhabenes Objekt führe, beruhen doch beide zumindest grundsätzlich auf unterschiedlichen Formen der Wahrnehmung. Es ist nicht zu bestreiten, daß in einigen Bereichen der Natur, insbesondere im Falle des Unendlichen, erst die neuzeitliche Naturwissenschaft das erschlossen hat, was im 18. Jahrhundert als erhaben gilt, und insofern setzt die Erfahrung des Erhabenen das wissenschaftliche Wissen voraus. In diesem Sinne wird man Herders Ansicht, erst den von der wissenschaftlichen Erkenntnis enthüllten Ordnungen sei wahrhafte Erhabenheit zuzusprechen, zu verstehen haben, nicht aber so, als intendiere er die Verwischung der Grenzen der verschiedenen Wahrnehmungsweisen. Denn der analysierende und detaillierende wissenschaftliche Blick kann die Wahrnehmung des Erhabenen, die sich auf das Ganze des Objekts richtet, gerade zerstören. Doch soll dieser Vergleich hier nicht weitergetrieben werden; für den momentan verfolgten Zusammenhang genügt es festzuhalten, daß die Möglichkeit der Erfahrung des Erhabenen auf dem durch wissenschaftliche Aneignung der Natur bewirkten Sicherheitsgefühl beruhen *kann* – bei entsprechender Umwendung des Blicks.

4. Erhabenheit und Lust. Zu Charakter und Funktion der ›Erhebung‹

Es hat sich gezeigt, daß Sicherheit, die die Bedingung ist, unter der erst das Furchterregende, vielfach aber auch das niederdrückende Große und Unermeßliche in der Natur als erhaben beurteilt werden können, als das Ergebnis von Prozessen theoretischer und praktischer Naturbeherrschung anzusehen ist. Ist die Natur im Falle der Sicherheit nun zwar nicht aktuell bedrohlich, so bleibt ihr der Mensch doch auch weiterhin potentiell ausgesetzt und prinzipiell unterlegen. In dieser Spannung erst kann sich das Gefühl des Erhabenen entfalten, in dem sich so zugleich der Erfolg und die Grenzen der Naturbeherrschung spiegeln; für sein Zustandekommen ist entscheidend, daß die Sicherheit das Bewußtsein von der Übergröße und Übergewalt der Natur nicht auslöscht. Begründen diese auf der einen Seite Unlust und Schauer, die nun aber nicht mehr mit wirklicher Furcht identisch sind, so werden sie auf der anderen zum Gegenstand bzw. Anlaß angenehmer Empfindungen.

Daß das Gefühl des Erhabenen mit »Ergetzen«, »Wohlgefallen«, »Frohsein« oder »Lust« verbunden ist, wird übereinstimmend von allen Autoren des 18. Jahrhunderts gesagt; in der Bestimmung dieser Lust differieren sie allerdings erheblich. Neben deren Explikation als religiöse Erhebung und als Bewunderung des Objekts hat ein drittes Modell als das eigentlich epochale zu gelten. In ihm stellen sich die unermeßliche Größe und Kraft der Natur als der notwendige Widerstand dar, an dem sich eine »Erhebung« oder »Erweiterung« des Subjekts erst vollziehen kann: Die Grenzerfahrung schlägt – unter der Bedingung der Sicherheit – um in das angenehme Bewußtsein der eigenen Potenzen.

Was sich in den Beschreibungen wie ein zwangsläufiger Vorgang ausnimmt, wird man mit Blick auf seine latenten historischen Funktionen als einen Modus von Selbstbehauptung des Subjekts interpretieren können. Die Tatsache, daß ein lustvolles Selbstgefühl in Bereichen entsteht, die früher allein als fürchterlich angesehen wurden, ist ein deutlicher Hinweis auf das erstarkte Selbstbewußtsein des Menschen gegenüber der Natur, ein Indiz, daß geistige Techniken wirksam sind, dank deren Selbstbehauptung des Subjekts angesichts des verschlingenden Raums, den die neue Kosmologie eröffnet hatte, ebenso möglich ist wie gegenüber Naturereignissen, deren Gewalt der menschliche Körper grundsätzlich nicht gewachsen ist. Besonders mit Blick auf Kant und Schiller ist man versucht, hier von einer Fortsetzung der Naturbeherrschung mit anderen Mitteln zu sprechen, gewissermaßen von einer subjektiven Naturentmächtigung jenseits der Grenzen der objektiven, theoretischen und praktischen Beherrschbarkeit der Natur. Das Gefühl des Erhabenen markiert so eine historische Schwellenposition des Bewußtseins: Noch ist in ihm die Unterlegenheit des Menschen gegenüber der Natur und, daraus resultierend, seine Selbstrelativierung präsent, zugleich aber setzt sich eine Haltung durch, die diese überwindet und die eigene Macht über die Natur in jeder Hinsicht zur Geltung bringen will – selbst dort, wo sie realiter nicht mehr gegeben ist. So reflektiert sich noch in der Erfahrung des Erhabenen der neuzeitliche Wille zur unumschränkten, den Zweck bloßer Selbsterhaltung übersteigenden Herrschaft über Natur.

Diese subjektive Entmachtung der Natur ist als Produkt der spezifischen historischen Bedingungen des 18. Jahrhunderts anzusehen, insofern das Bedürfnis des Menschen, auf die kosmologische Herausforderung, die, wie gesagt, erst mit der Popularisierung wissenschaftlicher Erkenntnisse im frühen 18. Jahrhundert ins allgemeine Bewußtsein gehoben wurde, mit einer neuen Positionsbestimmung zu reagieren, als ihr Auslösefaktor gelten muß.[138] Obwohl sie sich schlecht belegen läßt, möchte ich die Vermutung äußern, daß sich die Selbstbehauptung angesichts des Fürchterlichen nicht nur in –vielfältig nachweisbarer – Analogie zum, sondern nach dem Vorbild des Mathematisch-Erhabenen vollzieht. An diesem wären dann Akte von Bewältigung und Sinngebung entwickelt worden, die sich schließlich auch auf bedrohliche Naturerscheinungen übertragen ließen. Für das Gelingen dieser Übertragung aber bedarf es der Suspendierung von Furcht durch die Herstellung von Sicherheit, die, und dies ist ein weiteres Spezifikum des 18. Jahrhunderts, in großem Maßstab erst unter den Bedingungen von Aufklärung möglich wird. Beides würde erklären, daß das Fürchterliche historisch später als das Unermeßliche und Große unter den Objekten auftaucht, die mit gemischten Gefühlen lustvoll erfahren werden.

Die – nicht ausschließend gemeinte – These von der Selbstbehauptungsfunktion der »Erhebung« gewinnt an Plausibilität, wenn man einen Blick auf den Charakter dieser Lust wirft, der hier allerdings nur gestreift werden kann; sinnvoll wäre die Behandlung ihrer psychologischen und anthropologischen Grundlegung, die in den Erhabenheitsdiskursen vielfach nur zu erschließen ist, allein vor dem Prospekt der Gefühls- und Lusttheorien in der Philosophie, Anthropologie und Erfahrungsseelenkunde des 18. Jahrhunderts. Hier genüge der Hinweis, daß mit »Lust« im Zusammenhang mit dem Erhabenen nur in den seltensten Fällen die affektive und/oder körperliche Reaktion auf einen bloß sinnlichen Reiz vor aller reflexiven Vermittlung gemeint ist. Der prominenteste Vertreter dieser Auffassung ist Edmund Burke, der hier deshalb nicht ausführlich besprochen zu werden braucht, weil in Deutschland nur seine empirischen Beobachtungen, nicht aber deren Interpretation ein positives Echo fanden. Burke betont, daß das Gefühl des Erhabenen »weit davon entfernt [sei], von unserem Räsonnement hervorgerufen zu sein«[139], und führt es statt dessen zurück auf die Affizierung des Selbsterhaltungstriebes[140] durch die »natürlichen Eigenschaften der Dinge«,[141] allerdings eine solche, die nicht wirklichen Schrecken oder wirklichen Schmerz entstehen läßt. Der gemäßigte Schrecken und Schmerz bringen ein »Frohsein« (delight) hervor, indem »sie gewisse Teile unseres Körpers – feine oder grobe – von gefährlichen und beschwerlichen Störungen reinigen« und sie in Übung halten[142] – eine Erklärung, die A. W. Schlegel zu der maliziösen Bemerkung provoziert hat, Burkes Erhabenes sei »bloß eine Art vornehmer Purganz« und laufe deshalb Gefahr, »mit dem Glauben an Verstopfungen überhaupt« aus der Mode zu kommen.[143]

Mit seiner saloppen, zugleich aber auf einen medizinisch-anthropologischen Theorienwandel anspielenden Attacke gegen die rein physiologische Fundierung des Erhabenheitsgefühls liegt Schlegel ganz im Trend der zeitgenössischen Meinung. Tatsächlich tun die meisten Autoren, was Burke ablehnt: Sie bringen, und zwar auf sehr unterschiedliche Weise, die Lust am Erhabenen in Zusammenhang mit »unserem Räsonnement«, mit Reflexion. Lust etwa kann – das ist der Gegenpol zu Burke – als ein rein geistiges Vergnügen lediglich aus der Reflexion über den Gegenstand entspringen,[144] der also nicht schon als solcher angenehm empfunden wird – und das bringt die Frage nach Sinn und Leistung solchen Reflektierens ins Spiel. In viel größerer Nähe zu Burke wird aber auch, unter der Vorgabe eines psychophysischen Parallelismus, angenommen, daß die geistige Bewegung auf den Körper einwirke und dort eine Art sinnlichen Vergnügens evoziere – ein Vorgang, der durch den »influxus physicus« erklärt werden kann, d.h. eine physische Wechselwirkung zwischen Soma und Psyche. Diese Theorie wird in Deutschland etwa von Ernst Platner vertreten.[145] Kant, um ein letztes Beispiel zu nennen, unterscheidet sowohl die Lust am Schönen wie am Erhabenen von der bloß sinnlichen »Lust des Genusses« am Angenehmen: Ist aber die Lust am Schönen eine »der bloßen Reflexion« des Verstandes, so wird die Lust am Erhabenen auf Ideen der Vernunft bezogen und daher als »Lust der vernünftelnden Kontemplation« bezeichnet.[146] Im Gegensatz zur Lust am Angenehmen müsse man »das Gemüt schon mit mancherlei Ideen angefüllt haben«, um das Fürchterliche erhaben zu finden, denn dies bedeutet, daß »das Gemüt die Sinnlichkeit zu verlassen und sich mit Ideen, die höhere Zweckmäßigkeit enthalten, zu beschäftigen angereizt wird«;[147] auf diesen Gedanken wird noch zurückzukommen sein.

Auch wenn keinesfalls ausgeschlossen werden soll, daß sich das Gefühl des Erhabenen in der Konfrontation mit dem Großen und Gewaltigen auch ›spontan‹ und ›unmittelbar‹ einstellt – Burkes These –, so macht doch der in den Beispielen zutage getretene reflexive bzw. geistige oder vernünftige Charakter der Lust deutlich, daß sie eher aus der Reflexion über den Gegenstand bzw. sein Verhältnis zum Subjekt als unmittelbar aus seinem Anblick entspringt; dies ist bei der bisherigen und künftigen Verwendung der Termini »Erhabenheitsgefühl« und »Naturgefühl« (in bezug aufs Erhabene) in dieser Arbeit zu berücksichtigen. Die Erhebung ist dann als bewußte Leistung des Subjekts anzusehen, das durch bestimmte Überlegungen den Schock seiner Nichtigkeit zu überwinden und sich neben dem Unermeßlichen und Bedrohlichen der Natur zu bewahren in der Lage ist.

Bis weit ins 18. Jahrhundert hinein kann das Vergnügen am unschönen Gewaltigen und Unermeßlichen in der Natur eine religiöse Komponente haben, oder anders gewendet: Neuen theologischen Entwürfen, und zwar durchaus heterogenen, gelingt es, den Schrecken vor der Natur aufzufangen und in eine religiöse Erhebung umzusetzen. In der Konsequenz des skizzierten Wandels der Religionsvorstellungen erfährt man in solcher Natur nicht mehr das Entsetzen vor dem unberechenbaren alttestamentlichen Rächer- und Richtergott; man erkennt jetzt vielmehr die Allmacht und Unendlichkeit eines Wesens, dessen Weisheit und Güte selbst in dem hervortritt, was zunächst bedrückend und bedrohlich erscheint.

Folgt man der von Ernest Tuveson vertretenen These, so ist im England des 17. Jahrhunderts der neue Blick auf das Große und Unermeßliche in der Natur durch die theologischen Raumkonzeptionen ermöglicht worden, die etwa von Henry More, Isaac Newton, John Locke und Samuel Clarke entwickelt wurden und sich bei Nikolaus Cusanus und Giordano Bruno vorbereitet finden. Vereinfacht gesagt, antworten diese Konzeptionen auf die kosmologische Revolution, indem sie die Unendlichkeit des physikalischen Universums mit der Allgegenwart Gottes identifizieren, und versuchen so, die neuen astronomischen Erkenntnisse mit der Theologie zu versöhnen.[148] Damit ist die Möglichkeit einer unmittelbaren Gotteserfahrung im Unendlichen der Natur begründet bzw., in der Folge, in allem, was unendlich erscheint.[149] Wahrnehmungspsychologisch wird man sich vorstellen dürfen, daß die Konditionierung des Blicks durch das Unermeßliche eine neue Wahrnehmung auch des Großen, also etwa des Gebirges, erlaubt.[150] Auf den genannten Vorstellungen basiert eine Passage aus Thomas Burnets 1681 lateinisch und 1684 in Englisch publiziertem Werk *The Sacred Theory of the Earth,* in dem sich zahlreiche Elemente der Erhabenheitserfahrung des 18. Jahrhunderts ankündigen:

»The greatest objects of Nature are, methinks, the most pleasing to behold; and next to the great Concave of the Heavens, and those boundless Regions where the Stars inhabit, there is nothing that I look upon with more pleasure than the wide Sea and the Mountains of the Earth. There is something august and stately in the Air of these things that inspires the mind with great thoughts and passions; we do naturally upon such occasions think of God and his greatness, and whatsoever hath but the shadow and appearence of INFINITE, as all things have that are too big for our comprehension, they fill and overbear the mind with their Excess, and cast it into a pleasing kind of stupor and admiration.«[151]

Weitere Beispiele für die Verwandlung des kosmischen Schreckens in religiöse Erhebung finden sich in den physikotheologischen Gedichten des Barthold Heinrich Brockes. Unter einem Motto aus Sir. XLIII, 1 – »Man siehet seine Herrlichkeit an der mächtigen grossen Höhe, an dem hellen Firmament, an dem schönen Himmel« – schildert das Gedicht *Das Firmament* das Gefühl von Schwindel, »Verzweiflung« und Selbstverlust am »Abgrund« des Raums, der auch in das Bild des »Boden = losen Meers« gekleidet wird. Doch ist diese Vernichtung »heilsam«, dieser »Verlust« ein »glückseliger«, erwächst aus ihnen doch der Wiedergewinn des Selbst in Gott, dessen Herrlichkeit sich in der Anschauung des Firmaments offenbart. Dieser Umkehrungsprozeß kulminiert in einem Ausruf, in dem sich Anklänge an die skizzierte englische Raumkonzeption vernehmen lassen: »Allgegenwärt'ger Gott, in Dir fand ich mich wieder«. In dieser Formulierung wird deutlich, und das ist schon hier festzuhalten, daß am Höhepunkt des Erlebnisses nicht allein Gottes-, sondern ebensowohl Selbsterfahrung steht: Der Sprecher erhält in Gott *sich selbst* zurück.[152] In einem anderen Gedicht, *Die Bewegung der Sternen* überschrieben, führt deren Anblick zu der Schlußfolgerung: »O GOTT! wo ist von Deiner Macht / Im gantzen Reiche der Natur / Ein mehr beweisender Beweis? was zeigt die Pracht / Und Deine Majestät doch herrlicher?«[153] – Den Schluß von der Größe des Kosmos auf die Macht seines Schöpfers zieht unter eher deistischem Vorzeichen auch der Verfasser des Artikels »Welt« in Zedlers Universallexikon:

»An der Erkänntniß der Grösse des Welt = Gebäudes ist gar viel gelegen; Indem wir daraus die Allmacht GOttes erkennen müssen. Diese läst sich einiger massen erstlich aus der entsetzlichen Grösse der Welt = Cörper abnehmen [...]«,[154]

sodann auch aus dem »ungeheuren Raume, welchen die Welt = Cörper durchlauffen«.[155] In dieser Reflexion auf den Weltenbaumeister scheint der kosmische Schrecken, der sich in den zitierten wie auch in anderen Formulierungen des Artikels andeutet, in Erbauung überführt werden zu können. Denn dem Leser und prospektiven Beschauer des Universums gibt der Artikel, nachdem er ihn durch alle Abgründe des Alls geführt hat, zu verstehen, daß in »diese[r] Beschaffenheit der Welt« nicht allein »des Schöpfers Allmacht«, sondern auch seine »Weisheit und Gütigkeit auf das deutlichste zu erkennen« seien.[156]

Theologische Deutungen nach diesen Mustern – man begegnet ihnen auch bei Bodmer, der sich hierin auf Addison beruft, und noch am Ende des Jahrhunderts bei Leonhard Meister[157] – finden sich auch für den Bereich des Dynamisch-Erhabenen. Johann Georg Sulzer und Carl Grosse beispielsweise werden vom Anblick der tobenden Naturgewalt auf den Gedanken an die Allmacht Gottes geführt.[158] Gleichwohl spielt die religiöse Deutung hier wie allgemein in der Erhabenheitsdiskussion nur noch eine periphere Rolle; selbst bei Sulzer und Grosse, wo sie im Gegensatz zu den weitaus meisten anderen Theoretikern immerhin überhaupt noch auftaucht, wird der Vorgang der »Erhebung« primär mit anderen Instrumentarien analysiert.[159]

Bedeutsamer als die religiöse Erhebung ist in den Theorien des Erhabenen eine Lust, die sich an den Qualitäten des angeschauten Objekts als solchen entzündet. Schon für sich genommen, erregen die Kraft und Größe des Objekts, seine »wilde Pracht«[160] und das an ihm, »was die gewöhnlichen Begriffe übersteiget«,[161] die angenehmen Gefühle der »Hochachtung«[162] oder »Bewunderung«,[163] die die anfängliche Unlust ablösen oder sich mit ihr mischen. Man kann sich diesen Vorgang so vorstellen, daß mit dem Bewußtsein der eigenen Sicherheit ein Perspektivenwechsel eintreten kann: Der Blick richtet sich nun, wie Heinrich Zschokke bezüglich des »Schrecklich = Erhabene[n]« schreibt, nicht auf das Bedrohliche des Ereignisses, sondern auf das Ausmaß seiner Kraft, das, schaltet man den Gedanken an seine potentielle Gefährlichkeit einmal aus, als solches angenehm zu betrachten ist.

»Wendet sich im Gegentheil der Blick nicht sowohl auf das für uns *Furchtbare* der Macht, als vielmehr auf die *Quantität* derselben allein, welche übertrifft die Macht und Kunst jedes Menschen, so hat das Erhabne mehr *Angenehmes,* und erzeugt in uns Bewunderung, Erstaunen, indem wir mit der Wahrnehmung dieser Kraft keine unsrer vorherigen Erfahrungen verknüpfen können.«[164]

141

Das Subjekt kann so den Blick zwischen der abstrakten Quantität und ihrer furchtbaren Potenz, der es sich unterworfen imaginiert, hin und her pendeln lassen, wodurch angenehme und bange Gefühle, in sukzessiver Folge oder in gleichzeitigem Nebeneinander erweckt werden. – Übrigens wird auch die »Bewunderung« oft ausdrücklich als eine Form reflexiver, nicht unmittelbarer Lust charakterisiert und von dem unreflektierten Staunen abgegrenzt;[165] auch bei Zschokke, der Bewunderung und Erstaunen nicht weiter differenziert, kommt die Reflexion durch das Moment des Vergleichs von gegenwärtiger und früherer Erfahrung ins Spiel.

Insofern in den Gefühlen der Bewunderung und der Hochachtung das Objekt selbst genossen wird, kann man das Gefühl des Erhabenen durchaus als eine Variante des neuen ›*Natur*gefühls‹ bezeichnen, in dem strengen Sinn, daß es sich auf die Natur selbst richtet bzw. von ihr ausgeht. Man wird sich allerdings hüten müssen, diesen Aspekt überzubetonen. Denn ihm fällt in den Analysen der »Erhebung« innerhalb der Diskurse des 18. Jahrhunderts eine nur untergeordnete Rolle zu gegenüber der lustvollen Selbsterfahrung des Subjekts; auf deren Bedeutung hat, allerdings ohne sie weiter zu entfalten, erstmals Karl Richter in seiner Arbeit über *Literatur und Naturwissenschaft* hingewiesen.[166]

Es lassen sich im 18. Jahrhundert zwei Grundmuster für die Bestimmung der Selbsterfahrung des Subjekts angesichts von Naturobjekten unterscheiden. Während das eine, chronologisch frühere, auf der Vorstellung einer Selbststeigerung durch Annäherung an das überlegene Objekt basiert, geht das andere, für das die Namen Kant und Schiller stehen, von der Bewußtwerdung der essentiellen menschlichen Freiheit von allem Naturzwang aus. Ich beginne mit dem ersten.

Konfrontiert mit der unermeßlichen Ausdehnung oder der enormen Kraft eines Naturphänomens, die seine Fassungskraft zunächst überfordern, muß das Subjekt, will es nicht vor dem Gegenstand erliegen und in Niedergeschlagenheit versinken, alle Kräfte seiner »Seele« mobilisieren und anspannen. Welche Kräfte konkret gemeint sind, läßt sich den Erhabenheitsschriften nur in einzelnen Fällen entnehmen: Curtius etwa spricht von der »Denkungskraft«, also dem Verstand, Sulzer von der »Vorstellungskraft« und der »Kraft zu empfinden« bzw. von »Phantasie«, »Verstand« und »Herz« und Grosse von einem gemeinsamen Wirken von »Einbildungskraft« und »Verstand«.[167] In der Mehrheit der Fälle aber wird allgemein von der »Seele« gesprochen, die sich für unsere Zwecke pauschal als die Gesamtheit von Erkenntniskräften, Gefühl und Willen wird begreifen lassen.[168] Das Subjekt muß also bei dem Versuch, das Objekt aufzufassen, alle »Seelenkräfte« ausdehnen und erweitern, ungenutzte Potenzen ausschöpfen und ihre Energie sammeln und steigern. Auf diese Weise gelingt es ihm, die Erscheinung entweder ganz oder doch in viel höherem Grade, als es anfänglich für möglich hielt, aufzunehmen. Es schiebt seine Grenzen in bisher ungeahnter Weise hinaus und nähert sich so dem zunächst als unfaßbar angesehenen Objekt. Indem sich das Subjekt derart über seinen Normalstatus erhebt, wird es sich seiner »Seelenkräfte« bewußt und empfindet Stolz auf sie. Die anfängliche Unlust wird damit nicht lediglich reduziert oder überwunden, sondern durch eine Lust ersetzt bzw. mit ihr vermischt, die aus Bewußtsein und Gefühl der erhöhten Wirksamkeit, der Erweiterung und Erhebung resultiert.

Wenn in diesem Zusammenhang auch der Verstand unter den betroffenen Vermögen genannt wird, so muß das Mißverständnis ausgeschlossen werden, es gehe dabei um eine Form wissenschaftlicher Erkenntnis. Die Anschauung des Erhabenen, die auf das Ganze des Objekts als Einheit geht und als eine ästhetische zu bezeichnen ist, unterscheidet sich, wie schon erwähnt, grundsätzlich vom analysierenden und parzellierenden wissenschaftlichen Blick. Beide richten sich zwar auf dieselbe Natur, doch handelt es sich um verschiedene Weisen der Zuwendung und damit der Wahrnehmung und Erfahrung. Die Beurteilung eines Gegenstandes als erhaben kann daher durchaus durch die wissenschaftliche Analyse zerstört werden, sofern diese durch Verengung des Blickwinkels und Selektion der Wahrnehmung den Eindruck des Großen und Gewaltigen vernichtet[169] – durch dasselbe Vorgehen also, durch das Verwirrung, Beunruhigung und Beängstigung abgebaut werden können. Umgekehrt ist dort, wo die »Erhebung« erst auf einem durch wissenschaftliche Aneignung des Objekts bewirkten Sicherheitsgefühl möglich wird, für ihr Zustandekommen ein erneuter synthetisierender Zugriff auf das Ganze vorauszusetzen.

Zur Erläuterung und Präzisierung des hier idealtypisierend wiedergegebenen Prozesses der Erhebung können aus der Fülle tendenziell gleichartiger Theorien nur einige wenige herangezogen werden. – In seinen Ausführungen über »ästhetische Größe« schreibt Johann Georg Sulzer, daß dieser Begriff

»alsdenn entstehe, wenn wir unsre Vorstellungskraft oder unser Gefühl gleichsam erweitern müssen, um einen uns vorkommenden Gegenstand auf einmal zu fassen, oder zu empfinden. Man muß das Auge weiter öffnen um einen großen Gegenstand zu übersehen, und die Aerme weiter ausspannen um einen großen Körper zu umfassen. Etwas ähnliches geht in der Vorstellungskraft vor, wenn sie auf große ästhetische Gegenstände gerichtet ist; man empfindet dabei etwas, das man eine weitere Ausdehnung der Seelenkräfte nennen möchte.«[170]

Sulzer kommt so zu dem Schluß, daß das Große »eine Kraft hat, die Würksamkeit unsrer Seelenkräfte zu reizen und zu vermehren«; hierin liege sein Vorzug vor dem »Artigen und Niedlichen«. Denn da Sulzer den Menschen ganz im Sinne des bürgerlichen Leistungsethos nicht als ein »speculatives, sondern ein handelndes, würksames, Freyheit und Macht besitzendes Wesen« bestimmt, erscheinen ihm die »würkenden Kräfte der Seele, die, wodurch der Mensch zu einem thätigen Wesen wird«, als dessen »vornehmstes Gut«. Der Anblick des Großen, der, sei es in natura oder in der Kunst, auf dem Wege ihrer Herausforderung alle Seelenkräfte »unterhält und stärkt«, leistet daher »dem Geiste den Dienst, den der Körper von starken, männlichen Leibesübungen hat; wodurch er immer gesunder und stärker wird«, und ist somit anthropologisch zweck- und wertvoll.[171] In Sulzers Analyse klingt erstmals an, was später für Kant und Schiller die zentrale Bedeutung des Erhabenen ausmachen wird: daß in der Konfrontation mit ihm der Mensch auf seine Bestimmung geführt werde. Dieser Aspekt taucht auch in der schon mehrfach zitierten *Theorie der Gartenkunst* von Hirschfeld auf, der sich in vieler Hinsicht an Sulzer orientiert.

»Wie erquickend ist dagegen nicht der Anblick einer ganzen Landschaft, der Berge, Felsen, breiten Gewässer, Waldungen! Wie sehr erweitert sich nicht die ganze Seele, spannet alle ihre Kräfte an, arbeitet, um alles zu umfassen, wenn sich die Aussicht auf den Ocean vor uns eröffnet, oder wenn in einer hellen Winternacht die gränzenlose Schöpfung voll leuchtender Planeten und brennender Fixsterne sich unserm Auge zu entwickeln scheint! Die Liebe des Menschen zum Großen, die seine höhere Bestimmung anzukündigen scheint, wirkt so stark und sichtbar, daß an ihrer Wahrheit nicht mehr gezweifelt werden kann. [. . .] man erhebt sich von dem gewöhnlichen niedrigen Standort hinauf zu einer höhern Sphäre der Bilder und der Empfindung; man fühlt es, daß man nicht mehr der alltägliche Mensch, sondern ein Wesen von einer Kraft und Bestimmung ist, die weit über den Punkt, auf welchem wir stehen, hinausragt.«[172]

In der 1785 in Salzburg erschienenen *Aesthetik oder allgemeine Theorie der schönen Künste und Wissenschaften* des P. Gäng finden sich drei Argumente für die Lust am Großen und Erhabenen. Möglicherweise in Erinnerung an den in Leibniz' *Metaphysische[r] Abhandlung* von 1686 sowie bei Jean Baptiste Dubos ausgesprochenen Gedanken, daß *alle* Vorstellungstätigkeit lustvoll sei, einen Gedanken, den Mendelssohn in seiner *Rhapsodie* zur Basis seiner Theorie der vermischten Empfindungen macht, bemerkt Gäng, daß die Seele alles liebe, »was ihr Stoff zur Beschäftigung giebt«. Nun werde aber die Seele schon »bey dem blosen Anblick« des Großen und Erhabenen »von der Vorstellung desselben angefüllt«, und dies sei »der Grund, warum uns das Große vor dem Kleinen gefällt«.[173] Die beiden anderen Argumente:

»Die Sympathie, die uns bestimmt, daran [am Großen und Erhabenen] Antheil zu nehmen, versetzt uns oft in die Stelle desjenigen, das groß und erhaben ist: Daher und zugleich von dem Bewußtsein unsrer Seelenkräfte, die fähig sind Vorstellungen des Großen und Erhabnen zu fassen entsteht das Bewußtseyn unsrer eignen Größe, wodurch das Gefallen merklich zunimmt.«[174]

Lust geht hier nur mittelbar vom erhabenen Objekt selbst aus; primär wird sie bestimmt als die lustvolle Selbsterfahrung des Subjekts, die nicht nur dadurch entsteht, daß dieses sich der Größe seiner Seelenkräfte bewußt wird, sondern auch durch eine Art von Identifikation – Gäng sagt »Sympathie« – mit dem Größeren. Dasselbe Argument findet sich auch bei Edmund Burke, der in diesem Punkt über seine physiologische Erklärung der Lust am Erhabenen hinausgeht. Unter der Überschrift »Ehrgeiz« (»ambition«) schreibt er:

»Alles nun, was dazu angetan ist, einen Menschen mit gutem oder schlechtem Grund in seiner eignen Meinung emporzuheben, bringt bei ihm eine Art von innerem Gehobensein hervor, das für das menschliche Gemüt außerordentlich angenehm ist. Und dieses Gehobensein ist niemals besser wahrzunehmen und wirkt niemals mit mehr Stärke, als wenn wir ohne eigene Gefahr mit schreckenerregenden Objekten in Verbindung stehen; das Gemüt nimmt dann allemal einen Teil der Würde und der Wichtigkeit der Dinge, die es betrachtet, für sich selbst in Anspruch.«[175]

   Explizit oder implizit drücken alle angeführten Beispiele aus, daß es sich bei dem Gefühl des Großen und Erhabenen in der Natur in erster Linie um ein, wie es bei Johann Georg Zimmermann heißt, »erhöhtes Selbstgefühl« des Subjekts handelt.[176] Diese Auffassung scheint mehr als bloß ein theoretisches Konstrukt gewesen zu sein: Ob man nun annimmt, daß sie aus der Erfahrung gewonnen wurde oder daß diese mit ihrer Hilfe optimal interpretierbar schien, jedenfalls erweist sich ihre Gültigkeit auch für die ›Praxis‹ der Naturbetrachtung. Die Berichte der Reisenden schildern die Erfahrung des Erhabenen zwar mit geringerem theoretischen Anspruch, in der Sache aber weithin übereinstimmend mit den Theorien. Solche Übereinstimmung soll mit einem Brief belegt werden, den Goethe während seiner zweiten Schweizer Reise am 3. Oktober 1779 an Frau von Stein schreibt. Das »Erhabene«, das Goethe im Gebirge vor Augen hat, gebe »der Seele die schöne Ruhe, sie wird ganz dadurch ausgefüllt, fühlt sich so gros als sie seyn kann [. . .]« Etwas später heißt es dann: »wenn wir einen solchen Gegenstand zum erstenmal erblicken, so weitet sich die ungewohnte Seele erst aus und es macht dies ein schmerzlich Vergnügen, eine Überfülle die die Seele bewegt und uns wollüstige Thränen ablockt [. . .]« Auf diese Weise werde »die Seele in sich grösser« und gewinne »an innrem Wachsthum«.[177]

Die Unterscheidung eines selbstbezüglichen Gefühls von einem unmittelbar vom Objekt hervorgerufenen wie etwa der Bewunderung ist nicht lediglich ein heuristisches Instrument, das dem heutigen Leser die Orientierung erleichtert, in aller Klarheit ist sie bereits von den Theoretikern des 18. Jahrhunderts getroffen worden. Ich zitiere noch einmal Carl Grosse, der zu den Autoren gehört, die das Große als das noch Faßbare vom schon unerreichbaren Erhabenen abtrennen und beiden unterschiedliche Empfindungen zuordnen.[178] Können wir, so heißt es bei Grosse, den Gegenstand »umfassen [. . .], und hätt' es uns auch eine noch so große Anstrengung gekostet«, so erhalten wir das »Selbstgefühl der Größe«, geraten in einen »Rausch, in den mich das Anschauen meiner Kräfte versenkt«. Das Erhabene hingegen, das wir nicht gänzlich erfassen können, erregt »das stärkere Gefühl der überwiegenden Kraft meines zu berührenden Gegenstandes«, das Grosse auch als »Bewunderung« klassifiziert.[179] Damit wird die Trennung von selbst- und objektbezogenem Gefühl explizit vorgenommen.[180] Was die scheinbar eindeutige Koppelung des Selbstgefühls an die Größe betrifft, so muß hier allerdings noch weiter differenziert werden. Selbsterfahrung nämlich mischt sich ebensowohl in das Gefühl des Erhabenen, und zwar zunächst als »Gefühl meiner Schwäche und vergeblichen Anstrengung«, dann aber auch als Bewußtsein der eigenen Wirksamkeit und Dignität. Denn auch das Erhabene ist nicht »ganz außer dem Wirkungskreis unsrer Begriffe und Leidenschaften befindlich«; es muß »unsere Kräfte auffordern, sich mit ihm zu messen«, und eine solche Kraftprobe ist nur dort möglich, wo »einige Gleichheit selbst in weiterer, wenn auch nur empfundener, Annäherung« existiert. Diese erst »gibt der Seele das Bewußtseyn inneren Vermögens, dessen sie zum Versuch eines Fluges zur höchsten Spannung [. . .] bedarf«.[181] Daß, unter der Bedingung der Sicherheit, selbst unermeßlich ausgedehnten bzw. starken und bedrohlichen Naturobjekten gegenüber der Anspruch einer Art von »Gleichheit« erhoben wird, gehört zu den Spezifika der neuen Naturerfahrung im 18. Jahrhundert. Angesichts dieser Gegenstände aktiviert sich das Subjekt zur »höchsten Anstrengung«: »Verstand und Phantasie sammeln dann in schöner Eintracht [. . .] die Summe ihrer Früchte zusammen [. . .], alle Kräfte werden aufgeboten, sich zu entfalten«. Zwangsläufig bleiben diese Anregung und Aktivierung bedroht; leicht können sie, da ja die völlige Erfassung des Gegenstandes nicht möglich ist, in erneute Gefühle von Unzulänglichkeit, Unterlegenheit und »Bangigkeit« umschlagen. Doch ist dies nicht entscheidend; entscheidend ist, daß die Seele sich am erhabenen Objekt gleichsam in die Höhe zieht, sich ihm deutlich annähert und sich in diesem Prozeß »stufenweis« in einen höheren Zustand »erhebt«.[182] Auch wenn sie nicht die Höhe des Objekts erreicht, gelangt sie so auf einen »Ruhepunkt des Selbstgefühls, das nur unsre angewandten Kräfte mißt, sich in sich selbst spiegelt, aus sich selbst die freudigste Glückseligkeit schöpft«.[183] Mit Blick auf »den ganzen Umfang ihres angewandten Vermögens« genießt sie nun dieselbe Empfindung, »welche das nach anhaltender Anstrengung begriffene Große gewährt«.[184] Daß es sich bei dieser sowie der mit ihr verschwisterten »Begeisterung«[185] um den selbstverliebten »Rausch, in den mich das Anschauen meiner Kräfte versenkt«, handelt, kann gar nicht nachdrücklich genug betont werden. Der Gegenstand ist, trotz Bewunderung für ihn, diesem Bewußtsein nur der dialektisch notwendige Widerpart, dessen es zur Entwicklung des vom Willen zur schrankenlosen Selbsterhöhung beseelten Selbst bedarf; Natur ist ihm in erster Linie das, wogegen die eigenen Kräfte aufzubieten sind, worin es seine eigene Grandiosität bespiegelt. Die Bewunderung, die dem Objekt gezollt wird, wird nur aufgeboten, damit sie aufs Subjekt zurückfallen kann. In diesem Sinne ist zu interpretieren, wenn Grosse sagt:

»Um aber seine Kräfte zu spannen, und in seiner Spannung sogar noch sich erhoben zu fühlen, muß der Geist nur seinen Gegenstand wahrnehmen, in ihm allein sich seiner bewußt werden.«[186]

Folgt man den Autoren, die das hier skizzierte Muster der Bestimmung der Erhebung vertreten, so stellt sich in der ästhetischen Anschauung die Illusion einer annähernden Ebenbürtigkeit des Subjekts mit dem erhabenen Naturobjekt ein. Das Fortschreiten der Naturbeherrschung hat die Möglichkeit geschaffen, das ehemals allein Fürchterliche aus der Position aktueller Sicherheit wahrzunehmen, und damit Naturfurcht suspendiert. Damit kann das Objekt in einem neuen Licht erscheinen: Zurück bleibt der Anblick seiner puren Kraft und Größe. Da aber diese – Inbegriff der übermächtigen Naturgewalt – dem Subjekt weiterhin seine Unzulänglichkeit, Schwäche und Kleinheit bewußtmachen, läßt sich der Vorgang ihrer Ummünzung in Gegenstände der Lust als ein Modus der Bewältigung, der grenzenlosen, den Zweck physischer Selbsterhaltung überschreitenden Selbstbehauptung des Subjekts gegenüber der Natur interpretieren. Angesichts ihrer wendet das Subjekt, das selbst das von realen Gefahren unabhängige bloße Gefühl der Unterlegenheit unter der Natur nicht mehr tolerieren mag, den Blick auf seine eigenen Qualitäten, seine Kraft, seine Größe. Doch ist das darin erzielte ästhetische Gleichgewicht zwischen Mensch und Natur, da es jenseits der objektiven Grenze ihrer Beherrschbarkeit besteht, die es subjektiv erweitern will, labil. Furcht und Unlust sind im Gefühl des Erhabenen nicht eigentlich eliminiert, sie sind in ihm im Hegelschen Sinne »aufgehoben«.

Mit Kants *Kritik der Urteilskraft* tritt 1790 das zweite der beiden Grundmuster der Bestimmung des Erhabenheitsgefühls als Selbstgefühl auf den Plan, das von Friedrich Schiller, insbesondere in seinen Aufsätzen *Vom Erhabenen* (1793) und *Ueber das Erhabene* (1794/5, ed. 1801), aufgegriffen und weiterentwickelt wird.[187] Kants »Analytik des Erhabenen« kann hier nicht in all ihrer Komplexität behandelt werden; einige Grundlinien mögen genügen.

Im Gefühl des Erhabenen erfahren wir, so Kant, gerade durch die Unterlegenheit unserer sinnlichen Vermögen, »daß wir reine selbständige Vernunft haben«,[188] kraft deren wir uns von der Natur unabhängig, ja ihr überlegen wissen. Wir verspüren hier eine »Lust«, die »nur vermittelst einer Unlust möglich ist« (B 101). Wie vollzieht sich dies nun im Bereich des Mathematisch-Erhabenen? – Bereits mit seiner Definition des Erhabenen unternimmt Kant eine Abkehr von der das 18. Jahrhundert durchziehenden Tendenz, Erhabenheit als Eigenschaft von Objekten auszuweisen. Für Kant nämlich ist »erhaben« das, was »schlechthin« oder »über alle Vergleichung groß« ist (B 80) und somit »keinen ihm angemessenen Maßstab außer ihm, sondern bloß in ihm« hat (B 84). Für Gegenstände der Natur, die immer bloß komparativ groß sind, kann dies nicht gelten, und so folgt, daß das Erhabene »nicht in den Dingen der Natur, sondern allein in unsern Ideen zu suchen sei« (B 84). Von hier aus kommt Kant zu einer weiteren Bestimmung des Begriffs: »Erhaben ist, was auch nur denken zu können ein Vermögen des Gemüts beweiset, das jeden Maßstab der Sinne übertrifft« (B 85). Wenn dennoch Gegenstände der Sinne als erhaben bezeichnet werden, so bloß insofern ihre Beurteilung das Gefühl des Erhabenen veranlaßt (B 95). Dies geschieht dadurch, daß angesichts ihrer Größe die Fähigkeit der synthetisierenden Einbildungskraft – als eines Vermögens der Sinnlichkeit – zur ästhetischen Größenschätzung des Objekts überschritten wird, d.h. daß eine Zusammenfassung der Schritt für Schritt aufgefaßten, und ad infinitum auffaßbaren, Teile des Objekts in *eine* Anschauung nicht mehr möglich ist. Hierin aber kollidiert die Einbildungskraft mit der Forderung der Vernunft nach »Totalität«, einer Forderung, die für uns im erkenntnistheoretischen Sinne »Gesetz ist« (B 96). Gerade durch diese Unangemessenheit der Einbildungskraft bezüglich der Ideen der Vernunft wird so das »Gefühl eines übersinnlichen Vermögens in uns« erweckt (B 85), das im Gegensatz zu ersterer lustvoll ist. Der angeschaute Gegenstand macht uns auf diese Weise »die Überlegenheit der Vernunftbestimmung unserer Erkenntnisvermögen über das größte Vermögen der Sinnlichkeit gleichsam anschaulich« (B 97). Die »Achtung«, die wir in diesem Vorgang empfinden, beziehen wir nur durch eine »Subreption«, eine Verwechselung, auf das Objekt, in Wahrheit ist sie eine »Achtung für unsere eigene Bestimmung«, für »die Idee der Menschheit in unserem Subjekte« (ebd.), die allein auf die Bezeichnung des Erhabenen Anspruch hat. Verglichen mit Ideen der Vernunft nämlich ist jeder Naturgegenstand klein, ja »verschwindend« (B 96f., vgl. B 84f.), und hierin gründet unsere »Überlegenheit über die Natur selbst in ihrer Unermeßlichkeit« (B 104). Mit einer für das späte 18. Jahrhundert seltenen Kraßheit spricht Kant somit allen Gegenständen der Sinne die Eigenschaft der Erhabenheit ab:

»Wer wollte auch ungestalte Gebirgsmassen, in wilder Unordnung über einander getürmt, mit ihren Eispyramiden, oder die düstere tobende See, u.s.w. erhaben nennen?« (B 95)

Solche Naturphänomene können an sich keinen Gegenstand ästhetischen Wohlgefallens abgeben, der Anblick des stürmischen Ozeans gar, der zum Bereich des Dynamisch-Erhabenen gehört, ist »gräßlich« (B 77). Sie bedingen das Gefühl des Erhabenen jedoch insofern, als sie »zur Darstellung einer Erhabenheit tauglich« sind, die allein in der Vernunft liegt (B 76).

Wie schon im ersten der beiden Grundmuster der »Erhebung« ist hinter Kants Argumentation das Bedürfnis nach Verarbeitung und Bewältigung der Lage sichtbar, die durch die im Sinne Blumenbergs ›metaphorisch‹ gedeutete kosmologische Revolution entstanden ist und die als primum movens der Überlegungen kaum geleugnet werden kann:[189] Der Blick in das den physischen Menschen erniedrigende und quasi vernichtende Unermeßliche, für das auch Kant noch die alte Metapher vom »Abgrund, worin [die Einbildungskraft] sich selbst zu verlieren fürchtet«, verwendet (B 98), wird mit Sinn besetzt, da er zur Voraussetzung einer Selbsterfahrung angeblich viel essentiellerer Art wird, durch die sich der Mensch der Erniedrigung entzieht. In dieser Selbstreflexion, die als Selbstbewußtwerdung deklariert wird, gelingt es dem Menschen, sich in einer prekären historischen Situation zu behaupten, in der er sich vor die Notwendigkeit einer Neuformulierung seines Standorts gestellt sieht. Auf diese Funktion ist in der bisherigen Forschung mit Bezug auf Kant verschiedentlich aufmerksam gemacht worden.[190] Der von Kant beschriebene Modus der Selbstbehauptung ist deutlich von dem des ersten hier behandelten Erhebungsmusters unterschieden; gleichwohl ist er strukturell nicht gänzlich neuartig, sondern läßt sich als Säkularisierung einer religiösen Denkbewegung ansehen, wie sie sich etwa bei Klopstock findet. In der Ode *Dem Allgegenwärtigen* von 1758 beruhigt sich das sprechende Ich im Bewußtsein, daß seine Seele, die Gott fühlen und denken kann, von all den Welten des Universums, gegen die sein Körper ein Nichts ist, qualitativ weit verschieden sei:

»Hier steh ich Erde! was ist mein Leib,
Gegen diese selbst den Engeln unzählbare Welten,
Was sind diese selbst den Engeln unzählbare Welten,
Gegen meine Seele!

Ihr, der unsterblichen, ihr, der erlösten
bist du [Gott] näher, als den Welten!
Denn sie denken, sie fühlen
Deine Gegenwart nicht.«[191]

Wird das Gefühl des Mathematisch-Erhabenen von Kant durch seine Beziehung auf das »Erkenntnisvermögen« im Sinne der theoretischen Vernunft bestimmt, so das des Dynamisch-Erhabenen durch seine Beziehung auf das »Begehrungsvermögen«, d.h. die Postulate der praktischen Vernunft (B 80, vgl. B 115). Kants Konstruktion ist in beiden Bereichen in etwa analog, und *darin* stimmt er mit dem ersten Deutungsmuster des Erhabenen überein. Naturgegenstände, die das Gefühl des Dynamisch-Erhabenen hervorrufen, sind furchtbar, weil sie den Menschen als sinnliches Wesen mit Vernichtung bedrohen; die Furcht, die er ihnen gegenüber empfindet, ist quasi der Beweis ihrer Macht und seiner Unterlegenheit. Unter der Voraussetzung seiner Sicherheit aber, die die Furcht nimmt und Freiheit des Urteilens gibt, entdecken wir gerade bei der Vorstellung eines aussichtslosen Kampfs mit der Naturgewalt »ein Vermögen zu widerstehen von ganz anderer Art in uns [...], welches uns Mut macht, uns mit der scheinbaren Allgewalt der Natur messen zu können« (B 104). Die Vorstellung der physischen Unterlegenheit in Verbindung mit der Furchtfreiheit voraussetzenden Fähigkeit des Urteilens ist notwendig, um zu erfahren, daß die »Allgewalt der Natur« eine nur »scheinbare« ist, ist ihr doch allein der Mensch als physisches Wesen unterworfen: Wir werden aufmerksam auf eine Instanz, die die Freiheit von aller äußeren Gewalt begründet. Die »Unwiderstehlichkeit« der Macht der Natur gibt

»uns, als Naturwesen betrachtet, zwar unsere physische Ohnmacht zu erkennen, aber entdeckt zugleich ein Vermögen, uns als von ihr unabhängig zu beurteilen, und eine Überlegenheit über die Natur, worauf sich eine Selbsterhaltung von ganz andrer Art gründet, als diejenige ist, die von der Natur außer uns angefochten und in Gefahr gebracht werden kann, wobei die Menschheit in unserer Person unerniedrigt bleibt, obgleich der Mensch

150

jener Gewalt unterliegen müßte. Auf solche Weise wird die Natur in unserm ästhetischen Urteile [...] als erhaben beurteilt, [...] weil sie unsere Kraft (die nicht Natur ist) in uns aufruft, um das, wofür wir besorgt sind (Güter, Gesundheit und Leben), als klein, und daher ihre Macht (der wir in Ansehung dieser Stücke allerdings unterworfen sind) für uns und unsere Persönlichkeit demungeachtet doch für keine solche Gewalt an[zu]sehen, unter die wir uns zu beugen hätten, wenn es auf unsre höchste Grundsätze und deren Behauptung oder Verlassung ankäme.« (B 104f.)

Auf diese Weise mache die furchtbare Natur dem »Gemüt die eigene Erhabenheit seiner Bestimmung, selbst über die Natur« »fühlbar« (ebd.). Als Wesen, das durch seine moralischen »Grundsätze« – also den kategorischen Imperativ – bestimmt ist, weiß sich der Mensch prinzipiell frei von der Gewalt der Natur.

Die Problematik von Gewalt, praktischer Bestimmung und Erhabenheit wird von Friedrich Schiller ausführlicher entfaltet.[192] In seinem (zweiten) Aufsatz *Ueber das Erhabene* geht Schiller von dem unhintergehbaren Konflikt von Freiheit und Natur aus. In der Bestimmung des Menschen als »das Wesen, welches will«, ist der »Anspruch auf absolute Befreiung von allem, was Gewalt ist«, impliziert, denn Gewalt hebt die Freiheit des Willens und damit »den ganzen Begriff des Menschen« auf.[193] Nun kann sich aber der Mensch allein durch die »physische Kultur« der Naturbeherrschung, die Ausbildung des Verstandes und der »sinnlichen Kräfte«, nicht endgültig von aller Gewalt befreien:

»[...] die Kräfte der Natur lassen sich nur bis auf einen gewissen Punkt beherrschen oder abwehren; über diesen Punkt hinaus entziehen sie sich der Macht des Menschen und unterwerfen ihn der ihrigen.« (39)

Wie weit Naturbeherrschung auch immer fortschreiten mag, den Tod kann sie nicht bezwingen. Wäre er auch das »einzige Schreckliche«, das der Mensch »nur muß und nicht will«, so wäre er hinreichend, die Selbstwerdung des Menschen zu vereiteln, denn dessen »gerühmte Freyheit ist absolut Nichts, wenn er auch nur in einem einzigen Punkt gebunden ist«.[194] Einen Ausweg bietet hier allein die »moralische Kultur«, mit deren Hilfe es gelingen soll, die Freiheit gegen den Tod zu behaupten. Dies ist nur dadurch möglich, daß der Mensch »eine Gewalt, die er der That nach erleiden muß, *dem Begriff nach zu vernichten*« trachtet, was konkret heißt, daß er »sich derselben freiwillig unterwerfen« muß. Die bedrohliche Macht verliert ihren Charakter der Gewalt dadurch, daß alles, was sie dem Menschen antut, »seine eigene Handlung« und er so »einstimmig« mit der »Natur als Macht« wird (39). Schillers Konzeption von Freiheit, die er selbst mit dem vergleicht, was »die Moral unter dem Begriff der Resignation in die Nothwendigkeit und die Religion unter dem Begriff der Ergebung in den göttlichen Rathschluß lehret« (39f.), basiert, und darin unterscheidet sie sich von der stoischen Ataraxie, auf einer strikten Trennung des Menschen als physisches vom Menschen als moralisches Wesen, das sich keiner Naturbedingung unterworfen weiß. Einstimmigkeit mit der Natur als Macht ist nur um den Preis zu erzielen, daß dem Sinnenwesen Mensch keinerlei Einfluß auf die Entscheidungen der moralischen Person eingeräumt wird, ja daß das Interesse der Sinnlichkeit als nicht zum allein vernünftig-moralisch bestimmten menschlichen Selbst gehörig negiert wird. In Situationen, in denen es nicht möglich ist, sich physisch zu schützen, gebe es »kein andres Mittel, der Macht der Natur zu widerstehen, als ihr zuvorzukommen und durch eine freie Aufhebung alles sinnlichen Interesse ehe noch eine physische Macht es thut, sich moralisch zu entleiben« (51). Obgleich radikal genug, wird diese Formulierung noch überboten von einer aus Schillers (erstem) Aufsatz *Vom Erhabenen;* hier heißt es:

»[...] es muß uns völlig gleichgültig seyn, wie wir als Sinnenwesen dabey fahren, und bloß darinn muß unsre Freyheit bestehen, daß wir unsern physischen Zustand, der durch die Natur bestimmt werden kann, gar nicht zu unserm Selbst rechnen, sondern als etwas auswärtiges und fremdes betrachten, was auf unsre moralische Person keinen Einfluß hat.«[195]

Wo die äußere Natur unbeherrschbar ist, ist Freiheit von ihrer Gewalt nur möglich durch die Freiheit von der inneren Natur. Deren absolute Beherrschung impliziert die Möglichkeit, der äußeren Natur auch jenseits der Grenzen ihrer Domestizierbarkeit, die selbst schon ein hohes Maß an Selbstdistanz und Selbstbeherrschung der Subjekte voraussetzt, überlegen zu sein. Die Unterwerfung von Triebsphäre und Sinnlichkeit ist somit die Bedingung der Freiheit. In dieser Hinsicht steht Schiller ganz in der Tradition der bürgerlichen Aufklärung.

Die in den zitierten Sätzen entworfene Haltung wäre für Schiller ein Ergebnis der »moralischen Kultur«, die es allererst zu realisieren gilt. Ein Weg zu ihr führt über die Entwicklung der in der menschlichen Natur liegenden »aesthetische[n] Tendenz«, die »durch gewisse sinnliche Gegenstände geweckt, und durch Läuterung seiner [des Menschen] Gefühle zu diesem idealistischen Schwung des Gemüths kultivirt werden kann« (40). An diesem Punkt zeigt sich die Bedeutung des Erhabenen, das für Schiller somit im Umkreis seiner Konzeption der »ästhetische[n] Erziehung« des Menschen (52) interessant ist.[196] Das Gefühl des Erhabenen ist für die »moralische Kultur« insofern von höchster Wichtigkeit, als der Mensch in ihm sein Doppelwesen bzw. die Unabhängigkeit seiner Moralität von allen sinnlichen Bedingungen erfährt.[197] Schiller geht bei seiner Analyse von dem empirischen Befund aus, daß das Gefühl des Erhabenen aus »Wehseyn« und »Frohseyn« zusammengesetzt sei. In der Unmittelbarkeit des Gefühls gehe hier dem Menschen auf, daß er »in zwey verschiedenen Verhältnissen zu dem Gegenstand« stehe, die auf »zwey entgegengesetzte Naturen in uns« verweisen. Nur dadurch, daß eine von diesen sich unabhängig fühlt von allen sinnlichen Einflüssen, werde erklärlich, daß wir auf Gegenstände, die uns das »peinliche Gefühl unserer Grenzen« geben, zugleich mit Lust reagieren.

»Würden wir wohl an die Allgewalt der Naturkräfte gern erinnert seyn wollen, wenn wir nicht noch etwas anders im Rückhalt hätten, als was ihnen zum Raube werden kann?« (42f.)

So habe »die Natur sogar ein sinnliches Mittel angewendet, uns zu lehren, daß wir mehr als bloß sinnlich sind« (43).

Auch bei der Deutung der beiden Formen des Erhabenen folgt Schiller weitgehend der *Kritik der Urteilskraft*. Angesichts der »unfaßbare[n] Natur« stoße der Mensch zwar schmerzhaft an die »Schranken seiner Vorstellungskraft«, empfinde aber dadurch zugleich lustvoll die »Ueberlegenheit seiner Ideen über das Höchste, was die Sinnlichkeit leisten kann«.[198] Der »verderbende[n] Natur« gegenüber sind wir physisch ohnmächtig, unsere »Lebenskraft« unterliegt, wodurch wir jedoch gewahr werden, daß wir »ein selbstständiges Prinzipium« (42), den von den Grundsätzen der praktischen Vernunft regierten reinen Willen, in uns haben, das von aller physischen Macht unberührbar und vom Interesse der Sinnlichkeit frei ist: »Der physische und der moralische Mensch werden hier aufs schärfste von einander geschieden« (43), und so ist der Widerspruch von Vernunft und Sinnlichkeit konstitutiv für das Erhabene. Dort, wo der physische Mensch nicht unterlegen ist, kann auch nicht erfahren werden, daß der Wille unabhängig von ihm ist; erst da, wo die Sinnlichkeit vom Furchtbaren in Aufruhr gesetzt wird, können wir entdecken, daß wir gleichwohl »wollen können, was die Triebe verabscheuen, und verwerfen, was sie begehren« (43). Bezogen auf Schillers Ausgangsproblematik heißt das, daß uns im Gefühl des Erhabenen klar wird, daß wir unsere Freiheit als moralische Wesen auch gegen den Tod behaupten können, da wir kraft unseres Willens in der Lage sind, uns der bedrohlichen Macht freiwillig zu fügen, auch wenn diese unsere Physis zerstört. Das Gefühl des Erhabenen erweist sich so als zentrales Element der »moralischen Kultur«; in ihm ist diejenige Haltung punktuell realisiert, die als dauerhaft etablierte den Zielpunkt der »moralischen Kultur« darstellt.

Auch Schiller stellt freilich in seinem ersten Aufsatz das Zustandekommen des Erhabenheitsgefühls noch unter die traditionelle Bedingung der Sicherheit, und deren Notwendigkeit belegt hinreichend, daß es mit der »moralischen Kultur« noch nicht allzuweit her ist. Das Gefühl des Erhabenen ist nicht ihr Signum, sondern lediglich ihr ›Vor-Schein‹. Im gegenwärtigen Zustand behält bei Konfrontation mit der ungeschützt erlittenen Naturgewalt die Sinnlichkeit in Gestalt des Selbsterhaltungstriebs die Oberhand, und das ist ein Indiz für das grundsätzliche Verhaftetsein des Individuums in einer sinnlichen Existenzweise. Ausdruck der Betroffenheit des Triebes ist die Furcht, die als Affekt selbst der Sphäre der Sinnlichkeit zugehört. Mit ihrer Herrschaft ist es daher um die Vernunftbestimmung des Menschen geschehen, um die »innre Gemüthsfreyheit«, die für das Gefühl des Erhabenen grundlegend ist, da ja sie eigentlich das ist, was als das wahrhaft Erhabene empfunden wird. So muß im gegenwärtigen Zustand Furcht außer Kraft gesetzt werden, damit der Blick frei werden kann auf jene innere Instanz, deren Kultivierung die Macht der Sinne endgültig brechen soll. Die Gefahr, der das Subjekt sich durch die Einsicht in seine moralische Bestimmung gerade enthoben fühlt, darf daher zunächst keine aktuelle, sondern nur eine vorgestellte sein. Schon Kant weist auf diesen Widerspruch hin, betont aber, daß sich aus ihm kein Argument gegen Wert und »Wahrheit« des Erhabenheitsgefühls machen lasse. Unsere »Selbstschätzung« als vernunftbestimmte Wesen nämlich

»verliert dadurch nichts, daß wir uns sicher sehen müssen, um dieses begeisternde Wohlgefallen zu empfinden; mithin, weil es mit der Gefahr nicht Ernst ist, es auch (wie es scheinen möchte) mit der Erhabenheit unseres Geistesvermögens eben so wenig Ernst sein möchte. Denn das Wohlgefallen betrifft hier nur die sich in solchem Falle entdeckende *Bestimmung* unseres Vermögens, so wie die Anlage zu demselben in unserer Natur ist; indessen daß die Entwickelung und Übung desselben uns überlassen und obliegend bleibt. Und hierin ist Wahrheit; so sehr sich auch der Mensch, wenn er seine Reflexion bis dahin erstreckt, seiner gegenwärtigen wirklichen Ohnmacht bewußt sein mag.«[199]

Die Bedeutung des Erhabenheitsgefühls besteht darin, und hieran soll der Sicherheitsvorbehalt nicht das geringste ändern, daß das Subjekt sich seiner Bestimmung allererst bewußt wird, auch wenn es diese noch nicht realisieren kann.

In seinem zweiten Aufsatz wählt Schiller für die Forderung nach Sicherheit eine Formulierung, die noch die Errungenschaften der vollendeten »moralischen Kultur« in sich begreift: Der Anblick der furchtbaren Natur evoziere das Gefühl des Erhabenen, »solange wir nehmlich bloß freye Betrachter derselben bleiben« (50). In dieser verallgemeinern'den Aussage sind Unterscheidungen aufgehoben, die der erste Aufsatz noch ausdrücklich getroffen hatte. Dort nämlich wird das freie Beobachtertum möglich entweder durch »physische«, »moralische« oder »idealische Sicherheit«.

Die »physische Sicherheit«, unter der man sich etwa räumliche Distanz vorstellen muß,[200] wird von Schiller keineswegs in Abhängigkeit von der Beherrschung der Natur gesehen, ja von dieser indirekt abgegrenzt. Erhaben ist die Natur nur jenseits der Grenzen ihres faktischen Beherrschtseins, nicht jedoch dort, »wo der Mensch durch seinen erfinderischen Verstand die Natur auch da, wo sie ihm als Macht überlegen und zu seinem Untergange bewaffnet ist, gezwungen hat, ihm zu gehorchen und seinen Zwecken zu dienen«; in diesem Sinne darf »physische Sicherheit« nicht durch die Beherrschung der Natur erzielt werden. Dies liegt ganz in der Konsequenz von Schillers Erhabenheitsbegriff. Denn zum einen muß der erhabene Gegenstand ein furchtbarer sein, »gegen den wir als *Naturwesen* erliegen«, zum anderen darf sich unsere dennoch erfahrene Überlegenheit über ihn nur auf das Bewußtsein unserer »innre[n] Freyheit« gründen. Naturbeherrschung aber, die das Furchtbare domestiziert, verschafft uns als Sinnen-, nicht als Vernunftwesen Herrschaft über die Natur.[201] Auf den ersten Blick scheint in Schillers Ausschluß aller Maßnahmen der Naturbeherrschung vom Erhabenen – und aus dessen Voraussetzungsbereich – eine Schwierigkeit für die von mir vertretene Interpretation der Sicherheit als Resultat von Naturbeherrschung zu liegen. Diese Schwierigkeit löst sich allerdings auf, wenn man bedenkt, daß Schiller unter Naturbeherrschung nur eine offenkundige, praktisch vollzogene Herrschaft über die Natur versteht. Daß die von ihm geforderte »physische Sicherheit« weitgehend auf einer neuen, nämlich immanenten Wahrnehmung der Natur beruht, die ebenfalls als eine Form von – theoretischer – Naturbeherrschung identifiziert werden kann, wird von Schiller nicht berücksichtigt.[202]

»Physische Sicherheit« kann es nur bei solchen »Uebeln« geben, »denen zu entfliehen in unserm physischen Vermögen steht«,[203] Gefahren wie dem Schicksal, der Krankheit und dem Tod gegenüber ist jedoch eine derartige Beruhigung nicht möglich. Sie erfordern daher eine andere, die »moralische Sicherheit«, unter der Schiller etwa »Religionsideen« oder den »Vernunftglaube[n] an eine Unsterblichkeit« versteht. Auch die »moralische Sicherheit« stellt einen, wenn auch allein über Vernunftideen vermittelten »Beruhigungsgrund für die Sinnlichkeit« dar und wirkt daher ebenso wie die »physische Sicherheit« letzten Endes nur »negativ«: Sie verhindert lediglich die Zerstörung der »Gemüthsfreyheit« durch die Furcht.[204] Mit derjenigen Sicherheit, die aus dem Zustand vollendeter »moralischer Kultur« fließt und allein auf dem Bewußtsein der Autonomie unseres »intelligiblen Selbst« basiert, darf sie also nicht verwechselt werden. Diese nennt Schiller die »idealische Sicherheit«.

»Es ist also keine *materiale* und bloß einen einzelnen Fall betrefende, sondern eine *idealische* und über alle möglichen Fälle sich erstreckende Sicherheit, deren wir uns bey Vorstellung des Erhabenen bewußt werden. Dieses gründet sich also ganz und gar nicht auf Ueberwindung oder Aufhebung einer uns drohenden Gefahr, sondern auf Wegräumung der lezten Bedingung, unter der es allein Gefahr für uns geben kann, indem es uns den sinnlichen Theil unsers Wesens, der allein der Gefahr unterworfen ist, als ein auswärtiges Naturding zu betrachten lehrt, das unsre wahre Person, unser moralisches Selbst, gar nichts angeht.«[205]

Indem das Subjekt im Gefühl des Erhabenen seine Freiheit als intelligibles Wesen entdeckt, weiß es sich vor aller Gefahr sicher, die ja nur den Körper, nicht aber seine »wahre Person« treffen kann. Allerdings ist dies, wie Schiller selbst einräumt, eine ideale Zielvorstellung, die in der Gegenwart noch nicht realisiert ist. Der Fall, daß unser »Geist« frei bleibt, »indem unsere Sinnlichkeit überwältigt wird«, sei »höchst selten und erfordert eine *Erhebung* der menschlichen Natur, die kaum in einem Subjekt als möglich gedacht werden kann«.[206] Im gegenwärtigen Zustand kann die Bewußtwerdung der moralischen Freiheit und »idealischen Sicherheit« nur gleichsam über dem Netz einer die Sinnlichkeit beruhigenden Sicherheit erfolgen. Es bleibt hier also bei der bloßen Entdeckung der Vernunftbestimmung des Menschen. War Schiller in seinem ersten Aufsatz mit Kant an diesem Punkt stehengeblieben, so geht er in der späteren Abhandlung über Kant hinaus, indem er den Blick verstärkt auf den Prozeß der Realisierung dieser Bestimmung richtet und nun das Konzept einer »ästhetischen Erziehung« des Menschen mittels des Erhabenheitsgefühls entwirft. Die Preisgabe der Physis zum Zweck der Bewahrung der Freiheit kann nach Schiller durch eine Art moralischen Katastrophentrainings eingeübt werden, und zwar ebenso in der freien Natur wie durch die Kunst: »[. . .] erhabene Rührungen und ein öfterer Umgang mit der zerstörenden Natur, sowohl da wo sie ihm [dem Menschen] ihre verderbliche Macht bloß von Ferne zeigt, als wo sie sie wirklich gegen seine Mitmenschen äußert« (51) – in letzterem Fall handelt es sich um »das Pathetische« –, sollen es auf dem Wege der Wiederholung schließlich dahin bringen, daß der Mensch auch im Ernstfall das Interesse der Sinnlichkeit aufzugeben und so seine Freiheit zu bewahren in der Lage ist.[207]

»Je öfter nun der Geist im Gefühl des Erhabenen diesen Akt von Selbstthätigkeit erneuert, desto mehr wird ihm derselbe zur Fertigkeit, einen desto größern Vorsprung gewinnt er vor dem sinnlichen Trieb, daß er endlich auch dann, wenn aus dem eingebildeten und künstlichen Unglück ein ernsthaftes wird, im Stande ist, es als ein künstliches zu behandeln, und, der höchste Schwung der Menschennatur! das wirkliche Leiden in eine erhabene Rührung aufzulösen.« (51)

Einübung oder, in einer Formulierung Schillers, »Inokulation des unvermeidlichen Schicksals« (ebd.) ist damit das Stichwort, das den Weg in die »moralische Kultur« charakterisiert. Auf diesem Weg sollen die Bedingungen abgeschafft werden, unter denen »es allein Gefahr für uns geben kann«; Sicherheit wird verinnerlicht, so daß sie schließlich ohne das Netz der »physischen Sicherheit« und an deren Stelle allein ›im Kopf‹ hergestellt werden kann. Furcht, der schädliche Affekt, soll so auch in Bereichen, in denen physische Gefahr unhintergehbar fortbesteht, entmächtigt werden können (vgl. 47). Die Theorie des Erhabenen Kantischer und Schillerscher Prägung mit ihrem Plädoyer für die Bewußtmachung einer personalen Instanz, die über alle Gefahr erhaben ist, läßt sich daher auch als Entwurf einer Furchtbewältigungsstrategie lesen. In ihr gelangt das aufklärerische Ideal der Furchtfreiheit auf einen letzten, ›sublimen‹ Höhepunkt.

Der Modus der Entmächtigung der Furcht ist hier ein ganz anderer als im ersten geschilderten Grundmuster der »Erhebung«. Dort waren Furcht bzw. Schauer und Unlust in einem Vorgang aufgehoben, in dem sich das Subjekt in ästhetischer Anschauung als dem überlegenen Naturobjekt annähernd ebenbürtig erfuhr, in dem also die Differenz zwischen beiden minimalisiert wurde. Selbst wenn man annimmt, daß diese Haltung auf die Dauer prägenden Einfluß auf jede Beurteilung der Differenz von Mensch und Natur nehme und so auch mit ihr eine Art Gewöhnungsprozeß, vermittelt durch ästhetische Anschauung, möglich werde,[208] so bleibt sie doch notwendig labil, da sie keinen Standpunkt ›über‹ der Natur einzunehmen weiß. Zum einen gibt es für sie eine letzte Schranke der Annäherung, jenseits deren die Erhebung in Niedergeschlagenheit umzuschlagen droht, zum anderen bedarf sie immer der aktuellen Sicherheit. Zwar indiziert sie ein bedeutend angewachsenes Selbstbewußtsein des Menschen gegenüber der Natur, ein Selbstbewußtsein, das es dem Menschen unter den beiden genannten Einschränkungen erlaubt, sich der Natur gegenüber zu behaupten, doch eine Überlegenheit über die Natur noch jenseits der Grenzen der Naturbeherrschung ist hier nicht gegeben. Ein Ungenügen daran reflektiert sich in den Theorien Kants und Schillers. Beide versuchen nicht, die Differenz von Mensch und Natur zu verwischen, sondern betonen sie gerade als unaufhebbare, und zwar in doppelter Hinsicht. Einerseits erkennen sie die grundsätzliche Unterlegenheit des physischen Menschen unter der Natur an, und darin spiegelt sich zweifellos ein Stück Reaktion auf und Skepsis gegen den aufklärerischen Anspruch auf totale Erklärbarkeit und Beherrschbarkeit der Natur; andererseits stellen sie das Postulat der absoluten Überlegenheit der freien moralischen Person über die Natur auf, das wenigstens tendenziell erlaubt, auf physische Sicherheit zu verzichten, weil Sicherheit prinzipiell vom Subjekt selbst hergestellt werden kann. Mit dieser Immunisierung gegen alle körperliche Unzulänglichkeit soll ein Modus der Selbstbehauptung gewonnen werden, der viel wirksamer ist als der des ersten Erhabenheitsmusters.

Es liegt auf der Hand, daß die Einübung in die von Kant und Schiller beschriebene »Erhebung« nicht nur die genannten Funktionen erfüllt, sondern sich zugleich als Einübung in die von der bürgerlichen Aufklärung erstrebte Form der Ich-Identität überhaupt interpretieren läßt. Was in der aufklärerischen Pädagogik als unübersehbare Tendenz vorliegt, wird von Kant und Schiller radikalisiert: Das Subjekt soll sich vorbehaltlos als Vernunftwesen definieren und im Zeichen von Autonomie und Moralität alle Ansprüche seiner inneren Natur abweisen. Schiller hat übrigens die hohen Kosten dieser Haltung klar benannt – freilich ohne sie als Kosten wahrzunehmen. Der Wille zur absoluten Herrschaft der Vernunft macht aus der inneren Natur »etwas auswärtiges und fremdes« (s.o.), in dem sich das Subjekt nicht mehr erkennen kann. Selbstentfremdung und innere Spaltung bilden notwendig das Pendant der Erhabenheit des Vernunftwesens.

Ob Kants und Schillers komplexe Erhabenheitstheorien, die schon den Zeitgenossen interpretationsbedürftig schienen, einen prägenden Einfluß auf die reale Naturerfahrung ausübten oder ob sie gar nur als elaborierte Explizierungen einer Haltung anzusehen sind, die im späten 18. Jahrhundert wenigstens in nuce weiter verbreitet war, diese Fragen lassen sich heute kaum mehr beantworten. In seinen Berliner Vorlesungen von 1801 stellt A. W. Schlegel fest, daß es Fälle gebe, in denen die furchtbare Natur auch dort ohne Furcht genossen werden könne, wo sie gefährlich sei, und macht für ihre Möglichkeit die Stimmung zum Erhabenen verantwortlich; als Beispiel wählt er den Landschaftsmaler Claude Joseph Vernet (1714–1789). Da Schlegel seine Behauptung innerhalb eines Referats der Kantischen Theorie aufstellt, scheint sie zu suggerieren, Vernets Haltung sei ein Ausfluß der Entdeckung seiner intelligiblen Bestimmung und der damit verbundenen »idealischen Sicherheit« im Schillerschen Sinne.

»Die Stimmung zum Gipfel des Erhabenen kann so herrschend sein, daß ihm eine wirkliche Gefahr keinen Eintrag tut, wie z.B. Vernet, der sich der malerischen Beobachtung wegen während eines Sturmes an den Mast hatte binden lassen, bei der dringendsten Gefahr immer noch voll Entzücken: schön! herrlich! ausrief.«[209]

De facto aber ist in diesem Beispiel lediglich gesagt, daß Vernet den Sturm trotz körperlicher Gefahr ästhetisch genießen konnte, nicht aber, aufgrund welcher Bedingungen ihm dies möglich war. Fälle wie derjenige Vernets lassen sich allerdings in der Tat nicht selten finden, geben freilich meist nur wenig Aufschluß darüber, ob ihnen Erfahrungen wie die von Kant und Schiller analysierten zugrunde liegen. Doch schon das Faktum, daß am Ende des 18. Jahrhunderts die wilde Natur mitunter ungeschützt genossen werden konnte, verdient festgehalten zu werden. Ein weiteres Beispiel dafür entstammt der Autobiographie des Schauspielers Joseph Anton Christ (1744–1823), der sich an einen Seesturm erinnert:

»Stühle und Tische wurden gleich angeschraubt, und ich ging aufs Verdeck, mußte mich kümmerlich bis zum großen Mast an den Tauen hinwinden. Es war ein starkes Gewitter, die Blitze fuhren kaum dreißig Schritte von unserm Schiffe ins Wasser. Aber so gefährlich diese Naturbegebenheit auch immer sein mag, ebenso gräßlich schön ist sie doch.«[210]

Ein letztes Beispiel schließlich, das sicher nicht verallgemeinert werden sollte, zeigt, daß erhabene Natur bisweilen tatsächlich durch deutende Reflexionen hindurch aufgenommen wurde, die auf Kant und Schiller vorausweisen. In einem Brief schildert Elizabeth Carter (1717–1806) ihre Erfahrung der von Meer, Klippen und Stürmen geprägten Landschaft von Kent:

»The first impression it gave me was a sense of my own littleness, and I seemed shrinking to nothingness in the midst of the stupendous objects by which I was surrounded. But I soon grew more important by the recollection that nothing which my eyes could survey, was of equal dignity with the human mind, at once the theatre and spectator of the wonders of Omnipotence.«[211]

5. Naturschönheit und Naturbeherrschung

Es ist oben in grundsätzlicher Absicht auf die Bedeutung der im Zuge des neuzeitlichen Zivilisationsprozesses sich vollziehenden Entzweiung mit der Natur und der Herrschaft über sie hingewiesen worden, die nicht nur das kompensatorische Bedürfnis nach Begegnung mit der Natur hervorbringen, sondern ihren Genuß überhaupt erst ermöglichen, indem sie Freiheit vom Naturzwang begründen und dadurch Furcht eliminieren, reduzieren oder transformieren. Für die Lust am Überwältigenden und Fürchterlichen der Natur konnte die konstitutive Bedeutung der Freiheit vom Naturzwang nachgewiesen werden: Als aktuelle Sicherheit vor der grundsätzlich überlegenen Naturgewalt bildet sie die Bedingung des Erhabenheitsgefühls; auf dieser Basis kann überdies Freiheit in einem emphatischen Sinn zu dessen Inhalt werden; die Bewußtmachung dieser Freiheit läßt sich als Modus der subjektiven Entmächtigung der Natur auch jenseits ihrer objektiven Beherrschbarkeit interpretieren.[212] Es ist verständlich, daß man Freiheit vom Naturzwang als Bedingung des Genusses allenfalls dort zu thematisieren für notwendig hält – und das trifft gleichermaßen für die Theoretiker des Naturgefühls im 18. Jahrhundert wie für ihre gegenwärtigen Historiographen zu –, wo es sich um Natur handelt, die unbeherrscht und unbeherrschbar ist. Selbstverständlich aber gilt diese Bedingung auch für den Genuß der »schönen« Natur, der von dem des Erhabenen deutlich unterschieden ist. Selbst auf die Gefahr hin, scheinbar bloß Offensichtliches zu explizieren, möchte ich dies kurz ausführen. Von Interesse ist ein solcher Hinweis auch deswegen, weil er eine bisher zu wenig beachtete Eigenart der schönen Natur sichtbar und verständlich macht: Ein implizites Kriterium der Beurteilung von Natur als »schön« ist immer das Vorhandensein der Bedingung des ungebrochenen Genusses; diese wird in der als schön bezeichneten Landschaft quasi sinnfällig.

Wieder sei an Friedrich Schiller angeknüpft, der schreibt, daß auch das Gefühl des Schönen »ein Ausdruck der Freyheit« sei, allerdings nicht, wie beim Erhabenen, »derjenigen, welche uns über die Macht der Natur erhebt und von allem körperlichen Einfluß entbindet, sondern derjenigen, welche wir innerhalb der Natur als Menschen genießen«. Hier nämlich liegt kein Widerspruch, sondern eine Harmonie von Sinnlichkeit und Vernunft vor, und schon diese gibt uns ein Gefühl von Freiheit.[213] Daß der Mensch in der schönen Natur von allen Angriffen der Naturgewalt frei ist und diese auch nicht vor Augen hat, wird im 18. Jahrhundert meist schlechtweg vorausgesetzt; es gehört zum common sense und wird daher nur in den seltensten Fällen so deutlich ausgedrückt wie bei Schiller. Gleichwohl kommt der Sachverhalt in anderer Weise zur Erscheinung: In zahlreichen Beschreibungen schöner Natur erscheint diese nicht nur als bewohnbar und kultivierbar, da sie fruchtbar, zugänglich und gefahrfrei ist, sondern als vom Menschen angeeignet und nach seinen Bedürfnissen gestaltet.[214] Bei Stifter wird es später heißen, daß »eine Natur, die man zu Freundlicherem zügeln und zähmen kann, das Schönste ist, das es auf Erden gibt«.[215] Diese Zähmung aber, die gesellschaftliche Aneignung, hinterläßt ihre Spuren im Gesicht der Landschaft, Spuren, die in dieser frühen Phase – und nur in dieser – etwas Beruhigendes haben und zum Naturschönen gehören. Es entsteht so der paradoxe Sachverhalt, daß der der Gesellschaft entgegengestellte Bereich der schönen Natur, der als ›das Freie‹ genossen wird, den Prozessen gesellschaftlicher Arbeit und Aneignung sichtbar unterliegt.[216]

Das heißt nun natürlich nicht, daß sich im Anblick der schönen Natur des 18. Jahrhunderts der Nutzenaspekt derart in den Vordergrund drängen dürfte wie auf »Bataviens Triften«, die Schiller im Gegensatz zu früheren Zeiten ästhetisch abwertet,[217] oder daß dem Eindruck der Beherrschung der Natur eine solche Dominanz zugestanden würde wie im geometrisierten französischen Park, in dem die Natur den Prinzipien der Architektur unterworfen wurde. Die konkrete Gestaltung des französischen Parks orientierte sich an den architektonischen Proportionen des Schlosses als Sitz der Macht und sollte dessen Anblick steigern. Wie dieses gehorchte sie den Zwecken der Repräsentation der absolutistischen Herrschaft, die, im Zeremoniell »Naturbeherrschung am Menschen« (zur Lippe) demonstrierend, hier Herrschaft über die äußere Natur zur Schau stellte.[218] Unter den vielen Argumenten, mit denen im 18. Jahrhundert der französische Park angegriffen wird, ist das der ›Unnatur‹ das populärste. Die denaturierte Natur des Parks erscheint in ihm als direkte Konsequenz einer ›unnatürlichen‹ höfischen Zivilisation, die auch der menschlichen Natur Gewalt antut. Die Alternativkonzeption des 18. Jahrhunderts, der Englische Garten bzw. der Landschaftspark, ist von daher auf ›Natürlichkeit‹ gestellt,[219] und dasselbe gilt für die schöne Natur. Wie aber die ›Natürlichkeit‹ des Landschaftsparks eine ist, in der der Natur noch vorgeschrieben wird, wie sie ›natürlich‹ zu sein habe,[220] so kann auch die schöne Natur vom menschlichen Zugriff geprägt sein, ohne daß dies ihrer ›Natürlichkeit‹ Abbruch täte: Ebensowenig wie in den Konzeptionen der bürgerlichen Pädagogik ist hier ›Natürlichkeit‹ identisch mit ›bloßer Natur‹, mit dem Zustand völliger Belassenheit des Ursprünglichen. Man erkennt hierin deutlich einen Reflex der oben angedeuteten Mehrdeutigkeit des Begriffs der Natur im 18. Jahrhundert, einen Reflex ihres Changierens zwischen verbindlicher Norm und bedenklichem Gegenstand der Modellierung und Überwindung.

Die ganze komplexe Problematik des Schönheitsbegriffs des 18. Jahrhunderts kann und soll in dieser Arbeit nicht verhandelt werden; es bleibt für den vorliegenden Argumentationszusammenhang der Nachweis zu erbringen, daß die völlige Gefahrlosigkeit, die völlige Freiheit vom Naturzwang in der schönen Natur, die die Bedingung ist für das unvermischt angenehme Gefühl, mit dem diese genossen wird, dem Betrachter sinnfällig werden kann in den Zeichen der grundsätzlichen Beherrschbarkeit bzw. faktischen Beherrschtheit, die die Landschaft trägt. Natürlich machen diese Zeichen die Schönheit nicht aus, sie sind jedoch empirisch nachweisbare Konstituentien des Naturschönen. Als solche, so darf man wohl annehmen, ermöglichen sie nicht allein die Lust, sondern sind auch deren Gegenstand.

Schöne Natur ist in aller Regel Kulturlandschaft. Das Unermeßliche und das Wüste, das Unheimliche und das Wilde, Gewalttätige haben in ihr keinen Ort. Der Blick des Betrachters gleitet über fruchtbares Land, über Äcker und Felder, Wiesen mit weidendem Vieh und Teiche mit Enten und Gänsen, er haftet am Kirchturm eines Dorfes, folgt den Feldwegen in einen Forst und erfreut sich schließlich am Anblick gepflegter Landhäuser. Immer ist diese Landschaft belebt und bewohnt, überall ist ihr der Stempel der Tätigkeit des Menschen aufgeprägt, der sie seinen Zwecken gemäß umgestaltet hat. Für Hugh Blair gehören zur höchsten Form landwirtschaftlicher Schönheit ausdrücklich »gewisse Werke der Kunst« wie etwa »eine Bogenbrücke über einen Fluß, aufsteigender Rauch aus ländlichen, zwischen Bäume versteckten Hütten, und die Aussicht auf ein artiges, vom Glanz der aufgehenden Sonne erleuchtetes Gebäude«,[221] und Johann August Eberhard charakterisiert »schöne Landschaften« unter anderem durch den

»Reichthum von Baumgruppen, Wiesen, Landhäusern, weidendem Vieh, rieselnden Bächen, hüpfenden Wasserfällen, spiegelhellen Teichen mit allen Arten von schwimmendem Geflügel [. . .] In einer schönen Landschaft gehört der fruchtbare Boden zu den Bäumen und den Kräutern, die darauf wachsen, und diese gehören wieder zu dem Viehe, das darauf weidet [. . .]«[222]

Ein weiteres Beispiel sei einem literarischen Werk entnommen, der 1784 publizierten *Luise* von Johann Heinrich Voß. Wenn dort der Geburtstag Luises durch ein *Fest im Walde* – so der Titel der ersten Idylle – begangen werden kann, dann beruht das darauf, daß es sich nicht um den undurchdringlichen, unheimlichen, erhabenen Wald handelt, sondern um ein Stück domestizierter Natur: »Tannensaat« erhebt sich auf dem Hügel und verrät den ordnenden menschlichen Eingriff; zudem bleibt die unmittelbare Nähe des Dorfes im Klingen der »Betglock« bewußt.[223] Am Waldessaum blickt Luise zurück und beschreibt, was sie sieht: eine durch und durch vom Menschen gestaltete amöne Landschaft.

»»[. . .] Und wie die Gegend

Ringsum lacht! Da hinab langstreifige, dunkel und hell grün
Wallende Korngefilde, mit farbigen Blumen gesprenkelt!
O wie es wühlt, weitschauernd mit grünlichem Dampf durch den Roggen!
Dort das Dorf im Gebüsch, so stolz und freundlich gelagert
Am herschlängelnden Bach, und der Turm mit blinkendem Seiger!
Oben das weiße Schloß in Kastanien, vorn auf der Wiese
Rötliche Küh; und der blaue gebogene See mit der Waldung!
Dort die Schober des Heus, dort Mähende! Aber wir selbst hier,
Von Buchweizen umblüht, im Gesums eintragender Bienen!«« [224]

Abschließend soll noch einmal deutlich werden, daß neben Kategorien rein ästhetischer Art gerade der Grad der Beherrschtheit das Unterscheidungskriterium von schöner und erhabener Natur abgibt. Für Christian Garve hat das angenehme Gefühl angesichts schöner Natur eine Quelle nicht nur in der Gunst geographischer Bedingungen, sondern ebenso in der Landschaftsgestaltung durch den Menschen. Aus dem Zusammenwirken beider entsteht – darin gibt es Überschneidungen mit der Kantisch-Schillerschen Ästhetik – eine Natur, die wie Kunst ist, die ihrerseits wie Natur ist. Der Anblick einer solchen Gegend gewährt ein »ruhiges Wohlbefinden«, und in dieser Bestimmung schwingt, da sie mit dem Wilden und Erhabenen kontrastiert wird, die Abwesenheit von Furcht und Unterlegenheitsgefühlen mit. So ist im Gefühl für das Schöne die Erfahrung der von dem »Bewohner und Beherrscher der Erde« erworbenen Freiheit impliziert. Die schönen Gebirgsgegenden – Garve denkt an Mittelgebirge –

»bringen durch die Spuren des Anbaues und des menschlichen Fleißes, welche sie allenthalben zeigen, durch die eigene Fruchtbarkeit und den Reichthum der Gewächse, mit welchen sie bekleidet sind, und endlich durch eine mehr als gewöhnlich regelmäßige Form und Stellung der Berge, die Natur der Kunst, und hinwiederum den Kunstfleiß der Menschen der freyen Natur so nahe, daß, aus beyden vereinigt, die Empfindung eines ruhigen Wohlbefindens und eines sanften Vergnügens entsteht.« [225]

Ist also beim Schönen die Tätigkeit des Menschen eine Voraussetzung des Genusses, nicht nur weil sie Freiheit von der rohen Natur ermöglicht, sondern auch weil sie jene Kunstmäßigkeit der Natur herzustellen hilft, die dann ästhetisch genossen wird, so fehlen beim Erhabenen sowohl die Formgebung durch die Natur wie der domestizierende und gestaltende menschliche Zugriff: Vom »Beherrscher der Erde« sucht man hier vergebens Spuren.

»Dieser entgegengesetzt ist die zweite Art der Gebirgsgegenden, welche ich die wilden oder erhabnen nennen möchte. Hier scheint sich entweder die Natur ganz selbst überlassen; und weder der Anblick menschlicher Wohnungen, noch irgend eine Spur einer an sie selbst gewandten Pflege, erinnert den Beschauer an die Bewohner und Beherrscher der Erde: oder die Natur selbst ist hier nur in leblosen Massen groß, an Allem aber, was Leben und Wachsthum hat, arm und unfruchtbar; oder sie hat endlich ihre Schönheiten in solcher Unordnung und Verwirrung aufgehäuft, daß sie den Beobachter, indem sie ihn an sich zieht, zugleich in Verlegenheit setzt.«[226]

Furcht und Angst als Elemente des bürgerlichen Charakters. Zur Programmatik ihrer Genese in der bürgerlichen Pädagogik

1. Einleitung

Auf das Eintreffen der Glückseligkeit, die die Aufklärung und ihre Tugendkonzeption verheißen hatten, hat das 18. Jahrhundert vergebens gewartet. Selten hat eine ganze soziale Schicht die Misere ihres Wohlbefindens so beklagt wie das Bürgertum des Aufklärungszeitalters. Ein mit Furcht und Angst verbundenes Unbehagen peinigt die Individuen: Melancholie und Hypochondrie, zu deren Symptomatik neben der Sorge, der Traurigkeit, der Verzweiflung immer auch Furcht und Angst gehören, gelten als die Krankheiten der Epoche, von denen kaum ein Autor sich unberührt weiß, Schreckensszenen, Angstphantasien und -träume finden sich in nahezu jeder Autobiographie beschrieben, Selbstmordneigung und Wahnsinn scheinen den Zeitgenossen im Vormarsch befindlich. Das Zeitalter des Lichts leidet an Gemütsverdüsterung.

Die germanistische und historische Forschung hat sich dieser Selbstdiagnose zumeist und mit gutem Recht angeschlossen und in der »unvergnügten Seele« geradezu »die Seele des 18. Jahrhunderts« gesehen,[1] dabei aber ihr Interesse bisher auf Melancholie und Hypochondrie konzentriert.[2] Furcht und Angst hingegen kamen lediglich dort ins Blickfeld, wo sie als deren Symptome auftreten. Das aber wird ihrem Stellenwert in der Leidensgeschichte der Epoche nicht gerecht. Dieser große Stellenwert ist auffallend: Konnte im letzten Kapitel der tatsächliche Sieg der Aufklärung über die Furcht im Bereich der äußeren Natur nachgewiesen werden, so zeigt sich nun, daß es sich dabei um einen bloßen Etappensieg handelt, der keineswegs ein generelles Verschwinden der Furcht aus dem Leben indiziert, von dem noch Alewyn glaubte sprechen zu können.[3] Ja, Furcht lebt nicht allein fort, es treten Formen innerer Angst auf, die als historisch neuartig anzusehen sind. Besteht am Ende ein Zusammenhang zwischen jener Haltung, der es gelungen ist, die Natur zu unterwerfen und die Furcht vor ihr noch jenseits der Grenzen solcher Unterwerfung zu entmächtigen, und der Entwicklung innerer Angst?

Zweifellos lassen sich unter sozial- und bewußtseinsgeschichtlicher Perspektive verschiedene Entstehungskontexte neuer Befürchtungen und Ängste auffinden. Einen solchen würde man, folgt man der durch kaum eine Materialberührung verunreinigten These Lepenies' zur »bürgerlichen Melancholie«, in der Beziehung des bürgerlichen Individuums zur politischen Macht vermuten müssen: Der Ausschluß von dieser macht nach Lepenies den Bürger melancholisch[4] und, so wäre mit den Nosologien des 18. Jahrhunderts zu folgern, damit auch furchtsam. Das klingt freilich wenig überzeugend. Plausibler wäre es, die Genese von Furcht und Angst in der Beziehung der neuen bürgerlichen Schichten zu ihrer sozialen Stellung zu lokalisieren. Zahlreiche autobiographische Schriften reflektieren den Zusammenhang der Situation des sozialen Aufsteigers mit Melancholie, mit Gefühlen der Sorge, Unsicherheit, Unterlegenheit, mit Furcht vor Konkurrenz, vor eigenem Versagen und sozialen Sanktionen. Hier soll jedoch ein anderer, dritter Weg eingeschlagen werden.

In Anknüpfung an die obigen Ausführungen zum bürgerlichen Normen- und Wertesystem, in dem auch die Furchtlosigkeit ihren festen Platz hat, läßt sich zeigen, daß Bildung und Stabilität des bürgerlichen Sozialcharakters, der seine Identität über eine Triebregungen gegenüber restriktive Vernunft und Tugend definiert, nur durch die Präsenz von Furcht- und Angstautomatismen möglich sind bzw. diese implizieren.[5] Furcht und Angst entstehen hier also nicht im Verhältnis des bürgerlichen Individuums zu einer ihm ungünstigen gesellschaftlichen Umwelt, sondern sozusagen in seiner eigenen Infrastruktur, die freilich ihrerseits auf die Notwendigkeit der Selbstbehauptung in dieser Umwelt antwortet.[6] Schon den Aufklärern selbst ist völlig klar, daß sich die Herrschaft der vernünftigen Tugend im Individuum aus eigener Kraft weder etablieren, noch bewahren kann. Ihre normativen Inhalte, Leistung durch Arbeit, Triebkontrolle, Gesellschaftlichkeit etc., die die Einschrumpfung eines emphatischen zu einem pragmatischen Glücksbegriff bedingen, der mit gesellschaftlicher Brauchbarkeit nahezu zusammenfällt, diese Inhalte erreichen ein erhebliches zivilisatorisches Anspruchsniveau und werden von den Individuen nicht widerstandslos angenommen. An den Antrieben zur Tugend und den Widerständen gegen sie muß daher eine sorgfältige Arbeit einsetzen, in deren Zusammenhang sich Furcht und Angst als Automatismen entwickeln. Die bürgerliche Gesellschaft ist der Ort des Übergangs vom Fremdzwang zum Selbstzwang, den schon Norbert Elias mit der Entstehung von innerer Angst in Verbindung gebracht hat. Elias hat jedoch mehr deren grundsätzliche soziostrukturelle Bedingtheit und ihre Funktionen beschrieben als die konkreten Konstitutionsmechanismen und -vorgänge.[7] Diese gilt es dort ausfindig zu machen, wo sich der bürgerliche Sozialcharakter formiert, wo sich die bürgerlichen Normen in Verhaltensweisen oder Eigenschaften von Individuen übersetzen: in der Sozialisation. Es stellt sich also die Frage, an welchen Punkten des Erziehungsprozesses und aufgrund welcher erzieherischer Maßnahmen Furcht und Angst, und zwar als fortdauernd wirkungsvolle, auftreten und was sie bewirken. Dabei muß zunächst als ein Widerspruch zur Kenntnis genommen werden, daß den aufklärerischen Pädagogen, deren Tendenz zur Bekämpfung von Furcht und zu ihrer Vermeidung in der Erziehung ja ausführlich herausgestellt wurde, die Erregung von Furcht keineswegs unabsichtlich ›passiert‹ oder von ihnen als unliebsame Nebenwirkung ihrer Bemühungen in Kauf genommen, sondern daß sie unter gewissen Bedingungen vielmehr als funktional für die Erziehungszwecke angesehen wird. Etwas komplizierter verhält es sich mit der inneren Angst. Es soll hier nicht behauptet werden, all jene Ängste, die für den bürgerlichen Charakter typisch sind und ihn bis zu einem gewissen Maß zusammenhalten, verdankten sich dem gezielten erzieherischen Kunstgriff, doch erkennen die bürgerlichen Pädagogen häufig sehr deutlich den Zusammenhang der von ihnen intendierten Charakter- und Bewußtseinsstruktur bzw. des erzieherischen Arrangements, das sie hervorbringen soll, mit der Genese von Angst. Vielfach wird diese in pädagogischer Literatur antizipiert und mit ihr gedroht, und in dieser Instrumentalisierung liegt die Anerkennung ihrer pädagogischen Zweckdienlichkeit. Diese funktionale Angst birgt allerdings die Gefahr des Umschlags ins Dysfunktionale: Sie kann sich nämlich in eine neue, irritierende und erschreckende Selbsterfahrung hinein verlängern, die die bürgerliche Identität gerade in Frage stellt, ja aufzubrechen droht; davon soll allerdings erst im letzten Kapitel die Rede sein.

Die Absicht einer Rekonstruktion realer Erfahrung, wie sie im letzten Kapitel versucht worden ist, könnte es geraten erscheinen lassen, die skizzierte Problematik anhand autobiographischer Texte zu untersuchen. In diesem Fall jedoch ergäben sich bei einem solchen Verfahren Schwierigkeiten. Sicherlich liefern die Autobiographien von Bernd bis Goethe reichliches Material, an dem sich die Entstehung von Furcht und Angst beobachten ließe, doch ist dieses Material zu stark von den Ungleichzeitigkeiten des 18. Jahrhunderts geprägt. Abergläubische und traditionelle volksreligiöse Befürchtungen sowie furcherregende Erziehungspraktiken, die von der aufklärerischen Erziehungstheorie schon seit langem bekämpft werden, finden sich hier ebenso beschrieben wie die Befürchtungen des sozialen Aufsteigers und jene Ängste, von denen hier im besonderen die Rede sein soll. Neues und Altes lassen sich in diesem Furcht- und Angstamalgam nur mühsam sondern. Angesichts dieser Schwierigkeit soll der Versuch gemacht werden, den Zusammenhang von bürgerlicher Erziehung und Furcht- bzw. Angstentstehung am

Modell der Sozialisation zu beschreiben, das die aufklärerische Pädagogik entwirft, wobei wiederum dem Philanthropismus besonderes Gewicht zukommen soll.

Der naheliegenden Frage, ob denn diese Erziehungskonzeptionen überhaupt praktische Relevanz erlangt haben, ließe sich zunächst mit dem Verweis auf die praktische Arbeit der Philanthropisten und ihre Multiplikatorenfunktion im Bereich der Pädagogenausbildung begegnen.[8] Wichtiger indessen scheint mir, daß die pädagogischen Intentionen, die propagierten Techniken und Kräftekonstellationen, die hier für das Entstehen von Furcht und Angst verantwortlich gemacht werden, den Status des Exemplarischen beanspruchen dürfen: Sie haben ihren Ursprung nicht lediglich in den Köpfen einiger Theoretiker, sondern gründen in einer übergreifenden historischen Bewußtseinsstruktur, die neben dem pädagogischen den juristischen und ethischen und vielfach auch den theologischen und medizinisch-diätetischen Diskurs bestimmt. Zum anderen verweisen sie auf den realen Wandel der Familienformen und -beziehungen, mit denen die bürgerliche Pädagogik im Wechselverhältnis steht. Läßt sich schon aus diesen beiden Aspekten auf die praktische Bedeutung der neuen pädagogischen Theorie schließen, so findet sich schließlich auch ein direkter Beleg. Das Auftreten jener Ängste, von denen das nächste Kapitel handeln wird, setzt genau den Modus der Charakterformung voraus, zu dem sich die Postulate der bürgerlich-aufklärerischen Pädagogik zusammenfügen.

Bevor nun im einzelnen auf die Funktionalisierung von Furcht und Angst eingegangen wird, soll zunächst die pädagogische Problematik entfaltet werden, die den Theoretikern ein solches Mittel als sinnvoll, ja unverzichtbar erscheinen läßt. Zugleich damit läßt sich zeigen, welchem Begriff von Aufklärung eine derartige Pädagogik verpflichtet ist.

2. Die Grenzen der Aufklärung in der bürgerlichen Pädagogik

Bereits aus der Erörterung der Kardinaltugenden der bürgerlichen Gesellschaft ist deutlich geworden, daß nicht nur die Frage, wie und in welchem Umfange dem Kind das kulturelle Wissen verfügbar gemacht und so seine Einsicht aufgeklärt werden könne, im Mittelpunkt der Pädagogik des 18. Jahrhunderts steht. Jeder pädagogischen Bewegung der Zeit – gleichgültig, ob sie das Kind noch traditionell als das von der gefallenen Natur, der Erbsünde am radikalsten gezeichnete Wesen sieht (protestantische und katholische Orthodoxie, Pietismus), als von Natur aus unbestimmte tabula rasa (John Locke) oder als von Natur aus gut, jedoch der Gefahr der Verderbnis in einer unvollkommenen Welt ausgesetzt (Rousseau, Philanthropismus) – erscheint als das »wahre Geheimnis der Erziehung« (Locke),[9] auf welche Weise das Kind zur Annahme der strengen Forderungen der Tugend bewegt und auf ein diesen genügendes Niveau praktischen Handelns gehoben werden könne.

Beide Bereiche, die Erziehung zur vernünftigen Einsicht und zur vernünftigen, d.h. moralischen Praxis, werden in einem zunächst engen Zusammenhang gedacht, dessen Bestimmung sich im Verlauf des Jahrhunderts zusehends modifiziert. Die rationalistische Strömung der Aufklärung hatte das Verhältnis von Theorie und Praxis in verblüffend simpler Weise grundsätzlich als ein kausales gefaßt: Die Erkenntnis der Wahrheit sollte unmittelbar auf den Willen einwirken, ihn bestimmen und so verbessern und damit zwangsläufig das der Einsicht adäquate Handeln herbeiführen. Der Ansicht Christian Wolffs folgend, daß »der Wille des Menschen gebessert wird, wenn man ihn zu einer lebendigen Erkaentniß des Guten bringet«,[10] verkündeten die *Vernünftigen Tadlerinnen* Gottscheds, »nichts« habe die

»Kraft, den Willen zu lenken, als ein Urteil, welches vorher im Verstande von der Natur einer Handlung gefället worden.[...] Die Tugend gründet sich auf einen wahren Begriff von dem, was gut oder böse ist. Wer diesen Begriff einmal erlanget hat, wird alle Laster auf einmal verabscheuen.«[11]

Noch in den 1760er Jahren konnte man in der Bayerischen Akademie der Wissenschaften hören, daß der Wille »auf das Urteil nicht anders als der Donnerschall auf den Blitz« folge. Diese Auffassung sprach der Erkenntnis eine immense Wirkungskraft zu, ja sie stellte geradezu eine quantitative Relation zwischen Wissen und Moralität her. Derselbe Autor behauptete, »daß bey jenen die Sittenlehre notwendig den höchsten Grad erreichen muß, welche die Wissenschaften enzyklopädisch treiben.«[12] Natürlich war in den rationalistischen Auslassungen zum Thema »Kinderzucht«[13] keineswegs davon die Rede, die »Verbesserung des Willens« der Kinder im Anschluß an derartige Erwägungen durch bloße Unterweisung erzielen zu wollen; flankierend traten zu dieser andere, teils durchaus drastische Erziehungsmaßnahmen. Gleichwohl hatte das Vertrauen in die moralische Bildbarkeit des Menschen durch Übermittlung richtiger Begriffe und Einsichten einen prägenden Einfluß auf die Pädagogik. Wolff etwa ermahnte die häuslichen und schulischen Erzieher, »auf Mittel und Wege zu gedencken, wie gleich die Kinder bey ihrer Auferziehung zur Erkaentniß des Guten und Bösen angefuehret werden.«[14]

Der aufkommende Zweifel an der rationalistischen Bestimmung des Theorie-Praxis-Verhältnisses mußte daher innerhalb des pädagogischen

Diskurses zu einer Verlagerung des Interessenschwerpunkts von der Verstandesbildung in moralischer Absicht auf andere Formen der Willensbildung führen, in denen nun das Kernstück der Erziehung gesehen wird. Zwar bleibt das moralische Handeln aus vernünftigen Grundsätzen auch weiterhin ein Ideal des aufklärerischen Denkens, doch erkennt man, daß es nur möglich ist, wenn der Wille vorgängig und gleichzeitig anderer, wirkungsvollerer Bearbeitung unterliegt. Vernünftige Erkenntnis und ausgedehntes Wissen büßen deshalb keineswegs ihr Ansehen in der Pädagogik ein, wohl aber verändert sich ihre Funktion: Sie können nun nicht mehr beanspruchen, Motor moralischen Handelns zu sein, sondern lediglich dessen mit anderen Mitteln zu realisierende Zielvorgabe erstellen – von anderen Funktionen einmal abgesehen.

Diese Schwerpunktverlagerung der Pädagogik läßt sich exemplarisch an dem 1745 in erster, 1748 in zweiter Auflage erschienenen *Versuch von der Erziehung und Unterweisung der Kinder* des jungen Johann Georg Sulzer untersuchen.[15] Sulzer nämlich vertritt nicht den einen oder den anderen Pol der pädagogischen Gedankenbewegung, sondern vollzieht diese selbst in seiner Schrift. Hält er mit der einen Hand an der rationalistischen Theorie-Praxis-Relation fest, so beschreibt er mit der anderen ihre Grenzen und die daraus sich ergebenden erzieherischen Konsequenzen, d.h. jene Maßnahmen der Willenslenkung, an deren undurchdringlicher Verdichtung der Philanthropismus mit Verve arbeiten wird. Überdies läßt sich an Sulzers Schrift zeigen, inwiefern und in welchem Sinn mit derartigen Bestrebungen ein ›aufklärerischer‹ Anspruch einhergehen kann.

Die Ausbildung und Aufklärung des Verstandes scheint zunächst das Zentrum der Sulzerschen Pädagogik darzustellen, auch, und gerade, dort, wo es um die Formung eines moralischen Charakters geht. Denn die Tugend verdient ihren Namen und erhält ihren Wert nur, insofern sie »aus deutlichen Begriffen und Gründen« resultiert (85). Zwar kann auch ein unaufgeklärtes Individuum aus »Naturell« durchaus Handlungen verrichten, die denen eines im strengen Sinne tugendhaften Menschen zum Verwechseln gleichen, doch ist ihnen gegenüber Mißtrauen angebracht. Sulzer bemängelt nicht nur, daß ihnen zwangsläufig »Ordnung und Zusammenhang« fehlen müssen (85), sondern auch ihre unzuverlässige motivationale Basis: Wer ohne Einsicht handelt, weiß niemals, wo die Grenze des Tugendhaften verläuft; er läßt sich vom Strom seiner Neigungen treiben, und führt ihn dieser zum Laster, so wird er es nicht einmal bemerken; sittlichen Pflichten, die außerhalb seiner Neigungen liegen, wird er nicht nachkommen können. Wahrhafte Tugend erfordert daher die »Fertigkeit« des Verstandes, »alle Sachen deutlich zu fassen« (84), sowie inhaltlich die »deutliche Erkenntnis« von Wahrheit, Tugend, Pflicht und ihrer Verbindlichkeit für das Subjekt (85f.). Somit kann nur die vernünftige Einsicht die Orientierung des moralischen Handelns bewirken, und als solche ist sie zugleich dessen Movens. Denn da niemand gegen etwas, das er sich »als ein Gut« vorstellt, »gleichgültig« bleiben kann, wirkt sie »auf eine kräftige Art auf den Willen, der notwendig durch solche Vorstellungen zur Tugend geneigt werden muß« (86). Das gilt schon für Kinder, auf die Sulzer seinen aufklärerischen Enthusiasmus projiziert: »Man kann eine Sache niemals zu viel beweisen. Je mehr Gründe man anzuführen hat, je stärker wird der Beifall bei Kindern [...]« (103). Sofern man nur die Normen und Werte aus der Vernunft und der Natur herzuleiten und didaktisch zu vermitteln weiß, müßte auch ihre praktische Maßgeblichkeit garantiert sein. Unter diesen Prämissen kann das Laster – und so soll man es auch den Kindern darstellen – eigentlich nur Ausfluß von Unwissenheit und Irrtum sein (198).

Zugleich wird allerdings deutlich, daß die Aufrechterhaltung dieses sokratischen Wunschdenkens für Sulzer schon ein wenig mühsam zu werden beginnt. Wie schon vor ihm Thomasius wünscht Sulzer zwar diese zwingende Relation von Theorie und Praxis, rechnet aber nicht mehr fest mit ihr, weiß er doch, daß auf den Willen, der zwischen der Vernunft und dem Handeln vermittelt, nicht nur die Erkenntnis einwirkt, sondern ebenso die dunklen Triebe und Neigungen, gegen die jene ohne anderweitige Unterstützung unterliegen müßte. Nur ein »Philosophe«, verkündet der Autor bedauernd, sei als Erzieher in der Lage, »einen Affekt durch Gründe zu unterdrücken, und nur eine edle Seele ist imstande, sich durch solche Mittel bessern zu lassen« (108), wobei freilich vorausgesetzt wird, was durch Erziehung ja erst gebildet werden soll: die »edle Seele«.

Pädagogisch ergibt sich so die Notwendigkeit, der Einsicht in das Wahre und der von ihr evozierten »Liebe zur Tugend« (86) bei ihrer Bestimmung des Willens durch Regulation der Triebe und Neigungen zu Hilfe zu kommen, um das der Einsicht entsprechende praktische Handeln herbeizuführen. Die guten Neigungen, die mit den bürgerlichen Tugenden identisch sind, also mit Liebe zur Arbeit, zur Ordnung, zu Geduld und Standhaftigkeit, allgemeiner Menschenliebe usw., müssen gestärkt, die bösen unterdrückt und geschwächt und die der Entwicklung in beide Richtungen fähigen »Mittel = Neigungen« gemäßigt und kanalisiert werden (87ff.). Um den bösen Antrieben ein Gegengewicht zu schaffen, darf der Pädagoge durchaus selbst Gemütsbewegungen erregen (107); Pflicht und Neigung stehen nicht im Verhältnis gegenseitiger Ausschließung, sondern in dem der Ergänzung: *Was* zu tun ist, schreibt die Vernunft vor, *daß* es aber auch getan wird, ist nicht zuletzt das Werk gleichlaufender oder präventiver Neigungen. Die Vernunft bedarf der Unterstützung durch physische und psychische Instanzen, die außerhalb ihrer selbst liegen. Sulzer kleidet dies Verhältnis in eine Allegorie:

»[. . .] wie in einem Schiffe das Steuerruder dazu dient, den Gang des Schiffes zu leiten, die kleineren Ruder aber, es fort zu treiben, so muß bei dem Menschen die Vernunft eine absolute Herrschaft über den Gang des Menschen haben, die Neigungen aber müssen ihn forttreiben.« (94).

Bemerkenswert ist, daß Sulzer die Neigungen nicht als bloße Störfaktoren, die sie ja auch sein können, ins Bild rückt, sondern in ihrer positiven Funktion als Antriebskräfte.

Diese zeittypische Aufwertung der emotionalen Faktoren, sofern sie in den Dienst der Vernunft genommen werden können, verbindet die Pädagogik Sulzers mit seiner nicht minder zeittypischen Kunsttheorie. Diese hat ihren historischen Ort in dem epochalen Prozeß der Ablösung von der lehrhaften rationalistischen Poetik Gottschedscher Prägung zugunsten einer auf emotionale Wirkung, »Rührung«, abzielenden ›empfindsamen‹ Poetik, deren Anfänge üblicherweise in den Schriften Bodmers und Breitingers gesehen werden, als deren Parteigänger Sulzer gilt. Innerhalb dieser poetologischen Konzeption, und so auch bei Sulzer, wird der Kunst vielfach die Aufgabe erteilt, durch gezielte emotionale Erregungen das zu bewirken, was die reine Erkenntnis, sei es in abstrakter Form oder in dichterischer Einkleidung, kaum hervorbringen kann: die praktisch wirksame Neigung des Gemüts zur Tugend, die Bildung eines moralischen Charakters im Sinne des bürgerlichen Menschenbildes.[16] In dieser Funktion fügt sich die Kunst den Zielen der Pädagogik ebenso wie in ihrer rationalistisch-didaktischen Bestimmung. Hier wie dort, in der Theorie der Erziehung wie in der der noch heteronomen Kunst, geht es über weite Zeiträume des 18. Jahrhunderts um dieselben Intentionen; in beiden Bereichen mußten analoge Umorientierungen aus der Erkenntnis der praktischen Schwäche der Vernunft und der enormen praktischen Bedeutung der Affekte und Neigungen folgen.

Diese Erkenntnis wird in Sulzers Schiffsallegorie radikalisiert: War der Vernunft nur wenige Seiten zuvor noch eine »kräftige«, wenn auch keineswegs die alleinige Wirkung auf den Willen zugesprochen worden, so hat sie sich jetzt auf die Kommandobrücke zurückgezogen und beschränkt sich aufs Navigieren; an den Antriebsrudern im Bauch des Schiffes sitzen nur noch Neigungen – unterworfene natürlich. In der Konsequenz dieser Rollenverteilung muß sich die moralische Erziehung immer stärker vom Unterricht lösen, der seinerseits in ein moralisch indifferentes Wissen und die vernünftige Sittenlehre zu zerfallen tendiert. Diese ist für Johann Bernhard Basedow und überhaupt die aufklärerische Pädagogik praxisorientierende »Sacherkenntniß« mit objektivem Anspruch, praktische Wirksamkeit aber bezieht sie nicht mehr aus einer ihr inhärenten Kraft, den Willen zu bestimmen, sondern allein aus der »Methode« der Vermittlung ihrer Normen, die nicht Unterricht, sondern »Übung« heißt,[17] neben dieser freilich auch anderes beinhaltet. Solche Einübung ist für Basedow »die eigentliche moralische Erziehung. Ohne sie ist der Unterricht nichts; ohne Unterricht ist sie selbst schon vieles [. . .]« Auch in der Schule soll sie stattfinden, und zwar außerhalb des eigentlichen Unterrichts. Zu diesem Zweck fordert Basedow einen eigenen Spezialisten für Willenslenkung, einen »Edukator«, der »nur durch Übungen der Tugend lehrt.«[18]

Genau die hier zum Ausdruck kommende Schwerpunktverlagerung der moralischen Erziehung auf die Willenssteuerung durch direkte Eingriffe in die psychische Struktur des Kindes markiert den Kontext, in dem entscheidende Aufgaben von der willentlichen oder unwillentlichen Erregung von Furcht und Angst – trotz des aufklärerischen Verdikts über sie – übernommen werden. Diese in der moralischen Erziehung zu tolerieren oder für unverzichtbar zu halten, setzt Skepsis voraus gegen die Überzeugung, die bloße Vernunft sei hinreichend, den Willen zu lenken.

Doch hatte schon der Rationalismus in dieser Überzeugung eine Einschränkung gemacht. In den ersten Lebensjahren nämlich ist das Kind noch nicht durch Gründe, sondern, wie das Zedlersche Universallexikon es ausdrückt, »bloß durch sinnliche Dinge zu regiren«.[19] Aber dies scheint kein Anlaß, die rationalistische Grundposition zu revidieren, läßt sich doch die frühe Kindheit als eine Interimszeit interpretieren, in der die »sinnlichen« Mittel lediglich eine provisorische Regierung bilden: Sie können das Kind nicht im strengen Sinn zur Tugend führen, allenfalls deren Boden bereiten und vor allem die Entstehung böser Gewohnheiten verhindern, bis es der Vernunft möglich ist, ihre rechtmäßige Herrschaft anzutreten.[20] Wurde bis dahin der Wille vor Verderbnis bewahrt und offengehalten für das Gute, so wird er erst jetzt durch Vernunftgründe positiv bestimmt und so zu einem tugendhaften gebildet. Mit der Einsicht in die Bedeutung der Neigungen für das moralische Handeln und in die Notwendigkeit ihrer stabilen Formung verändert sich die Einschätzung der frühkindlichen Erziehungsmaßnahmen, die jetzt die zu aller Moralität unabdingbare affektive Disposition schaffen sollen und somit nicht nur negativen, sondern positiven Einfluß auf den Willen nehmen. Nur am Rande sei die Vermutung geäußert, daß das

Zerbrechen der rationalistischen Theorie-Praxis-Relation und das daraus sich ergebende Erfordernis, neue Beinflussungsmechanismen zu entwickeln, zu den initiierenden Faktoren jenes immensen Schubs erziehungstheoretischer Reflexion gehören, der schon für die Zeitgenossen das 18. zu einem »pädagogischen Jahrhundert« gemacht hat.[21]

Daß die Begründung, die Probleme und Techniken solcher Beeinflussung das aufklärerische Erziehungsdenken magnetisch anziehen, wie sich schon rein quantitativ erweisen ließe, zeigt sich bereits bei Sulzer. Dieser schränkt die Rolle der vernünftigen Erkenntnis für die Erziehung nicht nur grundsätzlich mit dem Verweis auf den Einfluß der Triebstruktur auf den Willen ein, sondern auch in einer zeitlichen Hinsicht. In den ersten Lebensjahren gilt für alle Menschen, was sich für viele niemals ändern wird, daß sie nämlich nicht imstande sind, »Vernunftschlüsse zu fassen« und ihr Handeln allein an diesen zu orientieren (99, 106). Frühestens ab dem 4. Jahr kann der Erzieher beginnen, den Verstand der Kinder »ein wenig zu öffnen« (142), nicht vor dem 6. Jahr sollen diese »nach und nach als vernünftige Menschen nach Gründen geführt und angehalten werden, nach Gründen zu handeln« (152), und erst ab 11 können sie allmählich »lernen sich selbst zu regieren« (154). In diesem Alter aber müssen alle »guten Neigungen« bereits gepflanzt und alle bösen getilgt sein (155). Denn wie vor ihm John Lokke, wie nach ihm Rousseau und alle anderen Pädagogen und Psychologen, weiß Sulzer sehr genau um den Mechanismus der frühkindlichen Prägung und argumentiert mit dieser Erkenntnis gegen den Rationalismus:

»Man muß diese Arbeit mit den Kindern viel eher anfangen, als sich mancher einbildet. Viele stehen in der elenden Einbildung, daß man nicht eher an den Kindern zur Beförderung der Tugend arbeiten könne, bis sie zum Verstand gekommen, daß sie kraft ihrer eigenen Einsicht und des Gewissens wissen, was gut oder böse ist. Deswegen lassen sie die Kinder in ihren ersten Jahren tun, was ihnen beliebt, und sorgen nicht dafür, daß der Same der Tugend in ihre zarten Herzen eingepflanzt werde. Diejenigen aber, welche die menschliche Natur besser kennen, wissen, daß dem Gemüte nichts stärker anklebt, als was ihm in der ersten Kindheit eingepflanzt worden ist. Ich stehe in der Meinung, daß in den ersten Jahren der Kindheit das meiste verdorben oder gut gemacht werden kann.« (126)

Die Erziehung muß daher notwendig schon an der »Beförderung der Tugend arbeiten«, bevor die Kinder »zum Verstand gekommen« sind und die Vernünftigkeit dessen, wozu sie angehalten werden, einsehen können.

Im Verein mit anderen pädagogischen Techniken, das Kind zur Annahme der Normen und Werte des Erziehers, die als die vernünftige Tugend konstituierend gedacht werden, zu bewegen, kommt in diesem Alter die »Lehre ohne Gründe« zum Einsatz (99ff., 106ff.), d.h. die apodiktische Aussage über Sachverhalte ohne argumentative Begründung. Von entscheidender Bedeutung ist, daß in ihr »das Ansehen die Macht der Gründe« hat (99); ihre Wirksamkeit fußt auf der unbezweifelten Autorität des Erziehers. Daß die Kindheit das Alter des »praejudicium autoritatis« sei, hatte schon das Zedlersche Lexikon ausgesprochen, jedoch sofort hinzugefügt, »solche Vorurtheile« dürften »nur in Subsidium gebraucht werden, wenn man keine andere Vorstellungen thun kan. So bald als sich aber die Vernunfft einfindet, müssen diese weichen.«[22] Sulzer vertritt denselben Standpunkt: Sobald das Erkenntnisvermögen dazu in der Lage ist, muß das vom Erzieher implantierte Vorurteil, in dem natürlich nichts inhaltlich Falsches enthalten sein darf, in ein Urteil aus Gründen überführt werden, wobei es dem Jugendlichen etwa ab dem 15. Lebensjahr erlaubt sein soll, die Argumente seiner Lehrer zu bezweifeln, bis er sich von ihrer Richtigkeit überzeugt hat (159). Mit solchen Aussagen versuchen das Zedlersche Lexikon und Sulzer Forderungen gerecht zu werden, wie sie etwa in der *Außübung der Vernunft = Lehre* des Thomasius erhoben worden waren. Diesem galt das »praejudicium autoritatis« als Widersacher par excellence der Aufklärung, dem mit der Waffe des eigenständigen Denkens zu begegnen war, der Waffe des methodischen Zweifels, der auch vor den Eltern und Erziehern nicht haltmachen durfte – schließlich haben diese maßgeblichen Anteil an der Tradierung von Irrtümern. »[. . .] vertraue auf keines Menschen autorität [. . .] wovon auch die Obern / Eltern und praeceptores nicht ausgenommen sind [. . .]«, hatte Thomasius gefordert.[23] Eine derartige emphatische Aufklärungskonzeption findet ihre natürlichen Grenzen in der kindlichen Unvernunft. Die Steuerungsfunktion, die in Sulzers Schiffsallegorie der je eigenen Vernunft aufgetragen wird, muß daher in der frühen Kindheit von der Vernunft des Erziehers erfüllt werden, der diese gegenüber dem unmündigen Kind nicht anders zur Herrschaft bringen zu können glaubt, als durch die massive Aufrichtung seiner Autorität, die so zur Basis des gesamten Erziehungsprozesses wird.

Das zeigt sich in aller Drastik darin, daß Sulzer der Überführung der pädagogischen Intention in die Realität nur dort Chancen einräumt, wo der Erzieher imstande ist, eine rigide definierte fundamentale Verhaltensdisposition des Kindes zu schaffen, die dafür sorgt, daß die erzieherischen Veranstaltungen nicht permanent vom Widerstreben ihres Objekts sabotiert werden. Im Vorfeld aller anderen Erziehungsmaßnahmen und immer wieder parallel zu ihnen muß die Bereitschaft installiert werden, dem Erzieher bzw. den von ihm ausgegebenen Maximen unbedingte Folge zu leisten. Sie zerfällt in einen negativen und einen positiven Aspekt, in Fehlen von störrischem Eigenwillen, der von der Sinnlichkeit beherrscht wird, und in abstrakten Gehorsam. Wo, so verkündet Sulzer, der infantile »Eigensinn«, der sich mit dem Weinen und Schreien der Kleinkinder zu zeigen beginnt und damit endet, daß sich diese zu »Meistern ihrer Eltern« aufschwingen, nicht schon vom Säuglingsalter an ausgetrieben wird, »da kann man unmöglich einem Kinde eine gute Erziehung geben.« (129) Ebenso wichtig ist

»ein genauer Gehorsam gegen die Eltern und Vorgesetzte und eine kindliche Zufriedenheit mit allem, was sie tun. Diese Eigenschaften sind [. . .] für den Erfolg der Erziehung schlechterdings notwendig [. . .], weil sie dem Gemüt überhaupt Ordnung und Unterwürfigkeit gegen die Gesetze geben. Ein Kind, das gewohnt ist, seinen Eltern zu gehorchen, wird auch, wenn es frei und sein eigener Herr wird, sich den Gesetzen und Regeln der Vernunft gerne unterwerfen, weil es einmal schon gewohnt ist, nicht nach seinem Willen zu handeln. Dieser Gehorsam ist so wichtig, daß eigentlich die ganze Erziehung nichts anderes ist, als die Erlernung des Gehorsams.« (131)

Diese Aussagen sind, auch in ihrer Deutlichkeit, durchaus typisch. 1786 bemerkt Carl Friedrich Pockels, der Mitarbeiter von Karl Philipp Moritz am *Magazin zur Erfahrungsseelenkunde,* »noch immer« halte man den »gewöhnlichen Hange zum Eigensinn« für »ein schweres Problem in der Erziehungskunst«,[24] doch sieht man dieses jetzt etwas facettenreicher als früher. Die pietistische Pädagogik hatte ausdrücklich die Absicht verfolgt, den »natürlichen«, naturverhafteten kindlichen Eigenwillen zu brechen, den sie als durch Erbsünde radikal verdorben ansah und dessen Zerstörung ihr daher als Fundament jeder Erziehung erschien.[25] Mit der Ablehnung des Erbsündendogmas[26] aber gilt der Eigenwille nicht mehr als Manifestation des metaphysisch Bösen, sondern nur noch als »schädlich« in bezug auf innerweltliche Erziehungsziele.[27] Damit entfällt die theologische Notwendigkeit der Brechung des Eigenwillens, deren Gefahren nun überdies sichtbar werden, kann sie doch dazu führen, daß mit ihr zugleich der Wille überhaupt gebrochen wird. Der willenlose Mensch aber ist nicht nur Wachs in den Händen seiner tugendhaften Erzieher, sondern auch in denen lasterhafter Verführer. Willensstärke im Sinne von Widerstandskraft gegen das Böse und Standhaftigkeit im Guten ist also zur Tugend unerläßlich, und daraus ergibt sich ein Dilemma der frühkindlichen Erziehung, das Peter Villaume schon im Titel eines in Campes Revisionswerk erschienenen Aufsatzes formuliert: *Ueber die Frage, wie kann mans erhalten, daß Kinder gehorsam und dereinst nachgebend werden, ohne willenlos zu seyn, oder wie*

176

kann man sie zur Festigkeit des Willens ohne Eigensinn bilden.[28] Die Erziehung hat darauf hinzuarbeiten, daß der kindliche Wille nicht gebrochen, sondern als Wille erhalten, jedoch in die Bahnen des pädagogischen Kalküls gelenkt wird, so daß er im Idealfall nur das wollen kann, was nach den Prinzipien des Erziehers zulässig ist.

Wenn nun Villaume, der dem Kind einen eigenen Willen zugesteht, für die Einübung des Gehorsams plädieren kann,[29] ohne darin einen Widerspruch zu seinen Intentionen zu sehen, so wird deutlich, daß Gehorsam hier – und das gilt generell für den Philanthropismus – etwas anderes meint als im preußischen Exerzierreglement. Dem Gehorsam wird in der aufklärerischen Pädagogik eine nahezu unabsehbare Bedeutung beigemessen: Er ist nicht nur Voraussetzung des Gelingens der moralischen Erziehung, sondern auch selbst Element der, sei es »menschlichen«, sei es staatsbürgerlichen Tugend und zudem nötig, um im gesellschaftlichen Leben, das anders als hierarchisch gegliedert offenbar nicht denkbar ist, Glück finden zu können. Solche Bedeutung rechtfertigt und erfordert, daß das Prinzip des Gehorsams in krassen Fällen von Widerspenstigkeit gegen den Willen des Kindes durchgesetzt wird, könnte es doch andernfalls als durchbrechbar erscheinen. In diesen Fällen ist, und daran wird in keiner aufklärerischen Erziehungstheorie Zweifel laut, physische Gewalt am Platze. Zu ihr nimmt beispielsweise in Salzmanns pädagogischem Roman *Konrad Kiefer* der Vater seine letzte Zuflucht, um zu verhindern, daß sich bei seinem knapp zweijährigen Sohn der Eigensinn zur unausrottbaren Gewohnheit verfestigt. Auf Anraten des aufgeklärten Pfarrers, der im Roman die letzte Instanz in Erziehungsfragen verkörpert, nützt er anschließend die Situation, um einige wirkungsvolle Übungen abstrakten Gehorsams vorzunehmen, d.h. Übungen, die auf die Etablierung des Gehorsams als solchen, unabhängig von seiner Funktion für die Durchsetzung konkreter Zwecke, zielen.

»Da nun bei seinem Konrädchen die Hiebe noch im frischen Andenken sind, so rate ich ihm, daß er diese Zeit benutze. Wann er nach Hause kommt, so kommandiere er ihn fein oft. Lasse er sich Stiefeln, Schuhe, die Tabakspfeife beiholen und wieder wegtragen; lasse er ihn die Steine im Hofe von einem Platze zum anderen legen. Er wird alles tun und sich zum Gehorsam gewöhnen.
Ich kommandierte nun das Kind, wie mir der Herr Pfarrer geraten hatte, und es hatte seinen guten Nutzen. Wann ich ihm in Zukunft etwas befahl, so fiel es ihm gar nicht ein, sich zu weigern; es glaubte, es müsse so sein, daß es gehorche.«[30]

Das scheint nicht weit vom Drill entfernt zu sein, von der unter der Drohung der noch gut erinnerlichen Strafe stehenden mechanischen

Einübung in die Unterwerfung. Doch Salzmann intendiert nicht eigentlich die Brechung des Willens, die nur den Extremfällen von Ungehorsam vorbehalten ist und Ausnahme bleiben soll. Zwar wird die in der Strafe manifestierte Übermacht des Vaters so schnell nicht aus dem Gedächtnis verschwinden, doch soll der Gehorsam grundsätzlich ein nicht erzwungener, freiwilliger Akt sein. Der Pfarrer belehrt hierüber seinen Kantor:

»Der Mensch hat eine natürliche Abneigung gegen alle Befehle und Vorschriften. Da aber doch die Ordnung erfordert, daß er Befehle annehmen muß, so muß er [d.h. der Kantor] die Befehle und Vorschriften immer so einrichten, daß der, dem sie gegeben werden, erst von ihrer Güte überzeugt wird und glaubt, daß er sie freiwillig befolge.«[31]

Der »natürliche« eigene Wille, der der Abneigung gegen den Befehl zugrunde liegt, muß also so geschickt gelenkt werden, daß er sich schließlich als freier Wille dem Plan des Erziehers, von dessen »Güte« er »überzeugt« ist, fügt. Das hat den entscheidenden Vorteil, daß er als Wille bestehen bleibt und sich so in späteren Jahren gegen etwaige amoralische Vorschriften wird wehren können.

Zweierlei ist folglich zu beachten: Zum einen muß dem Willen – cum grano salis – die Möglichkeit belassen werden, sich auch in seiner Unterordnung als einen »freien« zu empfinden, was der Erzieher zum Teil schon dadurch erreichen kann, daß er ausdrücklichen Befehl und rauhen Kommandoton vermeidet und durch die Bitte oder die suggestive Frage ersetzt.[32] Auch die spielerische Gewöhnung an den Gehorsam soll hier nützlich sein. Basedow, der in den Statuten des Dessauer Philanthropins von jedem Zögling unter zwölf Jahren »blinde[n] und klostermäßige[n] Gehorsam« fordert,[33] empfiehlt zu diesem Zweck die sinnreiche Erfindung des »Kommandierspiels«, bei dem Lehrer oder Schüler in den verschiedenen Unterrichtssprachen leiblich und geistig Zweckvolles, freilich auch »tausenderlei drolliges Zeug« befehlen,[34] was den Autor ungemein spaßhaft dünkt.

Zum anderen gilt es, das Kind von der »Güte« der erzieherischen Anweisungen zu überzeugen, denn das ist, wenn auch nicht die alleinige Triebkraft, so doch eine grundlegende Voraussetzung des freiwilligen Gehorsams. Wie aber läßt sich eine solche Überzeugung herstellen, wenn vernünftige Gründe noch nicht in Betracht kommen können? Denn die rationale Begründung ist nicht nur in den ersten Lebensjahren des Kindes untauglich, auch über diese hinaus soll der Gehorsam grundsätzlich ohne sie geleistet werden. Die Begründung nämlich kann ihre Tücken haben, z.B. dort, wo sie zwar triftig ist, der Erzieher aber absehen kann, daß das Kind mit seinen nur kurze Zeitspannen umfassenden Interessen nichts mit ihr wird anfangen können.[35] Noch problematischer erscheint den Pädagogen das Erklären der Ge- und Verbote in Fällen, in denen von Sexuellem gesprochen werden müßte, was nicht immer opportun ist, weil dadurch die Phantasie des Kindes verdorben werden könnte. Einen solchen Fall beschreibt Salzmann im 2. Teil seines *Moralischen Elementarbuchs*. Der Vater verbietet hier seinem Sohn den Umfang mit einem Gleichaltrigen, den er an seiner Blässe, den dunklen Augenringen und ähnlichen untrüglichen Merkmalen sogleich als einen Onanisten erkannt hat.

»Nun hätte er [der Sohn] gern wissen mögen, warum ihm nur der Vater nicht erlauben wollte, mit einem so stillen und freundlichen Kinde umzugehen. Er konnte es aber niemahls erfahren. Der Vater sagte allemahl: Du weißt, Rudolph, daß ich dich lieb habe, und nichts von dir verlange, als was dir gut ist, und dir nichts verbiete, als was dir Schaden thut. Du kannst also gewiß glauben, daß ich auch meine guten Ursachen dazu habe, warum ich dich mit Wilhelmen nicht will umgehen lassen.
Dabey beruhigte sich denn Rudolph, und gehorchte dem Vater.«[36]

Dieser Text beschreibt prägnant, worauf die Pädagogik sich den kindlichen Gehorsam gestützt wünscht: auf ein »praejudicium autoritatis«. Die Überzeugung von der »Güte« der Anweisungen ist nicht durch vernünftige Einsicht vermittelt, sondern durch die Überzeugung von der »Güte« des Anweisenden.[37] Die aufklärerische Pädagogik intendiert eine Beziehung des Kindes zu seinen Eltern, die derart stabil auf Achtung, Liebe und Vertrauen gegründet ist, daß das Kind ohne jedes Argument quasi intuitiv von der untrüglichen Richtigkeit der Gebote überzeugt ist. Gegenüber jeder allein auf der physischen Macht gegründeten Disziplinierung, die das Kind zwar zwingen, aber nicht auf ihre Seite ziehen kann, gibt die hier erstrebte Form von Autorität dem Erzieher einen weit stärkeren Einfluß auf das Kind.[38] Dieser Einfluß nämlich reguliert nicht lediglich das äußere Verhalten, sondern den Willen selbst, und, was ebenso bedeutungsvoll ist, er hat nachhaltige Wirkung und soll sie haben. Denn da der Pädagoge weiß, daß dem Gemüt die frühen Erziehungsinhalte am stärksten »ankleben«, und zwar um so stärker, je tiefer der Einfluß seiner Autorität reicht, kalkuliert er ein, ja legt es darauf an, daß der Zögling sich kaum jemals wieder von der in den ersten Lebensjahren geprägten Charaktermodellierung befreien kann, auch nicht kraft der später erworbenen Vernunft. Diese wird sich nur unter großen Schwierigkeiten anders denn affirmativ zu ihren Grundüberzeugungen verhalten können, die ihr in der frühen Kindheit als noch unbegründetes »praejudicium autoritatis« eingepflanzt worden sind. Eine pädagogische Intention, die auf solche Steuerungsmechanismen hinauswill, erfüllt den Tatbestand der Manipulation. Damit soll keineswegs gesagt werden, frühkindliche Lenkung und Prägung nach Maßgabe kultureller Wertsetzungen finde nicht zwangsläufig und in jeder, auch einer ›antiautoritär‹ sich gerierenden Erziehung statt. Doch erkennt die Pädagogik des 18. Jahrhunderts den Vorgang der Internalisierung von Normen und Werten erstmals in seiner ganzen Tragweite und setzt ihn gezielt und radikal ein für die Imprägnierung des Individuums mit bestimmten Werten.

Daß es sich bei diesen um die der sich konsolidierenden bürgerlichen Gesellschaft handelt, konnte ausführlich gezeigt werden und hat sich auch an Sulzers Text bestätigt. Diese bürgerlichen Werte verlangen vom einzelnen ein außerordentlich hohes Maß an Disziplin und Verzicht, das in direkter Proportion zum Raffinement der erzieherischen Techniken steht, das zur Etablierung und Stabilisierung der neuen Verhaltensweisen und Dispositionen erforderlich ist; von diesen Techniken wird noch ausführlich zu sprechen sein. Auch wenn man davon ausgeht, daß in jeder frühkindlichen Erziehung in gewissem Maß eine Verinnerlichung von Wertsystemen und Verhaltensdispositionen erfolgt, wird man doch einräumen müssen, daß die Relation von erzieherischer Lenkung und freiem kindlichen Entfaltungsspielraum sich im Rahmen der unterschiedlichen kulturell gesetzten Notwendigkeiten sehr unterschiedlich gestalten kann. In der Pädagogik der bürgerlichen Gesellschaft läßt sich aufgrund der Rigidität der von ihr verfochtenen Normen und Werte ein unverkennbares Anwachsen des Steuerungswillens bemerken. Erziehung tendiert dazu, total zu werden, noch die verborgensten inneren Regungen des Kindes in den Blick bekommen und der Modellierung unterziehen zu wollen, und zwar auch unabhängig vom Einsichtsvermögen des Kindes.

Trotz dieser Intentionen kann sie sich als aufklärerisch begreifen, da sie den Anspruch erhebt, mit Natur, Vernunft und objektiver Wahrheit, hinter die sowieso niemand zurückwollen darf, im Bunde zu stehen und zu ihnen hinzuführen. Sollte freilich die hier vertretene, noch gründlich zu explizierende These zutreffen, daß die aufklärerische Pädagogik auf die irreversible Zurichtung des Individuums für die Erfordernisse der bürgerlichen Gesellschaft mit dem hauptsächlichen Mittel der Internalisierung zielt, so müßte dies Rückwirkungen auf Beschaffenheit und Geltungsbereich des aufklärerischen Anspruchs der Pädagogen haben. Und genau das ist der Fall.

Auf den ersten Blick könnte man allerdings einen anderen Eindruck gewinnen. Die Kapitel, die Sulzer dem Verstand der Kinder und seiner Ausbildung widmet, sind umfangreich, seine Äußerungen dazu scheinbar eindeutig. Die Vernunft soll in der Erziehung so entwickelt werden, daß sie, wie die Schiffsallegorie zeigt, die Aufgabe der Orientierung praktischen Handelns übernehmen kann. Unbestreitbar ist die aufklärerische Intention: »Die Hauptabsicht bei der Unterweisung soll sein, den Verstand der Kinder aufzuklären und ihr Urteil gründlich zu machen.« (80) Und wenn Sulzer feststellt, daß sich deutlicher Begriff und gründliches Urteil der »Aufmerksamkeit« und dem eigenen »Nachforschen« verdanken (53), ist man geneigt, ihn der von Thomasius über Lessing zu Kant reichenden kritischen und skeptischen Strömung der Aufklärung zuzurechnen, die in der Wahrheitssuche des Subjekts auf dem Weg selbständigen Denkens das wesentliche Kennzeichen von Aufklärung sah und damit die Mündigkeit und Autonomie des Erkennenden intendierte.[39]

Tatsächlich aber wird bei Sulzer die Reichweite der vernünftigen Erkenntnis beschnitten, die Wahrheitssuche auf einen deutlich eingegrenzten Raum beschränkt und überdies fremdgesteuert. Eine erste Einschränkung ergibt sich schon daraus, daß die gedankliche Schulung erst in einem Alter einsetzen kann, in dem die fundamentalen Erziehungsinhalte bereits internalisiert sind, so daß sie dem Kind als »natürlich« erscheinen und ihr Ursprung aus der »Kunst« des Erziehers nicht mehr erinnerlich ist (130). Das müßte die Bewegung des Denkens noch nicht zwangsläufig in die Grenzen der frühkindlich erworbenen Grundüberzeugungen einschließen, würden diese nicht fortwährend von der Verstandeserziehung affirmiert, ja tabuiert. In deren Verlauf sollen die dem Kind eingeprägten Grundwerte ins Bewußtsein gehoben und gedanklich entfaltet werden, indem es »deutliche Begriffe« von ihnen erwirbt (57, 101f., 155f.). Diese aber werden, allem Anspruch, den Jugendlichen selber »nachforschen« zu lassen, zum Trotz, vom Erzieher unabänderbar vorgegeben.

Zwar möchte Sulzer in der Tat das Lernen durch die Aktivierung des eigenen Denkens effektiver gestalten: Lerninhalte sollen dem Kind nicht, wie es bis dahin praktiziert worden war, lediglich vorgesetzt und dann von ihm auswendig gelernt, sondern aktiv angeeignet werden. Sulzer empfiehlt daher, vor allem in der Moraldidaktik, die »sokratische Lehrart«, die »Hebammenkunst der Gedanken« (102), und erweist sich damit auch in diesem Punkt als Vorläufer der Philanthropisten, bei denen sie in so hohem Kurs stand, daß sich Johann Gottlieb Schummel schon 1779 zu der ironischen Bemerkung provoziert fühlte, sie sei »das beliebte Stecken- und Tummelpferd unserer neuern Schulverbesserer«.[40] »Die sokratische Lehrart aber besteht darin«, so beschreibt sie Sulzer,

»daß man den Menschen immer durch seine eigenen Empfindungen führt, ihn immer selber denken und urteilen läßt und nur zusieht, daß man ihm die rechte Materie an die Hand gibt und verhütet, daß er nicht falsch urteile.«(102)

Dieser Methode eignen zwei Vorzüge. Zum einen schult sie Aufmerksamkeit, Beobachtungsgabe, Überlegung – Fähigkeiten, die dem Erwachsenen in seinen Berufsgeschäften unentbehrlich sein werden, – und entwickelt das Denken zur vielfältig instrumentalisierbaren Technik. Zum anderen, und das steht für Sulzer im Vordergrund, hat sie einen didaktischen Vorteil: Das eigene Denken muß deshalb pädagogisch institutionalisiert werden, weil sich dem Kopf eine Erkenntnis nur dann als eine »einschauende Überzeugung« einprägt, wenn er »selbst auf alle Sätze und Schlüsse gefallen ist« (102), die sie konstituieren. Dann nämlich stellt sich der Eindruck ein, das de facto Gedachte sei das einzig vernünftig Denkbare.[41] Unzweifelhaft ist jedoch, daß sich das durch Hebammenkunst geförderte Denken immer nur auf der vom Erzieher gebahnten Straße bewegen kann, an deren Ende es bloß ein einziges richtiges Ziel gibt, das von Anfang an feststeht: den »deutlichen Begriff« in der Definition des Pädagogen. Er und kein anderer soll zur festen Überzeugung des Lernenden werden. Schon Schummel hat in einer satirischen Darstellung der maieutischen Methode vorgeführt, daß diese nicht eigentlich ihrem Selbstverständnis gemäß »die Gedanken aus der Seele« herausfragt, sondern sie erst hineinlegt, da bereits die Form der Frage in der Regel nur eine einzige richtige Antwort zuläßt.[42] Schummel mag überzeichnen, das zugrunde liegende didaktische Prinzip aber gibt er richtig wieder. Der Schüler wird unter den geschickten Fragen des Erziehers nur auf die Antwort verfallen, die dieser ansteuert, dabei aber glauben, er habe den Gedanken selbst entwickelt.

Daß die pädagogisch induzierte Denkbewegung auch außerhalb des maieutischen Verfahrens allein im Rahmen vorgegebener, dem Lernenden freilich noch undeutlicher Wahrheiten stattfinden soll, die mittels eigener Aktivität anzueignen sind, verrät ein bezeichnendes Beispiel, das Sulzer gibt, um die Genese eines »deutlichen Begriffs« zu illustrieren:

»Wenn einer einen deutlichen Begriff haben wollte von der Redlichkeit, so muß er notwendig die Taten eines redlichen Menschen genau beobachten; er muß auf alles, was der redliche Mensch tut, aufmerksam sein. Dieses gibt hernach den Grund, einen deutlichen Begriff von der Redlichkeit zu haben [. . .]« (54).

Was Redlichkeit *ist*, steht hier von vornherein fest, und dieses Vorwissen von ihr gründet zweifellos in der frühkindlichen oder in einer späteren Suggestion seitens des Erziehers. Zur Bildung ihres Begriffs kommt es allein darauf an, das durch das undeutliche Vorwissen identifizierte Phänomen genau zu beobachten und in seine Einzelteile zu zerlegen und so die anfänglich verworrene Erkenntnis zu einer klaren und deutlichen zu erheben. Das Verfahren ist analytisch und explikativ, nicht synthetisch. Ausgeschlossen ist, daß man bei seiner Anwendung zu einer von der vorgängigen undeutlichen prinzipiell unterschiedenen Auffassung dessen gelangen könnte, was als »redlich« gelten soll.

Eine solche abweichende Auffassung hat in Sulzers Denken auch gar keinen Ort. Sie wäre notwendig bloßer Irrtum. Denn der deutliche Begriff, zu dem der Erzieher den Jugendlichen hinführt, gilt Sulzer nicht als Produkt kultureller Konvention oder gesellschaftlicher Übereinkunft und damit als eine Größe, die diskursiv immer wieder ausgehandelt werden müßte, sondern erhebt den Anspruch absoluter Wahrheit – auch im Bereich moralischer Fragen, um deren kulturelle Relativität Sulzer grundsätzlich sehr wohl weiß (159). Solcher Anspruch zeigt sich etwa, wenn Sulzer dem Erzieher die Aufgabe erteilt, dem Jugendlichen zu beweisen, daß und wie die im Verlauf der Verstandeserziehung erworbenen »deutliche[n] Begriffe von allen menschlichen Hauptpflichten [. . .] in den unveränderlichen Gesetzen der Natur begründet sind« (156). Damit beansprucht der moralische Begriff objektive Geltung, gibt es doch im 18. Jahrhundert gegen die Gesetzgebung der »Natur« keine Berufungsinstanz.

Die autoritative Absicherung der Erziehungsinhalte bleibt dabei jedoch nicht stehen. Um allen Zweifel an diesen nicht nur zu erübrigen, sondern zu verbieten, zögert Sulzer nicht, sie in die Sphäre des Sakralen zu erheben und damit zum Tabu zu machen. Die Ordnung etwa soll den Kindern »bei allen Anlässen [. . .] als etwas Heiliges und Unverletzliches« dargestellt werden (130), und was schon für sie gilt, muß um so mehr auf die obersten Werte des aufklärerischen Denkens zutreffen, die Vernunft und die Tugend: »Dabei muß man ein für allemal bei ihnen [den Kindern] festsetzen, daß Vernunft und Tugend zwei unverletzliche, heilige Dinge sind, die der Mensch niemals wissentlich übertreten darf« (149). Vernunft und vernünftige Tugend usurpieren den Status älterer Autoritäten. Die Funktion dessen, was früher heilig und unverletzlich war, die Funktion der Stiftung von Sinn und Ordnung, der Orientierung praktischen Handelns usw., geht nun auf sie über. Keineswegs führt die Befreiung von den alten Mächten, ihren Normen und Werten zur Einsicht in die relative Geltung von Wertvorstellungen überhaupt. Mit der Funktion bemächtigt sich die Vernunft – und das heißt immer zugleich: die von ihr legitimierten Normen – auch des Herrschaftsanspruchs der abgelösten Autorität: Sie begreift sich selbst im Bild des mit sakraler

Dignität ausgezeichneten absolutistischen Staates. Sulzer ist im 18. Jahrhundert bekanntlich nicht der einzige, der von dieser Metapher fasziniert ist und sie deshalb großzügig über seinen Text ausstreut. Die Vernunft beansprucht, besonders im Innenraum des Individuums, die »absolute Herrschaft«, sie setzt andere Mächte je nachdem »in ihre gehörigen Schranken« oder erteilt ihnen die »Erlaubnis«, ihr zu dienen, sie »regiert« nach »Gesetzen und Regeln«, die »heilig« und »unverletzlich« sind, denen man sich »gerne unterwerfen« soll und denen gegenüber es nicht erlaubt ist, »nach seinem [abweichenden] Willen zu handeln«.[43] Ein Abglanz dieser sakrosankten Herrschaft fällt auch auf den Erzieher, ihren Sendboten und Sachwalter.

Es ist evident, daß es dem eigenen Denken bei dieser Selbsteinschätzung der Vernunft nur gestattet sein kann, sich innerhalb der Grenzen ihres Hoheitsgebiets zu bewegen, die von den Normen und Werten markiert werden, die, einmal als »vernünftig« ausgewiesen und in »deutlichen Begriffen« niedergelegt, nun nicht mehr in Frage gestellt zu werden brauchen. Um diese Normen und Werte und ihre Stabilisierung auf verschiedenen Ebenen kreist der gesamte Erziehungsprozeß. Sie, die der Erzieher, selber auf der Basis deutlicher Begriffe operierend, dem Kind in dessen ersten Lebensjahren noch »ohne Gründe« »eingepflanzt« hat, sollen im Verlauf der weiteren Erziehung durch eigenes Nachdenken ins Bewußtsein gehoben, als vernünftig und naturgemäß erwiesen und in die Deutlichkeit des Begriffs übersetzt werden, auf den der Erzieher seinen Schüler geschickt hinlenkt. Denken beschränkt sich hier auf den bloßen Nachvollzug des Erkenntniswegs, dessen endgültiges Ziel und einzelne Etappen vom Erzieher, dem Schüler nicht wahrnehmbar, festgelegt werden. Letzterer begreift in solchem Denkvorgang jedoch nicht nur klar und deutlich einen besonderen Inhalt, sondern übt zugleich eine bestimmte Erkenntnisweise, eine Denkmethode ein. In diesem Akt des vermeintlich ganz eigenständigen Denkens wird, so glaubt Sulzer, das erst Verinnerlichte nun auch zur »einschauenden Überzeugung« des Verstandes. Die frühkindlich eingeprägte Neigung zu den gesellschaftlich erwünschten Verhaltensweisen erhält nachträglich ihre rationale Legitimation, so daß Vernunft und Neigung – jedenfalls im Idealfall – miteinander harmonieren. Neben der Übernahme solcher Funktionen im Prozeß der Etablierung der fundamentalen Tugenden soll die Schulung von Verstand und Vernunft das Individuum befähigen, seinem Handeln selbständig konkrete Ziele zu stecken, die mit Vernunft und Tugend vereinbar sind. Dazu sind besondere Aktionen im Licht der gegebenen vernünftigen Wertsetzungen als nützlich oder schädlich, richtig oder falsch, gut oder böse zu klassifizieren (152). – Das eigene Denken kommt für solche Zwecke nicht, wie es hier zunächst schien, als emphatisches »Selbst-« oder »Freidenken« in Betracht, sondern lediglich als »Richtigdenken«,[44] als unter der Ägide des Erziehers eingeübte, methodisch richtige Erkenntnis von Sachverhalten und Objekten, zu denen auch die verdinglichten Ideen der Moral gehören, sowie als Anwendung der allgemeinen Handlungsnormen auf besondere Fälle in richtigen, d.h. regelrechten Denkoperationen.

Diese allgemeinen Normen aber sind selbst nicht mehr Gegenstand der Reflexion. Sie gelten als von der Vernunft ein für allemal gesetzt; in ihnen ist die unveränderliche Wahrheit der Moral niedergelegt, an deren quasi religiöser Verbindlichkeit es nichts zu deuten gibt. Ihnen gegenüber stößt die Autonomie des Denkens an ihre Grenzen, oder vielmehr: Freiheit kann schlechterdings nicht als Freiheit *von,* sondern ausschließlich als Freiheit *zu* ihnen vorgestellt werden.[45] Das kritische Denken, der methodische Zweifel haben sich allein gegen die auf dem »Vorurteil« basierenden und »unaufgeklärten« konkurrierenden Normensysteme zu richten, gegen die der höfischen Gesellschaft, der unterbürgerlichen Schichten oder einer »unvernünftigen« Religion.[46] Das aufklärerische Denken, das sich in den Dienst der Konsolidierung der bürgerlichen Gesellschaft stellt, vollzieht somit einen Akt der Selbstbeschneidung: Es sistiert den kritischen Prozeß und reduziert sich auf ein Instrument des Erkennens, der begrifflichen Entfaltung, der Legitimierung und der Anwendung von Normen und Werten, die es als solche nicht antasten darf, ohne seine Vernünftigkeit abgesprochen zu bekommen.[47]

3. Fremdzwang und Furcht als Disziplinierungsinstrumente. Die Problematik der Strafe in der Erziehung

Angesichts der Unmöglichkeit, die Herrschaft der Vernunft allein mit deren eigenen Mitteln im Individuum zu errichten und zu befestigen, der Unmöglichkeit, den kindlichen Charakter allein durch Vermittlung vernünftiger Erkenntnis zur tief verwurzelten Tugendhaftigkeit als deren moralischem Korrelat zu erziehen, sehen sich die aufklärerischen Pädagogen vor die Notwendigkeit gestellt, andere Mittel zu diesem Zweck zu finden, Mittel, die der Einsicht Rechnung tragen, welch immensen Einfluß die Sphäre der Sinnlichkeit auf den Willen und über diesen auf das Handeln hat, und daher nachdrücklich auf die Sinnlichkeit einwirken müssen. Idealiter gilt es, die Triebe, Affekte und Neigungen des Kindes mit den vom Erzieher vertretenen Maximen der Vernunft in harmonischen Einklang zu bringen, d.h. diejenigen, deren die

Vernunft als Kraftquelle bedarf, müssen erweckt oder gefördert, die ›eigensinnigen‹ hingegen, die sich ihrer ›Rationalisierung‹, ihrer Aneignung durch die Vernunft, widersetzen, kanalisiert, unterdrückt oder durch eine Gegenkraft neutralisiert werden. Als Form dieser Regulierungs- und Modellierungsvorgänge wird der Gehorsam angesehen, auf dessen Bedeutung bereits hingewiesen wurde. Unter dieser Zielvorgabe stellt sich den Pädagogen die Frage, ob und inwieweit die Furcht in ihren verschiedenen Gestalten als Antrieb zu erwünschtem Verhalten bzw. als Gegengewicht gegen von der Vernunft verworfene lasterhafte Regungen geeignet ist. Diskutiert wird diese Frage zumeist im Zusammenhang mit der Problematik der Strafe; diese bildet den hauptsächlichen Gegenstand der pädagogisch instrumentalisierten Furcht.[48]

Unverkennbar verfolgt die aufklärerische Pädagogik die Tendenz, die Strafe, und insbesondere die Körperstrafe, nach Möglichkeit zu reduzieren. Sie steht damit in polemischem Gegensatz zu älteren, aber auch noch gleichzeitigen Formen einer sowohl häuslichen wie schulischen Erziehungspraxis, in der Disziplinierung durch Verbreitung eines Klimas von Einschüchterung und Furcht erzielt werden sollte und in der die rüde Bestrafung das hauptsächliche Erziehungsmittel gebildet zu haben scheint. Das ist keine perspektivische Verzerrung durch den aufgeklärten Gegner, sondern bestätigt sich bei einem Blick in zeitgenössische Darstellungen. Johann Beer etwa berichtet in einer offensichtlich autobiographischen Passage aus seinem *Narrenspital* von 1681, daß sein grausamer Schulmeister, ein ausgemachter »Kinderhenker«, der »die meiste Schulzeit nur mit Auskehrung der Ärsche zu tun hatte«, einige seiner Schüler »dermaßen zuschanden« prügelte, »daß sie dem Bruch- und Wundarzt etliche Wochen mußten unter der Hand liegen«.[49] Hundert Jahre später hat sich die Schulsituation in diesem Punkt nicht nennenswert gewandelt, wie aus dem Zeugnis des schwäbischen Schulmeisters Jakob Häuberle hervorgeht, dessen pädagogischer Eros seinen Niederschlag in einer beispiellos gründlichen Auflistung und akribischen Spezifizierung der Straf-Taten seiner fünfzigjährigen Laufbahn gefunden hat. »911527 Stockschläge, 124010 Ruthenhiebe, 20989 Pfötchen und Klapse mit dem Lineal, 136715 Handschmisse, 12235 Maulschellen, 7905 Ohrfeigen, 1115800 Kopfnüsse und 22763 Notabenes mit Bibel, Katechismus, Gesangbuch und Grammatik« will Häuberle ausgeteilt haben, von den weniger ergiebigen Gattungen zu schweigen;[50] die tägliche Dosis läßt sich leicht errechnen. Keine erfreulichere Realität hat der 1786 geborene Karl Friedrich von Klöden vorgefunden: »Wo es Kinder und Soldaten gab, da gab es damals auch Prügel, und meistens ganz barbarische«, heißt es in seinen *Jugenderinnerungen*.[51] Gegen derartige, zum Alltag gewordene Exzesse richtet sich die aufklärerische Pädagogik, die in der Körperstrafe nicht mehr als die ultima ratio des Erziehers sehen möchte – freilich auch nicht weniger.

Klödens Epitheton des »Barbarischen« legt nahe, für diese Tendenz zur Zurückdrängung der Leibesstrafe einen ›humanitären‹ Impetus verantwortlich zu machen. Zweifellos ist ein solcher – nicht zuletzt aufgrund der neuartigen Emotionalisierung der familiären Beziehungen – in der Tat wirksam. Greifbar wird er etwa in der von Campe, Salzmann und anderen mehrfach wiederholten Erinnerung, daß auch die Kinder »so gut als wir« Menschen mit Menschenrechten und dem Anspruch auf »Schonung« seien;[52] schon die Tatsache, daß diese Feststellung und ihre häufige Wiederholung überhaupt notwendig erschienen, spricht für sich. Und doch trifft die ›humanitäre‹ Begründung allenfalls die halbe Wahrheit.

Nicht minder defizient ist die von Katharina Rutschky vertretene psychologistische Erklärung für den Wandel des Strafgedankens: »Die Körperstrafen werden in ihrem Wert nicht angezweifelt, weil sie wirkungslos oder barbarisch sind, sondern weil sie dem strafenden Erzieher eine Befriedigung verschaffen, die immer mehr tabuiert wird.«[53] Das gesellschaftliche Verbot, Trieben und Affekten freien Auslauf zu lassen, sei der Grund für das Zurücktreten der spontan und affektiv vollzogenen Körperstrafe einerseits, für die Regelung und Verfeinerung der pädagogisch noch zugelassenen Strafen andererseits, in denen so ein »lebensfähiger Kompromiß zwischen der Aggression [des Erziehers gegen das Kind] und ihrem Tabu« erreicht werde. Nun ist in der Tat nicht zu leugnen, daß dem Erzieher ein »affektiver Ausbruch«, wie er in der spontanen Bestrafung des Kindes stattfindet, ebenso verboten ist wie jedem anderen bürgerlichen Individuum. Auch die Behauptung, die von der bürgerlichen Pädagogik legitimierte ›neue‹ Strafpraxis sei nichts als eine »Rationalisierung des Sadismus«, die den Vorzug habe, daß sie dem Strafenden »die Schuldgefühle wegen der Triebbefriedigung« erspare,[54] hat im Hinblick auf einige Texte durchaus eine gewisse Plausibilität. Doch die einseitige Konzentration auf die Funktion, die die Strafe für den Erzieher haben soll, läßt völlig aus Katharina Rutschkys Gesichtskreis verschwinden, daß die erzieherischen Maßnahmen, und unter diesen die Strafe, auch in anderer Hinsicht funktional sein müssen, funktional nämlich für den gesellschaftlichen Zweck der Erziehung, der in der Konditionierung des Kindes gemäß den Erfordernissen der bürgerlichen Gesellschaft besteht. Ich habe schon darauf hingewiesen, daß die große Schwierigkeit, diesen Zweck zu erreichen, es ist, die die Entwicklung immer komplexerer erzieherischer Techniken als eine soziale ›Notwendigkeit‹ zu begreifen erlaubt und in der Folge auch das enorme quantitative Anwachsen der pädagogischen Reflexion im

18. Jahrhundert verständlich macht. Um diesen sozialen Zweck kreist überall das Interesse der aufklärerischen Pädagogen, mit Blick auf ihn mustern diese alle traditionellen und neu entworfenen erzieherischen Methoden. Es ist durchaus falsch, zu behaupten, der Aspekt der Wirkung der Körperstrafen habe keine Rolle für deren Reduzierung gespielt. Vielmehr sind es vor allen anderen Effizienzgesichtspunkte, die den Wandel der Einstellung zum Strafen bestimmen.

Man könnte nun annehmen, in diesem Wandel reflektiere sich die aufklärerische Tendenz zur Bekämpfung und Vermeidung von Furcht, die ja auch aus gesellschaftlichen Gründen suspekt wird, doch ist das nicht generell der Fall. Zwar werden im Zuge der Neuformulierung der Erziehungsziele im 18. Jahrhundert ältere Funktionen und Begründungen der Strafe hinfällig, doch büßt diese damit keineswegs ihr Existenzrecht überhaupt ein. Allerdings muß sie, um weiterhin als legitim zu gelten, den neuen pädagogischen Intentionen dienlich sein, darf diese jedenfalls nicht stören oder gar vereiteln. Furcht also soll hier nicht abgeschafft, sondern zweckdienlich zugeschliffen werden. Die Frage ist, ob und inwieweit das überhaupt möglich ist.

Die Entwicklung des pädagogischen Strafgedankens zeigt bemerkenswerte Übereinstimmungen mit der des juristischen sowie auch des theologischen und erweist sich so als in einer umfassenden, die einzelnen wissenschaftlichen Diskurse fundierenden und prägenden historischen Bewußtseinsstruktur verankert. Michel Foucault hat eindrucksvoll beschrieben, daß die gesetzliche Strafe im 18. Jahrhundert einem Funktionswandel von der Sühne des Bösen als »politischem Ritual«[55] zur »Besserung« des Delinquenten unterliegt, hinter der sich seine Normalisierung verbirgt (236f.). Die in unseren Augen grausamen öffentlichen Straf- und Hinrichtungsprozeduren der frühen Neuzeit, in denen sich in der Regel das begangene Verbrechen allen Zuschauern lesbar spiegelte, zielten nicht auf die Besserung des Verurteilten und, obwohl sie durchaus Furcht und Schrecken im Publikum verbreiten sollten, nicht in erster Linie auf Abschreckung von möglichen Straftaten (65, 119). Im öffentlichen »Fest der Martern«, in dem vielfältige Funktionen gebündelt waren, sollte vielmehr die Brechung des Rechts gesühnt werden, in der nicht nur dieses selbst, sondern auch die göttliche Weltordnung, auf der es beruht, sowie die Person des Souveräns, der es zur Geltung bringt, verletzt worden waren; zugleich sollte die ritualisierte Rache des Herrschers vollzogen, dessen Souveränität ebenso wie die Rechtsordnung restituiert und der Zorn Gottes abgewendet werden.[56] Im Lauf des 18. Jahrhunderts lockert sich der Zugriff auf den Körper des Delinquenten, der bis dahin das alleinige Objekt des genau ausgearbeiteten Strafzeremoniells gewesen war, doch geschieht dies nicht aus

Gründen der ›Humanität‹, sondern aus Gründen der Wirksamkeit im Rahmen einer Zieländerung, für die »die Umkehrung des Zeitbezuges der Bestrafung« (164) signifikant ist: Nicht mehr der vergangene, sondern der potentielle künftige Rechtsbruch bildet Bezugspunkt und Maßstab der Strafe. »Die Prävention der Verbrechen ist der einzige Zweck der Züchtigung«, heißt es in einer amerikanischen Abhandlung des Jahres 1793.[57] Zum einen gilt es, durch eine neue »Kunst der gezielten Wirkungen« (119) die Mechanik der Abschreckung zu verbessern (16, 118f., 122, 141 u.ö.), zum andern muß der Täter, dessen Körper nicht zuletzt wegen seines ökonomischen Werts geschont wird (72, 140), an der Begehung neuer Verbrechen gehindert werden. Im Zentrum der Bestrafung steht daher der »Versuch zu bessern, zu erziehen, zu ›heilen‹. Eine Technik der Verbesserung verdrängt in der Strafe die eigentliche Sühne des Bösen [. . .]« (17, vgl. 164f.). Diese Technik impliziert eine Individualisierung der Strafen nach Maßgabe der optimalen Wirkung auf den besonderen Charakter jedes Verbrechers (29, 126, 133ff.). Selbst dort, wo die Bestrafung weiterhin den Körper trifft, ist dieser nicht ihr eigentlicher Adressat, sondern nur noch ihr »Vermittler« auf dem Weg zur Seele (18, vgl. 129). Foucault zitiert Mably: »Die Strafe soll, wenn ich so sagen darf, eher die Seele treffen als den Körper.« (26) Ein neuer Typus von Macht tritt auf den Plan.

Mit dem juristischen Diskurs ist der pädagogische zunächst schon deshalb zwingend verzahnt, weil die Strafgewalt des Vaters auf seinem Status als Träger rechtlicher Herrschaft beruht. Insofern der biologische Vater »oikodespotes«, »pater familias«, »Haus = Wirth« ist, repräsentiert er Herrschaft auf der untersten Sprosse einer Hierarchie, an deren oberem Ende Gott thront und in deren Mitte die gottgewollte Obrigkeit residiert, von der ihm seine Macht übertragen worden ist.[58] Strafrechtlich unterworfen sind ihm seine Frau, seine Kinder und das Gesinde allerdings nur bei geringfügigen Vergehen, und auch dann immer nur im Rahmen der geltenden Gesetze. Das Zedlersche Lexikon spricht dem Vater die »von GOtt verliehene« Strafgewalt über die Kinder nur bei »geringern«, nicht aber »grossen Capital-Verbrechen« zu; gleichwohl ergibt sich kein sonderlich anheimelndes Bild der Familienbeziehungen.

»Bey den erstern ist den Eltern zugelassen, ihre ungehorsamen Kinder so wohl mit Worten, als auch mit Schlägen und Gefängniß zu züchtigen, und ihre Sinne zu beugen, wohin auch zu rechnen die Macht, die Kinder ins Zucht = Raspel = oder Spinn = Haus, item in die Festungen zu bringen. [. . .] Bey denen letztern aber kömmt es zwar auf die Bestraffung an, die der Richter dießfalls anordnet; jedoch können Eltern durch ihre Vorbitte, die gesetzte Strafe öffters lindern. [. . .] Also wenn heutiges Tages ein Vater an seinen Sohn Hand anlegen, und ihn umbringen wollte, so wird er selbst wiederum am Leben gestrafft [. . .]«[59]

Diese partielle Kongruenz von väterlicher und juristischer Gewalt über das Kind macht begreiflich, daß die aufklärerischen Pädagogen im Zusammenhang mit der Erziehungsstrafe immer wieder auf die gesetzliche Strafe zu sprechen kommen. Zwar werden beide meist voneinander abgehoben, insbesondere bezüglich ihrer Funktionen, de facto aber nimmt ihre Entwicklung in wesentlichen Grundzügen dieselbe Richtung; beide Straftypen verfolgen ähnliche Ziele. Bei der juristischen Strafe, von der die Pädagogen die Erziehungsstrafe funktionell unterscheiden wollen, handelt es sich in der Regel um diejenige, die *am Beginn* der von Foucault beschriebenen Entwicklung steht, um die Strafe als Sühne und Rache, die dem allgemeinen Bewußtsein trotz aller Wandlungen in juristischem Diskurs und Strafpraxis noch lange Zeit gegenwärtig bleibt.

Aber auch im Bereich der Erziehungstheorie und -praxis selbst hat es die Auffassung der Strafe als Sühne und Rache gegeben. In theologischer, meist alttestamentlich orientierter Perspektive obliegt es der Strafe, das Kind in der Furcht des Herrn zu halten, den sündigen Eigenwillen zu brechen, aber auch das begangene Böse zu sühnen und zu vergelten, um den göttlichen Zorn abzuwenden. Für August Hermann Francke, eine der Zentralgestalten des deutschen Pietismus, sind die Vergehen der Kinder »Sünde« und »Bosheit« im theologischen Sinn und müssen »ratione officii« bestraft werden. Sollte dem Kind diese Pflicht nicht ganz einsichtig sein, so muß ihm der Erzieher mit Bezug auf die Sprüche Salomos erklären,

»daß er des Strafens gern ganz wollte entübrigt sein, wenn es Gott nicht anders haben wollte. Aber weil Gott ausdrücklich befohlen und gesagt: ›Man muß dem Bösen wehren mit harter Strafe und mit ernsten Schlägen, die man fühlt‹ (Prov. XX, 30), so müsse er auch notwendig das Böse strafen, wenn er Gott nicht erzürnen, noch die Strafe Eli, der seiner Söhne Bosheit nicht ernstlich genug gestraft, auf sich laden wolle.«[60]

Dieser religiöse Sühnegedanke verschwindet in der aufklärerischen Pädagogik nahezu vollständig; allenfalls in Anspielungen, und dann in kritischer Absicht, wird an ihn erinnert, etwa wenn Sulzer vermeiden will, daß dem Kind die Strafe »als ein Versöhnopfer seiner Fehler« erscheint (121).

Außer durch die religiöse Vergeltungspflicht kann die Strafe der ›alten‹ Erziehung auch durch ganz säkulare Rachewünsche, vor denen die neue Pädagogik regelmäßig warnt, motiviert werden. Zunächst scheint es, als hätten diese, die sich im spontanen und affektiven Gewaltausbruch des Erziehers Luft machen, nur wenig gemein mit der im öffentlichen Schauspiel der Strafe vollzogenen, streng ritualisierten und keineswegs willkürlichen Rache des Souveräns. Doch gilt den Zeitgenossen das Bindeglied des Rachebegriffs als hinreichend, um die Verwandtschaft der beiden Straftypen zu bezeugen. Das zeigt sich beispielsweise dort, wo Sulzer die von ihm als legitim angesehene pädagogische Strafe in Abgrenzung sowohl von der »rächenden« gesetzlichen wie von der »rächenden« Erziehungsstrafe, die »so sehr gewöhnlich« sei (122), bestimmt. Neben der Funktion der Abschreckung haben

»die bürgerlichen Strafen [...] etwas Rächendes an sich. Man setzt voraus, daß durch ein bürgerliches Verbrechen das Gesetz und der Gesetzgeber beleidigt worden. Um nun diese zu rächen, so muß das Verbrechen gestraft werden, wenn auch gleich der Übertreter durch die Strafe nicht gebessert wird. Diese Bestimmung fällt in der Strafe der Kinderzucht weg; da muß nicht die Rache, sondern bloß die Besserung der Grund der Strafe sein.« (117)[61]

Die Aufforderung, Kinder niemals aus Rache und im Affekt zu strafen, gehört von nun an zum festen Inventar der pädagogischen Entwürfe.[62]

Auch im pädagogischen Denken vollzieht sich somit eine »Umkehrung des Zeitbezuges der Bestrafung«, wie sie Foucault im strafrechtlichen Diskurs festgestellt hat.[63] Wenn Strafe eine Existenzberechtigung haben soll, muß sie künftige Vergehen verhindern können, und das soll sie durch Abschreckung und Besserung erreichen. Letztere aber hat dabei, jedenfalls theoretisch, Priorität; zumindest soll die Abschreckungsveranstaltung niemals die Besserungschancen des Bestraften beeinträchtigen. »In keinem Fall«, formuliert Joachim Heinrich Campe, dürfe der Erzieher »sich erlauben, das Wohl [seines Zöglings] der Wohlfahrt Anderer aufzuopfern« und den Bestraften zum »Opfer für das Ganze« zu machen.[64]

Unterhalb dieser Schwelle scheint den Pädagogen freilich Platz genug zu bleiben für die Entfaltung ausgefeilter Abschreckungseffekte. Deren Prinzip ist die Einsetzung von Furcht als Gegenkraft gegen die Neigung zum Normverstoß. Abschreckung hat zunächst dort stattzufinden, wo das Vergehen öffentlich sichtbar geworden ist und der dem Zuschauer sich aufdrängende Eindruck, unverbrüchliche Gesetze seien eben doch brechbar, paralysiert werden muß. Das ist in der häuslichen Erziehung selten, in der Schule hingegen meistens der Fall. Sulzer sieht daher die schulischen in großer Nähe zu den »bürgerlichen« Strafen, freilich nur insofern sie »ein Beispiel zur Warnung geben« und die Aufgabe der »Besserung des Übertreters« in den Hintergrund tritt, nicht aber hinsichtlich eines Racheaspekts (118). Die Wirkung solch abschreckender Exempel soll nicht mehr auf dem fragwürdigen Terror der traditionellen Prügelpraxis fußen, sondern sich in einer sorgfältigen moralischen Inszenierung entfalten, in der unterschiedliche wohlberechnete Strategien gebündelt sind, um Publikum und Missetäter an mehreren empfindlichen Punkten gleichzeitig zu treffen. Es zeigt sich nicht das Bild des wutschnaubenden »Kinderhenkers«, der aller Kontrolle ledig den Stock über dem physisch unterlegenen Kind schwingt, aufgeführt wird jetzt ein Schauspiel von Notwendigkeit, Feierlichkeit, Trauer und Furcht mit ungleich stärkerem Effekt. Auf diesen, auf die Steigerung des immer wieder beschworenen »Nutzens«, kommt es bei der Abschreckungsstrafe an; der Blick auf ihn ist vor aller Vermeidung von Schuldgefühlen des Erziehers verantwortlich beispielsweise für die Forderung, die Strafe nicht sofort, sondern erst in einigem zeitlichen Abstand zu vollstrecken, auf jeden Fall aber erst nach Abklingen des Affekts, also etwa nach dem Unterricht. Das hat, so Salzmann, »zweierlei Vorteile, erstlich kühlt sich unterdessen mein Blut ab, und ich bekomme Ruhe zu überlegen, wie ich die Sache recht klug anfangen will«; zum anderen wird auf diese Weise die Strafe dem »kleine[n] Delinquenten« »zehnfach« spürbar,[65] nicht nur körperlich, sondern ebenso durch eine in diesem Zusammenhang auch von anderen Autoren als nützlich angesehene »Furcht, die bis ans Ende der Schule dauert« und »oft empfindlicher als die Strafe selbst« ist.[66] Sind die propädeutischen Überlegungen abgeschlossen, so kann das Zeremoniell beginnen. Die Strafe und ihr Grund werden der Klasse, vorzugsweise nach dem Gebet, verkündet, der Übeltäter wird von den Mitschülern abgesondert »mit dem Vermelden, daß er nicht wert wäre, unter andern guten Kindern zu sitzen, er könnte jene leicht anstecken«, auch kann sein Name auf einer mit dem Titel »Strafwürdig« überschriebenen Tafel eingetragen werden. Fängt unter diesen »fürchterlichen Vorbereitungen« das Kind an, »zu weinen und zu bitten«, so gebietet ihm der Schulmeister Stillschweigen und sagt, »daß es jetzt Zeit sei zu lernen, daß man diese Zeit nicht seinetwegen unnützlich verzetteln wolle; es solle fleißig lernen, widrigenfalls schärfere Strafe zu gewärtigen sei. Nötigenfalls verschärfte er die Drohungen.«[67] Neben dem Angriff auf den sozialen Status und das Ehrgefühl ist in dieser die Leibesstrafe vorbereitenden Phase auch der Appell an das Schuldgefühl hilfreich. Salzmann empfiehlt »eine wehemütige Anrede an sämtliche Kinder«, in der der Lehrer beklagt, daß er durch die »Notwendigkeit« einer Bestrafung »einen sehr traurigen Tag« habe. Schon in diesem Stadium der wirkungsästhetisch inspirierten Strafdramaturgie »fließen [...] viele Tränen, nicht nur von dem der gezüchtigt werden soll, sondern auch von seinen Mitschülern.«[68] Nach dem Unterricht endlich schreitet der Lehrer zur

Exekution vor aller Augen, besonders derer, »welche die Bosheit des zu bestrafenden Kindes mit angesehen« haben. Einleitend formuliert er die Moral des Schauspiels: »Ihr andern sollt sehen, wie es abgestraft wird, damit Ihr euch scheut und hütet, es ihm nachzutun«, und dann wird die Strafe vollstreckt. Bei Ersttätern darf der Schulmeister freilich, »wenn das Kind sein Flehen und Versprechen verdoppelte«, vom Vollzug des Urteils absehen und die Strafe zur Bewährung aussetzen.[69] Ob freilich auf dem Wege einer derartigen, auch das Mittel der Furchterregung nicht scheuenden Erziehungspraxis mehr als eine bloß äußerliche Disziplinierung zu erreichen ist, hat schon die aufklärerischen Pädagogen beschäftigt.

Abschreckung findet nicht nur in der schulischen, sondern auch der häuslichen Erziehung statt, richtet sich hier jedoch nicht an ein Publikum, sondern nur an den Missetäter selbst, der von Rückfällen in seine strafbaren Laster abgehalten werden soll. Welche Ausmaße der Wunsch annehmen kann, auch diese Form der Abschreckung durch eine einprägsame Inszenierung so wirkungsvoll wie möglich zu gestalten, zeigt sich an Basedows Plädoyer für einen eigenen »Kinderrichter« nebst einem »besonderen Zuchtmeister« als Exekutivorgan – einen durch die Zensur der Aufklärung geschlüpften ›Schwarzen Mann‹, der aber offenbar den unbezahlbaren Vorzug besitzt, nicht die unauslöschlichen Schrecken des Aberglaubens zu erregen, vor denen Basedow, wie alle anderen Aufklärer auch, andernorts warnt.[70] Interessant ist Basedows Erfindung unter anderm auch deshalb, weil in ihr eine weitere Verbindungslinie zwischen Erziehung und Justiz sichtbar wird. Ein »Kinderrichter« nämlich, wie ihn nach Basedows Plan »eine jede Dorfschaft oder eine jede zureichende Anzahl von Familien« aufstellen soll, ist eine sozusagen paraobrigkeitliche Institution, die über solche kindlichen Vergehen richtet, »deren Anwachs und Fortsetzung einmal von der Obrigkeit bestraft würde«, und so die Kinder »höchstvermutlich vor Ketten und Banden, Schwert, Galgen, Rad und Scheiterhaufen« bewahrt.

»Der Zuchtmeister aber muß, nach dem Urteil des Richters, der sich niemals von den Eltern erbitten läßt, eine sehr scharfe Züchtigung ausüben. Die Kinder müssen nicht anders wissen, als daß die Obrigkeit, der alle Untertanen gehorsam sein müssen, den Richter schicke. Zuweilen müssen die Eltern sich stellen, als wenn sie den Ausspruch des Richters und die Züchtigung des Zuchtmeisters zu hart fänden. Sie müssen sich sogar aus Mitleiden einmal dem Richter und Zuchtmeister widersetzen. Aber im Augenblick müssen viele bewaffnete Männer aus der Nachbarschaft herzu eilen, um dem Richter beizustehen und die Eltern zu bestrafen; damit die Kinder anfangs glauben lernen, es steht nicht in dem Willen der Eltern, sie von der Strafe solcher Verbrechen zu befreien. Es sind aber solche Verbrechen das

Naschen und Stehlen; eine mutwillige Beschädigung der Güter; eine Verletzung des Leibes, welche aus Mutwillen oder im Zorn geschieht; und eine verleumderische Anklage, daß ein anderes Kind etwas getan habe, welches diese Art der Züchtigung verdient. Merkt aber, daß der Richter auch durch Einsperrung, Fessel und Hunger die Kinder strafen könne [. . .]«[71]

Der verbreitete Topos der Eskalation des Lasters vom Naschen in der elterlichen Speisekammer zum Raubmord[72] bildet das Grundmuster eines Denkens, das die kindlichen »Verbrechen« immer in ihrer als wahrscheinlich ausgegebenen Entwicklung antizipiert und daher die Elle des geltenden Strafrechts abschreckungshalber an sie anlegt. Das Vergehen, so klein es sein mag, drängt immer schon über die Sphäre des bloß Privaten hinaus; seinem Schwellencharakter entspricht der Status des Kinderrichters zwischen privatem Präzeptor und Vertreter staatlicher Jurisdiktion.

Es liegt in der Konsequenz dieses schon das kindliche Vergehen tendenziell kriminalisierenden Denkens, daß die Abschreckungswirkung der öffentlichen Strafprozeduren, so fehlerhaft sie in vieler Hinsicht auch sein mag, in die Kindererziehung hineingenommen werden kann, ja soll. In Basedows *Elementarwerk* findet sich zu diesem Zweck ein mit Abbildungen noch eindrücklicher gemachtes Kapitel »Von Gerichten und Strafen«, in dem alle Strafformen von der Geldbuße bis zum Rädern, Pfählen und Vierteilen in rührendem Tonfall behandelt werden und jeder Abschnitt mit dem Refrain schließt: »Kinder, gewöhnt euch, der Obrigkeit zu gehorchen, denn (anderer Ursachen zu geschweigen) ihre Strafen sind furchtbar.« Resümierend folgt der Appell, »kein Haarbreit von der Tugend« abzuweichen: »Dieses wird euch von der Gefahr, dem Scharfrichter in die Hände zu fallen, immer weiter entfernen.«[73] Daß Basedow keineswegs einen besonders krassen Ausnahmefall darstellt, zeigt ein Blick in Christian Felix Weißes *Der Kinderfreund,* in dem der Vater die Gegenwart seiner Kinder bei der Hinrichtung eines Mörders fordert, da »solche schreckliche Strafen immer« einen »heilsamen Eindruck« auf das »Herz« machen.[74] Weiße wiederum propagiert hier lediglich den im 18. Jahrhundert ohnehin vielerorts aus moralischen Gründen praktizierten, im 19. Jahrhundert dann verbotenen Brauch, die Schuljugend an den öffentlichen Hinrichtungen teilnehmen zu lassen.[75]

In der häuslichen Erziehung, in der allein der Missetäter – und nicht ein zuschauendes Publikum – Adressat des Strafgeschehens ist, hängt dessen Effizienz nicht nur von seiner raffinierten Inszenierung ab. Entscheidend ist es, und diesem Erfordernis hat alle Strafdramaturgie zu gehorchen, die Strafe dem besonderen Charakter sowohl der Tat wie des Täters anzumessen. Die maximale Abschreckung des Kindes von Rückfällen und neuen Lastern ist mit den teils unwirksamen, teils schädlichen, teils ›inhumanen‹ Mitteln des traditionellen Strafterrors nicht zu erzielen; vielmehr gilt es, aufs genaueste Umstände und innere Beweggründe der Tat zu erwägen sowie die empfindlichsten Punkte im Charakter des Kindes und die Mittel, mit denen sie spürbar angegriffen werden können, ausfindig zu machen. Art und Maß der Strafe stehen nicht in einer festen Relation zu den einzelnen Vergehen, sondern werden nach Maßgabe der Motive des verbotenen Handelns und der Chancen ihrer Beeinflussung festgelegt. Dasselbe Vergehen kann bei zwei verschiedenen Charakteren, ja bei ein und demselben Individuum zu verschiedenen Zeitpunkten ganz unterschiedliche Strafmaßnahmen erfordern. Bei deren Festlegung muß der Erzieher zum einen berücksichtigen, ob die Tat aus Unwissen oder Ungeschicklichkeit, aus bedenklicher Nachlässigkeit oder aus gefährlichen Lastern wie Eigensinn oder Ungehorsam begangen wurde, zum anderen muß er die Empfänglichkeit und Empfindlichkeit des Kindes in Erwägung ziehen. Denn, so schreibt schon Sulzer:

»Dem einen Kind kann eine Sache eine Strafe sein, was dem andern eine Belohnung wäre. Ein Kind wird von dieser Strafe stark, ein anderes nur wenig angegriffen. Also muß notwendig der, der strafen will, die Gemütsbeschaffenheit des Kindes wohl kennen; er muß wissen, womit er es beeinflussen kann.«[76]

Die präzise individuelle Anmessung und Dosierung der Strafe hat freilich nicht nur die Aufgabe, den erwünschten Effekt zu maximieren, sondern ist zugleich ein Mittel, um schädliche Nebenwirkungen zu vermeiden. Ausgehend von kindheitspsychologischen Reflexionen artikulieren die Pädagogiken des späteren 18. Jahrhunderts immer schärfer die Gefahren jeder falsch eingesetzten Strafe, ja in Einzelfällen jeder Strafe überhaupt. Carl Friedrich Pockels schreibt:

»Es ist bei der großen Verschiedenheit der Gemüther, bei der verschiedenen Empfindlichkeit junger Kinder, und bei der oft durchs ganze Leben hindurch wirkenden Dauer früherer Eindrücke durchaus nicht gleichgültig, womit, und wie man jene bestraft, und ich bin überzeugt, daß durch eine falsch angewandte Art der Strafen viel mehr junge Leute von Grund aus verdorben sind, als durch jenes zärtliche Nachgeben, welches Eltern so oft gegen ihre Kinder an den Tag legen.«[77]

Das kindliche Vergehen richtig zu durchschauen, die richtige Strafe dafür zu finden und zum richtigen Zeitpunkt anzuwenden wird immer komplizierter, so daß der Pädagoge angesichts der vielen Möglichkeiten des Fehlgriffs mitunter ganz auf die Bestrafung verzichtet. »Besser ist es, gar nicht zu strafen, als eine Strafe zu wählen, die unschicklich ist«, rät Salzmanns Pfarrer dem Vater Konrad Kiefers.[78]

Die Folgenprüfung ist eines der stärksten Argumente gegen die ›alte‹ Praxis der Strafe, besonders der Prügelstrafe, bestimmt dann aber jede Reflexion über die Bestrafung. Zunächst befürchtet die bürgerliche Pädagogik, deren Sorge um die physische Kraft und Gesundheit als die Voraussetzungen sinnvoller Arbeitsvorgänge sowie irdischer Glückseligkeit sich in einer Vielzahl diätetischer Anweisungen manifestiert, körperliche Schädigungen von der exzessiven Leibesstrafe.[79] Schwerer noch wiegt, daß die demütigende Strafe das Kind erbittern und gegen den Erzieher aufbringen kann, so daß diesem mit der kindlichen Liebe das wichtigste Beeinflussungsinstrument überhaupt zu entgleiten droht.[80] Und schließlich zeigt sich in diesem Zusammenhang die Furcht in ihrer ganzen Ambivalenz.

Einerseits nämlich wird die Strafe, deren Funktionsprinzip die Furcht ist, weitgehend als ein nützliches, ja unverzichtbares Erziehungsinstrument befürwortet, andererseits gilt selbst den Autoren, die diese Ansicht teilen, die Furcht grundsätzlich als eine bedenkliche und gefährliche Regung. Zwangsläufig fast verbindet sich so mit der erwünschten Wirkung der Straffurcht eine schädliche. In den Anfängen der pädagogischen Diskussion der Aufklärung gibt man sich freilich noch dem Glauben hin, unschädliche und daher bedenkenlos funktionalisierbare von schädlichen Formen der Furcht unterscheiden zu können. Übereinstimmung besteht darin, daß jede abergläubische Furcht strikt zu vermeiden sei, da diese, wie Zedlers Lexikon feststellt, »einen allzustarcken Eindruck in die Gemüther« mache, »so, daß manche dergleichen Dinge in ihrem ganzen Leben nicht loß werden können.« Demgegenüber verliere sich »die Furcht vor der Ruthe [...] wenn dieselbe wegkommt, die Begriffe aber von diesen [d.h. den abergläubischen] Narrens Possen bleiben beständig bey ihm.«[81] Ersteres gilt jedoch allenfalls, wenn die Prügelerziehung sich auf den Zeitraum beschränkt, der dann von der infantilen Amnesie verdeckt wird, um die Sulzer offenbar schon weiß: »Diese ersten Jahre haben unter andern auch den Vorteil, daß man da Gewalt und Zwang brauchen kann. Die Kinder vergessen mit den Jahren alles, was ihnen in der ersten Kindheit begegnet ist.« (131) Jenseits dieses Zeitraums aber kann die Straffurcht verhängnisvolle Folgen haben: Sie läßt sich nicht punktuell, auf einzelne Vergehen, Verhaltensweisen usw., einschränken, sondern ergreift von dem mit Schlägen erzogenen Individuum total Besitz und hinterläßt bleibende seelische Schäden, insbesondere permanente Furchtsamkeit. Schon Johann Beer bemerkt am Beispiel des bereits vorgestellten »Kinderhenkers« über die Prügelstrafe:

196

»Solche Schulmeister soll man mit Buchsbaum besetzen und dem Monsieur Diabolus zum Neuen Jahre verehren, denn sie machen furchtsame Leute, die hernach sich weder zu raten noch zu helfen wissen [...]«[82]

Es ist kein Zufall, daß ein Jahrhundert später gerade Pockels, einer der frühen Erfahrungsseelenkundler, diese Position auf der Basis relativ genauer psychologischer Beobachtungen bekräftigt und davor warnt, die Kinder durch Strafe oder Drohungen

»zur Verzweifelung zu bringen, welches oft leichter geschehen kann, als man glaubt. Die Erschütterungen, welche dadurch das Gemüth eines Kindes bekommt, können für sein ganzes Leben höchst gefährlich werden, und vielleicht auf immer dem Charakter des Kindes eine schiefe Richtung geben.«[83]

Was im Anschluß an solche Überlegungen zur Debatte steht, ist, ob es nicht den Teufel mit Beelzebub austreiben heißt, wenn man die kindlichen Untugenden mit der Furcht vor Strafe bekämpfen will. Sicherlich trifft dieser Einwand in erster Linie die ihrer Maßlosigkeit wegen kritisierte traditionelle Strafpraxis, doch kann selbst der vermeintlich gezielte Einsatz individualisierter Strafen leicht die Furchtsamkeit als bleibende Charaktereigenschaft etablieren. Nicht nur die ›unökonomische‹ Strafe, sondern die Strafe als solche wird so suspekt. Früh schon scheint der Zusammenhang von Untertanenmentalität und autoritärer Erziehung auf, wo man die »sklavische Wesensart«, den »knechtische[n] Sinn«, wie von John Locke bis Schleiermacher immer wieder formuliert wird, als Folge der Strafpädagogik erkennt.[84]

Doch müßte dies im Hoheitsgebiet einer herrschaftlich sich gebärdenden bürgerlichen Vernunft noch nicht notwendig ein zwingender Einwand gegen die Idee der Zweckmäßigkeit der Strafen sein. Nachhaltiger wird diese von der Einsicht untergraben, daß selbst die angemessenste und subtilste Bestrafung allenfalls durch Optimierung des Abschreckungseffekts eine Verhaltensbesserung erreichen kann, die Hoffnung auf eine wahrhafte seelische Besserung durch Strafe aber letzten Endes schimärisch ist. Einen zentralen Einwand gegen den pädagogischen Wert der Strafe hat schon John Locke – ganz ähnlich übrigens wie später Schleiermacher[85] – artikuliert. Als alleiniges Movens tugendhaften Verhaltens kommt die Furcht vor Strafe deshalb nicht in Betracht, weil sie einen rein sinnlichen Antrieb darstellt, der keinesfalls zur vernünftigen Tugend im strengen Sinn zu motivieren vermag. Doch auch als sinnliches Regulativ im Dienst der Vernunft erscheint sie dieser als ein verdächtiger Partner, tendiert sie doch dazu, das Vernunftprinzip klammheimlich zu unterlaufen: Wer nämlich mit Strafe und Strafdrohung erzieht, gewöhnt das Kind daran, sein Handeln allein von der Aufrechnung der Lust der verbotenen Tat gegen die Unlust der Strafe abhängig zu machen, und bestärkt so genau das, was es eigentlich zu zerstören gilt: die Herrschaft sinnlicher Beweggründe über den Menschen.[86] Aber selbst im Bereich der bloßen Verhaltensdisziplinierung erweist sie sich aufgrund ihres ausschließlich sinnlichen Wesens als motivational unzuverlässig: Sie reguliert das Verhalten nur so lange in der erwünschten Weise, wie die strafende Instanz gegenwärtig ist, hinter deren Rücken aber feiert die aller Kontrolle entsprungene Sinnlichkeit die Exzesse des lange Unterdrückten.

»Eine solche Art sklavischer Zucht erzeugt eine sklavische Wesensart. Das Kind unterwirft sich und heuchelt Gehorsam, solange die Furcht vor der Rute über ihm schwebt. Wenn diese aber entfernt ist und es sich Straffreiheit verspricht, weil niemand zusieht, läßt es seiner natürlichen Neigung um so freieren Lauf; diese aber wird auf solche Weise keineswegs geändert, sondern im Gegenteil erhöht und verstärkt und bricht nach solchem Zwang gewöhnlich mit um so größerer Heftigkeit aus [...]«[87]

Der Wert der Strafe, und besonders der Körperstrafe, muß so als sehr begrenzt erscheinen. Die Furcht vor ihr kann lediglich eine äußerliche und zudem instabile Disziplinierung des Verhaltens bewirken. Damit erweist sich diese Form der Einwirkung auf die Sinnlichkeit als unzulänglich, um diese zum kontinuierlichen Einklang mit den Gesetzen der Moral und der Vernunft zu bringen. Historisch aber ist dieser Sachverhalt ein Novum und keineswegs eine Konstante. Die Unzulänglichkeit des Fremdzwangs nämlich und die daraus resultierende Suche nach geeigneteren Erziehungsmaßnahmen gründen großenteils in der besonderen Beschaffenheit der zu vermittelnden Normen selbst. Die bürgerlichen Gebote der anhaltenden Arbeitsamkeit, der Mäßigung und zum Teil völligen Unterdrückung der Affekte und Triebe stellen unzweifelhaft eine erhebliche Steigerung der normativen Forderungen an das Individuum dar. Je größer aber die Leistungen sind, die der einzelne erbringen muß, je höher die Versagung und der Verzicht auf die Befriedigung von Bedürfnissen und Triebregungen steigen und je stärker infolgedessen auch die inneren Widerstände gegen solche Zumutungen anwachsen, desto mehr muß sich der gesellschaftliche Normen- und Wertekodex, um unumstößliche praktische Relevanz zu erlangen, in Charaktermodellierungen des Individuums umsetzen, so daß es zu seiner Einhaltung nur noch in Ausnahmefällen der Unterstützung durch einen Fremdzwang bedarf. Die bürgerlichen Normen stellen sich nicht so sehr als Gebote des Tuns und Lassens dar, sondern sozusagen als Normen des Seins, als Forderungen von Eigenschaften, als Prinzipien: Nicht nur diese oder jene limitierte Leistung wird verlangt, sondern dauernde Arbeitsamkeit, nicht nur dieser oder jener Verzicht, sondern generelle Mäßigkeit, nicht nur ein Verhalten innerhalb der Grenzen des Erlaubten, sondern innere Tugendhaftigkeit. Konsequenterweise erheben die bürgerlichen Normen einen Anspruch, der total ist in dem Sinn, daß jede Durchbrechung ihre prinzipielle moralische Geltung aufhebt und ihren, sei es ökonomisch-triebenergetischen, sei es gesundheitlichen Effekt zu vereiteln droht. Unter den Bedingungen solcher Normen erweist sich der Fremdzwang als unzuverlässig und in seiner Reichweite begrenzt. Überdies müßte er immer raffinierter werden, um die Unlust der gesellschaftlich verordneten Verzichtsleistungen überbieten zu können – und wird es ja tatsächlich, wenn auch nicht im erforderlichen Maß. Die Furcht vor Strafe ist so allenfalls von subsidiärer Bedeutung für den Erziehungsprozeß; dem eigentlichen Ziel der bürgerlichen Pädagogik aber, der dauerhaften Verwurzelung der Erziehungsinhalte in der Seele, bringt sie das Kind ebensowenig näher wie die ausschließliche Vermittlung vernünftiger Einsicht.

Die Tendenz zur Formung der Seele wird durch einen weiteren, mit dem genannten zusammenhängenden Faktor bestärkt. In traditionalen Gesellschaften mit geringer sozialer Mobilität orientiert sich das Verhalten primär an den Erwartungen und überkommenen Regeln der gesellschaftlichen Gruppe, deren Einhaltung durch Mechanismen der sozialen Kontrolle gesichert wird, denen auf Seiten des einzelnen Furcht vor Sanktionen und vor Schande korrespondieren. Obwohl diese Mechanismen auch in den neuen bürgerlichen Schichten ihre Geltung bewahren, entspricht doch der traditionale Typus der Verhaltensorientierung als Ganzer nicht mehr den gewandelten Bedürfnissen. Denn die neuen Bürgerlichen haben keinen festen Ort in der ständischen Gesellschaft; sie stehen, da ihr sozialer Status weniger von der Geburt als von ihrer persönlichen ›Leistung‹ abhängt, weitgehend außerhalb haltgebender traditionaler Gruppenbindungen und sind räumlich und sozial mobil. Diese komplexe Situation, die die Ausprägung des bürgerlichen Normen- und Wertekodex wesentlich bestimmt und die man auch mit der Entstehung des bürgerlichen Individualismus in Verbindung gebracht hat, erfordert den Übergang von der Außen- zur Innensteuerung, erfordert die Präsenz eines, um mit David Riesman zu sprechen, »seelischen Kreiselkompasses«, der dem Bewußtsein Orientierung gibt und in der Erziehung erworben werden muß.[88]

Die bürgerlich-pädagogische Grundintention einer fundamentalen Formung der gesamten psychischen Struktur wird in aller Deutlichkeit in Campes Abhandlung *Über das Zweckmäßige und Unzweckmäßige in den Belohnungen und Strafen* formuliert und fundiert dort die Diskussion des pädagogischen Werts der Strafe.

»Das durch angewandte Belohnungen und Strafen erzielte Besserwerden des Zöglings muß eine wirkliche, keine Scheinverbesserung seyn [. . .] Der Erzieher soll und muß [. . .] eine wirkliche und gründliche Sittenverbesserung und Veredelung seiner Zöglinge, keineswegs aber nur die bloße Abstellung gewisser äußerlicher Handlungen erzielen. Ihm kann und darf es keineswegcs genügen, daß nur das, was er befohlen hat, geschehe, und das, was er verboten hat, unterlassen werde; sondern auch die Bewegungsgründe, aus welchen beides geschieht, und die Gemüthsstimmung, mit welcher beides gethan wird, müssen ihm über alles wichtig seyn. [. . .] der Erzieher muß allemal die Vervollkommnung des ganzen Subjects, nicht die Einpfropfung einer einzelnen isolirten Tugend oder die Ausrottung eines einzigen Fehlers, ohne Rücksicht auf die ganze Characterbildung des Zöglings, vor Augen haben [. . .]«[89]

Die innere Verfassung des Zöglings kommt in diesem Text unter zwei, einander bedingenden Aspekten zur Sprache. Wenn sich die »Sittenverbesserung«, »Veredelung« und »Vervollkommnung« des Individuums daran erweisen, daß es gelingt, nicht nur die »äußerlichen Handlungen«, sondern primär die »Bewegungsgründe« und die »Gemüthsstimmung« zu versittlichen, dann geben in erster Linie diese und nicht das Handeln den Maßstab zur Beurteilung der Moralität des Individuums ab, wobei sich diese Wenn-Dann-Beziehung ebensowohl umkehren läßt. In derselben Schrift betont Campe, daß das untadelige Verhalten mancher Kinder purem Opportunismus entspringen könne, also einer »in hohem Grade verderbte[n] Gemüthsart«, wogegen charakterlich »gute« Kinder aus Unvorsichtigkeit immer wieder falsch handelten[90] und dennoch unvergleichlich viel höher einzuschätzen seien als erstere. Bereits im Zusammenhang mit der Individualisierung der Strafen konnte aus anderer Perspektive beobachtet werden, daß das Interesse an der Tat von dem an der inneren Beschaffenheit des Täters überlagert wird: Die Strafen sollen, und das gilt gleichermaßen für Pädagogik wie Strafjustiz, nicht schematisch und starr bestimmten Vergehen zugeordnet, sondern nach Maßgabe der Motive des Handelns und des besonderen Charakters des Täters verhängt werden. Auch unabhängig von den schon genannten Gründen wie Steigerung der Effizienz der Strafe und Vermeidung ihrer Nebenwirkungen erscheint dieses Postulat jetzt als konsequent. Denn zwar ist jede unerlaubte Tat in den Augen der Pädagogen und Juristen an sich schon schlimm, wahrhaft amoralisch aber und entsprechend härter zu bestrafen ist sie nur, wenn sie das Derivat amoralischer Gesinnungen ist und nicht etwa aus bloßer Fahrlässigkeit entsteht. Moralisch qualifiziert und adäquat beantwortet werden kann eine Tat nur dann, wenn man sie ›begriffen‹ hat, d.h. alles vom Täter und seinen Beweggründen weiß. Deutlich zeichnet sich dabei die Tendenz ab, eigentlich nicht die Tat, sondern vielmehr die seelische Disposition zu bestrafen, die sie hervorbringt.[91] Von hier aus ist es dann nicht mehr weit, schlechte Gesinnungen überhaupt und schon die bloße Vorstellung böser Taten auch ohne deren Ausführung als strafwürdig anzusehen. Die Phantasie wird inkriminiert.[92]

Es wäre verfehlt, wollte man aus den genannten Bedenken gegen die Strafe folgern, die Erziehungstheoretiker des 18. Jahrhunderts plädierten für den völligen Verzicht auf Bestrafung. Wie sehr sich die pädagogische Phantasie an der Vorstellung der Strafe entzündet und sie liebevoll ausfeilt, ist hinreichend deutlich geworden. Eine unverzichtbare Funktion erfüllt die Strafe in der Erziehung dort, wo Besserungsversuche mit anderen, grundsätzlich geeigneteren Mitteln nichts fruchten. Wo eine wirkliche »Veredelung« nicht erreicht werden kann, muß wenigstens eine äußerliche Disziplinierung stattfinden. In solchen Fällen hat der Erzieher zwei mögliche Schäden gegeneinander abzuwägen, den Schaden, der aus dem Verbleiben des Kindes im ungeminderten ›Laster‹ resultiert, und den Schaden, der in den Nebenwirkungen der Strafe besteht, die man allerdings durch deren genaue Planung und Individualisierung vermindern zu können glaubt, insbesondere in der Erregung von Furcht, dem mit Mißtrauen und Verachtung beobachteten Affekt. Tendiert die aufklärerische Pädagogik grundsätzlich zur Vermeidung von Furcht im Erziehungsprozeß, so sieht sie sie doch hier als das kleinere Übel an und gibt ihr erneut breiten Raum. In solchen Überlegungen endet gewöhnlich das ›humanitäre‹ Bedenken gegen die Strafe, die aus Gründen der Wirksamkeit hart und unbeirrt, ja mitleidlos vollstreckt werden muß, wo sie für notwendig erachtet wird, um Schäden abzuwenden, die das Individuum sich selbst, vor allem aber der Gesellschaft anzutun droht, deren Normen zu erfüllen es sich weigert.[93] Die Strafe, und darunter auch die Körperstrafe, ist und bleibt die ultima ratio des Erziehers, und mit dem Wissen des Kindes um diesen Sachverhalt unterfüttert eine latente Furcht den gesamten Erziehungsvorgang.

Die grundsätzlichen Bedenken gegen die Strafe, aber auch das Festhalten an ihrer disziplinierenden Funktion gelten im wesentlichen für alle Straftypen. Neben den Körperstrafen stehen vor allem Strafen im Mittelpunkt der pädagogischen Diskussion, die den Status des einzelnen in der Gemeinschaft herabsetzen, wie etwa die mit Lächerlichkeit und Schande operierenden Ehrenstrafen. Diese Strafform ist von besonderem Interesse, weil an ihr erneut deutlich wird, in welchem Ausmaß der erziehungstheoretische Diskurs gesamtgesellschaftlich wirksame Denkmuster reproduziert. Dem strafwürdigen kindlichen »Eigensinn« entspricht auf gesellschaftlicher Ebene das anomische Gebaren des Außenseiters, vor dessen schädlichem Einfluß die Gesellschaft mit

Mitteln geschützt werden soll, die das Vorbild für pädagogische Strafmaßnahmen abgeben. Das praktische Außenseitertum wiederum findet
seine erkenntnistheoretische Entsprechung und in der Regel auch seine
Basis im »logischen Eigensinn« (Kant).

Die sich formierende bürgerliche Gesellschaft reagiert sensibel auf
Abweichungen von ihrer noch instabilen Ordnung, die lächerlich gemacht, diffamiert und bald schon als ein »Ausscheren aus der Wirklichkeit« überhaupt aus dem Reich geistiger Gesundheit aus- und in das
der Krankheit eingewiesen werden.[94] Seit dem 17. Jahrhundert kommt
es durch das Ordnungs- und Kontrollbedürfnis der sich konsolidierenden absolutistischen Staaten zu einer breiten Bewegung der Reglementierung, Ausgrenzung und Internierung sozialer Randgruppen wie etwa
des ›fahrenden Volks‹, der Bettler, Landstreicher, Gaukler, Hausierer,
der Prostituierten, Verschwender, Wüstlinge, der Besitz- und Arbeitslo-
sen und der Irren. Von deutlicher bürgerlichen Interessen geprägt sind
die daran anschließenden Kampagnen des 18. Jahrhunderts gegen den
»Sonderling«, den »Narren«, den »Schwärmer«, den »Phantasten«
und den Melancholiker. Diese Bewegungen sind teilweise gut erforscht
und müssen hier nicht im einzelnen nachgezeichnet werden.[95] Wie breit
das Spektrum der nonkonformen Existenzen ist, die man als Bedrohung
der Vernunft, der Moral und der Gesellschaft ansieht,[96] zeigt beispielsweise Johann Christoph Adelungs siebenbändige *Geschichte der
menschlichen Narrheit*,[97] in deren 73 authentischen Biographien eine il-
lustre Versammlung Revue passiert. Religiös Andersdenkende, als
»Schwärmer«, »Gottesläugner«, »Religions-Spötter«, »Theosophen«,
»Inspirierte«, »Lästerer«, »Mystiker«, »Pantheisten« und »After-Pro-
pheten« apostrophiert, finden sich hier neben »Fantasten«, »Zweif-
lern«, »Wollüstlingen«, »Verworfenen«, »Niederträchtigen«, »Witzlin-
gen« und simplen »Querköpfen«. Mit harschen Worten stülpt der Autor historischen Gestalten wie Johann Amos Comenius, Giordano Bruno, Jakob Böhme, Tommaso Campanella, Johann Baptist van Helmont,
Sebastian Frank, der Madame Guyon und vielen anderen die Narren-
kappe über und würde ihnen am liebsten noch nachträglich in die
Zwangsjacke helfen. Denn auch diejenigen, die es nicht wie Quirinus
Kuhlmann bis zum »höchsten Grade der Verrücktheit« gebracht haben,
sind Narren, »welche ihr ganzes Leben ein Geschäft daraus machten,
wider Philosophie und gesunde Vernunft zu handeln« und so zu »Unholden« werden.[98]

In dieser Formulierung wird deutlich, was die Brisanz von Adelungs
Etikettierung ausmacht: Der als »Narr« Diffamierte wird nicht nur der
Lächerlichkeit preisgegeben, sondern auf eine noch folgenreichere Wei-
se aus der Gemeinschaft der vernünftigen Bürger ausgegrenzt, rückt

doch der Narrenbegriff, wie auch aus Adelungs Wörterbuch hervorgeht, im 18. Jahrhundert in nächste Nähe des Wahnsinns oder bezeichnet eine von dessen Formen.[99] Der Wahnsinn aber büßt seit dem 17. Jahrhundert jene »tragische« Dimension ein, jene Fähigkeit des Zugangs zu dunklem, dem gewöhnlichen Menschen unzugänglichem Wissen, die ihm nach Foucault bis in die frühe Neuzeit beigemessen worden war. Indem sich die gleichzeitig schon vorhandene »kritische« Auffassung des Wahnsinns durchsetzt, wird dieser pure Unvernunft und schließlich Geistes- und Seelenkrankheit.[100] Als das »einzige allgemeine Merkmal der Verrücktheit«, die »Krankheit« ist, gilt bei Kant der »logische Eigensinn«, der an die Stelle der intersubjektiven Kontrolle der »Richtigkeit unserer Urteile« durch den »Gemeinsinn«, den »sensus communis«, den gesunden Menschenverstand aller anderen, tritt und so zur Konstitution einer Privatwelt führt, was natürlich auch praktische Konsequenzen hat.[101] Was die »gesunde Vernunft« vorschreibt, ist eine intersubjektive Übereinkunft, die sich epistemologisch legitimiert, tatsächlich aber auf sozialen, d.h. kontingenten Setzungen beruht, die so in den Rang von Ewigkeitswerten erhoben werden. Adelungs monströses Pamphlet ist ein durchaus zeittypischer Beleg für die Tendenz, geistige und seelische Gesundheit mit normkonformem Verhalten als einem Postulat der Vernunft und der Moral gleichzusetzen, den Abweichler und Exzentriker hingegen als einen Verrückten zu brandmarken, dessen Asylierung zu erwägen ist.[102] Umgekehrt vermutet man in der Genese der Geistes- und Seelenkrankheiten Momente von moralischer Verfehlung, die mit der Übermacht der Leidenschaften und der Einbildungskraft zusammenhängen; der Wahnsinn wird, so Foucault, »als psychologische Wirkung eines moralischen Fehlers« beschrieben.[103] Diese Verschränkung von medizinisch-psychologischen Kategorien mit Kategorien einer als überzeitlich und allgemeinmenschlich ausgegebenen bürgerlichen Moral erlaubt es, den Begriff der Krankheit zum ideologischen Kampfinstrument zu machen, vor dessen Einsatz man selbst in der ästhetischen Diskussion nicht zurückschrickt, wie sich an Schillers Polemik gegen Bürger ebenso zeigt wie an der Goethes gegen die Romantiker.

Wenn dergestalt die soziale Abweichung, die als solche zugleich eine moralische ist, tendenziell in die Zuständigkeit der Humanwissenschaften verwiesen wird, dann läßt sich deren rapide Entwicklung in der zweiten Hälfte des 18. Jahrhunderts nicht zuletzt als Ausdruck des Bedürfnisses nach einem moralischen Erkennungsdienst begreifen, mit dessen Hilfe Abweichungen besser erfaßt, klassifiziert und therapiert bzw. anderweitig unschädlich gemacht werden sollen. Diese Funktion ist keine latente; schon den Zeitgenossen, Exponenten der einzelnen

Wissenschaften gleichermaßen wie Gegnern, war sie bewußt. Mit sichtlichem Widerwillen macht beispielsweise August Wilhelm Schlegel den Ausgrenzungscharakter der »empirische[n] Psychologie« namhaft.

»Mit dieser glaubten sich die Aufgeklärten dann berechtigt, alle Erscheinungen, die über die Grenze der Empfänglichkeit ihres Sinnes hinauslagen, als Krankheitssymptome zu betrachten, und freigebig mit den Namen Schwärmerei und Wahnsinn bei der Hand zu sein.[. . .]
So viel ist ausgemacht, daß von Toleranz noch gar nicht die Rede sein sollte, wo man sich das Recht anmaßt, irgendeine religiöse Ansicht mit dem Namen Schwärmerei, d.h. nur schonender ausgedrückt, Verrücktheit zu belegen. Die so gepriesene Toleranz unserer Zeiten darf aber nicht auf die mindeste Probe gesetzt werden [. . .]«[104]

Auf dem Wege der Pathologisierung des Abweichenden, dem damit die Fähigkeit zum vernünftigen Diskurs abgesprochen wird, immunisiert sich der bürgerliche Weltentwurf gegen alle Kritik. Zugleich bedroht die Pathologisierung den Betroffenen mit dem Ausschluß aus der Gesellschaft und stellt so ein wirkungsvolles Instrument der sozialen Kontrolle und Disziplinierung dar. Schon die bloße Tatsache ihrer gesellschaftlichen Praxis steigert den Verhaltensdruck und die Sanktionserwartung bei allen Übertretungen der Normalität und erhöht damit zwangsläufig den Pegel der latenten Furcht, der Bereitschaft, in bestimmten Situationen Furcht zu entwickeln.
Die faktische Pathologisierung als ein radikaler Angriff auf die gesellschaftliche Zugehörigkeit ist in der Pädagogik, der es gerade um die Integration des Kindes in die Gesellschaft geht, ein wenig geeignetes Mittel. Die Drohung mit ihr freilich – und daran erweisen sich Stärke, Ubiquität und Selbstverständlichkeit dieses Denkmusters – scheint wie im gesellschaftlichen so auch im pädagogischen Bereich Integrationsabsichten dienlich sein zu können. Basedow jedenfalls nimmt sie in die Statuten des Dessauer Philanthropins auf: Dem Ungehorsamen droht die Behandlung eines Kranken.

»Diejenigen, welche sich im Willen sehr krank an der Seele zeigen sollten, werden auch als krank am Leibe behandelt und müssen die Einsamkeit, die Ruhe im Zimmer und Bette, diese oder jene Enthaltung von gewöhnlichen angenehmen Dingen, [. . .] mit einem Worte, sie müssen die Behandlung eines Patienten aushalten.«[105]

Doch ist Basedow in diesem Punkt nicht zeittypisch. Um das soziale Selbstbewußtsein des Kindes für ihre Absichten zu funktionalisieren, inszenieren die Pädagogen Angriffe auf es, die weniger durch den Begriff der Krankheit als den der Ehre bzw. der Schande vermittelt sind –

auch dies in Analogie zu den genannten gesamtgesellschaftlichen Praktiken. Indem das Kind der Lächerlichkeit, der Verachtung, der Schande oder zeitweiliger Isolierung ausgesetzt wird, bekommt es als Warnung den Vorgeschmack einer viel massiveren und möglicherweise endgültigen Ausgrenzung aus der Gesellschaft, mit der es im Fall der Weigerung, sich von seinen »Lastern« zu befreien, später zu rechnen haben wird. Diese Maßnahmen zielen auf die (vorübergehende) Herabsetzung des Ansehens und der Stellung des Kindes in der Gemeinschaft (Schulklasse, Freundeskreis, Familie) und sollen so das schon beim Kind vorhandene Bedürfnis nach sozialer Anerkennung bzw. die Furcht vor ihrem Verlust als Antriebskraft konformen Verhaltens mobilisieren. Besonderen Erfindungsreichtum bei der Entwicklung von Strafen, die auf diesen Zweck zugeschnitten sind, hat Carl Friedrich Bahrdt an den Tag gelegt. In einem Bericht über sein Philanthropin in Marschlins erläutert er eingehend die zahlreichen Ehrenstrafen, die an die Stelle der von ihm verpönten Körperstrafe treten und zum Teil traditionellen Strafpraktiken nachempfunden sind. So gibt es die an »Stock« und Halseisen erinnernde »Fidel«, in die Hände und Kopf des Missetäters eingeschlossen werden, es gibt die vom Pranger inspirierte »Schildwache«, der ein das »Verbrechen« bezeichnender Zettel auf den Rücken geheftet ist, es gibt die mehrfache morgendliche Ausrufung des Vergehens nebst dreimaligem »Pfui«, es gibt die »eigne Plage«, wobei der Bestrafte seine »Ungezogenheiten« bis zum »entsetzlichsten Ekel« wiederholen muß, und viele andere Strafen, die ebenfalls unter den Oberbegriff der »Degradation« fallen. Ob des »drolligen Anblicks«, den sie bieten, bringen sie ihre Zuschauer »von Herzen« zum Lachen und sind daher »sehr quälend für den Gestraften, und folglich desto wirksamer«. Sie alle bringen den »Gewinn [...], daß sie durchs lebhafte Gefühl der Schande den Knaben nach fremder Achtung trachten lehren«. Am härtesten wird der Status des Übeltäters in der Gruppe durch den »Bann« attackiert, d.h. durch den mehrtägigen Ausschluß »von aller Gemeinschaft mit seinen Mitschülern«. »Diese Strafe lehrt zugleich den Verbrecher das Glück des geselligen Umgangs schätzen und flößt ihm [...] das Bestreben ein, sich der Gesellschaft durch nichts unwürdig und verächtlich zu machen.«[106] Bahrdts reichhaltiger Strafkatalog zeichnet sich zwar durch besondere Drastik aus, basiert aber auf demselben Prinzip, das auch den von anderen philanthropistischen Autoren empfohlenen Ehrenstrafen zugrunde liegt. Der Glaube an den sozialisierenden Effekt einer öffentlichen Zurschaustellung von Fleiß und Faulheit, Tugend und Laster manifestiert sich in zahlreichen Erfindungen: In der im Dessauer Philanthropin sichtbar angebrachten »Meritentafel« etwa, auf der sich jeder Schüler sozusagen über den Tageskurs aller anderen informieren konnte,[107] in dem von Johann Georg Feder vorgeschlagenen »Buch der Ehre und der Schande«, aus dem an einem »große[n] Gerichtstag« vorgelesen wird,[108] in der allmonatlichen »öffentliche[n] Beurteilung aller unserer Lehrlinge aus allen Klassen in Gegenwart aller Lehrer«, von der Friedrich Gedike schreibt,[109] oder in der in Christian Karl Andrés Erziehungsinstitut praktizierten sonntäglichen Revision, bei der der Vorsteher »über seine Zöglinge Buch und Rechnung [führt], wie der Kaufmann über seine Handlung«[110] – alles Einrichtungen, die neben dem Appell an die Ehre des Schülers zugleich dessen langfristige Entwicklung effizient zu überwachen und zu kategorisieren erlauben.[111]

Über den Nutzen der Ehrenstrafen herrscht ein insgesamt breiterer Konsens als über den der Körperstrafen, gleichwohl ist auch er nicht unumstritten, und zwar aus denselben Gründen, die schon das Schlagen der Kinder suspekt erscheinen ließen. Das Streben nach Ehre – und sein Pendant, die Furcht vor Schande – ist an sich selbst noch keineswegs eine Tugend und kann daher ebenso wie die Furcht vor körperlichem Schmerz lediglich die Grundlage eines einwandfreien Verhaltens, nicht aber innerer Tugendhaftigkeit bilden. Ja, wo der Erzieher die Ehre derart anreizt, daß sie dem Kind »als Zweck« seines Handelns erscheint, wird das Streben nach ihr, der Ehrgeiz, zur Untugend und daher für den Erziehungsprozeß »zweckwidrig und in hohem Grade schädlich«, wie Campe darlegt, der über dieses Problem in Zwist mit Basedow gerät.[112] Auch die Ehrenstrafen büßen somit den Glanz eines pädagogischen Wundermittels ein, den ihnen Bahrdt verleihen wollte.

Eine dritte bedeutsame Strafgattung wird von den »natürlichen Strafen« gebildet. Diese bestehen – so jedenfalls soll das Kind glauben – in nichts anderem als den zwangsläufigen Konsequenzen der verpönten Handlung, die damit ihre Strafe immer schon in sich trägt. Nicht die Willkür des Erziehers, sondern allein die »Natur der Dinge«, wie Basedow, Campe und Pestalozzi übereinstimmend formulieren,[113] scheint hier für Art und Höhe der Strafe verantwortlich zu sein. Dem Erzieher fällt nur noch die Aufgabe zu, der »Natur« ihren Lauf zu lassen und allenfalls diesen so zu kommentieren, daß das Kind die richtigen Einsichten gewinnt.[114] Was sich in solchen Überlegungen abzeichnet, ist die Idee einer Tugend, die mit dem Glück, und eines Lasters, das mit Unglück, Krankheit und Katastrophe zusammenfällt, und damit die Utopie einer Welt, in der jede Handlung die Folgen hat, die sie verdient, in der das quasi Naturgesetzliche zugleich das Moralische ist. Wie brüchig dieses Wunschbild freilich schon ist, erweist sich dort, wo der Pädagoge einkalkuliert, daß die »Natur« keineswegs immer geneigt ist, diejenigen Handlungsfolgen zu produzieren, die er für erzieherisch wertvoll hält, so daß er ihr mitunter ein wenig unter die Arme greifen und ihr in ihre

Eigentlichkeit helfen muß. »Macht euren Rath wirksam dadurch«, empfiehlt Basedow den Erziehern, »daß den Kindern durch die Natur der Dinge oder durch eure geheime Veranstaltung fast allemal, wenn sie nicht folgsam sind, eine sinnliche Beschwerlichkeit entstehe, und daß auf gleiche Art die Folgsamkeit angenehme Wirkungen habe.«[115] Das Moment des Artefakten an der »natürlichen« Strafe, das dem Kind verborgen bleiben muß, ist ein neuerlicher Beleg, daß »Natur« im 18. Jahrhundert nicht mit unbehauener Ursprünglichkeit identisch sein muß, sondern die Vision eines Richtigen meinen kann, das gegen die dem menschlichen Zugriff vorausliegende Faktizität allererst durchgesetzt werden muß.

Die Idee der natürlichen Strafe, die in der Pädagogik auf Rousseau zurückgeht,[116] hat – mit einigen Varianten – auch im Strafrecht ihre Spuren hinterlassen, und zwar aufgrund derselben funktionalen Erwägungen. In seinem *Plan de législation criminelle* von 1780 schreibt Jean-Paul Marat:

»Die beste Methode, die Bestrafung in ein richtiges Verhältnis zum Verbrechen zu bringen, ist die, daß man die Züchtigung aus dem Vergehen ableitet. Wenn das der Triumph der Gerechtigkeit ist, ist es auch der Triumph der Freiheit, da dann die Strafen nicht mehr aus dem Willen des Gesetzgebers, sondern aus der Natur der Dinge fließen. Man sieht den Menschen nicht mehr dem Menschen Gewalt antun.«

Michel Foucault, der diese Sätze zitiert, fügt hinzu: »In der von der Analogie geleiteten Bestrafung verbirgt sich die Gewalt, die bestraft.«[117] Bleibt dieses Verbergen hier notwendig unvollkommen, da die staatliche Macht doch immer noch als vollstreckende Instanz in Erscheinung treten muß, so gelingt es in der Erziehung weit besser. Die »natürliche« Strafe scheint dem Kind gar nichts mehr mit der Person des Erziehers zu tun zu haben, dessen Norm- und Wertsetzungen das Ansehen unverbrüchlicher Naturnotwendigkeiten erhalten, und das hat den Vorteil, daß er nicht mehr Ziel von Wut und Rachsucht des Bestraften wird. Zwar kann auch diese Strafform wohl keine reinrassige Tugendhaftigkeit erzeugen, doch bannt der Erzieher mit ihrer Hilfe zumindest die Gefahr, als Nebenwirkung der Strafe Liebe und Zutrauen des Kindes einzubüßen. Zugleich steigert und verbessert sie die Wirkung der Furcht: Diese richtet sich nicht mehr auf die Maßnahmen des Erziehers, denen das Kind mit etwas Glück und Geschicklichkeit entgehen kann, sondern muß sich quasi automatisch mit der Vorstellung des Vergehens verbinden, dessen Unterlassung so viel wahrscheinlicher wird.

Aus ersichtlichen Gründen kann eine Bestrafung mit dem Anschein völliger Naturwüchsigkeit nicht bei jedem Vergehen tatsächlich stattfinden. Das Bewußtsein des Kindes, in einer Welt zu leben, in der jede Verfehlung katastrophale natürliche Folgen hat, wird daher durch die Erzählung von Histörchen wachgehalten, die in jedem erdenklichen Sinn abschreckend sind. Der Inhalt dieser Geschichten nicht minder als das in ihnen verwendete rhetorische Instrumentarium und ihre empfohlene Aufführungspraxis zielen unzweifelhaft auf die Erregung von Furcht vor jedem Normverstoß. Wenn selbst die geringfügigste Verfehlung letal enden kann, wenn dem naschhaften Kind Beispiele vom Näscher vorgehalten werden, der statt in die Zucker- in die Arsendose greift, wenn der Ungehorsam gegen die Eltern zu unheilbarer Krankheit oder zu lebenslanger körperlicher Entstellung führen soll, dann muß im Kind das Bild einer Realität entstehen, die von Gefahren restlos erfüllt ist.[118] In ihr kann sich furchtlos nur bewegen, wer sich auch nicht der geringsten Übertretung schuldig macht. Aber ist das überhaupt möglich in einem Normensystem von äußerster Komplexität, in dem in einem bisher ungekannten Ausmaß jede Trieb- und Affektäußerung der Sanktionierung verfällt?

4. Die pädagogische Perhorreszierung der Sexualität. Zur Habitualisierung von Triebkontrolle auf der Basis von Furcht und Angst

Die ungeheure Rigidität der Mittel, die die Pädagogik des 18. Jahrhunderts zur Etablierung der bürgerlichen Wertvorstellungen und Verhaltensweisen für notwendig hält, zeigt sich eindringlich am Beispiel der pädagogischen Behandlung der Sexualität. Dieses Beispiel bietet sich für die vorliegenden Fragestellungen nicht nur deshalb an, weil in ihm der erzieherische Stellenwert der Furcht deutlich wird, die durch Antizipation der natürlichen Folgen sowie durch andere Mittel erregt werden soll; zugleich treten hier die Mechanismen einer vollständig verinnerlichten Kontrolle ins Blickfeld, die die scharfsichtigsten Vertreter der bürgerlichen Pädagogik benennen, als jedem, sei es menschlichen, sei es ›natürlichen‹ Fremdzwang überlegen beurteilen und durch Förderung bestimmter erzieherischer Konstellationen zu unterstützen, wenn nicht gar herzustellen suchen.

Als ein Stück innerer Natur, dessen Mißbrauch unabsehbare Folgen für das Individuum und über dieses für die öffentliche Moral, die Bevölkerungsentwicklung und die Volkswirtschaft haben soll, zieht die Sexualität seit dem 18. Jahrhundert eine gerade obsessive Aufmerksamkeit auf sich. Unter den Diskursen, die auf die normierende und normalisierende Organisation der sexuellen Verhaltensweisen, auf deren Regulierung und Kontrolle hinarbeiten, ist dem Diskurs über die kindliche Sexualität und vor allem die Onanie von den Zeitgenossen besondere Wichtigkeit und Dringlichkeit beigemessen worden. Schon sein Umfang zeigt dies. Nach van Ussel hebt die Kampagne gegen die Masturbation 1710 mit der anonymen englischen Schrift *Onania* an, die im Lauf des 18. Jahrhunderts in mehr als achtzig, darunter auch deutschen Ausgaben verbreitet wurde. In Deutschland kommt es etwa ab 1770 – gleichzeitig also mit dem Aufschwung der Pädagogik – zu einem Schwall von Publikationen, deren Verfasser meist Mediziner und Pädagogen sind.[119] Für das gesamte 18. Jahrhundert weist van Ussel ohne Vollständigkeit mehr als fünfzig Werke über die Masturbation nach.[120] Diese Zahl ist ein deutlicher Beleg für die in *Sexualität und Wahrheit* vorgetragene These Foucaults von der »Diskursivierung« der Sexualität, dem unentwegten Sprechen über sie seit dem 18. Jahrhundert.[121]

Das Bild des Kindes schillert in dieser Debatte in eigentümlicher Zweideutigkeit. Setzt sich einerseits erst seit dem 17. Jahrhundert die Idee der kindlichen Unschuld durch, die im Zeichen des Erbsündedogmas noch nicht denkbar war,[122] so steht das Kind andererseits im ständigen Verdacht der sexuellen Ausschweifung. Bestimmte infantile Praktiken werden erst jetzt als geschlechtliche interpretiert; das Kind, bis dahin eher asexuell, wird »sexualisiert«.[123] Bereits das Kleinkind glaubt man von »heftige[r] Begierde« umgetrieben,[124] die es hemmungslos zu befriedigen strebe. Daß es dabei unschuldig, weil unwissend, ist, verhindert nicht die katastrophalen Folgen seines Tuns.

Mit zunehmender Entfernung von der Ehe verschlimmern sich die Auswirkungen der Sexualität: Der unmäßige Genuß der körperlichen Liebe ist schon der Gesundheit der Verheirateten durchaus abträglich, nimmt jedoch erst außerhalb der Ehe desaströse Züge an, vor allem durch die Gefahren der Geschlechtskrankheiten. Als wahrhaft apokalyptisch aber erscheinen die Konsequenzen der Onanie der Kinder und Jugendlichen, um die herum sich eine ungeheure imaginäre Symptomatologie bildet. Deren empirischer Gehalt ist, trotz ständiger Berufung auf die Beobachtung, minimal, ihr Ursprung dunkel. Zum Teil dürften die Symptome von der Syphilis geborgt, zum Teil aus medizinisch-biologischen Samentheorien deduziert[125] und zum Teil pädagogischem Wunschdenken bzw. Ängsten entsprungen sein, doch soll dieser ans Problem der Konstitution des »ärztlichen Blicks« (Foucault) rührenden Frage hier nicht weiter nachgegangen werden.

Die umfassende und in der Regel unheilbare Zerrüttung der körperlichen und geistigen Gesundheit gilt als unmittelbare Folge der Masturbation: Schwäche, Kränklichkeit, Blässe, Trübheit der Augen, zitternde

Hände, Krämpfe, Verdauungs- und Wachstumsstörungen, ja sogar körperliche Schrumpfung, Unaufmerksamkeit, Unfähigkeit zu geistiger Anstrengung und Verwirrung der Einbildungskraft dürfen noch als vergleichsweise harmlos gelten. Wesentlich unerfreulicher sind Blindheit, Epilepsie, Rückenmarksschwindsucht, Raserei, Wahnsinn, Krebsgeschwüre – und damit noch lange nicht genug. Denn, so stellt S. G. Vogel 1786 fest, »es gibt kaum eine Krankheit, die nicht aus der Unzucht und der Selbstbefleckung hervorgegangen sein könnte.«[126] Kein Wunder, daß es da der Onanist, diese »wandelnde Leiche«, vorzieht, auch in anderer Weise Hand an sich zu legen: »Das schreckliche Gefühl des lebendigen Todes macht nun den völligen Tod wünschenswert«, weiß Hufeland in seiner *Makrobiotik* zu berichten und führt auf dieses Gefühl die Selbstmordneigung seiner Zeit zurück.[127] Sollte der Frevler durch ein Wunder der Natur gleichwohl das Erwachsenenalter erreichen, so wird er dort das Laster der »Selbstbefleckung« mit dem der »Unzucht« vertauschen, wird Ehen zerrütten, Prostituierte ernähren, venerische Krankheiten verbreiten und seinen »Wollusttrieb« wie seine Gebrechen auf seine unehelichen und ehelichen Kinder vererben – sofern er dazu in der Lage ist, denn selbstverständlich gehört auch die Unfruchtbarkeit zu den Folgen der Onanie.[128] Daß es ergo in der Kampagne gegen »Unzucht« und Onanie um nichts Geringeres geht, als »den ganzen Verfall der Menschheit« abzuwenden, ist ohne weiteres ersichtlich.[129]

Die Tendenz zur Universalisierung der Sexualität, die hier an den Folgen der »Ausschweifung« sichtbar geworden ist, zeigt sich deutlicher noch im Bereich ihrer Anlässe. Es gibt kaum einen Umstand, der nicht in der Genealogie der Begierde und ihrer unerlaubten Befriedigung einen bevorzugten Platz einnehmen könnte.[130] Veranlagung und Verhalten der Eltern, lasterhafte Ammen und andere schlechte Gesellschaft, das Wickeln der Kinder, ihre Ernährung und Kleidung, die Art der Matratzen, Wärme und überhaupt jede Verweichlichung, jede Erschütterung der Nerven, z.B. durch unmäßiges Lachen, durch die Klänge mancher Musikinstrumente (Glasharmonika) oder durch Parfumdüfte, alles, was Einfluß auf die Einbildungskraft hat, also Müßiggang, Langeweile, Einsamkeit, aber auch der Anblick von Nacktheit in natura und auf Bildern, Bücher, und unter ihnen auch die Bibel, Scherze und schließlich bestimmte Körperhaltungen und -bewegungen, etwa das Stillsitzen, das übrigens ebenso wie Schläge aufs Hinterteil zur Konzentration des Blutes im Unterleib führt, aber auch das Sitzen mit übereinandergeschlagenen Beinen, auf der Stuhlecke oder der Ofenbank, das Halten der Hände in den Hosentaschen, jede Berührung der Schenkel und natürlich der Geschlechtsteile, der Mangel an Bewegung, besonders das Faulenzen im Bett, aber auch verschiedene Bewegungsweisen wie Schaukeln, Springen, Tanzen, das Bäume- und Seilklettern, bei Mädchen das Reiten, alles das steht im Verdacht, die Kinder und Jugendlichen sexuell zu animieren. Jeder Gegenstand, jede Situation, jede Bewegung wird auf eventuelle sexuelle Wirkungen hin untersucht, alles gerät so in den Assoziationskreis des Geschlechtlichen: Sexualisierung der Welt.

Diese bildet freilich nicht nur den Anlaß zu umfassender Überwachung, Reglementierung und Bearbeitung des Sexuellen, sondern scheint selbst schon Resultat dieser Faktoren zu sein, wie van Ussel im Anschluß an Norbert Elias vorgeschlagen hat.[131] Die ›Zivilisierung‹, die Kontrolle und ›Normalisierung‹ der Triebe und Affekte führen gegenüber allem, was auf deren Existenz hinweist, zu einer Intensivierung der Empfindlichkeit. Elias hat diesen Vorgang anhand der Entwicklung der Tischsitten veranschaulicht, beispielsweise an der stetigen Zurückdrängung des Messers, das die Erinnerung an die Gefahren der körperlichen Gewalt weckt, die in der Neuzeit aus der Verfügung der Einzelindividuen in die des Staates übergeht.[132] Ähnliches zeigt sich in bezug auf den nackten Körper, dessen Anblick bis in die frühe Neuzeit alltäglich war, dann aber von immer rigideren Verboten umstellt wird.[133] Das Tabu strahlt aus, bildet einen Hof, der seinerseits ausstrahlt: Das Verbot, nacktes Fleisch zu zeigen oder zu sehen, ergreift – gewissermaßen nach einem Prinzip der Nachbarschaftshaftung – bald die Nachtbekleidung und Unterwäsche, die die Nacktheit verhüllen und nun ein fast ebensolches ambivalentes Unbehagen evozieren wie diese selbst, und schließlich sogar die Hosen, die im 19. Jahrhundert zu »Unaussprechlichen« werden. Die immer peniblere Bedeckung des Körpers macht selbst seine peripheren Teile (Nacken, Arme, Fesseln) zu ›erogenen Zonen‹. Die zufällige und flüchtige Entblößung selbst dieser Regionen wird zur sexuellen Attraktion. In einem prinzipiell gleichgerichteten Vorgang wie im Bereich der medizinischen und pädagogischen ›Erforschung‹ von Anlässen und Folgen der Sexualität weitet somit die Geschlechtlichkeit auch im Bereich der ›zivilisierten‹ Verhaltens- und Erfahrungsweisen ihre Sphäre über immer mehr und immer entferntere Objekte, Umstände und Gesten aus, die früher keinerlei Bezug zu ihr hatten. Derselbe Vorgang läßt sich schließlich an den parallelen Sprachregelungen beobachten, die die Sexualität betreffen. Bestimmte Körperteile und -funktionen können ›unter zivilisierten Menschen‹ nun nicht mehr in unbekümmerter Direktheit benannt werden, sondern bedürfen der wissenschaftlichen Terminologie einerseits, einer Kunst der Anspielung und vorsichtigen Umschreibung andererseits. Das aber ist nur vordergründig betrachtet eine Ausgrenzung des Riskanten und Verbotenen aus der Sprache; de facto handelt es sich ebensowohl um seine Ausstreuung. Sexuelle Konnotationen usurpieren immer entlegenere Sprachzeichen und Bildkomplexe. Ist die Bildlichkeit, die für das Sexuelle einspringt, anfangs noch durch mancherlei offenkundige Verwandtschaften mit diesem zu ihrem Zweck geeignet – etwa im Fall des Harten und Weichen, des Langen und Runden, des Feuchten, des Dunklen und einiger Farben –, so verdünnen sich derartige Analogien allmählich bis zur Unkenntlichkeit: Nahezu alles und jedes kann in der psychoanalytischen Traumdeutung zur Allegorie des Sexuellen werden.

Ob hier von einer Tendenz zur Verdrängung der Sexualität aus dem Bewußtsein gesprochen werden kann, ist sehr die Frage. Allzuschnell wird in neueren psychogenetisch interessierten Arbeiten zum 18. Jahrhundert die Verdrängung gesellschaftlich unerwünschter Triebregungen unterstellt,[134] ohne daß zuvor geklärt würde, welche Vermittlungsschritte zwischen der gesellschaftlichen Abwertung bzw. Tabuierung von Triebregungen und deren Verdrängung ins Unbewußte erforderlich sind und ob diese Schritte im 18. Jahrhundert vollzogen werden. Selbst wenn man schließlich zu dem Schluß gelangen sollte, daß im 18. Jahrhundert in der Tat die Bedingungen hergestellt werden, unter denen Verdrängung erst möglich wird, so ist doch zunächst einmal in aller Deutlichkeit festzustellen, daß sich mit Blick auf die »Diskursivierung« der Sexualität durch die Mediziner und Pädagogen und ihre Konsequenzen von einer Tendenz zur Verdrängung wohl kaum sinnvoll sprechen läßt. Man wird einwenden, die skizzierte Ausstreuung sexueller Bedeutungen sei ausschließlich die Sache dieser Mediziner und Pädagogen, gelte jedoch nicht für die Adressaten der antionanistischen Kampagne, die Kinder und Jugendlichen. Aber das ist unzutreffend. Sicherlich: Im 19. Jahrhundert wird man bei allem Wachstum der Diskurse über die Sexualität dazu übergehen, dem Kind gegenüber alle geschlechtlichen Vorgänge zu verschleiern oder mit einem strikten Sprechverbot zu belegen.[135] Ob das konsequent betrieben wird, ob es gelingt und welche Folgerungen sich daraus für das Verdrängungsproblem ergeben, soll hier unentschieden bleiben. Bis etwa 1800 jedoch besteht weithin ein von späteren Pädagogen dann heftig kritisierter Konsens über die gefährliche und peinliche Notwendigkeit, das Kind an die Mysterien des Geschlechtlichen heranzuführen. Wie zu zeigen sein wird, führen aber die Mittel, mit denen dies geschieht, gegen alle Intentionen zu einer Fixierung der Aufmerksamkeit auf das Sexuelle, zu dessen permanenter Präsenz im Bewußtsein.

Das Wunschbild einer Unschuld, die auf vollständiger sexueller Unwissenheit bis zur Pubertät, wenn nicht bis zur Ehe gegründet ist, übt zweifellos schon auf die Pädagogen des 18. Jahrhunderts die stärkste

Faszination aus, doch erkennen sie zugleich, daß solche Unwissenheit schlechterdings nicht zu bewahren ist. Durch unvermeidliche eigene Beobachtungen sowie durch Anspielungen und Hinweise der Umwelt wird die Aufmerksamkeit des Kindes zwangsläufig auf Fortpflanzung, Schwangerschaft und Geburt gelenkt. Der Erzieher muß daher gezielte sexuelle Aufklärung betreiben, um der natürlichen Neugier des Kindes »zuvorzukommen« und zu vermeiden, daß dieses aus anderen, trüben Quellen Wissen schöpft, Wissen, das pädagogisch nicht aufbereitet ist und daher unzweifelhaft die Phantasie verdirbt und verhängnisvolle Begierden weckt. Man wisse ja, schreibt J. F. Oest,

»wie neugierig die Jugend [. . .] in diesem Punkt ist, und was sie oft für seltsame Wege und Mittel wählt, den natürlichen Unterschied des anderen Geschlechts kennen zu lernen. Man kann sicher glauben, daß jede Entdeckung, die sie für sich machen, ihrer schon erhitzten Einbildungskraft immer mehr Nahrung verschaffen und also ihrer Unschuld gefährlich werden wird.«[136]

Überdies könnte die Bewahrung der Unwissenheit, sofern sie möglich wäre, nicht verhüten, daß das Kind in aller Unschuld den »heimlichen Sünden« frönt. Auch aus diesem Grund ist Aufklärung nötig; das Kind muß wissen, was es zu meiden hat und warum.

Andererseits aber ist solche Wissensvermittlung außerordentlich problematisch. Denn wird der Erzieher nicht mit seinen Erklärungen genau das bewirken, was er um jeden Preis verhindern wollte, wird er nicht die kindliche Phantasie aufreizen und frühreifes Begehren hervorrufen?[137] Unriskant ist es freilich, den Unterschied der Geschlechter an Blumen, Bienen und Vögeln zu demonstrieren, jenen züchtigen Geschöpfen, die nicht erst die ›viktorianische‹ Sexualpädagogik des 19. Jahrhunderts bevölkern, sondern schon von den Philanthropisten aufgeboten werden.[138] Doch damit läßt sich die Neugier der Kinder, die auf den Menschen gerichtet ist, keineswegs abspeisen. Als Reaktion auf solche Schwierigkeiten entwickeln die Pädagogen subtile Taktiken der Vermittlung, die darauf zielen, das Kind zwar zu unterrichten, zugleich aber sein weitergehendes Interesse deutlich zu dämpfen und die Entstehung sexueller Lust im Keim zu unterdrücken. Die Durchführung dieses Vorhabens wird schon dadurch begünstigt, daß die Sexualpädagogik des 18. Jahrhunderts ja nicht in erster Linie darauf aus ist, sachliche Information zu übermitteln, sondern daß sie in dieser meist nur ein Instrument zur Bekämpfung der Onanie sieht. Solche Funktionalisierung bedingt Umfang und Inhalt der Information. Das »Zeugungsgeschäft« wird, wenn überhaupt, dann nur in den allerverschwommensten Ausdrücken angedeutet, um so mehr ist die Rede von der göttlichen Weisheit, vom Sinn der

Ehe und den Schmerzen der Geburt, über die ebenfalls wenig Konkretes mitgeteilt wird. Auch das Lustvolle des Geschlechtsakts findet höchstens eine verlegene und hastige Erwähnung, bedeutsamer ist das Tierische an ihm, seine Flüchtigkeit, die anschließende Ernüchterung und Unlust.[139]

Eine derartige Auswahl des Stoffes, die das Grundsätzliche beinhaltet, alle Attraktionen der Sexualität aber sorgsam ausspart, scheint den Pädagogen freilich noch lange nicht hinreichend, um in Kindern und Jugendlichen den Wunsch nach sexueller Betätigung gar nicht erst aufkommen zu lassen. Zu diesem Zweck gilt es, einen Automatismus zu installieren, der sexuelles Handeln und Begehren zwingend mit Scham, Ekel, Schuldgefühlen, Furcht und Angst verknüpft. Diese vielfach explizit formulierte Intention gibt der Sexualpädagogik des 18. Jahrhunderts – und besonders des Philanthropismus – ihr spezifisches Gepräge.

Ausdrücklich tritt sie dort in Erscheinung, wo von den Folgen der Onanie und der »Unzucht« die Rede ist, deren einprägsame Schilderung das Kind von sexueller Praxis abhalten soll. »Man belehre die Jugend, und zwar so früh als möglich, über die schrecklichen Folgen eines jeden Mißbrauchs der Zeugungsglieder«, heißt es bei Oest.[140] In der Konsequenz der Einsicht allerdings, wie unzureichend der Versuch einer bloßen Einwirkung auf die Vernunft ist, welch mäßigen Eindruck die »langen Vorstellungen von dem Unerlaubten und Sündlichen dieses Lasters« besonders auf Kleinkinder machen, muß der Erzieher mit seiner Belehrung andere innere Instanzen seines Gegenübers zu treffen suchen. Er muß zwar immer auch handlungsorientierendes Wissen vermitteln, zugleich aber »ein lebhaftes Gefühl von der Schändlichkeit und Gefahr dieses Lasters« erregen. Der beste Effekt läßt sich dabei mit den »schauderhaftesten Beispiele[n] von Schmerzen und Qualen« onanierender Kinder erzielen, denn »diese drücken sich der jungen Seele tief ein« und werden ihr »unvergeßlich« sein.[141] Teils aus der medizinischen Literatur, teils aus dem eigenen Erfahrungsschatz häufen daher die Pädagogen Dutzende von Fällen auf, die nicht nur die katastrophischen Folgen sexueller Ausschweifung veranschaulichen sollen, sondern auch deren erste unscheinbare Anlässe aufzeigen, die das Kind zu vermeiden lernen muß. Inhaltliche Drastik ist jedoch nur eine Bedingung der intensiven Wirkung; nicht weniger bedeutsam ist die Form der Präsentation: Erst das rhetorische Instrumentarium und die Inszenierung des Abschreckungsverfahrens sichern dessen Erfolg. »Von der Miene, dem Ton, der Stellung und Handlung der ganzen Person hängt oft der Eindruck allein ab.«[142] Mit solchen der Wirkungspoetik und der Schauspielkunst verpflichteten Mitteln steuert der Erzieher das kindliche Gefühl und gibt ihm die Gestalt des Abscheus, des Ekels, der Verachtung und der Furcht.

Daß die Erregung von Schrecken, Entsetzen und Furcht tatsächlich ein Element innerhalb ihrer Strategien ist, geben die Autoren unumwunden zu. Mit Bezug auf zahlreiche Briefe von Onanisten, die er erhalten haben will und nun dem Publikum zugänglich mache, schreibt etwa Campe:

»Wenn unsern Lesern, besonders bei diesem letzten Briefe, schon die Haare zu Berge standen: Wie würden sie sich erst entsetzen, wenn ich ihnen andere, noch viel größere Greuel vorlegte, wovon ich die Dokumente in meinem Revisionsarchive unter der Rubrik: Unglaublicher Verfall der Menschheit! liegen habe! Wie würden sie mit Grausen und Entsetzen erfüllt werden [...]«[143]

Wo die Bekämpfung oder besser noch »die Verhütung der Onanie« als »eins der wichtigsten Anliegen der Menschheit« betrachtet wird,[144] schwinden alle Bedenken gegen die Funktionalisierung von grundsätzlich negativ bewerteten Affekten, die in so ernstem Kontext als sozusagen heilsame Übel zu gelten haben. Sofern es der Erzieher freilich mit Kindern zu tun hat, die dem Laster bereits verfallen sind, muß er mit besonderer Vorsicht zu Werke gehen. Die Impulse der Furcht müssen in ein Spannungsfeld von Gefühlen und Affekten präzis bis zu dem Punkt eingegeben werden, an dem sie sich zu einer ausreichenden Gegenkraft zu der verbotenen Lust summiert haben, über den hinaus sie jedoch durch Unterdrückung anderer Geistes-, Seelen- und Körperkräfte schädliche Wirkungen zu entfalten beginnen. Peter Villaume schreibt:

»Eines von den ersten Erfordernissen bei dieser Cur ist, daß der Kranke [d.h. der Onanist] Hoffnung und Muth behalte. Anfänglich mußte er erschrecken, [...] damit er den festen Vorsatz fasse von dem Laster zu lassen. Er muß aber Muth behalten, um die Mühe der Bekehrung zu übernehmen; und die Hoffnung muß seinen Muth erhalten und seinen Eifer beseelen. Ohne dieß haben Muthlosigkeit, Furcht, Hoffnungslosigkeit den Fehler, daß sie physisch wirken, den Körper immer mehr erschlaffen und erschöpfen; welches hier physisch und moralisch betrachtet, traurige Folgen hat.«[145]

Wo es hingegen nicht um Heilung, sondern um bloße Prophylaxe zu tun ist, sieht sich der Erzieher durch nichts daran gehindert, alle Register der Abschreckung zu ziehen. Diesem Zweck dienen neben den zahllosen fatalen Krankengeschichten der Onanisten auch ausführliche Beschreibungen der Folgen der »Unzucht«, die als von der Natur verhängte Strafen für ein gleichermaßen areligiöses, amoralisches und asoziales Laster dargestellt werden und dazu geeignet sind, neben gesundheitlich und sozial motivierter Furcht auch noch Ekel zu erregen. Kurzerhand wird dabei der sexuellen Ausschweifung eine phantastische Symptomatik angedichtet, die von ferne an die der Syphilis erinnert. Auf die Unzucht, so Villaume,

»wartet eine schreckliche Strafe. Es entsteht daraus eine furchtbare Krankheit. Die besten Säfte im Körper verwandeln sich in stinkenden Eiter, Gesicht und Leib werden mit häßlichen Geschwüren bedeckt, die festen Theile werden von einem fressenden Krebsschaden ergriffen, die Zähne im Munde wanken und fallen aus, der Gaumen, der Hals, die Nase werden weggefressen, die Stimme geht verloren, der Elende verfault bei lebendigem Leibe und muß zuletzt elendiglich sterben.
Dabei muß er sich verstecken; Niemanden darf er unter die Augen treten, weil seine Schmach auf seinem ekelhaften Gesichte geschrieben steht. Wer will ihn bei sich leiden, er stinkt und steckt die andern mit seinem Gifte an. Schande, Verachtung, Ekel, Verstoßung verfolgen ihn auf dem Fuß, wo er sich hinwendet.«[146]

Wer's nicht glauben mag, kann es mit eigenen Augen sehen. Unter Berufung auf Rousseau propagieren und praktizieren Oest, Campe und Villaume den Besuch in den Syphilitiker-Abteilungen großer Krankenhäuser, wo den Kindern der letzte Zweifel an der Glaubwürdigkeit des Gehörten oder Gelesenen ausgetrieben werden soll. Campe berichtet:

»Ich führte einmal einige meiner Zöglinge, nachdem ich eben von den schrecklichen Folgen der Unzuchtssünden mit ihnen geredet hatte, in die Charité zu Berlin, und ich bin versichert, daß die Eindrücke von Abscheu und Entsetzen, die sie daselbst erhielten, aus ihren Seelen nie wieder ausgetilgt werden können.«[147]

Wie schon bei Villaume deutlich geworden ist, hat das Individuum, wenn es sich der »Selbstschwächung« oder der »Unzucht« hingibt, nicht nur mit gesundheitlichen, sondern auch sozialen Konsequenzen zu rechnen. Nicht nur nahezu jede Krankheit, auch jedes erdenkliche Laster kann Folge der Abweichung von der sexuellen Norm sein: »Ueberhaupt macht die Unkeuschheit den Menschen so schlecht, daß fast kein Laster ist, welches ein unkeuscher Mensch nicht begehen sollte«; »fast immer« sei die Unkeuschheit »mit einer Mordthat begleitet«, weiß Oest, der dabei nicht nur an die Möglichkeit des Mordes am unehelichen Kind denkt, sondern auch den Onanisten kurz und gut als einen Selbstmörder, einen Selbstmörder auf Raten, hinstellt. Selbstmord aber ist Sünde wider Gott und Verbrechen gegen die Menschheit.[148] So ist der Onanist nicht nur aufgrund seiner prospektiven kriminellen Karriere, sondern schon wegen des aktuellen Lasters ein »Verbrecher«,[149]

216

der die entsprechende Behandlung zu gewärtigen hat, in jedem Fall aber, auch wenn er nicht unter strafrechtliche Kategorien fallen sollte, soziale Verachtung und Ausgrenzung aus der Gemeinschaft. Daß er dieser nicht entgehen kann, wird durch die Tatsache garantiert, daß sich das Laster seinem »geschändeten Gesicht« einschreibt. »Kein Vergehen ist äußerlich so sichtbar, keins verräth sich so sehr, als die schreckliche Selbstschändung.«[150] Erneut zeigt sich hier auch die Verschränkung moralischer und medizinischer Begriffe, die zur Pathologisierung der Abweichung von der sozialen Norm führt: Die »Selbstschändung« – schon diese Benennung indiziert ihren Status der A-Sozialität – ist als solche, nicht also bloß ihrer gesundheitlichen Folgen wegen, Körper- und Seelenkrankheit.[151]

Der gleichermaßen pathogene wie pathologische Charakter der Onanie rechtfertigt die Entwicklung und Erprobung vielfältiger therapeutischer und prophylaktischer Maßnahmen, die dem Pädagogen weitere Möglichkeiten der Furchterregung eröffnen. Obgleich der Heilung der schrecklichen Krankheiten, die aus der Onanie entstehen, nur äußerst geringe Chancen eingeräumt werden, können die therapeutischen Prozeduren im Sinne einer »moralischen Cur«[152] zur Heilung der onanistischen Krankheit selbst beitragen. Denn indem der Erzieher dem masturbierenden Kind, das noch an keinen Folgekrankheiten leidet, »eine Art von medicinischer Kur«, z.B. die häufige Einnahme von Medikamenten, verordnet, demonstriert er ihm eindringlich, »daß es schon jetzt sich fürchterlich geschadet habe«,[153] und verhindert so einen Rückfall. Darüber hinaus dürften die Therapien und Prophylaxen an sich schon eine erhebliche Abschreckungswirkung entfaltet haben: Empfohlen werden in der pädagogischen Literatur neben vergleichsweise harmlosen Mitteln wie Diät und Hydrotherapie bestimmte nächtliche Bandagierungen und Spezialkleidungen, die ein Berühren der Geschlechsteile unmöglich machen sollen, und als extremste Behandlungsform verschiedene chirurgische Eingriffe, etwa Verätzungen der Genitalien, Klitoridektomie und bei männlichen Kindern und Jugendlichen die vieldiskutierte und noch 1827 für die preußische Armee in Erwägung gezogene Infibulation, die Durchbohrung und Zusammenziehung der Vorhaut mit einem Metallring, wodurch die Erektion verhindert werden sollte.[154] Die Vermutung van Ussels, daß in derartige ›Therapien‹ ein Straf- und Vergeltungswunsch des Erziehers hineinspiele, scheint nicht abwegig.[155]

Bevor der Erzieher jedoch mit einer bestimmten Therapie beginnen kann, muß er sich zuerst völlige Klarheit darüber verschaffen, ob das Kind dem Laster auch wirklich verfallen ist. Hat er einen diesbezüglichen Verdacht, den er auch durch fortgesetzte Überwachung des Kindes nicht erhärten kann, so muß er ein Geständnis zu erlangen suchen. Dies gelingt mit Hilfe von Verhörmethoden, die den Sexualpädagogen so wichtig erscheinen, daß sie ihnen ganze Kapitel widmen.[156] Äußerlich wird ihre Bedeutung zum einen mit der Notwendigkeit genauer Planung der Therapie gerechtfertigt, zum anderen durch eine Art Rückkoppelungseffekt: Erst wenn das Kind weiß, daß sein Laster dem Erzieher bekannt ist, kann es dessen Maßnahmen eindeutig auf jenes beziehen und daraus die fürchterlichen Gefahren seines Tuns ermessen. Die eigentliche Faszination durch die Verhörpraxis scheint mir jedoch eher in deren disziplinären Möglichkeiten begründet zu sein. Gezielte Fragen, scheinbar beiläufige Bemerkungen, düstere Belehrungen, vorgetragen mit einer »Rührung, die hier durchaus nöthig ist«,[157] Mienenspiel und ernstes Auftreten sind die Komponenten, die der Erzieher zu einer Taktik bündelt, die, glaubt man den Mustergesprächen in den Erziehungstraktaten, besonders geeignet ist, das Kind in Verwirrung, Furcht und Schuldgefühle zu versetzen.[158]

Die bisher geschilderten pädagogischen Maßnahmen verfolgten die explizite Absicht, die sexuelle Betätigung der Kinder und Jugendlichen durch Erregung einer auf genau umrissene Inhalte gerichteten Furcht zu verhindern. Noch wirkungsvoller ist es indessen, nicht nur die Befriedigung des sexuellen Begehrens zu hemmen, sondern dieses selbst zu modellieren. Angriffsfläche entsprechender Verfahren ist die Phantasie. Trotz ihrer allmählichen Aufwertung in Poetik und Literatur unterliegt die Phantasie in der Sexualpädagogik des späteren 18. Jahrhunderts weiterhin der primär negativen Einschätzung, die sie in der rationalistischen Frühaufklärung erfahren hatte,[159] unterhält sie doch höchst gefährliche Beziehungen zur Sexualität. »Kein Trieb ist so stark, als der Wollusttrieb, und bei keinem ist die Einbildungskraft geschäftiger, ihn zu erwecken.«[160] Bewahrt sie zum einen als reproduktives Vermögen jede Erinnerung an sexuelle Reize, so überhöht sie diese zum anderen in ihrer Eigenschaft als produktive Kraft, stattet sie mit durchaus unangemessener Attraktivität aus, stachelt so das Begehren bis zur Maßlosigkeit auf und verführt damit zur verbotenen Praxis.[161] Zwar steht die Phantasie nicht im Ursprung des Sexualtriebes, wohl aber ist sie dessen treuester Propagandist und Verstärker und erweist damit erneut ihren Gegensatz zur ›Vernunft‹. Der Erfolg der normalisierenden Sexualerziehung, wie sie der bürgerlichen Pädagogik vorschwebt, hängt daher entscheidend von der Kontrolle, der Unterdrückung und der Manipulation der Phantasiebilder ab.

Diese Intention tritt zunächst in der Maske eines medizinischen Arguments auf, das die Sanktionsdrohungen gegen die anormalen Sexualpraktiken auf die »geistige Onanie« ausdehnt, die nach Hufeland »oh-

218

ne alle körperliche Unkeuschheit möglich ist, aber dennoch entsetzlich erschöpft« und daher »in ihren Folgen nicht viel weniger schädlich ist« als diese.

>>Ich verstehe darunter die Anfüllung und Erhitzung der Phantasie mit schlüpfrigen und wollüstigen Bildern, und eine zur Gewohnheit gewordene fehlerhafte Richtung derselben. Es kann dies Übel zuletzt wahre Gemütskrankheit werden, die Phantasie wird dadurch völlig verdorben und beherrscht nun die ganze Seele, nichts interessiert einen solchen Menschen, als was auf jene Gegenstände Bezug hat, der geringste Eindruck aber dieser Art setzt ihn sogleich in allgemeine Spannung und Erhitzung, seine ganze Existenz wird ein fortwährendes Reizfieber, was um so mehr schwächt, je mehr es immer Reizung ohne Befriedigung ist.«[162]

Die Tatsache, daß im medizinisch-diätetischen Diskurs schon die bloße Vorstellung des Sexualakts und das daraus folgende bloße Begehren als fast so verhängnisvoll wie die Befriedigung selbst ausgegeben und mit ganz ähnlichen ›natürlichen‹ Strafen bedroht wird, steht unter bewußtseinsgeschichtlicher Perspektive im Zusammenhang jener Umorientierung bei der moralischen Beurteilung von Individuen und Handlungen, auf die bereits bei der Untersuchung des pädagogischen Strafgedankens hingewiesen worden ist: Hier – wie auch in der Strafjustiz – gibt nicht mehr so sehr das Tun und Lassen den Maßstab der Kategorisierung, moralischen Qualifizierung und endlich der Behandlung des Individuums ab, sondern primär dessen innerliche Verfassung, seine Motive, Gesinnungen, Begierden, kurz seine Seele. Die hieraus resultierende Tendenz, nicht nur manifeste, sondern schon gedankliche Normverstöße als strafwürdig zu empfinden und bestraft sehen zu wollen, spiegelt sich in Gestalt ihrer medizinischen Rationalisierung unverkennbar in Hufelands Sätzen.

Die Erregung von Furcht vor den gesundheitlichen Folgen sexueller Phantasien zielt darauf ab, das Kind, den Jugendlichen und natürlich auch den Erwachsenen zu einer umfassenden Kontrolle und Selektion seiner Vorstellungen und Gedanken zu bewegen. Beschwörende Aufrufe dazu finden sich in nahezu jeder sexualpädagogischen Schrift. Alles, was nur von ferne, nur mittelbar an Sexuelles erinnern könnte, muß strikt gemieden werden: Die Lektüre von Büchern, die sich einer losen Behandlung der Sexualität befleißigen – und über diesen Verdacht sind weder »Wörterbücher« noch die Heilige Schrift erhaben[163] –, der Anblick aufreizender Bilder und Statuen und natürlich »jede Vertraulichkeit mit Frauenzimmern, besonders jede körperliche Berührung derselben, die auf einen schon zur Wollust verwöhnten Jüngling mit electrischer Kraft zu wirken pflegt«; schon ein »Handkuß oder Händedruck«

kann da üble Verheerungen anrichten.[164] Sollten sich trotz solcher Vorsicht dennoch aufreizende Phantasien einschleichen, so sind sie mit aller Willenskraft zu »unterdrücken«, zu »verdrängen« oder durch ernsthafte und edle Gedanken zu neutralisieren. Oest ermahnt die jungen Mädchen:

»Das erste Entstehen eines Gedanken hängt nicht immer von uns, sondern von andern zufälligen Dingen ab; aber das Verweilen dabei, das weitere Sinnen und Denken, wodurch wir ihn uns lebhaft machen, wodurch wir verursachen, daß Kräfte und Triebe unsers Körpers in Bewegung gesetzt werden, steht allerdings in unserer Gewalt. Wenn wir nun wissen, daß gerade diese und jene Gedanken uns zu etwas Bösem verleiten können; daß sie durch die öftere Wiederholung in uns stärker, und wir sie zu verdrängen schwächer werden: ist es da nicht unsere Pflicht, sie in dem Augenblick des Entstehens zu unterdrücken? [...] Euer ernster Wille, meine Lieben, wird hier immer das meiste thun. Lenket gleich eure Aufmerksamkeit auf etwas anders. Verändert euren Stand, eure Lage, euren Ort, eure Beschäftigung. Ruft die ernsthaften Vorstellungen von dem Werth der Unschuld, von den Gefahren, die mit ihrem Verlust verbunden sind, von der Gegenwart Gottes in euch zurück. Denkt an die unglückliche E** [einen Beispielfall] und an die vielen ihrer unglücklichen Mitschwestern, die vielleicht diesen Augenblick am Rande des Grabes schleichen. Sucht an jede schlüpfrige Vorstellung, sie mag durch euch selbst oder durch irgend etwas anders in der Natur bei euch entstehen, einen ernsthaften Gedanken anzuknüpfen. Je mehr ihr euer vernünftiges Nachdenken dabei würken laßt, je weniger wird eure Einbildungskraft sie euch schädlich machen, und ihr werdet zuletzt ganz euch in eurer Gewalt haben.«[165]

Im gleichen Sinn äußert sich einer der wenigen überlebenden Onanisten, der die therapeutischen Maximen, mit deren Hilfe er sich von seinem Laster geheilt habe, in einem Brief an Campe darstellt – so jedenfalls behauptet dieser.

»›Hemme die Phantasie augenblicklich, sobald sie, auch ungereizt, sich deiner bemeistern will. Dazu gehören folgende Unterregeln:
a) Denke auch den an sich unschuldigen Gedanken nicht aus, sobald du nur von ferne witterst, daß sein Urenkel ein wollüstiger seyn werde [...]
b) Noch viel weniger erlaube dir einen Gedanken, der an sich selbst schon Sandbank, oder Klippe, oder Strudel für dich ist. Zu diesen verderblichen und auf alle Weise zu vermeidenden Spielen der Phantasie gehört überhaupt jede Erinnerung an körperliche Schönheiten und Reize eines Mädchens, besonders aber an irgend ein je empfundenes wollüstiges Behagen in dem schlimmern Sinne des Worts.‹«[166]

In diese Forderungen nach seelischer und geistiger Hygiene wird selbst der Traum einbezogen, der unter den Hervorbringungen der Phantasie zu den gefährlichsten rechnet, da in ihm das Subjekt wehrlos den ungerufen auftauchenden Bildern und ihrem verführenden Reiz preisgegeben ist. Wehrlos, aber nicht unschuldig: Das Postulat absoluter moralischer Identität spart auch den Traum nicht aus, gesteht ihm nicht den Status eines Reservats in der vernünftig durchgeformten Seele zu, sondern möchte ihn der Herrschaft der Vernunft und der Moral unterworfen sehen. Wer aber glaubt, daß dies möglich sei, macht damit zugleich den Träumer für die nächtlich in ihm emporsteigende Bilderwelt verantwortlich. Da die Gestalt des Traums abhängt von der Aktivität der Leidenschaften, die die Einbildungskraft usurpieren wollen, und der Einbildungskraft, die ihrerseits die Leidenschaften beeinflußt, wird sie sich mit deren moralischer Regulierung selbst zum Guten verändern. Die Gegenwehr gegen die unsauberen Träume hat also im Wachzustand stattzufinden. Entsprechend werden bei dem, dessen Träume nicht vorzeigbar sind, Risse in der moralischen Identität angenommen. Das moralisch imprägnierte bürgerliche Subjekt träumt nichts Übles; seine Innerlichkeit ist unteilbar. In diesem Sinne heißt es in dem *Versuch über die Leidenschaften* des Johann Gebhard Ehrenreich Maaß:

»Man kann daher behaupten, daß es eine sittliche Pflicht des Menschen sei, auch in den Träumen die Reinheit der Phantasie zu bewahren, soweit dies durch Freiheit möglich ist, und daß ihm das Gute und Böse zugerechnet werden könne, was er im Traume sagt oder tut [...]«[167]

Diese Auffassung fundiert auch die pädagogischen Aufrufe zu einer so tiefreichenden Reinigung der Phantasie, daß diese selbst im Schlaf bei ausgeschaltetem Bewußtsein keine unzüchtigen Bilder mehr auswerfen kann, durch die die Leidenschaften entfesselt und so die moralischen Bemühungen des Wachzustands untergraben würden. Um keinen Preis darf dem Traum gestattet werden, als willfähriger Produzent lustvoller sexueller Wunschbilder zu fungieren, die das Bewußtsein am Tage sofort beiseite zu schieben gelernt hat – oder doch haben sollte. Johann Michael Sailer fordert:

»Da insbesondere [...] die wollüstigen Träume unwillkürlich Selbstbeflekkungen herbeiführen (die denn die Gefäße des Leibes, wie die willkürlichen, schwächen, und sie zu verderbenden Ausleerungen geschickt machen): so laß nichts unversucht, um die Einbildungskraft mit Bildern eines besseren Geistes zu füllen, das heißt: lerne selbst die Träume meistern oder wenigstens im Traume ein physischer Sieger werden, durch moralische Beherrschung der Einbildungskraft im Zustand des Wachens.«[168]

Nicht anders als die willkürliche »geistige Onanie« wird so auch der unwillkürliche sexuelle Traum mit Furcht vor seinen gesundheitlichen

Folgen besetzt. Überdies konfrontiert er das Individuum auf peinliche Weise mit ungeahnten Restbeständen von Amoralität in seinem Inneren.

Unter den Bemühungen um Vermeidung, Filterung und Unterdrückung der sexuellen Phantasie kommt der Erziehung zu äußerster Schamhaftigkeit herausragende Bedeutung zu, da in ihr dem Individuum sowohl Maßstab wie Antrieb zur strikten Kontrolle seiner Gesten, Blicke und Gedanken implantiert werden. Damit beschleunigen die aufklärerischen Pädagogen die Intensivierung des Schamgefühls, die sich nach Elias im Zivilisationsprozeß grundsätzlich auch ohne jede Intentionalität, gleichsam »blind«, vollzieht.[169] Zunächst soll die Scham vor anderen jede Entblößung vor deren Augen verhindern, denn dadurch würde nicht nur die Phantasie des Gegenübers auf Sexuelles gelenkt, sondern auch die Hemmschwelle zum Geschlechtsverkehr herabgesetzt. »Lehren und Beispiele«, das ernsthafte Verbot der Nacktheit, ja die Bezeugung von »wahrem Abscheu dagegen« werden als Konditionierungsmittel empfohlen.[170] Die Scham vor anderen aber verhindert lediglich, »daß wir nicht leicht durch andere verführt werden und auch andere nicht leicht verführen«; damit man sich aber »nicht selbst verführt«, bedarf es der »Schaamhaftigkeit gegen sich selbst«,[171] die daher allenthalben als »Beschützerin unserer Unschuld« gefeiert wird.[172] Ihre Wirksamkeit bezieht sie daraus, daß sie, wie Oest die Kinder belehrt, »euch jede Berührung eurer Schaamtheile, jede Beschauung eurer Blöße aufs strengste untersagt.«

»[. . .] wenn ihr beim Schlafengehen euch entkleidet, oder von andern Menschen unbemerkt in eurem Bette liegt, so erlaubt euch keine Berührung, keinen Blick, den ihr vermeiden könnt.«[173]

Selbst die schlechterdings unvermeidlichen Körperberührungen scheinen dem strengen Auge des Pädagogen ein hinreichender Anlaß, die Phantasie und das Blut in Wallung zu versetzen, und dürfen daher nur mit Schamröte im Gesicht und größtem Widerstreben vorgenommen werden.

»Laß dir immer gegenwärtig seyn, daß es Schändung deiner Hände [. . .] sey, mit ihnen ein Glied deines Leibes zu berühren, welches Schaamhaftigkeit und Gesittetheit verbergen; kaum den einzigen Fall ausgenommen, wenn die Natur durchs Drengen des Wassers dich dazu auffordert.«[174]

Doch nicht nur die Worte, die Blicke, die Gebärden und Berührungen, auch die heimlichsten Gedanken sollen unter die permanente Zensur durch das Schamgefühl gestellt werden – oder besser: Dieses soll sexuelle Vorstellungen schon im Moment ihres Entstehens als schamlos er-

222

kennen und so das Signal setzen, das dann ihre bewußte Eliminierung oder Neutralisierung auslöst.

Dieser innere Vorgang ist dem gesellschaftlichen nachgebildet, in dem das Individuum, das gegen soziale Normen verstößt, durch Entzug von Achtung und Ehre sanktioniert wird.

»Gern mögte ich ein so zartes Gefühl des Wohlanständigen und Schönen und eine so innige Liebe zu allem, was ehrbar und keusch ist, in euch [angesprochen sind hier die jungen Mädchen] erwecken, daß ihr euch schon für entehrt hieltet, wenn ihr gern und mit einem verstohlnen Vergnügen an Dinge gedächtet, von denen ihr doch um alles in der Welt nicht reden, oder auf irgend eine Art andern zur verstehen geben würdet, daß ihr daran dächtet.« (Oest)[175]

Die Rücksicht auf die Ehrbarkeit bzw. die »Entehrung« oder »Schändung«, auf soziale Kategorien also, die die moralische Bewertung des einzelnen durch die Gemeinschaft ausdrücken und daher verhaltensnormierende Kraft, zunächst im Beisein anderer, besitzen, funktioniert in der Scham vor sich selbst auch ohne die Relation auf ein Gegenüber in der Außenwelt. Ein solches Gegenüber ist hier in die eigene Person inkorporiert, die die gesellschaftlichen Normen und Werte als ihre eigenen angenommen hat und sich selbst nach Kategorien be- bzw. verurteilt, die zunächst nur Geltung für die gegenseitige Beurteilung der vergesellschafteten Individuen hatten. Die Scham vor sich selbst ist das psychophysische Korrelat solcher Selbstverurteilung. Aus diesen Überlegungen wird zugleich deutlich, daß mit der Erziehung zur Schamhaftigkeit eine andere Form von Zwang auf das sexuelle Verhalten und sogar Vorstellen installiert wird als mit der Erregung von Furcht vor den gesundheitlichen und sozialen Folgen von sexueller Phantasie und Praxis. Hier nämlich handelt es sich um Fremdzwang, während in der Schamhaftigkeit die Momente von Selbstzwang überwiegen. Auf diesem basiert schon die Scham vor anderen, insofern sich in ihr, so Elias, »nicht nur ein Konflikt des Individuums mit der herrschenden gesellschaftlichen Meinung« äußert, »sondern ein Konflikt, in den sein Verhalten das Individuum mit dem Teil seines Selbst gebracht hat, der diese gesellschaftliche Meinung repräsentiert«; doch beinhaltet diese Variante der Scham andererseits immer auch Furcht vor dem Verlust von Achtung, Ansehen, Ehre und Liebe, Furcht also vor äußeren Sanktionen bei Fehlverhalten.[176] Um einen viel reineren Selbstzwang scheint es sich bei der Scham vor sich selbst zu handeln, in die auf bestimmte Inhalte gerichtete Furcht nur noch mittelbar oder peripher eingeht, wogegen sie stärkere Verwandtschaft mit der objektlosen inneren Angst zeigt, wie man im Anschluß an Max Scheler feststellen könnte.[177]

Um die Initiierung einer Form des Selbstzwangs handelt es sich auch bei dem Versuch, den Körper im allgemeinen und die Genitalien, den Sexualakt und seine Vorstellung im besonderen mit dem Gefühl des Ekels zu verknüpfen, der nach Villaume »eine Art von Furcht« ist[178] – »Furcht« in der unspezifischen Bedeutung des 18. Jahrhunderts, die auch die Angst umgreift. Ein »Mann vom ersten Range«, so Campe, habe ihm seine diesbezüglichen Überlegungen mitgeteilt, in denen »etwas Wahres« liege. Der Ungenannte schlägt vor,

»die Kinder alle 14 Tage oder vier Wochen von einem alten schmutzigen und häßlichen Weibe, ohne Beiseyn anderer Zuschauer, von Kopf zu Fuß reinigen zu laßen, wobei doch Eltern und Vorgesetzte nöthige Aufsicht haben müßten, daß auch ein solches altes Weib sich bei keinem Theile unnöthig aufhielte. Dieses Geschäft würde der Jugend als ekelhaft vorgestellt, und ihnen gesagt, daß eine solche alte Frau desfalls dafür bezahlt werden müßte, ein Geschäft zu übernehmen, welches der Gesundheit und Reinlichkeit wegen nöthig, aber so ekelhaft wäre, daß kein anderer Mensch es übernehmen könne.«[179]

Fluchtpunkt solcher Aktionen ist natürlich die Erregung von Ekel vor allem Sexuellen, der aufgrund der Nähe bzw. Identität von Geschlechtsteilen und Ausscheidungsorganen als ›vernünftig‹ begründbar erscheint. In seiner 1791 erschienenen Schrift *Über die Mittel dem Geschlechtstriebe eine unschädliche Richtung zu geben* schreibt K. G. Bauer, der, wie übrigens auch Peter Villaume, Schamgefühl und Ekel kurzschließen möchte:

»Die Schamhaftigkeit der Kinder muß aus dem Ekel vor den Körperteilen bestehen, die sie als Werkzeuge schmutziger Exkremente kennen. [. . .] Weshalb? Zum Teil, weil die Geschlechtsteile von der Natur als Werkzeuge zum Ausstoßen überflüssiger und ekelerregender Absonderungen, zumal beim weiblichen Geschlecht eingerichtet sind, zum anderen, weil der Beischlaf selber eine ekelhafte Verunreinigung zur Folge hat.«[180]

Ganz in diesem Sinne plädiert auch Johann Friedrich Blumenbach dafür, daß das Sexuelle »als eine äußerst widerwärtige Schweinerei hingestellt« werde; S. G. Vogel möchte es als »eine widerliche Sauerei erklärt« haben.[181]

Im Zusammenhang mit der Erzeugung von Ekelgefühlen steht auch die wohl radikalste Einflußnahme auf das sexuelle Begehren. In diesem Fall soll die sexuelle Phantasie nicht nur durch Verbindung mit Furcht-, Scham- und Ekelgefühlen oder durch Aktivierung der Willenskraft paralysiert oder gedämpft, sondern durch Eingriffe in ihr Funktionieren und ihren Inhalt selbst manipuliert und ihr so jeder Reiz genommen werden. Theoretische Basis eines solchen Verfahrens ist die Erkenntnis des Vorgangs der »Ideenverknüpfung«, der Assoziation, deren Theorie in Deutschland seit Christian Wolff, in England seit David Hume und David Hartley entwickelt wurde und deren Mechanismus man in den verschiedensten Problembereichen beschrieben findet, etwa in der Kunsttheorie, in den Theorien des Erhabenen sowie denen der Genese von Furcht und Aberglauben.[182] Da die Assoziation seit Wolff und Hume als Funktionsprinzip der Einbildungskraft erkannt wird, liegt es nahe, in ihr das Instrument für einen außerordentlich wirkungsvollen Eingriff in die sexuelle Phantasie zu sehen. Der Erzieher braucht nur die Vorstellung des Sexuellen frühzeitig mit Vorstellungen zu verknüpfen, die so weit wie möglich von jedem Lustgefühl entfernt sind, und sein Zögling wird diesen Vorgang, der den Reiz des sexuellen Phantasiebildes erheblich mindern soll, zeitlebens nicht mehr rückgängig machen können: Die Überlagerung der sexuellen Vorstellungen von unangenehmen, ekelhaften und furchterregenden wird sich als ein Automatismus etablieren.[183] Oest entwickelt ein solches Konzept der Simultaneität der Bilder aus der Problematik der Sexualerziehung, die den Philanthropisten so nötig wie riskant erscheint. Die Neugier der Kinder, deren eigenmächtigem Nachforschen der Erzieher zuvorkommen muß, ist auf die menschliche Geschlechtlichkeit gerichtet und muß – daran führt kein Weg vorbei – »durch den Augenschein« befriedigt werden.

»Wider die Schaamhaftigkeit würde es indessen freilich seyn, wenn man freie Entblößungen des einen Geschlechts gegen das andere zulassen wollte. Und wissen soll doch der Knabe, wie ein weiblicher Körper gebildet ist; wissen soll das Mädchen, wie ein männlicher Körper gestaltet ist, sonst bekommen sie wieder keine vollständigen Begriffe und man setzt der grübelnden Neugierde keine Schranken. Beide sollen es auf eine ernsthafte Art wissen. Kupfertafeln könnten über diesen Punkt Befriedigung geben; aber stellen sie die Sache deutlich vor? Reizen sie nicht die Einbildungskraft? Laßen sie nicht den Wunsch einer Vergleichung mit der Natur zurück?«

Oests Vorschlag behebt solche Mängel gründlich:

»Alle diese Besorgnisse verschwinden, wenn man sich zu dieser Absicht eines entseelten menschlichen Körpers bedient. Der Anblick einer Leiche flößt Ernst und Nachdenken ein, und dies ist die beste Stimmung, die ein Kind unter solchen Umständen haben kann. Seine nachherigen Erinnerungen an die Scene werden durch eine natürliche Ideenverknüpfung auch eine ernsthafte Wendung nehmen. Das Bild, das in seiner Seele zurückbleibt, hat nicht die verführerischen Reize der Bilder, die die Einbildungskraft freiwillig erzeugt, oder die durch andre minder ernsthafte Gegenstände erregt werden. [. . .] Eine Leiche zu sehen, dazu ist ja oft Gelegenheit.«[184]

In der Sexualaufklärung an der Leiche verdichten sich die erzieherischen Bemühungen um Manipulation des sexuellen Begehrens. Im selben Vorgang, in dem sich die Vorstellung des Sexuellen über den Mechanismus der Assoziation mit den Schrecken des Todes amalgamiert, übersetzt sich die Lehre von den tödlichen Folgen der Ausschweifung in die Anschauung: in die Anschauung des Konkreten, der der nackte Leichnam zum Symbol der Todesdrohung der Sexualität wird, in die innere Anschauung der Phantasie, die diesen Eindruck nicht vergißt.

Die geschilderten Maßnahmen zur Ausrichtung der Sexualität an der Norm haben zwangsläufig einen pädagogisch unerwünschten Nebeneffekt. Ihre Absicht ist es, jede sexuelle Vorstellung als Anreiz zur Praxis zu »unterdrücken« und zu »verdrängen« (Oest), de facto aber bewirken sie das genaue Gegenteil: Sie fixieren die Aufmerksamkeit des Kindes gerade auf seine Sexualität. Mag auch ein Teil der Strategien zur Vermeidung sexueller Reize hinter dem Rücken des Kindes funktionieren, so hängt doch ihr Gelingen im ganzen von der Mitwirkung ihrer Adressaten ab. Das Kind selbst muß, wie die sexualpädagogischen Aufrufe zeigen, die Veranlassungen der sexuellen Erregung zu vermeiden lernen. Wenn aber nach Ansicht der Pädagogen nahezu alles und jedes zu einem solchen Anlaß werden kann, wenn infolgedessen das Kind seinen Körper bis in die Details der Bewegungen, der Haltung, der Sitzweisen überwachen soll, wenn ihm die Berührung der Genitalien selbst beim Urinieren und Waschen als potentielle Selbstverführung erscheint, wenn es seine Gedanken nicht nur zu kontrollieren, sondern bis in die »Urenkel«-Generation auf sexuelle Anklänge hin abzuhorchen hat, wenn es schließlich jedes Unwohlsein als Folge seiner Selbstbefriedigung oder auch nur seiner sexuellen Phantasien betrachten muß, dann wird es unvermeidlich und permanent auf seine Geschlechtlichkeit gestoßen, dann werden die Gedanken an Sexuelles nicht zum Verschwinden gebracht, sondern bleiben vielmehr dem Bewußtsein ständig präsent. Die bürgerliche Sexualpädagogik, wie sie sich in den philanthropistischen Schriften zeigt, wirkt damit ähnlich wie eine selffulfilling prophecy: Die Ubiquität der sexuellen Signale und Reize, auf die sie als eine Kunst der Vermeidung zu reagieren vorgibt und die die Erwachsenen auch zweifellos wahrnehmen, wird erst durch ihr eigenes Wirken in die Erfahrung des Kindes eingesenkt.

Überdies setzt sie eine zweite Bewegung in Gang, die ebenfalls die kindliche Aufmerksamkeit auf die Sexualität zutreibt und so dazu beiträgt, die Phänomene hervorzubringen, die das Handeln des Pädagogen in seinen Augen legitimieren. Mit Freud darf man annehmen, daß die Einschränkung, Verwerfung und Unterdrückung sexueller Praktiken zu einer Steigerung der Phantasietätigkeit führt. Sexuelle »Wünsche, die um so üppiger gedeihen, je mehr die Wirklichkeit zur Bescheidung oder zur Geduldung mahnt«, werden ersatzweise im Tag- oder Nachttraum erfüllt.[185] Diese permanente Gegenwärtigkeit der sexuellen Vorstellung ist freilich nicht lustvoll, oder besser: nicht nur lustvoll. Denn auch wenn man davon ausgeht, daß sich die Lust am Sexuellen mit allem Aufwand an pädagogischem Scharfsinn nicht ausrotten läßt, ja daß vielleicht das Onanieverbot zur heimlichen Lust an seiner Übertretung gerade herausfordert, wird man doch andererseits an der Wirksamkeit der erzieherischen Kampfmaßnahmen nicht ernsthaft zweifeln können. Was so im Erziehungsvorgang entsteht, ist ein Individuum, dessen Vorstellungskraft sich von seiner Sexualität nicht lösen kann, dessen mit unaustilgbarer Lust besetzte Vorstellungen zugleich aber mit Bildern des Schreckens, mit Furcht-, Ekel- und Schamgefühlen verbunden sind. Die Permanenz des Denkens an das Sexuelle etabliert eine Permanenz der Furcht.

Obwohl hier also von einer Verdrängung der Sexualität aus dem Bewußtsein keine Rede sein kann, eröffnen sich doch Perspektiven auf sie. Folgt man nämlich Freuds später Angsttheorie, so kommt es erst auf der Basis von Furcht oder Angst zur Verdrängung. Durch diese versucht das Ich, einer äußeren oder inneren Gefahrsituation zu entgehen, die ihm aus der Befriedigung eines Triebanspruchs erwachsen würde.[186] In diesem Sinn ist die Perhorreszierung der Sexualität in der Sozialisation die Bedingung, unter der Verdrängung erst möglich wird, und als solche die Relaisstation zwischen der gesellschaftlichen Sexualfeindschaft und der Verdrängung als individueller Reaktion. Sie zieht diese aber – was in der bisherigen Forschung zu wenig beachtet worden ist – erst in einigem zeitlichen Abstand nach sich. Offenbar braucht die Etablierung von Furcht vor der Sexualität nicht nur im Einzelindividuum, sondern auch im Kontext einer ganzen Kultur ihre Zeit. In dieser Phase muß das, was dann gefürchtet wird – etwa der bis dahin höchst verschwommene Tatbestand der Masturbation – erst einmal prägnante Konturen annehmen, zum Thema gemacht werden und Aufmerksamkeit auf sich ziehen. Das ist für das Zustandekommen von Verdrängung historisch ebenso notwendig, wie es ihm zunächst abträglich ist. Nicht nur anhand der pädagogischen Theorie, auch anhand autobiographischer Literatur ließe sich der Nachweis führen, daß die Verdrängung von Triebwünschen nicht nur in analytischer, sondern auch in historisch-chronologischer Hinsicht ihrer Perhorreszierung nachfolgt; anfänglich bleiben die verpönten Triebregungen dem Bewußtsein durchaus gegenwärtig.[187]

Für die Frage nach der Wirkung der antionanistischen Kampagne ist es aufschlußreich, daß unter den Symptomen der Onanie regelmäßig Furcht, Angst und Schuldgefühle auftauchen sowie Hypochondrie und Melancholie, die nach zeitgenössischer Auffassung Furcht und Angst implizieren.[188] »Schmerz, Trübsinn, Traurigkeit, Angst, Furcht, Schrekken, Gewissensunruhe und Verzweiflung foltern den Unglücklichen im Wachen, und verscheuchen selbst den Schlaf«, schreibt Johann Stuve über den Onanisten.[189] Man wird zunächst geneigt sein, auch diese Faktoren der imaginären Symptomatik der Onanie zuzurechnen und ihnen denselben empirischen Gehalt beizumessen wie etwa der Behauptung, Rückenmarksschwindsucht und Epilepsie seien Folgen der Selbstbefriedigung. Ich möchte jedoch vorschlagen, sie als Indiz für den Erfolg der sexualpädagogischen Furchterregungsstrategien – wenigstens in Bezug auf die Onanisten – anzusehen. Gestützt werden könnte diese Annahme durch die zahlreichen in Campes Revisionswerk zitierten Selbstzeugnisse von Onanisten, deren Echtheit mir freilich durchaus zweifelhaft erscheint.[190] Die in diesen Berichten ebenso wie in den nosologischen Texten beschriebene Furcht ist vielfach inhaltlich motiviert und bezieht sich auf die gesundheitlichen, sozialen, mitunter auch die religiösen Folgen des Lasters. Sie entspricht damit genau dem pädagogisch intendierten Affekt: Die Identität beider ist anzunehmen. Es ist sehr wahrscheinlich, daß der Onanist, dem man mit der Entstehung ruinöser Krankheiten gedroht hat, alle Regungen seines Körpers zu beargwöhnen beginnt, daß er an hypochondrischen maladies imaginaires und an melancholischer Sorge, Trauer und Verzweiflung leidet. Sollte hier einer der Ursprünge von Hypochondrie und Melancholie als Krankheiten der Epoche liegen? Hypochondrie als Produkt der Tendenz, abweichende, aber letztlich unauslöschbare Triebregungen und sogar ihre bloße Repräsentanz in der Phantasie mit schrecklichen Erwartungen und Furcht zu besetzen? Die bürgerliche Aufklärung züchtet sich so ihre eigenen spezifischen Krankheiten heran.

Zugleich tritt hier aber noch etwas anderes ins Blickfeld: Nicht nur inhaltlich gerichtete Furcht wird in den Quellen beschrieben, sondern auch Angstzustände bzw. eine dauernde »Ängstlichkeit«, die auch ohne ein ›Wissen‹ um die vermeintlichen Folgen der Onanie vom Individuum Besitz ergreifen und kein äußeres Objekt haben.[191] Die Entstehung von innerer Angst im Erziehungsprozeß ist ebenso wie die von Scham und Ekel, auf deren Verwandtschaft zur Angst schon hingewiesen wurde, ein Indikator für die Etablierung einer neuen Qualität des Zwangs, eines vom Fremdzwang zu unterscheidenden Selbstzwangs, und gründet in anderen Faktoren als die Genese der Furcht.

5. Selbstzwang, innere Angst, Gewissen und ihre Genese in der Erziehung zum Bürger

Es ist bei der Untersuchung der Theorie der Erziehungsstrafe deutlich geworden, wie unzulänglich den Pädagogen die Mittel des Fremdzwangs – Sanktionsdrohung und Strafe – für die Erreichung ihrer Ziele scheinen. Denn die Erziehung, so hieß es bei Campe, darf sich nicht mit der äußerlichen Verhaltensbesserung des Zöglings begnügen, sondern muß dessen »ganze Characterbildung«, seine »wirkliche und gründliche Sittenverbesserung und Veredelung« anstreben und zu diesem Zweck auch die »Bewegungsgründe« des Handelns, ja die gesamte »Gemüthsstimmung« der Kontrolle und dem formenden Zugriff unterwerfen.[192] Diese Definition von Erziehung impliziert die Forderung, das Kind dahin zu bringen, daß es die moralischen Gesetze, die ihm zunächst von außen, von Eltern und Lehrern, auferlegt werden, zu einem Teil seines Selbst macht, dies jedoch nicht lediglich in dem Sinn, daß es die Überzeugung von ihrer Vernünftigkeit und gesellschaftlichen Notwendigkeit erwirbt, sondern daß es sie als von ihm selbst erlassen betrachtet, ihre Befolgung als eine innere Notwendigkeit empfindet und ihre Übertretung, ja schon den Gedanken an diese, selbst bestraft – auch dann, wenn gar keine äußere Macht auf den Verstoß aufmerksam wird. Diese richtende und strafende Instanz im Innern ist bekanntlich das Gewissen oder, in der Freudschen Terminologie, das Über-Ich, der Vorgang, der es hervorbringt, die »Einverleibung der [. . .] Elterninstanz«, d.h. die Verinnerlichung der von den Erziehern vertretenen Normen und Werte.[193] Wie gut der Vorgang der Internalisierung seit dem 18.Jahrhundert bekannt ist, zeigt sich an einigen Sätzen aus der Autobiographie des 1780 geborenen Gotthilf Heinrich Schubert, der sich hier an die Arbeitserziehung erinnert, die ihm durch seinen Vater zuteil geworden ist:

»Das Erste war, daß mein Vater mich [. . .] vom Morgen bis zum Abend [. . .] ganz tüchtig mit Aufgaben beschäftigte. Ich war wirklich des Arbeitens entwöhnt; das Gebot dazu war mir noch ein äußeres, das mich belästigte. Es wurde mir aber bald zu einem inneren; zu einem Drange, der die Kraft seiner Bewegung in sich hatte.«[194]

Was Schubert hier beschreibt, kann als Intention sämtlicher aufklärerischer Erziehungstheorien gelten. In diesen läßt sich die Entfaltung eines expliziten, wenngleich unsystematischen Programms der Internalisierung beobachten, wie ich bereits am Beispiel der Pädagogik Sulzers angedeutet habe.[195] Zwei Aspekte der Internalisierung, ein positiver und ein negativer, können dabei unterschieden werden.

1. Die positive Kraft der Verinnerlichung tritt dort ins Blickfeld, wo die Pädagogen ihre Absicht äußern, die bürgerlichen Normen zu einer inneren Antriebskraft zu machen, die denselben energetischen Status innehat wie die ursprünglichen, ›natürlichen‹ Triebe und Neigungen. Bereits bei John Locke ist zu lesen, man müsse dem Kind die erwünschten Verhaltensweisen zur »festen Gewohnheit« machen, da die Mittel der Aufsicht und des Fremdzwangs weder zulänglich noch legitim seien, um die permanente Einhaltung der Normen zu garantieren.

»[. . .] mit den Jahren muß die Freiheit kommen, und in sehr vielen Dingen muß er [der Zögling] seiner eigenen Führung anvertraut werden; er kann ja nicht immer unter Obhut bleiben, außer unter derjenigen, die man durch gute Grundsätze und gefestigte Gewohnheiten in seinen eigenen Geist gepflanzt hat; das ist die beste und die sicherste, und um sie sollte man am meisten Sorge tragen.«[196]

Die »Gewohnheit« aber ist nichts, was dem Individuum äußerlich wäre, sondern etwas Innerliches. Spätestens seit Pascal erkennt man in ihr »eine zweite Natur, die die erste aufhebt«.[197] Die Faszination vom Gedanken einer pädagogisch vermittelten zweiten Natur durchzieht im 18. Jahrhundert dann alle Erziehungsentwürfe. Nur dort, wo die Tugend zur »andern Natur« geworden sei, so liest man bei Trapp, gehe sie aus dem Aggregatzustand der völlig äußerlichen »Scheintugend« in den der »wirklichen Tugend« über,[198] und dasselbe gilt natürlich für alle ihre Einzelkomponenten, für Arbeitsamkeit, Mäßigkeit usw., die ebenfalls zweite Natur werden müssen.[199] Indem sich das Individuum im Laufe seiner Erziehung die Prinzipien der Tugend so ›angewöhnt‹ und einverleibt, daß sie ihm schließlich als ›natürlich‹, der inneren Natur originär zugehörig, erscheinen, wird der Bestand ursprünglicher Triebe und Neigungen mit sozusagen sekundären Trieben durchsetzt, die ebenso starke Forderungen stellen wie erstere, jedoch gänzlich moralisch sind. Die erworbene »Gewohnheit«, zu der die Tugend, das erworbene »Bedürfniß«, zu dem die Arbeitsamkeit,[200] der erworbene »instinct artige Trieb«, zu dem die Schamhaftigkeit wird,[201] sie alle sollen ebenso auf Befriedigung drängen und damit ebenso den Willen – und über diesen das Handeln – beeinflussen wie die Bedürfnisse der ersten Natur.[202] Zugleich wird die Einsenkung moralischer Pseudotriebe und Pseudobedürfnisse die ursprünglich tugendnahen seelischen Kräfte unterstützen und bestärken und die tugendfernen, egoistischen und asozialen neutralisieren.[203] Die chaotische erste Natur wird so von einer normierten zweiten überformt und in sie aufgehoben – ein ähnlicher Vorgang wie im Bereich der Gartenkunst. Sehr genau entspricht er dem Wirken jenes von Foucault eindringlich beschriebenen modernen Typus der Macht, der nicht primär mit den Mitteln des Verbots, der Ausschließung, der Unterdrückung usw. operiert, sondern vielmehr das Feld seines Wirkens völlig durchsetzt, organisiert und derart Wirkliches produziert.[204] Auf diesem Weg der totalen Durchdringung des Individuums wird die psychische Disposition geschaffen, die allererst gewährleistet, daß immer und überall die Forderungen der vernünftigen Moral erfüllt werden, die sich in späteren Phasen der Erziehung durch Unterweisung zur theoretischen Erkenntnis verdichtet. Diese liefert nachträglich die rationale Rechtfertigung dessen, was den Kindern schon früher zur Überzeugung geworden ist, und darin zeigt sich, daß das pädagogische Programm der Internalisierung nicht nur darauf zielt, die an sich selbst moralischen Normen zu Verhaltenszwängen zu machen, sondern in demselben Vorgang grundlegende Werthaltungen zu stiften, die bei gereiftem Verstand reflexiv eingeholt, nicht aber prinzipiell in Frage gestellt werden können und sollen. Ein Beispiel für diese Intention findet sich in J. Heusingers *Die Familie Wertheim*. Der Erzieher beginnt hier mit seinen Kindern ein Gespräch über einen »schwelgerischen Menschen«, dessen Lebensart die Kinder aufgrund internalisierter Überzeugungen ablehnen, ohne dafür Argumente anführen zu können.

> *Will.* [. . .] Aber sagt mir nun jetzt: Seid ihr mit der Lebensart dieses Mannes *zufrieden?* Oder ist etwas in derselben, was euern Beifall nicht so recht hat?
>
> *Alle* schweigen.
>
> *Will.* Euer Stillschweigen ist mir die liebste Antwort. – Soll ich sagen, was ich in eurer Seele lese?
>
> *Alle* O ja.
>
> *Will.* Ihr könnt dieser Lebensart euren Beifall *nicht* geben, aber ihr wißt nur nicht eigentlich, *weswegen* ihr sie tadeln sollt!
>
> *Alle* Ja, Ja! So ist es.
>
> *Will.* Gut. Ich will euch nun helfen. [. . .]«[205]

Der Erzieher, dem es nicht schwerfällt, in der kindlichen Seele das zu lesen, was er ihr selber eingeschrieben hat, hebt nun die vorreflexive Überzeugung der Kinder durch argumentative Begründung in die höhere Sphäre der vernünftigen Erkenntnis. Die Konsequenzen solcher Verfahren für den Aufklärungsbegriff sind bereits dargestellt worden.

2. Der negative Effekt der Verinnerlichung, der Effekt der Vermeidung des Abweichenden, zeigt sich dort, wo die Erziehungstheorien die psychischen Folgen jedes Verstoßes gegen die internalisierten Normen antizipieren. Das Individuum, das Gesetze, deren Befolgung ihm zur »zweiten Natur« geworden ist, übertritt, sei es, daß es ihren Befehlen nicht gehorcht oder daß es sich verbotenen Triebregungen überläßt,

reagiert mit Schuldgefühlen, Gewissensbissen, Herzensunruhe, Reue, Trauer und Bekümmernis, wie die Autoren feststellen.[206] Solche Antizipationen haben gleichermaßen den Status einer Tatsachenfeststellung – die auch aus heutiger Sicht psychologisch plausibel ist – wie den der Drohung, die das Kind durch Schilderung der Seelenpein, die es nach Fehltritten leiden wird, von diesen abzuschrecken sucht; die Gewissensqual ist pädagogisch hilfreich und wird daher instrumentalisiert. Neben den verschiedenen Varianten des Schuldgefühls taucht als Folge der Übertretung auch die innere Angst auf. Beider Charakter kann an einem Text aus Johann Melchior Armbrusters *Sittengemälde[n] für Kinder* von 1799 exemplifiziert werden, einer Version des Gleichnisses vom verlorenen Sohn, die sich fast völlig auf dessen inneres Befinden konzentriert. Der verlorene Sohn, der, »weil er träge und ein Verschwender war«, im Elend ist, leidet dort unter starken Schuldgefühlen und einer Reue, die allein aus dem Bewußtsein seines Vergehens, der Beleidigung des irdischen und des himmlischen Vaters durch sein Betragen, erwächst, nicht aber mit den Folgen dieses Vergehens begründet wird. »Die Reue über sein voriges Betragen quält ihn weit mehr als das Elend, das er erdulden muß.« Die Reue ist Ausdruck eines inneren Konflikts, der aus der Übertretung von Gesetzen entsteht, die das Individuum gleichwohl, wenn auch vielleicht erst nachträglich, anerkennt, nicht jedoch äußerlich motiviert. Ähnliches gilt von der Angst, die sich bis in die Träume des Sünders hinein perpetuiert und schon deshalb nicht als Furcht identifiziert werden kann, weil der verlorene Sohn bereits am Tiefpunkt seiner Existenz angelangt ist und alle ›natürlichen‹ Strafen seines Lasters durchlitten hat, so daß ihm nun nichts Bestimmtes mehr zu befürchten bleibt; Inhalte von Furcht werden entsprechend gar nicht mehr genannt. Was zurückbleibt, ist Angst.

»›Ach!‹ ruft er in der Angst und Verzweiflung aus: ›Ach! Tausendfach hab ich alles verdient, was ich leiden muß. [. . .] Des Tages habe ich keine Ruhe; des Nachts ängstigen mich fürchterliche Träume. [. . .]‹«[207]

Die hier genannte Angst läßt sich ebenso wie die, deren Entstehung bei der Untersuchung der aufklärerischen Sexualpädagogik festgestellt werden konnte, durch ihre Objektlosigkeit und relative Unbestimmtheit von der Furcht unterscheiden. Sie ist ein affektiver Zustand unabhängig von der Existenz einer äußeren Bedrohung, eines von Gott, Menschen oder Sachen ausgehenden Zwanges. Doch ist diese Unterscheidung von der Furcht keine prinzipielle, sondern eher eine sozusagen topographische und graduelle und hat als solche einen primär heuristischen Wert. Denn daß die Angst sich nicht auf Objekte der Außenwelt bezieht, soll keineswegs heißen, sie sei überhaupt unmotiviert. Die existentialistische

Annahme einer ›Weltangst‹ als ›Grundbefindlichkeit‹ des menschlichen Daseins soll im Rahmen dieser Arbeit nicht bemüht werden.

Zur genaueren Beschreibung der bei Armbruster und anderen Autoren gemeinten Angst erweisen sich einige Anleihen bei der Freudschen Angsttheorie als hilfreich, die damit freilich nicht als Ganzes mitsamt ihren theoretischen Implikationen übernommen werden soll. Sowohl in der ersten wie in der revidierten Fassung seiner Angsttheorie geht Freud von der These aus: »wo Angst ist, muß auch etwas vorhanden sein, vor dem man sich ängstigt.«[208] Angst ist immer die Reaktion auf eine wirkliche oder angenommene Gefahr und kann entsprechend den drei Abhängigkeiten des Ich entweder Angst vor den Gegenständen der Außenwelt, vor der Stärke der Leidenschaften im Es oder vor dem Über-Ich sein. Erstere bezeichnet Freud als »Realangst«, die mit dem identisch ist, was ich in dieser Arbeit als »Furcht« bezeichne, um den Angstbegriff den beiden letzteren, im strengen Sinne objektlosen Formen der Angst vorzubehalten. Freilich liegt auch der Angst vor dem Es ursprünglich eine »Realangst« zugrunde:

»Durch die Rücksicht auf die Gefahren der Realität wird das Ich genötigt, sich gegen gewisse Triebregungen des Es zur Wehr zu setzen, sie als Gefahren zu behandeln.«[209]

Diese Aussage bietet die Möglichkeit, die Angst vor dem Es von soziohistorischen Variablen abhängig zu machen, die die kulturelle Bewertung von Triebregungen bestimmen und damit einen bedeutenden Anteil an der Entstehung jener »Gefahren« haben, die dem Individuum aus seinen ungehemmten Trieben erwachsen. – Die Angst vor dem Über-Ich oder, vergröbert gesagt, die Gewissensangst ist die Reaktion des Ich auf die Gefahr von Zorn und Strafe des Über-Ich sowie ›von »Liebesverlust von dessen Seite«;[210] sie steht genetisch in naher Verwandtschaft mit dem Schuldgefühl:

»Das Ich reagiert mit Angstgefühlen (Gewissensangst) auf die Wahrnehmung, daß es hinter den von seinem Ideal, dem Über-Ich, gestellten Forderungen zurückgeblieben ist.«[211]

Mit Blick auf die Texte des 18. Jahrhunderts scheint es nahezu unmöglich, Angst vor dem Es und dem Über-Ich voneinander zu sondern. Eine Angst vor der Stärke, ja der bloßen Existenz vieler Triebregungen läßt sich im 18. Jahrhundert, wie noch zu zeigen sein wird, vielfältig nachweisen; ihr Inhalt ist allerdings oft völlig bewußt im Gegensatz zu dem der von Freud beschriebenen neurotischen Formen der Triebangst (Phobie bzw. Angsthysterie).[212] Die Wahrnehmung der Triebe und Leidenschaften aber erfolgt im 18. Jahrhundert überall aus der Perspektive der Moral, deren Forderungen im Inneren der Persönlichkeit vom Über-Ich vertreten werden. Damit erweist sich die Angst vor den wahrgenommenen Triebregungen als weitgehend moralisch vermittelt, d.h. sie entsteht dort, wo diese moralisch verpönt sind bzw. dazu führen, daß Gebote des Über-Ich nicht erfüllt und Verbote übertreten werden: Triebangst kommt so großenteils zur Deckung mit Gewissensangst. Ein solches Amalgam beider scheint mir beim verlorenen Sohn ebenso wie bei den angstgequälten Onanisten vorzuliegen.

Wie schon erwähnt, bildet sich das Über-Ich nach Freud durch Introjektion der Normen der Eltern und Erzieher, deren Autorität anfänglich die Funktion erfüllt, die später vom Über-Ich übernommen wird. Die von den elterlichen Strafmaßnahmen ausgelöste »Realangst« bzw. Furcht ist somit »der Vorläufer der späteren Gewissensangst«[213] und verhält sich zu dieser wie die elterliche Strafgewalt zum Über-Ich: »Wie das Über-Ich der unpersönlich gewordene Vater« sei, so habe sich die Furcht vor der durch ihn drohenden Strafe »zur unbestimmten [. . .] Gewissensangst umgewandelt.«[214] Im Zuge der Über-Ich-Bildung wird also der Fremdzwang durch einen Selbstzwangsmechanismus ersetzt, zu dessen Funktionsprinzipien die Angstproduktion gehört. Das Individuum hält die verinnerlichten gesellschaftlichen Normen nicht nur ein, weil ihre Erfüllung ihm »Bedürfnis« geworden ist, sondern auch weil ihre faktische oder imaginierte Übertretung Angst erzeugt, die so unlustvoll ist, daß sie den Anreiz verbotener Lüste neutralisieren kann. Wo also dieser in Konflikt tritt mit dem Postulat der Normerfüllung, zwingt sich entweder das Individuum selbst zu letzterer, weil in ihm die mit der Vorstellung der Übertretung verbundene Angst dominiert, oder aber es verurteilt sich selbst, falls das Begehren die Oberhand gewonnen hat, und bestraft sich mit dem Gefühl von Schuld und Gewissensangst. Die Pädagogen des späten 18. Jahrhunderts erkennen diese Vorgänge und tragen zu ihrer Genese bei, indem sie, wie noch gezeigt werden soll, die Bedingungen des Zustandekommens von möglichst ungebrochener Internalisierung verbessern bzw. vielfach erst herstellen. Aber die Pädagogen befördern nicht nur die Entstehung von Angst, sie multiplizieren diese gewissermaßen mit der Furcht. Armbrusters Text droht ja prophylaktisch den Kindern, an die er sich wendet, mit der Entstehung von Gewissensqualen und innerer Angst und macht damit diese zum ›Objekt‹ der Furcht. Was entstehen soll, ist Furcht vor der Angst als ein weiteres Gegengewicht zu den Lockungen der Lust.[215]

Die Wirksamkeit der pädagogisch intendierten und errichteten Selbstzwänge läßt sich an einem bemerkenswerten Rückkoppelungseffekt ablesen, der schon in den pädagogischen Quellen selbst deutlich wird. Wenn die Angst zur Reaktion des Individuums auf Normübertretungen, auf bestimmte Triebregungen und schon deren bloße Vorstellung wird, die bereits moralische Fragwürdigkeit indiziert, dann muß der Angst in besonderem Maße der Erzieher selbst unterworfen sein, der aus Nötigung oder ›Berufung‹ täglich mit undomestizierten Wünschen und Leidenschaften zu tun hat. Zwar handelt es sich dabei nicht um seine eigenen, sondern um die des Kindes, doch genügt das schon, um in ihm permanent die Erinnerung an das hervorzurufen, was er an sich selbst mit Mühe der ›Herrschaft der Vernunft‹ unterworfen, reguliert oder unterdrückt hat. »Der Erzieher wird«, wie Katharina Rutschky schreibt, »immer wieder Zeuge der Opfer, die er gebracht und der Befriedigungsmöglichkeiten, auf die er verzichten mußte«;[216] damit aber ist eine Verlockung gegeben, die sofort mit Angst beantwortet wird. Diese Angst gibt sich etwa in den sexualpädagogischen Schriften zu erkennen, deren mitunter panischer Tonfall sicher nicht allein aus ihrer Tendenz zur Furchterregung erklärt werden kann. Eindeutig aber wird die Angst des Erziehers in der Schilderung des Erziehungsprozesses benannt, die Salzmann in *Konrad Kiefer* gibt. Die Affektäußerungen des kleinen Konrad, die mit den »heftigen Begierden der Kinder« erklärt werden, bringen seinen Vater, den fiktiven Erzähler, zum Zittern: »Da wurde mir angst und bange«, »in der Angst lief ich in die andere Stube«, heißt es bei solchen Gelegenheiten und: »Gott, wie erschrak ich darüber. Ich glaube, wenn mir die beste Kuh im Stalle gefallen wäre, es hätte mir so einen Schreck nicht verursacht.«[217] Vater Kiefer fürchtet nicht nur um die moralische Karriere seines Sohnes, ihn ängstigt die allzugroße Bekanntheit mit dem ungezähmten Affekt, den Konrad auslebt. Doch löst dieser nicht nur Triebangst des Erziehers aus, sondern auch Aggressionen, die zunächst dem Kind, vermittelt über dieses aber genausogut der eigenen Person gelten und dort, wo sie sich unkontrolliert Durchbruch verschaffen, erneut Angst evozieren: »Mir lief auch die Galle über, ich gab dem Kinde ein paar derbe Klapse auf die Hände«, berichtet der Erzähler über eine solche Situation, die er zu guter Letzt mit Angst quittierte: »Ich muß gestehen, daß mir alle Glieder zitterten [. . .]«.[218]

Dieses Verhältnis zwischen Kind und Erzieher ist die notwendige Folge des Fortschreitens des Zivilisationsprozesses in der bürgerlichen Gesellschaft. Der deutlich gesteigerte Anspruch an Kontrolle, Disziplinierung und Modellierung der Affekte, auf dessen Verantwortlichkeit für die Entwicklung neuer Erziehungsmethoden, mit deren Hilfe die rigiden bürgerlichen Normen überhaupt erst im Individuum verankert werden können, bereits hingewiesen wurde, dieser Anspruch führt zugleich zur Vergrößerung der zivilisatorischen Distanz zwischen Kindern und Erwachsenen und zur Erhöhung der Empfindlichkeit gegen jede

Äußerung der mühsam disziplinierten ersten Natur. Bei diesen Gegebenheiten stellt der Anblick des triebgeleiteten Kindes die zivilisatorische Arbeit, die der Erwachsene an sich selbst geleistet hat, in Frage, destabilisiert und bedroht sie.[219]

Es wäre freilich zu schematisch, die Angst des Erziehers allein aus der Konfrontation mit der ungezähmten Triebnatur des Kindes abzuleiten, die die Erinnerung an eigene affektive Möglichkeiten, an unterdrückte Möglichkeiten der Lust reaktiviert. Die Genese der Angst ist diffiziler und setzt an mehreren Punkten gleichzeitig an, von denen hier nur auf einen hingewiesen werden soll. Am Beispiel der aufklärerischen Sexualpädagogik ließe sich die Richtigkeit der These Foucaults erweisen, daß die Geschichte der Sexualität sich nicht lediglich als die einer fortschreitenden Unterdrückung begreifen lasse, sondern als ein Prozeß der Konstitution spezifischer Sexualitäten anzusehen sei, in dessen Verlauf neue Formen der Lust entstehen.[220] Diese für die Angstentstehung relevanten Lüste können in der Sexualpädagogik verschiedentlich beobachtet werden. Die an die Erzieher selbst gerichteten Schriften lesen sich über weite Strecken als Anstiftung zum Voyeurismus. Als conditio sine qua non der Onanievermeidung nämlich erscheint den Pädagogen die ständige Überwachung und Beobachtung des Kindes, das sofern es ›schuldig‹ ist, unbedingt in flagranti ertappt werden muß, damit der Erzieher zu den geeigneten ›therapeutischen‹ Maßnahmen greifen kann. »Wenn man einem Kinde (doch immer unvermerkt) überall, und vornehmlich an heimlichen Orten, nachschleicht, so kann es geschehen, daß man es über der Tat betrifft«, schreibt Peter Villaume.[221] Natürlich werden solche Forderungen ausschließlich mit dem lebenswichtigen Kampf gegen Onanie und ›Unzucht‹ gerechtfertigt, doch verraten sowohl die Art ihrer Formulierung als auch ihre große Häufigkeit, in der sich die Tendenz zur Verselbständigung des Beobachtungsdranges abzeichnet, andere Motivationen. Hier, so scheint mir, kreuzen sich 1. eine »Augenlust«, die nach Elias ein zivilisatorisches Spätprodukt ist und ihre Bedingung in der strengen Affektverhaltung hat,[222] und 2. eine Lust, die an die neue Disziplinierungsmacht gebunden ist, die Lust nämlich, »eine Macht auszuüben, die ausfragt, überwacht, belauert, erspäht, durchwühlt, betastet, an den Tag bringt« – so Foucault.[223] 3. schließlich zeigt sich eine Lust, die sich im unentwegten Sprechen über das Verworfene und zu Unterdrückende entfaltet. Weder die große Zahl und der meist erhebliche Umfang der sexualpädagogischen Schriften noch die unerbittliche Redundanz der in ihnen aufgehäuften Fallbeschreibungen von Onanisten lassen sich mit einer Funktionalität für den Zweck der ›Aufklärung‹ und der Vermeidung des ›Lasters‹ erklären. Vielmehr liegt der Verdacht nahe, als habe sich die aus der körperlichen Praxis zurückgedrängte Lust gewissermaßen in den Text geflüchtet und dessen Quellung bewirkt. Diese Annahme trifft sich mit Foucaults Behauptung vom Entstehen einer »spezifische[n] Lust am wahren Diskurs über die Lust«.[224]

Man darf wohl annehmen, daß auch diese neuen, modifizierten Formen der Lust, die erst im Zuge der Regulierung und Normalisierung der Sexualität entstehen, keineswegs ungebrochen sind, sondern das Schicksal der ›direkten‹ Befriedigungen und Begierden teilen: Obwohl ihre triebhaften Ursprünge verdeckter – auch für das Individuum selbst – sind, wird man sie zu den Begründungsfaktoren der Angst des Erziehers rechnen können. Das wird plausibel, wenn man den ständigen Rechtfertigungszwang berücksichtigt, unter dem sich die Sexualpädagogen fühlen und der sich in den obligaten Beteuerungen Ausdruck verschafft, mit welchem Widerwillen der Autor der Pflicht genügt habe, seinen Leser mit aller erforderlichen Weitläufigkeit in die schlüpfrigen Niederungen der menschlichen Existenz hinabzuführen.[225] Geht es zu weit, hier eine Trieb- und Gewissensangst zu vermuten, die auf eine heimliche Lust reagiert, die sich als reine Aufklärung und Sexualvermeidung tarnt?

Wenn also der ›zivilisierte‹ Erwachsene mit Angst auf das triebhafte Kind reagiert, dann hat der Erziehungsprozeß nicht allein die Funktion, das Kind auf das zivilisatorische Niveau des Erwachsenen zu heben und ihm dessen Normen einzuverleiben, sondern auch die der Angstbewältigung. In der Person des Kindes unterwirft der Erzieher die Triebe und Affekte, die er in sich selbst als latente und im Kontakt mit dem Kind aktualisierte Gefährdung verspürt. Indem er so nicht nur der abstrakten Vernunft und Moral Genüge tut, sondern auch – und vor allem – seinem Über-Ich, das diese im eigenen Inneren repräsentiert, gelingt es ihm, die Angstentwicklung aufzuhalten.[226]

Mit Recht könnte man in der bisherigen Argumentation eine Lücke reklamieren. Es wurde behauptet, neue, in einem gewandelten Normenkatalog sich niederschlagende soziale Gegebenheiten und Erfordernisse zögen die Notwendigkeit der Entwicklung neuer Erziehungsmethoden nach sich und diese Notwendigkeit reflektiere sich im pädagogischen Diskurs der Aufklärung. Zu dessen wesentlichen Charakteristika gehöre der Bedeutungsverlust des Fremdzwangs und der Versuch, einen Mechanismus des Selbstzwangs zu installieren, der auf der Verinnerlichung von Normen oder, freudianisch, der Über-Ich-Bildung fuße und die Normerfüllung u.a. durch Entwicklung von Schuldgefühlen und Angst schon beim Gedanken der Übertretung garantiere. Es bliebe nun der Nachweis zu erbringen, daß es sich bei dieser Form des Selbstzwangs und des Gewissens tatsächlich um etwas zumindest tendenziell

Neuartiges handelt. Ist das der Fall, dann darf die von Freud beschriebene Genese des Über-Ich und der Gewissensangst nicht mehr als eine sozusagen ontogenetische Zwangsläufigkeit angesehen werden, sondern muß als ein nur unter bestimmten historischen Bedingungen sich vollziehender historischer Prozeß gelten, womit nicht prinzipiell geleugnet ist, daß Internalisierungsvorgänge auch in früheren Zeiten auf die eine oder andere Weise stattgefunden haben. Da es in dieser Arbeit nicht auf eine Historiographie der Gewissensformen und psychischen Zwangsmechanismen abgesehen ist, beschränke ich mich darauf, deren Wandel mit drei Überlegungen zu skizzieren.

1. Im 18. Jahrhundert läßt sich die Absicht beobachten, die bis dahin dominante Form des Gewissens durch eine neue zu ergänzen und idealiter überflüssig zu machen. Wie F. E. A. Heydenreich in seiner Schrift *Über den Charakter des Landmannes in religiöser Hinsicht* von 1800 schreibt, müsse zwar auch weiterhin das der bösen Tat »nachfolgende Gewissen« ausgebildet werden, weit wichtiger jedoch sei »die Berichtigung und Verfeinerung des vorhergehenden Gewissens«, das die lasterhaften Taten hemmt. Dann nämlich werde das Gewissen »frenum *ante* peccatum, et flagellum *post* peccatum«.[227] Heinz-Dieter Kittsteiner hat gezeigt, daß diese Verlagerung von einem nachfolgenden auf ein vorhergehendes Gewissen auf der tendenziellen Ablösung der theologischen Konzeption der »Gnade« durch die primär säkular gefaßte Idee der »Tugend«, die Ethik der bürgerlichen Gesellschaft, beruht. Erstere setzt die Schuld, und auch das schuldhafte Tun, voraus, letztere sucht dieses von vornherein zu vermeiden und erfordert daher ein wesentlich höheres Maß an Selbstkontrolle vom Individuum. Dementsprechend gestaltet sich das, was jeweils als »Gewissen« bezeichnet wird. In der Theologie Luthers etwa ist das Gewissen nach Kittsteiner noch »nicht primär Organ des sittlichen Bewußtseins«, sondern »Gradmesser der schuldhaften Gottesferne« und wirke nicht oder erst in zweiter Linie als Impuls tugendhaften Handelns.[228] Diese Interpretation folgt Max Webers These von der »sittlichen Ohnmacht des Luthertums«:

»Die lutherische Frömmigkeit ließ [. . .] die unbefangene Vitalität triebmäßigen Handelns und naiven Gefühlslebens ungebrochener: es fehlte jener Antrieb zur konstanten Selbstkontrolle und damit überhaupt zur *plan*mäßigen Reglementierung des eigenen Lebens, wie ihn die unheimliche Lehre des Calvinismus enthielt.«[229]

Daß das Fortschreiten von der in diesem Sinne gefaßten Gnadenlehre zur bürgerlichen Tugend zugleich ein Fortschreiten des Zivilisationsprozesses indiziert und spiegelt, liegt auf der Hand.

2. Das der Sünde »nachfolgende Gewissen« besteht auf der histo-

risch früheren Stufe primär in Reue, die ins Bußetun mündet und so die göttliche Gnade erwerben will. In dieser Beziehung des schlechten Gewissens zur Gnade zeigt sich sein Unterschied zu einem rein endogenen Schuldgefühl: Solche Reue stellt sich nicht so sehr ein, weil innere Gesetze verletzt worden wären, sondern weil es um Gedeih oder Verderb der Seele, um Gnade oder Höllenstrafe geht. Das nachfolgende schlechte Gewissen sieht somit der Furcht vor Strafe zum Verwechseln ähnlich. Noch im Zedlerschen Lexikon ist zu lesen, das nachfolgende oder »richtende« Gewissen überführe uns,

»daß unsere begangene Thaten unrecht sind, und wir daher der göttlichen Rache gewärtig seyn müssen; dergleichen würckliche Ueberführungen, u. die damit verbundenen Regungen der Reue, Furcht, Verzweiffelung, und s.w. *Gewissens = Bisse* heißen.«[230]

Dieses Verständnis von Gewissen scheint aber auch unabhängig von theologischen Weltdeutungen vorgeherrscht zu haben. »Gewissensbisse«, so schreibt noch der französische Materialist Claude-Adrien Helvétius,

»sind nur die Erwartung des physischen Leidens, dem uns das Verbrechen aussetzt. Die Gewissensbisse sind folglich in uns die Wirkung des physischen Empfindungsvermögens. [...] Die Erfahrung lehrt uns, daß jede Handlung, die uns weder gerichtlichen Strafen noch der Schande aussetzt, im allgemeinen eine Handlung ist, die immer ohne Gewissensbisse begangen wird. [...] Die Gewissensbisse verdanken also ihre Existenz der Furcht vor der Strafe oder der Schande [...]«[231]

Trotz dieser Bestimmung markiert Helvétius eine Position des Übergangs, klingt doch auch schon die historisch neue Form des Gewissens bei ihm an, die unabhängig von äußeren Nachteilen auf den Verstoß gegen verinnerlichte Normen reagiert. Hat man nämlich erst einmal »die Gewohnheit der Tugend angenommen [...], so ändert man sie nicht, ohne ein Unbehagen und eine geheime Unruhe zu verspüren, der man auch den Namen Gewissensbisse gibt.«[232] Allein von dieser Form des Gewissens ist bei Kant dann noch die Rede. Aus der Antizipation der Bestrafung durch einen göttlichen oder weltlichen Gerichtshof hat sich das Gewissen in einen »inneren Gerichtshof« transformiert, dessen historische Entstehungsbedingungen allerdings von Kant nicht wahrgenommen werden.

»Jeder Mensch hat Gewissen, und findet sich durch einen inneren Richter beobachtet, bedroht und überhaupt im Respekt (mit Furcht verbundener Achtung) gehalten, und diese über die Gesetze in ihm wachende Gewalt ist nicht etwas, was er sich selbst (willkürlich) *macht,* sondern es ist seinem

Wesen einverleibt. Es folgt ihm wie sein Schatten, wenn er zu entfliehen gedenkt.«[233]

Ein derartiges Gewissen schlägt schon beim ersten Antrieb zur bösen Tat und sucht diese zu vereiteln. Und natürlich verändert sich mit seiner Inthronisation zugleich der Charakter des nachfolgenden Gewissens, wie bereits am Beispiel Armbrusters deutlich geworden ist.

3. Man könnte vermuten, daß in der Zeit vor dem 18. Jahrhundert ein reiner Selbstzwang am ehesten dort das menschliche Verhalten und Empfinden gesteuert hat, wo ein zivilisatorischer Standard erreicht war, der dem der bürgerlichen Gesellschaft vergleichbar ist: in der höfischen Gesellschaft des Absolutismus. Tatsächlich aber unterscheidet sich die Trieb- und Affektkontrolle des Hofmannes wesentlich von der des späteren ›Bürgers‹, wie Elias gezeigt hat. Der Höfling organisiert sein Verhalten in hoher Bewußtheit und gemäß einer präzisen rationalen Strategie, wie sie in den zahlreichen »Klugheits-« und Verhaltenslehren vom Schlage des Gracianschen *Handorakels* ihren Niederschlag gefunden hat. Affektausbrüche, insbesondere solche gewalttätiger Art, aber auch einfache Affektäußerungen, die das Innenleben sichtbar machen, verbieten sich dem Hofmann aus Gründen, die immer bewußt bleiben und auf die ich bereits hingewiesen habe:[234] Sie gefährden seine soziale Existenz. Furcht vor solcher Gefährdung und vor den anderen, von denen sie ausgeht, bildet so den hauptsächlichen Antrieb der Verhaltenskontrolle. Das impliziert, daß ›zivilisiertes‹ Verhalten nur dort statthat, wo gesellschaftliche Notwendigkeiten es erzwingen: bei Ausübung bestimmter sozialer Rollen, gegenüber bestimmten Personen, in bestimmten Situationen.[235]

Demgegenüber ist die bürgerliche Affektmodellierung universell. Der nur durch äußeren Zwang zustande kommende Selbstzwang, den sich der Hofmann auferlegt und dem die Furcht entspricht, hat sich in ein scheinbar allein dem eigenen Inneren entstammendes Gebot umgewandelt, einen Selbstzwang, der ohne Ansehen von Situation und Gegenüber funktioniert und dessen Durchbrechung ›gegenstandslose‹ Angst evoziert.[236] Verglichen mit der Selbstkontrolle in der höfischen Gesellschaft weist die in der bürgerlichen geradezu einen Rückgang der Bewußtheit und Rationalität auf. Wohlgemerkt: ›Rational‹ oder vielmehr ›rationell‹ in bezug auf soziale Erfordernisse ist der bürgerliche Typus der Selbstkontrolle zweifellos auch; und bewußt bleibt er in mancher Hinsicht ebenfalls, insofern nämlich das Wirken des innerlichen Selbstzwangs den Maximen der ›Vernunft‹ folgt oder doch folgen soll. Tatsächlich aber beziehen die bürgerlichen Normen ihre zwingende Kraft aus Internalisierungsmechanismen, die eine wesentlich höhere Stabilität als früher gewährleisten und ebenso mächtig wären, wenn sie nicht im Dienst der ›Vernunft‹ arbeiteten. Die ›Vernunft‹ liefert die rationale Legitimation, daß bestimmte Normen dem Kind einverleibt und von diesem später eingehalten werden, das Individuum selbst aber folgt dieser ›Vernunft‹ nur mittelbar, unmittelbar folgt es ihrer Vermittlung durch die ›zweite Natur‹, durch das Gewissen. Sollte es im Lauf seines Lebens zu anderen ›vernünftigen‹ Einsichten oder gar zu einer anderen Auffassung von ›Vernunft‹ gelangen, so werden sich diese nur unter größten Mühen gegen die ›natürlich‹ gewordenen und im Gewissen verankerten früheren Prinzipien durchsetzen können. Einmal etabliert, neigt die bürgerliche Form des Selbstzwangs dazu, sich auch vernünftigen Korrekturversuchen zu widersetzen. Die ›zweite Natur‹ ist zwar ›rationalisiert‹ – jedenfalls im Idealfall –, mit der ersten aber verbindet sie, daß sie wie ein Bedürfnis, ja wie ein Trieb empfunden wird. Die bürgerliche Selbstkontrolle basiert so auf irrationalen Wirkungsprinzipien.

Zur Gewalt unterhält das bürgerliche Gewissen zwiespältige Beziehungen. Gehört sie einerseits zu den Handlungen, die das Gewissen verbietet, so kann dieses doch andererseits seine Herkunft aus und seine Verwandtschaft mit der Gewalt nicht verleugnen. Das Über-Ich übernimmt die Gewalt, die das Individuum onto- und auch phylogenetisch früher von außen erfahren hatte, und richtet sie im Inneren auf. Mit der Internalisierung der Normen erfolgt auch die der äußeren Gewalt, die diese durchgesetzt hatte. Die Ähnlichkeit von äußerer und innerer Gewalt spiegelt sich in der Ähnlichkeit von Furcht und Angst, mit denen das Individuum auf sie reagiert. Am klarsten tritt der gewalttätige Charakter des Über-Ich dort in Erscheinung, wo das Subjekt die Gefahr antizipiert, tabuierten Triebregungen zu unterliegen, die dem Über-Ich die Herrschaft über den Willen entreißen. Dann nämlich kann eine Rückübersetzung der verinnerlichten, im psychischen Innenraum operierenden Gewalt in manifeste äußere erfolgen, die das Individuum zunächst wiederum nur an sich selbst verübt. Solche Gewaltanwendung liegt durchaus in der Konsequenz einer Vernunft bzw. einer vernünftigen Moral, die sich selbst als eine Gestalt der Herrschaft begreift, die »regiert«, »Gesetze« erläßt und eben auch vollstreckt.

Diesen Umschlag von bürgerlicher Moral in äußere Gewalt markiert – zumeist apologetisch – das bürgerliche Trauerspiel, am deutlichsten Lessings *Emilia Galotti;* vom Tugendterror der Französischen Revolution sei hier abgesehen. Das dem Gewissen eingeprägte Gewaltverbot ist in *Emilia Galotti* im Verzicht des Vaters auf eine politische Konfliktlösung präsent: Weder begeht Odoardo Galotti den in Erwägung gezogenen ›Tyrannenmord‹ am Prinzen,[237] noch denkt er wie die Gräfin Orsina daran, die Beteiligung des Prinzen an der Ermordung Appianis und der Entführung Emilias öffentlich bekanntzumachen: »Morgen will ich es auf dem Markte ausrufen«.[238] Das nämlich kann, wie man aus der Livius-Vorlage des Stücks weiß, zum gewalttätigen Aufstand, zur Revolution führen. Odoardo sucht die Lösung allein im privaten Bereich. Auch hier aber fordert die Gewalt ihren Tribut: Um sich den Nachstellungen des Prinzen zu entziehen, läßt sich Emilia von ihrem Vater erstechen – ein Akt, der mehr Selbstmord als Mord ist. Das moralische Individuum wendet die verbotene Gewalt nicht nach außen, sondern äußerstenfalls gegen sich selbst. Welches aber ist dieser äußerste Fall?

»EMILIA   [. . .] Mir, mein Vater, mir geben Sie diesen Dolch.
           [. . .]
ODOARDO   [. . .] Besinne Dich. – Auch Du hast nur *ein* Leben zu verlieren.
EMILIA   Und nur *eine* Unschuld!
ODOARDO   Die über alle Gewalt erhaben ist. –
EMILIA   Aber nicht über alle Verführung. – Gewalt! Gewalt! wer kann der Gewalt nicht trotzen? Was Gewalt heißt, ist nichts: Verführung ist die wahre Gewalt. – Ich habe Blut, mein Vater; so jugendliches, so warmes Blut, als eine. Auch meine Sinne sind Sinne. Ich stehe für nichts. Ich bin für nichts gut. Ich kenne das Haus der Grimaldi. Es ist das Haus der Freude. Eine Stunde da, unter den Augen meiner Mutter; – und es erhob sich so mancher Tumult in meiner Seele, den die strengsten Übungen der Religion kaum in Wochen besänftigen konnten! [. . .] Geben Sie mir, mein Vater, geben Sie mir diesen Dolch.«[239]

»Gewalt« erscheint hier in mehreren offenen und versteckten Bedeutungen. Die manifeste Gewalt des Prinzen, Entführung und Gefangennahme Emilias, ist es nicht, was die Gegengewalt des Selbstmords auf den Plan ruft; ihr glaubt Emilia trotzen zu können. Als »wahre Gewalt« gilt ihr nur die Verführung. In dieser Aussage aber verbirgt sich ein Problem. Zwar kommt die Verführung von außen, wirksam werden kann sie jedoch nur aufgrund einer immer schon vorhandenen Verführbarkeit, die sie bloß aktualisiert und von der daher in Wahrheit die »wahre Gewalt« ausgeht. Die nur notdürftig kaschierte gewaltsame Entführung leistet nicht mehr, als bessere Rahmenbedingungen für die Verführung zu schaffen, für die Erweckung von Wünschen und Triebregungen, die bisher nur verdeckt waren, nicht aber inexistent. Diese und nicht die Gefangenschaft sind Emilia die wirkliche Bedrohung der Autonomie. In einer charakteristischen Verkehrung der genetischen Reihenfolge wird als »Gewalt« nicht das empfunden, was die moralischen Normen, vor allem das Gebot der Keuschheit, der ersten Natur antun, sondern deren gleichwohl fortlebende Ansprüche. Gewalttätig ist das sexuelle Begehren, so muß man schließen, weil es den Willen usurpiert und die bis dahin herrschende vernünftige Moral übermächtigt.²⁴⁰ Üblicherweise wird die Aufgabe, die Triebe im Zaum zu halten, vom Über-Ich, dem »vorhergehenden Gewissen«, erfüllt, das bei Emilia offenkundig wirksam ist, wenn sie Teile ihrer Person, »Blut« und »Sinne«, unter moralischer Perspektive verurteilt. Wo aber die Herrschaft des Über-Ich über den Willen durch die illegitime Gewalt der Sinne gestürzt zu werden droht, muß quasi als Präventivschlag Gegengewalt eingesetzt werden, die nur noch als externe, oder genauer: als externalisierte, denkbar ist. Der Selbstmord erscheint dann als die einzig mögliche Gegenwehr der absolut gesetzten Gebote des Gewissens, die die Freiheit der moralischen Person begründen, gegen die Gewalt der inneren Natur, Keuschheit als ein höherer Wert als Gewaltlosigkeit und Leben,²⁴¹ Mord und Selbstmord als eine geringere Schuld als sexuelles Handeln.²⁴² Die bürgerliche Moral, und besonders die Sexualmoral, zeigt sich hier in ihrer rigidesten Gestalt. Als wahrhaft gewalttätig erweist sich die moralische Norm, die eher die Selbstvernichtung ihres Trägers als ihre Durchbrechung duldet, zugleich aber so hoch angesetzt ist, daß sie kaum eingehalten werden kann, allenfalls um den Preis schwerer innerer Konflikte oder unter besonderen äußeren Bedingungen, die jede Erinnerung an das Sexuelle ausschließen und so die Phantasietätigkeit verringern – etwa in der völligen Entfernung von »Hof« und »Welt« mit ihrer freieren Sexualmoral oder im Kloster, in das Odoardo seine Tochter stecken will.²⁴³

Wurde bisher gezeigt, daß der auf Verinnerlichung von Normen und Werten beruhende Selbstzwang, auf dessen Herstellung die bürgerliche Pädagogik zielte, etwas historisch Neues – zumindest tendenziell und graduell – darstellte, so gilt es nun noch, die Bedingungen namhaft zu machen, unter denen er sich erst konstituieren konnte und die daher von den Pädagogen gefördert werden mußten.

Es besteht heute weitgehende Einigkeit darüber, daß sich die Verinnerlichung der Gebote der Eltern zu solchen des Gewissens auf der Basis von Identifikationsprozessen vollzieht. Über die »Umwandlung der Elternbeziehung in das Über-Ich« schreibt Freud, darin gefolgt von neueren Sozialisationstheorien:

»Die Grundlage dieses Vorganges ist eine sogenannte Identifizierung, d.h. eine Angleichung eines Ichs an ein fremdes, in deren Folge dies erste Ich sich in bestimmten Hinsichten so benimmt wie das andere, es nachahmt, gewissermaßen in sich aufnimmt.«²⁴⁴

Daß schon im 18. Jahrhundert die Bedeutung der Identifikation für die Konstitution einer »zweiten Natur« bekannt war, kommt in dem Gewicht zum Ausdruck, das dem Vorbild der Eltern beigemessen wird, das zu den entscheidenden Erziehungsfaktoren gehört und so beschaffen sein muß, daß das Kind es nachahmen will und kann.[245] In der Tat fügen sich die pädagogischen Postulate des 18. Jahrhunderts zum Konzept einer Sozialisation zusammen, die die Identifikation des Kindes mit den Eltern begünstigen muß. Dieses Konzept läßt sich durch folgende Merkmale charakterisieren: die Autorität der Eltern, besonders des Vaters, die sich als »bejahte Abhängigkeit« (Horkheimer)[246] von einer bloßen Gewaltrelation, die freilich in ihr aufgehoben bleibt, unterscheidet, und zwar durch das Moment wechselseitiger Liebe; die Stellung der Eltern als dominante Bezugspersonen des Kindes und schließlich, damit im Zusammenhang, die Konsistenz der erzieherischen Maßnahmen.

Die durch das Zusammenspiel dieser Faktoren bestimmte pädagogische Situation ist kein bloßes Wunschbild der Erziehungstheoretiker; deren Postulate verweisen vielmehr auf die Herausbildung neuer Familienstrukturen, mit denen sie im Wechselverhältnis stehen. Die aufgrund sozialer Gegebenheiten und Erfordernisse notwendig gewordene Internalisierung von Normen findet ihre Ermöglichung in neuartigen Familienbeziehungen, die zum guten Teil selbst Produkt dieser Gegebenheiten sind. Erst unter den Bedingungen dieser spezifisch ›bürgerlichen‹ Familienform kann sich die Einsetzung eines Über-Ich, wie sie Freud beschrieben hat, vollziehen,[247] erst sie ermöglicht die Bildung von Selbstzwangsmechanismen, die – im Bürgertum – an die Stelle der historisch älteren Verhaltensorientierung an Fremdzwängen tritt. Die pädagogische Theorie knüpft einerseits an Sozialisationstendenzen an, die mit den neuen Familienbeziehungen gegeben sind, und reflektiert sie, andererseits versucht sie, auf sie zurückzuwirken, indem sie sie mit Blick auf ›objektive‹ Notwendigkeiten organisiert, unterstützt oder modifiziert.

Freuds Betonung der Rolle des Vaters und seiner Strenge für die Über-Ich-Bildung[248] hat ihr Äquivalent in der Stellung des Vaters in Pädagogik und Kinderliteratur des 18. Jahrhunderts. Ob man nun Salzmanns *Moralisches Elementarbuch* oder seinen *Konrad Kiefer* betrachtet, ob Campes *Robinson* oder Weißes *Kinderfreund*, überall ist der Vater Garant und Koordinator eines vernunftgemäßen und tiefreichenden Erziehungsprozesses. Die erzieherische Bedeutung der Mutter ist demgegenüber gering: Sie soll dem Mann in der »Kinder = Zucht« lediglich »beystehen«, wie Zedlers Lexikon vermerkt;[249] mitunter erscheint sie nicht weniger erziehungsbedürftig als das Kind selbst, neigt sie doch dazu, dieses zu verhätscheln und seinen Launen nachzugeben.[250]

Diese Bedeutung des Vaters gründet in sozialhistorischen Gegebenheiten.[251] Im Zuge von Entwicklungen, die erst im 19. Jahrhundert ihren Zenit erreichen, erfährt der traditionell überlegene Status des Mannes, der als mit politischen und rechtlichen Funktionen ausgestatteter Hausvater dem patriarchalisch strukturierten »ganzen Haus« vorstand, eine neue Fundierung und Legitimierung und zugleich eine weitere Steigerung. Mit der Auflösung des »Hauses« als Produktionsgemeinschaft und der Dissoziation von Erwerbssphäre und Familie, in deren Folge sich die Geschlechterrollen differenzieren, verstärkt sich die ökonomische Komponente der Abhängigkeit der Frau und der Kinder.[252] Die Position des Vaters in der seit dem 18. Jahrhundert entstehenden ›bürgerlichen‹ Familie basiert auf der Verfügung über Eigentum und der Rolle des Ernährers; in psychischer Hinsicht wird ihre Anerkennung gesichert durch den Ausbildungsvorsprung des Mannes, durch die Undurchschaubarkeit seiner den Angehörigen nicht mehr sicht- und erfahrbaren Arbeit, die die Abwertung der weiblichen Arbeitsleistung zu Hause erleichtert, und durch seine Fähigkeit, sich auf dem Markt und in der der Familie gegenübergestellten Gesellschaft zu behaupten. Diese Prozesse werden im 19. Jahrhundert die Konsequenz haben, daß der Vater tagsüber meist gänzlich aus der Familie verschwindet und als unmittelbare Erziehungsinstanz nur noch begrenzt in Betracht kommt, was seiner verborgenen Präsenz allerdings wenig Abbruch tut. Im 18. Jahrhundert aber kann sich die starke Stellung des Mannes noch gleichermaßen in der Behauptung seiner auf Bildung und Aufgeklärtheit gegründeten überlegenen pädagogischen Kompetenz ausdrücken wie in seiner gegenüber späteren Zeiten wohl in der Tat noch ausgeprägteren erziehungspraktischen Dominanz.[253]

Wie bei der Untersuchung des Strafgedankens gezeigt worden ist, ist der pädagogisch erwünschte Vater zwar streng, fordert totalen Gehorsam und droht, wo er nicht geleistet wird, mit physischer Gewalt, doch ist deren Anwendung deutlich rückläufig. Als latente Drohung bleibt sie dem Kind zwar ständig bewußt, de facto aber soll sie so selten wie möglich zum Einsatz kommen. Denn die Pädagogen erkennen, daß die absolute Gewalt des Vaters den Erziehungsprozeß gerade beeinträchtigen kann, sofern sie Haß und Widerstand des Kindes weckt. Es müssen daher erst besondere Bedingungen gegeben sein oder geschaffen werden, damit das Kind den Wunsch entwickeln kann, den Vater nachzuahmen, so zu werden wie er, und seine Gebote nicht nur unter Zwang befolgt, sondern bejaht. Zu diesem Zweck muß die väterliche Gewalt nicht nur tendenziell eingeschränkt, sondern auch modifiziert sein, sie muß sich mit Liebe verbinden und so zur vom Kind anerkannten Autorität werden.

245

In dieser Erkenntnis kommt die Pädagogik des 18. Jahrhunderts mit heutigen Sozialisationstheorien überein. Die vollständige Internalisierung der elterlichen Normen gelingt nach neueren Untersuchungen nur auf der Basis einer sogenannten »anaklitischen« (anlehnenden) Identifikation, die sich »aus der affektiven Abhängigkeit des Kindes von einem liebevoll pflegenden und unterstützenden Elternobjekt« entwickelt,[254] bei Anwendung ausschließlich gewaltbetonter Sozialisationstechniken hingegen nicht stattfindet. In letzterem Fall kommt es daher auch zu keiner Verinnerlichung, die moralischen Standards bleiben extern, das Individuum orientiert sein Verhalten an der Erwartung von Sanktionen oder Vorteilen.[255] Dieser Verhaltenstypus scheint, wie die Überlegungen zum Gewissensbegriff und zur Verhaltenskontrolle des Hofmannes nahelegen, in der Zeit vor dem 18. Jahrhundert dominant gewesen zu sein; an seiner Ablösung arbeitet die bürgerliche Pädagogik gerade auch mit ihrer Forderung nach affektiven Familienbeziehungen.

Auch in diesem Punkt knüpft sie an reale Veränderungen der Familienstruktur an. Die Trennung von Erwerbssphäre und Familie hat bekanntlich in mehrfacher Hinsicht auf die Beziehung der Ehepartner untereinander und zu den Kindern eingewirkt. Einerseits scheint sie jene ›Entsachlichung‹ und Liebesorientierung, die fortan für das Selbstverständnis der bürgerlichen Familie bestimmend sein werden, ermöglicht oder doch wenigstens begünstigt zu haben, andererseits bringt sie das subjektive Bedürfnis nach derartigen Familienbeziehungen erst hervor. »[. . .] daß der ›possessive Individualismus‹ sich in Wirtschaft und Gesellschaft durchsetzte, ermöglichte«, so Jürgen Schlumbohm,

»nicht nur den Aufbau einer von ›äußeren Einmischungen‹ freien Familiensphäre, sondern die Ausbreitung ›kalter‹ Waren-, Geld- und Konkurrenzbeziehungen ›draußen‹ ›verlangte‹ geradezu nach dem Bemühen um eine Kompensation durch einen auf ›Gefühle‹ spezialisierten Binnenraum [. . .]«[256]

Wenn auch die Vorstellung einer auf reine Gefühlsbeziehungen gegründeten bürgerlichen Familie ideologisch ist, insofern sie die ökonomische Abhängigkeit der Frau und der Kinder vom Mann ebenso verschleiert wie die gesellschaftlichen Funktionen der Familie,[257] so kann doch ihr realer Kern nicht geleugnet werden: Ein Zuwachs an Intimität, an affektiver Zuwendung der Familienmitglieder zueinander ist gegenüber früheren Zeiten und gegenüber den gleichzeitigen Familienformen anderer sozialer Schichten unverkennbar.[258] Bei den Gegebenheiten und Erfordernissen der (früh)bürgerlichen Gesellschaft ist dieses Moment der Liebe eine wesentliche Bedingung, unter der erst die Familie zur wirksamen »Agentur der Gesellschaft« werden kann, die nach Habermas »der Aufgabe jener schwierigen Vermittlung [dient], die beim Schein der Freiheit die strenge Einhaltung der gesellschaftlich notwendigen Forderungen dennoch herstellt.«[259]

Die Feststellung, daß die Liebe eine unverzichtbare pädagogische Funktion bei der normgerechten Prägung des kindlichen Charakters hat, ist in den Erziehungsschriften des 18. Jahrhunderts geradezu ein Topos. »Eine auf Liebe gegründete Autorität vermag alles bei den Kindern«, weiß man schon 1754.[260] Damit wird kein egalitäres Verhältnis zwischen Eltern und Kindern propagiert: Die Furcht vor der väterlichen Gewalt soll – nur so können die Eltern zum nachahmenswerten Vorbild des Kindes werden – in Ehrfurcht und liebevolle Achtung ›aufgehoben‹ werden; sie ist zugleich suspendiert und latent gegenwärtig. In einem ausschließlich der »Elternliebe« gewidmeten Kapitel – schon das verweist auf ein Bedürfnis – schreibt Peter Villaume, die Liebe ihrer Kinder könnten sich nur diejenigen Eltern »versprechen, die ihre Kinder wirklich lieben, und ihnen ihre Liebe durch ihr Betragen bezeigen«, nicht aber die, die nur »den Gebieter, den strengen Erzieher« hervorkehren.

»Wie die Liebe gewonnen wird, wird sie auch erhalten. Man muß sich hüten, solche durch Härte und Furcht zu verscheuchen. Der Vater muß der Freund, der Vertraute seiner Kinder seyn. [. . .] es ist meine Absicht gar nicht, daß Eltern ihre Kinder verhätscheln sollen; sie sollen ihnen nicht allen Willen thun, nicht allen Muthwillen gut heißen. Nein, zuweilen müssen sie Ernst und Strenge gebrauchen. Solche, und selbst Strafen, ersticken die Liebe nicht, wenn sie nur nach Billigkeit und Vernunft eingerichtet sind. Diese vernünftige Festigkeit wird die Eltern in den Augen der Kinder ehrwürdig machen. Schlaffheit aber, und Affenliebe machen sie nur verächtlich.«[261]

Die kindliche Liebe zu den Eltern ist nur in einem umfassend affektiven Familienmilieu möglich, in dem das Kind um die Liebe der Eltern zu ihm weiß, die ihrerseits nur dann entsteht, wenn sich die Eltern gegenseitig lieben.[262] Mit diesen Theoremen unterstützen die Pädagogen die sozialhistorisch fundierten neuen Tendenzen zur – freilich ›vernünftigen‹ – Liebesheirat und zur Zuwendung zu den Kindern. In jeder Situation, auch wenn es gestraft wird, muß das Kind den Eindruck gewinnen, alles geschehe nur aus Liebe zu ihm. Die Liebe zu den Eltern und deren Autorität werden nach philanthropistischer Meinung durch die Herstellung von Abhängigkeits- und Unterlegenheitsgefühlen gefördert. Unaufdringlich, am besten nicht von den Eltern selbst, aber nachdrücklich soll dem Kind seine totale Unfähigkeit zur Selbsterhaltung klargemacht werden; es soll in der Fürsorge seiner Eltern nicht nur deren Umsicht, Allwissenheit, Stärke und Fähigkeit bewundern, sondern auch ihre Liebe und die eigene Dankbarkeitspflicht erkennen lernen.[263] Die Distanz zwischen Eltern und Kindern gerät so in eine rhythmische Bewegung: Sie schrumpft durch Liebe und wächst durch Demonstration der unermeßlichen Überlegenheit der Eltern, durch die wiederum der Wert ihrer Liebe steigt. »Erhabner Großpapa!« lautet die Anrede eines Neujahrsgedichts des siebenjährigen Goethe.[264]

Ersichtlich knüpfen sich Momente von Furcht in diesen strategischen Konnex, der primär der Ermöglichung von Identifikation mit den Eltern und damit von Verinnerlichung ihrer Normen dient und so zu den Bedingungen der Angstentstehung rechnet. Denn die Liebe der Eltern und die emotionale Angewiesenheit des Kindes auf sie werden nun zum Sanktionsinstrument. Weißes *Kinderfreund* sagt von seinen Kindern:

»Alle vom großen bis zum kleinsten halten es für das größte Unglück uns zu beleidigen, und diese ihre Furcht ist unser höchstes Glück. Da sie wissen, daß sie unsere höchste Freude auf Erden sind, so hüten sie sich sehr, dieselbe zu unterbrechen [. . .]«[265]

Was hier ein wenig euphemistisch zur Sprache kommt, wird vielerorts unverblümter formuliert: In liebesbetonten Familienbeziehungen verhält sich das Kind nicht allein aus Liebe und Zustimmung zu den Eltern gemäß deren Wünschen, sondern auch weil es beim Antrieb zu abweichendem Verhalten den Liebesverlust antizipiert und dieser eine Katastrophe für es bedeuten würde. Liebesentzug ist daher ein besonders wirksames Mittel der Drohung und Bestrafung. Die Furcht vor ihm flankiert so den Internalisierungsvorgang. »Ein einziger zorniger Blick von Mama schlägt mehr an als die empfindlichsten Leibesstrafen.«[266] Ebenso wie der zornige Blick signalisieren Kummer, Betrübnis und Wehmut der Eltern den drohenden Liebesverlust und appellieren zugleich an das kindliche Schuldgefühl: Das Vergehen ist nicht nur schädlich und an sich selbst schlecht, weil es gegen objektive Gesetze verstößt, es macht auch die liebevollen Eltern unglücklich.[267]

Zusätzlich zu den bisher genannten Faktoren, Autorität und Liebe, müssen noch weitere Bedingungen erfüllt sein, damit es zur ungebrochenen Identifikation des Kindes mit seinen Eltern kommen kann. Zum einen müssen diese auch wirklich die »signifikanten Anderen« (George Herbert Mead) für das Kind sein; sie müssen also unbestrittenen Vorrang vor allen anderen Personen in der Umgebung des Kindes haben, durch die sie relativiert, in Frage gestellt oder abgewertet werden könnten. Bedeutsam ist auch die personelle Kontinuität der Bezugspersonen, die nicht wechseln dürfen und daher am besten von den Eltern gestellt werden. Zum anderen darf sich der Erzieher nicht selbst relativieren und dadurch unglaubwürdig werden. Das von ihm vertretene Normen- und Wertesystem muß ebenso wie seine Maßnahmen konsistent sein.[268]

Die Erfüllung dieser Bedingungen, besonders der ersten, ist nur im Rahmen bestimmter Familienstrukturen möglich; im 18. Jahrhundert ist sie ein historisches Novum. Betrachtet man die in adeligen, bäuerlichen und unterbürgerlichen Schichten bis über das 18. Jahrhundert hinaus vorherrschenden Familien- und Sozialisationsformen, so stellt man eine Mehrzahl von Bezugspersonen für das Kind fest, von denen sich die leiblichen Eltern in pädagogischer Hinsicht nur undeutlich abhoben. Zwar war in allen diesen Familienformen der Vater die oberste Respektsperson, vor allem wenn er zu Stock oder Peitsche griff, seine eigentlich pädagogische Leistung aber dürfte relativ gering gewesen sein.[269] Im Adel wurde die Betreuung der Kinder dem Dienstpersonal, der Amme, der Kinderfrau, dann dem Hofmeister überlassen, die anderen sozialen Schichten angehörten. Das Verhältnis zwischen Kindern und Eltern blieb, wie man aus vielen Zeugnissen weiß, steif und distanziert. Auch dort, wo die Familie die Funktion einer Produktionsgemeinschaft erfüllte, bei wohlhabenden Bauern und Handwerkern, aber ebenso etwa in Patrizierfamilien, lebten Angehörige verschiedener Schichten, ›Herrschaft‹, Gesinde und Lehrlinge, dicht zusammen und wirkten auf die Sozialisation der Kinder ein. Diese hatte nur in den wenigsten Bereichen die Form einer geregelten Erziehung. Die Kinder, die meist schon früh zur Arbeit herangezogen wurden, lernten durch Mitmachen und Nachahmen und blieben außerhalb der Arbeit meist sich selbst überlassen. Auch ihre übrigen sozialen Kompetenzen erwarben sie weniger durch Erziehung und Unterweisung als durch Eingewöhnung ins kollektive Leben. In den städtischen Unterschichten kam dabei der Straße besondere Bedeutung zu, auf der sich das Kinderleben zum großen Teil abspielte und kollektive Verhaltensweisen eingeübt wurden.[270]

Gegen solche Formen der Sozialisation läuft die bürgerliche Pädagogik Sturm, und, wie es scheint, mit einigem Erfolg. Mit dem wachsenden Anspruch der bürgerlichen Normen an Leistung, Rationalität, Trieb- und Affektkontrolle und dem daraus resultierenden zunehmenden zivilisatorischen Abstand zwischen Bürgerlichen und Unterbürgerlichen mußte der Kontakt der Kinder mit den Angehörigen anderer Schichten, die andere Welt- und Werthaltungen vertraten, problematisch werden. Die Einsicht, daß eine Identifikation mit dem bürgerlichen Normenkatalog bzw. seinen Vermittlern nur in einer von relativierenden Einflüssen strikt bereinigten Atmosphäre erfolgen kann, hat sich frühzeitig durchgesetzt und bildet den gemeinsamen Nenner zahlreicher pädagogischer Postulate.

Feststellungen wie die, daß die Erziehung am ersten Lebenstag zu beginnen habe, daß sie permanent und total sein müsse oder daß dem ›Umgang‹ des Kindes größte Bedeutung für seine Entwicklung zukomme, verdanken sich nicht allein dem gewachsenen kinderpsychologischen Wissen, sondern sind als Aufforderung zur Schaffung eines homogenen Erziehungsmilieus zu lesen, das gesellschaftlich notwendig geworden war. Im Dienst der Homogenisierung steht an erster Stelle die Mahnung, Erziehung sei Sache der Eltern und dürfe nicht irgendwelchen »Mietlingen« überlassen werden. Die Eltern müssen im Zentrum des kindlichen Kosmos inthronisiert und jeder Infragestellung entzogen werden. Ihren wohl bekanntesten Ausdruck hat diese Forderung in der auch medizinisch begründeten Kampagne für das Stillen durch die Mütter gefunden, mit der die Polemik gegen das Ammenwesen verbunden ist. Die meist der Unterschicht entstammenden Ammen üben nach aufklärerischer Meinung ebenso wie die Dienstboten überhaupt einen äußerst schädlichen Einfluß aus, weil sie die unbeschränkte Geltung der bürgerlichen Normen in zwei entscheidenden Bereichen untergraben: in dem der Wirklichkeitsdeutung (Aberglaube) und dem der Triebkontrolle (angeblich freiere Sexualität). Wo Dienstboten dennoch im Haushalt unverzichtbar sind, müssen sie streng überwacht und auf die Erziehungsmaximen der Eltern eingeschworen werden.[271] In diesem Sinne fordert Basedow, daß »alle Personen im Hause zur Uebereinstimmung gebracht werden«,[272] und das gilt natürlich auch für die Eltern selbst, die Campe ermahnt,

»es dahin zu bringen, daß nicht blos eure beiderseitige Denkungsart, vornehmlich über den Punkt der Erziehung, sondern auch euer Umgang mit den Kindern und eure ganze Manier sie zu behandeln, höchsteinförmig und harmonisch sey. Nie misbillige oder tadle der eine, was der andere angeordnet hat! [. . .] Redet vielmehr Beide, wie aus einem Munde; und handelt Beide, wie aus einem Geiste.«[273]

Der Herstellung von Widerspruchsfreiheit in der Erziehung dienen ferner die Auswahl und Kontrolle aller sozialen Kontakte des Kindes, beispielsweise im Verbot des Umgangs mit »Straßenkindern«, und schließlich die Neigung zur völligen Abschottung der bis dahin nach außen geöffneten Familie.[274] Widerspruchsfreiheit wird aber auch vom Erzieher selbst gefordert. Seine Gebote und Maßnahmen müssen konsistent und unumstößlich sein. Sollte er einen Fehler begangen haben, so darf er diesen um keinen Preis zugeben, da er sonst in den Augen des Kindes ebenso unglaubwürdig werden könnte, wie wenn er sich bei einer Unwahrheit ertappen ließe.[275]

6. Furchtbekämpfung oder Furchterregung? Die Furcht vor der Furcht als Resultat

Es hat sich gezeigt, daß die scheinbar heterogenen pädagogischen Postulate sich zwanglos auf ein gemeinsames Ziel hinordnen lassen, das als Errichtung eines vom ›Gewissen‹ ausgehenden Selbstzwangs auf der Basis der Verinnerlichung der gesellschaftlichen Normen beschreibbar ist. Seine Wirkungskraft bezieht dieser Selbstzwang wesentlich aus der Entstehung von Angst bei tatsächlichen oder vorgestellten Verstößen gegen die Normen, einer Angst, die in dieser Form als ein neues historisches Phänomen angesehen werden muß, wenn es zutreffend ist, daß der Internalisierungsvorgang, den sie voraussetzt, sich grundsätzlich erst im Kontext der seit dem 18. Jahrhundert sich ausbildenden bürgerlichen Familienstruktur vollziehen kann. Diese Angst wird von den Pädagogen nicht etwa bloß in Kauf genommen, sondern erscheint ihnen, wie die Drohung mit ihr zeigt, als funktional für die Ausbildung und Bewahrung von Moralität im Denken und Handeln. Dasselbe gilt für die Furcht, deren Einsatz den Pädagogen an vielen Punkten des Erziehungsprozesses als zweckmäßig gilt. Diese Tendenz ist verwirrend, widerspricht sie doch offenbar jener anderen aufklärerischen Bestrebung, die in dieser Arbeit beschrieben wurde, der Bestrebung, Furcht zu bekämpfen, zu vertreiben und ihre Erregung zu vermeiden. Daß sich der Widerspruch dieser beiden Tendenzen nicht durch ihre Zuordnung zu gegenläufigen Strömungen der Aufklärung beseitigen läßt, ist daraus ersichtlich, daß sie anhand desselben Quellenmaterials rekonstruiert werden konnten. Und man kann noch weitergehen: Nicht nur finden sich die Absichten der Furchtvermeidung und der Furchterregung bei denselben Autoren, diese artikulieren sie oft geradezu im selben Atemzug, ohne daran den geringsten Anstoß zu nehmen. In Armbrusters Erzählung vom verlorenen Sohn etwa wird den Zuhörern und Lesern, wie schon zitiert, mit der Entstehung von Schuldgefühlen, Angst und Alpträumen beimVerstoß gegen die Gebote der Tugend gedroht; Furcht und Angst werden zur Wahrung der Normkonformität mobilisiert. Nur wenige Sätze zuvor jedoch hatte sich der Erzähler in ganz anderer Absicht an die Kinder gewendet: »O, meine Lieben! Gewöhnt euch frühe, gewöhnt euch schon als Kinder Furchtsamkeit und Feigheit ab. Fasset Mut.«[276]
Interessanter als ein bloßes Konstatieren des Widerspruchs ist die Frage, warum er dem aufgeklärten Bewußtsein nicht als ein solcher erschien. Armbruster selbst gibt den entscheidenden Anhaltspunkt; im direkten Anschluß an die zitierten Sätze heißt es:

»Wer als Knabe vor nichts zittert, vor nichts sich fürchtet als vor bösen Handlungen, der wird einst als Jüngling und als Mann tausenderlei Gefahren trotzen, sein Leben froher genießen und Ruhm und Ehre einernten.«

Offenbar hat man es hier mit einer Hierarchie der Werte zu tun. Die Forderung der Furchtlosigkeit verliert ihren normativen Charakter, ja schlägt in ihr Gegenteil um, wo sie mit anderen Normen in eine Konkurrenz tritt, die von den Aufklärern immer wieder unterstellt wird und deren Menschenbild einen pessimistischen Einschlag gibt: »Böse Handlungen«, Abweichungen von den obersten moralischen Geboten, scheinen, vernünftige Einsicht hin oder her, letztlich nur dann vermeidbar, wenn Furcht oder, weit effizienter noch, Angst als Hemmschuh ihrer Realisierung wirken. Man sieht sich damit an eine – durchaus widerspruchsvolle – Kasuistik verwiesen, die festlegt, wo, wann und wofür Furcht und Angst bzw. ihre Abwesenheit funktional sind.

Furchtlosigkeit gilt als eine – auch erkenntnistheoretische – Bedingung von Aufklärung, in deren Prozeß das Subjekt zur Mündigkeit gelangt. Mit ihrer Hilfe allein kann sich das Subjekt aus dem Bann tradierter Vorurteile befreien, die oft genug nur den Interessen herrschender Mächte dienen, kann überholte Weltdeutungen der kritischen Reflexion unterziehen und zum Aufbau neuer übergehen. Zum anderen erfüllt die Furchtlosigkeit eine Aufgabe im Kontext der bürgerlichen Gesellschaft, da sie als zu den Voraussetzungen gesellschaftlich und individuell notwendiger effektiver Arbeit und eines auf Kalkulierbarkeit hin angelegten sozialen Zusammenlebens gehörig angesehen wird. Furcht wird bekämpft, sofern sie als Moment unbeherrschter Affektivität wahrgenommen wird, das der bürgerlichen Bestimmung von Identität und ihren sozialen Aufgaben entgegensteht.

Obgleich affirmiert, wird der Geltungsanspruch der Forderung nach Furchtlosigkeit, der, sofern er epistemologisch begründet wurde, auch prinzipiell war, in diesem zweiten Zusammenhang implizit doch eingeschränkt, und zwar auf den Bereich spezifischer sozialer Funktionen. Furchtlosigkeit ist auf diese bezogen und bleibt ihnen damit untergeordnet. Genau besehen findet eine solche Einschränkung allerdings schon dort statt, wo Furchtlosigkeit im Zeichen von Aufklärung, Vernunft, Kritik, Mündigkeit und Autonomie gefordert wird, füllen sich doch diese Begriffe im 18. Jahrhundert, und nicht nur in der Pädagogik, mit bürgerlichen Inhalten und stellen sich in den Dienst der Formierung der bürgerlichen Gesellschaft. Am Beispiel Sulzers konnte dieser Vorgang als eine Selbstbeschneidung der Vernunft charakterisiert werden: Aufklärung und kritische Reflexion kommen an den als überzeitlich, ›vernünftig‹ und ›natürlich‹ deklarierten bürgerlichen Normen zum Stillstand. Mündigkeit und Autonomie entfalten sich in deren rationaler Durchdringung, ihrer Anerkennung und Realisierung, keineswegs aber in ihrer Überschreitung, die in Kategorien der ›Vernunft‹, ›Moral‹ oder ›Natur‹ nicht legitimierbar ist. Wenn aber diese Normen aufgrund ihres hohen Anspruchsniveaus nur mit Hilfe von Furcht und Angst zu absoluter Geltung gelangen und erst so zu den Eckpfeilern der ›vernünftigen‹ Identität des Individuums werden können, dann wird ihnen gegenüber die Forderung nach Furchtlosigkeit zwangsläufig außer Kraft gesetzt; ja die Angst, deren es zur Normkonformität anscheinend bedarf und die Autonomieverlust indizieren könnte, steht dann geradezu im Interesse einer ›höheren‹, ›wahren‹, weil durchgängig vernunftbestimmten Autonomie. Furcht- bzw. Angstfreiheit und Mut als Bedingungen von Aufklärung reichen – im Widerspruch zu ihrem vielfach prinzipiellen Geltungsanspruch – nur bis an die Grenzen der bürgerlichen Bestimmung dieser Aufklärung.

Allerdings konnten sich die aufklärerischen Autoren noch der Meinung hingeben, der Widerspruch zwischen den Tendenzen zur Bekämpfung und zur Erregung von Furcht bzw. Angst brauche keine praktische Bedeutung zu erlangen. Denn die mit Furcht und Angst besetzten Verhaltensweisen sollten ja vermieden, die Antriebe zu ihnen immer schwächer werden, und damit sollten auch Furcht und Angst lediglich initial wirken, dann aber latent bleiben können. Dem liegt die Hoffnung zugrunde, die tabuierten Triebregungen und Leidenschaften wenn nicht gänzlich beseitigen, so doch neutralisieren zu können; mit einem Fortleben, einer Wiederkehr des Unterdrückten rechneten die Aufklärer zunächst nicht, wie an den Ausführungen zum sexuellen Traum deutlich geworden ist. Das aber sollte sich schon bald als Irrtum herausstellen. Die im Sozialisationsprozeß mit Furcht und Angst verknüpften Triebe und Leidenschaften wollten keineswegs weichen, vielmehr scheint sich das Phantasieren des Unerwünschten und Verbotenen parallel zu den repressiven Strategien verstärkt zu haben.[277] Solche Vorstellungen aber sind, wie zu sehen war, gleichfalls furcht- und angstbesetzt. Die bürgerliche Erziehung evoziert so genau das, was sie eigentlich vermeiden wollte.

Aus einem anderen Grund noch mag der Widerspruch den Aufklärern als nicht gravierend erschienen sein: Nicht alle Formen der Furcht gelten als gleichermaßen schädlich. Am verhängnisvollsten ist die abergläubische Furcht und die vielfach mit ihr zusammenhängende Naturfurcht, die daher keinesfalls in der Erziehung erregt werden dürfen. Weniger fatal hingegen und entsprechend geeigneter für pädagogischen Einsatz sind beispielsweise soziale Befürchtungen oder Furcht vor den schlimmen natürlichen Folgen einer Handlung, Befürchtungen also, die nicht so sehr dazu neigen, sich zu sozial unerwünschten Charaktereigenschaften zu verfestigen, zu dauerndem Aberglauben etwa oder zum »sklavischen« Wesen dessen, der allein mit Furcht vor Körperstrafe erzogen wurde.

Diese verschiedenen Qualitäten von Furcht werden plastisch dort sichtbar, wo die Tendenzen zur Bekämpfung und zur Erregung von Furcht in unmittelbare Berührung kommen. Wenn die Furcht, besonders die abergläubische, nicht allein unangemessen und irrational, sondern höchst schädlich und daher eine ausgemachte Untugend ist, zugleich aber die weniger schlimmen Furchtformen als wirksame und mitunter sogar unverzichtbare Erziehungsinstrumente beibehalten werden, was liegt dann näher, als die Furcht mit der Furcht auszutreiben? Johann Karl Wezel empfiehlt es. Über die »Furcht im Finstern« schreibt er in seinem *Versuch über die Kenntnis des Menschen:*

»[. . .] es ist ein böser Geist, den nur ein andrer vertreiben kann, und man muß daher bey jungen Leuten, die mit einer solchen Furcht sehr angesteckt sind, eine andere aufwecken, die nach Beschaffenheit des Charakters jener die Wage hält, etwa Furcht vor der Schande, vor der Lächerlichkeit, vor Strafe, vor Verlust eines Vortheils, eines Vergnügens oder vor etwas anderm, das nach ihrer Denkungsart wichtig für sie ist.«[278]

Wer das für die bizarre Initiative eines in geistiger Umnachtung versinkenden Anthropologen hält, verkennt die innere Konsequenz des Vorgangs, der auch anderweitig beschrieben wird.

Goethe hat ähnliches in seiner Jugend am eigenen Leib erfahren. Wie seine aufgeklärten Zeitgenossen sieht auch Goethes Vater, ein Jünger jenes »pädagogischen Dilettantismus«, der sich zu dieser Zeit »überhaupt schon zu zeigen« beginnt,[279] die abergläubische Furcht als etwas Unbegründetes und Schädliches an, das eliminiert werden muß. Empfiehlt Wezel zu diesem Zweck immerhin noch eine von der zu vertreibenden unterschiedene Furcht, so sucht Johann Caspar Goethe ganz im Sinne zeitgenössischer Überzeugungen das pädagogische Heil in der Gewöhnung an das Befürchtete. Diese allerdings schlägt unter seinen Händen in pure Furchterregung aus, die genau die Gestalt dessen annimmt, was ausgerottet werden soll:

»Die alte, winkelhafte, an vielen Stellen düstere Beschaffenheit des Hauses war übrigens geeignet, Schauer und Furcht in kindlichen Gemütern zu erwecken. Unglücklicherweise hatte man noch die Erziehungsmaxime, den Kindern frühzeitig alle Furcht vor dem Ahnungsvollen und Unsichtbaren zu benehmen und sie an das Schauderhafte zu gewöhnen. Wir Kinder sollten daher allein schlafen, und wenn uns dieses unmöglich fiel, und wir uns sacht aus den Betten hervormachten und die Gesellschaft der Bedienten und Mägde suchten, so stellte sich, in umgewandtem Schlafrock und also für uns verkleidet genug, der Vater in den Weg und schreckte uns in unsere Ruhestätte zurück. Die daraus entspringende üble Wirkung denkt sich jedermann. Wie soll derjenige die Furcht los werden, den man zwischen ein doppeltes Furchtbare einklemmt?«[280]

Furchterregung als Furchtbekämpfung: das ist sicherlich die äußerste Zuspitzung des Widerspruchs beider Tendenzen. Wo Furcht verpönt ist, lächerlich, schändlich und strafwürdig, da wird sie zu ihrem eigenen Gegenstand gemacht. Auf diesem Weg aber wird das Individuum Furcht nicht nur nicht los, es reproduziert sie vielmehr beständig; so entsteht »Furcht vor der Furcht«. Offenbar ist dieser Ausdruck von Montaigne inspiriert, bei dem jedoch anderes gemeint war.[281] Montaigne wollte zeigen, daß die Furcht ihren Anlaß bis zur Unkenntlichkeit verzerrt, und vor ihren bizarren theoretischen und praktischen Folgen warnen. Nur die sinn- und vernunftverwirrende Furcht selbst scheint so würdig, gefürchtet zu werden. Im 18. Jahrhundert aber muß man Montaignes aphoristische Wendung, die in Hippels *Lebensläufen* und Jean Pauls *Schmelzle* die zitierte Form erhält,[282] beim Wort nehmen. Furcht wird mit sozialen Sanktionen belegt. Am Beispiel Wezels hat sich gezeigt, daß dies keineswegs nur dort der Fall ist, wo militärisches Recht herrscht, dem etwa der hasenherzige Feldprediger Schmelzle zum Opfer fällt, der sich durch seine Furchtsamkeit um Stellung und Subsistenz bringt. Die aufklärerische Bekämpfung der Furcht ist selbst zu einer Quelle der Furcht geworden.

Sechstes Kapitel

Phantasie und Angst

1. Einleitung

Zu Beginn des 19. Jahrhunderts rechnet August Wilhelm Schlegel mit der Aufklärung ab und bilanziert auch deren Versuch, Furcht zu vertreiben. Dabei kommt die Sprache auf ein Phänomen, das in neuerer Forschung wenig beachtet wurde, allenfalls psychopathologisches Material für Künstlerbiographien abgeben zu können, einer historischen Interpretation aber nicht fähig oder nicht wert zu sein schien. Den Hörern seiner Vorlesung gibt Schlegel folgendes zu bedenken:

»Aber die Aufklärung hat doch den Menschen durch Befreiung von den Ängstigungen des Aberglaubens eine große Wohltat erzeigt? Ich sehe nicht, daß diese so arg waren, vielmehr finde ich jeder Furcht eine Zuversicht entgegengesetzt, die ihr das Gleichgewicht hielt, und von jener erst ihren Wert bekam. Gab es traurige Ahnungen der Zukunft, so gab es auch wieder glückliche Vorbedeutungen; gab es eine schwarze Zauberei, so hatte man dagegen heilsame Beschwörungen; gegen Gespenster halfen Gebete und Sprüche; und kamen Anfechtungen von bösen Geistern, so sandte der Himmel seine Engel zum Beistande. Von der Furcht überhaupt aber (ich meine hier nicht die Furcht vor etwas Bestimmtem, gegen die ein tapferer Mut stählen kann, sondern die fantastische Furcht, das Grauen vor dem Unbekannten) den Menschen zu befreien, wie er denn auch die Gegenstände derselben nennen mag, dies wird der Aufklärung niemals gelingen, denn diese Furcht gehört mit zu den ursprünglichen Bestandteilen unseres Daseins, wie sich leicht nachweisen läßt.«[1]

Alle Kritik der Aufklärung kann nicht verleugnen, daß Schlegel selbst durch diese hindurchgegangen ist. Das von Schlegel beinahe wehmütig betrachtete System einer, wie er meint, prästabilierten Harmonie von Magie und Gegenmagie, abergläubischer Furcht und abergläubischer Zuversicht hat auch für den Romantiker seine Verbindlichkeit verloren. Doch die aufklärerische Destruktion des abergläubischen Weltbildes hat nur die entsprechenden Bestimmungen von Furcht durch vermeintlich reale Objekte zerstört, die »Furcht überhaupt« aber nicht ausrotten können. Je mehr die Welt, um Schlegels eigenen Terminus zu verwenden, »entzaubert«[2] wird, desto weniger kann sich Furcht auf reale oder real geglaubte Gegenstände richten; sie verschwindet aber keineswegs mit ihrer Bestimmung, sondern bleibt – jedenfalls in einem hypothetischen nächsten Stadium – im Status der Unbestimmtheit bestehen. Daß Schlegel dabei ein zum menschlichen »Dasein« gehöriges ›frei flottierendes‹ Angstquantum unterstellt, das als solches erst mit der geschichtlich bedingten Verringerung seiner Gegenstandsbezüge erkennbar wird, ist hier vorerst ohne Interesse. Im Begriff dieser unbestimmten »fantastischen Furcht« ist deren Ursprung mitgenannt: die »Fantasie«. Diese ist aber offenbar auch dafür verantwortlich, daß sich das Individuum laufend »Gegenstände«, Bestimmungen für seine Angst sucht oder schafft. Allerdings ergibt sich nun ein bedeutsamer Unterschied zu früheren Zeiten: Denn mit dem Wissen um diesen Vorgang kann das Individuum die Gegenstände seiner phantastischen Angst nicht mehr hypostasieren, sondern erkennt erstmals ihren imaginären Charakter an. Dies gilt ganz besonders dann, wenn es sich bei diesen »Gegenständen«, wie zu zeigen sein wird, noch immer um solche abergläubischer Provenienz handelt.

Die »fantastische Furcht« ist durchaus kein Erzeugnis von Schlegels eigener Phantasie. Der Begriff trifft vielmehr ziemlich genau eine im späteren 18. Jahrhundert verbreitete Form von innerer Angst, die sich in vielen autobiographischen, theoretischen und im engeren Sinne literarischen Texten beschrieben findet, als »Anfechtungen der Einbildungskraft« etwa bei Goethe, als »Leiden der Einbildungskraft« bei Moritz.[3] Immer wieder erscheint die Phantasie als innere Hexenküche, in der Ängste bereitet werden, die ihre schreckliche Eindringlichkeit keineswegs verlieren, wenn sich das Individuum selbst als ihren Verfertiger erkennt. Überbietet die Phantasie schon mit ihren lustvollen und glückverheißenden Hervorbringungen die Möglichkeiten der realen Welt bei weitem, so trifft das nicht minder für ihre düsteren Ausgeburten zu. Diese können weit fürchterlicher sein als alle Schrecknisse und Bedrohungen, die die Außenwelt bereithält. Davon ist in einem Reisebericht des jungen Ludwig Tieck die Rede, der im Frühjahr 1793 zusammen mit Wackenroder das Bergwerk Gottesgab im Frankenwald besichtigte. Neben den – als solche bewußten – Beängstigungen durch die Phantasie verblaßt für Tieck bemerkenswerterweise selbst das bedeutungsträchtige Unternehmen einer Reise ins Innere der Erde, das ja lange Zeit wie kaum eine andere Begegnung mit der Natur Anlässe zur Naturfurcht bot.

»Was aber manche Leute [. . .] von dem Schauderhaften, von dem Zittern und Zagen beim Einfahren in den Schacht schreiben, davon hab ich auch nicht das mindeste empfunden. Es war gefährlich, das ist wahr, wenn man die Hand fahren ließ. Aber auch als wir unten waren, war ich ganz kaltblütig. Ich mag das gar nicht einmal Mut nennen; denn der gehört nicht dazu;

ich glaube, nur Leute mit einer kleinen Phantasie können hier schaudern und zittern, die hier mit einem Male durch die Wirklichkeit ihre fürchterlichsten Vorstellungen noch übertroffen finden. Ich aber bin mit meiner Einbildungskraft an weit schrecklicheren Orten einheimisch, so daß ich noch nirgends eine Erreichung meiner Vorstellungen gefunden habe, und das macht es wohl, daß ich an den meisten sogenannten gefährlichen und fürchterlichen Orten so kalt bin.«[4]

Tieck weiß, wovon er spricht. Der Schrecken jenes ein Jahr zuvor erlittenen Angstanfalls mag ihm noch in den Knochen gesteckt haben, der gewissermaßen das schwarze Pendant zu der ebenfalls 1792 erlebten numinosen Glücksvision im Harz darstellt.[5] Auch er beginnt – nach einer exzessiven Vorlesung von Carl Grosses erotisierendem Schauerroman *Der Genius* – mit einer »schönen erhabnen Schwärmerei«, die jedoch bald umschlägt in nacktes Entsetzen. Der Raum explodiert in »eine fürchterliche schwarze Unendlichkeit«; Tieck glaubt, »rasend« zu werden; »alle Kräfte der Phantasie« arbeiten »krampfhaft«, und sein Körper entfremdet sich ihm: Ihm ist, »als löste sich mein Kopf ab und schwämme rückwärts [...] alle meine Glieder waren mir selbst fremd geworden und ich erschrak, wenn ich mit der Hand nach meinem Gesichte faßte.« Eine Grabesphantasie weckt »alle Schrecken des Todes und der Verwesung«. Fremdheit erfaßt auch die Freunde Schmohl und Schwinger, die sich in »zwei riesenmäßige Wesen« verwandeln; noch am nächsten Morgen erscheint Schmohl als »ein fürchterliches Ungeheuer«.[6]

Auch Jean Paul hat Phantasien gekannt, in denen er sich dem Wahnsinn nahe wußte; man denke etwa an seine bekannte Todesvision vom 15. November 1790.[7] In seiner *Selberlebensbeschreibung* schildert er das Verhältnis von Realität, Phantasie und Angst ganz ähnlich wie Tieck:

»Manches Kind voll Körperfurcht zeigt gleichwohl Geistermut, aber bloß aus Mangel an Phantasie; ein anderes hingegen – wie ich – bebt vor der unsichtbaren Welt, weil die Phantasie sie bevölkert und gestaltet, und ermannt sich leicht vor der sichtbaren, weil diese die Tiefen und Größen der unsichtbaren nie erreicht. So machte mich eine, auch schnelle, körperliche Gefahrerscheinung – z.B. ein herrennendes Pferd, ein Donnerschlag, ein Krieg-, ein Feuerlärm – nur ruhig und gefaßt, weil ich nur mit der Phantasie, nicht mit den Sinnen fürchte; und sogar eine Geistergestalt würde, hätt' ich nur den ersten Schauder überlebt, mir sogleich zu einem gemeinen Körper des Lebens gerinnen, sobald sie nicht wieder durch Mienen und Laute mich ins endlose Reich der Phantasie überstürzte.«[8]

Halten wir vorläufig fest: Die Texte aller drei Autoren indizieren eine Verringerung und Entkräftung der Furcht – der Furcht vor hypostasierten abergläubischen Vorstellungen (Schlegel), vor der Natur (Tieck), allgemein der Furcht vor der Außenwelt (Jean Paul) oder noch allgemeiner der »Furcht vor etwas Bestimmtem« (Schlegel). Nach den Ausführungen zum Erhabenen ist dies ein neuerlicher Beleg für die psychische Wirksamkeit der Naturbeherrschung und wohl auch der Zunahme gesellschaftlicher Sekurität; in vielen Bereichen hört das Alltagsleben auf, lebensgefährlich zu sein oder zu scheinen. Statt dessen leiden die Individuen nun an einer inneren Angst, die sie der Phantasie zuschreiben, deren Gestalten schlimmer seien als alles, was es in der Außenwelt noch an Schrecklichem gibt. Diese Erfahrung steht in Verwandtschaft mit der schon von Montaigne und Shakespeare her bekannten Feststellung, die Phantasie übertreibe Anlässe und Gegenstände der Furcht oder gaukle dem Individuum äußere Gefahren vor, geht aber doch deutlich über sie hinaus. Denn die phantastische Angst ist nur noch via negationis mit der Gegenstandswelt verbunden; die Phantasie rotiert in sich selbst.

Die Untersuchung dieser neuen Angstform hat ein ganzes Bündel von Fragen aufzuwerfen. Hängen die beiden Entwicklungen – Reduzierung der Furcht und Wachstum phantastischer Angst – miteinander zusammen und wenn ja, wie? Sollte es sich vielleicht bloß um eine Veränderung der quantitativen Relation äußerer und innerer Schrecknisse handeln, etwa so, daß mit der Verringerung der äußeren Bedrohungen und der Furcht die inneren Ängste das quantitative Übergewicht bekommen und schlimmer erscheinen als jene? Oder sollte diese Relationsveränderung auch dadurch zustande kommen, daß manches Grauenhafte, das früher in der Außenwelt lokalisiert und gefürchtet wurde, jetzt in der Phantasie angesiedelt und so zum Gegenstand der Angst wird? Was aber ist dann die Möglichkeitsbedingung dieses Vorgangs, die zugleich erklärt, warum er erst jetzt sich vollzieht? Oder muß man nicht doch auch von einem wirklichen Anwachsen der Phantasietätigkeit – jedenfalls in bestimmten Bereichen – ausgehen? Und weiter: Was ist eigentlich so schrecklich und bedrohlich an der Phantasie und warum? Ist es vielleicht schon die bloße Tatsache, daß sie es selbst – und nicht etwas Äußeres – ist, die die Angst verursacht? Aber Angst vor welchen Inhalten? Handelt es sich hier am Ende um die im vorigen Kapitel beschriebene Angst, deren Entstehung im bürgerlichen Sozialcharakter quasi einprogrammiert ist? Tauchen also Trieb- und Über-Ich-Ängste als Formen der phantastischen Angst auf? Und wäre das nicht ein Beweis für die tatsächliche Wirksamkeit jener Erziehungstendenzen, die am Beispiel der bürgerlichen Pädagogik analysiert worden sind?

2. Der aufklärerische Realitätsbegriff und die Macht der Phantasie

Daß für Angstzustände das Wirken der Phantasie verantwortlich gemacht wird, ist keine Selbstverständlichkeit. Als weithin verbindliches Erklärungsschema beruht diese Zuschreibung auf einer großformatigen Umstrukturierung der Weltdeutung, die in der Renaissance beginnt, aber erst in der Aufklärung allgemeine Geltung erlangt. Zahlreiche Phänomene, denen früher Objektstatus oder Objektbezug zugeschrieben werden konnte, verlagern sich in die bloße Subjektivität des einzelnen, werden zu psychischen oder psychophysischen Erzeugnissen mit häufig ›pathologischem‹ Charakter. Die Gestalten des traditionellen Aberglaubens reduzieren sich zu bloßen Phantasmen. Wo sie dem Auge erscheinen, müssen sie als Fehldeutung von Sinneseindrücken, Wahrnehmungsstörungen oder Halluzinationen gedeutet werden: Die »psychologische Entwickelung des Aberglaubens« steht auf der Tagesordnung.[9] In ihrem Sinne büßen die Visionen ihre metaphysische Dimension ein. Sofern Prophezeiungen eintreffen, tun sie das nicht mehr, weil tatsächlich übernatürliche Erkenntnisbeziehungen mit der Zukunft hergestellt werden könnten, sondern aufgrund des psychischen Mechanismus der ›selffulfilling prophecy‹. Alpträume entstehen nicht mehr, weil sich ein Incubus, ein Alp, auf der Brust des Schlafenden niederließe, sondern aus inneren Vorgängen. Die Besessenheit durch Geister, Dämonen oder Teufel verliert mit deren Verschwinden aus der Welt ihre Möglichkeit und wird von aufgeklärten Medizinern als fixe Idee oder Ich-Spaltung interpretiert. Auch Anfechtungen und Versuchungen können nicht mehr dem Teufel oder Dämonen angelastet werden, sondern gelten als Hervorbringungen einer triebhaften Tiefenschicht im Individuum selbst.

In allen diesen nur pars pro toto genannten Fällen vollzieht sich eine Verschiebung von erschreckenden Phänomenen aus der Objekt- in die Subjektsphäre. Überall hat dabei die Phantasie in irgendeiner Weise die Hand im Spiel: begründend, vermittelnd oder verstärkend.[10] Schien es Friedrich Christian Bücher 1699 noch ausgesprochen schwierig, »unter der Wirckung des Teuffels und der verderbten Fantasie einen gründlichen Unterschied zu zeigen«,[11] so hat sich dieses Problem siebzig Jahre später geklärt. Der Arzt Johann Ulrich Bilguer jedenfalls schreibt 1767:

»Man weiß, daß auch sogar alle diejenigen wunderbar scheinende Wirkungen, welche man sonst für Wirkungen des Teufels gehalten, jetzt aber nach den Gründen der Arzeneygelahrtheit [. . .] als für Wirkungen des kranken

Leibes- und Gemüthszustandes überhaupt oder [. . .] hypochondrischen und hysterischen Zufällen insbesondere, oder als Erscheinung der höchsten Enthusiasterey oder aber auch, als Werke des Betrugs beurtheilt und erkannt werden müssen.«[12]

Der Dialog dcs Individuums mit einem übernatürlichen Außen hat sich in einen Dialog mit seiner wildgewordenen Phantasie verwandelt. Diese Verschiebung gehört in den Zusammenhang jenes Prozesses, den man sich als Entzauberung der Natur oder als Kampf der Aufklärung gegen den Aberglauben zu bezeichnen gewöhnt hat. Dahinter steht freilich überhaupt eine neue Konzeption dessen, was als Realität gelten sollte.

In Wechselbeziehung mit dem Aufschwung der Naturwissenschaften seit der Renaissance entwickelt sich ein neuer Naturbegriff, der das Interesse an methodisch sicherer Erkenntnis und praktischer Beherrschung der Natur spiegelt.[13] Natur wird tendenziell zur Totalität der nach mathematisch abbildbaren Gesetzen verknüpften Erscheinungen, sie wird damit weitgehend dequalifiziert und mechanisiert. Sieht Descartes dabei Erkenntnisgewißheit allein auf dem Weg des deduktiven Rückgangs von mathematischen Prinzipien und Axiomen zu den besonderen Naturphänomenen gewährleistet, so dominiert seit Newton die Methode der Induktion: Umgekehrt führt nun der Weg von der direkten oder experimentell arrangierten Beobachtung der Naturerscheinungen zur Erkenntnis ihrer Gesetze und Prinzipien. Auch wenn man diese auf der Basis des aktuellen Erkenntnisstandes noch nicht bestimmen kann, unterstellt man doch ihre grundsätzliche Erkennbarkeit und ihren rein immanenten Charakter. Metaphysische Erklärungen des Naturgeschehens werden abgelehnt, über-natürliche, den Naturgesetzen nicht unterworfene Einwirkungen in die physische Welt durch Gott, Geister und Dämonen nicht mehr zugegeben. Das hat – zunächst freilich nur bei den Gelehrten selbst – beträchtliche Konsequenzen für die Deutung jeder Wahrnehmung: Was sich den Sinnen zeigt, ist immanenter Herkunft.

Dieser Aspekt ist in Verbindung mit einem zweiten bestimmend für den aufklärerischen Realitätsbegriff. Wenn Silvio Vietta die zunehmende Bedeutung der »konstruktiv-synthetische[n] Funktion des reinen Denkens« in der neuzeitlichen Erkenntnistheorie bis zu Kant, Fichte und Hegel hervorhebt und daraus folgert, »Wirklichkeit« werde »tendenziell zu einem Konstrukt des reinen Denkens«,[14] so ist das gewiß richtig, aber doch nur die halbe Wahrheit. Denn für Kant gleichermaßen wie für Newton und den englischen Empirismus hebt Erkenntnis als das einzige Mittel, sich dessen, was Realität heißt, zu versichern, mit Empfindung, Wahrnehmung, Beobachtung an. Für den richtigen Gang der Erkenntnis wird so vor allem anderen die Kritik der Wahrnehmung erforderlich. Sie gehört überhaupt zu den Gründungsproblemen der neuzeitlichen Erkenntnistheorie. Schon Descartes beginnt bekanntlich mit ihr seine *Meditationes:* Da uns die Sinne täuschen können, vermögen sie gar keine Sicherheit darüber zu geben, ob ihren Eindrücken auch wirklich Objekte der Außenwelt entsprechen. Vielleicht träumen wir alles nur und gleichen den Wahnsinnigen, die »hartnäckig behaupten, sie seien Könige, während sie bettelarm sind«. Im Zuge der hypothetischen Durchführung des totalen Zweifels kommt Descartes zu dem Zwischenergebnis, »daß Wachsein und Träumen niemals durch sichere Kennzeichen unterschieden werden können«.[15] Von diesem Punkt aus erhebt sich fortan nicht nur immer wieder die Frage nach der Existenz einer vom Subjekt unabhängigen Außenwelt überhaupt – Descartes kann sie nur über den Gottesbeweis positiv beantworten, Kant glaubt, ihrer mit seiner »Widerlegung des Idealismus« endgültig Herr geworden zu sein –, sondern auch das Bedürfnis, eben doch »sichere Kennzeichen« zu finden, durch die sich der Wachzustand vom Traum, die Erscheinung äußerer Gegenstände vom bloßen Schein, die Realität vom Hirngespinst unterscheiden lassen. Denn Descartes' Konsequenz aus der Unzuverlässigkeit der Sinne, Erkenntnisgewißheit nicht auf der Basis der Empirie, sondern im Rekurs des Denkens auf seine eigenen Prinzipien, auf die »eingeborenen Ideen« gewinnen zu wollen, hatte sich für die Naturwissenschaft als zu einseitig erwiesen. Descartes' eigene physikalische Theorie hatte »die empirische Probe nicht bestanden«.[16] Naturwissenschaftliche Theorie mußte sich der erkenntnistheoretisch bedenklichen Empirie öffnen.

Tatsächlich gelingt es bis zu einem gewissen Grad, Kriterien zur Unterscheidung der Realität von Traum, Täuschung und Halluzination zu entwickeln. Wurde durch den immanenten Begriff von Natur deren Entzauberung geleistet und das Übernatürliche aus der Erscheinungswelt vertrieben, so wird nun innerhalb dieser das Wahrnehmungssubstrat eingekreist und durch Interpretation unschädlich gemacht, das ›falsch‹ gedeutet zu den Quellen des ›Aberglaubens‹ gehörte. Da der Begriff der Realität in der Aufklärung, wie gesagt, unlösbar an den der objektiven Erfahrung und der Erkenntnis gebunden ist, wäre die Auflistung erkenntnistheoretischer Positionen ein Weg zur Beschreibung der fraglichen Unterscheidungskriterien. Er soll hier aber aus naheliegenden Gründen nicht eingeschlagen werden. Statt dessen möchte ich die hauptsächlichen Kriterien am Beispiel Kants skizzieren, jedoch nur insoweit sie auch über dessen Position hinaus Gültigkeit für seine Epoche haben, weshalb auf eine Untersuchung ihrer transzendentalphilosophischen Begründung verzichtet werden kann.

Ähnlich wie Descartes bemerkt Kant in seinen *Prolegomena* von 1783, daß in dem, was den Sinnen erscheint, keinerlei Merkmale liegen, die zu entscheiden erlaubten, ob es sich um Erscheinungen von Gegenständen oder um Traum, Blendwerk, bloßen Schein handelt.

»Der Unterschied aber zwischen Wahrheit und Traum wird nicht durch die Beschaffenheit der Vorstellungen, die auf Gegenstände bezogen werden, ausgemacht, denn die sind in beiden einerlei, sondern durch die Verknüpfung derselben nach denen Regeln, welche den Zusammenhang der Vorstellungen in dem Begriffe eines Objekts bestimmen, und wie fern sie in einer Erfahrung beisammen stehen können oder nicht.«[17]

Die Entscheidung über den Gegenstandsbezug einer Erscheinung kann also nicht von den Sinnen geleistet werden, sondern ist Aufgabe des Verstandes, der die sinnlichen Daten unter seine reinen Begriffe und Regeln bringt und so aus der bloß subjektiven Vorstellung objektive Erfahrung macht. Dazu taugen aber nicht alle Vorstellungen. Diese müssen, um unter den Begriff eines Objekts bzw. einer »Begebenheit« zu fallen, in eine notwendige Folge in der Zeitreihe gebracht werden können, oder allgemeiner: Die reinen Verstandesbegriffe a priori müssen auf sie Anwendung finden können, hier die Kategorie der Kausalität. In der *Kritik der reinen Vernunft* heißt es:

»Soll also meine Wahrnehmung die Erkenntnis einer Begebenheit enthalten, da nämlich etwas wirklich geschieht: so muß sie ein empirisches Urteil sein, in welchem man sich denkt, daß die Folge bestimmt sei, d.i. daß sie eine andere Erscheinung der Zeit nach voraussetze, worauf sie notwendig, oder nach einer Regel folgt. Widrigenfalls, wenn ich das Vorhergehende setze, und die Begebenheit folgte nicht darauf notwendig, so würde ich sie nur für ein subjektives Spiel meiner Einbildungen halten müssen, und stellete ich mir darunter doch etwas Objektives vor, sie einen bloßen Traum nennen.«[18]

In diesem Sinn nennt Kant auch in seiner *Anthropologie* das Fehlen kausaler Verknüpfungen, die Diskontinuität, als Merkmal, das den Traum von der objektiven Erfahrung unterscheidet.

»Würde es nicht beim Erwachen viele Lücken (aus Unaufmerksamkeit übergangene verknüpfende Zwischenvorstellungen) in unserer Erinnerung geben; würden wir die folgende Nacht da wieder zu träumen anfangen, wo wir es in der vorigen gelassen haben: so weiß ich nicht, ob wir nicht uns in zwei verschiedenen Welten zu leben wähnen würden.«[19]

Im Begriff der objektiven Erfahrung liegt, was diese von der Wahrnehmung trennt: Allgemeinheit. Was Erfahrung heißen soll, darf nicht nur für mich allein, sondern muß für alle anderen Subjekte ebenfalls Geltung haben. Die transzendental begründete Objektivität der Erfahrungsurteile setzt aber die Gesundheit des Verstandes bzw. überhaupt des gesamten Erkenntnisapparats voraus, die das Subjekt nicht von vornherein bei sich unterstellen darf. Da sich diese Gesundheit über die Teilhabe am »Gemeinsinn«, am sensus communis, definiert, ergibt sich faktisch das Erfordernis des intersubjektiven Vergleichs der Sinneseindrücke bzw. ihrer Beurteilung durch den Verstand. Nur die in Übereinstimmung mit allen anderen erfahrene Welt darf als wirklich gelten. In den *Träumen eines Geistersehers* von 1766 ebenso wie in der Jahrzehnte später entstandenen *Anthropologie* stützt sich Kant auf ein angebliches Aristoteles-Zitat: »Wenn wir wachen, so haben wir eine gemeinschaftliche Welt, träumen wir aber, so hat jeder seine eigene.« Kant dreht den Satz um: »Wenn von verschiedenen Menschen ein jeglicher seine eigene Welt hat, so ist zu vermuten, daß sie träumen«.[20] Schlimmer noch: Wer aus der intersubjektiv ausgehandelten Welt ausschert, indem er auf der Objektivität, dem Realitätsbezug von subjektiven Wahrnehmungen insistiert, die von den anderen nicht bestätigt werden, muß verrückt sein.

»Das einzige allgemeine Merkmal der Verrücktheit ist der Verlust des Gemeinsinnes (sensus communis), und der dagegen eintretende logische Eigensinn (sensus privatus), z.B. ein Mensch sieht am hellen Tage auf seinem Tisch ein brennendes Licht, was doch ein anderer Dabeistehende nicht sieht, oder hört eine Stimme, die kein anderer hört. Denn es ist ein subjektivnotwendiger Probierstein der Richtigkeit unserer Urteile überhaupt und also auch der Gesundheit unseres Verstandes: daß wir diesen auch an den Verstand anderer halten, nicht aber uns mit dem unsrigen isolieren, und mit unserer Privatvorstellung doch gleichsam öffentlich urteilen.«[21]

Mit Hilfe solcher Unterscheidungen und Kriterien findet eine radikale Verengung der Bestimmung von Realität statt. Was den Sinnen erscheint, gilt der neuzeitlichen Philosophie zunächst einmal als unzuverlässig und verdächtig, und in dieser Skepsis ist das erkenntnistheoretische Pendant zum bürgerlichen Mißtrauen gegen die Sinnlichkeit als Triebhaftigkeit zu sehen. Aufs genaueste müssen die Wahrnehmungen beurteilt, geordnet und verglichen werden. Realitätsbezug wird ihnen nur dann zugestanden, als innere Bilder äußerer Objekte dürfen sie nur dann angesehen werden, wenn sie sich in den kontinuierlichen gesetzmäßigen Zusammenhang der Erfahrungswelt fügen und intersubjektiv bestätigt werden können. Mit Peter Berger und Thomas Luckmann zu reden, wird hier eine besondere »Wirklichkeitssphäre« scharf eingegrenzt und in den Rang der alleinigen Wirklichkeit erhoben; die verschwommenen Ränder zu anderen Wirklichkeitssphären, die man nun nicht mehr als solche anerkennt, werden begradigt. Träume, Ahnungen,

Visionen, Anfechtungen, Geistererscheinungen, kurz Phänomene, die bloß subjektiv sind, werden nicht lediglich als qualitativ andersartig vom Bereich des intersubjektiv Erfahrbaren geschieden, sondern verlieren schlechthin jede kognitive Dignität. Denn unter der Herrschaft des immanenten, ›entzauberten‹ Naturbegriffs können sie nicht mehr, wie es in voraufklärerischen Weltbildern noch weitgehend möglich war, als Manifestationen einer zweiten, metaphysischen Realität bzw. als Formen ihrer normalerweise unzugänglichen Erkenntnis gedeutet werden. Anders gewendet: Innere Phänomene können vom Subjekt nicht mehr in ein wie auch immer gefaßtes Außen projiziert, sondern müssen als eigene Hervorbringungen anerkannt werden.

Verantwortlich für sie ist die Phantasie oder die Einbildungskraft, genauer die produktive Einbildungskraft, die infolgedessen unter Kuratel gestellt werden muß. Denn die Einbildungskraft beschränkt sich keineswegs auf ihre erkenntnistheoretisch notwendige Funktion, das gegebene sinnliche Material zu Wahrnehmungen zu synthetisieren, sondern ist auch darüber hinaus aktiv. »Die Seele eines jeden Menschen«, schreibt Kant,

»ist, selbst in dem gesundesten Zustande geschäftig, allerlei Bilder von Dingen, die nicht gegenwärtig sein, zu malen, oder auch an der Vorstellung gegenwärtiger Dinge einige unvollkommene Ähnlichkeit zu vollenden, durch einen oder andern chimärischen Zug, den die schöpferische Dichtungsfähigkeit mit in die Empfindung einzeichnet.«[22]

Dieser Vorgang, der auch der Entstehung des Traums zugrunde liegt, ist zwar ›normal‹, bildet allerdings die potentielle Basis von Irrtum und »Krankheiten des Kopfes«. Unter die Kategorie der »Verrückung« fällt, wer das eigene »Hirngespenst« für eine »wirkliche Erfahrung« hält, »Phantasterei« liegt vor, wenn man das, was man den sinnlichen Eindrücken eines Objekts hinzugedichtet hat, nicht mehr von diesen unterscheiden kann.[23] Krankhaft ist es auch, die Produkte seiner Phantasie als Manifestationen des Himmels oder einer Geisterwelt zu beurteilen. Der »Fanatiker«, der »Visionär«, der »Schwärmer«, der »Geisterseher«: lauter Verrückte, »Kandidaten des Hospitals«.[24] Der gesamte traditionelle ›Aberglaube‹ wird pathologisiert; aus einem kulturellen Weltdeutungsmuster hat die Aufklärung eine Geisteskrankheit gemacht.[25] Die Pathologie wird zum Instrument der institutionellen Absicherung des neuen Realitätsbegriffs.

Nach dem bisher Gesagten könnte es scheinen, als sei es für Kant hinreichend, die produktive Einbildungskraft unter die mißtrauische und strenge Observation durch den (gesunden) Verstand zu stellen, um Täuschungen zu vermeiden. Aufgrund der Hypertrophie, ›Überproduktion‹ und Eindrucksstärke, ja sinnlichen Evidenz der Phantasie aber scheitern oft alle Bemühungen des Verstandes, seine legitime Herrschaft im Subjekt zu behaupten. Kant geht denn auch dazu über, die Phantasie selbst, sobald sie über das Normalmaß hinausgeht, zu pathologisieren oder mit körperlicher Krankheit in Verbindung zu bringen.[26] Die Aktivität der Phantasie muß daher nicht nur richtig beurteilt, sondern schon in sich reguliert und gemäßigt werden. Damit muß schon im Kindesalter begonnen werden. Über die Einbildungskraft der Kinder sagt Kant, sie müsse keineswegs »extendiert«, sondern »vielmehr gezügelt und unter Regeln gebracht werden«.[27]

Die mißtrauische Haltung gegenüber der Phantasie teilt Kant mit seinen aufgeklärten Zeitgenossen. Da sich die Forschung verschiedentlich mit ihr befaßt hat, mögen hier einige pauschale Hinweise genügen.[28] Unverzichtbar erscheint die Einbildungskraft während der Aufklärung primär in zwei Eigenschaften: Zum einen steht sie als Kraft der bildlichen Reproduktion in der Nähe von Erinnerung und Gedächtnis. Christian Wolff etwa definiert: »Die Vorstellung solcher Dinge, die nicht zugegen sind, pfleget man Einbildung zu nennen. Und die Kraft der Seele, dergleichen Vorstellungen hervorzubringen, nennet man die Einbildungskraft.«[29] Zum anderen ist sie notwendig als Vermögen der Wahrnehmungssynthese, als, wie Zedlers Universallexikon schreibt, »die Krafft der Seelen, die Bilder derer äuserlichen und in die Sinne fallenden Sachen anzunehmen, selbige zusammmen zu setzen, und von einander abzusondern«.[30] Schon in diesen Funktionen aber bietet die Einbildungskraft Anlaß zum Verdacht gegen ihre Zuverlässigkeit, da sie dazu neigt, Hausgemachtes in das Reproduzierte und Synthetisierte einzumischen und dieses so zu verfälschen. Bedenklich also erscheint sie, wo sie in diesem Sinn produktive Tätigkeit ist, und besonders, wo sie nur dies und damit schimärisch, bloßer, erkenntnisloser Trug ist: im Phantasieren, im Traum.[31]

Diese mißtrauische Einstellung zeigt sich in der Poetik nicht weniger als in der Erkenntnistheorie. Wie für diese gilt für die rationalistische Dichtungstheorie der Frühaufklärung, daß das Wirken der Phantasie immer der strengen Kontrolle durch den Verstand zu unterstellen und im wesentlichen nur als reproduktives unbedenklich ist. Wenn Gottsched unter den Eigenschaften, deren ein Dichter bedarf, auch die Einbildungskraft nennt, so kommt diese lediglich als eine Hilfskraft des Verstandes in Betracht, der allein den Rahmen der Dichtung steckt. Als eigentlich schöpferische Kraft ist die Phantasie nicht gefragt.[32] Wo sie aus Dienst und Aufsicht des Verstandes entläuft, ist sie nur noch aberwitzig und trügerisch wie etwa bei jenen »ungeschickte[n]« Künstlern, die keinen Anstand nehmen, »sich etwas ohne Beobachtung eines zureichenden Grundes einzubilden«, und infolgedessen »lauter Misgeburten zur Welt [bringen], die man Träume der Wachenden nennen könnte«.[33]

Mit Gottscheds Gegenspielern Bodmer und Breitinger, die in diesem Punkt an Joseph Addisons *The Pleasures of the Imagination* (1712) anknüpfen, beginnt dann im deutschen Sprachraum die allmähliche poetologische Aufwertung der Phantasie auch als produktives Vermögen.[34] Nur in den seltensten Fällen aber ist dieser Vorgang gleichbedeutend mit einer Emanzipation der Phantasie von der Lenkung durch den Verstand. Ihr wird, um nur einige zu nennen, weder bei den Schweizern selbst, noch bei deren Schüler Sulzer, weder bei Wieland, noch bei Herder das Wort geredet. Letzterer schreibt 1778:

> »Man nennet das Wort *Einbildungskraft* und pflegts dem Dichter als sein Erbtheil zu geben; sehr böse aber, wenn die *Einbildung* ohne Bewußtseyn und Verstand ist, der Dichter ist nur ein rasender Träumer.«[35]

Auch Goethe hat seiner Skepsis gegen die Einbildungskraft, diese »gefährliche Eigenschaft unsers Geistes«,[36] wiederholt Ausdruck gegeben. Und noch dort, wo die Phantasie ihre vielleicht höchste Wertschätzung als poetische Grundkraft erfahren hat, wird immer wieder auf die von ihr ausgehenden Gefahren verwiesen: in der Romantik, die hier durchaus in der Kontinuität der aufklärerischen Phantasiekritik steht.[37] Bezeichnend für diese Ambivalenz ist ein Sachverhalt, den Vietta nicht ganz glücklich als das Reflexivwerden des Phantasiebegriffs faßt:[38] Von Wielands *Don Sylvio* über Tiecks *William Lovell* und Wackenroders *Herzensergießungen* bis zu den Erzählungen und Märchen E. T. A. Hoffmanns nämlich findet die Kritik der Phantasie jetzt vielfach auf deren eigenem Terrain statt: in der Literatur.[39] Inhaltlich veranschaulicht die als poetisches Prinzip begriffene Phantasie ihre eigenen potentiellen Abwege, stellt damit zugleich – positiv und negativ – ein Muster ihres legitimen Gebrauchs auf und trägt so dazu bei, die Phantasie des Lesers, an die sie sich nicht zuletzt wendet, zu berichtigen. Es liegt aber auf der Hand, daß diese Konzeption von Phantasie die Kontrolle durch den Verstand sozusagen schon verinnerlicht hat.

Ebenso problematisch erscheint die produktive Phantasie in dem dritten diskursiven Bereich, der sich schwerpunktmäßig mit ihr befaßt: in dem der anthropologischen Wissenschaften. Das Vermögen des Geistes, unwillkürlich Vorstellungen zu produzieren, die nicht ›real‹ gegründet sind, gilt hier immer wieder als Quelle schlimmer und schlimmster Wirkungen. Diese können beispielsweise eintreten, wenn die Phantasietätigkeit unter den Einfluß von Leidenschaften und Affekten gerät, nicht zuletzt der Furcht, worauf schon wiederholt hingewiesen worden ist. Leidenschaften und Affekte, deren Übermaß schon für sich genommen gefährlich und verwerflich ist, erhitzen und erregen die Imagination einerseits und drosseln andererseits das Urteilsvermögen. Umgekehrt werden sie selbst wieder von der überreizten Phantasie gesteigert, und so dreht sich der Teufelskreis bis zum bitteren Ende, bis zur Verrücktheit oder gar zum Tod.[40]

Eine ähnliche Relation geht die Phantasie mit der Melancholie ein. Auch diese zerrüttet den Geist, erhitzt und verdirbt die Phantasie, und zwar bis zu einem Grad, der die Unterscheidung des Imaginierten vom Realen aufs äußerste erschwert. »Allen melancholischen Krankheiten gemeinsam ist die Verrückung der Korrespondenz zwischen den Objekten und dem Subjekt der Wahrnehmung [. . .] infolge bestimmter Fixierungen«, schreibt Hans-Jürgen Schings mit Bezug auf das »klassische« Melancholie-Werk des Anne-Charles Lorry.[41] Daß die »melancholische Phantasie« (Schings) schwarz in schwarz malt, muß kaum eigens hervorgehoben werden; bei Johann Karl Wezel liest man:

»Die schrecklichen Einbildungen mehren sich alsdann, die Gestalten im Gehirne werden so täuschend, daß sie vor den Augen zu stehen scheinen, das Gedächtniß zerrüttet sich und vermischt sich [. . .] mit der Imagination [. . .] die Gespenster seiner Fantasie quälen [den Unglücklichen], bis endlich die Organe seines Denkens ermatten, die Schlafsucht das Bewußtseyn vertilgt, und der Tod ihn von der Last des Lebens befreyt.«[42]

Dem bilderproduzierenden Vermögen wohnt aber schon unabhängig von dergleichen düsteren Koalitionen mit Leidenschaften und Melancholie, unabhängig auch davon, daß es selbst krankhaft sein kann, eine pathogene Potenz inne. Nicht nur kann die Lebhaftigkeit der phantastischen Einbildungen dazu verleiten, diese mit Wirklichem zu verwechseln, und in der Folge zu Aberglauben und Verrücktheit führen, sie wirkt auch lebensverkürzend. Durch »feurige Imagination«, weiß Hufeland, »exaltiert« man zwar sein Lebensgefühl, beschleunigt aber zugleich »das intensive Leben und die Lebensaufreibung, und hindert die Restauration«. Die diätetische Empfehlung geht infolgedessen dahin, die Phantasie »nie zu sehr die Oberherrschaft gewinnen, und nie einen fortdauernd exaltierten Zustand bewirken« zu lassen.[43]

Darüber hinaus kann die Phantasie nahezu jede Krankheit evozieren – Indiz ihrer fürchterlichen Wirkungsmacht. Seit der einflußreichen Bestimmung der Imagination im 2. Buch der *Recherche de la vérité* des Nicole Malebranche (1674), der hier offenbar auf Beobachtungen des von ihm gleichwohl übel traktierten Montaigne fußt, kursiert die Theorie einer ansteckenden Einbildungskraft (»communication contagieuse des imaginations fortes«). Diese kann durch Sympathie, Mitleiden im buchstäblichen Sinn, wirken: Schon der bloße Anblick des Leidens anderer kann zu dessen Reproduktion durch die Einbildungskraft führen, wie Malebranche durch Beispiele illustriert.[44] Denselben Effekt kann das Lesen medizinischer Bücher haben – verbreitete Ursache der Hypochondrie –,[45] ganz allgemein also jede Vorstellung von Krankheiten. Hufeland berichtet, er habe »eine Dame gesehen, die man nur mit einiger Aufmerksamkeit nach einem örtlichen Zufall [Kopfschmerz, Krämpfe etc.] zu fragen brauchte, um ihn auch sogleich zu erregen«;[46] derartige Berichte sind verbreitet. Es ist daher nicht weiter erstaunlich – wenn auch fatal–, daß man sich durch pure Einbildung vom Leben zum Tode bringen kann. Besonders anfällig für diese Todesart sind naturgemäß die Furchtsamen, deren Phantasie sowieso schon zur Übertreibung neigt – ein weiterer Grund, die Furcht als höchst bedenklichen Affekt zu beargwöhnen. Justus Christian Hennings schreibt:

»Wenn ein Mensch, der der allzugrossen Macht der Imagination unterworfen und ein Sklav derselben ist, sich einen unangenehmen Gegenstand mit allzuhäßlichen Farben gedenket, wenn er mit seiner überall umschauenden und unfixirten Phantasie die Folgen lebhaft durchdenkt, die ihn unausstehlich martern und foltern würden, woferne das Objekt durch Einwirkung ihm gegenwärtig wäre, auch sich die Furcht gegen solche Folgen bis zum höchsten Grade erhebet; so kann endlich eine so lebhafte Vorstellung in ihm von dieser eingebildeten schädlichen Einwirkung erfolgen, daß er glaubt den Schmerzen zu fühlen, der der wirklichen Ereignung einer solchen schädlichen Einwirkung eigen ist. [. . .] Ist es endlich gar ein Mensch, der die Furchtsamkeit theils wegen seines Temperaments, theils wegen seiner gehabten Erziehung, in ausgezeichnetem Maße besitzt, so ist es gar nicht zu verwundern, wenn ihn seine furchtsame Vorstellung gar zu Tode martert und entseelet. [. . .] Sonach ist es zweifelsfrey, daß eine lebhafte Furcht, ein heftiger Abscheu gegen ein Uebel, wenn wir es auch nicht besitzen, dennoch uns dasselbe eben so schlimm darstellen könne, wie es ist, und folglich nicht allein den Gedanken in uns zu erregen fähig sey, daß wir das Schädliche besitzen, sondern auch ähnliche Folgen, als ob wir es besäßen, daher entstehen können.«[47]

Selten hat eine ganze Epoche ein so schlechtes Verhältnis zur Tätigkeit der Phantasie gehabt wie die Aufklärung. In allen Diskursen über sie wird die Phantasie als ein Vermögen verdächtigt, das über ihre eng eingegrenzten notwendigen Leistungen hinaus zur Hypertrophie tendiert, zur ständigen Verfertigung unwahrer Träume, falscher Einbildungen, schimärischer Gestalten, die illegitimerweise im Kopf, dem Sitz der Vernunft, des Garanten der Wahrheit, ihr Wesen treiben und Verwirrung stiften. Und diese Hervorbringungen besitzen eine wahrhaft furchterregende Macht. Nicht nur haben sie eine solche Bildkraft und Lebendigkeit, daß man sie leicht mit ›wahren‹, objektiv fundierten Vorstellungen verwechseln kann, auch ihre physische und psychische Wirkung gleicht der von Realem. Die Phantasie wird hier sozusagen als das jedem Menschen innewohnende Vermögen der Verrücktheit und der Selbstzerstörung gesehen. Aufgrund ihres Wirkens oder doch unter ihrer Mitwirkung entsteht eine Vielfalt von Abweichungen von der Vernunft und der Tugend, vom common sense und der Normalität: Aberglaube, Schwärmerei, Geisterseherei, Verirrungen der Leidenschaft – Phänomene, von denen sich abzugrenzen und die zu bekämpfen geradezu konstitutiv ist für Aufklärung. Die Phantasie erscheint als Widerpart der Vernunft und Gefahr für die vernünftige Lebensordnung. -

In ihren hellen Bildern den Vor-Schein eines Anderen, einer besseren Welt zu sehen, ist die Aufklärung im allgemeinen nicht geneigt. Wenn beispielsweise Campe den Lesehunger seiner Zeit verurteilt und besonders solche Schriften anklagt, die »Unzufriedenheit über Welt, Menschen und Vorsehung« einflößen, indem sie »die Phantasie zu schwärmerischen Luftreisen in das Reich der Träume und Schimären [. . .] beflügeln«, dann wird deutlich, daß das Phantasieren nicht unter einen Begriff des Utopischen, sondern unter den der Täuschung und der Unwahrheit fällt. Dahinter steht nicht zuletzt die Sorge um den reibungslosen und effizienten Gang des bürgerlichen Geschäftslebens, denn derartige phantastische »Luftreisen« machen »die Menschen sowol zu den Geschäften, als auch zum Genuß des Lebens immer unfähiger«.[48] Wo das Utopische als zulässig oder berechtigt erscheint, hat es nicht Traum-, sondern Entwurfcharakter anzunehmen. Das zuständige Vermögen ist die Vernunft, nicht die Phantasie.

Die Konsequenz aus diesem tiefen Argwohn gegen die Phantasie liegt nahe; es ist dieselbe wie bei Kant: Die Phantasie muß ständiger Kontrolle und gründlicher Bearbeitung unterzogen werden, deren Modus sich allerdings parallel zur poetologischen Aufwertung der Phantasie wandelt. Die Frühaufklärung neigt dazu, die als schädlich angesehenen Aktivitäten der Einbildungskraft zum mindesten zu beschränken, wenn nicht zu eliminieren. Zedlers Lexikon etwa fordert, wir müßten

»die Imagination auf gewisse Art zu verbessern, und ihr Einhalt zu thun, uns bemühen. Es kommt solches darauf an, daß wir die bloß sinnlichen, ingleichen die bloß ingenieusen Einbildungen nach und nach abschaffen.«[49]

Späteren Autoren, deren Skepsis gegen die Phantasie kaum weniger ausgeprägt ist, erscheint das weder besonders aussichtsreich noch überhaupt wünschenswert. Die Tendenz geht nun, grob gesagt, nicht mehr dahin, das verdächtige Vermögen zu beseitigen, sondern es zu manipulieren, wie bei den Philanthropisten, auf deren Versuch, steuernd in den

Mechanismus der Assoziationen einzugreifen, bereits hingewiesen wurde,[50] oder es zu bilden, wie z.B. bei Goethe oder später noch bei Tieck. Anläßlich eines Besuchs des vom Freiherrn von Spiegel angelegten Zwergengartens bei Halberstadt im Jahre 1805 reflektiert Goethe, der diesem Genre bekanntlich wenig Sympathien entgegenbrachte, grundsätzlich über die Einbildungskraft, deren Austreibung nach frühaufklärerischem Muster er ablehnt:

»Da fiel es denn recht auf, wie nötig es sei, in der Erziehung die Einbildungskraft nicht zu beseitigen, sondern zu regeln, ihr durch zeitig vorgeführte edle Bilder Lust am Schönen, Bedürfnis des Vortrefflichen zu geben. Was hilft es, die Sinnlichkeit zu zähmen, den Verstand zu bilden, der Vernunft ihre Herrschaft zu sichern: die Einbildungskraft lauert als der mächtigste Feind, sie hat von Natur einen unwiderstehlichen Trieb zum Absurden, der selbst in gebildeten Menschen mächtig wirkt und gegen alle Kultur die angestammte Roheit fratzenliebender Wilden mitten in der anständigsten Welt wieder zum Vorschein bringt.«[51]

In diesem Text wird ausgesprochen, was jedem Gedanken einer Bearbeitung der Phantasie zugrunde liegt: die auch unter Aufklärern verbreitete Erkenntnis, daß die Phantasie trotz aller Kultur, trotz Bildung des Verstandes und Herrschaft der Vernunft in ungebrochener Produktivität fortbesteht und weiterhin Absurditäten hervorbringt, daß sie als ein (vermeintliches) Reservat roher Natur dem Verstand und der Vernunft Paroli bietet, die hier an die Grenzen ihrer Macht stoßen, und daß ihr daher nur mit anderen Mitteln beizukommen ist – wenn überhaupt.

Diese Erkenntnis bietet den Ansatzpunkt zur Lösung einer Frage, die sich förmlich aufdrängen muß, der Frage nämlich, aus welcher Erfahrungsbasis die skizzierte aufklärerische Haltung zur Phantasie erwächst. Denn ist die Ansehensminderung der Phantasie im Zusammenhang der Ausprägung der aufklärerischen Konzeptionen von Erkenntnis prinzipiell noch einigermaßen begreiflich, so ist doch ihre extreme Verdächtigung und geradezu Perhorreszierung genau besehen höchst befremdlich und läßt sich allein aus geistesgeschichtlichen Gründen nicht verständlich machen.

Zunächst wird man hier die schon skizzierte perspektivische Verschiebung in Anschlag bringen müssen, die sich aus dem aufklärerischen Realitätsbegriff ergibt. Mit diesem kommt es zu einer Welle der Vertreibung von Phänomenen aus der Wirklichkeit und zu ihrer Ansiedelung im Subjekt selbst. Und obwohl natürlich auch anderen Regionen des Subjekts bei der Entstehung dieser Phänomene eine Rolle zugewiesen werden kann, der Wahrnehmung, dem Körper und seinen »Säften« usw., scheint den Zeitgenossen doch in allererster Linie die Phantasie verantwortlich, immer jedenfalls in der einen oder anderen Weise im Spiel zu sein. Um es einmal ungebührlich zu vergröbern: Was nicht mehr unter den Begriff der Realität fallen kann, fällt unter den der Phantasie. Man könnte einwenden, diese Zuschreibung sei nichts grundsätzlich Neues, schließlich sei die Bedeutung der Einbildungskraft für die Entstehung von Irrtümern und Täuschungen, von Krankheitseinbildung, sympathetischer Ansteckung und ähnlichem keine Entdeckung der Aufklärung, sondern schon lange vorher diskutiert worden. Erst mit der Aufklärung und ihrer Realitätsbestimmung aber vermehren sich die Phänomene, die der Phantasie angelastet werden, in dramatischer Weise, insbesondere dadurch, daß ein ganzer, bis dahin kulturell anerkannter Wirklichkeitsbereich quasi entwirklicht wird und fortan als purer Aberglaube gilt. Die Enge des neuen Realitätsbegriffs bedingt die Vielzahl und Vielfalt der Phänomene, die irreal und phantastisch sind und auch sonst keine Dignität haben. Dieser quantitative Aspekt aber hat Folgen für die Einschätzung der Phantasie überhaupt, ihrer Reichweite, ihrer Produktivität, ihrer Macht und Gefährlichkeit. Das Mißtrauen und Befremden gegenüber der Phantasie liegt so in der Konsequenz der aufklärerischen Realitätsbestimmung. Ja, durch ihre Neudeutung der Welt ist es eigentlich die Aufklärung selbst, die die Macht der Phantasie erst produziert.

3. Zu einem Typus aufklärerischer Selbsterfahrung: Die Grenzen der Vernunft in der Phantasie

Wirklich erschreckend wird die Phantasie allerdings erst durch einen weiteren Umstand. Mit ihrer Uminterpretation nämlich verschwinden die entwirklichten Phänomene noch lange nicht aus der subjektiven Vorstellung oder der Wahrnehmung. Im Kampf der Aufklärung gegen den Aberglauben gibt es keine klare Demarkation: Es ist keineswegs so, daß der erkenntnistheoretisch, medizinisch und psychologisch versierte Aufklärer distanziert und ironisch den Scharen der Geisterseher, Visionäre und Besessenen als ihm ganz fremden Objekten gegenüberstünde und sie als Phantasten, Abergläubische, Schwärmer oder Irre abqualifizierte; die Front der Aufklärung gegen den Aberglauben verläuft vielmehr immer auch quer durch die eigene Person.

Selten wird an ihr ein so spektakulärer Sieg errungen wie im Fall der Besessenheit durch Geister, Dämonen oder Teufel, die seit der Aufklärung tatsächlich langsam verschwindet. In der ersten Hälfte des 19. Jahrhunderts werden – etwa von Justinus Kerner – die letzten, bezeichnenderweise in traditionalistischen ländlichen Gegenden vorkommenden Fälle untersucht und aufgezeichnet. Es ist zwar zu vermuten, daß das aus heutiger Sicht ›pathologische‹ Substrat der Besessenheit sich nicht in Luft auflöst, sondern in andere Krankheitsmanifestationen eingeht; ein schöner Beleg aber ist das Verschwinden der Besessenheit jedenfalls für die Wirksamkeit des aufklärerischen Umbaus kultureller Deutungsmuster, die auch die Selbstinterpretation des ›Kranken‹ prägen und weitgehend festlegen, ob sich dieser als ›besessen‹ verstehen kann oder nicht. »Auch der unverkennbarste Geisteskranke«, schreibt Henry F. Ellenberger, ›Geisteskrankheit‹ hier freilich unzulässig hypostasierend, »wird gezwungen, die Rolle seiner Krankheit in Übereinstimmung mit einem Verhaltensmuster zu spielen, das Traditionen und Anschauungen seiner Umwelt geformt haben.«[52] Doch der Fall der Besessenheit ist ein Einzelfall. In der Regel nämlich bleibt das abergläubische Syndrom bzw. sein Vorstellungs- und Wahrnehmungssubstrat selbst bei den ganz und gar Aufgeklärten nahezu ungebrochen, nur eben als phantastisches Produkt gedeutet, bestehen. »Die hellste Zeit« sei nicht vor dem Aberglauben sicher, bemerkt der späte Goethe und hat dabei zweifellos an die Aufklärungsepoche gedacht.[53]

Verwirrend ist für die Zeitgenossen schon, daß ausgerechnet im Zeitalter des Lichts der Obskurantismus neue Blüten treibt. Das jedenfalls glaubt Friedrich Nicolai, der eine beeindruckende Liste geistiger Verirrungen präsentiert:

»Vor wenigen Jahren konnte Gaßner noch mit den unsinnigsten Gaukeleyen viele Tausende von Menschen zusammen ziehen. Dem Segen des Papstes liefen eben so viel Tausende in Wien nach. Der Urinprophet Schuppach zog von allen Enden von Europa leichtgläubige Menschen zusammen. Mesmer machte in Wien mit Magnetenkuren die größten Charlatanerien, geht von da nach Paris, macht noch grössere Charlatanerien mit einem Magnetismus, der nicht einmal magnetisch ist [. . .] Saint Germain ward für einen Gott ausgegeben, und erregte die Aufmerksamkeit vieler Fürsten und anderer gar nicht geistlosen Köpfe. Cagliostro wuste mit offenbaren Gaukeleyen in ganz Europa, und auch bey Lavatern sich den Anstrich eines ausserordentlichen Mannes zu geben, und setzte Männer von der größten Bedeutung in Bewegung. Ziehens unsinnige Prophezeyhungen erregen, was auch die Vernunft und Lichtenberg sagen mag, noch immer die größten Besorgnisse bey vielen Tausenden [. . .] Die Anhänger von Swedenborgs tollen Schwärmereyen vermehren sich täglich, Geisterbanner und Geisterseher sind an sehr vielen Orten im größten Ansehen [. . .]«[54]

Das ist arg, aber schließlich könnte man sich damit beruhigen, daß es sich bei den Parteigängern solcher Irrlehren eben um ›die anderen‹

handelt, um noch Unaufgeklärte, Betrogene, Verwirrte. Beunruhigendere Dimensionen enthüllt der Sachverhalt, wenn Nicolai die »gar nicht geistlosen Köpfe« oder gar »Männer von der größten Bedeutung« ins Spiel bringt. Das nämlich verweist auf eine Selbsterfahrung der Aufklärer, der Wieland, des Sympathisantentums mit Irrationalismen unverdächtig, vorsichtigen Ausdruck gibt, indem er bemerkt,

»daß man von dem größern Theile derjenigen, welchen dermahlen die Benennung von *Personen von Erziehung* zukommt, sagen könne: daß sie, ungeachtet des Unglaubens, den sie allen Erzählungen von Geistererscheinungen, welche bey Gelegenheit in einer Gesellschaft zirkulieren, entgegen setzen, *im Herzen* doch sehr geneigt sind, die Partey der Geister gegen einen jeden zu halten, der ihnen entweder das Daseyn selbst, oder wenigstens alle Gemeinschaft mit uns irdischen Menschen absprechen wollte.«[55]

Die Menschheit also zerfällt nicht einfach in Vernünftige und Unvernünftige, sondern Vernunft und Aufklärung gelangen im Innern auch des aufgeklärten Individuums an die Grenzen ihres Herrschaftsgebiets. Sie haben ihr Äußerstes getan, indem sie geklärt haben, wo die objektive Wirklichkeit aufhört und die Einbildung beginnt; alle Ausbildung des Verstandes und alle Kontrolle der Phantasie aber haben weder deren »Trieb zum Absurden« (Goethe) beeinträchtigt, noch die subjektive Existenz der Einbildungen ausgelöscht. Aufgrund des Wirkens der Aufklärung hat sich so im Innern des vernünftigen Subjekts ein ausgedehnter Bereich der Widervernunft konturiert, in dem der irrationale Glaube an eine zweite Wirklichkeit und überhaupt an das, was die Vernunft für nichtig erklärt hat, fortlebt und Phantasmen produziert werden. Ohne diese biographisch vielfach nachweisbare Erfahrung scheint mir das in den Diskursen begegnende tiefe Mißtrauen gegen die Phantasie nicht verständlich. Erschreckend ist diese Erfahrung nicht nur wegen der unheimlichen Inhalte der Einbildungen oder deren verwirrender Stärke und Aufdringlichkeit, sondern auch weil sie die Identität des vernünftigen Subjekts brüchig werden läßt: Das Individuum, das sich als Vernunftwesen begreift, reagiert mit Bestürzung und Beunruhigung über sich selbst auf die Erkenntnis der Grenzen der Vernunft und ihrer Macht im Dunkel der Seele.[56] Diese Erfahrung soll nun an einigen Beispielen erläutert werden.

Repräsentativ ausgedrückt findet sich der innere Zwiespalt zahlreicher Aufklärer in einem Ausspruch der Madame du Deffand, einer Freundin Voltaires. Befragt, ob sie an Gespenster glaube, gibt sie zur Antwort: »Je n'y crois pas, mais j'en ai peur.«[57] Nahezu dieselbe Wendung gebraucht Lichtenberg in einem Aphorismus: »Er glaubte nicht allein keine Gespenster, sondern er fürchtete sich nicht einmal davor.«[58] In diesen Formulierungen nur das von der Lust am Paradox lebende Bonmot zu sehen, würde dem zugrunde liegenden Erfahrungsgehalt nicht gerecht, der häufig auch anderweitig, weniger amüsiert und weniger amüsant, ausgedrückt wird.[59] Daß rational nicht begründbare Ängste, »Anfechtungen der Einbildungskraft«, besonders leicht unter bestimmten äußeren Bedingungen das Individuum überfallen, im Dunkeln, in tiefer Stille, in der Einsamkeit, ist bereits im Zusammenhang mit dem Erhabenen ausführlich erörtert worden. »Selbst ernste und aufgeklärte Menschen« wandle, so Heydenreich, an traditionell unheimlichen »Orten ein Grauen an, und sie fühlen ihre Phantasie im hohen Grade thätig.«[60]

Zu den markantesten Erscheinungsformen des ›aufgeklärten Aberglaubens‹ gehört das Fortleben der uralten Praxis des Orakelstellens. Rationale Einwände gegen die Weissagungen, die Zeichendeuterei und ihre Möglichkeit werden seit Montaigne, Bacon, Hobbes und Fontenelle in zahllosen Schriften vorgetragen,[61] prägen aber selbst bei ihren Befürwortern offenbar nur den Verstand, der in ständigem Zwist mit anderen, nicht rationalisierbaren Persönlichkeitsschichten liegt. Stärker als das vernünftige Argument erweist sich allemal die in Wechselwirkung mit der Phantasie stehende Furcht vor der Zukunft, die dazu treibt, diese irgendwie erforschen zu wollen, auch wenn der Verstand noch so sehr weiß, daß das unmöglich ist. Lichtenbergs Selbstbeobachtungen bieten reichliches Anschauungsmaterial für dieses Phänomen.

»Einer der merkwürdigsten Züge in meinem Charakter ist gewiß der seltsame Aberglaube, womit ich aus jeder Sache eine Vorbedeutung ziehe und in einem Tage hundert Dinge zum Orakel mache. Ich brauche es hier nicht zu beschreiben indem ich mich hier nur allzu wohl verstehe. Jedes Kriechen eines Insekts dient mir zu Antworten über Fragen über mein Schicksal.«[62]

Andernorts beschreibt Lichtenberg solche Praktiken dann doch, am ausführlichsten die Beobachtung des Krähenflugs, und bemerkt: »ich habe immer gegen den Aberglauben gepredigt und bin für mich immer der ärgste Zeichendeuter.«[63] Auch in einem Antwortbrief an Kant kommt Lichtenberg auf seinen »kleinen häußlichen Aberglauben« zu sprechen, da Kants Schreiben – bedeutungsvolle Koinzidenz – das Datum seines, Lichtenbergs, Geburtstages getragen hat.

»Sie würden gewiß lächeln, wenn ich Ihnen alle die Spiele darstellen könte, die meine Phantasie mit diesem Ereignisse trieb. Daß ich Alles dabey zu meinem Vortheil deutete, versteht sich von selbst. Ich lächele am Ende darüber, ja zuweilen sogar mitten darunter, und fahre gleich darauf wieder damit fort. Ehe die Vernunfft, dencke ich, das Feld bey dem Menschen in Besitz nahm, worauf jezt noch zuweilen diese Keime sprossen, wuchs Manches auf demselben zu Bäumen auf, die endlich ihr Alter ehrwürdig machte und heiligte. Jezt kömmt es nicht leicht mehr dahin.«[64]

Man sollte sich weder durch den Tonfall dieser Zeilen täuschen lassen, noch durch das zweimalige Lächeln, das, welches Kant nahegelegt wird, und das, das Lichtenberg sich selbst aufsetzt. Denn auch wenn der Aberglaube dank der »Vernunfft« nun nicht mehr zum ehrwürdigen Baum, zur kulturellen Institution, emporwachsen kann, sondern über den Zustand des Keims nicht mehr hinauskommt, ist er weit irritierender, als Lichtenberg gegenüber Kant zugeben will. Sowohl der Wunsch, diesem seinen Hang zum Orakel – auf die Gefahr hin, sich eine Blöße zu geben – darzustellen, als auch das Bedürfnis nach Beschreibung dessen, was »zu beschreiben« angeblich nicht erforderlich ist, zeugen davon, daß sich Lichtenberg hier keineswegs »allzu wohl« versteht. Vielmehr mag die Niederschrift nicht anders als die vielfach eingenommene ironische Haltung dazu dienen, ein zutiefst verwirrendes Phänomen zu distanzieren und zu objektivieren und so den Umgang mit ihm zu erleichtern. Erschütterung, ja Schrecken verraten ein plötzlich hervorbrechendes »Großer Gott«, das die ironische Selbstdistanz zusammenschnurren läßt,[65] und, trotz ihrer Nüchternheit, die Erkenntnis, es sei »ein großer Unterschied zwischen *Vernunft lehren* und *vernünftig sein*.«[66] Denn diese Einsicht bringt die Identität ins Wanken: Wer ist man denn nun eigentlich, ein Prediger gegen den Aberglauben oder der »ärgste Zeichendeuter«, ein rational denkender Naturwissenschaftler oder ein abergläubischer Phantast? Und macht einen dieser Zwiespalt nicht am Ende zum Monstrum?

»Ist das [die Befragung des Schicksals] nicht sonderbar von einem Professor der Physik? Ist es aber nicht in menschlicher Natur gegründet und nur bei mir monströs geworden, ausgedehnt über die Proportion natürlicher Mischung, wo es heilsam ist?«[67]

Lichtenberg ist in diesem Punkt freilich nicht monströser als seine Zeitgenossen. Rousseau etwa, auf den er sich mit Genugtuung bezieht, weil er sein Leid teilt und halbiert,[68] wird von der »Angst vor der Hölle« derart gepeinigt, daß er sich ein Orakel stellt, um Auskunft über sein Seelenheil zu erhalten. »Immer ängstlich und in grausamer Ungewißheit«, macht er dieses davon abhängig, ob es ihm gelingt, beim Steinewerfen einen Baum zu treffen – an den er dann so nah herantritt, daß er ihn gar nicht mehr verfehlen kann. »Seitdem habe ich an meinem Seligwerden nicht mehr gezweifelt!«, bemerkt Rousseau selbstironisch. An die Stelle der Höllenfurcht aber tritt der Schrecken über die eigene Absurdität.

Seine Leser bittet Rousseau, ihn nicht »wegen meines Elends« zu verhöhnen, »denn ich versichere euch, daß ich es sehr tief fühle!«. Wie tief, zeigt seine zeitgemäße Neigung zur Ausgrenzung alles Abweichenden – nur daß sich diese Neigung jetzt gegen die eigene Person richtet, die in zwei unvereinbare Sphären zerfällt: Rousseau, der Vernunftmensch, möchte Rousseau, den Schwärmer, internieren lassen. Seine Versuche, in die Zukunft zu blicken, bezeichnet er als die »lächerlichsten Mittel, um derentwillen ich einen Menschen, den ich Ähnliches treiben sähe, sofort einsperren lassen würde.«[69] Einsperren läßt man aber nur etwas, das gefährlich und furchterregend ist.

Rousseau und Lichtenberg sind weder die ersten noch die letzten, die auf diese Weise an sich selbst leiden. Schon Adam Bernd hat in seiner Autobiographie über seinen »Aberglauben wider meinen Willen« geklagt,[70] der »kindisch« sei und »nicht den geringsten Grund« habe und im Glauben an kalendarisch feststehende Glücks- und Unglückstage besteht. Karl Philipp Moritz möchte aus der Beobachtung des Schattens Aufschluß über das Schicksal seiner todkranken Mutter gewinnen[71], und der notorisch abergläubische Goethe schleudert ein wertvolles Taschenmesser in die Lahn, um aus der Tatsache, ob er es ins Wasser eintauchen sähe oder nicht, Erkenntnis über seine künstlerische Entwicklung zu ziehen.[72] Noch Wilhelm Müller weiß in seiner »Winterreise« von solchen Praktiken ein Lied zu dichten (»Letzte Hoffnung«).

Demgegenüber nimmt der in den Bleikammern des venezianischen Dogenpalasts eingekerkerte Giacomo Casanova, um den Tag seiner Befreiung zu erfahren, Zuflucht zu einer in alter Tradition gegründeten Methode: der der »sortes virgilianae«, die sich schon in der Antike größter Beliebtheit erfreute, wie in Rabelais' kompendiöser Beschreibung nachzulesen ist.[73] Im Werk eines bedeutenden Autors, meist Vergils, wurde durch zahlenmystische Berechnung, Würfeln oder blindes Aufschlagen ein Satz ermittelt, der die Weissagung enthalten sollte. Es ist dies derselbe Brauch, der im »Däumeln« der Pietisten und Quietisten in Bibel oder Gesangbuch begegnet und nach Gustav Freytags Zeugnis »noch heute fest in unserm Volk haftet«.[74] In beiden Varianten war diese Technik ›rational‹ legitimierbar gewesen: Beruhte das Vertrauen in die »sortes virgilianae« auf der Annahme, das vom »furor poeticus« umgetriebene dichterische Genie habe gottgegebene Einblikke in die Zukunft,[75] so gründete das pietistische »Däumeln« im Glauben an unmittelbare Eingriffe Gottes in den menschlichen Alltag, aus dem so der Zufall weitgehend verbannt wurde.[76] Mit der Säkularisierung und Rationalisierung des Weltbilds büßt der Glaube an die Möglichkeit von Weissagungen seine Begründbarkeit durch institutionalisierte Lehren weitgehend ein und wird ›irrational‹. Wenn man trotzdem zugeben muß, daß Prophezeiungen immer wieder eintreffen, man sich dabei aber nicht mit dem bloßen Zufall als Erklärungsprinzip zufriedengeben will, dann muß dieses im Subjekt selbst gesucht werden. Das ist die Stunde der Entdeckung des Mechanismus der ›selffulfilling prophecy‹, der in der anthropologischen Literatur des 18. Jahrhunderts häufig beschrieben wird:[77] Indem die Prophezeiung dem Individuum Furcht oder Hoffnung macht, seine Kräfte lähmt oder beflügelt, ist sie selbst die Ursache ihrer Erfüllung, bei der daher alles ›mit rechten Dingen‹ zugeht.

Sowohl Goethe wie Casanova äußern sich in diesem Sinn. Letzterer berichtet, daß ihm der »Orlando Furioso« des Ariost nach einer raffinierten Errechnung des einschlägigen Verses den präzisen Zeitpunkt seines Entkommens aus der Gefangenschaft verraten habe. Aber Casanova weiß natürlich, daß hier keine »okkulten« Kräfte im Spiel sind. Seinen Leser bittet er, ihn nicht »für einen Menschen zu halten, der abergläubischer ist als andere, denn er würde sich irren.« Tritt hier einerseits der bekannte Zwiespalt zwischen aufgeklärtem Kopf und irrationaler abergläubischer Praxis zutage, so hat diese doch andererseits auch ihr Gutes. Denn ohne das »weltliche Orakel«, meint Casanova, wäre ihm die Flucht wohl gar nicht gelungen, die jenes in Erfüllung gehen ließ. »[...] ich verweise den wohlwollenden Leser auf die Weltgeschichte, in der er viele Ereignisse finden wird, die niemals eingetreten wären, wenn man sie nicht vorhergesagt hätte.«[78] Eine solche nachträgliche Rechtfertigung des abergläubischen Brauchs, die diesen geradezu in eine vernünftige Technik der Kräftestimulierung umschlagen läßt, ist jedoch alles andere als die Regel.

Natürlich haben sich schon die betroffenen Autoren selbst gefragt, wie es komme, daß in ihrer Phantasie abergläubische Vorstellungen fortleben, die die eigene Vernunft schon längst verworfen hat. Freilich ist schon diese vernünftige Haltung selbst in sich weniger gefestigt, als sie häufig den Anschein erweckt. Auch überzeugte Aufklärer müssen einräumen, daß in Fragen der Geisterwelt und des Übernatürlichen nur mit Wahrscheinlichkeiten, nicht mit Beweisen operiert werden kann. Die Unmöglichkeit von Geistererscheinungen, »Ahndungen«, Orakeln und ähnlichem läßt sich rational ebensowenig beweisen wie ihre Wirklichkeit. Zwar wird einerseits angenommen, daß die irrationale »Neigung der Menschen zum Wunderbaren« und zum Aberglauben grundsätzlich aus der »Unwissenheit in der Naturlehre« entspringe,[79] mit deren Fortschreiten sich die Unwahrheit der abergläubischen Vorstellungen immer deutlicher herausstellen werde, doch dehnt sich andererseits gerade mit dem Wachstum des Wissens über die Natur auch der »Kreis des Möglichen« und Denkbaren in völlig unvorhergesehener Weise aus, wie Wieland feststellt.[80] »Die Natur [...] erscheint immer wunder-voller, geheimnißreicher, unerforschlicher, je mehr sie gekannt, er-forscht, berechnet, gemessen und gewogen wird.«[81] Was sie »könne oder nicht könne«, stehe noch gänzlich dahin.[82] Vielleicht wird eines Tages erklärbar, was heute noch den (bisher bekannten) Naturgesetzen widersprechend, »wunderbar« und daher unglaubwürdig erscheint. Daß Wieland sogleich einschränkend hinzufügt, diese Möglichkeit blei-be im Fall der Geistererscheinungen insofern abstrakt, als nichts Positi-ves für sie spreche, sondern lediglich »unser Unvermögen [deren] Un-möglichkeit zu beweisen«,[83] kann vom Bekenntnis der grundsätzlichen Unsicherheit der Vernunft in dieser Sache nichts zurücknehmen – ein Bekenntnis, das Kant ebenso ablegt wie Lessing, der in der *Hamburgi-schen Dramaturgie* die Weigerung, an Gespenster zu glauben, nicht als Ergebnis zwingender Erkenntnisse darstellt, sondern, da es diese eben noch gar nicht gibt, geradezu als eine kulturelle und daher in gewisser Weise kontingente Übereinkunft.[84]

Es mag sein, daß von dieser Situation, wie Wieland meint, die Phan-tasie profitiert.[85] Die Begrenztheit der rationalen Erkenntnis regt die Imagination an, in die Lücken, die die Vernunft unbestimmt lassen mußte, hineinzustoßen und sie nach eigenem Gutdünken auszumalen. Zwar glaubt das vernünftige Subjekt ›aus guten Gründen‹ auch dann nicht an Gespenster, wenn es ihre Unmöglichkeit nicht beweisen kann, doch kann ein bloßes Glauben der aufgeregten und beängstigten Phan-tasie weniger Widerstand entgegensetzen als ein sicheres Wissen. Aber dieser Umstand begünstigt höchstens die Phantasietätigkeit; er erklärt nicht die für die Zeitgenossen erschreckende Insistenz und Plastizität, mit der ein traditioneller Bestand von Vorstellungen gegen alle vernünf-tige Überzeugung fortlebt und Angst erregt.

Die Frage nach der Herkunft der ›abergläubischen‹ Gehalte der Phantasie und der fortdauernden Angst vor ihnen wird von den Aufklä-rern nahezu einstimmig beantwortet: Verantwortlich ist eine an ver-nünftigen Maßstäben gemessen falsche Erziehung, in der überkomme-ne Irrtümer in die kindliche Seele eingesenkt werden, so daß sie nie-mals wieder aus ihr herausrationalisiert werden können. Erst gegen En-de des Jahrhunderts tritt neben dieses psychogenetische Erklärungsmu-ster ein quasi anthropologisches, das als ›romantische‹ Antwort auf die Erfahrung der Resistenz ›abergläubischer‹ Vorstellungen gegen die auf-geklärte Weltdeutung angesehen werden kann. In ihm erscheint der Hang zum Wunderbaren, zum Geisterglauben und zur Geisterfurcht im menschlichen Wesen gegründet und erweist, daß diesem ein ursprüngli-cher Bezug auf eine wie auch immer ontologisch situierte ›zweite Wirk-lichkeit‹ innewohnt.[86] Für die Aufklärer hingegen sind die ›abergläubischen‹ Vorstellungen, von denen sie heimgesucht werden, nichts als Relikte einer rational überholten Weltdeutung, die, selbst der bloßen Phantasie entsprungen, nun in dieser ihr letztes Bollwerk verteidigt. »Allenthalben«, so bemerkt Herder,[87] werde die Einbildungskraft »von der Tradition geleitet«, und diese Tradition wird in der Sozialisation vermittelt. Das erklärt ihr erstaunliches Beharrungsvermögen gegenüber allen später erworbenen Erkenntnissen und Überzeugungen. Wie bereits ausgeführt worden ist, gehört es spätestens seit John Locke zu den grundlegenden und handlungsleitenden Einsichten der Pädagogik, daß die Eindrücke der ersten Lebensjahre sich dem Gemüt nahezu unaustilgbar eingraben und von prägender Bedeutung für die weitere Entwicklung des Individuums sind. Locke stellt fest,

»daß die ersten Eindrücke sich am tiefsten im Gemüt der Kinder verankern und daß die Begriffe, die sie sich aneignen, solange sie jung sind, später durch noch so großen Fleiß oder durch noch so große Kunst kaum je ganz ausgelöscht werden können.«[88]

Mit größter Häufigkeit wird diese Erkenntnis durch die Unverwüstlichkeit des frühkindlich eingeprägten Aberglaubens exemplifiziert; ja, diese stellt geradezu eine der Schlüsselerfahrungen dar, aus denen jene Erkenntnis erst geboren wird. Auch Locke warnt nachdrücklich vor der traditionellen, in zahlreichen Autobiographien[89] überlieferten Praxis, die Kinder mit abergläubischen Erzählungen zu erschrecken, um sie zum Gehorsam zu bringen. Denn dadurch jage man ihnen »für ihr ganzes späteres Leben Angst vor ihrem Schatten und der Dunkelheit ein« und mache sie unwiderruflich zu »Feiglingen«. Deutlich zeige sich das an jenen Männern, deren »voreingenommene Phantasie« immer wieder die beängstigenden »falschen Vorstellungen« ihrer Kindheit reproduziere, obwohl »ihre Vernunft« diese schon längst »korrigiert« habe.[90] Kant möchte sogar die Halluzinationen der Geisterseher auf die abergläubische Erziehung zurückführen. Erst die »Erziehungsbegriffe von Geistergestalten« gäben »die Materialien zu den täuschenden Einbildungen« ab, und es sei wahrscheinlich, »daß ein von allen solchen Vorurteilen leeres Gehirn [...] wohl nicht leicht Bilder von solcher Art aushecken würde.«[91]

Die Erklärung des Aberglaubens der aufgeklärten Subjekte aus den Eindrücken der frühen Kindheit ist im 18. Jahrhundert allgemein akzeptiert.[92] Kaum weniger verbreitet als im pädagogischen und psychologischen Diskurs ist sie in der ebenfalls dem Entwicklungs- und Bildungsgedanken verpflichteten ›schönen Literatur‹, in der Kindheitsgeschichten bekanntlich überhaupt eine bedeutsame Rolle spielen und häufig die abergläubischen, schwärmerischen und phantastischen Verir-

rungen der Figuren verständlich machen sollen.[93] Das Erklärungsmu-
ster deckt sich aber auch mit den Selbstdeutungen der Betroffenen, die
ja nicht selten selbst erziehungstheoretisch oder -praktisch tätig waren.
Ein besonders prägnanter autobiographischer Text, der in nuce den
wahrscheinlich zeittypischen Zusammenhang von eigener, entwick-
lungsgeschichtlich interpretierter Erfahrung und pädagogischer Theo-
riebildung vorführt, stammt aus der Feder Jean Pauls, auf dessen Tendenz zur phantastischen Angst, zur »tragischen Übermacht der geister-
rufenden Phantasie«, schon hingewiesen wurde.[94] Als einen Beitrag zur
»Geschichte meines Glaubens« notiert er unter dem Datum des 16. 8.
1782:

»Zur Unbeständigkeit bin ich bestimt, am meisten zu der der Meinungen.
[. . .] Daß auch meine Überzeugung durch die Macht der Erziehung gemis-
handelt; daß auch in mein Gehirn durch woltätige Hände die Schrekbilder
des *Aberglaubens* gedrükt worden, ist leider! nur zu war. Und eben dieser
fromme Misbrauch meiner kindlichen Leichtgläubigkeit ist Schuld an dem
beständigen Widerspruch meiner iezigen Meinungen, die mit Mühe dem
Widerstand der Gewonheit stehen und die dan doch unterliegen, wan, von
ihnen beschüzt zu werden, mein Glaube sie in Sold genomen. Er ist
Schuld an dem Glanze, mit welchem der alte Unsin unsre Vernunft blendet
[. . .] O Menschen! wenn Ihr uns doch nicht glauben lertet, one uns denken
gelert zu haben [. . .] Doch sollen sie anders, da sie müssen, da sie gebunden
sind mit dem, womit sie uns binden wollen? Den Erziehern mangelt am
meisten – Erziehung.«[95]

Die hier wie anderswo zum Ausdruck gebrachte Deutung des »Widerspruch[s] meiner iezigen Meinungen«, des Grundproblems der abergläubischen Aufklärer, als Produkt und Reflex eines widersprüchlichen
Bildungsprozesses, in dem die frühkindlich eingeprägten abergläubischen Vorstellungen von aufgeklärtem Wissen über die Welt kontradik-
torisch überlagert werden, erscheint auch im Licht neuerer sozialisa-
tionstheoretischer Ansätze plausibel. Nach Peter Berger und Thomas
Luckmann können Widersprüche, die eine in diesem Sinne mißlungene
Sozialisation bewirken, prinzipiell an verschiedenen Stellen auftreten.
Zum einen kann das, was in der primären Sozialisation zur Selbstverständlichkeit geworden ist, unvereinbar sein mit den in der sekundären
Sozialisation[96], also in der Schule, der Universität, durch spätere Kontakte oder Lektüre angeeigneten Wissenssystemen und Denkformen.
Dem Konflikt der »Plausibilitätsstrukturen« entspricht dabei ein Iden-
titätskonflikt des Subjekts, und dasselbe ist der Fall, wenn es zu Widersprüchen schon innerhalb der primären Sozialisation kommt, d.h. wenn
sich entweder die »signifikanten Anderen« (G. H. Mead), die die Sozia-

lisation lenken, in Widersprüche verwickeln oder wenn sie gar konträre Weltdeutungen vermitteln. Letzteres tritt ein, wenn sich in differenzierten Gesellschaften mit komplexer Wissensverteilung eine Gleichzeitigkeit heterogener »Welten« hergestellt hat und die Sozialisation des Kindes in den Händen »signifikanter Anderer« liegt, »die verschiedenen Welten angehören«.[97]

In der Konsequenz der Auflösung traditioneller Weltbilder und der Etablierung neuer durch die Aufklärung sind Widersprüche dieser Art für die realen Sozialisationsprozesse im 18. Jahrhundert geradezu charakteristisch. Häufiger als der Widerstreit einer ungebrochen ›abergläubischen‹ Erziehung mit später erworbener aufgeklärter Erkenntnis sind krasse Inhomogenitäten in der Primärsozialisation. Mit Blick auf die autobiographischen Texte wird man die permanente Rede von den abergläubischen Dienstboten, den »Ammenmärchen« und ihrem lebenslangen Einfluß nicht als einen referenzlosen Topos abqualifizieren können. Sie hat vielmehr eine reale Basis in dem bis dahin auf allen Stufen der Gesellschaft üblichen, nun aber in bürgerlichen Augen problematisch werdenden engen Zusammenleben von Angehörigen verschiedener sozialer Schichten im »Haus«, die gleichermaßen wie die Eltern zu den »signifikanten Anderen« für die Kinder werden. Fragwürdig wird dem Bürgertum dieser sozialisationsprägende soziale Konnex mit wachsender zivilisatorischer und kognitiver Distanz von den Unterschichten, unerträglich erscheint er in dem Moment, in dem die Weltdeutungen beider Schichten, des ›aufgeklärten‹ Bürgertums und der ›abergläubischen‹ Unterschicht, wesentlich unvereinbar werden. Die Forderung der bürgerlich-aufklärerischen Pädagogik nach Homogenität und Konsistenz der Erziehung, die bereits oben als gewichtiges Moment im pädagogischen Programm der Internalisierung der bürgerlichen Normen behandelt wurde, erwächst, wie sich hier zeigt, auch aus konkreter Erfahrung: der Erfahrung, daß Widersprüche in der frühen Erziehung die Verinnerlichung einer einheitlichen Welthaltung vereiteln und sich als Widersprüche in den »Meinungen« und der Identität des Subjekts perpetuieren.

Schließlich ist eine weitere Erscheinungsform des Zwiespalts von Vernunft und Phantasie zu nennen. Es handelt sich dabei um ein nicht mit den vernünftigen Einsichten kollidierendes Glauben und Fürchten einer übernatürlichen Welt, sondern um die Existenz von subjektiven Wahrnehmungen, die jeder äußeren Realität entbehren und in früheren Zeiten sozusagen die Erfahrungsbasis einer zweiten Wirklichkeit bildeten. Noch 1826 widmet ihnen der Physiologe Johannes Müller, der Lehrer von Helmholtz, Virchow und Du Bois-Reymond, seine Untersuchung *Über die phantastischen Gesichtserscheinungen*.[98] Hier jedoch sollen diese Phänomene, die stellvertretend für viele andere beängstigende innere Irregularitäten stehen mögen, die das Subjekt nicht mehr externalisieren kann, sondern seiner hypertrophen Phantasie anlasten muß, am Beispiel Friedrich Nicolais in den Blick genommen werden. Nicolai, der Erzaufklärer, der jahrzehntelange Herausgeber der *Allgemeinen deutschen Bibliothek* mit ihren Rubriken über Aberglauben, »Zaubereyen« und »Teufeleyen«, Nicolai sieht im Alter phantasiegeborene Gespenster, befreit sich von diesen durch Ansetzen von Blutegeln am Gesäß und hält darüber 1799 einen Vortrag an der Berliner Akademie der Wissenschaften: *Beyspiel einer Erscheinung mehrerer Phantasmen.*[99] Diese Abhandlung, die in den Spottiraden ihrer Gegner Unsterblichkeit erlangt hat, ist nicht nur deshalb instruktiv, weil in ihr ausführlich eine Erfahrung dargestellt wird, an der keineswegs ihr Verfasser allein gelitten hat,[100] sondern auch weil sie den aufklärerischen Konsens über das Realitätsproblem deutlich macht: Nicolai löst dieses in den Grundzügen nicht anders als Kant, dessen Werk er – ähnlich wie dem Fichtes und nahezu aller Philosophen und Literaten des späteren 18. Jahrhunderts – mit notorischem Unverständnis begegnet.

Zu Beginn des Jahres 1791 sieht und hört Nicolai, der offenbar Eidetiker war (82f.), zwei Monate lang »Phantasmen«. Zunächst erscheint ihm sein verstorbener ältester Sohn, dann lebende und tote Bekannte und ganz fremde Personen, die oft zu Dutzenden sein Zimmer bevölkern. Obwohl die Gestalten »so deutlich wie [. . .] Personen im wirklichen Leben« und lediglich in den »Farben etwas blässer als in der Natur« sind (68), weiß Nicolai doch von Anfang an, daß er es nicht mit »Phänomenen«, sondern mit »Phantasmen« zu tun hat (65). Ihre Ursache haben sie nach des Autors Selbstdiagnose einerseits in »einer unrichtigen Circulation des Blutes«, andererseits in einer »widernatürlichen« Nervenreizung (59), die ihrerseits aus tiefer Empörung über schwere »moralische« Verfehlungen seines zweiten Sohnes entstanden ist, über deren Art sich Nicolai beharrlich ausschweigt (61f.). Vermittelt aber werden die Trugbilder durch die von diesen Faktoren offenbar alterierte Phantasie.[101] Warnend erinnert Nicolai daran,

»wie leicht unsere Einbildungskraft uns auf falsche Begriffe führen, wie leicht sie, nicht etwa bloß Verrückten, sondern Personen bey völlig richtigem Bewußtseyn, Gestalten vorgaukeln kann, die von wirklichen Gegenständen nicht zu unterscheiden seyn möchten, wenn nicht alle Umstände genau erforscht und ruhig geprüft würden.« (58, vgl. 77, 80)

Wäre Nicolai abergläubisch gewesen, so würde er, wie er bemerkt, seine Phantasmen als Geistererscheinungen betrachtet (85) und deren äußere Realität durch Erfahrung für bewiesen erachtet haben wie Legionen von Geistersehern vor ihm (57) und wie noch nach ihm Jung-Stilling, der seine Apologie des Geisterglaubens in der *Theorie der Geister = Kunde* von 1808 gut aufklärerisch auf die Basis von »Erfahrung« und »gesunder Vernunft« stellt.[102] Davon ist Nicolai jedoch weit entfernt. Für ihn beweisen die Geisterseher nur, daß sie einen falschen Erfahrungsbegriff haben. Er gibt zwar zu, daß gegen die »Erfahrung [...] allerdings kein von vorn angenommener Satz gelten kann; nur muß freylich die Erfahrung *richtig* seyn.« (58) Richtig aber ist sie nur, wenn sie bestimmten Kriterien genügt, die zum Teil schon oben am Beispiel Kants untersucht worden sind.

1. muß die Erfahrung realer Objekte unter die *Kategorie der Intersubjektivität* fallen, die Nicolai in Anwendung bringt, wenn er den Realitätsbezug seiner Erscheinungen daran prüft, ob sie auch von seiner Frau wahrgenommen werden (61f.).

2. liegt objektive Erfahrung nur dann vor, wenn die Vorstellungen beständig den *Gesetzen der Erscheinungswelt* unterliegen, denen auch das eigene empirische Ich jederzeit unterworfen ist, und sich so in den *Zusammenhang der Erfahrung* überhaupt einfügen. Im Gegensatz zu Kant und in heftiger Polemik gegen Fichte insistiert der Realist Nicolai darauf, daß diese Gesetze vom erkennenden Subjekt unabhängig seien (86).

»Ich *beobachtete,* daß wirkliche Personen den äußern von mir nicht abhängigen Gesetzen in bestimmter Ordnung folgten, in einer Ordnung, der *ich selbst* beständig folgen mußte, wie dieses aus meinem Bewußtseyn erhellte. [...] Sowohl die Phantasmen als die Phänomene lagen *in meiner Vorstellung;* das war gewiß. Aber den Phänomenen mußte ich nothwendig eben die Realität zuschreiben, welche ich *mir selbst* zuzuschreiben genöthigt bin: nämlich, daß sie etwas sind, das nicht *bloß allein* in meiner Vorstellung liegt, irgend etwas das auch *außer* meiner Vorstellung da ist [...] Hingegen konnte ich jenen Blendwerken diese Realität nicht zuschreiben [...]« (87f.)

3. schließt Nicolai auf den phantastischen Charakter seiner Erscheinungen nicht erst dann, wenn ihre Realität die Naturgesetze durchbrechen würde, sondern schon wenn sie einfach *unwahrscheinlich* ist. Wie etwa ein leibhaftiges Pferd in sein Wohnzimmer im ersten Stockwerk kommen sollte, will Nicolai nicht in den Kopf (67f.).

4. werden im Akt objektiver Erfahrung alle Sinne zugleich affiziert,

»durch die ein Objekt jedesmal kann und muß empfunden werden; und durch den *übereinstimmenden* Eindruck auf alle diese Sinnwerkzeuge zugleich, überzeugen wir uns von der Existenz der Objekte außer uns. Nun aber afficirten die Phantasmen mich nur *durch Einen Sinn,* durch *das Gesicht;* selten durch das Gehör [...]«, wobei sich dieser Eindruck auf das Hören von Stimmen beschränkt, Geräusche aber gänzlich ausbleiben. Phantasmen erkennt Nicolai somit »vermöge des *Mangels des übereinstimmenden Totaleindrucks*« (65f.).

Vorstellungen also, die diesen Kriterien, besonders den ersten beiden, widersprechen, dürfen nicht als Erfahrung von Objekten der Außenwelt gelten, sondern müssen als Gaukeleien der Imagination beurteilt werden. Diese Behauptung setzt nun allerdings doch »von vorn angenommene Sätze« voraus. Erstens nämlich geht Nicolai von der Prämisse eines immanenten Naturbegriffs aus. »Geläuterte Vernunft« (96) und »vernünftige Philosophie« (85) erweisen sich daran, daß man Erscheinungen des Übernatürlichen zwar nicht für schlechterdings unmöglich, wohl aber für äußerst unwahrscheinlich hält (53–58). Wer sich gegen diesen aufklärerischen Konsens sperrt und die Erscheinung eines Toten für Besuch aus dem Jenseits hält, trägt die Beweislast: Er muß beweisen, daß er nicht bloß träumt oder halluziniert, sondern eine »richtige« Erfahrung macht. Diese aber muß den genannten Kriterien genügen. Hier liegt die zweite Voraussetzung. Indem Nicolai mit seinen Kriterien ja nicht nur die intersubjektive Erfahrung realer Objekte von bloß subjektiven Wahrnehmungen unterscheiden will, sondern zugleich deren übernatürliche Herkunft auszuschließen meint, zeigt sich: Will das Übernatürliche vom aufgeklärten Subjekt für wirklich gehalten werden, so muß es sich gefälligst den Bedingungen der Erfahrung natürlicher Gegenstände fügen, die in der Aufklärung zu Bedingungen von Erfahrung überhaupt avancieren – womit das Übernatürliche sich auf ein rational noch unbegriffenes Natürliches reduziert. Eine andere Weise der Erfahrung, die gleichwohl Erfahrung von etwas außerhalb des Subjekts wäre, gibt es nicht. Daß die Geistergläubigen und Irrationalisten die Verbindlichkeit seiner Kriterien leugnen würden, hätte Nicolai vermutlich als Indiz der Begriffs- und Verstandesverwirrung angesehen. Absurd wäre ihm die alte, noch in Dostojewskis *Schuld und Sühne* auftauchende Überlegung erschienen, daß bestimmte ›Erfahrungen‹ nur unter der Bedingung einer besonderen Disposition des Subjekts – Erleuchtung, Begabung, Besessenheit u.ä. – möglich seien.

»Ich will zugeben, daß Gespenster nur Kranken erscheinen; aber das beweist ja einzig, daß Gespenster eben niemandem anders als einem Kranken erscheinen können; es beweist nicht, daß es sie nicht gibt.«[103]

Vordergründig betrachtet hat sich Nicolais aufklärerische Selbstgewißheit, die die skeptischeren Zeitgenossen so penetrant fanden, seinen Phantasmen gegenüber behauptet. Furcht oder Angst – nein, das scheint Nicolai nicht gekannt zu haben. Freilich, am Anfang seien ihm die Gestalten, »wie leicht zu begreifen ist, unangenehm« gewesen, und er habe daher die Gesellschaft und das Gespräch seiner Frau gesucht (62); auch einen »erste[n] Schreck« (59), gar ein »erste[s] Entsetzen« (63) gesteht er ein, allerdings im buchstäblichen und übertragenen Sinn nur in Parenthese. Danach aber hätten ihn »diese wandelnden Erscheinungen nicht sonderlich erschüttert [...]« (63), von »völliger Gemüthsruhe« (59) und »Besonnenheit« (63) ist die Rede, ja er habe sich sogar über die Phantome »amüsirt« und mit seiner Frau und dem Arzt darüber gescherzt (69). Wäre er freilich abergläubisch gewesen, »so würde ich mich vor meinen eigenen Phantasmen entsetzt« haben (85); warum aber sollte man das tun, wenn man sicher weiß, daß es sich um Hervorbringungen der Einbildungskraft handelt, die »nur merkwürdige Folgen einer [körperlichen] Krankheit« sind (63)? Nicolai ist hier ganz der Meinung Heydenreichs, der über den Brauch von Freunden, die versprechen, sich nach dem Tode zu erscheinen, schreibt:

»Ich meines Theils bin überzeugt, daß, wenn ein Freund mir ein solches Versprechen gäbe, er mir wohl in Stunden, wo ich mich lebhaft mit seinem Andenken beschäftigte, oder auch in Augenblicken, wo ich gar nicht an ihn dächte, erscheinen könnte, worüber ich mich auch gar nicht entsetzen würde, indem mir sogleich der Grund meiner Illusion einleuchtete.«[104]

Es ist allerdings auffällig, mit welcher Häufigkeit Nicolai beteuern zu müssen glaubt, er habe sich nicht gefürchtet. Das hängt sicherlich auch mit der Kommunikationssituation zusammen: Ist es für den unermüdlichen Kämpfer wider den Aberglauben schon ein Wagnis, coram publico, und besonders vor den Mitgliedern der Akademie, zuzugeben, er habe Erscheinungen von Toten gehabt, so kann er nicht auch noch gestehen, vor diesen Furcht empfunden zu haben, einen Affekt, der prinzipiell verpönt ist und es hier wegen seiner ›Gegenstandslosigkeit‹ ganz besonders wäre. Gibt man sich eine solche Blöße, dann nur, um das Beste aus ihr zu machen. Nicolai möchte ja nicht nur einen erfahrungsseelenkundlichen Beitrag zur Psychopathologie des Alltagslebens liefern, sondern vor allem ein Beispiel geben, ein Muster des aufgeklärten Umgangs mit dem Irrationalen aufstellen und beweisen, daß der Vernünftige noch in der extremsten Situation nach dem erhabenen »Prinzip der Apathie« leben könne, das für weite Teile der Aufklärung vorbildlich war und nach Kant besagt, daß »der Weise niemals im Affekt [...] sein müsse [...]«.[105] Durch die dünne Decke der Selbststilisierung schimmert jedoch immer wieder hindurch, was sie verbergen soll. Gerade in der permanenten Verleugnung von Furcht, Angst und Entsetzen gibt Nicolai – ebenso wie Heydenreich – zu erkennen, daß diese Affekte in Situationen wie der seinen nicht nur die anfängliche, reflexhafte und noch reflexionslose Reaktion, sondern geradezu den Normalfall darstellen. Ein anderer Zeitgenosse, Johann Karl Wezel, schildert die phantastische Angst unverblümter, jedoch ebenfalls mit dem Hinweis auf die Möglichkeit ihrer Relativierung durch Selbstdistanz und Selbstbeherrschung. Seinen Zustand zu Beginn der Nacht beschreibt Wezel so:

»[. . .] war meine Laune vorher gleich noch so munter und frölich, so werde ich alsdann ernst, zuweilen sogar traurig: ich empfinde eine Neigung zum Seufzen, zuweilen etwas, das sich der Angst nähert [. . .] meine Imagination wird thätiger, und es steigen raschere und lebhaftere Bilder in meinem Kopfe auf: mannichmal, wenn sie vorher schon in starker Bewegung war, werden ihre Vorstellungen grotesk, ungeheuer, und zu manchen Zeiten so lebhaft, daß sie auf die Gesichtsnerven wirken; es scheint mir alsdann wirklich die Figur vor den Augen zu stehn, die in meinem Gehirn aufsteigt; und ob ich mir gleich genau bewußt bin, daß es nur ein Gespenst des Gehirns ist, so erfolgt doch jedesmal eine kleine Furcht darauf [. . .] die gleich herbeykommende Vorstellung, daß ich mich wegen eines Nichts fürchte, macht zuweilen, daß ich den Augenblick darauf über mich selbst lache.
Ist die Imagination einmal erregt, ist die Empfindung des Ernstes, der Furcht, der Angst einmal entstanden, so läuft nunmehr Vorstellung und Empfindung in diesem Gleise fort: es erwachen alle, die mit ihnen verknüpft sind, und bey Leuten, die über ihren Mechanismus wenig Gewalt haben, muß diese Häufung seltsamer und furchtbarer Bilder so sehr zunehmen, daß sie in wirkliche Angst und in Zittern verfallen [. . .]«[106]

Vielleicht ist Nicolai tatsächlich besser als die meisten seiner Leidensgefährten mit den »seltsamen und furchtbaren Bildern« seiner Phantasie und der Angst vor ihnen fertig geworden. Das Verfahren, mit dessen Hilfe ihm dies gelingt, ist dasselbe, das sich schon bei der Untersuchung des Naturerhabenen am Beispiel Fontenelles, Herders und Goethes als ein sicherheitsstiftendes dargestellt hat: Es ist das Verfahren der Verwissenschaftlichung des subjektiv Bedrohlichen. Konnte der Gespensterglaubige früherer Zeiten die Macht des Gespenstischen über seine Person durch Techniken der Magie und Gegenmagie brechen, an die sich A.W. Schlegel noch wehmütig erinnert, so versucht der Aufklärer, diese nun ins eigene Innere verschobene Macht dadurch zu bannen, daß er sie beobachtet, erforscht, rational erklärt und so auf Distanz hält. Nicolai nimmt quasi einen Standpunkt außerhalb seiner selbst ein, macht sich zum klinischen Fall, zum Objekt ruhiger und präziser Beobachtung (59, 63) und der »Reflexion darüber« (85) und beweist sich dadurch immer wieder die völlige Funktionstüchtigkeit und Gesundheit seines Verstandes (58, 71, 85). Er spürt den Beziehungen »zwischen meinem Gemüthszustande, zwischen meinen Beschäftigungen und übrigen Gedanken, und zwischen den mannichfaltigen [...] Gestalten« nach, sucht nach einem »Gesetz der Association« seiner Vorstellungen (63) und experimentiert sogar damit, diese willentlich zu evozieren (64) – verwirrend freilich, daß alle solche Bemühungen ergebnislos bleiben. Aber über die medizinische Diagnose seiner Krankheit ist sich Nicolai jedenfalls ganz im klaren – das Blut, die Nerven, nichts weiter –, und ein Erfolg ist es auch, daß es gelungen ist, eindeutige Kriterien der Unterscheidung von Wirklichkeit und Einbildung zu finden. Daran erweist sich die Kraft des Verstandes und der Vernunft.

Und doch zeigt sie sich zugleich in all ihrer Begrenztheit. Der enorme Aufwand, den Nicolai treiben muß, spiegelt ja genau die Macht dessen, wogegen er aufgeboten wird. Und vor dieser Macht enthüllt sich das Ideal der Herrschaft der Vernunft als Illusion. Beunruhigt stellt Nicolai fest: »So wenig ist man zuweilen, auch bey der größten Gemüthsruhe, Herr seiner lebhaften Imagination« (70). Der Verstand und die Vernunft mögen prüfen, erforschen und unterscheiden, beeinträchtigen damit aber nicht im mindesten die Produktion phantastischer Absurditäten und Schrecknisse selbst. Die Phantasie, das weiß Nicolai, ist nicht ›rationalisierbar‹; man kann sie allenfalls von außen eindämmen, trockenlegen läßt sie sich nicht. Ungebrochen lebt in ihr fort, was die Vernunft nicht nur aus der Realität, sondern zugleich damit auch aus den Köpfen vertrieben zu haben hoffte. Kann bestenfalls die Angst vor den im Innern aufsteigenden Bildern, den »Gespenstern der Phantasie«, durch das Bewußtsein ihrer ›Unwirklichkeit‹ im Zaum gehalten werden, so bleibt doch immer noch das Erschrecken über die Macht der Phantasie als solche, die dem aufgeklärten Subjekt fremd und feindlich gegenüberzustehen scheint.

Diese Einschätzung der Relation von Vernunft und Phantasie hat die Konsequenz, daß sich das Subjekt ständig vom Wahnsinn bedroht fühlt. Ein Nachlassen der Anstrengung des Verstandes bei der Beurteilung der Phantasiebilder würde zum Wahnsinn führen. »Hätte ich die Phantasmen von den Phänomenen gar nicht unterscheiden können, so wäre ich wahnsinnig gewesen.« (85) Die Gefahr des Wahnsinns liegt um so näher, als die Beurteilung der Wahrnehmungen keineswegs immer so unproblematisch verlaufen muß, wie Nicolai suggeriert. Es gehört zu den Charakteristika der Erfahrung der Macht der Phantasie, daß sie zur eindeutigen Bestimmung der Realität herausfordert, zugleich aber diese niemals zu völliger subjektiver Überzeugungskraft gedeihen läßt. Die Vernunft kann zwar erfolgreich Unterscheidungsverfahren und -kriterien entwickeln, doch geben diese nur der Vernunft selbst völlige Gewißheit; im Bereich der Wahrnehmung gelten andere, unmittelbare Evidenzen, die sich dagegen sträuben, wegphilosophiert zu werden. Sinnliches Sehen und vernünftiges Einsehen liegen im Streit, und dessen Ausgang ist offen. Selbst Kant findet es gar nicht so einfach, einer Erscheinung der Sinne jeden Realitätsbezug abzusprechen. Der »Phantast«, so schreibt er, könne

»seine Blendwerke durch kein Vernünfteln heben [. . .] weil die wahre oder scheinbare Empfindung der Sinne selbst vor allem Urteil des Verstandes vorhergeht, und eine unmittelbare Evidenz hat, die alle andre Überredung weit übertrifft.«[107]

Freilich ist der Phantast hier für Kant ein »Kranker«, dessen Wahrnehmung aus körperlichen Ursachen gestört ist. Insofern wird durch ihn die Möglichkeit einer vernünftigen Definition der Wirklichkeit gar nicht tangiert. Aber zugleich beweist er doch überhaupt, wie beschränkt die Überzeugungskraft der »Vernunftgründe« ist, wenn die Phantasiebilder die sinnliche Evidenz der Erscheinungen von Objekten annehmen.

Erst für eine spätere Generation wird diese Erfahrung zum Anlaß, die aufklärerische Übereinkunft über das Problem der Wirklichkeit in Frage zu stellen. Dem kann hier nicht weiter nachgegangen werden. Lediglich hinzuweisen ist darauf, daß die häufig im Medium der Literatur vorgenommenen Versuche einer Neuformulierung des Realitätsproblems dessen eindeutige Lösung meist gerade verweigern. Die lebensgeschichtlich erfahrene wechselseitige Relativierung von bloß subjektiven Vorstellungen einerseits und objektiven Kategorien der Wirklichkeitsbestimmung andererseits wird literarisch in der Technik des Polyperspektivismus reflektiert, die – wie etwa in Tiecks *William Lovell* und konsequenter noch in E.T.A. Hoffmanns *Der Sandmann* – dem Leser unterschiedliche Sehweisen desselben Vorgangs eröffnet und in der Schwebe hält. ›Wirklichkeit‹ erscheint so als Funktion unterschiedlicher Perspektiven, die der Leser gegeneinanderzuhalten und zu beurteilen hat, ohne dabei doch grundsätzlich die Facettierung der Wirklichkeit aufheben zu können.[108]

4. Dialektik der Phantasie: Unterdrückung, Phantasie und Angst

Nach dem bisher Gesagten könnte sich der Eindruck einstellen, die phantastische Angst sei allein das Produkt des aufklärerischen Prozesses der Neudeutung der Welt, in dem zahlreiche Vorstellungen und Wahrnehmungen ihren objektiven Realitätsgehalt verlieren und aus der

Tätigkeit der Phantasie erklärt werden, ohne doch damit auch ihre subjektive Realität einzubüßen und einfach aus den Köpfen zu verschwinden. In der Tat ist die Entzauberung der Welt, die den ›Aberglauben‹ widerlegt und bloß subjektive Phänomene nicht mehr in seinem Sinne zu deuten erlaubt, eine wesentliche Bedingung, unter der die Lokalisierung solcher Phänomene in der Phantasie – jedenfalls als ein allgemein akzeptiertes Erklärungsschema – erst möglich wird. Dem Rückgang der Furcht vor vermeintlichen Mächten der Außenwelt entspricht so das Wachstum innerer Angst. Die Entzauberung der Natur entfaltet damit eine spezifische Dialektik: Sie schlägt um in eine ›Verzauberung‹ der inneren Natur des Subjekts und seiner Phantasie, die nun für das verantwortlich ist, was früher in der Außenwelt gefürchtet wurde, und daher als eine geheimnisvolle, absurde, der Herrschaft der Vernunft sich widersetzende Macht erscheint, die dem Ich Angst einflößt. Es ist nicht zuletzt diese Erfahrung, die das Bedürfnis nach einer Wissenschaft von der Seele weckt, die zeigt, daß auch im dunklen Seelenraum nicht Chaos, sondern die Ordnung erforschbarer Beziehungen und Gesetze herrscht, und so die Angst bannen könnte.[109]

Doch die phantastische Angst des einzelnen und die kulturelle Verdächtigung der Phantasie erklären sich nur zum Teil aus der Subjektivierung ›abergläubischer‹ Vorstellungen und Befürchtungen und aus dem Fortbestand von Phänomenen, die ihre übernatürliche Dignität verloren haben und nun zu Phantasmen, Träumen, fixen Ideen und ähnlichem geworden sind. Es ist daher im folgenden eine zweite, nicht weniger verbreitete Form der phantastischen Angst zu charakterisieren, die ebenfalls die Entzauberung der Natur voraussetzt, sich jedoch aus anderen Quellen speist und auf andere Inhalte richtet. Die Rede ist von jener Phantasie und jener Angst, die das Produkt einer Dialektik der Unterdrückung sind. Man verläßt hier aber nicht in jedem Fall den Bereich ›abergläubischer‹ Bildlichkeit. In diese können sich vielmehr Inhalte anderweitiger Herkunft einkleiden, die gar nichts mit ihr zu tun zu haben scheinen. Sie kann ferner auch der Konkretisation diffuser Angstgefühle dienen, die, wie seit dem späten 18. Jahrhundert wiederholt festgestellt wird, dazu tendieren, sich ein geeignetes Objekt zu suchen, zu dem das durch den kulturellen Wissensbestand beglaubigte Furchtbare besonders geeignet ist.[110]

Daß die Phantasie auf den historisch variablen Druck der äußeren Realität reagiert, dürfte heute unbestritten sein. Freud stellte die These auf, der Glückliche phantasiere nie, nur der Unbefriedigte, denn: »Unbefriedigte Wünsche sind die Triebkräfte der Phantasien, und jede einzelne Phantasie ist eine Wunscherfüllung, eine Korrektur der unbefriedigenden Wirklichkeit.«[111] Die Phantasie sei gleichsam eine »dem Realitätsprinzip entzogene Schonung«, in der dem Menschen eine »Entschädigung« für den mit der Befolgung des Realitätsprinzips verbundenen Lustverzicht zuteil werde und in der er weiterhin die »Freiheit vom äußeren Zwang« genieße, »auf die er in Wirklichkeit längst verzichtet hat.« Was sich in diesem Reservat abspielt, hängt, so deutet Freud an, von Art und Ausmaß des äußeren Drucks ab, d.h. von der historischen Gestalt der Realität: »Um so üppiger« gedeihen die wunscherfüllenden Tagträume, »je mehr die Wirklichkeit zur Bescheidung oder zur Geduldung mahnt.«[112] An der Freudschen Konzeption ist vielfach ihr Reduktionismus kritisiert worden, d.h. die Tatsache, daß in ihr Phantasie, und das gilt auch für die künstlerische Phantasie, allein als Kompensation bedrückender Verhältnisse, als Ersatzbefriedigung real unerfüllter Wünsche gedacht wird, die immer nach dem Muster vergangener Wuncherfüllungen verlaufe.[113] Ernst Bloch, Herbert Marcuse und Alexander Mitscherlich, um nur die Vorreiter zu nennen, haben demgegenüber das progrediente, genuin schöpferische Moment der Phantasie eingeklagt, ihre Potenz der praxisleitenden Überschreitung des Bestehenden auf ein Zukünftiges hin.[114] Nicht zu leugnen ist aber, daß die Phantasie sowohl in ihrer kompensatorischen als auch in ihrer utopischen und kritischen Funktion vom Druck des Leidens stimuliert wird, das solche Funktionen erst hervortreibt. Obwohl ihre Aktivität sich natürlich nicht messen läßt, ist daher zu vermuten, daß es geschichtliche Phasen mit geringerer und stärkerer Phantasieproduktion gibt und daß die Art dieser Produktion nicht zuletzt von Art und Inhalt des Leidens abhängt. Eine Untersuchung der autobiographischen Texte des 18. Jahrhunderts könnte in dieser Hinsicht höchst aufschlußreich sein und überdies den bisher in historischen und germanistischen Arbeiten weitgehend ignorierten Zusammenhang der sozialen und kulturellen Bewertung der Phantasie mit der lebensgeschichtlich bedingten Phantasietätigkeit und ihren Funktionen erhellen. Dem kann hier allerdings nicht ausführlich nachgegangen werden; einige Grundzüge müssen genügen.

Sehr genau läßt sich die Beziehung von Unterdrückung und Phantasie an Karl Philipp Moritz' *Anton Reiser* beobachten, wie Hans-Jürgen Schings unter anderer Perspektive gezeigt hat.[115] »Unterdrückung« ist nicht nur ein Leitmotiv des autobiographischen Romans, sondern geradezu eine Grundkategorie seiner psychologischen Konzeption. Von Anton, so heißt es schon bei der Schilderung des Elternhauses, »kann man mit Wahrheit sagen, daß er von der Wiege an unterdrückt ward.«[116] Unterdrückung beginnt mit dem »zurücksetzende[n] Betragen seiner eignen Eltern gegen ihn« (342) und den unerfüllbaren religiösen Forderungen, sie setzt sich in der Hutmacherlehre und der Schule fort und kennzeichnet schließlich die gesellschaftlichen Verhältnisse überhaupt: »Im

Grunde war es das Gefühl der durch bürgerliche Verhältnisse unterdrückten Menschheit, das sich seiner hiebei bemächtigte und ihm das Leben verhaßt machte [...]« (340).

Wenigstens zum Teil gelingt es Reiser, sich von der verzweiflungsvollen äußeren Situation durch das Spiel der Phantasie zu entlasten, die sich aus der Misere hinausträumt, in der Negation aber ständig auf diese bezogen bleibt. Diese situative Bedingtheit ist am deutlichsten in den kompensatorischen Phantasien, in denen das imaginiert wird, was die Realität vorenthält;[117] sie zeigt sich in den Größen- und Machtphantasien des Unterdrückten, der unter Blumen und Kirschkernen »blindes Schicksal« spielt (29f., vgl. 80f., 211f.), und ebenso in der phantastischen Überhöhung der Realität, die diese besser ertragen läßt – etwa wenn Reiser die »niedrigsten Beschäftigungen« in der Werkstatt des ausbeuterischen Hutmachers zu einer »Art von Amt« mit sakraler Würde umfälscht und sich selbst in den religiösen Kategorien von »Aufopferung, gänzlicher Hingebung usw.« zum Tempeldiener stilisiert (55f., 69). Aber noch dort, wo sich die Phantasie als eine deutlicher utopisch strukturierte vorgefundener Bildwelten mit allgemeinerer Verbindlichkeit bedient, wo sich also ihre Inhalte von der aktuellen Situation ablösen, bleibt diese dem Autobiographen als Antrieb des Phantasierens immer bewußt.

»Dieses Spiel der Einbildungskraft machte ihm damals oft wonnevollre Stunden, als er je nachher wieder genossen hat. [...] Wie oft, wenn er an einem trüben Tage bis zum Überdruß und Ekel in der Stube eingesperrt war und etwa ein Sonnenstrahl durch eine Fensterscheibe fiel, erwachten auf einmal in ihm Vorstellungen vom Paradiese, von Elysium oder von der Insel der Kalypso, die ihn ganze Stunden lang entzückten.« (34)

Die Erfahrung unterdrückender Lebensbedingungen, »wodurch er von Kindheit auf aus der wirklichen Welt verdrängt wurde und, da ihm diese einmal auf das bitterste verleidet war, mehr in Phantasien als in der Wirklichkeit lebte«, speist auch die ›Lesewut‹ und ›Theatromanie‹ Reisers: »das Theater als die eigentliche Phantasienwelt sollte ihm also ein Zufluchtsort gegen alle diese Widerwärtigkeiten und Bedrückungen sein.« (355, vgl. 19, 223f. u.ö.)

Freilich muß Reiser den Rausch der Phantasie mit mehr als einem dicken Kopf bezahlen. Denn die Phantasie ist in mindestens zweifacher Hinsicht dialektisch. Zum einen haben sich auch ihr die Spuren der Repression eingegraben: Die durch den »immerwährenden Druck von außen« erzeugte »Selbstverachtung« (446) und Melancholie, die religiöse Furcht und der Reiser »von seiner frühesten Kindheit an« eingeflößte »Aberglaube« (83) okkupieren die Phantasie, um, wie Schings schreibt,

»deren Befreiungsversuche in ihr Gegenteil zu verkehren«,[118] in die »Leiden der Einbildungskraft« (83). Zum anderen führt die Konkretisierung des Wunschbilds zu einer fortschreitenden Entwertung der Realität, indem sie deren Abstand vom Erwünschten immer deutlicher zu Bewußtsein bringt und so das Leiden, das sie lindern wollte, vergrößert.[119]

Karl Philipp Moritz wird allein durch die analytische Souveränität, mit der er die eigene Lebensgeschichte psychologisch durchforscht, zum singulären Fall, nicht aber weil diese in auffälliger Weise von der anderer Zeitgenossen abwiche. Vergleichbare Erfahrungen von Unterdrückung und ähnliche Antworten auf sie finden sich nicht selten in der autobiographischen Literatur beschrieben, etwa in den in psychologischer Hinsicht hochinteressanten Jugenderinnerungen Lavaters, die in der Forschung befremdlicherweise nahezu unbeachtet geblieben sind,[120] oder in der Autobiographie Ulrich Bräkers, der aus einer widrigen Realität in Tagträume und ›Lesewut‹ flieht und dabei Moritz' Erfahrung teilen muß, daß das Phantasieren die geflohene Welt nur noch unausstehlicher erscheinen läßt und die Melancholie vertieft.[121]

Dasselbe gilt für Rousseau. Auch er, der von sich sagt: »Ach, mein beständigstes Glück widerfuhr mir im Traum [. . .]«,[122] phantasiert sich, anfangs durch exzessive Lektüre stimuliert, zeit seines Lebens aus unterdrückenden Verhältnissen hinaus – nicht ohne dabei die Dialektik dieses Vorgangs kennenzulernen. Er berichtet,

»daß die eingebildeten Verhältnisse, in die mich zu versetzen mir gelang, mich meine wirkliche Lage, mit der ich so unzufrieden war, vergessen ließen. Diese Liebe für Geschöpfe der Einbildungskraft und diese Leichtigkeit, sie mir heraufzubeschwören, machten mir nun tatsächlich alles, was mich umgab, widerwärtig und führten jenen Hang zur Einsamkeit herbei, der mir seitdem immer geblieben ist. Man wird später oft die wunderlichen Wirkungen dieser scheinbar so menschenfeindlichen und finstern Neigung sehen, die aber in der Tat aus einem zu warmen, zu liebevollen und zu zärtlichen Herzen kommt, das sich mit Einbildungen nähren muß, weil ihm die Wirklichkeiten, bei denen es ein Echo fände, fehlen.«[123]

Und natürlich hat Rousseau auch die andere Form der Dialektik der Phantasie erfahren: ihren Umschlag ins Schwarze aufgrund ihrer Besetzung durch die Bedrückungen der Realität.[124]

An der Lebensgeschichte Rousseaus läßt sich beobachten, wie Flucht- und Ersatzphantasien, wenigstens partiell, allmählich ein neues qualitatives Niveau erreichen können. Daß sie nicht von vornherein bloß narkotisch und affirmativ wirken müssen, zeigte sich schon daran, daß im Wechselspiel mit ihnen die Erfahrung der Mängel der Realität sich radikalisiert, und das kann neben der Zunahme des Leidens auch eine Präzisierung der Wahrnehmung herbeiführen. Dieser Vorgang bildet nicht nur einen potentiellen Antrieb zur theoretischen Reflexion über die bestehende Wirklichkeit, sondern auch den Ausgangspunkt einer Präzisierung der Phantasie selbst. An Rousseau kann man verfolgen, wie die individuellen Leiderlebnisse in ihrer Allgemeinheit erkannt werden und in Gesellschafts- und Kulturkritik einmünden, während sich parallel dazu die Phantasie vom Kompensatorischen zum Utopischen entwickelt, zur politischen Utopie des *Contrat social* einerseits, zur Utopie einer ›natürlichen Existenz‹ andererseits, wie sie in den *Rêveries du promeneur solitaire* entfaltet wird.

Auch diese utopischen »Träumereien« sind als Negation eines konkreten Mangels erkennbar, der aber als ein zugleich allgemeiner identifizierbar ist, dessen träumende Überwindung nicht lediglich dazu dient, sich danach um so leichter mit ihm abfinden zu können, sondern eine grundsätzliche Alternative zu ihm lebendig hält. Die ›natürliche Existenz‹, die Rousseau auf der Petersinsel im Bieler See zu leben versucht, stellt Punkt für Punkt den Gegenentwurf zur zivilisatorischen und ratiozentrischen Verfaßtheit der Identität des Subjekts dar, die als Selbstentfremdung und Produkt der Unterdrückung anderer menschlicher Lebensmöglichkeiten erfahren wird. Zu den Konstituentien dieses Entwurfs, der von Paul Mog weithin einleuchtend analysiert worden ist,[125] gehört ein sympathetisches Verhältnis zur Natur, die auch dem botanisierenden Rousseau nicht als Gegenstand theoretischer Aneignung und praktischer Nutzbarmachung entgegentritt, sondern in der meditativen Versenkung überhaupt ihren Objektcharakter verliert. Das Ich, das den Grundsatz der Arbeit, alles Zweck- und Nutzendenken abgestreift hat und statt dessen das »köstliche far niente«[126] genießt, hintergeht in euphorischer Hingabe an das Außen die Subjekt-Objekt-Spaltung und versinkt in der Natur:

»Ich werde unaussprechlich entzückt, verliere mich ganz in Wonne, wenn ich mit dem System der Wesen sozusagen verschmelze, mit der ganzen Natur eins werde.« (721)

Am radikalsten ist diese Preisgabe des Subjektseins im Zurücksinken in ein reines »sentiment de l'existence«, das eintritt, wenn Rousseau, im Kahn liegend, sich »der langsamen Bewegung des Wassers« anvertraut und ziellos über den See treibt (5. Promenade). Er gibt sich »tausend verworrene[n], aber wonnige[n] Träumereien« hin (696), die aber recht eigentlich gegenstandslos sind. Denn

»was genießt man in einer solchen Lage? Nichts, das außer uns selbst wäre, nichts als sich selbst und sein eigenes Dasein, und solange dieser Zustand währt, ist man, wie Gott, sich selbst genug.« (699)

Der Träumer verliert sich in reine Zuständlichkeit: die Seele »sammelt« sich im erfüllten Augenblick einer zeitlosen Dauer ohne Vergangenheit und Zukunft (ebd.), jede Intentionalität ist erloschen, das Bewußtsein kehrt hinter alle »Mühe des Denkens« (697) in vorreflexive Unmittelbarkeit zurück. Immer in der Gefahr des völligen Selbstverlusts, einer Gefahr, die sich in Bildern des Todes andeutet und von Rousseau ausdrücklich reflektiert wird (700), gibt das Ich der Lockung nach, sich aus seiner Identität als vernünftiges Subjekt zu lösen. Es ist dies die »Lockung der Sirenen« der *Odyssee,* die Horkheimer und Adorno im Sinne der »Dialektik der Aufklärung« gedeutet haben:

»Die Anstrengung, das Ich zusammenzuhalten, haftet dem Ich auf allen Stufen an, und stets war die Lockung, es zu verlieren, mit der blinden Entschlossenheit zu seiner Erhaltung gepaart. [. . .] Die Angst, das Selbst zu verlieren und mit dem Selbst die Grenze zwischen sich und anderem Leben aufzuheben, die Scheu vor Tod und Destruktion, ist einem Glücksversprechen verschwistert, von dem in jedem Augenblick die Zivilisation bedroht war.«[127]

Das Auftauchen der »Mühe des Denkens« im skizzierten Zusammenhang indiziert, daß auch sie zu den Aspekten der vernunftzentrierten Identität rechnet, die mit Unbehagen beantwortet werden. Es handelt sich hier zugleich um einen Teil und das Pendant jenes Unbehagens, das der Ausgrenzungscharakter der bürgerlich-aufklärerischen Vernunft evoziert, die sich Trieben, Affekten und Neigungen gegenüber restriktiv und repressiv verhält, nicht zuletzt um die eigene Subsistenz zu sichern. Denn planmäßiges rationales Denken und Erkennen setzt ein hohes Maß an Distanz zum Objekt und zu sich selbst, an Selbstbeherrschung und Affektfreiheit voraus. Mühsam ist das Denken also nicht nur wegen der Denkarbeit als solcher, sondern schon durch die diese erst ermöglichende Energie, die vorab und immer parallel erbracht werden muß, um von innen oder außen andrängende Ablenkungen, Reize oder Assoziationen zu unterdrücken und die »Mühe des Denkens« selbst überhaupt auf sich zu nehmen. Dies mag zu den Faktoren rechnen, aufgrund deren dem Philosophen und Gelehrten seit alters ein Platz unter den Melancholikern angewiesen wurde.[128] Es sind die »Träumereien« der Phantasie, in denen sich das während der Denkakte Niedergehaltene meldet und in denen das Subjekt Entschädigung sucht für strenge Selbstkontrolle, Verzicht und Selbstrepression. In der siebten Promenade schreibt Rousseau:

»Ich habe zuweilen tief genug nachgedacht, aber selten mit Vergnügen, fast immer wider meinen Willen und wie durch Gewalt fortgetrieben: die Träumerei erholt und unterhält mich, das Nachdenken ermüdet mich und macht mich traurig. Denken war mir stets eine mühsame und reizlose Beschäftigung. Manchmal verlieren sich meine Träumereien wohl in Betrachtungen, öfter aber noch gehen meine Betrachtungen in Träumerei über, und während dieser süßen Betäubung irrt und schwebt meine Seele auf den Fittichen der Einbildungskraft durch das Weltall in Entzückungen, die jeden anderen Genuß übertreffen.«[129]

Es sind nicht die schlechtesten Köpfe des 18. Jahrhunderts, die diese Einschätzung des abstrakten Denkens teilen, das gewaltsam, versagungs- und unlustvoll sei und »traurig« mache. Moses Mendelssohn läßt in seinen Briefen *Über die Empfindungen* den Theokles sagen:

»Der tiefsinnige Mathematiker, der die verborgensten Wahrheiten ergrübelt, bessert seine Seele. Allein die Sinne nehmen an der Freude keinen Antheil, so lange er von Wahrheit auf Wahrheit mühsam fortschreitet. In dieser Folge seines Nachsinnens macht ein deutlicher Begriff dem andern Platz. Lauter Arbeit! lauter mühsame Arbeit!«[130]

Die Genese des deutlichen Begriffs, der Grundkategorie und schärfsten Waffe der Aufklärung, ist ausgesprochen freudlos, insofern sie Arbeit ist, an der die Sinnlichkeit deshalb keine Freude hat, weil sie domestiziert werden muß, um zweckgerechte Arbeit erst möglich zu machen. »Sinne« und Gefühl aber sind die hauptsächlichen Quellen der Lust, und sei es der des Mathematikers, der am Ende der Arbeit seine Gedankenbewegung als Ganze überblickt.[131] Schon vorher hatte es, kühn genug, geheißen: »Die Vernunft allein kann kein Wesen beglücken, das nicht lauter Vernunft ist. Wir sollen fühlen, genießen und glücklich seyn.« Und: »[. . .] Siehe! das irrdische Wesen, der träge Körper selbst, ist eine neue Quelle der Lust.«[132] Die Erfahrung des Mendelssohnschen Mathematikers mag nicht untypisch sein für den bürgerlichen Intellektuellen des 18. Jahrhunderts überhaupt, der sich in der Regel nur durch eigene Leistung, geistige Leistung, aus äußeren Unterdrückungszusammenhängen befreien kann, dabei aber an sich selbst Disziplinierungs- und Ausgrenzungsakte vornehmen muß, die ihrerseits repressiv sind. Den dabei entstehenden Verlust humaner Möglichkeiten beklagt Lichtenberg: »Ich fürchte fast, es wird bei mir alles zu Gedanken und das Gefühl verliert sich.«[133] Die Phantasie aber hält die ausgeschlossenen Möglichkeiten präsent und wirkt so therapeutisch, lebenserhaltend, indem sie die Einseitigkeit des gelebten Lebens ertragen läßt – Lichtenbergs Selbstironie bedeutet da keine Zurücknahme:

»Ich habe oft stundenlang Phantasien nachgehängt, in Zeiten wo man mich
für sehr beschäftigt hielt. Ich fühlte das Nachteilige davon in Rücksicht auf
Zeitverlust, aber ohne diese Phantasien-Kur, die ich gewöhnlich stark um
die gewöhnliche Brunnenzeit gebrauchte, wäre ich nicht so alt geworden,
als ich heute bin [. . .]«[134]

Es ist bemerkenswert, wie sich in den autobiographischen Texten eine lebenspraktische Funktion der Phantasie und geradezu eine Angewiesenheit auf sie abzeichnen, von denen in den sozusagen offiziellen
Stellungnahmen der Aufklärer zur Phantasie, die in der Regel deren bedenkliche und gefährliche Seite hervorkehren, keine Rede war. Man
wird annehmen dürfen, daß die poetologischen und poetischen Konzeptionen seit der Empfindsamkeit, in denen sich eine allmähliche Aufwertung der Phantasie vollzieht, auf dieses Bedürfnis antworten und es
mit der Vernunft zu vermitteln streben,[135] wie sich überhaupt das ästhetische Programm der Empfindsamkeit als Versuch interpretieren läßt,
»den Unterdrückungszusammenhang der Vernunft in Teilbereichen des
Daseins aufzuheben«, »Vernunft und Natur miteinander zu versöhnen,
aneinander anzunähern«, wie Rolf Grimminger schreibt.[136]
Am Beispiel Rousseaus, Mendelssohns und Lichtenbergs ist deutlich
geworden, daß die Phantasie nicht nur auf äußere Unterdrückung reagiert, sondern auch auf die zivilisatorische und ›vernunftgemäße‹, die
oberen Seelenvermögen absolut privilegierende Organisation des Individuums, die von diesem als Zwang – wenn auch als selbstauferlegter
und ›vernünftig‹ legitimierter – erfahren wird. Dieser Zusammenhang
ist für die Entstehung von innerer Angst von entscheidender Bedeutung, insofern nämlich auch jene Ansprüche der ›inneren Natur‹ in der
Phantasie einen Unterschlupf finden, die das vernünftige Ich als lasterhaft und gefährlich verwirft und mit denen es nichts zu tun haben will,
allen voran die sexuellen Regungen.
Zahlreiche Autoren des 18. Jahrhunderts haben mit Bestürzung und
Unwillen festgestellt, daß sich die Phantasie gegen alle Vernunft und
Tugend zum Anwalt des Sexualtriebs macht; bereits bei der Untersuchung der bürgerlich-aufklärerischen Pädagogik war davon ausführlich
die Rede. Kant bemerkt, wir seien häufig dem »Spiel dunkeler Vorstellungen« ausgeliefert

»und unser Verstand vermag nicht, sich wider die Ungereimtheiten zu retten, in die ihn der Einfluß derselben versetzt, ob er sie gleich als Täuschung
anerkennt.
So ist es mit der Geschlechtsliebe bewandt, so fern sie eigentlich nicht das
Wohlwollen, sondern vielmehr den Genuß ihres Gegenstandes beabsichtigt.«

Und Kant fügt hinzu: »Die Einbildungskraft mag hier gern im Dunkeln spazieren [...]«.[137] Auch Jean Paul betont, daß die von der Vernunft bekämpfte und tagsüber auch wirklich unterworfene Triebsphäre in der Phantasie, besonders der des Nachttraums, wieder in Erscheinung tritt und ihr Fortleben unter Beweis stellt. In Jean Pauls Essay *Über das Träumen* erscheint der Traum als geradezu beherrscht von der Körperlichkeit, deren Verhältnis zur Vernunft bezeichnenderweise mit dem eines Trabanten zu seinem Planeten verglichen wird.

»Addison nennt die Träume selber träumerisch-schön den Mondschein des Gehirns; diesen wirft nun, wie ich beweisen werde, eben unser Satellit und Mond aus Fleisch.«[138]

Dieser Mondschein freilich hat nichts mit romantischer Verklärung zu tun. In seinem fahlen Licht spielt sich Gespenstisches, Grauenhaftes ab: Die unheimlichen und gefährlichen Mächte des Triebes haben sich von den Ketten der Vernunft losgerissen.

»[...] das weite Geisterreich der *Triebe* und *Neigungen* steigt in der zwölften Stunde des Träumens herauf und spielet dichter-verkörpert vor uns. [...] Fürchterlich tief leuchtet der Traum in den in uns gebaueten Epikurs- und Augias-Stall hinein; und wir sehen in der Nacht alle die wilden Grabtiere oder Abendwölfe ledig umherstreifen, die am Tage die Vernunft an Ketten hielt.«[139]

Es ist zweifelhaft, ob Jean Paul den Zusammenhang gesehen hat, der zwischen der Ankettung der Triebe und Neigungen, der zwangsartigen magnetischen Steuerung ihrer Umlaufbahn durch die Vernunft einerseits und ihrem wilden Umherstreifen in der Phantasie andererseits besteht, einen Zusammenhang, der als eine Dialektik der Repression beschreibbar ist. Man darf unterstellen, daß sich die von Jean Paul beschriebenen Phantasien nicht als eine historisch invariante Mitgift der Gattung Mensch begreifen lassen, sondern daß es sich mit ihnen verhält wie mit dem Phantasieren überhaupt, das von Unterdrückung und Verzicht stimuliert wird und in hohem Maße von diesen abhängig ist. Im Fall des Sexualtriebs, der im Verlauf des Zivilisationsprozesses im allgemeinen und der Konstitution des ›vernünftigen‹ Charakters bürgerlicher Prägung im besonderen immer genauer kontrolliert, reglementiert oder kanalisiert wird, steigert das Werk der Unterdrückung mit der realen Versagung genau den Wunsch nach dem, was es zu minimieren unternimmt, und dieser Wunsch wird von der Phantasie bebildert und erfüllt.[140] Allerdings ist das Lustvolle solcher Kompensation eingeschränkt und gebrochen. Denn die Dialektik der Repression verschränkt sich mit einer Variante jener Dialektik der Phantasie, die dafür verantwortlich ist, daß diese nicht nur das Leiden am realen Mangel vergrößert, sondern in die »Leiden der Einbildungskraft« selbst umschlägt. Wie bereits ausführlich gezeigt worden ist, gehört es ja zu den Mechanismen der Sexualunterdrückung, jede Erscheinungsweise des Sexuellen, und sei es seine bloße Repräsentanz in der Phantasie, einerseits mit furcht- und ekelerregenden Vorstellungen zu verknüpfen, andererseits mit einer Angst, die aus der Verinnerlichung des bürgerlichen Sexualtabus resultiert. Die kompensatorischen Phantasien des Tag- und Nachttraums, in denen lustverheißende Bilder des Verbotenen im Individuum aufsteigen, drohen daher immer in Furcht und eine durch das Gewissen vermittelte Angst vor den eigenen Trieben umzukippen: »Fürchterlich« ist der Blick in den inneren »Epikurs- und Augias-Stall«, dessen Benennung die in ihm heimische Lust nicht verschweigt. Es ist dies wenigstens in seiner Grundstruktur der Vorgang, aufgrund dessen Freud noch den Angsttraum als eine Wunscherfüllung deuten konnte.[141]

Auf die Sexualität folgen in der Rangordnung des gesellschaftlich Unerwünschten die gewalttätigen Regungen, deren Verbot ebenfalls zu dem Satz von Normen gehört, den das bürgerliche Individuum im Lauf seiner Sozialisation verinnerlichen soll. Gleichwohl läßt sich für das 18. Jahrhundert eine verbreitete Lust an der Gewalt nachweisen. Es ist hier nicht zu entscheiden, ob und inwieweit eine solche in trieb- oder instinkthaften Ursprüngen gründet oder primär aus historischen, gesellschaftlichen oder Umweltbedingungen erwächst, wie Erich Fromm zu beweisen sucht.[142] Betrachtet man die Lebensgeschichten des 18. Jahrhunderts, so ist allerdings anzumerken, daß vieles in ihnen für die These einer soziogenen Destruktivität spricht. Im Falle Anton Reisers etwa ist es eindeutig, daß die gewalttätigen Phantasien und Spiele, die »alle [. . .] auf Verderben und Zerstörung« hinauslaufen,[143] Reaktionen auf die vielerlei Formen von Unterdrückung sind, denen Reiser ausgesetzt ist. Beim Köpfen von Blumen, beim Zerschlagen von Kirschkernen, beim Erstechen von ausgeschnittenen Helden, bei der Brandstiftung an einer selbstgebastelten Papierstadt, immer hält sich der Unterdrückte für das Erlittene an Ersatzobjekten schadlos und kann so seine Wut ablassen:

»[. . .] seine ohnmächtige kindische Rache am Schicksal, das ihn zerstörte, schuf sich auf die Art eine Welt, die er wieder nach Gefallen zerstören konnte.«[144]

Ähnliches läßt sich an Lavaters Jugenderinnerungen zeigen.[145]

Wichtiger als die Beantwortung der Frage, ob die im 18. Jahrhundert zu beobachtenden destruktiven Regungen und Phantasien aus triebhaf-

300

ten Ursprüngen oder aus historisch variablen Unterdrückungszusammenhängen entstehen, ist es für die vorliegende Problemstellung allerdings, den Konflikt zwischen solcher Gewaltneigung und ihrer verinnerlichten gesellschaftlichen Tabuierung in Augenschein zu nehmen. Dieser Konflikt ist, so möchte ich behaupten, geradezu das Charakteristikum der zeittypischen Faszination, die vom Schrecklich-Erhabenen ausgeht. Zweifellos gründet diese in einer Lust an der Gewalt, die selbst schon zivilisatorisch geformt ist, insofern sie nicht mehr von eigener direkter Gewalttätigkeit ausgeht, sondern durch das Auge oder die Phantasie vermittelt ist.[146] Aber noch in dieser gemäßigten Form muß die Lust ständig verleugnet und maskiert werden, um befriedigt werden zu dürfen und nicht unter das Verbot der Gewaltneigung zu fallen. Durchgehend ist die gleichermaßen kunsttheoretische wie psychologische Diskussion über den Grund des Vergnügens an schrecklichen Gegenständen, Flut-, Feuerkatastrophen und ähnlichem, damit beschäftigt, dieses Vergnügen als eine »moralische Lust« (Schiller),[147] zumindest aber eine moralisch indifferente, auszuweisen und die Zumutung abzuwehren, der Betrachter empfinde einen moralisch verwerflichen Genuß am Leiden anderer.

Am leichtesten zu rechtfertigen ist die Lust an Katastrophen und Zerstörungen, wo sie von deren künstlerischer Nachahmung ausgeht, kann sie doch hier auf das Vergnügen an der Mimesis überhaupt oder an der besonderen Fertigkeit des Künstlers geschoben werden. Problematischer wird es, wenn sich Lust am Grauenhaften »in der Wirklichkeit« entzündet. Hier ist das Verdikt nahe, dessen zivilisatorischen und moralischen Charakter Ernst Platner deutlich macht, wenn er einräumt, solche Lust komme zwar vor, »obgleich nie in wohlerzogenen Gemüthern«.[148] Derselben Meinung ist James Beattie, der das Vergnügen am »Gemälde einer brennenden Stadt« verteidigt, jedoch darauf insistiert, man dürfe »deswegen daraus nicht den Schluß machen, daß wir, wie Nero ein Vergnügen an einer solchen Begebenheit finden würden, wenn wir sie wirklich vor Augen sähen.« Freilich, entschlüpft es Beattie, gebe es »in der That [...] wenig Erscheinungen, die schöner und erhabener seyn können, als eine Masse von Flammen, die im Winde rollt und zum Himmel aufsteigt.« Hastig schiebt er jedoch dieser verfänglichen Bemerkung ihre Einschränkung nach: »Die Zerstörung durchs Feuer aber ist unter allen irdischen Dingen das Schrecklichste.«[149] Wo man im Gegensatz zu solchen Auffassungen ein Vergnügen am Anblick realer destruktiver Vorgänge nicht im Namen der Moral verurteilt oder einfach leugnet, bemüht man sich besorgt um den Nachweis, daß es mit dieser im Einklang stehe: Angenehme Sympathie mit den Opfern, tugendhaftes Mitleiden, allenfalls noch das Wohlbehagen an der eigenen Unbetroffenheit vom Unglück sollen dann einzig die Gefühle sein, aus denen sich das Vergnügen erklärt.[150] Das Gezwungene solcher Versuche der Abwehr des ›Neronenverdachts‹ und damit eines pessimistischen Menschenbildes[151] zeigt sich, wenn etwa Mendelssohns Theokles das Vergnügen an den römischen Gladiatorenkämpfen und Tierhatzen »auf nichts, als auf die Geschicklichkeit der handelnden Personen oder Thiere« zurückführt und sogar das Ergötzen an öffentlichen Hinrichtungen in Analogie zu dem am Trauerspiel allein aus dem Mitleid mit dem Delinquenten erklären will.[152] Karl Philipp Moritz ist neben de Sade und allenfalls noch dem Goethe der *Theatralischen Sendung* (II,5) der einzige, der, indem er seine eigenen, offenkundig soziogenen Erfahrungen generalisiert und quasi ›anthropologisiert‹, unerschrocken behauptet, was alle anderen Theoretiker der Aufklärung entrüstet von sich weisen:

»Wir alle sind im Grunde unseres Herzens kleine *Neronen,* denen der Anblick eines brennenden Roms, das Geschrei der Fliehenden, das Gewimmer der Säuglinge gar nicht übel behagen würde, wenn es so, als ein *Schauspiel,* vor unsern Blicken sich darstellte.
[. . .] Da wir nicht Schöpfer werden konnten, um Gott gleich zu seyn, wurden wir *Zernichter;* wir schufen *rückwärts,* da wir nicht vorwärts schaffen konnten.«[153]

Daß Moritz' radikale These sich für die Zeitgenossen in aller Regel verbietet, hat seinen Grund, wie gesagt, im ›soziomoralischen‹ Verdikt über die Gewalt. Da dieses von den Individuen verinnerlicht wird, ist die moralische Tarnung der voyeuristischen Gewaltlust, die deren Befriedigung weiterhin ermöglicht, nicht nur eine nach außen, sondern zugleich nach innen, ein Verbergen vor sich selbst. Das Gewissen aber hat scharfe Augen. Noch unter der Maske ahnt es das Verbotene. Trotz aller Versuche, die Existenz verworfener Lust zu leugnen –, und zumal diese Versuche ja immer auch beweisen, wie notwendig sie sind – entwickelt das Individuum daher Angst: Gewissensangst, Triebangst. Genau diese Relation von Lust und Angst, so scheint mir, bildet die geheime Basis des gemischten Gefühls, der ›bangen Lust‹, die den Betrachter beim Anblick schrecklich-erhabener Feuersbrünste, Schlachtbilder und Überschwemmungen befällt.

Der Charakter der Angst, die entsteht, wenn das bürgerliche Individuum im Spiel seiner Phantasie die Existenz verworfener Regungen bemerkt, soll im folgenden genauer betrachtet und spezifiziert werden. Die These, daß es sich bei dieser Angst um eine durch Vermittlung des Über-Ich entstehende Triebangst handelt,[154] läßt sich mit Blick auf eine Frage erhärten, die die Autoren des 18. Jahrhunderts stark beschäftigt hat, die Frage, ob die unwillkürlichen Phantasien und Träume Rückschlüsse auf die Moralität des Subjekts zulassen. Von den meisten Aufklärern wird sie bejaht: Der Traum bzw. die Phantasie überhaupt fällt – cum grano salis – in die volle Verantwortlichkeit des Subjekts. Johann Gebhard Ehrenreich Maaß etwa ist ebenso wie J. M. Sailer der bereits zitierten Ansicht, daß dem Menschen »das Gute und Böse zugerechnet werden könne, was er im Traume sagt oder tut [. . .]«;[155] auch Jean Paul diskutiert in dem ebenfalls schon angeführten Essay – freilich mit anderem Ergebnis als Maaß – die »Meinung Hemsterhuis' und Dionysius' [. . .], daß der Mensch im Traume seine moralische und unmoralische Natur enthülle«.[156] Diese Auffassung basiert auf der Annahme, das Subjekt könne, »sofern nämlich sein Traum durch seine Begierden erzeugt oder modifiziert ist und diese Begierden von der Freiheit abhängig sind« (Maaß),[157] die Phantasie vom Wachzustand her derart säubern, daß sie auch im Traum keine verwerflichen Bilder mehr hervorbringen kann. Dahinter steht das Postulat eines durch und durch, bis in den hintersten Seelenwinkel moralischen Subjekts. Wer also von dem träumt, was die vernünftige Sittlichkeit verbietet, an dem ist ein wesentliches Stück der moralischen Modellierungsarbeit nicht geleistet worden; mit seiner Tugend kann es nicht allzuweit her sein. An diesem strengen Maßstab mißt sich das bürgerliche Subjekt.

Die von der Moral geforderte permanente und totale Zensur aller Phantasiebilder wird unter der Bedingung der Internalisierung vom inneren Statthalter dieser Moral, dem Über-Ich, ausgeübt. Den Zusammenhang zwischen dieser moralischen Selbstzensur und den Schuldgefühlen und der Angst, die mit der inneren Wahrnehmung verbotener Regungen verbunden sind, zeigt ein Gespräch, das der spätere Theologieprofessor Johann Friedrich Abegg 1798 mit dem Gothaer Gymnasialprofessor Karl Gotthold Lenz führt; zur Sprache kommt die Frage »›ob Träume *moralisch* seien?‹«. Lenz hält dafür, daß

»sicherlich jeder Mensch und also *alle* Menschen mehr oder weniger schuldig wären, wenn die *Träume* qua tales nicht rein sittlich wären. Indessen gäbe es doch sonderbare Erscheinungen. Prof. Weber in Jena, ein anerkannt rechtschaffener und philosophischer Mann, habe während seiner letzten Lebensjahre oft mit Schwermuth zu kämpfen gehabt. In den lichten Augenblicken habe er niedergeschrieben, was ihm in den trüben eingefallen, auch, was ihm *geträumt* habe. Und dieser sonst so exemplarische Mann erzählte von sich, daß ihm abscheuliche, völlig unmoralische Ideen oft einfielen, und er wisse nicht, wie er dazu gelangt sey. In Moritz' Erfahrungs-Seelenkunde stehe der Aufsatz.«[158]

»Sonderbar« kommt dem bürgerlichen Moralisten die Tatsache vor, daß ein exemplarisch tugendhafter Mann von »völlig unmoralische[n]«

Phantasien geplagt werden kann, »sonderbar«, weil sie offenkundig seiner Traumthese widerspricht, an der er gleichwohl festhält, ohne sie doch direkt auf den Jenaer Professor anwenden zu wollen. »Sonderbar« kann dessen Fall nur darum scheinen, weil man nicht wahrhaben will, daß die Herrschaft der Tugend keine totale sein kann, daß die verworfenen Bedürfnisse und Strebungen der ›inneren Natur‹ sich nicht kraft Willensfreiheit annihilieren lassen, sondern in der Phantasie weiterleben, und daß es vielleicht gerade die moralisch besonders rigiden Subjekte sind, deren Phantasie mit den ärgsten Anfechtungen aufwartet. Der »anerkannt rechtschaffene und philosophische« Professor Weber dürfte die Meinung Lenz' und seiner Zeitgenossen geteilt haben. Was aber von außen betrachtet befremdlich und unverständlich ist, bewirkt am eigenen Leib erfahren Depressionen: Das Subjekt, das sich den totalen, ja totalitären Anspruch der Tugend zu eigen macht, muß sich beim Auftauchen unerlaubter Phantasien selbst als unmoralisch verurteilen – aufgrund seines ganz und gar moralistischen Selbstverständnisses, mit dem es sich in radikalem Widerspruch sieht. Das Subjekt versteht sich selbst nicht mehr, es kann nicht begreifen, wie es zu den inneren Bildern »gelangt sey«, in denen ihm das unterdrückte Eigene als ein Wild-Fremdes begegnet.

Auch in Tiecks Erzählung *Des Lebens Überfluß* ist davon die Rede, daß der Traum innere Regungen sichtbar macht, die das moralische Ich als »fremd« von sich abspalten möchte. Das wirft die Frage nach der Wahrheit der Person und ihrer Verantwortlichkeit auf. An ihren Ehemann Heinrich gewendet, sagt Clara:

»›Außerdem gehören aber deine Träume mir; denn sie sind Ergüsse deines Herzens und deiner Phantasie, und ich könnte eifersüchtig auf sie werden, wenn ich denke, daß mancher Traum dich von mir trennt, daß du, in ihm verstrickt, mich auf Stunden vergessen kannst, oder daß du dich wohl gar, wenn auch nur in Phantasie, in ein andres Wesen verliebst. Ist dergleichen nicht schon eine wirkliche Untreue, wenn Gemüt und Einbildung auf dergleichen nur verfallen können?‹
›Es kommt nur darauf an‹, erwiderte Heinrich, ›ob und inwiefern unsre Träume uns gehören. Wer kann sagen, wie weit sie die geheime Gestaltung unseres Innern enthüllen. Wir sind oft grausam, lügenhaft, feige im Traum, ja ausgemacht niederträchtig, wir morden ein unschuldiges Kind mit Freuden, und sind doch überzeugt, daß alles dies unsrer wahren Natur fremd und widerwärtig sei.‹«[159]

Es sind wohl nicht zuletzt Erfahrungen dieser Art, die, wie eingangs zitiert, die Gestalten der Phantasie in Tiecks Augen weit fürchterlicher erscheinen lassen als die realen Gefahren der Außenwelt.

Eine Selbsterfahrung vom Typus der Weberschen wird schon in Goethes *Werther* reflektiert. An Wilhelm schreibt Werther:

»Was ist das, mein Lieber? Ich erschrecke vor mir selbst! Ist nicht meine Liebe zu ihr die heiligste, reinste, brüderlichste Liebe? Habe ich jemals einen strafbaren Wunsch in meiner Seele gefühlt? – Ich will nicht beteuern – Und nun, Träume! O wie wahr fühlten die Menschen, die so widersprechende Wirkungen fremden Mächten zuschrieben! Diese Nacht! ich zittere, es zu sagen, hielt ich sie in meinen Armen, fest an meinen Busen gedrückt, und deckte ihren liebelispelnden Mund mit unendlichen Küssen; mein Auge schwamm in der Trunkenheit des ihrigen! Gott! bin ich strafbar, daß ich auch jetzt noch eine Seligkeit fühle, mir diese glühenden Freuden mit voller Innigkeit zurückzurufen? Lotte! Lotte! – Und mit mir ist es aus!«[160]

Wenig später gesteht Werther Lotte auch aggressive Phantasien ein: »[...] in diesem zerrissenen Herzen ist es wütend herumgeschlichen, oft – deinen Mann zu ermorden! – dich! – mich!«[161] Werther fühlt sich »in einem Zustande, in dem jene Unglücklichen gewesen sein müssen, von denen man glaubte, sie würden von einem bösen Geiste umhergetrieben.«[162] Deutlich benennt Werther die Möglichkeitsbedingung seiner Selbsterfahrung – dieselbe, die der Zuschreibung der Schrecknisse des Aberglaubens an die Einbildungskraft zugrunde liegt. Was vor der Entzauberung der Natur, der aufklärerischen Abschaffung des Geisterreichs als Besessenheit oder dämonische Anfechtung interpretiert und dadurch aus dem psychischen Innenraum in ein Außen projiziert werden konnte, muß nun als eigene Hervorbringung erkannt werden, wird dadurch freilich keineswegs harmloser. Erst dieser Verlust der Externalisierungsmöglichkeit zwingt Werther dazu, radikal »widersprechende Wirkungen« als verschiedene Aspekte der eigenen Person zu sehen. Diese ist ein Wesen, das dem Ideal der reinen Liebe huldigt und den sexuellen als einen unmoralischen, »strafbaren Wunsch« verdammt, zugleich aber feststellen muß, daß dieser trotzdem die Phantasie in Bewegung setzt und noch dazu »Seligkeit«, höchstes Glück also, zu erregen fähig ist. Der Traum enthüllt den verbotenen und verleugneten triebhaften Untergrund der vermeintlich reinen Liebe und erschüttert dadurch massiv das Selbstverständnis des Subjekts, das die Fremdheit des Nichtidentischen, das es früher äußeren »fremden Mächten« zuschreiben konnte, als Eigenschaft seiner selbst erfährt: Werther – und das läßt sich in den autobiographischen und im engeren Sinn literarischen Texten der Zeit häufig nachweisen –[163] erschrickt vor sich selbst, vor dem durch moralische Ausgrenzung fremd gewordenen Triebhaften und vor der Phantasie, die es vermittelt.

Zusammen mit der widervernünftigen Produktion als irreal erkannter

Vorstellungen bildet diese nicht minder ›widervernünftige‹ Funktion der Phantasie sowohl den Kern des Phänomens der phantastischen Angst wie den Grund des permanenten Mißtrauens gegen die Einbildungskraft, das an den zeitgenössischen Diskursen beobachtet werden konnte. Die »Furcht vor der Einbildungskraft«, die auch Hartmut und Gernot Böhme am Beispiel Kants konstatieren, »war die Furcht vor der überflutenden Bilderwelt, vor der Natürlichkeit, vor der Bestialität im Menschen, vor dem, was im Bewußtsein den Körper wieder und wieder repräsentiert.«[164]

Alle Formen der phantastischen Angst, so ist deutlich geworden, basieren ihrer Möglichkeit nach auf der aufklärerischen Destruktion ›abergläubischer‹ Weltdeutungen. Gleichwohl unterhalten sie vielfältige Beziehungen zu diesen – und nicht nur die der ständigen Negation. Das gilt auch für die moralisch gegründete Angst vor den inneren Bildern verworfener Triebregungen. Zwischen diesen und dem Bereich abergläubischer und unheimlicher Vorstellungen lassen sich für das 18. und auch das 19. Jahrhundert Übergänge und Verbindungen nachweisen.

Freud hat in seiner Arbeit über *Das Unheimliche* (1919) die These aufgestellt, »unheimlich« sei das wiederkehrende Verdrängte, und sich Bestätigung aus der Etymologie des Wortes »heimlich« geholt, »das seine Bedeutung nach einer Ambivalenz hin entwickelt [heimisch/geheim], bis es endlich mit seinem Gegensatz unheimlich zusammenfällt. Unheimlich ist irgendwie eine Form von heimlich.«[165] Gegen E. Jentsch gewendet bemerkt daher Freud, das Unheimliche sei nicht schlechthin das, was nicht heimisch, nicht vertraut, unbekannt sei, und das Gefühl des Unheimlichen infolgedessen auch nicht allein das der intellektuellen Unsicherheit gegenüber dem Fremden.[166] Unheimlich sei vielmehr das ursprünglich Vertraute, das fremd geworden sei, und zwar auf dem Weg seiner Verdrängung. In diesem Sinn versucht Freud, zahlreiche traditionell unheimliche und abergläubische Vorstellungen zu deuten. Freilich muß er im Lauf der Untersuchung seine These dahingehend modifizieren, daß nicht nur das im strengen Sinn *Verdrängte* unheimlich werden kann, sondern auch Ereignisse, die rational *überwundene* animistische Vorstellungen zu bestätigen scheinen;[167] zwischen beiden Formen gibt es jedoch Überschneidungen. Sicher darf Freuds Konzeption keinen Anspruch erheben, das ganze Feld des Unheimlichen abzudecken, stellt sie doch dessen Zustandekommen unter die Bedingungen der Verdrängung und der Aufklärung, die geschichtlich und kulturell bei weitem nicht so verbreitet sind, wie man das vom Unheimlichen vermuten darf. Freud beschreibt eigentlich nur das, was seiner eigenen Epoche unheimlich erscheint. Dies aber kongruiert weitgehend mit dem

Unheimlichen des 18. Jahrhunderts, und man wird diese Übereinstimmung darauf zurückzuführen haben, daß die psychische Struktur, anhand deren Freud seine Theorie entwickelte, im wesentlichen mit derjenigen identisch ist, die aufgrund gesellschaftlicher und zivilisatorischer Prozesse seit der frühen Neuzeit in den neuen bürgerlichen Schichten entsteht und in der Pädagogik der Aufklärung erstmals gewissermaßen zum Programm erhoben wird. Es ist dabei nicht nur das aus einer scheinbaren Bestätigung überwundener abergläubischer Vorstellungen erwachsende Unheimliche, was die Epoche Freuds mit der der Aufklärung und Romantik teilt. Es läßt sich zeigen, daß schon im späten 18. Jahrhundert die Begegnung mit dem, ich möchte nicht sagen: Verdrängten, sondern vorsichtiger: moralisch Verbotenen, Abgespaltenen, Unterdrückten als unheimlich erfahren wird und daß sich umgekehrt die Unheimlichkeit mancher Vorstellungskomplexe aus ihrer Assoziation mit dem Triebhaften erklärt.

So wie Werther sich beim Blick in sein Innerstes fremd wird und vor sich selbst erschrickt, wird sich sein Schöpfer, der in Werther erklärtermaßen sein alter ego aus sich herausgesetzt und objektiviert hat,[168] im Rückblick auf diese Verwandtschaft »unheimlich«. Das Wiederlesen des Romans ruft Goethe seine heimlichen inneren Möglichkeiten in Erinnerung, das abgetrennte und entfremdete Eigene, das bei seiner Wiederkehr in der reproduktiven Einbildungskraft als Bedrohung der gegenwärtigen Identität erscheint. Goethe hat die Lektüre denn auch niemals wiederholt. In der bekannten Aufzeichnung Eckermanns vom 2. Januar 1824 heißt es:

»Das Gespräch wendete sich auf den ›Werther‹. ›Das ist auch so ein Geschöpf,‹ sagte Goethe, ›das ich gleich dem Pelikan mit dem Blut meines eigenen Herzens gefüttert habe. Es ist darin so viel Innerliches aus meiner eigenen Brust, so viel von Empfindungen und Gedanken, um damit wohl einen Roman von zehn solcher Bändchen auszustatten. Übrigens habe ich das Buch, wie ich schon öfter gesagt, seit seinem Erscheinen nur ein einziges Mal wieder gelesen und mich gehütet, es abermals zu tun. Es sind lauter Brandraketen! Es wird mir unheimlich dabei, und ich fürchte, den pathologischen Zustand wieder durchzuempfinden, aus dem es hervorging.‹«[169]

Exemplarisch zeigt sich die Unheimlichkeit zensierter innerer Kräfte in einer verbreiteten Vorstellungsverbindung: Die Sexualität amalgamiert sich mit dem Prototyp des Unheimlichen, dem Gespenstischen und Dämonischen. Vom »Geisterreich der Triebe und Neigungen«, das »in der zwölften Stunde des Träumens« heraufsteige, war in dem früher zitierten Aufsatz *Über das Träumen* von Jean Paul die Rede, der auch Teufel und Engel als Metaphern innerer Mächte einsetzt. »Wir fürchten seine Verwandtschaft«, so erklärt Jean Paul in einem anderen Text das »Grausen« vor der »Vorstellung des Satans«, und konsequenterweise ist es »das Bewußtsein sittlicher Schuldlosigkeit«, das »im unbekannten unheimlichen Reiche« als ein »mächtiger Engel des Himmels« dem Teufel zu widerstehen erlaubt.[170] Die Reihe der Beispiele ließe sich, auch in der Literatur im engeren Sinne, lange fortführen. Stellvertretend für vieles seien hier nur noch Bürgers *Lenore* genannt, Goethes *Die Braut von Korinth,* die Figur der erotisch lockenden dämonischen Giulietta in E.T.A. Hoffmanns *Die Abenteuer der Sylvester-Nacht* und Hoffmanns Nachtstück *Das Majorat,* in dem die zum Verbrechen neigenden – auch erotischen – Leidenschaften durchgängig mit dem Unheimlichen und Gespenstischen assoziiert werden und sich in dem auftretenden Gespenst zur symbolischen Gestalt zusammenziehen. Zu verweisen wäre in diesem Zusammenhang schließlich auch auf das literarische Motiv des gespenstischen Doppelgängers, der häufig abgespaltene und fremd gewordene Persönlichkeitssegmente verkörpert.[171]

Der Bereich der Leidenschaften und Triebe ist mit dem Gespenstischen nicht nur über das tertium comparationis der Unheimlichkeit verklammert, sondern auch dadurch, daß sich ihre ursprünglich kausale Beziehung in eine metaphorische transformiert: Mit der aufklärerischen ›Entinstitutionalisierung‹ des ›Aberglaubens‹ verwandeln sich Gespenster, Dämonen und Teufel aus äußeren Mächten, die für bedrohliche innere Regungen verantwortlich gemacht werden konnten, in Metaphern bzw. Symbole für diese.[172] Die Gespensterfurcht der aufgeklärten Subjekte ist also nicht nur das widervernünftige Relikt einer überwundenen Weltdeutung, sondern kann mitunter auch in diesem übertragenen Sinn verstanden werden.[173] Man wird vielleicht einen weiteren Ermöglichungsgrund der Verbindung zwischen dem Triebhaften und dem Gespenstischen in einer strukturellen Ähnlichkeit erblicken dürfen. Das Gespenst, das ja ein schuldbeladenes Wesen ist, das nicht sterben kann, aber auch kein richtiges Leben führt, teilt diese Eigenschaft mit den moralisch verurteilten Trieben und Leidenschaften, die das bürgerliche Subjekt in sich abzutöten strebt, um dann mit Schrecken festzustellen, daß sich das Totgeglaubte »in der zwölften Stunde des Träumens« regt und als Wiedergänger aus dem Grabe erhebt.

Die Feststellung, daß Triebregungen unter den Begriff des Unheimlichen fallen können, erlaubt nun zwar keinesfalls die Umkehrung, daß sich das Unheimliche des 18. Jahrhunderts überhaupt auf diese Weise deuten lasse, ermöglicht aber in einigen Fällen ein besseres Verständnis des Unheimlichen auch dort, wo dieses auf den ersten Blick in gar keinem Zusammenhang mit Trieben und Leidenschaften zu stehen scheint. Einen solchen Fall stellen die Schauer der Einsamkeit dar, von denen bereits bei der Untersuchung des Naturerhabenen die Rede war. Als schaurig, so wurde dort gesagt,[174] gilt die Einsamkeit im 18. Jahrhundert nicht mehr so sehr wegen wirklicher Gefahren, sondern aufgrund der Tätigkeit der Phantasie. Johann Georg Zimmermann ist nicht der einzige, der auf der »nachtheilige[n] Einwirkung der Einsamkeit auf die Einbildungskraft« insistiert.[175] Denn obwohl die Einsamkeit auch die unersetzbare positive Funktion erfüllt, die Selbstbewußtwerdung, Selbstfindung des Subjekts und den Genuß von Freiheit und Ruhe zu ermöglichen, führt sie doch andererseits dazu, daß sich die Phantasie, von jeder ausgleichenden und relativierenden »Gesellschaft« ungehemmt, aktiviert und »fliegsam« wird.[176] Nichts hindert hier die Phantasie, sich Gefahren einzubilden und die Außenwelt mit jenen furchterregenden Gestalten des alten Aberglaubens zu bevölkern, die wider das bessere Wissen der Vernunft in ihr fortleben. Doch nicht nur diese Form des Widervernünftigen errichtet in der Einsamkeit ihre Herrschaft über das Subjekt. Wo die Phantasie entfesselt ist, da bringt sie auch Wunschbilder der unterdrückten Bedürfnisse hervor, zumal, wie Zimmermann bemerkt, in der Einsamkeit auch alle Leidenschaften – und unter diesen an erster Stelle die »Liebesbegierden« – »feuriger und stärker« werden; ja diese wachsen zu nichts Geringerem als einer »entsetzlichen [!] Kraft« an[177] – Stoff für ein fast dreihundertseitiges Kapitel. Den stimulierenden Einfluß der Einsamkeit auf die Sexualität und die sexuelle Phantasie glaubt man im 18. Jahrhundert häufig beobachten zu können. Aus den *Liaisons dangereuses* des Choderlos de Laclos ist, ähnlich wie aus Diderots *La Religieuse,* zu erfahren, »wie sehr die Einsamkeit die Glut der Begierde erhöht«,[178] und dieser Meinung sind auch die sexualpädagogischen Schriften, die die Einsamkeit zu den verursachenden Faktoren der Onanie rechnen.[179] Zimmermann wird nicht müde, den Zusammenhang von Einsamkeit, Phantasie und Sexualität an den alten Anachoreten zu demonstrieren, deren dämonische und teuflische Versuchungen ihm nichts anderes als Halluzinationen, Projektionen angstbesetzter sexueller Phantasien sind.

»Durch seine Abgeschiedenheit erhitzte der heilige Antonius seine Phantasie; sein Fleisch ward aufrührerisch. Er fühlte in sich mächtige Begierden, gereizte Nerven, und tobendes Blut. Dann wähnte Er daß ihm Beelzebub in der Gestalt eines schönen Weibes erscheine, freundlich mit ihm spiele, ihn liebkose, reize, necke, wärme, und durch tausend listige und liederliche Worte, und Drehungen, und Annäherungen, und Anschmiegungen versuche. Aber dieser niedliche Teufel war ein Traum seiner Einbildungskraft.«[180]

Die Eremiten konnten noch »auf die Einbildung verfallen, der Teufel sey im Spiele, wenn es ihnen nicht gelang, ihr Herz vor bösen Lüsten zu verwahren«;[181] dem Aufklärer Zimmermann ist das nicht mehr möglich. Aber auch er und seine Zeitgenossen kennen, nicht schlechter als die Einsiedler, die Angst vor der Lust und ihren Bildern; das zeigt sich daran, daß auch für Zimmermann der Teufel »im Spiele« bleibt – freilich nur noch als Metapher: »Leidenschaften und Laster sind unsere Teufel«.[182]

Einsamkeit ist somit ein höchst prekärer Zustand: Was sie so wertvoll macht, die Möglichkeit der Einkehr in sich selbst, beinhaltet zugleich die Gefahr, daß man dort etwas findet, was die innere moralische Instanz verabscheut. Nicht zuletzt das macht die Einsamkeit schaurig und unheimlich. Das Subjekt befürchtet – vielleicht erst aufgrund der Lektüre von Texten wie den zitierten – das Aufsteigen angsterregender sexueller Wunschbilder,[183] es befürchtet die Begegnung mit sich selbst als dem Fremden, dessen Unheimlichkeit es zu einer Eigenschaft des einsamen Zustandes und des einsamen Ortes vergegenständlicht. Doch kann dieselbe Selbstbegegnung das Subjekt und ein paralleler Verdinglichungsvorgang die Einsamkeit zugleich als erhaben erscheinen lassen. Denn daß sich die innere Natur so vehement meldet, ruft das moralische Subjekt dazu auf, sich seines ›eigentlichen Wesens‹, seiner Freiheit, bewußt zu werden, über die Triebansprüche zu triumphieren und aus dem Wechselbad einsamer Selbsterkenntnis als ein erhabenes hervorzugehen.

Es hat sich gezeigt, daß das Wirken der Phantasie, wenn nicht begründend, so doch vermittelnd, maßgeblich zur Entstehung einer Krisenerfahrung des Subjekts beiträgt, das sich in seinen inneren Bildern nicht wiedererkennen möchte, sich fremd wird und als gespalten erlebt. Diese Erfahrung ist keineswegs eine Angelegenheit einzelner, irgendwie ›kranker‹ Individuen, sondern muß als unausbleibliche Folge der Organisation des im bürgerlichen Sinne vernünftigen Subjekts gelten. Schon Horkheimer und Adorno und im Anschluß an sie Rolf Grimminger sowie Hartmut und Gernot Böhme haben den notwendigen Zusammenhang der Herrschaft der Vernunft mit der Entzweiung und Entfremdung des Subjekts betont.[184] Dieses definiert seine Identität über eine mit bürgerlichen Wertsetzungen weitgehend sich deckende Vernunft und Tugend, die selbst dort, wo sie Strebungen und Bedürfnisse der inneren Natur anerkennen oder gar positiv einschätzen, diese doch insgesamt als Objekt der Beherrschung sehen, das sich entweder den vernünftigen und als solchen nützlichen Zwecksetzungen fügt oder andernfalls entsprechend modelliert und unterdrückt werden muß. Prägnant ist diese Konzeption des Ich nicht nur im Programm der bürgerlichen Pädagogik hervorgetreten, sondern auch in den Theorien des Erhabenen, besonders Kants und Schillers, denen zufolge die erhabene Bestimmung des Vernunftwesens nur um den Preis der völligen Unterwerfung der Körperlichkeit zu realisieren ist. Mit einer Deutlichkeit, die von keinem Kritiker seiner Theorie übertroffen werden könnte, benennt Schiller die Entfremdung als Komplement der Erhabenheit, wenn er schreibt, unsere Freiheit manifestiere sich darin, daß wir das Sinnenwesen Mensch »gar nicht zu unserem Selbst rechnen, sondern als etwas auswärtiges und fremdes betrachten, was auf unsre moralische Person keinen Einfluß hat.«[185] Erst dieser totale Herrschaftsanspruch der Vernunft und die aus ihm folgende rigorose Entmündigung, Beargwöhnung und Repression der inneren Natur mystifizieren diese zu der dunklen, unverständlichen, feindlichen Macht, als die sie den Aufklärern erscheint und die nun ein immer weiterreichendes Kontrollbedürfnis hervorruft; es ist die Vernunft selbst, die ihr eigenes Anderes, das Irrationale, produziert.[186] Die bürgerlich-vernünftige Fassung der Identität setzt so ihre Spaltung gleich mit. Das ist ein bedeutsamer Aspekt der Dialektik der Aufklärung.

Die Erfahrung dieser Selbstentzweiung ist, wie an den in diesem Kapitel zitierten Texten zu sehen war, von Angst durchtränkt, von Gewissens- und Triebangst, deren Entstehung die Verinnerlichung der Maximen der bürgerlichen Vernunft voraussetzt, die zu den erklärten Zielen der aufklärerischen Pädagogen gehört. Schon diese wissen – und ziehen daraus ihre Konsequenzen –, daß die bürgerlichen Normen, die äußerste Anforderungen an das Individuum stellen und ihm großen Verzicht auf Möglichkeiten der Befriedigung abverlangen, nur dort unumstößliche praktische Geltung erlangen, wo sie zu inneren Geboten geworden sind, deren tatsächliche oder gedankliche Verletzung vom Individuum mit Angst quittiert wird. Angst ist daher geradezu konstitutiv für den bürgerlichen Charakter – solange nämlich die Antriebe zu Verbotenem nicht ausgerottet werden können. Das aber kann nicht gelingen: Die innere Natur läßt sich nur bis zu einem gewissen Grad von der Vernunft und der Moral kolonisieren und aneignen. Im Gegenteil: Je größer der Verzicht auf die Befriedigung von Bedürfnissen ist, desto üppiger scheinen die Phantasien des Versagten zu wuchern. Die ersatzhafte Befriedigung, die sie geben, wird aber umgehend mit moralischer Selbstverurteilung und Angst bestraft. Angst, und besonders die zuletzt geschilderte Form der ›phantastischen Angst‹, der Angst vor der Phantasie und dem, was in dieser erscheint, wächst so im gleichen Maße wie die verinnerlichte zivilisatorische Selbstbeherrschung und Selbstkontrolle. Die angstbesetzte Phantasie bringt ständig die unaustilgbare Existenz und die Ansprüche des Verworfenen und Unterdrückten in Erinnerung und verweist auf die Grenzen des Selbstbesitzes im eigenen Inneren; neben anderen körperlich-seelischen Vorgängen ist es vor allem sie, durch die sich das vernünftige bürgerliche Subjekt als gespalten erfährt.

Die Begegnung mit der widerständigen inneren Natur bleibt weithin dem Bewußtsein der Subjekte unverborgen, und das verbietet es, sie als »Wiederkehr des Verdrängten« zu klassifizieren[187] oder in den Zusammenhang der von Henry F. Ellenberger beschriebenen »Entdeckung des Unbewußten« zu stellen. Gewiß gibt es eine Tendenz, Neigungen und Triebregungen, die unvereinbar mit der Tugend sind, zu verleugnen und vor sich selbst zu verbergen; gewiß auch war es in den genannten Beispielen besonders häufig gerade der nächtliche Traum, dessen Bilder dem Subjekt Erschreckendes über sich selbst enthüllen, und das könnte für eine zunehmende Undurchlässigkeit des Wachbewußtseins für tabuierte Inhalte sprechen. Das aber ist allenfalls partiell der Fall, lassen sich doch solche Inhalte häufig genug auch in den Tagträumen nachweisen. Überdies bleiben die unmoralischen Träume erinnerlich und unterliegen noch keinem Sprechverbot. Vielmehr läßt sich geradezu ein Bekenntnisbedürfnis feststellen, ein ausgeprägter Hang, derartige Phantasien nicht nur schriftlich festzuhalten, sondern auch in Autobiographien und Zeitschriften (Moritz' *Magazin*) – und natürlich verarbeitet in literarischen Texten – der öffentlichen Diskussion zu übergeben. Ob daraus ein säkularisiertes Bedürfnis nach Beichte und Entsühnung durch Dienst an der Wissenschaft vom Menschen spricht, möchte ich nicht entscheiden. Jedenfalls deutet diese – auch in den theoretischen Schriften zur Sexualität beobachtete – ›Diskursivierung‹ ebensowenig wie die untersuchten Strategien der Sexualunterdrückung auf eine Verdrängung moralisch verworfener Regungen ins Unbewußte, deren Ansätze freilich nicht geleugnet werden sollen.[188]

Die bürgerliche Vernunft erzeugt aber die Macht der Phantasie, an der sich das Subjekt als gespalten erfährt, nicht nur indem sie gerade durch ihre Herrschaftsakte unwillentlich das Phantasieren des Versagten stimuliert, sondern auch indem sie einen neuen Wirklichkeitsbegriff etabliert, der das Subjekt zwingt, den Ursprung von Phänomenen, die in früherer Zeit Realitätsstatus oder Realitätsbezug beanspruchen konnten, in sich selbst, in der Phantasie, zu lokalisieren. Diese beiden Faktoren, die von fundamentaler Bedeutung für die Entstehung von innerer und innen gewußter Angst sind, spielen eine kaum geringere Rolle bei der Reduzierung der Naturfurcht. Der aufklärerische Realitätsbegriff verringert die Furcht vor der äußeren Natur zum einen, weil er es ist, der die Entzauberung der Natur leistet, d.h. Gegenstände der Furcht einfach abschafft oder vielmehr: vermeintlich abschafft, denn diese beunruhigen die Phantasie der Subjekte auch weiterhin. Zum Teil geht die phantastische Angst auf diese Transformation von Gegenständen der abergläubischen Furcht in solche der Phantasie und der Angst zurück oder umgekehrt: auf die Unmöglichkeit, sich durch Projektion innerer Phänomene in die Außenwelt zu entlasten. Zum anderen ermöglicht erst der Begriff einer versachlichten und intersubjektiv erfahrbaren, quantifizierbaren und an sich selbst qualitätslosen, entgötterten und entgeisterten Natur auch deren systematische praktische Beherrschung. Diese, die ebenfalls Furcht vermindert, basiert zugleich auf der Unterwerfung der inneren Natur, auf Selbstbeherrschung und Affektfreiheit als den Voraussetzungen distanzierten rationalen Erkennens und damit wissenschaftlicher Naturerforschung sowie planmäßiger praktischer Arbeit. Nicht zuletzt steht die Herrschaft über die innere Natur, die in der bürgerlichen Gesellschaft zur moralischen Norm erhoben wird und zur Angstentwicklung beiträgt, im Dienst der Herrschaft über die äußere Natur und der Zerstörung der Furcht vor dieser. Naturfurcht und innere Angst verhalten sich so indirekt proportional zueinander: Dem Fallen der ersteren korrespondiert das Steigen der letzteren. Die Aufklärung, zu deren Absichten es gehörte, die Menschen von der Furcht zu befreien, hat Angst geschaffen.

ANHANG

Anmerkungen

Buchtitel werden in den Anmerkungen in der Regel nur einmal in voller Länge, im folgenden dann abgekürzt zitiert; für die vollständigen Angaben vergleiche auch die Bibliographie. Hervorhebungen in Zitaten durch Kursivierung sind solche des Originals; Hervorhebungen durch Sperrung stammen immer von mir, ebenso sämtliche Einfügungen in eckigen Klammern.

Einleitung

1 Max Horkheimer, Theodor W. Adorno, Dialektik der Aufklärung. Philosophische Fragmente, Frankfurt 1969, S. 7.
2 Um den Nachweis, daß auch, und gerade, die Aufklärung des 18. Jahrhunderts als dialektischer Prozeß zu beschreiben sei, haben sich in den letzten Jahren bemüht: Paul Mog, Ratio und Gefühlskultur. Studien zu Psychogenese und Literatur im 18. Jahrhundert, Tübingen 1976. Rolf Grimminger, Aufklärung, Absolutismus und bürgerliche Individuen. Über den notwendigen Zusammenhang von Literatur, Gesellschaft und Staat in der Geschichte des 18. Jahrhunderts, in: Deutsche Aufklärung bis zur Französischen Revolution 1680–1789, hg. von Rolf Grimminger, München 1980 (Hansers Sozialgeschichte der deutschen Literatur Bd. 3), S. 13–99. Ders., Die nützliche gegen die schöne Aufklärung. Konkurrierende Utopien des 18. Jahrhunderts in geschichtsphilosophischer Sicht, in: Wilhelm Voßkamp (Hg.), Utopieforschung. Interdisziplinäre Studien zur neuzeitlichen Utopie, Stuttgart 1982, Bd. 3, S. 125–145. Hartmut Böhme, Gernot Böhme, Das Andere der Vernunft. Zur Entwicklung von Rationalitätsstrukturen am Beispiel Kants, Frankfurt 1983.
3 Sören Kierkegaard, Der Begriff der Angst, in: ders., Die Krankheit zum Tode und anderes, hg. von Hermann Diem und Walter Rest, München 1976, S. 445–640, hier S. 488.
4 Sigmund Freud, Vorlesungen zur Einführung in die Psychoanalyse, in: ders., Studienausgabe, hg. von Alexander Mitscherlich, Angela Richards, James Strachey, Frankfurt 1969, Bd. 1, S. 381f. Vgl. auch Alexander Mitscherlich, Überwindung der Angst, in: ders., Gesammelte Schriften, Frankfurt 1983, Bd. 7, S. 125–130, hier S. 127. Ernst Bloch, Das Prinzip Hoffnung, 3 Bde., 3. Aufl. Frankfurt 1976, Bd. 1, S. 124f. Max Scheler, Über Scham und Schamgefühl, in: ders., Schriften aus dem Nachlaß, hg. von Maria Scheler, 2. Aufl. Bern 1957, Bd. 1, S. 65–154, hier S. 88.
5 Vgl. z.B. Dieter Claessens, Angst, Furcht und gesellschaftlicher Druck, in: ders., Angst, Furcht und gesellschaftlicher Druck und andere Aufsätze, Dortmund 1966, S. 88–101, hier S. 88. Jean Delumeau, La Peur en Occident (XIVe–XVIIIe siècles). Une cité assiégée, Paris 1978 (jetzt auch auf deutsch: Angst im Abendland. Die Geschichte kollektiver Ängste im Euro-

317

pa des 14.–18. Jahrhunderts, 2 Bde., Reinbek 1985). Delumeau unterscheidet in diesem Sinne zwischen »peur« und »angoisse« (S. 15ff.).

6 So z.b. Gion Condrau, Angst und Schuld als Grundprobleme der Psychotherapie. Philosophische und psychotherapeutische Betrachtungen zu Grundfragen menschlicher Existenz, Frankfurt 1976, S. 85ff. (unter Berufung auf Mario Wandruszka). Fritz Riemann, Grundformen der Angst. Eine tiefenpsychologische Studie, 14. Aufl. München 1979, S. 19.

7 Vgl. zum Problem z.B.: Mario Wandruszka, Angst und Mut, Stuttgart 1950, S. 14f., 24f. u.ö. H. Häfner, Art. Angst, Furcht, in: Joachim Ritter (Hg.), Historisches Wörterbuch der Philosophie, Bd. 1, Darmstadt 1971, Sp. 310–314. Henning Bergenholtz, Das Wortfeld »Angst«. Eine lexikographische Untersuchung für ein großes interdisziplinäres Wörterbuch der deutschen Sprache, Stuttgart 1980, S. 75ff. u.ö.

8 Johann Christoph Gottsched, Erste Gründe der gesammten Weltweisheit (1734), 2 Bde., ND der 7. Aufl. Leipzig 1762, Hildesheim/Zürich/New York 1983, Bd. 1, § 970, S. 509.

9 Eine nahezu ausschließlich theologische Abhandlung ist z.B. der Art. Angst in: Johann Heinrich Zedler, Grosses-vollständiges Universal-Lexicon aller Wissenschaften und Künste [. . .], 68 Bde., ND der Ausgabe Halle und Leipzig 1732–1754, Graz 1961–1964, Bd. 2, Sp. 301ff.

10 Johann Georg Sulzer, Art. Angst, in: ders., Allgemeine Theorie der schönen Künste [. . .] (1771–1774), 4 Bde., ND der 2. Aufl. Leipzig 1792–1799, Hildesheim 1967, Bd. 1, S. 144. Johann Bernhard Basedow, Elementarwerk (2. Aufl. 1785), hg. von Theodor Fritzsch, 3 Bde., Leipzig 1909, Bd. 1, S. 144. Vgl. auch Immanuel Kant, Anthropologie in pragmatischer Hinsicht, in: ders., Werke in 10 Bänden, hg. von Wilhelm Weischedel, Darmstadt 1975, Bd. 10, B 210.

11 Versuch eines vollständigen grammatisch-kritischen Wörterbuchs der hochdeutschen Mundart, 4 Bde., Leipzig 1775ff., Art. Furcht, Bd. 2, Sp. 360, Art. Angst, Bd. 1, Sp. 274.

12 Johann Georg Heinrich Feder, Untersuchungen über den menschlichen Willen dessen Naturtriebe, Veränderlichkeit, Verhältniß zur Tugend und Glückseligkeit und die Grundregeln, die menschlichen Gemüther zu erkennen und zu regieren, 4 Bde., Göttingen und Lemgo 1779–1794, Bd. 1, § 28, S. 134. Vgl. Heinrich Zschokke, Ideen zur psychologischen Aesthetik, Berlin und Frankfurt/Oder 1793, S. 344.

13 August Wilhelm Schlegel, Allgemeine Übersicht des gegenwärtigen Zustandes der deutschen Literatur (1802/03), in: ders., Kritische Schriften und Briefe, hg. von Edgar Lohner, Bd. 3, Stuttgart 1964, S. 22–85, hier S. 68.

14 Adam Bernd, Eigene Lebens-Beschreibung, hg. von Volker Hoffmann, München 1973, S. 164, 169f.

15 Ebd. S. 171; vgl. S. 164–171, 322, 375, 383, 395f. u.ö.

16 Ebd. S. 10.

17 Apokryphen, in: ders., Werke in 2 Bänden, hg. von den nationalen Forschungs- und Gedenkstätten der klassischen deutschen Literatur in Weimar, Berlin und Weimar 1977, Bd. 2, S. 215.

18 Schillers Gespräche, in: Friedrich Schiller, Werke. Nationalausgabe. Im Auftrage des Goethe- und Schiller-Archivs, des Schiller-Nationalmuseums und der Deutschen Akademie hg. von Julius Petersen u.a., Weimar 1943ff., Bd. 42, S. 309.

19 Johann Melchior Armbruster, Die Zauberlaterne, in: ders., Sittengemälde für Kinder, Wien 1799, zit. in Marie-Luise Könneker (Hg.), Kinderschaukel 1. Ein Lesebuch zur Geschichte der Kindheit in Deutschland 1745–1860, Darmstadt und Neuwied 1976, S. 222.

20 Levana oder Erziehlehre, in: ders., Werke in 12 Bänden, hg. von Norbert Miller, München/Wien 1975, Bd. 10, § 106, S. 774.

21 Makrobiotik oder die Kunst, das menschliche Leben zu verlängern (5. Aufl. 1823 [1. Aufl. 1796]), hg. von Paul Dittmar, Leipzig 1905, S. 207.

22 Justus Christian Hennings, Von Geistern und Geistersehern, Leipzig 1780, Vorrede unpag.

23 [Friedrich Jakob Floerken] Art. Leidenschaft, in: Johann Georg Krünitz, Encyklopädie, oder allgemeines System der Staats =, Stadt =, Haus = und Landwirtschaft, wie auch der Erdbeschreibung, Kunst = und Naturgeschichte in alphabetischer Ordnung, fortgesetzt von Friedrich Jakob Floerken, Bd. 75, Berlin 1798, S. 1–510, hier S. 475f., vgl. S. 478; zur Furcht vgl. S. 305ff.

24 Pedrillo in Mozarts bzw. Stephanies »Entführung aus dem Serail«, II, 7, Nr. 13.

25 Johann Jacob Bodmer, Brief = Wechsel von der Natur des Poetischen Geschmackes, ND der Ausgabe Zürich 1736, hg. von Paul Böckmann und Friedrich Sengle, Stuttgart o.J., S. 111.

26 Kant, Anthropologie, in: ders., Werke, Bd. 10, B 211.

27 Vgl. z.B. Johann Georg Sulzer, Art. Erhaben, in: ders., Allgemeine Theorie, Bd. 2, S. 100. Moses Mendelssohn, Rhapsodie, oder Zusätze zu den Briefen über die Empfindungen (1771), in: ders., Gesammelte Schriften. Jubiläumsausgabe, in Gemeinschaft mit F. Bamberger, H. Borodianski, S. Rawidowicz, B. Strauss, L. Strauss, begonnen von J. Elbogen, J. Guttmann, E. Mittwoch, fortgesetzt von Alexander Altmann, ND der Ausgabe Berlin 1929ff., Stuttgart 1971ff., Bd. 1, S. 381–424. Hier wird die »Herzhaftigkeit« als »eine der größten Vollkommenheiten des Menschen« bezeichnet (S. 387f.). Carl Grosse, Ueber das Erhabene, Göttingen und Leipzig 1788, S. 184. Kant, Kritik der Urteilskraft, in: ders., Werke, Bd. 8, B 106. Heinrich Zschokke, Aesthetik, S. 363. Johann August Eberhard, Handbuch der Aesthetik für gebildete Leser aus allen Ständen in Briefen, 4 Bde., Halle 1803–1805, Bd. 1, S. 235f., 294f.

28 Vgl. dazu Paul Münch in: Helmuth Kiesel, Paul Münch, Gesellschaft und Literatur im 18. Jahrhundert. Voraussetzungen und Entstehung des literarischen Markts in Deutschland, München 1977, S. 52ff. Rudolf Vierhaus, Deutschland im Zeitalter des Absolutismus (1648–1763), Göttingen 1978, S. 71ff., 77ff. Ders., Deutschland im 18. Jahrhundert: soziales Gefüge, politische Verfassung, geistige Bewegung, in: Franklin Kopitzsch (Hg.), Aufklärung, Absolutismus und Bürgertum in Deutschland, München 1976,

S. 173–191, hier S. 180ff. Rolf Grimminger, Aufklärung, Absolutismus und bürgerliche Individuen, S. 84ff. Wolfgang Ruppert, Bürgerlicher Wandel. Studien zur Herausbildung einer nationalen deutschen Kultur im 18. Jahrhundert, Frankfurt/New York 1981, S. 26ff. – Im 18. Jahrhundert wird der Begriff des Bürgers in verschiedenen Bedeutungen, älteren und neueren, verwendet. Im wesentlichen geht seine Entwicklung in Richtung auf »den ›Bürger‹ als privates Individuum einerseits, als öffentlich-politischen ›Staatsbürger‹ andererseits« (Manfred Riedel, Bürger, Staatsbürger, Bürgertum, in: Otto Brunner, Werner Conze, Reinhart Koselleck [Hg.], Geschichtliche Grundbegriffe. Historisches Lexikon zur politisch-sozialen Sprache in Deutschland, Bd. 1, Stuttgart 1972, S. 672–725, hier S. 700). Im älteren Sinn meint »Bürger« den mit Bürgerrecht und »Freiheiten« versehenen nichtadeligen Stadtbewohner; daneben bezeichnet der Begriff im 18. Jahrhundert aber auch überhaupt den vielgestaltigen »Mittelstand« zwischen Adel und Bauern (vgl. ebd. S. 681ff. Vgl. auch ders., Bürgerliche Gesellschaft, ebd. Bd. 2, S. 719–800. Horst Möller, Aufklärung in Preußen. Der Verleger, Publizist und Geschichtsschreiber Friedrich Nicolai, Berlin 1974, S. 300ff., 307ff.). »Bürgerlich« wird schließlich – erstmals offenbar in der Hamburger Wochenschrift »Der Patriot« – auch als Bezeichnung für eine Lebensweise und ein Wertsystem verwendet, die in dezidierter Abgrenzung gegen den (höfisch orientierten) Adel und in impliziter gegen die Unterschichten bestimmt werden (vgl. Wolfgang Martens, Bürgerlichkeit in der frühen Aufklärung, in: Kopitzsch [wie o.], S. 347–363, hier S. 354f.). Angesichts dessen ist es zu einseitig, wenn Vierhaus meint, die neuen bürgerlichen Schichten hätten sich als »Bürger« nur im Sinne von »Staatsbürger« (civis) bezeichnet (Zeitalter des Absolutismus, S. 78).

29 Zu den methodischen Schwierigkeiten, die sich der Rekonstruktion von Erfahrung, die ja immer nur als versprachlichte zu greifen ist, im einzelnen stellen, vgl. ausführlich u. S. 103ff.

30 Als Überblick vgl. Wolf Lepenies, Probleme einer Historischen Anthropologie, in: Reinhard Rürup (Hg.), Historische Sozialwissenschaft. Beiträge zur Einführung in die Forschungspraxis, Göttingen 1977, S. 126–159.

31 Wolfgang Schoene, Zur Frühgeschichte der Angst. Angst und Politik in nichtdurchrationalisierten Gesellschaften, in: Heinz Wiesbrock (Hg.), Die politische und gesellschaftliche Rolle der Angst, Frankfurt 1967, S. 113–134.

32 August Nitschke, Wandlungen der Angst, ebd. S. 22–35.

33 Dieter Claessens, Angst, Furcht und gesellschaftlicher Druck.

34 Dieter Duhm, Angst im Kapitalismus. Zweiter Versuch der gesellschaftlichen Begründung zwischenmenschlicher Angst in der kapitalistischen Warengesellschaft, Lampertheim 1972.

35 Oskar Pfister, Das Christentum und die Angst. Eine religionspsychologische, historische und religionshygienische Untersuchung, Zürich 1944.

36 Vgl. ferner Jean Delumeau, Le discours sur le courage et sur la peur à l'époque de la renaissance, in: Revista de História (Sao Paulo) 100 (1974), S. 147–160. Ders., Pouvoir, peur et hérésie au début des temps modernes,

in: ders. u.a., La Peur, Paris 1979, S. 11–48. Jean Palou, La Peur dans l'Histoire, Paris 1958. Rein militärgeschichtlich orientiert: F. Gambiez, La peur et la panique dans l'histoire, in: Mémoires et communications de la commission française d'histoire militaire 1 (Juin 1970), S. 91–124. Ferner: Georges Lefebvre, Die Große Furcht von 1789, in: Geburt der bürgerlichen Gesellschaft: 1789, hg. von Irmgard A. Hartig, Frankfurt 1979, S. 88–135 (Auszug aus ders., La Grand Peur de 1789 (1932), 3. Aufl. Paris 1970). – Nichts Neues gegenüber Delumeau bringt Jürgen Kuczynski, Geschichte des Alltags des deutschen Volkes, Bd. 1 (1600–1650), Köln 1980, S. 124–145.

37 Ich nenne ohne Vollständigkeit: Wilson McConnell Coleman, The role of fear in the social order of the extant plays of Aeschylus, Ann Arbor/Mich. 1974. Luciano Perelli, Lucrezio, poeta dell' angoscia, Firenze 1969. Teresa Mantero, L'ansietà di Lucrezio e il problema dell' inculturazione dell' umanità nel ›De rerum natura‹, Genova 1975. Wolff-Rüdiger Heinz, Die Furcht als politisches Phänomen bei Tacitus, Amsterdam 1975. André Guindon, O. M. J., La pédagogie de la crainte dans l'histoire du salut selon Thomas d'Aquin, Tournai/Montréal 1975. C. Stange, Luthers Gedanken über die Todesfurcht, Berlin/Leipzig 1932. Charlotte N. Clay, The Role of Anxiety in English Tragedy: 1580–1642, Salzburg 1974. Isabella Rüttenauer, Die Angst des Menschen in der Lyrik des Andreas Gryphius, in: Richard Alewyn u.a. (Hg.), Aus der Welt des Barock, Stuttgart 1957, S. 36–55. Charles S. Mackenzie, Pascal's anguish and joy, New York 1973. Edmée de la Rochefoucauld, L'angoisse et les écrivains, Paris 1974 (Molière, Proust, Valéry). Walter Glättli, Die Behandlung des Affekts der Furcht im englischen Roman des 18. Jahrhunderts, Zürich 1949. Elizabeth Wright, E. T. A. Hoffmann and the Rhetoric of Terror. Aspects of language used for the evocation of fear, London 1978. Mario Carlo Abutille, Angst und Zynismus bei Georg Büchner, Bern 1969. Nicolas-Isidore Boussoulas, La peur et l'univers dans l'oeuvre d'Edgar Poe. Une métaphysique de la peur, Paris 1952. Werner Walther, Die Angst im menschlichen Dasein. Betrachtung über die Angst, aufgezeigt am Leben und Werk Sören Kierkegaards, München/Basel 1967. Fritz Keller, Studien zum Phänomen der Angst in der modernen deutschen Literatur, Diss. Zürich 1956. Fritz Klatt, Sieg über die Angst. Die Weltangst des modernen Menschen und ihre Überwindung durch Rainer Maria Rilke, Berlin 1940. Hans Berger, Die Angst im Werke Hermann Hesses, in: Germ. Abh. (1959), S. 271–283. Jürg Beat Honegger, Das Phänomen der Angst bei Franz Kafka, Berlin 1975. Moriana Antonio Gómez, Über den Sinn von »Congoja« bei Unamuno, Meisenheim am Glan 1965. Klaus-Dieter Post, Günter Eich. Zwischen Angst und Einverständnis, Bonn 1977.

38 Thomas Anz, Literatur der Existenz. Literarische Psychopathographie und ihre soziale Bedeutung im Frühexpressionismus, Stuttgart 1977, S. 130ff.

39 In: ders., Probleme und Gestalten. Essays, Frankfurt 1974, S. 307–330. Der Aufsatz ist die überarbeitete Fassung des Vortrags »Die Literarische Angst«, in: Hoimar von Ditfurth (Hg.), Aspekte der Angst, München 1972, S. 38–52.

40 Garleff Zacharias-Langhans, Der unheimliche Roman um 1800, Diss. Bonn 1968. Horst Conrad, Die literarische Angst. Das Schreckliche in Schauerromantik und Detektivgeschichte, Düsseldorf 1974. Vgl. ferner Wolfgang Trautwein, Erlesene Angst. Schauerliteratur im 18. und 19. Jahrhundert, München/Wien 1980.

41 Alewyn, Lust an der Angst, S. 312.

42 Ebd. S. 315.

43 Ebd. S. 313f., 328f.

44 Ebd. S. 329.

45 Ebd. S. 330.

46 Norbert Elias, Über den Prozeß der Zivilisation. Soziogenetische und psychogenetische Untersuchungen (1936), 2 Bde., 5. Aufl. Frankfurt 1978, Bd. 1, S. 332, Bd. 2, S. 406f., 446ff.

47 Das Andere der Vernunft, Frankfurt 1983, S. 14ff., 107, 328ff., 339, 366f. u.ö.

48 Vgl. ebd. S. 55.

49 Vgl. ebd. S. 329.

50 So z.B. Eckhard Nordhofen in einer Kritik an Hartmut und Gernot Böhme: Botschafter des Bauchs. Die neuesten Angriffe auf die Vernunft, in: Kursbuch 78 (Dez. 1984), S. 145–153.

51 Völlig unzulänglich in dieser Hinsicht ist Winfried Freund, Phantasie, Aggression und Angst. Ansätze zu einer Sozialpsychologie der neueren deutschen Literatur, in: Sprachkunst 1 (1980), S. 87–100. Hier handelt es sich nicht um den Versuch, durch die sozialhistorische Rekonstruktion eines Erfahrungswandels den Grund für die Entschlüsselung literarischer Themen und Formen zu legen, sondern um ein Verfahren, das aus holzschnittartig dargestellten sozialen und politischen Bedingungen monokausal psychische Befindlichkeiten ableitet (Phantasie, Aggression, Angst) und diese dann als konstitutiv für literarische Texte und ganze Gattungen (Utopie, Satire, Phantastik) behauptet. Unter ähnlichen methodischen Mängeln und inhaltlichen Verzerrungen leidet ders., Von der Aggression zur Angst. Zur Entwicklung der phantastischen Novellistik in Deutschland, in: Phaicon 3, hg. von Rein A. Zondergeld, Frankfurt 1978, S. 9–31.

52 Fusées, in: Charles Baudelaire, Gesammelte Schriften, übs. von Max Bruns, Dreieich 1981, Bd. 5.1, S. 33, Nr. 23.

Erstes Kapitel

1 In: ders., Werke, Bd. 9, S. 53. Das »sapere aude« stammt von Horaz, Episteln I, 2, 40.

2 Kant ebd.

3 Vgl. Franco Venturi, Was ist Aufklärung? Sapere aude!, in: Rivista Storica Italiana 71 (1959), S. 119–130, hier S. 121.

4 Christian Thomasius, Außübung der Vernunfft = Lehre, ND der Ausgabe Halle 1691, Hildesheim 1968, Nr. 23, S. 14. – 1783, kurz vor Kants Aufsatz,

wurde das »sapere aude« zum Thema einer Preisfrage der Akademie der Wissenschaften in München gemacht. Vgl. Norbert Hinske (Hg.), Was ist Aufklärung? Beiträge aus der Berlinischen Monatsschrift, Darmstadt 1973, S. 515.

5 Vgl. dazu u. S. 55 und Anm. 143 dieser Arbeit.

6 Ernst Cassirer, Die Philosophie der Aufklärung, 3. Aufl. Tübingen 1973, S. 140. Ähnlich auch Albert O. Hirschman, Leidenschaften und Interessen. Politische Begründungen des Kapitalismus vor seinem Sieg, Frankfurt 1980, S. 55f.

7 Georg Friedrich Meier, Theoretische Lehre von den Gemüthsbewegungen überhaupt, ND der Ausgabe Halle 1744, Frankfurt 1971, § 90.

8 Kant, Anthropologie, in: ders., Werke, Bd. 10, B 206. Die deutsche Diskussion zusammenfassend, formuliert Gerhard Sauder, Empfindsamkeit, Bd. 1: Voraussetzungen und Elemente, Stuttgart 1974: »Die in den Morallehren herrschende Meinung über die Leidenschaften läßt sich in folgender Formel zusammenfassen: Es sind Seelenbewegungen von starker Intensität mit körperlichen Begleiterscheinungen, die eine Minderung oder Ausschaltung der Denk- und Urteilsfähigkeit bewirken.« (S. 135)

9 Michel de Montaigne, Über die Furcht, in: ders., Essais, übs. und hg. von Herbert Lüthy, Zürich 1953, S. 116.

10 Jean Paul, Levana, in: ders., Werke, Bd. 10, § 107, S. 777. Jean Paul beruft sich bei seiner Aussage auf den Kardinal de Retz (Jean François Paul de Gondi, 1613–1679; seine »Mémoires« erschienen erst 1717). Ebenso Johann Georg Heinrich Feder, bei dem es heißt: »Die Furcht schwächt, nach dem Urtheil des Card. von Retz (Mem. II, 255) unter allen Leidenschaften den Verstand am meisten.« (Untersuchungen über den menschlichen Willen, Bd. 1, S. 148.) »Nichts ist zum glücklichen Forschen nach Wahrheit so nöthig als Ruhe und Heiterkeit des Geistes; nichts so hinderlich, als Furcht und Bangigkeit und jede Beunruhigung des Gemüthes.« (Ebd. Bd. 3, S. 39) – Vgl. auch John Locke, Gedanken über Erziehung, übs. und hg. von Heinz Wohlers, Stuttgart 1970, Nr. 167, S. 206. Johann Bernhard Basedow, Die ganze natürliche Weisheit im Privatstande der gesitteten Bürger, Halle 1768, § 49, S. 110. Joachim Heinrich Campe, Robinson der Jüngere. Ein Lesebuch für Kinder, 2 Bde., ND der Ausgabe Braunschweig 1860, Dortmund 1978, Bd. 2, S. 23, 26f. Christian Gotthilf Salzmann, Moralisches Elementarbuch. Erster Theil, ND der Ausgabe Leipzig 1785, hg. von Hubert Göbels, Dortmund 1980, S. 21. Johann Karl Wezel, Versuch über die Kenntnis des Menschen, ND der Ausgabe Leipzig 1785, Frankfurt 1971, S. 190f.: »Sie verursacht nicht selten Wahnwitz, und wenn es auch nicht so weit kommt, verwirrt sie wenigstens die Gedanken: daher wissen furchtsame Menschen keine Entschuldigungen zu finden, wenn man ihnen Vorwürfe macht, können sich oft nicht einmal rechtfertigen, ob sie gleich ganz unschuldig sind, oder sprechen so verkehrt und zu ihrem eignen Nachtheile, daß man sie beinahe für schuldig halten muß. Einigen wird blos die Zunge gebunden, daß sie stottern und keine Ausdrücke finden können, ob sie gleich hinterdrein versichern, in dem Augenblicke der Verwirrung alles ge-

dacht zu haben, was sie sagen sollten. Das Gedächtniß verliert seine ganze Wirksamkeit so sehr als Verstand und Ueberlegung.«

11 Kant, Was ist Aufklärung?, in: ders., Werke, Bd. 9, S. 58.
12 Ebd. S. 53.
13 Schiller, Über die ästhetische Erziehung des Menschen in einer Reihe von Briefen (1795), in: ders., Nationalausgabe, Bd. 20, S. 309–412, Achter Brief, S. 331.
14 Thomasius, Vernunfft = Lehre, Nr. 23f., S. 14f.
15 Ebd. Nr. 87f., S. 42. Vgl. auch Nr. 28ff., S. 16f.
16 Kant, Was heißt: Sich im Denken orientieren?, in: ders., Werke, Bd. 5, A 329.
17 Thomasius, Vernunfft = Lehre, Nr. 89, S. 42f.
18 Schiller, Ästhetische Erziehung, S. 332. – Zum Orientierungs- und Ordnungsverlust im 18. Jahrhundert vgl. auch Grimminger, Aufklärung, Absolutismus und bürgerliche Individuen, S. 29, 69 u.ö.
19 Schiller ebd.
20 Kant, Was ist Aufklärung?, S. 54.
21 Ebd.
22 Max Horkheimer, Autorität und Familie, in: ders., Traditionelle und kritische Theorie, Frankfurt 1975, S. 162–230, hier S. 173, 179.
23 Erich Fromm, Die Furcht vor der Freiheit (1941), Frankfurt/Berlin 1983.
24 Vgl. Friedrich Sengle, Wieland, Stuttgart 1949, S. 472ff., 479ff.
25 Grimminger, Die nützliche gegen die schöne Aufklärung, S. 132.

Zweites Kapitel

1 Ausführlicher dazu u. Kap. 5.2.
2 Aus systematisierender soziologischer Perspektive hat schon Dieter Claessens (Angst, Furcht und gesellschaftlicher Druck) auf diesen Widerspruch hingewiesen. Einer grundsätzlichen Dysfunktionalität von Furcht und Angst für jede Gesellschaft bzw. Kultur – Claessens' Generalisierung scheint mir allerdings bedenklich – stehe die Genese von Furcht und Angst als »strukturbedingte[n] Erscheinungen« gegenüber (aufgrund der Sanktionierung von Verstößen gegen soziale Normen).
3 Forschungsliteratur zum Philanthropismus: Hugo Göring, Basedows Leben und Wirken, in: Johann Bernhard Basedow, Ausgewählte Schriften, hg. von Hugo Göring, Langensalza 1880, S. I–CXII. Karl Schrader, Die Erziehungstheorie des Philanthropismus, Langensalza 1928. Albert Reble, Geschichte der Pädagogik (1951), 12. Aufl. Frankfurt/Berlin/Wien 1981. Hajo Bernett, Die pädagogische Neugestaltung der bürgerlichen Leibesübungen durch die Philanthropen, Schorndorf 1960, S. 14–41. Johannes von den Driesch, Josef Esterhues, Geschichte der Erziehung und Bildung, Paderborn 1960, Bd. 1, S. 350–380. Theodor Ballauff, Klaus Schaller, Pädagogik. Eine Geschichte der Bildung und Erziehung, Freiburg/München 1970, Bd. 1, S. 338ff., 349ff. Donata Elschenbroich, Kinder werden nicht geboren.

Studien zur Entstehung der Kindheit, Frankfurt 1977, S. 163ff. Ludwig Fertig, Campes politische Erziehung. Eine Einführung in die Pädagogik der Aufklärung, Darmstadt 1977 (vgl. hier auch die Bibliographie). Ulrich Herrmann, Die Pädagogik der Philanthropen, in: Hans Scheuerl (Hg.), Klassiker der Pädagogik, Bd. 1: Von Erasmus von Rotterdam bis Herbert Spencer, München 1979, S. 135–158. Ulrich Herrmann, Pädagogische Anthropologie und die »Entdeckung« des Kindes im Zeitalter der Aufklärung – Kindheit und Jugendalter im Werk Joachim Heinrich Campes, in: ders. (Hg.), »Die Bildung des Bürgers«. Die Formierung der bürgerlichen Gesellschaft und die Gebildeten im 18. Jahrhundert, Weinheim und Basel 1982, S. 178–193. Herwig Blankertz, Die Geschichte der Pädagogik von der Aufklärung bis zur Gegenwart, Wetzlar 1982, S. 79–87. Besonders ergiebig: Wolfgang Dreßen, Die pädagogische Maschine. Zur Geschichte des industrialisierten Bewußtseins in Preußen/Deutschland, Frankfurt/Berlin/Wien 1982, S. 129–178. Vgl. zur Entwicklung der Pädagogik im 18. Jahrhundert neben den genannten Geschichten der Pädagogik jetzt auch Ulrich Herrmann, Von der »Kinderzucht« zur »Pädagogik«. Der Wandel von traditionellen Normierungen der Kindererziehung zur innovativen Normativität pädagogischer Lebensalterkonzepte im pädagogisch-anthropologischen Denken des 18. Jahrhunderts in Deutschland, in: Wilfried Barner (Hg.), Tradition, Norm, Innovation. Soziales und literarisches Traditionsverhalten in Deutschland vom Ausgang des 17. Jahrhunderts bis zum Ende des Siebenjährigen Krieges (erscheint München 1988). Vgl. dazu die Thesen von Christian Begemann zum Paradigmenwechsel in der Erziehungstheorie des 18. Jahrhunderts, ebd.

4 ND der Ausgabe Jena 1808, in: Friedrich Immanuel Niethammer, Philanthropinismus – Humanismus. Texte zur Schulreform, hg. von Werner Hillebrecht, Weinheim/Berlin/Basel 1968, S. 76ff.

5 Schlegel, Allgemeine Übersicht, S. 61.

6 Auch die pädagogikgeschichtliche Forschung teilt sie vielfach, so etwa Reble, Pädagogik, S. 154, 158, 163. Elschenbroich, Kinder werden nicht geboren, S. 163ff. Fertig, Campe, S. 99ff.

7 Campe, Über Empfindsamkeit und Empfindelei in pädagogischer Hinsicht, Hamburg 1779, zit. n. Fertig, Campe, S. 98. Vgl. auch Campe, Ueber die früheste Bildung junger Kinderseelen im ersten und zweiten Jahre der Kindheit, in: ders. (Hg.), Allgemeine Revision des gesammten Schul- und Erziehungswesens von einer Gesellschaft praktischer Erzieher, 16 Bde., Hamburg u.a. 1785–1792, Bd. 2, S. 3–296, hier S. 74f.

8 Z.B. Johann Stuve, Allgemeinste Grundsätze der Erziehung, in: Campe (Hg.), Allgemeine Revision, Bd. 1, S. 233–381, hier S. 314, 318. Vgl. dazu Lucien Malson, Jean Itard, Octave Mannoni, Die wilden Kinder, Frankfurt 1972.

9 Campe, Früheste Bildung, S. 77.

10 Stuve, Grundsätze der Erziehung, S. 319.

11 Campe, Von der nöthigen Sorge für die Erhaltung des Gleichgewichtes unter den menschlichen Kräften, in: ders. (Hg.), Allgemeine Revision, Bd. 3, S. 291–434, hier S. 348.

12 Campe, Über die große Schädlichkeit einer allzufrühen Ausbildung der Kinder, in: ders. (Hg.), Allgemeine Revision, Bd. 5, S. 1–160, hier S. 70f., 71f., 72ff., 80f., 84 (Reihenfolge der Zitate).

13 In: Campe (Hg.), Allgemeine Revision, Bd. 3, S. 435–616. – Ausführlich behandelt wird die Spannung zwischen der Erziehung zum Menschen und zum Bürger bei Fertig, Campe, S. 80ff., 99ff. Herwig Blankcrtz, Die utilitaristische Berufsbildungstheorie der Aufklärungspädagogik, in: Ulrich Herrmann (Hg.), »Das pädagogische Jahrhundert«. Volksaufklärung und Erziehung zur Armut im 18. Jahrhundert in Deutschland, Weinheim und Basel 1981, S. 247–270. Ders., Der Widerspruch von Selbstentfaltung und Gemeinnützigkeit, von Glücksstreben und Sittlichkeit, ebd. S. 307–317. Ders., Geschichte der Pädagogik, S. 82–87. Ulrich Herrmann, Pädagogische Anthropologie und die »Entdeckung« des Kindes.

14 Stuve, Grundsätze der Erziehung, S. 319f. Vgl. Karl Philipp Moritz, Einheit – Mehrheit – Menschliche Kraft, in: ders., Werke in 2 Bänden, hg. von den nationalen Forschungs- und Gedenkstätten der klassischen deutschen Literatur in Weimar, Berlin und Weimar 1976, Bd. 1, S. 248ff. Ders., Andreas Hartknopf, in: ders., Andreas Hartknopf. Eine Allegorie (1786). Andreas Hartknopfs Predigerjahre (1790). Fragmente aus dem Tagebuche eines Geistersehers (1787), ND der Originalausgaben, hg. von Hans Joachim Schrimpf, Stuttgart 1968, S. 95f. Friedrich Schiller, Über die ästhetische Erziehung, in: ders., Nationalausgabe, Bd. 20, Sechster Brief, S. 321ff.

15 Stuve, Grundsätze der Erziehung, S. 377. Ebenso Carl Friedrich Bahrdt, Ueber den Zweck der Erziehung, in: Campe (Hg.), Allgemeine Revision, Bd. 1, S. 1–124, hier S. 64f., 72.

16 Stuve, Grundsätze der Erziehung, S. 322, 324.

17 Das ist ein Topos. Vgl. z.B. Campe, Theophron (1783), Auszüge abgedruckt bei Albert Reble (Hg.), Geschichte der Pädagogik. Dokumentationsband 1, Stuttgart 1971, S. 211ff.

18 Campe, Von der nöthigen Sorge, S. 325, vgl. 341.

19 Vgl. Ludwig Fertig, Campe, S. 81ff.

20 Vgl. z.B. Christian Felix Weiße, Der Kinderfreund, 5. Teil, zit. in: Könneker (Hg.), Kinderschaukel 1, S. 81f.

21 Vgl. dazu auch u. Kap. 5.2.

22 Z.B. Johann Bernhard Basedow, Das Methodenbuch für Väter und Mütter der Familien und Völker (3. Aufl. 1773), in: ders., Ausgewählte Schriften, hg. von Hugo Göring, Langensalza 1880, S. 1–225, hier S. 160: »Ich werde dennoch Recht behalten, jene Verhältnisse *natürlich* zu nennen, weil sie aus der Natur und aus solchen bei einer gesitteten Nation ausgebreiteten und fast allgemeinen Umständen fließen, welche untadelhaft sind und von allen philosophischen Sonderlingen nicht geändert werden. Eine mit keinen Gewohnheiten vergesellschaftete Natur findet sich nirgends [. . .]«. – Vgl. grundsätzlich zur Funktion des Naturbegriffs als »Legitimation gesellschaftlicher Vorstellungen« am Beispiel Wolffs und Gottscheds: Reinhart Meyer, Restaurative Innovation. Theologische Tradition und poetische Freiheit in der Poetik Bodmers und Breitingers, in: Christa Bürger, Peter

Bürger, Jochen Schulte-Sasse (Hg.), Aufklärung und literarische Öffentlichkeit, Frankfurt 1980, S. 39–82, hier S. 46ff. – Ähnliches wie für den Begriff der Natur ließe sich für den des »Menschen« zeigen, der ebenfalls ›bürgerlich‹ gefüllt ist. Vgl. z.B. schon Johann Georg Sulzers Unterscheidung einer Menschen- von einer Standeserziehung: Versuch von der Erziehung und Unterweisung der Kinder (2. Aufl. 1748), in: ders., Pädagogische Schriften, hg. von Willibald Klinke, Langensalza 1922, S. 43ff., 49f.

23 Vgl. Ludwig Fertig, Campe, S. 84ff.

24 Zit. ebd. S. 87. Katharina Rutschky gebührt das Verdienst, gegenüber einer Forschung, die sich zu ihrem Gegenstand weithin affirmativ verhielt, erstmals die manipulatorischen und repressiven Momente der aufklärerischen Pädagogik ins Licht gestellt zu haben: Einleitung, in: dies. (Hg.), Schwarze Pädagogik. Quellen zur Naturgeschichte der bürgerlichen Erziehung, Frankfurt/Berlin/Wien 1977.

25 Jean-Jacques Rousseau, Emile oder über die Erziehung, übs. von Eleonore Sckommodau, hg. von Martin Rang, Stuttgart 1976, S. 265f.

26 Vgl. Otto Friedrich Bollnow, Wesen und Wandel der Tugenden, Frankfurt/Berlin/Wien 1975, S. 24f.

27 Basedow, Die ganze natürliche Weisheit, § 54, S. 131.

28 Schlegel, Allgemeine Übersicht, S. 64, 63, 61, 68 (Reihenfolge der Zitate).

29 Zum wirtschaftlichen Moment der aufklärerischen Tugend: Hans M. Wolff, Die Weltanschauung der deutschen Aufklärung in geschichtlicher Entwicklung, Bern 1949, S. 49ff., 66ff. Paul Mog, Ratio und Gefühlskultur, S. 49ff. Jochen Schulte-Sasse, Drama, in: Deutsche Aufklärung bis zur Französischen Revolution 1680–1789, S. 426ff. Ders., Das Konzept bürgerlich-literarischer Öffentlichkeit und die historischen Gründe seines Zerfalls, in: Christa Bürger, Peter Bürger, Jochen Schulte-Sasse (Hg.), Aufklärung und literarische Öffentlichkeit, Frankfurt 1980, S. 83–115, hier S. 83ff. Ulrich Herrmann, Die Kodifizierung bürgerlichen Bewußtseins in der deutschen Spätaufklärung – Carl Friedrich Bahrdts »Handbuch der Moral für den Bürgerstand« aus dem Jahre 1789, in: ders. (Hg.), »Die Bildung des Bürgers«, S. 153–162.

30 Zu den »ökonomischen Tugenden« vgl. die Einleitung Paul Münchs zu seiner sehr hilfreichen Textsammlung: Ordnung, Fleiß und Sparsamkeit. Texte und Dokumente zur Entstehung der »bürgerlichen Tugenden«, München 1984, v.a. S. 22ff. In diesen Zusammenhang gehören letztlich auch die kaufmännischen Tugenden, deren Tradition seit der italienischen Renaissance Werner Sombart beschrieben hat: Der Bourgeois. Zur Geistesgeschichte des modernen Wirtschaftsmenschen, München und Leipzig 1913, S. 135–169.

31 Campe, Robinson, Bd. 2, S. 170f.

32 Ebd. Bd. 2, S. 60.

33 Ebd. Bd. 1, Vorbericht S. XIII, S. 74, 78f. u.ö.

34 Man sehe daraufhin die Zusammenstellungen der Tugenden durch, die enthalten sind etwa in J. Heusingers »Die Familie Wertheim« (2. Aufl. 1800–1809), zit. bei Rutschky (Hg.), Schwarze Pädagogik, S. 547, oder in Christian Gotthilf Salzmanns »Moralische[m] Elementarbuch«, S. XXVIIIf.

Wolfgang Promies' Einstellung zur Frage der sozialen Hintergründe der aufklärerischen Pädagogik und Kinderliteratur ist von permanenten Widersprüchen gekennzeichnet (Kinderliteratur im späten 18. Jahrhundert, in: Deutsche Aufklärung bis zur Französischen Revolution 1680–1789, S. 765–831). Einerseits polemisiert Promies gegen eine sicherlich überzogene ökonomistische Erklärung der Pädagogik aus der »Bedingung der sich formierenden bürgerlichen Klasse«, die auf Durchsetzung eines »neue[n] – kapitalistische[n] – Wirtschaftssystems« abzielte (782) – eine Interpretation, die den Aspekt der »bürgerlichen Arbeitserziehung« (816) in den Mittelpunkt stellt (Andrea Kuhn, Tugend und Arbeit. Zur Sozialisation durch Kinder- und Jugendliteratur im 18. Jahrhundert, Berlin 1975). Andererseits ordnet Promies selbst die aufklärerische Pädagogik und Kinderliteratur in »das Konzept einer bürgerlichen Gesellschaft unter Führung eines seiner selbst bewußt gewordenen Standes« ein (767); er stellt fest, daß es sich etwa bei Weißes Theaterstücken für Kinder um »Einübungen im gehörigen Bewußtsein des bürgerlichen Standes« (807) handle und daß Campes »Robinson« den »Wertvorstellungen und praktischen Anforderungen des bürgerlichen Mittelstandes mustergültig Ausdruck verliehen« habe (816; vgl. auch S. 772ff., 802, 815). Nun ist es zweifellos richtig, daß die »bürgerliche Arbeitserziehung« nicht ökonomisch reduziert werden sollte und daß sie auch nicht den gesamten Bereich der bürgerlichen »Wertvorstellungen« abdeckt; daß sie aber innerhalb dieser an zentraler Stelle steht, wird man schwerlich abstreiten können. – Auch an anderer Stelle wird Promies von seiner Polemik gegen Andrea Kuhn zu erstaunlichen Behauptungen bewogen. Promies kommt zu der Erkenntnis, daß nicht Individuation und »Selbstbestimmung des Individuums in Freiheit« das Ziel von Pädagogik und Kinderliteratur gewesen seien, sondern »das gemeinnützige Wesen, das nur beschränkt mündig gemacht wurde« (781). Statt nun diesen Sachverhalt konsequent aus den immanenten Erfordernissen der von ihm selbst beschriebenen, auf Vermittlung bürgerlicher Wertvorstellungen abzielenden Pädagogik zu deuten, weicht Promies auf eine befremdliche pragmatische Erklärung aus: Die »Massenhaftigkeit der Kinder« in den Einzelfamilien habe eine an Individuation orientierte Erziehung nicht zugelassen, sie sei verantwortlich für die »unindividuelle Abrichtung der kindlichen Person«, für »Nützlichkeitsdenken und Zwecktun« (782). Hat schon die historische Demographie die Annahme solcher Massenhaftigkeit der Kinder ins Reich der Fabel verwiesen (vgl. z.B. Jürgen Schlumbohm, Einleitung, in: ders. [Hg.], Kinderstuben. Wie Kinder zu Bauern, Bürgern, Aristokraten wurden. 1700–1850, München 1983, S. 23–41), so torpediert auch Promies selbst die eigene These, indem er nur wenige Zeilen später einfließen läßt, daß die »Masse« der Kinder »vom Tod regelmäßig selektiert« wurde.

35 Zum Arbeitsbegriff seit der Antike: Werner Conze, Arbeit, in: Otto Brunner, Werner Conze, Reinhart Koselleck (Hg.), Geschichtliche Grundbegriffe. Historisches Lexikon zur politisch-sozialen Sprache in Deutschland, Bd. 1, Stuttgart 1972, S. 154ff.

36 Vgl. Frans van der Ven, Sozialgeschichte der Arbeit, 3 Bde., München 1972,

Bd. 2, S. 223ff. Conze, Arbeit, S. 166. Münch (Hg.), Ordnung, Fleiß und Sparsamkeit, S. 33f.

37 Ausführlich dazu Conze, Arbeit, S. 163ff., 167. Zur Säkularisierung des Arbeitsbegriffs vgl. auch Max Weber, Die protestantische Ethik und der Geist des Kapitalismus, in: ders., Die protestantische Ethik I. Eine Aufsatzsammlung, hg. von Johannes Winckelmann, 5. Aufl. Gütersloh 1979, S. 27–277, hier S. 183f.

38 Basedow, Methodenbuch, S. 62. Kant, Über Pädagogik, in: ders., Werke, Bd. 10, S. 691–761, hier A 75, A 77. Die Erziehung zu Arbeit und Leistung wird buchstäblich in jeder pädagogischen Schrift gefordert und braucht daher nicht ausführlicher dokumentiert zu werden. Vgl. auch Ludwig Fertig, Campe, S. 159ff. Jürgen Schlumbohm (Hg.), Kinderstuben, S. 310ff. Ferner: Bollnow, Wesen und Wandel der Tugenden, S. 57ff.

39 Vgl. z.B. Peter Villaume, Lesebuch für Bürgerschulen, Hamburg 1801, S. 111f., zit. bei Hans-Heino Ewers (Hg.), Kinder- und Jugendliteratur der Aufklärung. Eine Textsammlung, Stuttgart 1980, S. 87. – Meist wird die religiöse Verpflichtung zur Arbeit nicht aus einem unmittelbaren Gebot abgeleitet, sondern indirekt erwiesen, z.B. über die lasterhaften Folgen der Faulheit oder die heilsamen Folgen der Arbeit, die mit einem erschlossenen Plan der Schöpfung harmonieren. Vgl. z.B. Campe, Robinson, Bd. 2, S. 58f., 146. Vgl. dazu auch Wolfgang Martens, Die Botschaft der Tugend. Die Aufklärung im Spiegel der deutschen Moralischen Wochenschriften, Stuttgart 1971, S. 319f.

40 Campe, Robinson, Bd. 2, S. 59. Vgl. ferner ebd. Bd. 1, S. 39f. Salzmann, Moralisches Elementarbuch, S. 135, 268, 315ff. Ders., Konrad Kiefer oder Anweisung zu einer vernünftigen Erziehung der Kinder. Ein Buch für's Volk (1796), hg. von Theo Dietrich, Bad Heilbrunn 1961, S. 113. Friedrich Eberhard von Rochow, Der Kinderfreund. Ein Lesebuch zum Gebrauch in Landschulen, ND der Ausgabe Brandenburg und Leipzig 1776, hg. von Hubert Göbels, Dortmund 1979, S. 25. Christoph Wilhelm Hufeland, Makrobiotik, S. 212. Weitere Beispiele bei Könneker (Hg.), Kinderschaukel 1, S. 114f., 138f.

41 Michel Foucault, Wahnsinn und Gesellschaft. Eine Geschichte des Wahns im Zeitalter der Vernunft, 3. Aufl. Frankfurt 1978, S. 507f., 516f. Ders., Überwachen und Strafen. Die Geburt des Gefängnisses. 3. Aufl. Frankfurt 1979, S. 307ff.

42 Die Behauptung, der Arme könne aus eigener Kraft Reichtum und soziales Ansehen erlangen, ist ein weitverbreiteter Topos. Vgl. z.B. Salzmann, Moralisches Elementarbuch, S. 1, 54ff., 149ff. Ders., Konrad Kiefer, S. 84, 120. Weitere Beispiele bei Könneker (Hg.), Kinderschaukel 1, S. 108ff., 116ff.

43 Hans H. Gerth, Bürgerliche Intelligenz um 1800. Zur Soziologie des deutschen Frühliberalismus (1935), hg. von Ulrich Herrmann, Göttingen 1976, S. 74f., 33f.

44 Manfred Arndt, Frühkapitalismus in Deutschland am Ende des 18. Jahrhunderts. Ansätze kapitalistischen Wirtschaftens und ihre Auswirkungen auf das System sozialer Schichtung, Diss. Marburg 1971.

45 Bd. 2, S. 143f., 58f.

46 Sombart, Der Bourgeois, S. 135–169; nur kurz behandelt in: ders., Der moderne Kapitalismus, 2. Aufl. München und Leipzig 1917, Bd. 2.1, S. 30ff. Zu den Verhaltensidealen, der Arbeitsorganisation etc. der Kaufmannschaft vgl. Wolfgang Ruppert, Bürgerlicher Wandel, S. 47ff. – In diesen Zusammenhang gehört auch die Stärkung des »Trieb[s] zu Erwerben«: vgl. Peter Villaume, Allgemeine Theorie, wie gute Triebe und Fertigkeiten durch die Erziehung erwekt, gestärkt und gelenkt werden müssen, in: Campe (Hg.), Allgemeine Revision, Bd. 4, S. 3–604, hier S. 433–454. Auch in Salzmanns »Konrad Kiefer« versucht der Vater, seinem Sohn »den Trieb beizubringen, sich durch seinen eigenen Fleiß ein Eigentum zu erwerben.« (S. 103) – Zur Aufwertung des jahrhundertelang nur tolerierten, zumeist aber als Habgier verurteilten Erwerbsstrebens seit dem 17. Jahrhundert vgl. Albert O. Hirschman, Leidenschaften und Interessen, S. 17, 65ff.

47 Ein alter Arbeiter sagt zu Herrmann: »[. . .] *Wie gut ist es, daß es reiche Leute in der Welt giebt!* Da geben Sie nun so vielen Leuten Brod auf die ganze Woche, manchem auch ein Brätchen. Ich wüßte doch wahrhaftig nicht, was die Leute alle, wie sie hier sind, anfangen wollten, wenn es nicht andere gäbe, die viel Geld hätten. Wolle könnten sie sich nicht kaufen, und wenn sie auch bisweilen ein Pfund auftrieben, so wäre niemand da, der ihnen ihre Arbeit abnehmen wollte [. . .] Die Reichen können ja das Geld doch nicht essen; wenn sie sich schöne Häuser bauen, Gärten anlegen, gute Kleidung kaufen, und besser essen, als wir können, so müssen sie ja doch immer Geld dafür ausgeben, und da kömmt es immer wieder in anderer Leute Hände. Da bekömmt der Metzger, der Kellermeister, der Bekker, Zimmermann, Schreiner, Schlosser, Schmied, Glaser, Maurer, Tüncher und dergleichen, immer etwas zu verdienen. Wovon wollten denn diese Leute leben, wenn es nicht solche gäbe, die einen Thaler Geld könnten aufgehen lassen?« (Moralisches Elementarbuch, S. 332f.) Vgl. ebd. S. 161ff., 208f., 400. – Genauso kraß fällt die Rechtfertigung des Gewinns der »Bürger, die die Fabriken angelegt hatten« im »Zweyten Theil« von Salzmanns »Moralischem Elementarbuch« aus (Leipzig 1795, S. 345ff., zit. bei Ewers [Hg.], Kinder- und Jugendliteratur, S. 269f.).

48 Basedow, Die ganze natürliche Weisheit, § 24, S. 36f.

49 Zur partiellen Interessengleichheit von Bürgertum und absolutistischem Staat vgl. Horst Möller, Aufklärung in Preußen, S. 301f.

50 Zit. n. Conze, Arbeit, S. 173. Zum Arbeitsbegriff in den »ökonomischen« Theorien ebd. S. 167ff., 174ff.

51 Vgl. Klaus Dörner, Bürger und Irre. Zur Sozialgeschichte und Wissenschaftssoziologie der Psychiatrie, 2. Aufl. Frankfurt 1984, S. 185ff.

52 Vgl. Paul Münch, Einleitung, in: ders. (Hg.), Ordnung, Fleiß und Sparsamkeit, S. 34f.

53 Reinhard Wittmann, Der lesende Landmann. Zur Rezeption aufklärerischer Bemühungen durch die bäuerliche Bevölkerung im 18. Jahrhundert, in: Der Bauer Mittel- und Osteuropas im sozio-ökonomischen Wandel des 18. und 19. Jahrhunderts. Beiträge zu seiner Lage und deren Widerspiege-

lung in der zeitgenössischen Publizistik und Literatur, hg. von Dan Berindei u.a., Köln/Wien 1973, S. 142–196, hier S. 152ff., 156ff.

54 Friedrich Eberhard von Rochows sämtliche pädagogische Schriften, hg. von Fritz Jonas und Friedrich Wienecke, Berlin 1909, Bd. 3, S. 9ff., zit. n. Hubert Göbels, Nachwort zu F. E. von Rochow, Der Kinderfreund, S. 191; vgl. ebd. S. 201.

55 So der Titel einer Schrift von H. Ph. Sextro, Göttingen 1785.

56 Literarische Propaganda eines solchen Unterrichts findet man z.B. bei Johann Heinrich Pestalozzi, Lienhard und Gertrud. Ein Buch für das Volk (1781ff.), 4 Bde., Trogen 1831, Bd. 3, § 19f., S. 70ff. Peter Villaume, Lesebuch für Bürgerschulen, Hamburg 1801, S. 34f., zit. bei Ewers (Hg.), Kinder- und Jugendliteratur, S. 85. – Zum Problem vgl. die Arbeiten in: Heinz-Joachim Heydorn, Gernot Koneffke, Studien zur Sozialgeschichte und Philosophie der Bildung, Bd. 1: Zur Pädagogik der Aufklärung, München 1973. Ludwig Fertig, Campe, S. 159ff.

57 Die Uhrenmetapher spielt im 18. Jahrhundert nicht allein deshalb eine so bedeutende Rolle, weil sie den Mechanismus von Welt, Staat und Mensch verbildlicht (vgl. z.B. Otto Mayr, Die Uhr als Symbol für Ordnung, Autorität und Determinismus; Francis C. Haber, Zeit, Geschichte und Uhren; beide in: Klaus Maurice, Otto Mayr [Hg.], Die Welt als Uhr. Deutsche Uhren und Automaten, München 1980 [Ausstellungskatalog Bayerisches Nationalmuseum München], S. 1ff. und S. 10ff.); sie verweist auch auf ein neues Zeitbewußtsein. Mit wachsender Notwendigkeit, sowohl die Arbeitsleistung überhaupt zu steigern, als auch die Arbeitsprozesse, vor allem im gewerblichen Bereich, zu rhythmisieren und zu synchronisieren, muß ein neues Zeitgefühl ausgebildet werden. Zeit muß zum einen besser genutzt, zum anderen genauer gemessen werden. Zuerst in industrialisierten Gebieten, z.B. England, sehr bald aber auch in Deutschland, versucht man seit Ende des 17. Jahrhunderts nicht nur in Manufakturen, sondern auch in Heimindustrien, das Zeitgefühl zu disziplinieren. Dazu gehört u.a. die Polemik gegen die vielen Feste und Feiertage und den fast überall üblichen ›blauen Montag‹ (vgl. Edward P. Thompson, Zeit, Arbeitsdisziplin und Industriekapitalismus, in: ders., Plebeische Kultur und moralische Ökonomie. Aufsätze zur englischen Sozialgeschichte des 18. und 19. Jahrhunderts, Frankfurt/Berlin/Wien 1980, S. 44ff.). – Außer auf die Erfordernisse der neuen Arbeitsorganisation geht diese Kampagne auch auf eine puritanische Tradition zurück. Schon in dieser galt – mit deutlich ökonomischer Tendenz – Zeitvergeudung als schwere Sünde (vgl. Max Weber, Die protestantische Ethik, S. 167f.). In R. Baxters »Christian Directory« (1673) etwa liest man: »Denkt daran, wie wertvoll Zeit sein kann [. . .] Im gesamten Wirtschaftsleben, sei es in Handel, Gewerbe und Landwirtschaft, sagt man von einem Mann, der dabei reich geworden ist, er habe seine Zeit genutzt.« (Zit. n. Thompson, S. 56.) 1748 prägt dann Benjamin Franklin die Formel »Time is Money« (Advice to a young tradesman. Vgl. Martens, Botschaft der Tugend, S. 320f. Zur Tradition der Zeitnutzung und genauen -einteilung im Kontext der kaufmännischen Tugend überhaupt – also auch unabhängig

von puritanischer Religiosität: Sombart, Der Bourgeois, S. 142f., 152f.
Ders., Kapitalismus, Bd. 2.1, S. 57f.). – Noch auf einer einsamen Insel fordert das bürgerliche Bewußtsein einen präzis eingeteilten Tagesablauf
(Campe, Robinson, Bd. 2, S. 15f., 137 u.ö.), und selbst der ästhetische Naturgenuß bleibt von zeitlicher Gliederung – um »Ordnung« zu stiften –
nicht verschont: Auch Gesichts- und Gehörsinn unterliegen der Disziplinierung (Barthold Heinrich Brockes, Nützliche Eintheilung der Zeit, in: ders.,
Auszug der vornehmsten Gedichte aus dem Irdischen Vergnügen in Gott,
ND der Ausgabe Hamburg 1738, Stuttgart 1965, S. 595). – Unterstützt wird
diese Änderung des Zeitgefühls durch die Verbesserung der Methoden der
Zeitmessung und den Beginn der Billigproduktion von Uhren, die sich sogar Landarbeiter leisten können. Ab ca. 1790 nimmt der Besitz von Ta-
schenuhren deutlich zu (vgl. Thompson, S. 42f.). – Zum neuen Zeitgefühl
vgl. ferner Elias, Prozeß der Zivilisation, Bd. 2, S. 338. Paul Mog, Ratio und
Gefühlskultur, S. 67.

58 Vgl. etwa Rochow, Der Kinderfreund, S. 20: »Es ist Weisheit, Vergnügungen und Erholungen des Gemüths zu suchen, um desto gesunder und mun-
terer die eigentlichen Geschäfte treiben zu können. Aber es ist Thorheit,
sich beständig vergnügen und erholen zu wollen, ob man gleich nicht gearbeitet hat.« Vgl. auch Johann Georg Sulzer, Versuch von der Erziehung,
S. 160. – Polemisiert wird in der Kinderliteratur des 18. Jahrhunderts gegen
alle Arten von Vergnügen, deren »Nutzen« nicht augenfällig ist. Der »Seilspringer« muß sich vorhalten lassen: »die seltne Kunst –/ was nützet sie?«
(Christian Felix Weiße, Der Seilspringer, zit. bei Könneker [Hg.], Kinderschaukel 1, S. 228). Mit einigem Recht konstatiert daher A. W. Schlegel:
»Auch das Spiel hat man zu einer nützlichen Arbeit umzuwandeln gesucht
[...]« (Allgemeine Übersicht, S. 61f.).

59 Vgl. dazu allgemein Hajo Bernett, Die pädagogische Neugestaltung der
bürgerlichen Leibesübungen durch die Philanthropen, S. 70ff.

60 Diesen Tugenden – mäßigem Leben, Vermeiden der Verschwendung, ›vernünftigem‹ Umgang mit Geld, Sparsamkeit – gilt in den pädagogischen
Schriften besondere Aufmerksamkeit. Vgl. z.B. Sulzer, Versuch von der Erziehung, S. 172. Basedow, Methodenbuch, S. 21, 68 u.ö. Salzmann, Moralisches Elementarbuch, S. 58ff., 223ff., 227ff. Ders., Konrad Kiefer, S. 12, 86,
100ff. Weitere Beispiele bei Könneker (Hg.), Kinderschaukel 1, S. 108ff.,
111ff. Zur Mäßigkeit vgl. auch Gottsched, Weltweisheit, Bd. 2, § 540ff.,
S. 278ff.

61 Der Gebrauch dieser Begriffe ist im 18. Jahrhundert alles andere als klar
(vgl. Gerhard Sauder, Empfindsamkeit, S. 133) und braucht auch in dieser
Arbeit nicht vereindeutigt zu werden. Eine prägnante Unterscheidung der
Begriffe, die auch von deren heutiger Verwendung her nachvollziehbar ist,
die aber fürs 18. Jahrhundert nicht unbedingt als repräsentativ gelten darf,
liefert Kant. »Die habituelle sinnliche Begierde heißt *Neigung*. [...] Die
durch die Vernunft des Subjekts schwer oder gar nicht bezwingliche Neigung ist *Leidenschaft*.« (Anthropologie, in: ders., Werke, Bd. 10, B 202.)
Auch diese ist also habituell, kontinuierlich und kann sich, obwohl sie die

»Herrschaft der Vernunft« ausschließt (B 203), »mit der ruhigsten Überlegung zusammenpaaren« (B 225). Demgegenüber ist der ebenfalls die Vernunft suspendierende »Affekt« ein »Rausch«, ist »stürmisch und vorübergehend« (ebd.). Vgl. ebd. B 226ff.

62 Gottsched, Weltweisheit, Bd. 2, § 441, S. 228.

63 Ebd. S. 229. Vgl. Bd. 1, § 974, S. 510.

64 Ebd. Bd. 2, § 449, S. 232. Vgl. § 510, S. 262f. u.ö.

65 Zu Sulzer vgl. u. Kap. 5.2. Meier, Theoretische Lehre, § 205ff. u.ö. Kant, Kritik der praktischen Vernunft, in: ders., Werke, Bd. 6, A 142f. u.ö. Ders., Anthropologie, ebd. Bd. 10, B 203ff., B 226ff. u.ö.

66 Vgl. dazu Ernst Cassirer, Philosophie der Aufklärung, S. 139f., 142. Rolf Grimminger, Aufklärung, Absolutismus und bürgerliche Individuen, S. 22ff., 52ff.

67 Sauder, Empfindsamkeit, S. 125ff. Zum Verhältnis Vernunft und Empfindsamkeit vgl. auch Georg Jäger, Empfindsamkeit und Roman. Wortgeschichte, Theorie und Kritik im 18. und frühen 19. Jahrhundert, Stuttgart/Berlin/Köln/Mainz 1969, S. 44ff., 50f.

68 Vgl. Sauder, Empfindsamkeit, S. 128.

69 Zit. n. Sauder, Empfindsamkeit, S. 135. Zur empfindsamen Haltung gegenüber den Leidenschaften vgl. ebd. S. 133ff. Ferner auch Jäger, Empfindsamkeit, S. 46, 48ff.

70 Zit. n. Sauder, Empfindsamkeit, S. 103. Zu Stoizismus und Epikureismus ebd. S. 96ff.; zum Prinzip der Zufriedenheit etc. S. 128f., 130ff.

71 Kant, Anthropologie, in: ders. Werke, Bd. 10, B 205f., B 228, B 226, B 177 (Reihenfolge der Zitate).

72 Vgl. Sauder, Empfindsamkeit, S. 193ff., 206f. Jäger, Empfindsamkeit, S. 45ff.

73 Locke, Gedanken über Erziehung, Nr. 45, S. 46.

74 Gottsched, Der Biedermann, ND der Originalausgabe Leipzig 1727–1729, hg. von Wolfgang Martens, Stuttgart 1975, 1. Theil, 5. Blatt, S. 20.

75 Abhandlung über das Verhalten bei den ersten Unarten der Kinder, in: Campe (Hg.), Allgemeine Revision, Bd. 2, S. 297–616, hier S. 345. Zum Bekenntnis der Philanthropisten zur Empfindsamkeit vgl. Jäger, Empfindsamkeit, S. 47ff.

76 Elias, Prozeß der Zivilisation, Bd. 2, S. 58–68, 113f. u.ö. Nachweise im folgenden im Text.

77 Vgl. ebd. Bd. 2, S. 317, 336ff. Es ist bezeichnend, daß man parallel zu diesen Vorgängen in der philosophischen Diskussion (seit Machiavelli) dazu übergeht, die »Interessen als Widersacher der Leidenschaften« zu betrachten, und sie auch gegen diese auszuspielen empfiehlt. Vgl. dazu Hirschman, Leidenschaften und Interessen, 1. Teil.

78 Vgl. dazu auch Jürgen Frhr. von Kruedener, Die Rolle des Hofes im Absolutismus, Stuttgart 1973.

79 Zu den zwei Phasen prinzipiell Elias, Bd. 2, S. 424ff. Fürs 18. Jahrhundert vgl. Grimminger, Aufklärung, Absolutismus und bürgerliche Individuen, S. 34ff., 40ff. Im Anschluß an Elias auch Mog, Ratio und Gefühlskultur, S. 36ff.

80 Basedow, Elementarwerk, Bd. 2, S. 12ff. Campe, Robinson, Bd. 1, S. 74ff.

81 Vgl. Elschenbroich, Kinder werden nicht geboren, S. 180f.

82 Claude-Adrien Helvétius, Gedanken und Überlegungen, übs. von Theodor Lücke, in: ders., Vom Menschen, von seinen geistigen Fähigkeiten und von seiner Erziehung, Berlin und Weimar 1976, S. 541–572, hier S. 562.

83 Wie leicht sie das angeblich tun, geht aus Christian Felix Weißes »Kinderfreund« (7. Teil) hervor (zit. in Könneker [Hg.], Kinderschaukel 1, S. 198).

84 Daß die kleinsten Vergehen in der Regel zu Kapitalverbrechen eskalieren, erfährt man allerorten: Vgl. z.B. Rochow, Der Kinderfreund, S. 14, 21. Weitere Beispiele bei Könneker (Hg.), Kinderschaukel 1, S. 199ff., 202ff. Rutschky (Hg.), Schwarze Pädagogik, S. 4ff. – Thomas de Quincey wird diesen Topos später aufs vergnüglichste travestieren: »›Wenn einer sich erst aufs Morden einläßt, dann verfällt er auch bald aufs Rauben; Saufen und Sabbatschänden sind die nächsten Laster, und von da ist es nicht mehr weit zu Frechheit und Saumseligkeit. Wer sich einmal auf abschüssiger Bahn befindet, kann nie wissen, wo er endet. Schon bei manchem Menschen ist ein Mord oder ein ähnlicher Fehltritt, dem er zur Zeit keine Bedeutung beimaß, der erste Schritt zum Verderben gewesen. Principiis obsta – das ist mein Grundsatz.‹« (Der Mord als eine schöne Kunst betrachtet [1827–1854], hg. von Norbert Kohl, Frankfurt 1977, S. 87.) – Mit der wachsenden Bedeutung des Eigentums für das bürgerliche Selbstverständnis werden selbst minimale ›Eigentumsdelikte‹ (Naschen, Apfeldiebstahl) in den Rang von Verbrechen erhoben. Selbst geringfügiger Mundraub im Fall großen Hungers trifft auf völliges Unverständnis. ›Lieber verhungern als stehlen‹ lautet die Essenz einer Ermahnung, die in Johann Heinrich Pestalozzis »Lienhard und Gertrud« (Bd. 1, § 16, S. 80) die Großmutter dem kleinen Rudeli erteilt, nachdem dieser aus Hunger einige Kartoffeln gestohlen hat: »[...] und um Gottes Willen, mein Lieber! wenn dich schon hungert, nimm doch nichts mehr. Gott verläßt niemand; er gibt allemal wieder – O Rudeli! wenn dich schon hungert; wenn du schon nichts hast und nichts weißt, traue auf deinen lieben Gott und stiehl nicht mehr.« Solche Ermahnungen dienen der frühzeitigen Ausbildung eines rigiden Eigentumsverständnisses. Zum Problem des Eigentums im 18. Jahrhundert vgl. Jürgen Habermas, Strukturwandel der Öffentlichkeit, 8. Aufl. Neuwied und Berlin 1976, S. 135f. Leonhard Friedrich, Eigentum und Erziehung bei Pestalozzi. Geistes- und realgeschichtliche Voraussetzungen, Bern/Frankfurt 1972, S. 57–164 (»Das Eigentumsverständnis der Aufklärung«). Rudolf Vierhaus (Hg.), Eigentum und Verfassung. Zur Eigentumsdiskussion im ausgehenden 18. Jahrhundert, Göttingen 1972. Michel Foucault, Überwachen und Strafen, S. 104ff., 107ff.

85 Bd. 1, S. 74.

86 Diese Erfordernisse werfen vielleicht Licht auf den seit dem 17. Jahrhundert verbreiteten und noch von Marx karikierten Topos vom »doux commerce«, d.h. die Behauptung, der Handel (in dem ja die Interdependenz in zahlreichen persönlichen Kontakten erfahren wird) verbessere, sänftige die Umgangsformen. Vgl. zu diesem Topos Hirschman, Leidenschaften und In-

teressen, S. 68ff. Zur Forderung nach »Leutseligkeit« und »gefälligen Sitten« des Kaufmanns vgl. auch Ruppert, Bürgerlicher Wandel, S. 57, 61, 66.

87 Campe, Abeze- und Lesebuch (1807), ND der Ausgabe Braunschweig 1830, hg. von Hubert Göbels, Dortmund 1979, S. 196f.

88 Sulzer, Versuch von der Erziehung, S. 156, vgl. S. 91, 197 u.ö. Ebenso Johann Stuve, Grundsätze der Erziehung, S. 371. Vgl. auch Basedows Kapitel »Von der Menschenliebe«, in: Elementarwerk, Bd. 1, S. 134ff.

89 Basedow, Methodenbuch, S.50.

90 Stuve, Grundsätze der Erziehung, S. 377f.

91 Vgl. Kant, Anthropologie, in: ders., Werke, Bd. 10, B 227: »Daher sind Leidenschaften nicht bloß, wie die Affekte, *unglückliche* Gemütsstimmungen, die mit viel Übeln schwanger gehen, sondern auch ohne Ausnahme *böse* und die gutartigste Begierde, wenn sie auch auf das geht, was (der Materie nach) zur Tugend, z.B. der Wohltätigkeit gehörte, ist doch (der Form nach), so bald sie in Leidenschaft ausschlägt, nicht bloß *pragmatisch* verderblich, sondern auch *moralisch* verwerflich.«

92 S. 43.

93 Basedow, Methodenbuch, S. 67f.

94 Ders., Elementarwerk, Bd. 1, S. 484f. Vgl. Stuve, Grundsätze der Erziehung, S. 366.

95 Kant, Anthropologie, in: ders., Werke, Bd. 10, B 205.

96 Basedow, Die ganze natürliche Weisheit, § 22, S. 22.

97 Salzmann, Moralisches Elementarbuch, S. 91 (Zorn), 35 (Freude), 49 (Trauer).

98 Vgl. als Überblick: Jos van Ussel, Sexualunterdrückung. Geschichte der Sexualfeindschaft, 2. Aufl. Gießen 1979.

99 Gottsched, Weltweisheit, Bd. 2, § 569, S. 293.

100 Ebd. § 573, S. 295.

101 Ebd. § 568ff., S. 292ff.

102 Vgl. van Ussel, Sexualunterdrückung, S. 133ff., für die Zeit vor dem 18. Jahrhundert.

103 Vgl. die Bibliographie bei van Ussel, Sexualunterdrückung, S. 234f. Zur Kampagne gegen die Onanie, ihren ›Argumenten‹ und Mitteln vgl. u. Kap. 5.4.

104 Herbert Marcuse, Triebstruktur und Gesellschaft. Ein philosophischer Beitrag zu Sigmund Freud (1955), Frankfurt 1980, S. 22, 40, 50 u.ö.

105 Georges Bataille, Der heilige Eros (1957), Darmstadt und Neuwied 1974, S. 154.

106 Marcuse, Triebstruktur, S. 40–53 u.ö.

107 Van Ussel, Sexualunterdrückung, S. 38f., 42, 48f., 132.

108 Michel Foucault, Sexualität und Wahrheit, Bd. 1: Der Wille zum Wissen, Frankfurt 1977, S. 50ff. Nachweise im folgenden im Text.

109 Im Laufe des Buches rückt Foucault immer expliziter von den anfänglichen Zugeständnissen an die »Repressionshypothese« ab. Vgl. S. 63, 65, 101, 129, 147.

110 S. 114. Zu Foucaults Machttheorie ausführlich S. 102ff., 113ff.

111 Foucault hat die Disziplin bereits in »Überwachen und Strafen«, S. 171–292, ausführlich dargestellt.

112 Vgl. z.B. Paul Münch in: Helmuth Kiesel, Paul Münch, Gesellschaft und Literatur im 18. Jahrhundert, S. 31ff.

113 Die ›antiweberianische‹ Kritik an der Vorstellung einer bürgerlichen Askese (S. 147ff.) ist gerade mit Blick auf die bürgerliche Haltung zum Körper berechtigt, wenn auch nicht ganz neu. Es käme allerdings auf die Feststellung an, daß die dem Glückseligkeitsstreben verpflichtete Diätetik niemals das Prinzip der Mäßigung preisgibt und daher immer Momente von Entsagung und Verzicht impliziert. Eine dezidiert auf Glücks- und Lustgewinn ausgerichtete Weltanschauung kann im 18. Jahrhundert durchaus mit der Forderung nach ›innerweltlicher Askese‹ zusammengehen, die häufig genug gerade als Bedingung von Glück und Lust erscheint.

114 Foucault, Psychologie und Geisteskrankheit, 6. Aufl. Frankfurt 1980, S. 129.

115 Zu diesen Einflüssen vgl. J. Laplanche, J.-B. Pontalis, Art. Energie, in: dies., Das Vokabular der Psychoanalyse, 2 Bde., 5. Aufl. Frankfurt 1982, Bd. 1, S. 131ff.

116 Hufeland, Makrobiotik, S. 184ff.

117 Z.B. J. F. Oest, Versuch einer Beantwortung der pädagogischen Frage: wie man Kinder und junge Leute vor dem Leib und Seele verwüstenden Laster der Unzucht überhaupt, und der Selbstschwächung insonderheit verwahren, oder, wofern sie schon davon angesteckt waren, wie man sie davon heilen könne?, in: Campe (Hg.), Allgemeine Revision, Bd. 6, S. 1–286, hier S. 29. Ders., Versuch einer Belehrung für die männliche und weibliche Jugend über die Laster der Unkeuschheit überhaupt und über die Selbstschwächung insonderheit, nebst einem kurzen Vortrage der Erzeugungslehre, ebd. Bd. 6, S. 287–507, hier S. 341.

118 Oest, Versuch einer Belehrung, S. 468. Vgl. Johann Georg Heinrich Feder, Untersuchungen über den menschlichen Willen, Bd. 4, S. 242: »Gemeine Folgen desselben [des Hangs zur Wollust], wenn es auch nicht zu den äußersten Leibes- und Seelenkräfte zerstörenden Ausschweifungen kömmt – sind Unordnung in den Geschäfften und in der Haushaltung. Jene; weil eine mit Bildern der Wollust erfüllte Imagination, und eine durch Anschläge und Verlegenheiten derselben getheilte Aufmerksamkeit, mit dem Geiste der Geschäffte und der Ordnung schwer zu vereinigen sind. Diese; – wer wird hier nach Gründen fragen?« Vgl. auch J. Heusinger, Die Familie Wertheim, zit. n. Rutschky (Hg.), Schwarze Pädagogik, S. 360: »›Kann wohl bei einer solchen [schwelgerischen] Lebensart der Wunsch entstehen, ein *Amt* oder sonst *gewisse, regelmäßig vorzunehmende Arbeiten zu übernehmen,* und hierdurch der menschlichen Gesellschaft einige von den Diensten zu erweisen, deren sie bedarf? [. . .] Und es schickt sich zu *anhaltenden* und *regelmäßigen Arbeiten,* wie ein *Amt* sie erfordert, kein Mensch so schlecht, als derjenige, der immer nur in gesellschaftlichen Vergnügungen leben möchte. Ihr seht also, daß das *Gesetz* die *Verwöhnung des Körpers verbietet.*‹« Ähnlich auch schon Gottsched, Weltweisheit, Bd. 2, § 573, S. 295 (Schaden für »Pflichten und Geschäffte« durch die »Wollust«).

119 Oest, Versuch einer Beantwortung, S. 22. Vgl. ders., Versuch einer Belehrung, S. 348, 370.

120 Vgl. Oest, Versuch einer Beantwortung, S. 51: »Unser moralische Werth hängt von dem Umfange unserer Thätigkeit im Guten ab. Thätigkeit im Guten ist jede Erfüllung unserer Pflicht. Diese setzt Kräfte des Körpers voraus. Unzählich viel Gutes muß man bei einem geschwächten, kränklichen Körper unterlassen [. . .]«

121 Campe, Von den Erfordernissen einer guten Erziehung von Seiten der Eltern vor und nach der Geburt des Kindes, in: ders. (Hg.), Allgemeine Revision, Bd. 1, S. 125–232, hier S. 139f.

122 Feder, Untersuchungen über den menschlichen Willen, Bd. 4, S. 72.

123 Stuve, Allgemeine Grundsätze der körperlichen Erziehung, in: Campe (Hg.), Allgemeine Revision, Bd. 1, S. 382–462, hier S. 449f.

124 Deswegen macht Villaume auch gegen den Mutwillen der Kinder Front; diese nämlich »verschwenden ihre Betriebsamkeit in Muthwillen, wenn die Nothwendigkeit sie nicht zur nützlichen Thätigkeit anhält.« (Allgemeine Theorie, S. 441.)

125 Prozeß der Zivilisation, Bd. 1, S. 190, 239ff., 259f., Bd. 2, S. 335f.

126 Philippe Ariès, Geschichte der Kindheit, München/Wien 1975.

127 Vgl. zur Entstehung der Pädagogik die Einleitung von Katharina Rutschky, die jedoch die maßgebliche Bedeutung der bürgerlichen Normen sowohl für den Zivilisationsprozeß überhaupt wie für die Ausprägung der Pädagogik weithin vernachlässigt (Schwarze Pädagogik, S. XXI, XXXIIff.).

128 S.u. Kap. 5.2.

129 Locke, Erziehung, Nr. 115, S. 137 u. 139.

130 Ebd. S. 137.

131 Untersuchungen über den menschlichen Willen, Bd. 1, S. 148.

132 Jean Paul, Levana, in: ders., Werke, Bd. 10, § 107, S. 777.

133 Vorlesungen zur Einführung in die Psychoanalyse, in: ders., Studienausgabe, Bd. 1, S. 382.

134 Feder, Untersuchungen über den menschlichen Willen, Bd. 4, S. 70.

135 Politeia, 4. Buch, 429a–430c.

136 Das reflektiert sich etwa in Shakespeares »King Richard the Second«, III, 2, V. 178–185: »My lord, wise men ne'er sit and wail their woes,/ But presently prevent the ways to wail./ To fear the foe, since fear oppresseth strength,/ Gives, in your weakness, strength onto your foe,/ And so your follies fight against yourself./ Fear and be slain – no worse can come to fight;/ And fight and die is death destroying death,/ Where fearing dying pays death servile breath.«

137 Otto Brunner, Adeliges Landleben und europäischer Geist. Leben und Werk Wolf Helmhards von Hohberg 1612–1688, Salzburg 1949, S. 83.

138 Vgl. Johan Huizinga, Herbst des Mittelalters. Studien über Lebens- und Geistesformen des 14. und 15. Jahrhunderts in Frankreich und in den Niederlanden, hg. von Kurt Köster, 11. Aufl. Stuttgart 1975, S. 90. Jean Delumeau, La Peur en Occident, S. 3ff.

139 Vgl. z.B. Johann Michael von Loen, Der Redliche Mann am Hofe; oder die

Begebenheiten des Grafen von Rivera, ND der Ausgabe Frankfurt 1742, Stuttgart 1966, S. 438f. – In seinem in den ersten Jahren des 19. Jahrhunderts verfaßten Roman »Die Handschrift von Saragossa« (aus dem Französischen von Louise Eisler-Fischer, aus dem Polnischen von Maryla Reifenberg, hg. von Roger Caillois, 2 Bde., Frankfurt 1975) persifliert Jan Potocki (1761–1815) das übertriebene Ehrgefühl des adeligen Offiziers, dessen Hand bereits beim Wort »Angst« an den Degen fährt (Bd. 1, S. 167f.). Dort heißt es u.a.: »Ein Edelmann darf sich niemals fürchten, am wenigsten aber, wenn er die Ehre hat, Hauptmann der wallonischen Garden zu sein.« (Bd. 1, S. 43, vgl. S. 61f., 67.)

140 Paul Fleming, Gedichte, hg. von Johannes Pfeiffer, Stuttgart 1967, S. 82. Johann Wilhelm Ludwig Gleim, Gedichte, hg. von Jürgen Stenzel, Stuttgart 1969, S. 73 u.ö.

141 Der gute Soldat, in: ders., Der Kinderfreund, S. 75f.: »Was ihm befohlen war, das that er unerschrocken, und sprach oft andern Muth ein, die sich fürchteten.«

142 Ich erinnere an Klopstocks Bardendichtungen oder an den Göttinger Hainbund. Vgl. die Gedichte in: Alfred Kelletat (Hg.), Der Göttinger Hain, Stuttgart 1972, S. 77f., 163ff., 173f., 184, 185f., 187, 254, 257f. etc.

143 Vgl. den Art. Furcht in: Johann Heinrich Zedler, Universallexikon, Bd. 9 (1735), Sp. 2324: »Furcht ist derjenige Adfect, der durch die Vorstellung einer guten aber dabey schwer zu erhaltenden, oder einer bösen, aber schwer abzuwenden Sache erreget wird. Daß es ein Adfect sey, ist daher zu beweisen, weil allezeit bey der Furcht eine Bewegung in den Willen vorgehet, die auf ein künfftig anzusehendes Objectum zielet [. . .]« Vgl. ferner Gottsched, Weltweisheit, Bd. 1, § 962ff., S. 503ff., Bd. 2, § 510ff., S. 262ff. Basedow, Die ganze natürliche Weisheit, § 22, S. 32: »Ein Verlangen und ein Abscheu, eine Hoffnung und eine Furcht, eine Freude und eine Traurigkeit, welche so heftig sind, daß sie uns das gewöhnliche Vermögen zur Ueberlegung der Handlungen und zur Beurtheilung der Umstände rauben, heissen *Affecte*.« Des weiteren spricht Basedow auch unabhängig von der Bedingung der Heftigkeit von der Furcht als einem Affekt (§ 49, S. 108). Vgl. ferner Johann Georg Heinrich Feder, Untersuchungen über den menschlichen Willen, Bd. 1, S. 148. Salzmann, Moralisches Elementarbuch, S. XXIXf., 20ff.

144 Moralisches Elementarbuch, S. 28. Vgl. auch Karl Heinrich Heydenreich, Psychologische Entwickelung des Aberglaubens und der damit verknüpften Schwärmerey, Leipzig 1798, S. 112f.: »Der Zustand der Furcht hat aber auch noch gewisse besondre Eigenthümlichkeiten, welche Einfluss auf die Richtigkeit der Gesichtssensazionen in demselben haben. 1) Der Fürchtende verhält sich mehr leidentlich als selbstthätig, und verliert in dem Maasse an Macht über sein Vermögen, als seine Gemüthsbewegung steigt. So wie dadurch überhaupt Irrthum und Täuschung begünstigt wird, so wird auch der Mensch dadurch in sehr vielen Fällen gehindert, sich des Gesichtssinnes gesetzmässig zu bedienen, und seine Vorstellungen möglichst zu berichtigen; 2) der Fürchtende ist unruhig, unfähig, bey einzelnen Vorstellungen

und ihren Theilen zu verweilen um sie genauer zu beobachten, und nicht gestimmt, sich bey einer freyen und scharfen Prüfung weder seines Zustandes noch seiner Ansichten aufzuhalten; 3) wenn die Furcht hoch steigt, so sind die Vorstellungen des Künftigen in ihm lebhafter, als die Vorstellungen des Gegenwärtigen, mit der Vermehrung der Grade der Furcht, steigt auch das Uebergewicht der Lebhaftigkeit der Vorstellungen des Künftigen über die Lebhaftigkeit der Vorstellungen des Gegenwärtigen; 4) die Ermattung der Vorstellungen des Gegenwärtigen im Verhältnisse zu den Vorstellungen des Künftigen kann im Zustande höchstgestiegener Furcht bis zur Vernichtung alles Bewusstseyns der gegenwärtigen Verhältnisse des Fürchtenden in Raum und Zeit gehen.

Alle diese Eigenthümlichkeiten (2.3.4) können auf die Richtigkeit und Wahrheit der Gesichtsvorstellungen einen sehr nachtheiligen Einfluss haben.«

145 Campe, Robinson, Bd. 2, S. 29.

146 Das Kind, in: ders., Auszug der vornehmsten Gedichte, S. 559. – Diese Feststellung hat Geschichte. Vgl. z.B. Montaigne, Über die Furcht, in: ders., Essais, S. 118: »Und so viele Menschen, die sich vor unausstehlicher Peinigung der bohrenden Angst erhängten, ertränkten oder zu Tode stürzten, haben uns freilich belehrt, daß sie noch widerwärtiger und unerträglicher ist als der Tod.«

147 Montaigne, ebd. S. 116: »[. . .] es ist gewiß, daß sie [die Furcht] bei den Besonnensten, solange ihre Anwandlung währt, fürchterliche Vorstellungen hervorbringt.« Shakespeare, A Midsummer Night's Dream, V, 1, V. 21f.: »Or in the night, imagining some fear,/ How easy is a bush suppos'd a bear?« Vgl. ders., Macbeth, I, 3. Nicole Malebranche, Erforschung der Wahrheit, hg. von Artur Buchenau, München 1920, 2. Buch, 3. Teil, S. 274f.

148 Ernst Platner, Anthropologie für Aerzte und Weltweise, Leipzig o.J. (1772), S. 167, 169, 180.

149 Levana, in: ders., Werke, Bd. 10, S. 774. Vgl. ferner z.B. Basedow, Elementarwerk, Bd. 1, S. 120f., 220ff. Justus Christian Hennings, Von Geistern und Geistersehern, S. 23f. Johann Karl Wezel, Versuch über die Kenntnis des Menschen, S. 200ff. Heydenreich, Psychologische Entwickelung, S. 111. Jan Potocki, Die Handschrift von Saragossa, Bd. 1, S. 165; hier heißt es vom Philosophen Athenagoras: »Da er befürchtet, daß seine ungebundene Phantasie ihn aus nichtiger Furcht dazu bringen könne, sich wesenlose Phantome einzubilden, konzentriert er seinen Geist, seine Augen und seine Hände auf das Schreiben.«

150 Campe, Robinson, Bd. 2, S. 173. Salzmann, Moralisches Elementarbuch, S. 22f. Vgl. ebd. S. 28ff.

151 Rousseau, Emile, S. 294. Ähnlich Lichtenberg, Sudelbücher, in: ders., Schriften und Briefe, hg. von Wolfgang Promies, 4 Bde., 2. Aufl. München 1973, Bd. 1, C 180, S. 191.

152 Campe, Robinson, Bd. 2, S. 175.

153 Basedow, Die ganze natürliche Weisheit, § 22, S. 32.

154 Robinson, Bd. 2, S. 29.

155 Untersuchungen über den menschlichen Willen, Bd. 1, S. 153.
156 Moralisches Elementarbuch, S. 28. Ebenso Rochow, Das Gewitter, in: ders., Der Kinderfreund, S. 86: »Furcht vermehret allemal die Gefahr. Der Furchtsame leidet doppelt, nämlich von wirklichen und eingebildeten Gefahren; und weis sich vor Angst nicht zu helfen, wenn auch noch Rettungsmittel für ihn da wären.« Basedow, Elementarwerk, Bd. 1, S. 144: »Bei einigen wird *Furcht* und *Traurigkeit* eine solche *Verzweiflung,* daß sie nichts Gutes mehr hoffen, auf keine Mittel mehr denken, das Uebel abzuwenden [. . .]«
157 Feder, Untersuchungen über den menschlichen Willen, Bd. 1, S. 148. Vgl. auch Basedow, Die ganze natürliche Weisheit, § 49, S. 110: »[. . .] in den Gefahren selbst wird durch die Furcht eine Verwirrung verursacht, in welcher die glückliche Ueberlegung schwer ist. Auch ist es alsdann oft zu spät, zu überlegen und Mittel zu suchen. Diese Furcht vor der mißlingenden Wahl der Gegenmittel, mehret die Furcht vor den Gefahren selbst, und macht das Uebel ärger.« Ferner: Campe, Robinson, Bd. 2, S. 106. Peter Villaume, Abhandlung über das Verhalten, S. 542f.
158 Elementarwerk, Bd. 1, S. 490.
159 Montaigne, Über die Furcht, in: ders., Essais, S. 117.
160 Vorlesungen zur Einführung in die Psychoanalyse, in: ders., Studienausgabe, Bd. 1, S. 381f. Vgl. ders., Hemmung, Symptom und Angst, ebd. Bd. 6, S. 227–308, hier S. 275f.
161 Ernst Platner, Neue Anthropologie für Aerzte und Weltweise, Bd. 1, Leipzig 1790, § 1120, S. 509; vgl. § 1113ff., S. 507ff.
162 Campe, Früheste Bildung, S. 189.
163 Hufeland, Makrobiotik, S. 207.
164 Zu Krankheit und Tod als Folgen der Furcht (und des Schreckens, der als plötzliche Furcht gilt) vgl.: Hennings, Von Geistern und Geistersehern, S. 22, 95ff. Ders., Von den Träumen und Nachtwandlern, Weimar 1784, S. 51ff. Salzmann, Moralisches Elementarbuch, S. 31. Campe, Früheste Bildung, S. 189. Stuve, Grundsätze der körperlichen Erziehung, S. 453. Platner, Neue Anthropologie, § 1121, S. 510. Noch E. T. A. Hoffmann bezieht sich ironisch auf die Vorstellung vom Tod als Folge der Furcht, wenn er, aus Friedrich Schlegels Trauerspiel »Alarcos« (Berlin 1802) zitierend, den Tod des Klein Zaches folgendermaßen kommentieren läßt: »›So ist‹, sprach der Doktor feierlich und bewegt, ›so ist er aus Furcht zu sterben gar gestorben!‹« (Klein Zaches genannt Zinnober, in: ders., Späte Werke, mit einem Nachwort von Walter Müller-Seidel und Anmerkungen von Wulf Segebrecht, München 1969, S. 7–100, hier S. 93.) – Zu Furcht und Melancholie vgl. Hans-Jürgen Schings, Melancholie und Aufklärung. Melancholiker und ihre Kritiker in Erfahrungsseelenkunde und Literatur des 18. Jahrhunderts, Stuttgart 1977, S. 45, 67 u.ö. – Wahnsinn als Folge der Furcht (das gilt grundsätzlich für die meisten heftigen Leidenschaften): Wezel, Versuch über die Kenntnis des Menschen, S. 190. Vgl. auch Foucault, Wahnsinn und Gesellschaft, S. 221f., 226ff.
165 Neue Anthropologie, § 1115, S. 508.

166 Locke, Erziehung, Nr. 46, S. 47.
167 Art. Furchtsamkeit, Bd. 9 (1735), Sp. 2326.
168 Sulzer, Anweisung zur Erziehung seiner Töchter, in: ders., Pädagogische Schriften, hg. von Willibald Klinke, Langensalza 1922, S. 174ff., hier S. 203f.
169 Campe, Robinson, Bd. 2, S. 65.
170 Ebd. Bd. 1, S. 89.
171 Werner Conze, Arbeit, S. 167ff.
172 Bd. 2, S. 21.
173 Ludwig Fertig, Campe, S. 157.
174 Campe, Die Entdeckung von Amerika, ein angenehmes und nützliches Lesebuch für Kinder und junge Leute, 3 Bde., Hamburg 1781/82, Bd. 1: Kolumbus, S. 135f., zit. n. Fertig, Campe, S. 153.
175 Versuch von der Erziehung, S. 92f.
176 Untersuchungen über den menschlichen Willen, Bd. 4, S. 222: »Weder die *Mäßigkeit,* noch irgend eine andere der besondern Tugenden wird, selbst in gemein vorkommenden Fällen, sich recht behaupten können, wo es am *Muthe* fehlt; am Muthe, ruhig zu dulden, oder tapfer anzustreben gegen Schwierigkeiten, und mit ausdauernder Anstrengung durch die Hindernisse sich durchzuarbeiten; [. . .] am Muthe, der auch durch mächtigen Tadel und kränkende Verachtung sich nicht abschrecken läßt.«
177 Basedow, Die ganze natürliche Weisheit, § 49, S. 109 (der Paragraph ist der Furcht gewidmet). Derselbe Text im Elementarwerk, Abschnitt »Vergnügen und Traurigkeit«, Bd. 1, S. 495.
178 Der Abergläubige, in: ders., Der Kinderfreund, S. 43.
179 Die Kunst, ein gutes Mädchen, eine gute Gattin, Mutter und Hausfrau zu werden, Frankfurt 1798, zit. n. Könneker (Hg.), Kinderschaukel 1, S. 87.
180 Vgl. Lloyd deMause, Evolution der Kindheit, in: ders. (Hg.), Hört ihr die Kinder weinen. Eine psychogenetische Geschichte der Kindheit, Frankfurt 1977, S. 12–111, hier S. 26f., 29. Helmut Möller, Zum Sozialisierungsprozeß des Kleinbürgers, in: Ulrich Herrmann (Hg.), »Das pädagogische Jahrhundert«, S. 111–126, hier S. 113. Ludwig Fertig, Zeitgeist und Erziehungskunst. Eine Einführung in die Kulturgeschichte der Erziehung in Deutschland von 1600–1900, Darmstadt 1984, S. 107, 109.
181 Z.B. Adam Bernd, Eigene Lebens-Beschreibung, S. 25, 42f., 48ff. Karl Philipp Moritz, Anton Reiser, in: ders., Werke, Bd. 2, S. 34ff. Magister F. Ch. Laukhards Leben und Schicksale von ihm selbst beschrieben, 2 Bde., Stuttgart 1908, Bd. 1, S. 29f. Jean Paul, Selberlebensbeschreibung, in: ders., Werke, Bd. 12, S. 1065. Goethe, Aus meinem Leben. Dichtung und Wahrheit, in: ders., Werke. Hamburger Ausgabe, hg. von Erich Trunz, 14 Bde., München 1973ff., Bd. 9, S. 13f. Autobiographische Beschreibungen auch bei Wezel, Versuch über die Kenntnis des Menschen, S. 206. Campe, Früheste Bildung, S. 191.
182 Locke, Erziehung, Nr. 138, S. 168f.; vgl. Nr. 167, S. 205, Nr. 191, S. 240.
183 Warnungen vor Erregung abergläubischer Furcht: Art. Kinder = Zucht, in: Zedlers Universallexikon, Bd. 15 (1737), Sp. 660f. Campe, Früheste Bil-

dung, S. 188ff. Villaume, Abhandlung über das Verhalten, S. 509ff. Salzmann, Konrad Kiefer, S. 48, 56. Jean Paul, Levana, in: ders., Werke, Bd. 9, § 45, S. 597f.

184 Vgl. z.B. Gottsched, Der Biedermann, 2. Theil, 88., 98., 100. Blatt, S. 150ff., 189ff., 197ff. Zur Polemik gegen den Einfluß der Ammen und Dienstboten auf die Erziehung: Ariès, Geschichte der Kindheit, S. 196, 515f., 523. Lloyd deMause, Evolution der Kindheit, S. 54ff., 58ff. Lawrence Stone, The Family, Sex and Marriage in England 1500–1800, London 1977, S. 263, 428–432. Jürgen Schlumbohm (Hg.), Kinderstuben, S. 16f., 50, 229, 233f., 318, 325, 330. Zum Hintergrund dieser Polemik vgl. auch u. S. 249f.

185 Das wird auch in dieser Allgemeinheit formuliert. Vgl. Basedow, Methodenbuch, S. 43: »Traurigkeit, Furcht und Schrecken junger Kinder müssen sehr sorgfältig verhütet werden.« Oder Campe, Früheste Bildung, S. 188: »[. . .] hütet euch, so lieb euch das körperliche und geistige Wohl des Kindes ist, ihm auf irgend eine Weise Furcht oder Schrecken einzujagen!« Vgl. auch den oben in der Einleitung zitierten Text von Armbruster (S. 7).

186 Vgl. dazu u. Kap. 5.3.

187 Vgl. z.B. Locke, Erziehung, Nr. 115, S. 140f., Rousseau, Emile, S. 294ff. Basedow, Methodenbuch, S. 43, 55. Villaume, Abhandlung über das Verhalten, S. 528f. Campe, Früheste Bildung, S. 203f. Jean Paul, Levana, in: ders., Werke, Bd. 10, S. 777ff.

188 Laukhards Leben, Bd. 1, S. 30.

189 Goethe, Dichtung und Wahrheit, in: ders., Hamburger Ausgabe, Bd. 9, S. 374f.

Drittes Kapitel

1 Basedow, Methodenbuch, S. 55.

2 Ludwig Friedlaender, Darstellungen aus der Sittengeschichte Roms in der Zeit von August bis zum Ausgang der Antonine, 8. Aufl. Leipzig 1910, 2. Teil, S. 211.

3 Alewyn, Die Lust an der Angst, S. 317 u.ö. Vgl. Kuczynski, Geschichte des Alltags, Bd. 1, S. 124ff. Auch Delumeau spricht von »omniprésence de la peur« (La Peur en Occident, S. 31).

4 August Wilhelm Schlegel, Allgemeine Übersicht des gegenwärtigen Zustandes der deutschen Literatur, S. 68.

5 Hans Blumenberg, Die kopernikanische Wende, Frankfurt 1965, S. 162.

6 Delumeau, La Peur en Occident, S. 31–43.

7 Vgl. die Texte beider Autoren, die abgedruckt sind bei Richard Weiss (Hg.), Die Entdeckung der Alpen. Eine Sammlung schweizerischer und deutscher Alpenliteratur bis zum Jahr 1800, Frauenfeld und Leipzig 1934, S. 1ff., 13ff. Vgl. auch R. Hennig, Die Entwicklung des Naturgefühls, Leipzig 1912, S. 41ff.

8 Vgl. Joachim Ritter, Landschaft. Zur Funktion des Ästhetischen in der modernen Gesellschaft, in: ders., Subjektivität. Sechs Aufsätze, Frankfurt 1974, S. 141–163, hier S. 141ff. Zur Gebirgserfahrung vor dem 18. Jahrhun-

dert vgl. allgemein Alfred Biese, Die Entwicklung des Naturgefühls im Mittelalter und in der Neuzeit, 2. Aufl. Leipzig 1892. R. Hennig, Die Entwicklung des Naturgefühls, S. 41ff. Marjorie Hope Nicolson, Mountain Gloom and Mountain Glory: The Development of the Aesthetics of the Infinite, Ithaca/New York 1959, S. 34ff.

9 In: ders., Auszug der vornehmsten Gedichte, S. 124ff.

10 Die Schwierigkeiten einer Gebirgsüberquerung beschreibt z.B. Josias Simler (1530–1576), zit. bei Weiss (Hg.), Die Entdeckung der Alpen, S. 15f.

11 Johann Jacob Scheuchzer, Natur = Historie des Schweizerlandes, 3 Bde., 2. Aufl. Zürich 1752, Bd. 3, S. 46.

12 Vgl. die bei Weiss (Hg.), Die Entdeckung der Alpen, S. 4f., 11f., 21, 35, abgedruckten Texte. Vgl. R. Hennig, Die Entwicklung des Naturgefühls, S. 11f., 43f.

13 Vgl. Hartmut und Gernot Böhme, Das Andere der Vernunft, S. 33.

14 Abraham a Sancta Clara, Huy! und Pfuy! Der Welt. Huy/Oder Anfrischung zu allen schönen Tugenden: Pfuy/Oder Abschreckung Von allen schändlichen Lastern [. . .], Würtzburg 1707, S. 91.

15 Ebd.

16 Zu den genannten Elementen des Volksglaubens vgl. Delumeau, La Peur en Occident, S. 87–97. Alewyn, Die Lust an der Angst, S. 308ff.

17 Don Ferdinand Sterzingers Geister- und Zauberkatechismus, München 1783, S. 37. Vgl. Art. Blitz, in: Zedlers Universallexikon, Bd. 4 (1733), Sp. 166f. Vgl. dazu auch Delumeau, La Peur en Occident, S. 38ff., 60 u.ö.

18 Diese Vorstellung ist alttestamentlicher – und möglicherweise noch älterer – Herkunft; sie hat eine Parallele im antiken Glauben, daß Jupiter die Blitze schleudere. Vgl. z.B. den 29. Psalm über die Herrlichkeit Gottes im Gewitter oder Psalm 18,14f., wo es heißt:»Und der Herr donnerte im Himmel, und der Höchste ließ seinen Donner aus mit Hagel und Blitzen./ Er schoß seine Strahlen, und zerstreute sie; er ließ sehr blitzen und schreckte sie.« Vgl. ferner Psalm 135,7; 1. Sam. 7,10; Hiob 38,24ff.; Jer. 10,13 u.ö.

19 Ich zitiere die Ausgabe: Johann Arndt, Sämptliche Geistreiche Bücher vom Wahren Christenthum [. . .], Franckfurt am Mayn 1715.

20 4. Buch, S. 892.

21 Ebd. S. 838ff. Zum Gottesbild z.B. S. 351ff.

22 Ebd. S. 894.

23 Ebd. S. 893, 906.

24 Ebd. S. 908.

25 »GOtt / sagt mein H. Vatter Augustinus: pflegt durch dergleichen Wunderfällen die Städt zu schröcken / mit Schrecken verbessern / mit Schrecken bekehren / mit Schrecken saubern und offt ändern / damit der künftige Zorn GOttes vermeidet werde.« (Der Cometstern, in: Huy! und Pfuy!, S. 183.) – Bei solchen präapokalyptischen Strafgerichten müssen die Unschuldigen für die Sünden der Schuldbeladenen mitleiden; Grund genug, die Gemeinschaft von diesen zu säubern. »[. . .] Aus welchem dann gantz klar zu schliessen / daß GOtt mehrmahl viel Unschuldige pflege mit allerley Unheil heimzusuchen. Wann nur ein einiger Gottloser oder etlich weni-

ge unter ihnen gefunden werden.« (Ungestümmes Wetter, ebd. S. 105.)
Dem furchtbaren Gottesbild entspricht die Vorstellung eines strafenden
Christus: »Es wird der Tag kommen / O wohl ein Wehe = Tag! der Tag
wird kommen / an deme GOttes Sohn wiederum auf der Welt wird erscheinen / aber nicht mehr wie ein Erlöser / sondern wie ein Richter / nicht
mehr wie ein gedultiges Lamm / sondern wie ein brüllender Löwe; nicht
mehr Gnaden auszutheilen / sondern die Gerechtigkeit zu weisen [...]«
(Die Erdbebung, ebd. S. 198.) – Zum barocken Gottesbild: Kurt Berger, Barock und Aufklärung im geistlichen Lied, Marburg 1951, S. 177ff., 125.
Wolfgang Philipp, Das Werden der Aufklärung in theologiegeschichtlicher
Sicht, Göttingen 1957, S. 98f. Delumeau, La Peur en Occident, S. 202 u.ö.

26 Der Donner, in: Huy! und Pfuy!, S. 22.

27 Berger, Barock und Aufklärung, S. 118f.

28 Abraham a Sancta Clara, Forchtsamer Narr, in: ders., Centifolium Stultorum in Quarto. Oder Hundert Ausbündige Narren in Folio [...], ND der
Erstausgabe von 1709, Dortmund 1978, S. 169. – Daß die Vorstellung, die
Furcht Gottes hebe alle irdische Furcht auf, auch im 18. Jahrhundert noch
präsent ist, beweist Daniel Nikolaus Chodowiecki, der unter seine damals
berühmte Radierung »Les adieux de Calas, à sa famille« von 1767 ein Zitat
aus Racines Tragödie »Athalie« (1691) stellt, das offensichtlich die im Bild
ausgedrückte Haltung des unschuldig zum Tode verurteilten Calas wieder-
gibt: »je crains Dieu ... et n'ai point d'autre crainte.« Die Radierung findet
sich u.a. in: Jens-Heiner Bauer (Hg.), Daniel Nikolaus Chodowiecki, Das
druckgraphische Werk, Hannover 1982, Nr. 50, S. 19.

29 Dazu ausführlich Delumeau, La Peur en Occident, S. 197–231.

30 Vgl. ebd. S. 70f., 227.

31 Vgl. ebd. S. 402. Vgl. o. Anm. 25.

32 Ebd. S. 68.

33 Lavaters Jugend von ihm selbst erzählt (1779), hg. von Oskar Farner, Zürich
1939, S. 79f. Vgl. z.B. auch Abraham a Sancta Clara, Der Cometstern, in:
Huy! und Pfuy!, S. 183.

34 Johann Beer, Sein Leben, von ihm selbst erzählt, hg. von Adolf Schmiedek-
ke, Göttingen 1965, S. 25, 55f.

35 Bernd, Eigene Lebens-Beschreibung, S. 25, 63. Bräker, Lebensgeschichte
und Natürliche Ebentheuer des Armen Mannes im Tockenburg, hg. von Samuel Voellmy, Zürich 1978, S. 224. Hebel, Die Kometen, Der Komet von
1811, beide in: ders., Werke, hg. von Eberhard Meckel, 2 Bde., Frankfurt
1968, Bd. 1, S. 311ff., 321ff.

36 Des Girolamo Cardano von Mailand eigene Lebensbeschreibung, übs. von
Hermann Hefele, München 1969, S. 162ff.

37 Moritz, Anton Reiser, in: ders., Werke, Bd. 2, S. 83f.

38 Vgl. Delumeau, La Peur en Occident, S. 73f.

39 Rudolf Bilz, Der Subjektzentrismus im Erleben der Angst, in: ders., Studien
über Angst und Schmerz, Frankfurt 1974, S. 17–28.

40 Vgl. dazu Aaron J. Gurjewitsch, Das Weltbild des mittelalterlichen Menschen, München 1980, S. 48ff.

41 Beschreibungen solcher Praktiken finden sich für das 18. Jahrhundert etwa
bei Adam Bernd, Eigene Lebens-Beschreibung, S. 220f. Vgl. Leben und Ereignisse des Peter Prosch eines Tyrolers von Ried im Zillerthal, oder Das
wunderbare Schicksal, Geschrieben in den Zeiten der Aufklärung, hg. von
Klaus Pörnbacher, München 1964, S. 249. Jean Paul, Selberlebensbeschreibung, in: ders., Werke, Bd. 12, S. 1063.

42 Ein Beispiel: Der Herzog von Saint-Simon berichtet von der Belagerung
von Namur 1692: »Doch das Wetter änderte sich plötzlich, es regnete in
Strömen und so anhaltend, wie es noch niemand in der Armee erlebt hatte.
So kam es, daß der heilige Medardus, dessen Fest auf den 8. Juni fällt, in
aller Munde geriet. Es goß an diesem Tage ohne aufzuhören, und es heißt
ja, daß das Wetter, das an diesem Tag herrscht, 40 Tage lang andauere. Der
Zufall wollte es, daß das in jenem Jahr tatsächlich zutraf. Die Soldaten waren verzweifelt über diese Sintflut, sie verwünschten und beschimpften den
heiligen Medardus, stöberten überall nach Bildern von ihm, zerstörten und
verbrannten diese, wo sie sie fanden. Diese Regengüsse ließen die Belagerung zu einer Plage werden.« (Die Memoiren des Herzogs von Saint-Simon, 4 Bde., übs. und hg. von Sigrid von Massenbach, Frankfurt/Berlin/
Wien 1977, Bd. 1, S. 17.) Eine ähnliche Geschichte wird erzählt in: Die Legenda aurea des Jacobus de Voragine, übs. von Richard Benz, 9. Aufl. Heidelberg 1979, S. 32f.

43 Überblickshaft zur Bekämpfung des Aberglaubens im 18. Jahrhundert:
Emil Ermatinger, Deutsche Kultur im Zeitalter der Aufklärung, Frankfurt
1969 (Handbuch der Kulturgeschichte), S. 34–40. Paul Hazard, Die Krise
des europäischen Geistes, 5. Aufl. Hamburg 1939, S. 188–215. Hermann
Bausinger, Aufklärung und Aberglaube, in: DVjs 37 (1963), S. 345–362. –
Völlig unergiebig ist bedauerlicherweise der Aufsatz von Adolf Spamer,
Zur Aberglaubensbekämpfung des Barock. Ein Handwörterbuch deutschen
Aberglaubens von 1721 und sein Verfasser, in: Miscellanea Academica Berolinensia, Bd. 2.1, Berlin 1950, S. 133–159. Ansatzpunkte für eine Abgrenzung der aufklärerischen von der barocken Aberglaubensbekämpfung bietet er so gut wie nicht.

44 Vgl. dazu Gerhard Kaiser, Klopstock. Religion und Dichtung, Gütersloh
1963, S. 48 u.ö. Wolfgang Martens, Botschaft der Tugend, S. 247ff.

45 Schlegel, Allgemeine Übersicht, S. 66. Das Wort selbst ist älter. Vgl. z.B.
schon Wieland, der es allerdings noch nicht in der Schlegelschen/Weber-
schen Bedeutung, d.h. auf die Natur überhaupt bezogen, verwendet: Die
Entzauberung, in: Das Hexameron von Rosenhain, in: ders., Sämmtliche
Werke, 45 Bde., ND der Ausgabe Leipzig 1794–1811, hg. von der Hamburger Stiftung zur Förderung von Wissenschaft und Kultur in Zusammenarbeit mit dem Wieland-Archiv, Biberach, und Hans Radspieler, Hamburg
1984, Bd. 38, S. 131ff. – Max Weber, Wissenschaft als Beruf, in: ders., Gesammelte Aufsätze zur Wissenschaftslehre, 3. Aufl., hg. von Johannes
Winckelmann, Tübingen 1968, S. 582–613, hier S. 594: »Die zunehmende
Intellektualisierung und Rationalisierung [...] bedeutet etwas anderes: das
Wissen davon oder den Glauben daran: daß man, wenn man *nur wollte,* es

jederzeit erfahren *könnte,* daß es also prinzipiell keine geheimnisvollen unberechenbaren Mächte gebe, die da hineinspielen, daß man vielmehr alle Dinge – im Prinzip – durch *Berechnen beherrschen* könne. Das aber bedeutet: die Entzauberung der Welt. Nicht mehr, wie der Wilde, für den es solche Mächte gab, muß man zu magischen Mitteln greifen, um die Geister zu beherrschen oder zu erbitten. Sondern technische Mittel und Berechnung leisten das.«

46 Montaigne, Von den Weissagungen, in: ders., Essais, S. 86ff. Francis Bacon, Über Weissagungen, in: ders., Essays oder praktische und moralische Ratschläge, übs. von Elisabeth Schücking, hg. von Levin L. Schücking, Stuttgart 1970, S. 124ff. Thomas Hobbes, Leviathan oder Wesen, Form und Gewalt des kirchlichen und bürgerlichen Staates, übs. von Dorothee Tidow, hg. von Peter Cornelius Mayer-Tasch, Reinbek 1969, S. 91f.

47 Zum folgenden vgl. Bernhard Groethuysen, Die Entstehung der bürgerlichen Welt- und Lebensanschauung in Frankreich (1927), 2 Bde., Frankfurt 1978, Bd. 1, S. 143–193. Kurt Berger, Barock und Aufklärung, S. 119, 122f., 124ff. Gerhard Kaiser, Klopstock, S. 44ff., 63ff. Wolfgang Martens, Botschaft der Tugend, S. 205 u.ö.

48 Gottsched, Weltweisheit, Bd. 2, § 689, S. 354.

49 Zu Leibniz vgl. Gerhard Kaiser, S. 63ff.

50 Gottsched, Weltweisheit, Bd. 2, § 689, S. 354.

51 Gedancken über den Werth der Gefühle in dem Christenthum, 5. Aufl. Leipzig 1784, zit. n. Kaiser, Klopstock, S. 67.

52 Entstehung der bürgerlichen Welt- und Lebensanschauung, Bd. 1, S. 161ff. u.ö. Vgl. auch Paul Mog, Ratio und Gefühlskultur, S. 52, in Anlehnung an Alfred von Martin, Soziologie der Renaissance, Stuttgart 1932.

53 Campe, Abeze, S. 186.

54 Weltweisheit, Bd. 2, § 689, S. 354.

55 Vgl. dazu u. Kap. 5.3.

56 Zum »Niedergang der Hölle« vgl. Groethuysen, Entstehung der bürgerlichen Welt- und Lebensanschauung, Bd. 1, S. 130, 132, 170f.

57 In: ders., Auszug der vornehmsten Gedichte, S. 277ff.; im folgenden Strophenangaben im Text. Eine ähnliche Position bezieht Gottscheds Moralische Wochenschrift »Der Biedermann«, 1. Theil, 5. Blatt, S. 19f.

58 In: Klopstocks Werke, hg. von A. L. Back, 6 Bde., Stuttgart 1876, Bd. 1, S. 117.

59 Kaiser, Klopstock, S. 78.

60 Zur Physikotheologie und ihren Anfängen vgl. Wolfgang Philipp, Das Werden der Aufklärung.

61 Zu diesen Zusammenhängen und zur Stellung, die die Literatur (v.a. Klopstock und Brockes) innerhalb ihrer einnimmt, vgl. Karl Richter, Literatur und Naturwissenschaft. Eine Studie zur Lyrik der Aufklärung, München 1972, S. 154ff. u.ö. Dem Verhältnis von Naturwissenschaft und Religion geht ausführlich nach: R. Hooykaas, Religion and the Rise of Modern Science, Edinburgh und London 1972.

62 Vgl. z.B. Wolfgang Martens, Botschaft der Tugend, S. 198ff., 205f., 220f.

63 Art. Blitz, in: Zedlers Universallexikon, Bd. 4 (1733), Sp. 172, 166f.
64 Zum Naturbegriff des 18. Jahrhunderts: Heribert M. Nobis, Frühneuzeitliche Verständnisweisen der Natur und ihr Wandel bis zum 18. Jahrhundert,
   in: Archiv für Begriffsgeschichte 11 (1967), S. 37–58. Robert Spaemann, Genetisches zum Naturbegriff des 18. Jahrhunderts, in: Archiv für Begriffsgeschichte 11 (1967), S. 59–74. Ders., Natur, in: Handbuch philosophischer
   Grundbegriffe, hg. von Hermann Krings, Hans Michael Baumgartner und
   Christoph Wild, München 1973, Bd. 4, S. 956–968.
65 Gottsched, Weltweisheit, Bd. 1, § 408ff., S. 270f. Zu diesem Gedanken bei
   Leibniz vgl. Kaiser, Klopstock, S. 64f.
66 Gottsched, Weltweisheit, Bd. 1, § 404, S. 268f.
67 Etwas über die Polter-Geister, in: Sudelbücher, in: ders., Schriften und
   Briefe, Bd. 1, C 178, S. 189. – Im Zusammenhang des Experimentierens mit
   Reibungselektrizität kristallisierte sich seit den ersten Jahren des 18. Jahrhunderts die Einsicht heraus, daß es sich beim Gewitter um eine elektrische
   Entladung handle. Wichtige Stationen in diesem Erkenntnisprozeß markie-
   ren die Arbeiten von Francis Hauksbee 1706/07, William Wall 1707, Ste-
   phen Gray 1735/36 und Johann Heinrich Winkler 1746. Überblicke über
   die Elektrizitäts- und Gewitterforschung des 18. Jahrhunderts geben Heinrich Meidinger, Geschichte des Blitzableiters, Karlsruhe 1888, S. 7ff.,
   56–98, sowie Hans Prinz, Gewitterelektrizität, München 1979 (Deutsches
   Museum, Abhandlungen und Berichte 47, Heft 1), S. 17–40. Prinz nennt
   rund 40 Titel aus der wissenschaftlichen Literatur des 18. Jahrhunderts
   (S. 71f.).
68 Vgl. z.B. Marcus Herz, Etwas Psychologisch-Medizinisches. Moriz Krankengeschichte, in: C. W. Hufeland (Hg.), Journal der practischen Arzneykunde und Wundarzneykunst, Bd. 5, 2. Stück, Jena 1798, S. 259ff., hier
   S. 270f.: »Mit dem fortgesetzten herrschenden Beobachtungsgeiste unsers
   Zeitalters lassen sich die erstaunlichsten Entdeckungen im Naturreiche erwarten. Wenn das nächste Jahrhundert im zunehmenden Verhältnisse mit
   dem letzten Viertel des unsrigen im Auffinden unbekannter Naturkräfte, im
   genauen Bestimmen der bekannten, und, worauf vorzüglich so viel an-
   kommt, im Erforschen neuer Affinitätsgesetze fortschreitet; wenn ihm der
   Lavoisiere und der Humboldte mehrere aufbehalten sind, so bleibt dem
   menschlichen Geiste die Erreichung keiner Vollkommenheitsstufe in der
   Naturkenntnis unwahrscheinlich; so lasse ich mir für unsere Enkel die Aussicht zu einer vollendeten Umfassung irgend eines Gebiets im Reiche der
   Natur durch nichts entreissen [. . .]«
69 In: ders., Die Alpen und andere Gedichte, hg. von Adalbert Elschenbroich,
   Stuttgart 1974, S. 28, V.134ff. Ähnlich: Baruch de Spinoza, Theologisch-Politischer Traktat, auf der Grundlage der Übs. von Carl Gebhardt neu bearbeitet
   und hg. von Günter Gawlick, Hamburg 1976, S. 5ff. Thomas Hobbes, Leviathan, S. 83ff. Zum Gedanken, der Affekt der Furcht sei der Anfang aller Religion, bei Hume vgl. Ernst Cassirer, Philosophie der Aufklärung, S. 142.
70 Über Gewitterfurcht und Blitzableitung (1795), in: ders., Schriften und
   Briefe, Bd. 3, S. 132f.

71 Vgl. Wilhelm Windelband, Lehrbuch der Geschichte der Philosophie, hg.
   von Heinz Heimsoeth, 16. Aufl. Tübingen 1976, S. 412. – Mit dieser Intention konnte die Aufklärung an Epikur anknüpfen; vgl. z.B. dessen Katechismus, Nr. 12: »Es ist nicht möglich, sich von der Furcht hinsichtlich der
   wichtigsten Dinge zu befreien, wenn man nicht begriffen hat, welches die
   Natur des Alls ist, sondern sich durch die Mythen beunruhigen läßt.« (In:
   ders., Von der Überwindung der Furcht, übs. von Olof Gigon, 3. Aufl. München 1983, S. 60f.)

72 D'Alemberts Traum, in: ders., Philosophische Schriften, hg. von Theodor
   Lücke, Frankfurt 1967, Bd. 1, S. 564.

73 Dieser Gedanke findet sich etwa bei: Spinoza, Theologisch-Politischer
   Traktat, S. 6. Gottsched, Der Biedermann, 1. Theil, 71. Blatt, S. 84. Haller,
   Gedanken über Vernunft, Aberglauben und Unglauben, in: ders., Die Al-
   pen und andere Gedichte, S. 29, V. 152ff. Bernd, Eigene Lebens-Beschrei-
   bung, S. 44f. Lichtenberg, Sudelbücher, in: ders., Schriften und Briefe,
   Bd. 1, A 29, S. 16. Seume, Apokryphen, in: ders., Werke, Bd. 2, S. 324. Jo-
   hann Heinrich Jung genannt Stilling, Theorie der Geister = Kunde, in einer
   Natur = Vernunft = und Bibelmäsigen Beantwortung der Frage: Was von
   Ahnungen, Gesichten und Geistererscheinungen geglaubt und nicht geglaubt werden müße, Nürnberg 1808, § 22, S. 14f.

74 Ausführlich dazu Wolfgang Philipp, Das Werden der Aufklärung, S. 60ff.
   u.ö.

75 Vgl. z.B. Rudolph Zacharias Becker, Noth- und Hülfsbüchlein für Bauersleute, ND der Erstausgabe Gotha und Leipzig 1788, hg. von Reinhart Siegert, Dortmund 1980, S. 378: »Wenn daher in mehrern Jahren keine Gewitter wären, würde die Erde bald nichts mehr zur Reife bringen, und ein un-
   gesunder Wohnplatz für uns werden. Die Gewitter sind also eine Wohltat
   von Gott, wie Thau und Regen, und wir sollten ihm für jedes billig danken:
   wenn auch einiger Schade dadurch geschehen wäre. Wer hingegen meint,
   der Vater im Himmel zürne mit den Menschen, und wolle sie in Furcht jagen oder gar strafen durch die schönen Blitze und den prächtigen Donner:
   der kennt den Vater im Himmel nicht.« Vgl. ferner den Art. Blitz, in: Zedlers Universallexikon, Bd. 4, Sp. 171. Christoph Christian Sturms Betrachtungen über die Werke Gottes im Reiche der Natur und der Vorsehung auf
   alle Tage des Jahres (1772). Für katholische Christen hg. von Bernhard Galura, Augsburg 1804, Bd. 2, Abschnitt zum 11. Juli: »Nutzen der Gewitter«
   (S. 30ff.) und zum 19. August: »Furcht vor Gewittern« (S. 148). Rochow,
   Das Gewitter, in: ders., Der Kinderfreund, S. 85f.

76 Vgl. z.B. den Art. Nacht, in: Zedlers Universallexikon, Bd. 23 (1740),
   Sp. 251–261, v.a. 252. John Locke, Erziehung, Nr. 138, S. 171. Vgl. auch die
   Anm. des Hgs. Johann Elert Bode zu Bernhard von Fontenelle, Dialoge
   über die Mehrheit der Welten, Berlin 1780, S. 286f.

77 So z.B. bei Gottlieb Siegmund Gruner, Die Eisgebirge des Schweizerlandes,
   Bern 1760, zit. bei Weiss (Hg.), Entdeckung der Alpen, S. 46ff. Art. Berg, in:
   Zedlers Universallexikon, Bd. 3 (1733), Sp. 1229. Johann Jacob Scheuchzer,
   Natur = Historie des Schweizerlandes, Bd. 1, S. 146–154 (»Von dem Nutzen

der Schweitzerischen Gebirgen«). Christian Cay Lorenz Hirschfeld, Briefe über die vornehmsten Merkwürdigkeiten der Schweiz, Leipzig 1769, S. 121f., 127ff. u.ö. (dort die Wertangaben in Talern). Vgl. ferner: Haller, Die Alpen, in: ders., Die Alpen und andere Gedichte, S. 15, V.319f. Brokkes, Die Berge, in: ders., Auszug der vornehmsten Gedichte, S. 128f.

78 Vernünfftige Gedancken von den Würckungen der Natur, ND der Ausgabe Halle 1723, Hildesheim/New York 1981, S. 251.

79 Bacon, Novum Organum, zit. n. Tilo Schabert, Gewalt und Humanität. Über philosophische und politische Manifestationen von Modernität, Freiburg/München 1978, S. 196, 194. Zur Idee der Naturbeherrschung zwischen Bacon und Fichte vgl. ebd. S. 193–221. Ferner: Hooykaas, Religion and the Rise of Modern Science, S. 67ff. u.ö.

80 Bacon, zit. n. Schabert, S. 201.

81 Discours de la Méthode, zit. ebd. S. 200.

82 Johann Gottlieb Fichte, Von den Pflichten der Gelehrten. Jenaer Vorlesungen 1794/95, hg. von Reinhard Lauth, Hans Jacob, Peter K. Schneider, Hamburg 1971, S. 9.

83 Vgl. dazu John Desmond Bernal, Sozialgeschichte der Wissenschaften, Bd. 2: Die Geburt der modernen Wissenschaft. Wissenschaft und Industrie, Reinbek 1978, S. 384ff., 420ff.

84 Art. Blitz, Bd. 4, Sp. 172f.

85 In Amerika wurden offenbar bereits seit etwa 1752 Blitzableiter installiert, und zwar in nicht unerheblicher Zahl. Schon 1759 berichtet ein Beobachter, »die meisten wohlhabenden Leute« in den Kolonien schützten sich durch Blitzableiter. 1758 veröffentlicht Franklin in dem von ihm herausgegebenen »Poor Richard's Almanack« eine förmliche Anleitung zur Errichtung von Blitzableitern. In Europa hat die Einführung der neuen Errungenschaft etwas länger auf sich warten lassen. Der erste Ableiter der Alten Welt wurde 1760 auf dem Eddystone-Leuchtturm bei Plymouth angebracht, wie überhaupt zunächst Leuchttürme, Pulvermagazine, Kirchen und andere öffentliche Gebäude in den Genuß des neuen Gewitterschutzes kamen. In Deutschland wurde der erste »Wetterableiter« 1769 errichtet (auf der Sankt-Jakobi-Kirche in Hamburg), in der Schweiz 1771, in Italien 1772, in Frankreich 1773. Größere Verbreitung fanden Blitzableiter aber erst seit den 80er Jahren. Vgl. dazu Meidinger, Geschichte des Blitzableiters, S. 25–44. – Zu den Experimenten Franklins und seiner Zeitgenossen vgl. ebd. S. 9ff., ferner Hans Prinz, Gewitterelektrizität, S. 19ff., 30ff. Franklin selbst berichtet von seinen Versuchen und wissenschaftlichen Kontakten mit europäischen Gelehrten in seinen Lebenserinnerungen, hg. von Manfred Pütz, München 1983, S. 224ff. – Die Erfindung des Blitzableiters gibt – unter anderem – den Anlaß zu dem in Deutschland außerordentlich beliebten Vergleich Franklins mit Prometheus. Vgl. dazu Reiner Wild, Prometheus–Franklin: Die Gestalt Benjamin Franklins in der deutschen Literatur des 18. Jahrhunderts, in: Amerikastudien/American Studies 23 (1978), S. 30–39.

86 In: ders., Schriften und Briefe, Bd. 3, S. 134f.

87 Einige Zahlen mögen die ungefähre, heute nur noch schwer rekonstruierbare Größenordnung verdeutlichen. In Hamburg konnten aufgrund des Wirkens des Arztes Johann Albert Heinrich Reimarus offenbar besonders viele Blitzableiter installiert werden; 1794 gab es 130 in der Stadt und 96 in ihrer Umgebung. In Baden gab es 1788 152 Blitzableiter, in Württemberg gegen Ende der 80er Jahre 180, im Ansbachischen 1784 54. Diese und andere Angaben finden sich bei Meidinger, Geschichte des Blitzableiters, S. 30–44.

88 Vgl. z.B. Campe, Robinson, Bd. 1, S. 68f., Bd. 2, S. 101. Ders., Früheste Bildung, S. 207. Villaume, Abhandlung über das Verhalten, S. 519ff. Salzmann, Konrad Kiefer, S. 49. Vgl. auch die schon angeführten Texte von Rudolph Zacharias Becker und Christoph Christian Sturm (Anm. 75 dieses Kapitels). Ferner: Ludwig Christian Lichtenberg, Verhaltens-Regeln bey nahen Donnerwettern, nebst den Mitteln sich gegen die schädlichen Wirkungen des Blitzes in Sicherheit zu setzen zum Unterricht für Unkundige, Gotha 1774. Johann Lorenz Böckmann, Über die Blitzableiter, Karlsruhe 1782. Bezeichnend der Titel von J. F. Luz, Unterricht vom Blitz und den Blitz- und Wetterableitern zur Belehrung und Beruhigung, Frankfurt und Leipzig 1784. Joseph Kraus, Gewitterkatechismus, oder Unterricht über Blitz und Donner und die Art und Weise, wie man das Leben dagegen schützen und retten kann, 5. Aufl. Augsburg und Wien 1814. Weitere Titel bei Meidinger, Geschichte des Blitzableiters, S. 56–98. Prinz, Gewitterelektrizität, S. 72.

89 Benjamin Franklin, in: Berlinische Monatsschrift, Sept. 1790, S. 7, zit. n. Reiner Wild, Prometheus–Franklin, S. 31.

90 Vgl. z.B. Salzmann, Moralisches Elementarbuch, S. 12: »Darauf fieng Herrmann an zu erzählen, was der Mensch für ein vortrefliches Geschöpf sey, und wie er beynahe die ganze Natur in seiner Gewalt habe.«

91 Noth- und Hülfsbüchlein, S. 380 (Gewitterkapitel).

92 Friedrich Schleiermacher, Über die Religion. Reden an die Gebildeten unter ihren Verächtern, hg. von Carl Heinz Ratschow, Stuttgart 1977, Zweite Rede, S. 54. Vgl. Voltaire, Historische Lobrede auf die Vernunft, in: ders., Sämtliche Romane und Erzählungen, übs. von Liselotte Ronte und Walter Widmer, München 1969, S. 607–618, hier S. 617f.

93 Vgl. Norbert Elias, Prozeß der Zivilisation, Bd. 1, S. LVIIff., Bd. 2, S. 373f. u.ö. Vgl. ders., Die höfische Gesellschaft. Untersuchungen zur Soziologie des Königtums und der höfischen Aristokratie, 2. Aufl. Darmstadt und Neuwied 1975, S. 358ff. Zur Distanz von der Natur und der »methodisch notwendige[n] Verräumlichung jenes Denkens, das der Errichtung einer menschlichen Herrschaft über die Natur gilt« vgl. auch Tilo Schabert, Gewalt und Humanität, S. 209.

94 Vgl. dazu o. S. 38ff.

95 Reinhard Wittmann, Der lesende Landmann, S. 162ff.

96 Das wird fast immer übersehen, etwa wenn man wie Rudolf Schenda den geringen Erfolg der Volksaufklärung auf »den zähen Brei jahrhundertealter Unbildung« zurückführt (Volk ohne Buch. Studien zur Sozialgeschichte der populären Lesestoffe 1770–1910, München 1977, S. 38; vgl. 37). Auch in

der vorzüglichen Studie Wittmanns (Der lesende Landmann), der gerade die psychischen Faktoren des bäuerlichen Widerstandes gegen die Volksaufklärung herausarbeitet, kommt dieser Aspekt nicht in den Blick (vgl. S. 166ff.).

97 Dichtung und Wahrheit, in: ders., Hamburger Ausgabe, Bd. 9, S. 31. Eine ähnliche Begebenheit wird berichtet in: H. A. O. Reichard, Seine Selbstbiographie, hg. von Hermann Uhde, Stuttgart 1877, S. 193.

98 Argumentationen dieser Zielrichtung sind häufig. Vgl. z.B. Johann August Ephraim Goeze, Eine pure Dorfreise zum Unterricht und Vergnügen der Jugend, Leipzig 1788, zit. n. Hans-Heino Ewers (Hg.), Kinder- und Jugendliteratur, S. 426f. Dort heißt es über einen Bauern, der die Verstopfung seiner Kühe gleich als solche erkannt hat und sie nicht, wie sein Gesinde, als Hexerei betrachtet: »[. . .] war es nicht gut, daß sich der Mann in seiner Haushaltung ein Bischen weiter, als in den vier Wänden seines Kuhstalles umgesehen hatte, und gleich die Ursachen von der Krankheit seines Viehes angeben konnte? Da konnte er auch gleich an rechte Gegenmittel denken. Hätte ers aber für Hexerey gehalten, – und hätte geräuchert, Kreuze gemacht, mit Weyhwasser gesprenget, und Segen über Segen gesprochen – so vergieng seinem Vieh die Verstopfung vom frischen Klee nicht, und es wurde durch Unwissenheit und Aberglauben glücklich hingeopfert.« Dasselbe gilt von der Plage der Grasraupen, die die Bauern dem Teufel bzw. der Hexerei zurechnen. Der Pfarrer belehrt sie eines anderen: »[. . .] Wie oft habe ich euch schon gesagt, daß euch dieser Aberglaube größern Schaden thue, als alle Raupen? Denn 1) hält er euch beständig davon ab, daß ihr verständigen Leuten nicht glaubt, die euch belehren wollen, daß dabey alles ganz natürlich zugehe. 2) hindert er euch, die rechten Mittel zu gebrauchen, wodurch denn das Uebel immer ärger wird, und ihr in eurer Wirthschaft zurückkommt.«

99 Wolfgang Ruppert, Volksaufklärung im späten 18. Jahrhundert, in: Deutsche Aufklärung bis zur Französischen Revolution 1680–1789, S. 341–361, hier S. 349. – Ähnlichen Widerstand erfuhr der um die Verbreitung von Blitzableitern sehr bemühte bayerische Kurfürst Karl Theodor, als er die Münchner Residenz und das Schloß Nymphenburg vor Gewittern schützen wollte; die Blitzableiter mußten schließlich unter Waffenschutz installiert werden. Vgl. dazu Prinz, Gewitterelektrizität, S. 32. Den Grund solcher Widerstände scheint mir Prinz zu verkennen, wenn er ihn in der »weitverbreitete[n] Meinung« sucht, »daß es eine gefährliche Sache sei, in einem Hause oder sogar nur neben einem Hause mit Wetterableiter zu wohnen« (ebd.). Dies mag die Meinung des Abbé Nollet, eines bald schon isolierten wissenschaftlichen Gegners von Franklin, wiedergeben, dürfte aber für die Haltung der Bevölkerung nicht maßgeblich gewesen sein. Diese manifestiert sich vielmehr in der Bezeichnung des Blitzableiters als »Ketzerstange«, die während des Widerstands gegen die Errichtung eines Gewitterschutzes auf dem Dom zu Siena 1777 geprägt wurde. Vgl. Meidinger, Geschichte des Blitzableiters, S. 28; dort auch zu weiteren Akten des Widerstands gegen die Installation von Blitzableitern (S. 26, 31).

100 Jugendleben und Wanderjahre, zit. n. Katharina Rutschky (Hg.), Schwarze Pädagogik, S. 288 und 290. Vgl. auch H. A. O. Reichard, Selbstbiographie, S. 7, wo Ähnliches berichtet wird.

Viertes Kapitel

1 Der Terminus ›Naturgefühl‹ wird hier lediglich heuristisch verwendet und präjudiziert gar nichts. Er soll eine historisch neuartige Beziehung des Subjekts zur Natur provisorisch bezeichnen, wobei aber seine beiden Komponenten zur Diskussion stehen können. Es darf also keineswegs als ausgemacht gelten, daß auch wirklich die *Natur* es ist – und nicht vielleicht die eigene Person –, die zum Gegenstand eines *Fühlens* wird – und nicht, oder nicht zugleich, einer anderen geistigen bzw. psychischen Leistung.

2 Zur Naturerfahrung in Antike, Mittelalter und früher Neuzeit sind die älteren Arbeiten zum Naturgefühl als Materialsammlungen immer noch ergiebig: Alfred Biese, Die Entwicklung des Naturgefühls. Ludwig Friedlaender, Darstellungen aus der Sittengeschichte Roms, 2. Teil, S. 216–274 (»Die Entwicklung des Gefühls für das Romantische in der Natur im Gegensatz zum antiken Naturgefühl«). R. Hennig, Die Entwicklung des Naturgefühls. Willi Flemming, Der Wandel des deutschen Naturgefühls vom 15. zum 18. Jahrhundert, Halle/Saale 1931. Marjorie Hope Nicolson, Mountain Gloom and Mountain Glory, S. 34–71. In den genannten Arbeiten finden sich zahlreiche Belege für das hier Skizzierte.

3 Zit. n. Ernest Tuveson, Space, Deity and the ›Natural Sublime‹, in: Modern Language Quarterly 12 (1951), S. 20–38, hier S. 34f.; zu Dennis und Addison vgl. ebd. Vgl. ferner Samuel H. Monk, The Sublime: A Study of Critical Theories in XVIII-Century England, Ann Arbor 1960, S. 207f.

4 Madame de Sévigné, Briefe, hg. u. übs. von Theodora von der Mühll, Frankfurt 1979, S. 383 (3. 2. 1695).

5 Brockes, Auszug der vornehmsten Gedichte, S. 129, 222.

6 Vgl. neben den in Anm. 2 genannten Titeln (darunter v.a. Friedlaender, S. 243ff.): Richard Weiss, Das Alpenerlebnis in der deutschen Literatur des 18. Jahrhunderts, Leipzig 1933, S. 47–80. Paul van Tieghem, Le Sentiment de la Nature dans le Préromantisme Européen, Paris 1960, S. 155ff.

7 Belege bei Friedlaender, Darstellungen aus der Sittengeschichte Roms, S. 245.

8 Christoph Meiners, Briefe über die Schweiz, 4 Bde., Berlin 1788–1790, Bd. 4, S. 189, 200, Bd. 3, S. 314 (Reihenfolge der Zitate).

9 Lichtenberg, Warum hat Deutschland noch kein großes öffentliches Seebad?, in: ders., Schriften und Briefe, Bd. 3, S. 95–102, hier S. 96.

10 Vgl. dazu Werner Ross, Vom Schwimmen in Seen und Flüssen. Lebensgefühl und Literatur zwischen Rousseau und Brecht, in: Arcadia 3 (1968), S. 262–291.

11 Zu den »schauerlichen« und »erhabenen« Gärten vgl. Christopher Thacker, Die Geschichte der Gärten, Zürich 1979, S. 216ff., über Wörlitz S. 218.

Noch Flaubert kann dieses Genre in »Bouvard et Pécuchet« satirisch aufs Korn nehmen (2. Kap.).

12 Christian Cay Lorenz Hirschfeld, Theorie der Gartenkunst, 5 Bde., Leipzig 1779–1785, Bd. 1, S. 220f.

13 Karl Viëtor, Die Idee des Erhabenen in der deutschen Literaturgeschichte, in: ders., Geist und Form. Aufsätze zur deutschen Literaturgeschichte, Bern 1952, S. 234–266, klammert das Problem explizit aus (S. 356, Anm. 108). Die meines Wissens einzigen Arbeiten, die sich ausführlicher mit ihm befassen, sind Monk, The Sublime, S. 203ff., und Tuveson, Natural Sublime, der allerdings nur die englische Frühphase bis Addison untersucht. Ausführlich zum Problem: Christian Begemann, Erhabene Natur. Zur Übertragung des Begriffs des Erhabenen auf Gegenstände der äußeren Natur in den deutschen Kunsttheorien des 18. Jahrhunderts, in: DVjs 58 (1984), S. 74–110. Dort auch weitere Literaturangaben zur Geschichte des Erhabenheitsbegriffs.

14 Diese Entwicklung mag erleichtert worden sein durch die ältere räumliche Bedeutung des Wortes im Sinne von »erhoben«, die als ›abgeblaßte Metapher‹ auch dem rhetorischen und poetologischen Gebrauch zugrunde liegt. Doch geht die Anwendbarkeit von »erhaben« auf Naturgegenstände nicht von ihr aus, sondern nimmt den Weg über den poetologischen Diskurs. Die räumliche Bedeutung z.B. noch bei Haller, Über den Ursprung des Übels, in: ders., Die Alpen und andere Gedichte, S. 55, V.57ff.: »Ja, alles, was ich seh, des Himmels tiefe Höhen,/ In deren lichtem Blau die Erde grundlos schwimmt;/ Die in der Luft erhabnen weißen Seen [. . .]« Brockes, Der Wald, in: ders., Auszug der vornehmsten Gedichte, S. 216: »Sie setzten sich sofort / An einen angenehm-erhab'nen Ort [. . .]«

15 Kant, Kritik der Urteilskraft, in: ders., Werke, Bd. 8, B 79ff. Johann Jacob Bodmer, Critische Betrachtungen über die poetischen Gemählde der Dichter, ND der Ausgabe Zürich 1741, Frankfurt 1971, S. 211ff., 239ff. – Ich verzichte hier auf die Auflistung weiterer Begriffspaare, die diese beiden Bereiche bezeichnen. Dabei wird zugestandenermaßen eine Differenzierung außer acht gelassen, die im 18. Jahrhundert nicht selten vorgenommen wird: die des »Großen« vom »Erhabenen« im engeren Sinn. Da beide jedoch immer in enger Verwandtschaft stehen und zumeist nur graduell verschieden sind, kann ihre Unterscheidung in dieser Untersuchung vernachlässigt werden.

16 Kant, Beobachtungen über das Gefühl des Schönen und Erhabenen (1764), in: ders., Werke, Bd. 2, S. 821–884. Karl Heinrich Heydenreich, Grundriß einer neuen Untersuchung über die Empfindungen des Erhabenen, in: Neues philosophisches Magazin, Erläuterungen und Anwendungen des Kantischen Systems bestimmt, hg. von J. H. Abicht und F. G. Born, Bd. 1, Leipzig 1790, S. 86–96.

17 Z.B. Ernst Platner, Neue Anthropologie, § 796ff. Kant, Anthropologie, in: ders., Werke, Bd. 10, BA 189f.

18 Zum Problem: Herbert Dieckmann, Das Abscheuliche und Schreckliche in der Kunsttheorie des 18. Jahrhunderts, in: ders., Studien zur Europäischen Aufklärung, München 1974, S. 372–424.

19 Vgl. Begemann, Erhabene Natur, wo u.a. der Stellenwert von Naturdarstellung in den Kunsttheorien der Schweizer, Mendelssohns und Sulzers untersucht wird.

20 Vgl. Dieckmann, Das Abscheuliche und Schreckliche, S. 374. Nicolson, Mountain Gloom and Mountain Glory, S. 143.

21 Bodmer, Critische Bctrachtungen, S. 153. Edmund Burke, Philosophische Untersuchung über den Ursprung unserer Ideen vom Erhabenen und Schönen (2. Aufl. 1759), übs. von Friedrich Bassenge, hg. von Werner Strube, Hamburg 1980, S. 176. Kant, Beobachtungen über das Gefühl des Schönen und Erhabenen, in: ders., Werke, Bd. 2, S. 826. Moses Mendelssohn, Ueber das Erhabene und Naive in den schönen Wissenschaften (1771), in: ders., Gesammelte Schriften, Bd. 1, S. 453–494, hier S. 456. Ders., Rhapsodie (1771), ebd. S. 381–424, hier S. 398. Carl Grosse, Ueber das Erhabene, S. 6. Friedrich Schiller, Ueber das Erhabene, in: ders., Nationalausgabe, Bd. 21, S. 38–54, hier S. 42. – Weitere Beispiele aus dem englischen und französischen Sprachraum bei van Tieghem, Sentiment de la Nature, S. 189ff.

22 Aus dem bisher Gesagten ergibt sich, wie problematisch es wäre, die Bestimmung der erhabenen Natur des 18. Jahrhunderts als ›Neuauflage‹ des locus desertus bzw. locus terribilis zu betrachten, d.h. jener zum Topos verfestigten Naturszenerie, die in der Literatur des Barock, z.T. aber auch schon seit dem Mittelalter, vielfältig begegnet. Vergleichbar sind beide Bereiche überhaupt nur dann, wenn man von der Anwendung des Erhabenheitsbegriffs auf außerliterarische Naturgegenstände absieht und den Blick allein auf deren künstlerische Nachahmung bzw. ihren Stellenwert in der Kunsttheorie richtet. Tatsächlich gehören zum locus terribilis und zur erhabenen Natur in etwa dieselben Gegenstände, doch sind deren Erscheinungsweise wie Funktion deutlich unterschieden. Der locus terribilis kommt entweder als reale Naturkulisse vor und ist in dieser Funktion Ort der Kontemplation, der Klage, der Bewährung, der Strafe usw., zumeist ein nur formelhaft beschriebener »theologischer Ort ohne landschaftlichen Raum« (Alewyn), oder er hat allegorische Bedeutung, indem er die innere Verfassung des Helden versinnbilicht (zum locus terribilis vgl. Klaus Garber, Der locus amoenus und der locus terribilis. Bild und Funktion der Natur in der deutschen Schäfer- und Landlebendichtung des 17. Jahrhunderts, Köln/Wien 1974; das Alewyn-Zitat ebd. S. 268). Im 18. Jahrhundert verschwindet die traditionelle Formelhaftigkeit, womit eine neuerliche Stereotypisierung nicht ausgeschlossen ist; auch das allegorische Moment tritt zurück, und zwar auch dort, wo die Natur weiterhin Bedeutungsträger bleibt. Für den vorliegenden Zusammenhang wichtiger scheint mir jedoch zunächst die oben skizzierte emotive Funktion der erhabenen Natur, deren besondere Gestalt sich letzlich nur im Rückgang auf den Wandel des alltäglichen Erlebens begreifen läßt. So gesehen erscheint es trotz der Gleichartigkeit der Naturkomponenten bedenklich, die im Schauerroman auftauchende Natur als locus terribilis zu bezeichnen, wie Garber dies beiläufig tut (S. 231, Anm. 11), obwohl er selbst auf Unterschiede in den Naturschilderungen des 17. und 18. Jahrhunderts hinweist (S. 299ff.). Denn der

Schauerroman setzt die düstere und bedrohliche Natur nicht in den Funktionen ein, die sie im Barock erfüllt hatte, sondern wegen des von ihr ausgehenden Schauers, der die vom Romanzen intendierte Wirkung befördern soll (über die Requisiten des »unheimlichen Orts« vgl. Garleff Zacharias-Langhans, Der unheimliche Roman um 1800, Diss. Bonn 1968, S. 38–59).

23 Der im 18. Jahrhundert umstrittene Modus der Vermischung dieser Komponenten – oft wird statt dessen von einer Sukzession gesprochen – kann hier unberücksichtigt bleiben.

24 Vgl. van Tieghem, Sentiment de la Nature, S. 160, 201.

25 Vgl. z.B. Johann Georg Zimmermann, Ueber die Einsamkeit, 4 Bde., Leipzig 1784/85, Bd. 4, S. 51: »Nie findet man die Natur so schön, nie athmet man so leicht, nie schlägt das Herz so sanft, nie ist man so glücklich, als wenn man Theocrits oder Geßners Idyllen liest [. . .]«

26 Brief vom 16. Junius, in: Goethes Werke. Hamburger Ausgabe, Bd. 6, S. 26f.

27 Ästhetische Theorie, 2. Aufl. Frankfurt 1970, S. 108.

28 Die Alpen (1729), in: ders., Die Alpen und andere Gedichte, S. 9, V.162.

29 Vgl. z.B. Rousseau, Julie oder Die neue Héloïse (1761), München 1968, 1. Teil, 23. Brief, S. 77. Meiners, Briefe über die Schweiz, Bd. 2, S. 140f. – Zur Auseinandersetzung über die Gebirgsluft vgl. R. Hennig, Die Entwicklung des Naturgefühls, S. 60f. – Über Luftfurcht im 18. Jahrhundert unterrichtet jetzt ausführlich: Alain Corbin, Pesthauch und Blütenduft. Eine Geschichte des Geruchs, Berlin 1984, S. 21–52 u.ö. Vgl. ferner Michel Foucault, Wahnsinn und Gesellschaft, S. 360ff. Philippe Ariès, Geschichte des Todes, München/Wien 1980, S. 608ff. – Die Befürchtungen, die sich an die »Ausdünstungen« knüpfen, hängen u.a. mit den Vorstellungen über Ansteckungsvorgänge zusammen. Vgl. Johan Goudsblom, Zivilisation, Ansteckungsangst und Hygiene. Betrachtungen über einen Aspekt des europäischen Zivilisationsprozesses, in: Peter Gleichmann, Johan Goudsblom, Hermann Korte (Hg.), Materialien zu Norbert Elias' Zivilisationstheorie, Frankfurt 1979, S. 215–253, hier S. 228f.

30 Naturfreude, in: ders., Werke in einem Band, hg. von den nationalen Forschungs- und Gedenkstätten der klassischen deutschen Literatur in Weimar, Berlin und Weimar 1976, S. 268.

31 So Wolf Lepenies, Melancholie und Gesellschaft, Frankfurt 1972, S. 76, 96ff.

32 Schiller, Ueber naive und sentimentalische Dichtung, in: ders., Nationalausgabe, Bd. 20, S. 413–503, hier S. 430.

33 »Natur in dieser Betrachtungsart ist uns nichts anders als das freiwillige Daseyn, das Bestehen der Dinge durch sich selbst, die Existenz nach eignen und unabänderlichen Gesetzen. [. . .] Wir lieben in ihnen [den Gegenständen] das stille schaffende Leben, das ruhige Wirken aus sich selbst, das Daseyn nach eignen Gesetzen, die innere Nothwendigkeit, die ewige Einheit mit sich selbst.« (Ebd. S. 413f.)

34 Ebd. S. 414.

35 Zu Rousseau vgl. Robert Spaemann, Genetisches zum Naturbegriff, S. 67ff. Ders., Natur, S. 964f.
36 Schiller, Ueber naive und sentimentalische Dichtung, S. 414.
37 Die Mehrdeutigkeit des Naturbegriffs im 18. Jahrhundert, die ich hier am Beispiel Schillers stark vereinfacht skizziere, wird grundsätzlich dargestellt bei Spaemann, Genetisches zum Naturbegriff. Ders., Natur. Vgl. auch Norbert Mecklenburg, Naturlyrik und Gesellschaft. Stichworte zu Theorie, Geschichte und Kritik eines poetischen Genres, in: ders. (Hg.), Naturlyrik und Gesellschaft, Stuttgart 1977, S. 7–32, hier S. 16f.
38 Zit. n. Spaemann, Natur, S. 963. Auf die Mehrdeutigkeit des Schillerschen Naturbegriffs hat auch aufmerksam gemacht: Rudolf zur Lippe, Naturbegriff, gesellschaftliche Wirklichkeit, Ästhetik bei Schiller, in: ders., Bürgerliche Subjektivität: Autonomie als Selbstzerstörung, Frankfurt 1975, S. 132–155, hier S. 144. – Mit den genannten sind natürlich noch keineswegs alle Konnotationen des Naturbegriffs angesprochen; unberücksichtigt bleibt z.B. die im späten 18. Jahrhundert bedeutsame, auf Averroës zurückgehende Unterscheidung von natura naturata und natura naturans. Zum Naturbegriff vor dem 18. Jahrhundert: Heribert M. Nobis, Frühneuzeitliche Verständnisweisen der Natur. – Zu den politischen Implikationen des Naturbegriffs: Hans-Wolf Jäger, Politische Kategorien in Poetik und Rhetorik der zweiten Hälfte des 18. Jahrhunderts, Stuttgart 1970, S. 53, 79f., Anm. 192. – Zur gesellschaftlichen Funktion des Naturbegriffs am Beispiel Wolffs und Gottscheds vgl. Reinhart Meyer, Restaurative Innovation, S. 46ff.
39 Vgl. Spaemann, Genetisches zum Naturbegriff, S. 61. Ders., Natur, S. 963f. Ferner: Paul Mog, Ratio und Gefühlskultur, S. 15 u.ö.
40 Z.B. in Geßners Idylle »Der Wunsch« oder in Voß' Leibeigenen-Idyllen. In großem Umfang entfaltet sich diese Tendenz allerdings erst in der Dorfgeschichte und im Heimatroman des 19. Jahrhunderts. Vgl. Friedrich Sengle, Wunschbild Land und Schreckbild Stadt. Zu einem zentralen Thema der neueren deutschen Literatur, in: Europäische Bukolik und Georgik, hg. von Klaus Garber, Darmstadt 1976, S. 432–460. Burghard Dedner, Vom Schäferleben zur Agrarwirtschaft. Poesie und Ideologie des »Landlebens« in der deutschen Literatur des 18. Jahrhunderts, ebd. S. 347–390.
41 Naturerfahrung, Bürgerliche Gesellschaft, Gesellschaftstheorie, in: Merkur 398 (Juli 1981), S. 663–675. Nachweise im folgenden im Text.
42 In: ders., Subjektivität, Frankfurt 1974, S. 141–163. Nachweise im folgenden im Text.
43 Der Landschaftsbegriff wird von Ritter nicht präzisiert. Zur ästhetischen Verwendung des Landschaftsbegriffs vgl. Rainer Gruenter, Landschaft. Bemerkungen zur Wort- und Bedeutungsgeschichte, in: Landschaft und Raum in der Erzählkunst, hg. von Alexander Ritter, Darmstadt 1975, S. 192–207. R. Piepmeier, Art. Landschaft, in: Joachim Ritter (Hg.), Historisches Wörterbuch der Philosophie, Bd. 5, Darmstadt 1980, Sp. 15–28.
44 In seiner Arbeit »Literatur und Naturwissenschaft« untersucht Richter die literarischen – inhaltlichen und formalen – Reaktionen auf die Entwicklung

der Naturwissenschaften und kommt dabei verschiedentlich auf literarische Aspekte der oben skizzierten Dialektik zu sprechen. So heißt es im Zusammenhang eines Vergleichs von Schiller und Haller: »Die Rolle der Naturwissenschaft ist dabei so zwiespältig wie die der Kunst selbst. Sofern sie, wie alle Wissenschaft, eine Phase der Kulturentwicklung bedeutet, wird sie von der Kulturkritik nicht ausgenommen. Sie war jenen Kräften zuzuzählen, die den Menschen über den Stand der Natur hinausgeführt und die Entzweiung des ursprünglich Vereinten verschuldet hatten. Aber auf ihre Weise war sie zugleich auf Natur gerichtet [. . .] Wo Naturwissenschaft zur intellektuellen und versachlichten Beobachtung des teilhaft Isolierten geworden war, bedurfte es der Kunst, um dagegen die Idee der Natur geltend zu machen. Aber die Kunst ihrerseits, indem sie den lebendigen Umgang mit der Natur suchte, sah sich auch auf die Naturerkenntnis verwiesen« (S. 213f.), der sie nach Richter wichtige Impulse verdankt: »Dichtung und Dichtungstheorie reagieren auf den Gang der Naturwissenschaften mit einer neuen Aufmerksamkeit für die Phänomene der Natur.« (209) Die Doppelseitigkeit des Verhältnisses von Literatur und Naturwissenschaft zeigt Richter auch an der »hymnische[n] Dichtung des 18. Jahrhunderts, die sich auf der einen Seite auf die Naturwissenschaften berief, andererseits doch den mittelbaren Protest gegen eine [. . .] wissenschaftliche Überfremdung des Naturverhältnisses impliziert.« (180) – Zum Zusammenhang von Wissenschaft und Naturgefühl vgl. auch van Tieghem, Sentiment de la Nature, S. 251f.

45 Die Entwicklung des Naturgefühls, S. 81f.
46 Prozeß der Zivilisation, Bd. 2, S. 405f.
47 Die Lust an der Angst, S. 312.
48 Wolfgang Schoene, Zur Frühgeschichte der Angst, S. 123ff.
49 Überhaupt wird das Erhabene in seiner Eigenart und Bedeutung häufig verkannt, wogegen die Tendenz herrscht, das Schöne überzubewerten. So wird z.B. von Willi Flemming das Anmutige, Kleine und Begrenzte ohne jede Differenzierung und Einschränkung (etwa auf das Rokoko) zum Naturideal des 18. Jahrhunderts ernannt (Wandel des deutschen Naturgefühls, S. 98). Ähnlich urteilt noch Thomas P. Saine, Natural Science and the Ideology of Nature in the German Enlightenment, in: Lessing Yearbook VIII (1976), S. 61–88, hier S. 72.
50 Diese hat die Vorliebe des späten 18. Jahrhunderts für gewaltige und wilde Naturszenerien häufig der gewachsenen Wertschätzung derartiger Natur selbst zugeschrieben, einer »véritable amour« für die Natur (van Tieghem, Sentiment de la Nature, S. 226). Solche Vorstellungen sind, auch wenn die Bedeutung dieses Aspekts nicht geleugnet werden soll, durchaus korrekturbedürftig.
51 Philosophische Untersuchung, S. 72.
52 Ebd. S. 92, 126.
53 Ueber das Erhabene, in: ders., Nationalausgabe, Bd. 21, S. 42. Ders., Vom Erhabenen, ebd. Bd. 20, S. 171–195, hier S. 171.
54 Diese Unterscheidung ist in der zweiten Jahrhunderthälfte, besonders aber

nach Kant, gang und gäbe. Johann Georg Sulzer, Art. Erhaben, in: ders., Allgemeine Theorie, Bd. 2, S. 97–114, unterscheidet in diesem Zusammenhang Vorstellungskräfte (Sinne, Phantasie, Verstand) und Begehrungskräfte (S. 99f., 104). Kant unterscheidet in der »Kritik der Urteilskraft« (B 79f.) Erkenntnis- und Begehrungsvermögen. Heinrich Zschokke, Aesthetik, S. 358ff., nennt im Anschluß daran theoretische und praktische Vernunft als die jeweils betroffenen Vermögen.

55 Kant, Kritik der Urteilskraft, B 104f.

56 Vom Erhabenen, in: ders., Nationalausgabe, Bd. 20, S. 172f.

57 Johann Christoph König, Philosophie der schönen Künste, Nürnberg 1784, S. 301, 298. Vgl. ferner Friedrich Justus Riedel, Theorie der schönen Künste und Wissenschaften, Jena 1767, S. 43. Henry Home, Grundsätze der Kritik (1762), übs. von Johann Nikolaus Meinhard, 2 Bde., Leipzig 1772, Bd. 1, S. 293.

58 S. 124ff., 127.

59 Hirschfeld, Theorie der Gartenkunst, Bd. 1, S. 209.

60 Schiller, Ueber das Erhabene, in: ders., Nationalausgabe, Bd. 21, S. 43. Sulzer, Art. Erhaben, in: ders., Allgemeine Theorie, Bd. 2, S. 99.

61 Bodmer, Critische Betrachtungen, S. 153.

62 Ebd. S. 228f.

63 Ueber das Erhabene und Naive, in: ders., Gesammelte Schriften, Bd. 1, S. 456.

64 Z.B. bei Carl Grosse, Ueber das Erhabene, S. 105f.

65 Johann Georg Jacobi, Vom Erhabnen, in: Iris, Bd. 4, Düsseldorf 1775, S. 106–132, hier S. 119f.

66 Philosophische Untersuchung, S. 110. Vgl. z.B. auch Hirschfeld, Theorie der Gartenkunst, Bd. 1, S. 200: »Die Ausdehnung und Tiefe des Gewässers ist eine Quelle sehr erhabener Empfindungen. Ein plötzlicher Anblick weiter Massen von Wasser, als des Meeres, wirket eine starke Ueberraschung; und bey der allmähligen Ueberraschung dieser ungeheuren Scene verliert sich die Einbildungskraft in die Vorstellung der Unendlichkeit.« Kant, Kritik der Urteilskraft, B 93: »Erhaben ist also die Natur in derjenigen ihrer Erscheinungen, deren Anschauung die Idee ihrer Unendlichkeit bei sich führt.«

67 Die Metaphorik des Abgrunds taucht auf bei Bodmer, Critische Betrachtungen, S. 212, 214. Home, Grundsätze der Kritik, Bd. 1, S. 301. König, Philosophie der schönen Künste, S. 296. Carl Grosse, Ueber Größe und Erhabenheit, in: Deutsche Monatsschrift, Bd. 2, Berlin 1790, S. 275–302, hier S. 301. Kant, Kritik der Urteilskraft, B 98.

68 Zschokke, Aesthetik, S. 360.

69 Hans Blumenberg, Die kopernikanische Wende, S. 127f., vgl. S. 123. So schon Cassirer, Philosophie der Aufklärung, S. 48ff., 57ff.

70 Friedrich Nietzsche, Zur Genealogie der Moral III, Abschnitt 25, zit. n. Blumenberg, S. 158.

71 Vorlesungen zur Einführung in die Psychoanalyse, in: ders., Studienausgabe, Bd. 1, S. 283f. Dazu Blumenberg, S. 158f.

72 Blumenberg, Die kopernikanische Wende, S. 127.

73 Vgl. ebd. S. 50, 157f., 162f.

74 Ebd. S. 135ff.

75 Vgl. Wolfgang Philipp, Das Werden der Aufklärung, S. 78ff. Ernest Tuveson, Natural Sublime, S. 21, 31.

76 Zit. n. Blumenberg, Die kopernikanische Wende, S. 150.

77 Tuveson, Natural Sublime. Philipp, Das Werden der Aufklärung, S. 82ff., 87ff.

78 Die kopernikanische Wende, S. 134, 129ff.

79 Vgl. Johan Huizinga, Naturbild und Geschichtsbild im 18. Jahrhundert, in: ders., Parerga, Basel 1945, S. 147–173, hier S. 154f. Richter, Literatur und Naturwissenschaft, S. 26ff. Thomas P. Saine, Natural Science, S. 71.

80 Vgl. z.B. Johann August Eberhard, Aesthetik, Bd. 1, S. 55: »Wenn wir die Alpengebirge erhabene Gegenstände nennen, so sind sie es wegen ihrer ungeheuern Massen und wegen der unermeßlichen Höhe ihrer Gipfel, die sich in den Wolken verlieren, denen das Auge nicht folgen kann, und die die Einbildungskraft bis in die Unendlichkeit ausdehnt.« Auch Zimmermann spricht den Alpen eine »Grösse, die an Unendlichkeit gränzet«, zu (Ueber die Einsamkeit, Bd. 4, S. 12).

81 Wilhelm Heinse, Tagebuch der Italienreise, in: Johann Wolfgang Goethe, Tagebuch der ersten Schweizer Reise 1775, hg. von Hans-Georg Drewitz, Frankfurt 1980, S. 109. – Dieser Gedanke ist vermutlich von Thomas Burnet entlehnt, der die Gebirge in seiner äußerst einflußreichen »Telluris Theoria Sacra« (1681) bzw. »Sacred Theory of the Earth« (1684) als Trümmer der Geogonie gesehen hatte, eine Vorstellung, die im 18. Jahrhundert vielfach, zumeist kritisch – mit Verweis auf den Nutzen des Gebirges (vgl. o. S. 87) –, diskutiert wurde. Vgl. dazu Tuveson, Natural Sublime, S. 35. Nicolson, Mountain Gloom and Mountain Glory, S. 184–270. Philipp, Das Werden der Aufklärung, S. 67f. Richter, Literatur und Naturwissenschaft, S. 72f.

82 Leonhard Meister anläßlich einer Besteigung des Rigi, zit. n. Peter Lahnstein (Hg.), Report einer ›guten alten Zeit‹. Zeugnisse und Berichte 1750–1805, München 1977, S. 485. – Vgl. Christian Garve, Ueber einige Schönheiten der Gebirgsgegenden, in: ders., Popularphilosophische Schriften, 2 Bde., hg. von Kurt Wölfel, ND Stuttgart 1974, Bd. 2, S. 1067–1114, hier S. 1096: »[. . .] so haben sie [die Berge] ganz das Ansehen von großen und weit ausgebreiteten Ruinen, die von dem uranfänglichen Gebäude der Natur noch übrig sind, nachdem Luft und Wasser, Hitze und Frost, und alle Kräfte der physischen Natur Jahrtausende lang an seiner Zerstörung gearbeitet haben. Die Berge, mit ihren Thälern und Abgründen, sind gleichsam übereinander gehäufte Denkmähler der vorigen Zeiten, und der Revolutionen, welche in denselben vorgefallen sind.« »Ich kann mir vorstellen, daß dieses ewige, sich immer mehr aufthürmende Eis, welches das Ende der lebendigen Schöpfung zu seyn scheint, indeß es dem Auge etwas Ungesehenes und Großes darbiethet, auch auf die Einbildungskraft den Eindruck des Erhabenen macht, weil es auf die Ewigkeit, aus welcher es her-

stammt, und den unermeßlichen Himmelsraum, an welchen es gränzt, hindeutet.« (Ebd. S. 1110f.)

83 Vgl. Christoph Meiners, Briefe über die Schweiz, Bd. 3, S. 259f.: »Bey dem Anblicke solcher durch keine menschliche Kraft zu bewegenden Trümmer geht man in Gedanken nicht bloß in die unnennbaren Zeiten zurück, wo die ursprünglichen Gebirge sich bildeten, sondern man denkt auch an die schrecklichen Revolutionen, wodurch solche Trümmer von den Felsen, zu denen sie gehörten, abgerissen wurden, und dann an die Unzerstörbarkeit, mit welcher sie selbst als Ruinen allen Angriffen der Luft und Witterung, der Hitze und Kälte, Jahrhunderte oder Jahrtausende durch getrotzt haben, und noch lange trotzen werden. Vielleicht umwohnten diese Trümmer schon manche Nationen, deren Namen die Geschichte nicht kennt; und noch wahrscheinlicher ist es, daß alle Denkmähler menschlicher Kunst und menschlichen Fleißes, welche die Erde jetzo trägt und bewundert, lange verschwunden seyn werden, bis die Zeit die Granitmassen bey Disentis verzehren wird.«

84 Tagebuch der Italienreise, in: Goethe, Tagebuch der ersten Schweizer Reise 1775, S. 110.

85 Theorie der Gartenkunst, Bd. 4, S. 122. – Vgl. auch van Tieghem, Sentiment de la Nature, S. 187ff.; dort weitere Beispiele.

86 Kant, Kritik der Urteilskraft, B 103.

87 Schiller, Vom Erhabenen, in: ders., Nationalausgabe, Bd. 20, S. 188.

88 Ebd. S. 179. – Goethe schreibt am 5. 10. 1779 aus der Schweiz: »Ich bin überzeugt, daß einer, über den auf diesem Weg seine Einbildungskraft nur einigermaßen Herr würde, hier ohne anscheinende Gefahr vor Angst und Furcht vergehen müßte« (zit. n. Alewyn, Die Lust an der Angst, S. 312). – Carl Grosse, Ueber das Erhabene, S. 22, bezeichnet generell die »Phantasie« als »die Mutter des Erhabenen«. Vgl. auch Eberhard, Aesthetik, Bd. 1, S. 287.

89 Theorie der Gartenkunst, Bd. 1, S. 201.

90 Vgl. z.B. Hirschfeld, Merkwürdigkeiten der Schweiz, S. 212; dort heißt es über die Gletscher: »Sie sehen meistens einem von dem Winde bewegten Meere gleich, welches einmal während seiner Bewegung zusammen gefroren wäre.« – Weitere Beispiele für die Meermetapher bei van Tieghem, Sentiment de la Nature, S. 185f.

91 Meiners, Briefe über die Schweiz, Bd. 4, S. 200ff.

92 Philosophische Untersuchung, S. 107.

93 Dieselben Gegenstände tauchen auf bei: Hirschfeld, Theorie der Gartenkunst, Bd. 1, S. 209, 221. James Beattie, Erläuterungen über das Erhabene (1783), in: Neue Bibliothek der schönen Wissenschaften und der freyen Künste, Bd. 30, Leipzig 1785, S. 5–52 und 195–228, hier S. 22ff. Hugh Blair, Vorlesungen über Rhetorik und schöne Wissenschaften, übs. von K. G. Schreiter, 4 Bde., Liegnitz und Leipzig 1785–1789, Bd. 1, S. 76f. Grosse, Ueber das Erhabene, S. 110f. Schiller, Vom Erhabenen, in: ders., Nationalausgabe, Bd. 20, S. 188ff. Eberhard, Aesthetik, Bd. 1, S. 287.

94 Schiller, Vom Erhabenen, in: ders., Nationalausgabe, Bd. 20, S. 188.

95 Eberhard, Aesthetik, Bd. 1, S. 287.

96 Schiller, Vom Erhabenen, S. 191.

97 Ebd. S. 189. Vgl. Grosse, Ueber das Erhabene, S. 111.

98 Schiller, Vom Erhabenen, S. 189f.

99 Bd. 2, S. 199 u.ö.

100 In: ders., Werke, Bd. 2, S. 827f. – Auch E. T. A. Hoffmann reflektiert diesen Zusammenhang und gibt ihn zugleich als die Basis der ›schauerromantischen‹ Vorliebe für den erzählerischen Einsatz bestimmter Landschaftstypen zu erkennen. Der Mönch Medardus berichtet: »Die Abgeschiedenheit, die Stille des Orts nur von dem dumpfen Brausen des nicht fernen Waldstroms unterbrochen, war auch ganz dazu geeignet, grauenvolle Bilder aufzuregen [. . .]« (Die Elixiere des Teufels, München 1977, S. 265). – In ganz anderer Weise ist noch beim frühen Stifter die imaginative Wirkung von Einsamkeit, Einöde und Wüste nicht nur ein Thema, sondern geradezu ein strukturbildendes Element der Texte, etwa in »Brigitta« oder in »Das Haidedorf« (beide in: Studien, München 1979, vgl. v.a. S. 154ff.).

101 Vgl. dazu u. Kap. 6.

102 Vgl. z.B. Michael Conrad Curtius, Abhandlung von dem Erhabenen in der Dichtkunst, in: ders., Kritische Abhandlungen und Gedichte, Hannover 1760, S. 3–68, hier S. 28. Schiller, Vom Erhabenen, in: ders., Nationalausgabe, Bd. 20, S. 188. Johann Gottfried Herder, Kalligone. Vom Erhabnen und vom Ideal. Dritter Theil (1800), in: ders., Sämtliche Werke, hg. von Bernhard Suphan, ND der Ausgabe Berlin 1877–1913, Hildesheim 1967, Bd. 22, S. 225ff., hier S. 236.

103 Z.B. bei Kant, Kritik der Urteilskraft, B 107ff.

104 Critische Betrachtungen, S. 239f.

105 B 104. Weitere Belege: James Beattie, Erläuterungen über das Erhabene, S. 21f. Grosse, Ueber das Erhabene, S. 69ff. Ders., Ueber Größe und Erhabenheit, S. 283. Zschokke, Aesthetik, S. 362.

106 Jean-Jacques Rousseau, Bekenntnisse, nach der Übs. von Levin Schücking, neubearbeitet und hg. von Konrad Wolter und Hans Bretschneider, 2 Bde., Leipzig und Wien 1916, Bd. 1, S. 238f. – Daß Rousseau die wilde Natur als »schön« bezeichnet, geht auf die Verwendungsart des Begriffs des Erhabenen (sublime) in Frankreich zurück, wo dieser im 18. Jahrhundert im Gegensatz zu England und Deutschland eine nur untergeordnete Bedeutung hat.

107 Vgl. o. S. 15f. und S. 55f.

108 Vgl. Kant, Kritik der Urteilskraft, B 103: »Wer sich fürchtet, kann über das Erhabene der Natur gar nicht urteilen [. . .] Er fliehet den Anblick des Gegenstandes, der ihm Scheu einjagt; und es ist unmöglich, an einem Schrekken, der ernstlich gemeint wäre, Wohlgefallen zu finden.«

109 Schiller, Vom Erhabenen, in: ders., Nationalausgabe, Bd. 20, S. 178. Vgl. ferner: König, Philosophie der schönen Künste, S. 314f. Grosse, Ueber Größe und Erhabenheit, S. 295: »Schrecken schließt immer in dem Augenblick der Betäubung alle Empfänglichkeit der Seele für äußere Gegenstände zu.«

110 Schiller, Vom Erhabenen, S. 179.

111 Burke, Philosophische Untersuchung, S. 72, 92.

112 Grosse, Ueber das Erhabene, S. 69f., 73. Vgl. auch Johann Georg Schlosser, Versuch über das Erhabene als ein Anhang zum Longin vom Erhabenen, in: ders. (Übs. u. Hg.), Longin vom Erhabenen, Leipzig 1781, S. 266–334, hier S. 271f. König, Philosophie der schönen Künste, S. 314f.

113 Burke, Philosophische Untersuchung, S. 66ff.

114 Ebd. S. 73, vgl. S. 86, 176.

115 Grosse, Ueber das Erhabene, S. 70ff. Vgl. ders., Ueber Größe und Erhabenheit, S. 292, 295ff.

116 Ähnlich wie Grosse auch Schlosser, Versuch über das Erhabene, S. 271f. Andreas Heinrich Schott, Theorie der schönen Wissenschaften, 2 Bde., Tübingen 1789, Bd. 1, S. 331ff. Ernst Platner, Neue Anthropologie, S. 345f.

117 Vgl. dazu Bodmer, Critische Betrachtungen, S. 240. Friedrich Nicolai, Gotthold Ephraim Lessing, Moses Mendelssohn, Briefe die neueste Literatur betreffend (1759ff.), 24 Theile in 4 Bänden, ND Hildesheim/New York 1974, 5. Theil, 82. Brief, S. 102. James Beattie, Erläuterungen über das Erhabene, S. 21f. Andreas Heinrich Schott, Theorie der schönen Wissenschaften, Bd. 1, S. 334f. Eberhard, Aesthetik, Bd. 1, S. 301.

118 Poetik, 4. Kap.

119 Vgl. zum Problem: Herbert Dieckmann, Das Abscheuliche und Schreckliche.

120 Vgl. Begemann, Erhabene Natur.

121 Johann Jacob Breitinger, Critische Dichtkunst, 2 Bde., ND der Ausgabe Zürich 1740, Stuttgart 1966, Bd. 1, S. 86f.

122 Ebd. S. 76. Die Lukrez-Stelle findet sich »De rerum natura«, 2. Buch, V.1ff. Breitinger verändert die Stellung der Verse (1, 2, 6, 5), jedoch sinngemäß. In der Übersetzung Karl Büchners (Stuttgart 1977) lauten sie: »Süß, wenn auf hohem Meer die Stürme die Weiten erregen,/ ist es, des anderen mächtige Not vom Lande zu schauen,/ [. . .]/ Süß ist es auch, des Krieges gewaltige Schlachten zu sehen/ wohl im Felde geordnet, ohne dein Teil an Gefahren«.

123 Vgl. dazu z.B. auch Eberhard, Aesthetik, Bd. 1, S. 301.

124 Schlosser, Versuch über das Erhabene, S. 271f. Schiller, Vom Erhabenen, in: ders., Nationalausgabe, Bd. 20, S. 179. Herder, Kalligone, in: ders., Sämtliche Werke, Bd. 22, S. 244.

125 Herder, ebd. S. 234.

126 Lichtenberg, Über Gewitterfurcht und Blitzableitung, in: ders., Schriften und Briefe, Bd. 3, S. 134f.

127 Garve, Ueber einige Schönheiten der Gebirgsgegenden, S. 1111. – Mit stärkerer Betonung der körperlichen Unbilden: Johann Heinrich Jung-Stilling, Lebensgeschichte, hg. von Gustav Adolf Benrath, Darmstadt 1976, S. 577f.: Im Aartal sieht »Stilling auf einmal im Südwesten über dem Horizont eine purpurfarbige Lufterscheinung, prächtig anzusehen; bald entdeckte er, daß es ein Schneegebürge, wahrscheinlich die Jungfrau oder das Jungferhorn war. Wer so etwas nie gesehen hat, der kann sich auch keine Vorstellung

davon machen, es ist eben, als sehe man in eine überirrdische Landschaft, ins Reich des Lichts, allein bey diesem Sehen bleibts auch, denn dorthin zu klettern, und da im ewigen Schnee und Eis zu hausen, das möchte wohl eben nicht angenehm seyn.«

128 Johann Peter Eckermann, Gespräche mit Goethe in den letzten Jahren seines Lebens, hg. von Fritz Bergemann, 2 Bde., Frankfurt 1981, Bd. 1, S. 93f.

129 Vgl. dazu u. Abschnitt 5 dieses Kapitels.

130 Bodmer, Critische Betrachtungen, S. 213f.

131 Ebd. S. 214f.

132 Herder, Kalligone, in: ders., Sämtliche Werke, Bd. 22, S. 233, 232f.

133 Ebd. S. 233.

134 Ebd. S. 235.

135 Ebd. S. 235f.

136 Ebd. S. 253ff.

137 Eckermann, Gespräche mit Goethe, Bd. 1, S. 78. – Goethes Verwirrung durch das Gebirge kommt zum Ausdruck z.B. in: Tagebuch der ersten Schweizer Reise 1775, S. 27, 31, 35, und in den Briefen, die er von seiner zweiten Reise schreibt: vgl. z.B. die Briefe vom 3. 10. 1779, 9. 10. 1779, 2. 11. 1779 (in: Goethes Werke, hg. im Auftrage der Großherzogin Sophie von Sachsen, IV. Abt., Bd. 4, Weimar 1889, S. 69ff., 74ff., 117f.). Die wissenschaftliche Betrachtung des Gebirges dominiert am Beginn der »Italienischen Reise« (in: Hamburger Ausgabe, Bd. 11, S. 15ff.).

138 Vgl. Karl Richter, Literatur und Naturwissenschaft, S. 131ff., 136ff., 146. Blumenberg, Die kopernikanische Wende, S. 122–164.

139 Philosophische Untersuchung, S. 91.

140 Ebd. S. 72f.

141 Ebd. S. 170.

142 Ebd. S. 176. – Instruktiv zu Burkes Position ist die Einleitung von Werner Strube, ebd. S. 11ff.

143 August Wilhelm Schlegel, Die Kunstlehre, in: ders., Kritische Schriften und Briefe, hg. von Edgar Lohner, Bd. 2, Stuttgart 1963, S. 58.

144 Schon Bodmer führt das »Ergetzen« beim Anblick des Unermeßlichen u.a. auf die »Betrachtung« zurück, »welche die Wiederkunft seiner würcksamen Kräfte bey ihm [dem Menschen] verursacht, wenn sie ihm vergewissert, daß er in diesem unermeßlichen Gantzen beständig im Wesen ist, und wenn er vornehmlich den Ursprung, warum alles ist, und in welchem alles dieses ungemessene Gantze enthalten ist, bey sich ermißt« (Critische Betrachtungen, S. 230). – König, Philosophie der schönen Künste, S. 314, rechnet zu den »subjektiv leidenschaftlichen Gegenständen«, d.h. denen, die groß, stark oder erhaben sind, weil sie bestimmte Leidenschaften wekken, »alle Natur=Scenen und Begebenheiten, die uns an und für sich in Furcht und Schrecken sezen, in der Reflexion über sie aber Bewunderung erregen. Dergleichen sind: Erdbeben, Gewitter, Stürme, feuerspeyende Berge, ausserordentliche Meteore, ungewöhnliche Finsternisse. Denn so lange man sie ohne Reflexion betrachtet, so lange kann nichts als Furcht und Schrecken unsre Seele füllen, so lange kann keine andere Idee als die Idee

der Befreyung und Rettung emporkommen, so lange kann folglich auch keine Empfindung der Grösse, der Stärke, der Erhabenheit statt finden.« – Garve, Ueber einige Schönheiten der Gebirgsgegenden, S. 1087: »Das Vergnügen der Aussicht, deren man von so hohen Bergspitzen [. . .] genießt, ist mehr ein Vergnügen, das aus *Ideen*, als eines, das durch den sinnlichen Anblick der Gegenstände entsteht.« »Es giebt Gebirgsgegenden, welche ihr Anziehendes weit mehr durch die Betrachtungen, zu welchen sie Anlaß geben, als durch die Empfindungen, die sie unmittelbar erregen, erhalten« (ebd. S. 1097).

145 Vgl. z.B. Neue Anthropologie, S. 341. – Zu Platner und der Theorie des »influxus physicus« vgl. Hans-Jürgen Schings, Melancholie und Aufklärung, S. 24ff. Schon Burke hatte mit dieser Theorie gearbeitet; vgl. Werner Strube, Einleitung zu Burke, Philosophische Untersuchung, S. 14f.

146 Kant, Kritik der Urteilskraft, B 153ff., B 7ff.

147 Ebd. B 77. Kants Kritik an Burke ebd. B 128ff. – Zur Unterscheidung von unmittelbar »naturwüchsiger« und reflexiver Lust vgl. Rolf Grimminger, Die Utopie der vernünftigen Lust. Sozialphilosophische Skizze zur Ästhetik des 18. Jahrhunderts bis zu Kant, in: Christa Bürger, Peter Bürger, Jochen Schulte-Sasse (Hg.), Aufklärung und literarische Öffentlichkeit, Frankfurt 1980, S. 116–132. Grimminger geht ausführlich auf Kant ein, allerdings nur auf die Lust am Schönen. – Zur Beziehung zwischen Reflexion und Gefühl bei Kant vgl. auch Renate Homann, Erhabenes und Satirisches. Zur Grundlegung einer Theorie ästhetischer Literatur bei Kant und Schiller, München 1977, S. 36ff. – Daß auch in früheren Phasen der Aufklärung Gefühl und Gedanke, Empfindung und Reflexion nicht als einander ausschließende Größen, sondern als sich gegenseitig durchdringend gedacht werden konnten, weist Karl Richter, Literatur und Naturwissenschaft, an Klopstock (S. 51) und Haller (S. 109) nach.

148 Tuveson, Natural Sublime, S. 23ff. Vgl. auch Karl Richter, Literatur und Naturwissenschaft, S. 147ff., 154ff.

149 Genaueres hierüber bei Tuveson, S. 22ff.

150 Karl Richter, Literatur und Naturwissenschaft, S. 144, schreibt unter Bezugnahme auf Marjorie Hope Nicolson, Mountain Gloom and Mountain Glory: »Von den Erkenntnissen der Astronomie und den durch sie bewußt gemachten kosmischen Größenordnungen ging das Interesse an dem Großen der Natur recht eigentlich aus [. . .]«

151 Zit. n. Tuveson, Natural Sublime, S. 34.

152 Brockes, Auszug der vornehmsten Gedichte, S. 477. Vgl. dazu Richter, Literatur und Naturwissenschaft, S. 141. – Angesichts des hier untersuchten Erfahrungshintergrundes eines Gedichts wie »Das Firmament« erscheint Thomas P. Saines Interpretation abwegig, der die Darstellung des Schocks im Gedicht bloß als rhetorisches Mittel zur Steigerung des Eindrucks der religiös-moralischen Lehre angesehen haben will (Natural Science, S. 65).

153 Brockes, Auszug der vornehmsten Gedichte, S. 673.

154 Bd. 54 (1747), Sp. 1662.

155 Ebd. Sp. 1666.

156 Ebd. Sp. 1667.

157 Bodmer, Critische Betrachtungen, S. 215f. [Joseph] Addison and [Richard] Steele and others, The Spectator in four volumes, hg. von Gregory Smith, London/New York 1958, Bd. 3, Nr. 413, S. 282f. Vgl. auch Hirschfeld, Merkwürdigkeiten der Schweiz, S. 140. James Beattie, Erläuterungen über das Erhabene, S. 227. Leonhard Meister, zit. in: Peter Lahnstein (Hg.), Report einer ›guten alten Zeit‹, S. 482.

158 Sulzer, Art. Landschaft, in: ders., Allgemeine Theorie, Bd. 3, S. 145–154, hier S. 146. Grosse, Ueber das Erhabene, S. 106.

159 Der sich hierin abzeichnende Prozeß der Säkularisierung der Natur wird beschrieben etwa von Spaemann, Genetisches zum Naturbegriff, S. 66. Ders., Natur, S. 962. – Vgl. auch Saine, Natural Science, S. 72f. Dieter Groh, Rolf-Peter Sieferle, Naturerfahrung, Bürgerliche Gesellschaft, Gesellschaftstheorie, S. 672. – Vgl. auch o. Kap. 3.2 dieser Arbeit.

160 Bodmer, Critische Betrachtungen, S. 212.

161 Michael Conrad Curtius, Abhandlung von dem Erhabenen, S. 9.

162 Herder, Kalligone, in: ders., Sämtliche Werke, Bd. 22, S. 261.

163 Curtius, Abhandlung von dem Erhabenen, S. 9. Hirschfeld, Merkwürdigkeiten der Schweiz, S. 140. Ders., Theorie der Gartenkunst, Bd. 1, S. 205. Beattie, Erläuterungen über das Erhabene, S. 14. Grosse, Ueber das Erhabene, S. 9, 19, 45f. u.ö.

164 Zschokke, Aesthetik, S. 362.

165 König, Philosophie der schönen Künste, S. 299f. Eberhard, Aesthetik, Bd. 1, S. 280, 305.

166 S. 142, 144, 146.

167 Curtius, Abhandlung von dem Erhabenen, S. 27. Sulzer, Art. Groß; Größe, in: ders., Allgemeine Theorie, Bd. 2, S. 436–448, hier S. 436f. Ders., Art. Erhaben, ebd. S. 98ff. Grosse, Ueber Größe und Erhabenheit, S. 300f.

168 Kant, um nur ein Beispiel zu nennen, führt »alle Seelenvermögen, oder Fähigkeiten« auf »das Erkenntnisvermögen, das Gefühl der Lust und Unlust, und das Begehrungsvermögen« zurück (Kritik der Urteilskraft, Einleitung, B XXII).

169 Vgl. Sulzer, Art. Groß; Größe, in: ders., Allgemeine Theorie, Bd. 2, S. 437: »Der Begriff der Größe setzet also voraus, daß wir den Gegenstand im Ganzen fassen. Man könnte den ganzen Erdboden umreisen, ohne ihn groß zu finden. Denn wenn man sich auf einmal immer nur den Theil desselben vorstellte, auf welchem man sich befindet, so hätte die Phantasie nicht nöthig, sich auszudehnen: aber wenn man den Raum von hundert und mehr Tagreisen auf einmal übersehen will, so ist diese Erweiterung nothwendig, und alsdann entsteht auch der Begriff der Größe. Nicht die Vielheit, die aus Wiederholung entsteht, sondern die, welche auf einmal vorschwebt, enthält den Grund derselben. Einheit, oder einfaches Wesen, an dessen Theilung man nicht denkt, oder nicht denken kann, mit Vielheit verbunden, ist hiezu nothwendig.« – Vgl. Riedel, Theorie der schönen Künste, S. 41. Grosse, Ueber das Erhabene, S. 43.

170 Sulzer, Art. Groß; Größe, S. 436.

171 Ebd. S. 445, 447.

172 Bd. 1, S. 162.

173 S. 285. Ähnlich Bodmer, Critische Betrachtungen, S. 212, der im Zusammenhang mit dem Großen schreibt: »Unsere Phantasie freuet sich, wenn sie mit einem Gegenstand angefüllet wird [...]«

174 Gäng, ebd. S. 286.

175 Burke, Philosophische Untersuchung, S. 85f.

176 Ueber die Einsamkeit, Bd. 4, S. 32. Weitere Belege für Seelenerweiterung, Aktivierung und Selbstgefühl: Home, Grundsätze der Kritik, Bd. 1, S. 292. Riedel, Theorie der schönen Künste, S. 57, schreibt: »Das Erhabne füllet unsere Seele mit großen Vorstellungen und diese geben ihr gleichsam den Schwung, wodurch sie sich über ihre gewöhnliche Sphäre erhebt und in eine höhere Region versetzt wird.« Auf diese Weise nähern wir »uns der Region, in welcher wir das Erhabene Objekt erblickten. Dieser Schwung mischt in das ehrfurchtsvolle Staunen einen heimlichen Stolz, der mit Sympathie gegen das erhabne Objekt vergesellschaftet ist und eben dadurch wird die Empfindung des Erhabenen angenehm.« Jacobi, Vom Erhabnen, S. 116. Schlosser, Versuch über das Erhabene, S. 269, 272, 275. Blair, Vorlesungen, Bd. 1, S. 73. Schott, Theorie der schönen Wissenschaften, Bd. 1, S. 331f.: Das Große und Erhabene versetzen die Kräfte der Seele »in den höchsten Grad der Tätigkeit«. Wesentlich ist ferner, daß das Erhabene »der Seele durch die Erweiterung und Erhebung ihrer Kräfte ein muthiges stolzes Selbstgefühl ihrer eigenen Größe einflößt [...]« – Die Herrschaftsgestik in der subjektiven Entmächtigung des Überwältigenden kommt besonders gut bei Platner, Neue Anthropologie, zum Ausdruck: »[...] die Empfindungen des Erhabenen sind das Bewußtseyn eines ausnehmenden Grades von Wirksamkeit unserer Natur, durch welchen wir dem Einfluß der Dinge entzogen werden, die sonst und außerhalb diesem Zustande Gewalt über uns haben; so daß wir jetzt über ihren Einfluß hinaus sind, und sie uns unterworfen sehen. Daher haben die Empfindungen des Erhabenen eine nahe Verwandtschaft mit den Bewegungen des Stolzes.« (S. 343) Bezüglich im buchstäblichen Sinn erhabener – erhobener – Körper sagt Platner, ihre Wirkung sei, »daß wir uns selbst auf die Höhe des Gegenstandes gestellt fühlen, und von da aus die Körper unter uns sehen, die uns umgeben, und uns über ihren Einfluß erhaben fühlen.« (S. 344) – Herder, Kalligone, in: ders., Sämtliche Werke, Bd. 22: »Das wahre Gefühl des Erhabenen [...] hebt und weitet sich mit seinem Gegenstande, bis es ihn umfaßt; nun ruht es, wo nicht wie der Adler auf Jupiters Scepter, oder wie die ihn krönende Siegesgöttin, so wie Eine der Gestalten am Fuß seines Throns« (S. 253). Herder spricht auch davon, daß das »Gemüth« am erhabenen Gegenstand »hinaufklimmt« (257). Das Gefühl des Erhabenen »erhebt zum erhabnen Gegenstand; über uns selbst gehoben, werden wir mit ihm höher, umfassender, weiter« (261). – Eberhard, Aesthetik, Bd. 1, S. 303, spricht ebenfalls davon, daß die »Größe des Gegenstandes« uns »das Bewußtseyn unserer Kraft« gebe.

177 In: Goethes Werke, hg. im Auftrage der Großherzogin Sophie von Sachsen. IV. Abt., Bd. 4, Weimar 1889, S. 71. Vgl. auch Johann Gottfried Seume, Mein Leben, in: ders., Werke, Bd. 1, S. 94.

178 Vgl. dazu z.B. auch Sulzer, Art. Groß; Größe, in: ders., Allgemeine Theorie, Bd. 2, S. 436. Schott, Theorie der schönen Wissenschaften, Bd. 1, S. 331.

179 Ueber Größe und Erhabenheit, S. 288, 295.

180 Vgl. auch Beattie, Erläuterungen über das Erhabene, S. 13f.

181 Grosse, Ueber Größe und Erhabenheit, S. 288ff.

182 Ebd. S. 301f.

183 Ebd. S. 295.

184 Ebd. S. 301.

185 Ebd. S. 302.

186 Ebd. S. 283.

187 Vgl. auch die Aufsätze »Zerstreute Betrachtungen über verschiedene ästhetische Gegenstände« (1794) und »Über den Grund des Vergnügens an tragischen Gegenständen« (1792). – Auch Heinrich Zschokke orientiert sich in seinen »Ideen zur psychologischen Aesthetik« von 1793 an Kant. Um reine Kant-Exegese handelt es sich bei dem Aufsatz von Friedrich Wilhelm Daniel Snell, Ueber das Gefühl des Erhabenen, nach Kants Kritik der Urtheilskraft, in: Neues philosophisches Magazin, Erläuterungen und Anwendungen des Kantischen Systems bestimmt, hg. von J. H. Abicht und F. G. Born, Bd. 2, Leipzig 1791, S. 426–465. Eine bloße Referatsammlung (zu Burke, Home, Mendelssohn, Kant) ohne eigene Stellungnahme liefert Georg Dreves, Resultate der philosophierenden Vernunft über die Natur des Vergnügens der Schönheit und des Erhabenen, Leipzig 1793. – Mehr oder weniger massive Kant-Kritiken bei A. W. Schlegel, Die Kunstlehre, S. 60ff., 65f. Herder, Kalligone, in: ders., Sämtliche Werke, Bd. 22, S. 242ff. Jean Paul, Vorschule der Ästhetik, in: ders., Werke, Bd. 9, § 27, S. 105ff.

188 Kritik der Urteilskraft, in: ders., Werke, Bd. 8, B 99. Nachweise im folgenden im Text.

189 Vgl. die Bedeutung des Weltalls schon in der berühmten Stelle über den »bestirnte[n] Himmel über mir und das moralische Gesetz in mir« im »Beschluß« der »Kritik der praktischen Vernunft« (ebd. Bd. 6, A 288f.).

190 Schon Rudolf Unger hat die Reflexion auf das moralische Ich im Zusammenhang mit der Größe des Universums »gleichsam als Notwehr gegen jenen überwältigenden Eindruckskomplex« aufgefaßt (»Der bestirnte Himmel über mir ...« Zur geistesgeschichtlichen Deutung eines Kant-Wortes [1924], zit. n. Richter, Literatur und Naturwissenschaft, S. 138; vgl. ferner Richter, S. 146). Bei Blumenberg, Die kopernikanische Wende, S. 126, heißt es: »Die Selbstergründung der Vernunft in der zweiten kopernikanischen Wende läßt sich als Akt der Selbsterhaltung gegenüber den vermeintlichen Konsequenzen der ersten kopernikanischen Wende verstehen.« Vgl. auch die psychoanalytisch imprägnierten Ausführungen zur Kantschen Kosmologie bei Hartmut und Gernot Böhme, Das Andere der Vernunft, S. 169–229; zu Kants Theorie des Erhabenen ebd. S. 215ff.

191 In: Klopstocks Werke, Bd. 1, S. 109. – Eine ähnliche Bewegung in Edward Youngs »Night Thoughts«; vgl. dazu Richter, Literatur und Naturwissenschaft, S. 144f.

192 Allgemein zum Erhabenen bei Schiller vgl. Wolfgang Düsing, Schillers Idee des Erhabenen, Diss. Köln 1967, v.a. S. 121ff., 166ff. Renate Homann, Erhabenes und Satirisches, S. 53ff. Das Naturerhabene spielt allerdings für beide Autoren nur eine untergeordnete Rolle.

193 Schiller, Ueber das Erhabene, in: ders., Nationalausgabe, Bd. 21, S. 38. Nachweise im folgenden im Text.

194 Gegen Joachim Ritters Interpretation von Schiller (Landschaft, S. 160ff.), in der er diesem seinen reduktionistischen Freiheitsbegriff – »Freiheit ist Dasein über der gebändigten Natur« (S. 162) – zuschreibt, muß daher gesagt werden, daß Naturbeherrschung (»physische Kultur«) für Schiller keineswegs zulänglich ist, um Freiheit zu begründen.

195 Vom Erhabenen, in: ders., Nationalausgabe, Bd. 20, S. 184.

196 Ausführlich über das Ästhetische der Erfahrung des Erhabenen mit Bezug auf Kant handelt Renate Homann, Erhabenes und Satirisches, S. 36ff.

197 Es ist nicht ohne Interesse, daß Karl Philipp Moritz bereits 1786, beträchtliche Zeit also vor dem Erscheinen der »Kritik der praktischen Vernunft«, der »Kritik der Urteilskraft« und der Schillerschen Aufsätze, einen Entwurf von Freiheit formuliert, der in den Grundzügen mit demjenigen Schillers identisch ist und beiläufig mit dem Begriff des Erhabenen in Verbindung gebracht wird. In seinem Aufsatz über »Das menschliche Elend« sucht Moritz bei dessen Betrachtung Trost in dem »durch Erfahrung geprüften Gedanken [. . .], daß es in der Macht des Menschen steht, sich der Notwendigkeit freiwillig zu unterwerfen. Daß sein eigentliches denkendes Ich dem Unglück keinen einzigen Berührungspunkt darbietet, daß dieses nur mit seiner Umgebung spiele, aber ihn selbst nicht erschüttern kann; daß es in jedem Augenblick seines Daseins in seiner Macht steht, sich in sich selbst zurückzuziehen und alles, was ihn umgibt, freiwillig dem Zufall preiszugeben« (in: ders., Werke, Bd. 1, S. 246). Ähnlich wie bei Schiller bewahrt das »eigentliche denkende Ich« seine Freiheit (»freiwillig«), indem es die akzidentellen Aspekte der Person (»seine Umgebung«) als die der Gewalt einzig unterworfenen erkennt und aufopfert, sich damit der Notwendigkeit fügt und so deren Gewaltcharakter aufhebt. Diese Haltung wird in Moritz' ebenfalls 1786 erschienenem Roman »Andreas Hartknopf« als »Erhabenheit der Seele« charakterisiert, dank deren die Macht der Natur und selbst der Tod keine Gewalt mehr darstellen sollen. Bei Nacht und Sturm gerät Hartknopf auf seiner Wanderung an einen breiten Graben und verliert dort den Weg. »Hier will ich still stehen, sagte er noch einmal – weil ich nicht weiter kann – und das *will* sagte er mit einem gewissen Trotz, aber auch zugleich mit einer Erhabenheit der Seele, womit er dem Regen und dem Sturmwinde zu befehlen und über die Elemente zu herrschen schien.
Ich will, was ich muß, war sein Wahlspruch bis an den letzten Hauch seines Lebens – Es war seine höchste Weißheit, der er bis zum Tode getreu blieb – die ihn über die Dornenpfade seines Lebens sicher hinleitete, die ihm am Rande des Grabes noch einmal ihre freundschaftliche Rechte bot. [. . .]
Er fühlte dabei einen unwiderstehlichen Muth, womit er der Kälte, dem Regen, dem Winde, der Dunkelheit der Nacht, und der Ohnmacht der

menschlichen Natur selbst Troz bot – er zog sich in sich selbst zurück, wie der Igel in seine Stacheln, wie die Schildkröte in ihr felsenfestes Haus; seine Brust war mit ehernem Muthe gestählt [. . .]« (in: Andreas Hartknopf. Eine Allegorie. Andreas Hartknopfs Predigerjahre. Fragmente aus dem Tagebuche eines Geistersehers, ND der Originalausgaben, hg. von Hans Joachim Schrimpf, Stuttgart 1968, S. 4f.). Auch wenn Hartknopfs »philosophische Resignation« später ironisiert wird – der Graben erweist sich als ausgetrocknet, und Hartknopf hätte nur »seine beiden Sinne Gesicht und Gefühl« zusammenzunehmen brauchen, um die Schwierigkeit zu überwinden (S. 7f.) –, so ist dies doch, wie auch der Aufsatz über »Das menschliche Elend« zeigt, kein grundsätzlicher Einwand gegen sie: Züge des Lächerlichen trägt sie nur, weil sie in falscher Situation exerziert wird. – Sicherlich zeigt Moritz' Konzeption noch eine deutliche Verwandtschaft mit der stoischen Ataraxie, zugleich aber weist sie, besonders durch die Berufung auf das »eigentliche denkende Ich« als freiheitstiftende personale Instanz, schon unverkennbar auf Kant und Schiller voraus. Ihre sozialbiographischen Hintergründe und ihre eventuellen politischen Konsequenzen, die bei Schiller deutlicher sichtbar sind, können hier nicht untersucht werden.

198 Über Kant hinausgehend unterscheidet Schiller zwischen dem »Unerreichbare[n] für die Einbildungskraft« – Beispiel ist der »Anblick unbegrenzter Fernen und unabsehbarer Höhen, des weite Ocean zu seinen Füßen und der größere Ocean über ihm« (S. 47) – und dem »Unfaßbare[n] für den Verstand«, das in der »wilde[n] Bizarrerie in der physischen Schöpfung« gegeben ist (48). Das Subjekt versagt dabei vor der selbstgestellten Aufgabe, die »kühne Unordnung« mittels des Verstandes in »Gesetzmäßigkeit« und »Harmonie« aufzulösen – bereits die Anerkennung der Existenz eines solchen verstandesmäßig Unfaßbaren in der Natur indiziert Schillers Skepsis gegen den Allerklärungsanspruch der Aufklärung. Schiller konstatiert nämlich, daß die Natur »im Großen angesehen« der Erkenntnisregeln spotte, »die wir durch unsern Verstand ihr vorschreiben« und »denen sie in ihren einzelnen Erscheinungen sich unterwirft«. Daher sei es unmöglich, »durch *Naturgesetze* die *Natur selbst* zu erklären, und *von* ihrem Reiche gelten zu lassen, was *in* ihrem Reiche gilt« (50). Der »weise Plan«, der Sinn, der den unbegreiflich bizarren, zufällig wirkenden Aufbau- und Zerstörungsleistungen der Natur, der »Unordnung« einer Gebirgslandschaft usw. zugrunde liegt, ist, sofern es ihn gibt, dem Verstand nicht zugänglich. Doch in dieser Grenzerfahrung des Verstandes kann sich der Mensch zugleich bewußt werden, daß er »auch noch eine andere Bestimmung [habe], als die Erscheinungen um ihn herum zu begreifen« (48). Verzichtet er nämlich auf das aussichtslose Unterfangen, »dieses gesetzlose Chaos der Erscheinungen unter eine Einheit der Erkenntniß bringen zu wollen« (ebd.), so eröffnet sich ihm die Möglichkeit einer anderen Einsicht. In impliziter Anknüpfung an Kants Aussage, daß das mathematisch-erhabene Naturobjekt »uns die Überlegenheit der Vernunftbestimmung unserer Erkenntnisvermögen über das größte Vermögen der Sinnlichkeit [die Einbildungskraft] gleichsam anschaulich« mache (Kritik der Urteilskraft, B 97; zur Erläuterung dieses

Vorgangs vgl. Renate Homann, Erhabenes und Satirisches, S. 32, 37, 46ff.
u.ö.), schreibt Schiller, die reine Vernunft finde gerade in dem »gänzliche[n]
Mangel einer Zweckverbindung unter diesem Gedränge der Erscheinungen«
ihre »eigne Unabhängigkeit von Naturbedingungen dargestellt«: »Denn
wenn man einer Reihe von Dingen alle Verbindung unter sich nimmt, so hat
man den Begriff der Independenz, der mit dem reinen Vernunftbegriff der
Freyheit überraschend zusammenstimmt. Unter dieser Idee der Freyheit, welche sie aus ihrem eigenen Mittel nimmt, faßt also die Vernunft in eine Einheit
des Gedankens zusammen, was der Verstand in keine Einheit der Erkenntniß
verbinden kann, unterwirft sich durch diese Idee das unendliche Spiel der Erscheinungen, und behauptet also ihre Macht zugleich über den Verstand als
sinnlich bedingtes Vermögen. Erinnert man sich nun, welchen Werth es für
ein Vernunftwesen haben muß, sich seiner Independenz von Naturgesetzen
bewußt zu werden, so begreift man, wie es zugeht, daß Menschen von erhabener Gemüthsstimmung durch diese ihnen dargebotene Idee der Freyheit sich
für allen Fehlschlag der Erkenntniß für entschädigt halten können.« (48f.)

199 Kritik der Urteilskraft, B 105f.
200 Vom Erhabenen, in: ders., Nationalausgabe, Bd. 20, S. 179f.
201 Ebd. S. 176f.
202 Dies darf um so eher gegen Schillers Ausführungen über Sicherheit und
Naturbeherrschung eingewendet werden, als er selbst den Zusammenhang
von Naturerkenntnis als einer Form von Naturbeherrschung und Reduzierung der Furcht eindringlich formuliert hat. Grundsätzlich auf der Erkenntnistheorie der »Kritik der reinen Vernunft« fußend, sie aber in der Behauptung implizit einer historischen Relativierung unterziehend, daß der dort
analysierte Erkenntnisvorgang im Naturzustand der Menschheit offenbar
nicht so stattgefunden habe, schreibt Schiller im 25. seiner Briefe »Über die
ästhetische Erziehung des Menschen«: »Aus einem Sklaven der Natur, so-
lang er sie bloß empfindet, wird der Mensch ihr Gesetzgeber, sobald er sie
denkt. Die ihn vordem nur als *Macht* beherrschte, steht jetzt als *Objekt* vor
seinem richtenden Blick. Was ihm Objekt ist, hat keine Gewalt über ihn,
denn um Objekt zu seyn, muß es die seinige erfahren. Soweit er der Materie
Form giebt, und solange er sie giebt, ist er ihren Wirkungen unverletzlich;
denn einen Geist kann nichts verletzen, als was ihm die Freyheit raubt, und
er beweist ja die seinige, indem er das Formlose bildet. Nur wo die Masse
schwer und gestaltlos herrscht, und zwischen unsichern Grenzen die trüben
Umrisse wanken, hat die Furcht ihren Sitz; jedem Schreckniß der Natur ist
der Mensch überlegen, sobald er ihm Form zu geben und es in sein Objekt
zu verwandeln weiß.« (In: Nationalausgabe, Bd. 20, S. 395.)
203 Vom Erhabenen, ebd. S. 180.
204 Ebd. S. 180ff.
205 Ebd. S. 185.
206 Ebd. S. 179.
207 Dies erinnert an Praktiken der Gewöhnung, wie sie in einigen pädagogischen Theorien propagiert und auch tatsächlich zum Zweck der Furchtre-
duzierung ausgeübt wurden. Vgl. dazu o. S. 66.

208 So etwa bei Breitinger, Critische Dichtkunst, Bd. 1, S. 108. – Aufschlußreich für einen solchen Erfahrungswandel ist auch ein Brief Goethes vom
3. 10. 1779 aus der Schweiz an Frau von Stein: »Ich möchte aber sagen
wenn wir einen solchen [d.h. erhabenen] Gegenstand zum erstenmal erblik-
ken, so weitet sich die ungewohnte Seele erst aus und es macht dies ein
schmerzlich Vergnügen, eine Überfülle die die Seele bewegt und uns wollüstige Thränen ablockt, durch diese Operation wird die Seele in sich grösser
ohne es zu wissen und ist iener ersten Empfindung nicht mehr fähig, der
Mensch glaubt verlohren zu haben, er hat aber gewonnen, was er an Wollust verliert, gewinnt er an innrem Wachsthum [. . .]« (in: Weimarer Ausgabe, IV. Abt., Bd. 4, S. 71). Ähnlich auch H. A. O. Reichard, Selbstbiographie, S. 193.
209 August Wilhelm Schlegel, Die Kunstlehre, S. 64.
210 Joseph Anton Christ, Schauspielerleben im achtzehnten Jahrhundert, hg.
von Rudolf Schirmer, München und Leipzig 1912, S. 152. Vgl. auch das
Reisejournal der vierjährigen Dorothea Schlözer von 1774, in dem der väterliche Zuspruch die Feder gelenkt haben dürfte: »Unterwegs hatten wir
ein Donnerwetter: es donnerte, es blitzte, es regnete gewaltig. Aber das Blitzen sah charmant aus, und das Donnern klang prächtig. Das mögen ja wunderliche Leute sein, die sich fürchten, wenn es so prächtig donnert, und so
charmant blitzt!« (Zit. bei Peter Lahnstein [Hg.], Report einer ›guten alten
Zeit‹, S. 433.) Wenn man die Zeilen der Vierjährigen nicht für bare Münze
nehmen will, so spiegeln sie doch zumindest den erzieherischen Drang zur
Furchtbekämpfung und -bewältigung sowie die Tendenz zur Ästhetisierung
des einst Fürchterlichen in der Natur.
211 Zit. n. Samuel H. Monk, The Sublime, S. 216.
212 Natürlich kann die in erhabener Natur erfahrene Freiheit durchaus noch
andere Bedeutungskomponenten haben, doch stehen diese weder im Zentrum des Interesses der Erhabenheitstheoretiker, noch sind sie im Rahmen
einer Untersuchung über Furcht von solcher Bedeutung wie die bisher behandelten. Was oben zu den soziohistorischen bzw. soziokulturellen Funktionen von Naturbetrachtung überhaupt gesagt wurde, gilt im wesentlichen
auch hinsichtlich der erhabenen Natur: Auch diese kann Fluchtraum sein
oder auf Utopisches verweisen. Schon für Bodmer vermittelt der Ausblick
in die Weite ein Moment der Freiheit von den städtischen Lebensbedingungen: Via negationis begründet er das Vergnügen an unermeßlichen Aussichten damit, daß das »Gemüthe des Menschen« dasjenige hasse, »was es ein-
zusperren scheinet«. Nur in der Stadt aber – und allenfalls noch in einem
düsteren Gebirgstal – ist »das Gesicht in einem engen Bezirck eingeschlossen« und »zu allen Seiten mit nahen Wänden« begrenzt (Critische Betrachtungen, S. 212). Quasi als Petrefakte werden hier Zwang und Unfreiheit für
das Auge manifest. – Christian Garve sieht mit Rousseau den Grund des
Vergnügens am weiten Ausblick darin, daß dem Menschen »niemahls da
wohl ist, wo er ist, und er sich immer glücklicher denkt, wenn er sich in Gedanken an einen entfernten Ort versetzt«. Der Fernblick setzt die Mechanik
des Tagtraums in Gang: Das räumlich Entfernte, das auch zum Bild des

zeitlich Entfernten, der »Zukunft«, wird, scheint ein glückliches Leben zu
verheißen (Ueber einige Schönheiten der Gebirgsgegenden, S. 1089f.). So
ist bei Bodmer wie Garve die erhabene Natur der Ort der Antizipation eines Zustands, in dem die Zwänge des Alltags außer Kraft gesetzt sind.
(Zum Moment der Freiheit im Erhabenen vgl. Sulzer, Art. Groß; Größe, in:
ders., Allgemeine Theorie, Bd. 2, S. 445. Schott, Theorie der schönen Wissenschaften, Bd. 1, S. 334f. Platner, Neue Anthropologie, S. 343.) Nimmt
man hinzu, daß die erhabene Natur ja immer auch als Ort der Selbstbegegnung des Menschen als steigerungsfähiges, aktives und mächtiges Wesen
erscheint, das sich dem Großen angleicht oder sich völlig unabhängig von
dessen Macht weiß, so ist es nicht verwunderlich, daß das Freiheitsgefühl
einen politischen Einschlag bekommen kann. Das Bild, das sich das bürgerliche Subjekt am Erhabenen von sich selbst entwirft, paßt schlecht zu seiner
tatsächlichen Stellung im politischen und sozialen Gefüge des 18. Jahrhunderts. In diesem Zusammenhang müssen die Überlegungen gesehen werden, die den Einfluß der Geographie auf Politik und Gesellschaft thematisieren. Freiheit, Freiheitsliebe und Gleichheit der schweizerischen Gebirgs-
bewohner gerinnen seit Albrecht von Hallers »Die Alpen« (1729) in der Literatur zu einem populären Stereotyp und gehören für die zahlreichen
Schweizreisenden der zweiten Jahrhunderthälfte zu den beliebtesten Se-
henswürdigkeiten des Landes (so z.B. bei Hirschfeld, Merkwürdigkeiten
der Schweiz, passim). Daß für das Bewußtsein des späteren 18. Jahrhunderts die politische Freiheit nicht bloß zufällig im Gebirge beheimatet ist,
sondern mit dessen Einwirkung auf das Gemüt seiner Bewohner in Beziehung gesetzt wird, zeigt sich etwa bei Johann Georg Zimmermann. Zimmermann erzählt von einer Wanderung in die »erhabenen Einöden des Gebirges«, in denen »Todesgefahr unter mir bey jedem Fehltritt« lauert. Doch,
so der inzwischen sattsam bekannte Umschlag von Furcht in Lust, »wie
bald erhebet sich auch da die Phantasie, wenn man sich alleine sieht mitten
unter aller dieser Grösse der Natur [. . .]«. Ganz automatisch gleiten die Gedanken von hier aus auf »Monarchenschwäche«, und mit dieser Assoziation ist der Übergang zu Überlegungen bereitet, die sich mit dem freiheits-
liebenden Charakter der Schweizer befassen. Dieser soll, wie aus der Metaphorik seiner Beschreibung hervorgeht, vor dem Hintergrund der Gemüts-
erhebung im Gebirge gesehen werden, die Zimmermann an sich selbst erlebt hat. Bei den Gebirglern scheint sie sich durch den dauernden Anblick
der Berge zur festen Charaktereigenschaft verdichtet zu haben: Sie sind
nämlich »nicht Menschen von flacher Art, und kalter und niedriger
Empfindung«, und das bleibt nicht ohne politische Konsequenzen: »sie
zertreten Tyranney und Tyrannen«. So gelangt Zimmermann zu dem State-
ment: »[. . .] Freyheit gedeyet eigentlich nur in den Alpen« (Ueber die Einsamkeit, Bd. 4, S. 13, vgl. S. 63ff.). Das Gefühl des Erhabenen wirkt hier wie
ein Katalysator für die Idee der politischen Freiheit. Vgl. auch Grosse,
Ueber das Erhabene, S. 134ff., 138. Das ›geopsychologische‹ Argument, allerdings ohne die politische Konsequenz, findet sich auch bei Schiller,
Ueber das Erhabene, in: ders., Nationalausgabe, Bd. 21, S. 47.

213 Schiller, Ueber das Erhabene, S. 41f.

214 Diese Beobachtung schon bei van Tieghem, Sentiment de la Nature, S. 134f.

215 Adalbert Stifter, Die Mappe meines Urgroßvaters, in: ders., Studien, München 1979, S. 381–578, hier S. 428f.

216 Diesen Zusammenhang scheint R. Piepmeier (Art. Landschaft, in: Joachim Ritter [Hg.], Historisches Wörterbuch der Philosophie, Bd. 5, Darmstadt 1980, Sp. 15–28) zu verkennen, wenn er schreibt: »Das Verhältnis von ästhetisch angeschauter Natur als Landschaft und gesellschaftlich angeeigneter Natur kehrt innerhalb der Ästhetik als philosophischer Diszplin und unter ihren Konstitutionsbedingungen wieder als Unterscheidung von Naturschönem und Naturerhabenem. Das Naturschöne bezieht sich auf Natur, in deren Anschauung als ganzer die Theoria-Tradition fortlebt, das Naturerhabene bezieht sich auf Natur, insofern der Mensch sie als Gegenstand seiner Bearbeitung zur Sicherung seines Überlebens erkennen muß.« Und weiter, mit Beziehung auf Kant: »Die Empfindung des Erhabenen setzt [...] noch unbeherrschte Natur voraus, die von der gesicherten Position bewältigter Natur aus als ›erhaben‹ erfahren wird, dies aber dadurch, daß man ihre Bewältigung unterstellt und als moralische bereits realisiert. Das Naturschöne setzt eine hiervon frei gedachte freie Natur voraus, die als von gesellschaftlicher Aneignung unbetroffen erfahren werden kann.« (S. 22f.) Den Äußerungen zur erhabenen Natur ist im wesentlichen zuzustimmen; zu präzisieren ist lediglich die Behauptung, der Mensch müsse sie als »Gegenstand seiner Bearbeitung zur Sicherung seines Überlebens erkennen«, ist doch eine solche Bearbeitung allenfalls, wie ausgeführt, als eine moralische zu denken, da zum Erhabenen ja das prinzipielle Überlegensein gehört. Widersprochen werden muß dagegen der Aussage, das Naturschöne werde als von »gesellschaftlicher Aneignung unbetroffen erfahren«. Grundsätzlich bezieht Piepmeier eine Position, die an derjenigen Joachim Ritters orientiert ist: »Die Grundkonstellation ist, daß Landschaft als ästhetisch angeschaute Natur das wissenschaftsentlastete, arbeitsentlastete, handlungsentlastete Korrelat der wissenschaftlich erforschten, in Arbeit und Handlung gesellschaftlich angeeigneten Natur ist, wie sie in der Neuzeit Objekt des forschenden, arbeitenden und handelnden Menschen ist.« Und: »Das Sehen von Landschaft bezieht sich auf denselben Naturraum, dem sich der Mensch in nützlicher Arbeit, gesellschaftlichem Handeln und wissenschaftlicher Erforschung zuwendet, aber er wendet sich ihm jeweils anders zu« (S. 17). Vor dieser Folie aber lassen sich die Äußerungen zum Naturschönen nicht halten: De facto nämlich verändert die Natur im Zuge ihrer gesellschaftlichen Aneignung objektiv ihre Gestalt, und selbst wenn dieses Faktum vom betrachtenden Subjekt aus seiner Wahrnehmung herausgefiltert werden könnte, so ist dies doch nicht der Fall. Dies soll an einigen Beschreibungen schöner Natur demonstriert werden.

217 Schiller, Ueber das Erhabene, in: ders., Nationalausgabe, Bd. 21, S. 48.

218 Die Demonstration von Naturbeherrschung war im Park von Versailles besonders offenkundig, da er unter unsäglichen Opfern auf sandigem und

sumpfigem Boden angelegt wurde (vgl. dazu Derek Clifford, Geschichte der Gartenkunst, 2. Aufl. München 1981, S. 158ff.). Diese Funktion war intendiert und wurde von den Zeitgenossen klar erkannt. Die Beurteilung des Versailler Parks schwankte dementsprechend gemäß der Einstellung zum Absolutismus Ludwigs XIV. überhaupt. So schreibt der Herzog von Saint-Simon: »[...] dieses Saint-Germain gab er [der König] auf für Versailles, eine denkbar trostlose, kärgliche Stätte, ohne Aussicht, ohne Wald, ohne Wasser, ohne festes Erdreich sogar, denn hier besteht der Boden nur aus Flugsand oder Sumpfgelände [...] Er aber gefiel sich darin, die Natur zu unterjochen, sie durch Aufwand von Geld und Kunstfertigkeit zu zähmen und zu bändigen. [...] Die Vergewaltigung, die der Natur hier überall angetan wurde, wirkt abstoßend und erfüllt einen unwillkürlich mit Widerwillen.« (Memoiren, Bd. 3, S. 294f.) Norbert Elias bemerkt dazu: »Er sieht, daß in dem Geschmack des Königs, in der Art, wie er und seine Beauftragten die Gärten und Parkanlagen gestalten, die gleiche Tendenz zum Ausdruck kommt, wie in der Haltung des Königs gegenüber dem Adel und gegenüber seinen Untertanen überhaupt. Wie sich St.-Simon gegen diese wehrt, so wehrt er sich auch gegen jene. Dem Geschmack des Königs entspricht es, daß sich auch die Bäume und Pflanzen in seinem Garten in klare, leicht übersehbare Formen gruppieren, wie die Menschen des Hofes beim Zeremoniell. Die Kronen der Bäume und die Sträucher müssen so zugeschnitten werden, daß jede Spur des unordentlichen, unkontrollierten Wachstums verschwindet.« (Höfische Gesellschaft, S. 338.)

219 Aufschlußreich für diese Zusammenhänge ist ein kleiner Aufsatz »Von den Lust = Gärten« des Johann Michael von Loen. »Wenn eine Wissenschaft in der Welt ist, wo die Kunst der Natur weichen muß, so ist solches die Gärtnerey«, heißt es hier, und von dieser Position aus wird der französische Garten kritisiert (in: ders., Gesammelte kleine Schriften, ND der Ausgabe Frankfurt und Leipzig 1752, Frankfurt 1972, 4. Theil, S. 152–158, hier S. 152). Dieser ist nach den »Regeln der Meßkunst« und der »Symmetrie« gestaltet, was Loen als unnatürlich und übertrieben angreift. »An statt hier alles zu der Natur hinzuleiten so verderben wir ihre Schönheit durch die allzuweit getriebene Kunst. So sehr auch diese sonst zu preisen, wann sie der Natur folget, so abgeschmackt wird sie im Gegentheil, wann sie solche verläßt« (155). Dieser Zustand der Gartenkunst wird von Loen auf den unnatürlichen Geschmack seiner Zeit bezogen, gegen die die Natur als Berufungsinstanz aufgeboten wird. »Unsere Garten = Lust gleichet unsern Sitten, wo ein eiteles Gekünstel und ein gezwungener Pracht alles verdorben hat. Wir wissen kaum mehr was warhaftig schön und anmuthig ist. Unser Geschmack ist einmal an die Schwelgerey gewöhnt. Was nicht kostbar und gekünstelt ist, das scheinet uns auch nicht recht schön [...]« (157). Scharfsichtig benennt der Autor die Repräsentationsfunktion der solchen Geschmackskriterien folgenden Kunst: »Wir lieben den Zwang und verwenden ein Hauffen Geld, nicht auf das was schön, sondern auf das was ausserordentlich, seltsam und kostbar ist. Dieser verdorbene Geschmack herrschet auch bey uns in der Garten = Lust. [...] Büsche und Bäume sind nur

für gemeine Leute, welche nichts weiter auf ihre Gärten verwenden können. [. . .] Man glaubt, daß es schön lässet, weils kostbar ist [. . .]« (155f.). – Eine ähnliche Auffassung kommt in Sulzers Artikel über »Gartenkunst« zum Ausdruck (in: ders., Allgemeine Theorie, Bd. 2, S. 297–309). Auch hier heißt es, daß man die Gartenkunst »blos in der Natur selbst« studieren solle – entsprechend denn auch die Polemik gegen den französischen Gartengeschmack (S. 298f.). Selbstverständlich ist auch der von Sulzer propagierte Landschaftspark (302) nicht planlos, sondern im Gegenteil von höchster gestalterischer Raffinesse. Seine Konstruktion aber empfiehlt sich durch Unauffälligkeit. So scheint er zwar völlig ›natürlich‹, folgt aber dennoch den vom Kunsttheoretiker dargelegten Geschmacksgesetzen. »Das Ganze«, so heißt es, müsse »so angeordnet seyn, daß der Plan der Anordnung nicht leicht gefaßt werde. Hier ist es weit angenehmer wenn man gar keinen Plan der Anordnung entdeckt, als wenn er zu bald in die Augen fällt« (298).

220 Über den Landschaftsgarten sagt Joachim Ritter mit Bezug auf Rousseaus »Nouvelle Héloïse« (4. Teil, 11. Brief): »Die Natur als Landschaft ist im Schein des freien Soseins – ›nicht ohne etwas Täuschung‹ – Natur, der Gewalt angetan ist, um sie zu zwingen, Darstellung ihrer selbst zu sein« (Landschaft, S. 189, Anm. 61).

221 Blair, Vorlesungen, Bd. 1, S. 137f.

222 Eberhard, Aesthetik, Bd. 1, S. 56f.

223 In: ders., Werke, S. 109f.

224 Ebd. S. 95f.; vgl. S. 100f., 115, 117. – Weitere Belege: Bodmer, Critische Betrachtungen, S. 211. König, Philosophie der schönen Künste, S. 51. Hirschfeld, Theorie der Gartenkunst, Bd. 1, S. 196, zitiert aus Jean André de Luc, Physikalisch-moralische Briefe über die Berge [. . .], Leipzig 1778: »[. . .] Thäler, die durch ihre fruchtbare grüne Farbe und durch ihre starke Bevölkerung immer schön sind [. . .]« – Vgl. auch eine Passage aus Schillers »Der Geisterseher«: »Eine malerische Landschaft, die mit jeder Krümmung des Flusses sich an Reichtum und Schönheit zu übertreffen schien – der heiterste Himmel, der mitten im Hornung einen Maientag bildete – reizende Gärten und geschmackvolle Landhäuser ohne Zahl, welche beide Ufer der Brenta schmücken – hinter uns das majestätische Venedig, mit hundert aus dem Wasser springenden Türmen und Masten, alles dies gab uns das herrlichste Schauspiel von der Welt. Wir überließen uns ganz dem Zauber dieser schönen Natur [. . .]« (in: Nationalausgabe, Bd. 16, S. 45–159, hier S. 52).

225 Ueber einige Schönheiten der Gebirgsgegenden, S. 1106. – In Schillers »Kallias«-Briefen heißt es in Anlehnung an Kant: »Natur, so sagt er, ist schön, wenn sie aussieht wie Kunst; Kunst ist schön, wenn sie aussieht wie Natur«, und später: »Schön ist ein Naturprodukt, wenn es in seiner Kunstmäßigkeit frei erscheint« (in: Schillers Werke, 4 Bde., Frankfurt 1966, Bd. 4, S. 74–118, hier S. 100, 112). Da die »Kallias«-Briefe erst 1847 veröffentlicht wurden, könnte sich Garve, wie Schiller, an der »Kritik der Urteilskraft« orientiert haben. Im Original lautet die zitierte Stelle: »Die Natur war schön, wenn sie zugleich als Kunst aussah; und die Kunst kann nur

schön genannt werden, wenn wir uns bewußt sind, sie sei Kunst, und sie uns doch als Natur aussieht« (Kritik der Urteilskraft, B 179).

226 Garve, Ueber einige Schönheiten der Gebirgsgegenden, S. 1106f. – Zur Abwesenheit des Menschen vgl. auch Hirschfeld, Theorie der Gartenkunst, Bd. 4, S. 117.

Fünftes Kapitel

1 Heinz Otto Burger, Die Geschichte der unvergnügten Seele. Ein Entwurf, in: DVjs 34 (1960), S. 1–20, hier S. 6.

2 Vgl. v.a. Wolf Lepenies, Melancholie und Gesellschaft. Hans-Jürgen Schings, Melancholie und Aufklärung.

3 Die Literarische Angst, S. 51.

4 Lepenies, Melancholie und Gesellschaft, S. 76ff.

5 Vgl. dazu grundsätzlich auch Hartmut und Gernot Böhme, Das Andere der Vernunft, S. 327, 330f.

6 Von diesen Zusammenhängen muß auch die sozialpsychologische Deutung von Melancholie und Hypochondrie ausgehen. Vgl. die Skizze von Rolf Grimminger, Die nützliche gegen die schöne Aufklärung, S. 132ff. Ferner das aufschlußreiche Hypochondrie-Kapitel von Hartmut und Gernot Böhme, Das Andere der Vernunft, S. 387ff.

7 Prozeß der Zivilisation, Bd. 1, S. 332; Bd. 2 S. 312ff., 406f., 444–450, 480.

8 Vgl. o. S. 23.

9 John Locke, Erziehung, Nr. 46, S. 47.

10 Zit. n. Theodor Ballauff, Klaus Schaller, Pädagogik, Bd. 2, S. 340.

11 Zit. n. Albert Reble, Pädagogik. Dokumentationsband 1, S. 161f. Vgl. Gottsched, Der Biedermann, 2. Theil, 73. Blatt (1728), S. 92. Ders., Weltweisheit, Bd. 2, § 445ff., S. 230f.

12 Akademische Rede vom Nutzen der Wissenschaften in Rücksicht auf die Bildung des Herzens, gehalten in der bayerischen Akademie der Wissenschaften von dem Grafen Morawitzky, 1763, zit. n. Elisabeth Heimpel-Michel, Die Aufklärung, eine historisch-systematische Untersuchung, Langensalza 1928, S. 29. Vgl. zum Problem ebd. S. 34ff.

13 Z.B. Gottsched, Der Biedermann, 1. Theil, 5. Blatt (1727), S. 17ff.

14 Zit. n. Ballauff, Schaller, Pädagogik, Bd. 2, S. 341. Vgl. dazu auch Theo Dietrich, Geschichte der Pädagogik in Beispielen, 18.–20. Jahrhundert, Bad Heilbrunn 1970, S. 13–20.

15 In: ders., Pädagogische Schriften, hg. von Willibald Klinke, Langensalza 1922. Im folgenden Seitenangaben im Text.

16 Z.B. Sulzer, Art. Empfindung, in: ders., Allgemeine Theorie, Bd. 2, S. 53–59.

17 Basedow, Methodenbuch, S. 100ff., vgl. S. 93.

18 Ebd. S. 200f.

19 Art. Kinder = Zucht, Bd. 15 (1737), Sp. 660.

20 In diesem Sinne etwa, jedoch ohne Bezug auf die frühe Kindheit, Gott-

scheds »Vernünftige Tadlerinnen«, zit. in: Reble, Pädagogik. Dokumentationsband 1, S. 162. Was Gottsched hier über nichtintellektuelle Bewegungsgründe sagt, kann auf frühkindliche Erziehungsmaßnahmen übertragen werden.

21 Dieser Terminus taucht beispielsweise auf bei: Johann Gottlieb Schummel, Spitzbart. Eine komi-tragische Geschichte für unser pädagogisches Jahrhundert (1779), hg. von Eberhard Haufe, München 1983.

22 Art. Kinder = Zucht, Bd. 15 (1737), Sp. 661.

23 Christian Thomasius, Außübung der Vernunfft = Lehre, S. 3, vgl. S. 42f., 87ff.

24 Schack Fluurs Jugendgeschichte. Ein Beitrag zur Erfahrungsseelenkunde, in: Karl Philipp Moritz (Hg.), Gnothi sauton oder Magazin zur Erfahrungsseelenkunde als ein Lesebuch für Gelehrte und Ungelehrte, 10 Bde., Berlin 1783–1793, Bd. 4, 3. Stück, S. 51.

25 Vgl. dazu Reble, Pädagogik, S. 125f. Wolfgang Scheibe, Die Strafe als Problem der Erziehung, Weinheim 1967, S. 39ff. Ballauff, Schaller, Pädagogik, Bd. 2, S. 321f., 355. Zur Verdorbenheit des Kindes durch Erbsünde vgl. auch Georges Snyders, Die große Wende der Pädagogik. Die Entdeckung des Kindes und die Revolution der Erziehung im 17. und 18. Jahrhundert in Frankreich, Paderborn 1971, S. 148ff.

26 Zur Ablehnung der Erbsünde: Schon vor Rousseau spricht Sulzer in Anknüpfung an Christian Wolff (vgl. Ballauff, Schaller, Pädagogik, Bd. 2, S. 322) von der ursprünglichen Güte des Menschen (S. 105). Nach Rousseau wird das dann communis opinio. Vgl. z.B. Salzmann, Konrad Kiefer, S. 75. – Allgemein zur Erbsünde: Bernhard Groethuysen, Entstehung der bürgerlichen Welt- und Lebensanschauung, Bd. 1, S. 194ff. Ernst Cassirer, Philosophie der Aufklärung, S. 182ff.

27 Peter Villaume, Abhandlung über das Verhalten, S. 321.

28 In: Campe (Hg.), Allgemeine Revision, Bd. 5, S. 161–274; die genannte Gefahr der Willenlosigkeit ebd. S. 170ff. Vgl. auch Villaume, Abhandlung über das Verhalten, S. 328ff.

29 Abhandlung über das Verhalten, S. 349.

30 Salzmann, Konrad Kiefer, S. 45. Zur Gehorsamsübung vgl. ders., Moralisches Elementarbuch, S. XXIII.

31 Konrad Kiefer, S. 76. Theoretisch artikuliert Salzmann dies in: Ameisenbüchlein oder Anweisung zu einer vernünftigen Erziehung der Erzieher (1806), hg. von Ernst Schreck, Leipzig 1887, S. 79.

32 Z.B. Salzmann, Konrad Kiefer, S. 76.

33 Die Statuten sind abgedruckt bei Hugo Göring, Basedows Leben und Wirken, in: Johann Bernhard Basedow, Ausgewählte Schriften, S. XLIX–LIV, hier S. L.

34 So Schummel über das öffentliche Examen in Dessau, zit. bei Hugo Göring, S. LXXI. Zum Kommandierspiel vgl. auch Basedow, Elementarwerk, Bd. 1, S. 65ff., 68f.

35 Mit diesen und ähnlichen Argumenten begründet Basedow seine Abkehr von der Meinung, »daß man sobald als möglich mit Kindern über die Ursa-

chen der Befehle vernünfteln müsse« (Methodenbuch, S. 46). Vgl. Campe, Abeze, S. 137.

36 Zit. n. Hans-Heino Ewers (Hg.), Kinder- und Jugendliteratur, S. 262.

37 Vgl. auch Salzmann, Moralisches Elementarbuch, S. 136f.: »Du mußt, sagte Herrmann, allemal gehorchen, wenn ich oder deine Mutter dir etwas befehlen, wenn du auch nicht weißt, warum wir es thun. Denn wir sind älter als du, und müssen also besser wissen, was dir gut oder schädlich sey, als du es selbst wissen kannst. Lieb haben wir dich auch. Wie kannst du also glauben, daß wir dir etwas sagen würden, das dir nicht gut wäre?« Ebenso Campe, Robinson, Bd. 1, S. 109.

38 Zu diesen Zusammenhängen vgl. u. Abschnitt 5 dieses Kapitels.

39 Diese Tendenz zum »Selbstdenken« ist, stark idealtypisierend, der »formalen« Richtung der Aufklärung zuzurechnen, die Elisabeth Heimpel-Michel von der »inhaltlichen«, materialen Richtung unterschieden hat (Die Aufklärung, S. 25–77), die v.a. in der Nachfolge Christian Wolffs vertreten wurde. Letzterer geht es, obwohl auch sie die Notwendigkeit der Freiheit im Prozeß der Aufklärung erkennt, vorrangig um Gewinnung der Wahrheit, Vervollkommnung des Wissens, Klärung der Begriffe. Entsprechend betont sie nicht das »Selbst-« oder »Freidenken«, sondern das »Richtigdenken«. Zu dieser Unterscheidung vgl. Werner Schneiders, Die wahre Aufklärung. Zum Selbstverständnis der deutschen Aufklärung, Freiburg/München 1974, S. 191ff. Ausführlich zum Problem: Falko Schneider, Aufklärung und Politik. Studien zur Politisierung der deutschen Spätaufklärung am Beispiel A.G.F. Rebmanns, Wiesbaden 1978, S. 40ff.

40 Spitzbart, S. 184. In der Tat ist sie überall propagiert und auch praktiziert worden. Vgl. Campe, Robinson, wo sie geradezu zur Form des Romans wird, und Salzmann, Ameisenbüchlein, S. 56ff. Praktiziert wurde diese Methode etwa in Dessau; vgl. das öffentliche Examen. Dazu: Hugo Göring, Basedows Leben und Wirken, in: Basedow, Ausgewählte Schriften, S. LXXII. Vgl. ferner Ludwig Fertig, Zeitgeist und Erziehungskunst, S. 51, 211.

41 In diesem Sinn äußert sich später auch Campe, Über die große Schädlichkeit, S. 52f.: »Nie theile man selbsterforschte oder aufgefangene Wahrheiten (die blos historischen ausgenommen) mit, sondern man lasse sie den Zögling suchen und finden; nie mache man aus dem, was mit dem Verstande erkannt und beurtheilt werden soll, eine Sache des Gedächtnisses! Auf diesem – für den Erzieher freilich mühsamern und, dem Scheine nach, weitern, aber auch einzig richtigen – Wege wird man, wie die Natur, es dahin bringen, daß alles Wahre und sittlich Gute, was in die junge Seele kommt, ihr eigenes Produkt, ihr selbsterzeugtes liebes Eigenthum sey, welches sie mit Mutterwärme umfassen, sorgfältig aufbewahren, und gern vermehren wird.«

42 Spitzbart, S. 185ff. Zu diesem Problem vgl. auch Fertig, Zeitgeist, S. 211.

43 S. 93, 94, 131, 165. Im Anschluß an Horkheimer und Adorno, Dialektik der Aufklärung, formuliert Rolf Grimminger, Die nützliche gegen die schöne Aufklärung, S. 131f.: »Die Autorität naturwüchsiger Herrschaftsverhältnis-

se rettet sich also in die Gegenautorität der abstrakten Vernunft hinein; diese gebärdet sich im Prinzip nicht weniger herrschaftlich, als es die von ihr abgelehnten Verhältnisse sind. [. . .] Aufklärung ist rationalisierte Gegenmacht und folglich in den Kampf um die Macht bis in die Kategorien ihrer Geltung hinein verwickelt [. . .] Die Utopie der Vernunft ist vielmehr Abstraktion aus und über dem Bestand historischer Erfahrungsmöglichkeiten, es geht folglich das unstimmige Material der Herrschaft und der Freiheit zugleich in sie ein.« Zu diesem Problem und zu Grimmingers These vgl. auch o. Kap. 1 dieser Arbeit.

44 Vgl. dazu o. Anm. 39 dieses Kapitels.

45 Vgl. dazu auch Werner Schneiders, Die wahre Aufklärung, S. 194.

46 Die radikale Einschränkung des von Thomasius geforderten Zweifels an den von Eltern und Lehrern vermittelten Überzeugungen wird auch bei Basedow deutlich: »Bleibt glaubwillig euren Eltern und Lehrern in der Kindheit und Jugend! Gebt auch hernach keinem Zweifel Raum an dem, was ihr glauben gelernt habt, wenn euch die Untersuchung schwer oder unmöglich ist, und wenn ihr merkt, daß der Zweifel eure Seele beunruhigt und eure Lebensart in Unordnung bringt oder euch unnöthiger Weise denen verhaßt macht, von welchen ihr wollt geliebt sein.« (Elementarwerk, Bd. 1, S. 230.) Die Beunruhigung der Seele zum Anlaß zu nehmen, das Zweifeln bleiben zu lassen, ist genau die Haltung, gegen die die Forderung des »sapere aude« von Thomasius bis Schiller zu Felde gezogen war. Die aus dem Zweifel resultierende Angst wird hier, wo es nicht um die Kritik, sondern die Etablierung von Werthaltungen geht, aufs neue für deren Stabilisierung funktionalisiert.

47 Die Momente des bürgerlichen Denkens, die Horkheimer als aufeinanderfolgend, als verschiedenen Etappen der historischen Entwicklung zugehörig identifizieren zu können glaubt, treten somit *von vornherein* gleichzeitig und, wie an Sulzer zu sehen ist, zusammen auf: »Das bürgerliche Denken beginnt als Kampf gegen die Autorität der Tradition und stellt ihr die Vernunft in jedem Individuum als legitime Quelle von Recht und Wahrheit entgegen. Es endigt mit dem Verhimmeln der bloßen Autorität [. . .]« (Autorität und Familie, S. 184). Dieser Umschlag ist nach Horkheimer von Anfang an im bürgerlichen Kampf gegen die Autorität angelegt (ebd. S. 187).

48 Die gleichzeitig geführte Diskussion um die Belohnung als Anreiz zur Normkonformität ist für diese Arbeit ohne Belang.

49 Zit. n. Ludwig Fertig, Zeitgeist, S. 102.

50 Zit. n. Fertig, Zeitgeist, S. 101.

51 Karl Friedrich von Klöden, Jugenderinnerungen, hg. von Karl Koetschau, Leipzig 1911, S. 50. – Zum Prügeln in der traditionellen Erziehung vgl. Jürgen Schlumbohm, Straße und Familie. Kollektive Formen der Sozialisation im Kleinbürgertum Deutschlands um 1800, in: Ulrich Herrmann (Hg.), »Das pädagogische Jahrhundert«, S. 127–139, hier S. 129f. Helmut Möller, Zum Sozialisierungsprozeß des Kleinbürgers, ebd. S. 111–126, hier S. 111ff. – Zur Tradition der Schulstrafe vgl. Wolfgang Scheibe, Strafe, S. 22ff., 93f. Philippe Ariès, Geschichte der Kindheit, S. 369ff. – Prinzipiell wurden die-

se Strafpraxis, freilich nicht ihre Exzesse, und die mit ihr intendierte Furcht auch theoretisch gerechtfertigt. Vgl. z.B. Christian Wolff, Vernünfftige Gedancken von dem gesellschaftlichen Leben der Menschen, 5.Aufl. Franckfurt und Leipzig 1740, § 131: »so müssen auch die Eltern nicht allein unter Bedrohungen, sondern auch durch Vollstreckung der angedrohten Strafe sie [d.h. die Kinder] in der knechtischen Furcht erhalten.« (Zit. n. Bengt Algot Sørensen, Herrschaft und Zärtlichkeit. Der Patriarchalismus und das Drama im 18. Jahrhundert, München 1984, S. 36.)

52 Salzmann, Konrad Kiefer, S. 78. Campe, Ueber das Zweckmäßige und Unzweckmäßige in den Belohnungen und Strafen, in: ders. (Hg.), Allgemeine Revision, Bd. 10, S. 445–568, hier S. 452f. – Einseitig vertreten wird die Behauptung einer reinen Humanitätsorientierung der aufklärerischen Pädagogik etwa bei Scheibe, Strafe, S. 88f., 90f., 95f.

53 Schwarze Pädagogik, S. 376.

54 Ebd.

55 Überwachen und Strafen, S. 63. Nachweise im folgenden im Text.

56 S. 64f. u. ö. Auf die von Foucault ein wenig vernachlässigte theologische Seite der Strafe weist Richard van Dülmen hin: »Nicht zuletzt wollte das Hinrichtungszeremoniell die Wiederherstellung einer göttlich sanktionierten Rechtsordnung dokumentieren [...] Ihre Verletzung konnte Hunger und Elend, Seuchen und Tod nach sich ziehen. Gewisserweise wurde durch das Zeremoniell der Zorn Gottes besänftigt und die Gesellschaft von ihren Untaten gereinigt.« (Das Schauspiel des Todes. Hinrichtungsrituale in der frühen Neuzeit, in: Richard van Dülmen, Norbert Schindler (Hg.), Volkskultur. Zur Wiederentdeckung des vergessenen Alltags [16.–20. Jahrhundert], Frankfurt 1984, S. 203–245, hier S. 206.)

57 W. Bradford, zit. n. Foucault, Überwachen und Strafen, S. 164. – Zum Wandel des juristischen Strafgedankens vgl. auch Carsten Zelle, Strafen und Schrecken. Einführende Bemerkungen zur Parallele zwischen dem Schauspiel der Tragödie und der Tragödie der Hinrichtung, in: Jahrbuch der deutschen Schillergesellschaft 28 (1984), S. 76–103, hier S. 92ff.

58 Zur politischen Integration des »Hauses«: Dieter Schwab, Familie, in: Otto Brunner, Werner Conze, Reinhart Koselleck (Hg.), Geschichtliche Grundbegriffe. Historisches Lexikon zur politisch-sozialen Sprache in Deutschland, Bd. 2, Stuttgart 1975, S. 253–301, hier S. 264, 279 u.ö. Irene Hardach-Pinke, Gerd Hardach, Einleitung. Einer Sozialgeschichte der Kindheit entgegen, in: dies. (Hg.), Deutsche Kindheiten. Autobiographische Zeugnisse 1700–1900, Kronberg 1978, S. 1–59, hier S. 17f. Zur Stellung des Vaters im französischen Ancien Régime, die vergleichbar ist: Georges Snyders, Die große Wende der Pädagogik, S. 194ff. Zur rechtlichen Stellung des Kindes: Donata Elschenbroich, Kinder werden nicht geboren, S. 94.

59 Art. Haus = Wirth, Bd. 12 (1735), Sp. 918f.

60 August Hermann Francke, Instruction für die Praeceptores, was sie bei der Disciplin [d.h. der Strafe] wohl zu beachten haben (ca.1713), in: ders., Pädagogische Schriften, besorgt von Hermann Lorenzen, Paderborn 1957, S. 107–119, hier S. 115. Zum Bezug auf Eli im angeführten Zitat: 1. Sam.

3,11–4,18. – Über die Strafe spricht Francke ausführlich auch in seiner Schrift: Kurzer und einfältiger Unterricht, wie die Kinder zur wahren Gottseligkeit und christlichen Klugheit anzuführen sind (1702), ebd. S. 39ff. – Allgemein zur Pädagogik Franckes vgl. Juliane Dittrich-Jacobi, Pietismus und Pädagogik im Konstitutionsprozeß der bürgerlichen Gesellschaft. Historisch-systematische Untersuchung der Pädagogik August Hermann Franckes, Diss. Bielefeld 1976.

61 Vgl. auch Sulzer, S. 114. – Den Vergleich von juristischer und pädagogischer Strafe zieht auch Campe mehrfach; vgl. Belohnungen und Strafen, S. 456ff. u.ö.

62 Z.B. Basedow, Methodenbuch, S. 48f., 57. Campe, Belohnungen und Strafen, S. 470, 545, 563 u.ö.

63 Ganz deutlich wird das in den Argumentationshilfen, die Basedow den Erziehern für ihren Umgang mit den Kindern bereitstellt: »Aber saget zugleich, diese Strafe werde nicht wegen des Vergangenen, sondern darum ausgeübt, daß solche und ähnliche Beleidigungen nicht ferner geschehen! Es ist eine der ersten moralischen Wahrheiten, welche Kinder verstehn können, daß von einem vernünftigen Menschen niemals Böses mit Bösem vergolten werden müsse, als nur in der Absicht, die Wiederholung des Unrechts zu verhindern. ›Ich strafe dich nicht, mein Kind, weil du ungehorsam oder lasterhaft gewesen bist, und dieses mich verdrießt: sondern weil ich aus deiner Uebertretung sehe, daß ich in dieser Absicht strafen muß, damit du nicht ungehorsam und lasterhaft bleibest, und damit andre sich an deinem Exempel spiegeln.‹« (Methodenbuch, S. 57.)

64 Belohnungen und Strafen, S. 465ff. – Ähnlich wie vom juristischen und pädagogischen Diskurs ergreift der Gedanke der Besserung auch vom theologischen Besitz: Die göttliche Strafe ist nicht mehr Ausdruck des Zorns, sondern dient der Besserung des Sünders:
»Lottchen. [. . .] Aber wo ist denn Fritzchens Seele hingekommen, wenn sie nicht mehr in seinem Leibe ist?
Mutter. Gott hat sie an einen andern Ort geführt, wo sie viele Freude haben wird, wenn Fritzchen hier hübsch artig und fromm gewesen ist.
Lottchen. Aber wenn er nun nicht artig war?
Mutter. Ja, dann muß der liebe Gott, so ungern er auch straft, es ihm dort, wo er nun ist, übel gehen lassen, damit er besser werde.« (Campe, Abeze, S. 200.) Vgl. dazu auch o. S. 80.

65 Konrad Kiefer, S. 80f.

66 J. Felbiger, Eigenschaften, Wissenschaften und Bezeigen rechtschaffener Schulleute, Sagan 1768, zit. n. Rutschky (Hg.), Schwarze Pädagogik, S. 387.

67 Ebd.

68 Konrad Kiefer, S. 81.

69 Felbiger, zit. n. Rutschky, S. 387ff.

70 Methodenbuch, S. 48. Ders., Elementarwerk, Bd. 1, S. 220ff.

71 Basedow, Kleines Buch für Eltern und Lehrer aller Stände, Leipzig 1771, S. 49ff., zit. n. Rutschky (Hg.), Schwarze Pädagogik, S. 544.

72 Vgl. o. S. 42 und Anm. 84.

73 Basedow, Elementarwerk, Bd. 2, S. 113–119, hier S. 118. Die Abbildungen finden sich Bd. 3, Tafel XXXIV. Basedow interpretiert das öffentliche Strafschauspiel ausdrücklich als Abschreckung.

74 Zit. n. Könneker (Hg.), Kinderschaukel 1, S. 193–199, hier S. 198.

75 Van Dülmen, Das Schauspiel des Todes, S. 241, 223.

76 Versuch von der Erziehung, S. 120; vgl. ebd. S. 114ff. Gleichartige Überlegungen bei Basedow, Methodenbuch, S. 47ff. Campe, Belohnungen und Strafen, S. 501ff., 558.

77 Schack Fluurs Jugendgeschichte. Ein Beitrag zur Erfahrungsseelenkunde, in: Karl Philipp Moritz (Hg.), Gnothi sauton, Bd. 4, 3. Stück, S. 53. Vgl. auch Campe, Belohnungen und Strafen, S. 461f., 477f.

78 Salzmann, Konrad Kiefer, S. 98.

79 Belege bei Jürgen Schlumbohm (Hg.), Kinderstuben, S. 240, 389. Campe, Belohnungen und Strafen, S. 553 (Ohrfeigen verletzen Kopf und Gehör). – Hierher gehören auch die sexuellen Gefahren aus den Schlägen aufs Hinterteil, in dem sie das Blut ansammeln. Vgl. ebd. S. 566. Ferner: Peter Villaume, Ueber die Unzuchtssünden in der Jugend, in: Campe (Hg.), Allgemeine Revision, Bd. 7, S. 1–308, hier S. 62f. Als eigene Erfahrung wird diese Wirkung der Schläge beschrieben bei Rousseau, Bekenntnisse, Bd. 1, S. 25; dort auch zu anderen gravierenden Fehlwirkungen der Strafe S. 30ff., 47ff. Vgl. auch Lavaters Jugend, S. 69f.

80 Vgl. Pockels, Schack Fluurs Jugendgeschichte, in: Karl Philipp Moritz (Hg.), Gnothi sauton, Bd. 4, 3. Stück, S. 53f.

81 Art. Kinder = Zucht, in: Zedlers Universallexikon, Bd. 15 (1737), Sp. 660f. Zur Ablehnung abergläubischer Furcht vgl. o. S. 64, 78f. u. 95.

82 Zit. n. Fertig, Zeitgeist, S. 103.

83 Pockels, Schack Fluurs Jugendgeschichte, in: Karl Philipp Moritz (Hg.), Gnothi sauton, Bd. 4, 3. Stück, S. 54.

84 Locke, Erziehung, Nr. 50, S. 48. Schleiermacher zit. n. Fertig, Zeitgeist, S. 120. Vgl. auch Jean Paul, Levana, in: ders., Werke, Bd. 10, § 104, S. 780. Schlumbohm (Hg.), Kinderstuben, S. 53.

85 Friedrich Schleiermacher, Die Vorlesungen aus dem Jahre 1826, in: ders., Pädagogische Schriften, hg. von C. Platz, 3. Aufl. Langensalza 1902, S. 101f.

86 John Locke, Erziehung, Nr. 47f., S. 47f.

87 Ebd. Nr. 50, S. 48. – Ähnliche Zweifel am Wert der v.a. körperlichen Strafe schon in Zedlers Lexikon. Dort heißt es, »so bald als sich aber die Vernunfft [bei den Kindern] einfindet«, müßten »die sinnlichen Straffen [. . .] aufhören. Sie erwecken nur eine knechtische, nicht aber eine kindliche Furcht, das ist / die Furcht währet nur so lange, als man der Straffe nicht auszuweichen vermeynet, sie ist also nur eine Abhaltung von dem öffentlichen, nicht aber von dem geheimen Bösen.« (Art. Kinder = Zucht, Bd. 15, Sp. 661.)

88 David Riesman, Die einsame Masse. Eine Untersuchung der Wandlungen des amerikanischen Charakters, Hamburg 1958, S. 32. In Riesmans Terminologie handelt es sich hier um den Übergang vom traditions- zum innengeleiteten Menschentypus (S. 26ff., 30ff., 40ff.). Zur skizzierten Situation im

18. Jahrhundert vgl. Heidi Rosenbaum, Formen der Familie. Untersuchungen zum Zusammenhang von Familienverhältnissen, Sozialstruktur und sozialem Wandel in der deutschen Gesellschaft des 19. Jahrhunderts, Frankfurt 1982, S. 272ff.

89 Campe, Belohnungen und Strafen, S. 456, 459f.; vgl. S. 531f. Zweifel am Wert der Strafe sind weit verbreitet. Vgl. Art. Kinder = Zucht, in: Zedlers Universallexikon, Bd. 15, Sp. 655. Salzmann, Moralisches Elementarbuch, S. XXI. Der Mediziner A.F. Nolde bemerkt: »Aber auch hier habe ich fast immer die Wahrheit bestätigt gefunden, daß Schläge nur erbittern, oder höchstens einen erzwungenen Gehorsam bewirken, nicht aber wirklich bessern und die Humanität unter den Menschen befördern.« (Zit. n. Schlumbohm [Hg.], Kinderstuben, S. 240.) Weitere Belege ebd. S. 389, 399, 403.

90 Campe, Belohnungen und Strafen, S. 531f.

91 Für den Bereich des Strafrechts vgl. Foucault, Überwachen und Strafen, S. 28: »Seitdem vor 150 oder 200 Jahren Europa seine neuen Strafsysteme geschaffen hat, sind die Richter Schritt für Schritt [. . .] darangegangen, über etwas anderes als die Verbrechen zu richten: über die ›Seele‹ der Verbrecher.« Vgl. ebd. S. 25ff. Zum Problem auch: Georg Reuchlein, Bürgerliche Gesellschaft, Psychiatrie und Literatur. Zur Entwicklung der Wahnsinnsthematik in der deutschen Literatur des späten 18. und frühen 19. Jahrhunderts, Diss. (masch.), München 1984, Bd. 1, S. 187ff., 65ff.

92 Ein Beispiel dafür ist die Entwicklung der katholischen Beichte, über die Foucault, Sexualität und Wahrheit, S. 31, schreibt: »Es ist ein Imperativ errichtet worden, der fordert, nicht nur die gesetzwidrigen Handlungen zu beichten, sondern aus seinem Begehren, aus seinem gesamten Begehren einen Diskurs zu machen.« Vgl. ebd. S. 82. Erst seit dem 17. Jahrhundert sei dies zur allgemeinen Regel geworden.

93 Zur Notwendigkeit der Härte der Strafe vgl. Sulzer, Versuch von der Erziehung, S. 120 u.ö. Basedow, Methodenbuch, S. 47ff. Campe, Belohnungen und Strafen, S. 500ff., 556ff., 563. Salzmann, Konrad Kiefer, S. 45.

94 Grundsätzlich zu diesem Vorgang Peter L. Berger, Thomas Luckmann, Die gesellschaftliche Konstruktion der Wirklichkeit. Eine Theorie der Wissenssoziologie, 5. Aufl. Frankfurt 1980, S. 70.

95 Vgl. Foucault, Wahnsinn und Gesellschaft, S. 71–98. Klaus Dörner, Bürger und Irre, S. 20ff., 27–40, 185ff. Hans-Jürgen Schings, Melancholie und Aufklärung. Nützlich auch: Wolfgang Promies, Die Bürger und der Narr oder das Risiko der Phantasie. Sechs Kapitel über das Irrationale in der Literatur des Rationalismus, München 1966.

96 Über die Gefahren, die die Autoren des 18. Jahrhunderts von diesen Gruppen für die Gesellschaft befürchten, geben einige bei Schings, Melancholie und Aufklärung, zitierte Quellen Auskunft; vgl. S. 187, 192, 193, 403, Anm. 43.

97 Der vollständige Titel lautet: Geschichte der menschlichen Narrheit, oder Lebensbeschreibungen berühmter Schwarzkünstler, Goldmacher, Teufelsbanner, Zeichen- und Liniendeuter, Schwärmer, Wahrsager, und anderer philosophischer Unholden, Leipzig 1785–1789.

98 Ebd. Bd. 1, Vorrede.

99 So etwa in Johann Christian Reils 1803 erschienenen »Rhapsodien über die Anwendung der psychischen Curmethode auf Geisteszerrüttungen«; vgl. Promies, Die Bürger und der Narr, S. 79. Zum Narrenbegriff auch Georg Reuchlein, Bürgerliche Gesellschaft, Psychiatrie und Literatur, Bd. 1, S. 48f.

100 Foucault, Wahnsinn und Gesellschaft, S. 35–58 u.ö. Ders., Psychologie und Geisteskrankheit, S. 99ff.

101 Kant, Anthropologie, in: ders., Werke, Bd. 10, BA 151. Wahnsinn als »Krankheit« ebd. BA 140ff.

102 Vgl. dazu auch Schings, Melancholie und Aufklärung, S. 22f., 216f.; dort auch zu Adelung. Georg Reuchlein, Bürgerliche Gesellschaft, Psychatrie und Literatur, Bd. 1, S. 231f. – Für Kant sind die Geisterseher und Phantasten »Kandidaten des Hospitals« (Träume eines Geistersehers, erläutert durch Träume der Metaphysik, in: ders., Werke, Bd. 2, S. 919–989, hier S. 959). Karl Philipp Moritz bezeichnet in seinem »Magazin zur Erfahrungsseelenkunde« die Laster – genannt werden Geiz, Verschwendung, Spielsucht, Neid, Trägheit, Eitelkeit usw. – als spezifische, psychologisch erfaßbare »Gemüths- oder Seelenkrankheiten« (Gnothi sauton, Bd. 4, 1. Stück, S. 2f.).

103 Wahnsinn und Gesellschaft, S. 306, vgl. S. 226ff. – In der Vorrede zu Christian Heinrich Spieß' »Biographien der Wahnsinnigen« von 1795/96 (ausgewählt und hg. von Wolfgang Promies, Darmstadt und Neuwied 1976) heißt es z.B.: »Überspannte, heftige Leidenschaft, betrogene Hoffnung, verlorne Aussicht, oft auch nur eingebildete Gefahr kann uns das kostbarste Geschenk des Schöpfers, unsern Verstand, rauben [...] Wenn ich Ihnen die Biographien dieser Unglücklichen erzähle, so will ich nicht allein Ihr Mitleid wecken, sondern Ihnen vorzüglich beweisen, daß jeder derselben der Urheber seines Unglücks war, daß es folglich in unserer Macht steht, ähnliches Unglück zu verhindern.« (S. 7) Diese moralische Wahrnehmung des Wahnsinns bleibt durchs ganze 18. Jahrhundert bestehen, wird aber gegen dessen Ende – und gerade auch von Spieß – differenziert. Im Zuge der sensualistischen und empfindsamen Aufwertung der Gefühlsregungen gibt es jetzt nicht mehr nur den verdienten Wahnsinn aus bösen Lastern, sondern auch den bemitleidenswerten Wahnsinn aus gesellschaftlich akzeptierten Gefühlen (Liebe, Trauer etc.). Hier ist der Irre nicht mehr der ›Unbürger‹, sondern der unglückliche Bürger selbst, der seinen Verstand aufgrund eines unlösbaren Konflikts zwischen grundsätzlich ›guten‹ Regungen und sozialen Schranken verloren hat, die gleichfalls als notwendig und richtig gelten (so vielfach bei Spieß). Der Wahnsinn kann also gerade auch aus gesellschaftlichen Bedingungen erwachsen (Kant, Reil). Auch in diesem Fall aber liegt keineswegs eine Apologie der Übermacht der Gefühlsregungen vor, die vielmehr immer von der Vernunft kontrolliert und gemäßigt werden müssen; die Einfügung in die sozialen Gegebenheiten hat, selbst wo deren Härte erkannt wird, absolute Priorität vor den Bedürfnissen des einzelnen. So wird auch der Wahnsinnige dieses Typs nicht nobilitiert; er ist,

wenn auch aufgrund ›edler‹ Antriebe und unwillentlich, ein Übertreter der Norm. Die Haltung ihm gegenüber ist nicht Rechtfertigung, sondern Mitleid mit seinem Unglück. – Die verschiedenen Auffassungen vom Wahnsinn beschreibt ausführlich Reuchlein, Bürgerliche Gesellschaft, Psychiatrie und Literatur, Bd. 1, S. 58–77, 91–130, 227ff. u.ö.

104 August Wilhelm Schlegel, Allgemeine Übersicht, S. 67, 71. – Tatsächlich dient der Verweis auf die Möglichkeit, Abweichungen besser zu erkennen und auf dieser Basis zu bekämpfen, nicht selten als Legitimation der im Aufschwung befindlichen anthropologischen Wissenschaften. So z.B. im Fall der Physiognomik, die Lavater in seinen »Physiognomische[n] Fragmenten« (4 Bde., Leipzig und Winterthur 1775–1778) definiert als »die Fertigkeit durch das Aeußerliche eines Menschen sein Inneres zu erkennen; das, was nicht unmittelbar in die Sinne fällt, vermittelst irgend eines natürlichen Ausdrucks wahrzunehmen.« (Bd. 1, S. 13) Der »Nutzen« einer solchen Wissenschaft liegt auf der Hand. Lavater spricht ihn mit den Worten seines Zensors aus, den er zu Werbezwecken ausführlich zitiert: »›wenn es möglich wäre, [...] diese Wissenschaft zu ihrer Evidenz und Stärke durchzuführen, so würde ich einen erstaunlichen Nutzen daraus prophezeyen. [...] es würde ein thätiges Mittel seyn, das Laster auszurotten, oder doch einzuschränken und zu vermindern. Wenn wir einmal die Characteristik kennten, einmal den überwiegenden moralischen Hang eines Menschen in seinen Gesichtszügen eingeprägt sehen könnten; ja wenn es unter das gemeine Volk käme, daß man das Laster im Gesicht erkennen könne; daß in einer jeden Stadt nur zwo Personen, nur zween Gelehrte seyn, die dieses können; wie sehr würde das Laster erschrecken?‹« (Bd. 1, S. 161) Eine ähnliche Intention liegt bei Karl Philipp Moritz und der Erfahrungsseelenkunde vor. Für Johann Georg Heinrich Feder, einen der Mitarbeiter an Moritz' »Magazin«, geht es bei seiner psychologischen Arbeit um Verhinderung von »Unordnung in der bürgerlichen Gesellschaft« (zit. n. Dörner, Bürger und Irre, S. 208; vgl. auch ebd. S. 211). Feders »Untersuchungen über den menschlichen Willen« zeigen schon in ihrem kompletten Titel die Absicht der Vermittlung der »Grundregeln, die menschlichen Gemüther zu erkennen und zu regieren«. – Fast gleichzeitig mit der Etablierung der neuen wissenschaftlichen Formen der Menschenkenntnis meldet die Literatur gegen sie an und weist auf die inhumane Potenz einer anthropologischen Wissenschaft hin, die als Herrschaftswissen angelegt ist, zumindest aber in diesem Sinne eingesetzt werden kann. Die Mißbrauchbarkeit des neuen Wissens zum Zweck puren Machtgewinns zeigt sich etwa an Gestalten wie dem Armenier in Schillers »Geisterseher« oder Alban in E.T.A. Hoffmanns »Magnetiseur«.

105 Zit. n. Hugo Göring, Basedows Leben und Wirken, in: Basedow, Ausgewählte Schriften, S. LII. Vgl. auch Salzmann, Konrad Kiefer, S. 52.

106 Karl Friedrich Bahrdt, Philanthropinischer Erziehungsplan oder vollständige Nachricht von dem ersten wirklichen Philanthropin zu Marschlins, Frankfurt 1776, zit. n. Rutschky (Hg.), Schwarze Pädagogik, S. 406ff. – Wie streng die durch Furcht vor Lächerlichkeit und Verächtlichkeit motivierte

Verhaltenskontrolle sein konnte, die sich das Individuum selbst auferlegte, zeigt plastisch eine Erinnerung Rousseaus: »Tausendmal während meiner Lehrzeit und später bin ich in der Absicht ausgegangen, irgendeine Leckerei zu kaufen. Ich nähere mich dem Laden eines Kuchenbäckers; ich sehe Frauen am Zahltisch; ich glaube sie schon lachen und unter sich das kleine Leckermaul verspotten zu sehen. Ich gehe an einer Obsthändlerin vorüber, ich schiele nach schönen Birnen, ihr Duft lockt mich; zwei oder drei junge Leute in der Nähe beobachten mich; ein Mann, der mich kennt, steht vor seinem Laden; ich sehe von weitem ein Mädchen herankommen; ist es nicht die Hausmagd? Meine Kurzsichtigkeit täuscht mich allzuoft. Ich sehe alle Vorübergehenden für Bekannte an, überall werde ich eingeschüchtert, durch irgendein Hindernis gebunden; mein Verlangen wächst mit meiner Verschämtheit, und endlich kehre ich heim wie ein Narr, verzehrt von Begierde; in meiner Tasche trage ich zwar das, womit ich sie befriedigen könnte, und doch bin ich zu ängstlich, mir etwas dafür zu kaufen!« (Bekenntnisse, Bd. 1, S. 55.)

107 Vgl. Hugo Göring, Basedows Leben und Wirken, in: Basedow, Ausgewählte Schriften, S. LI. Beschrieben und kritisiert wird die »Meritentafel« bei Campe, Belohnungen und Strafen, S. 528ff. Campe lehnt auch die »Schandstrafen« ab (ebd. S. 546).

108 Von Mitteln, die Aufmerksamkeit der Jugend zu gewinnen (1777), zit. n. Rutschky (Hg.), Schwarze Pädagogik, S. 531f.

109 Praktischer Beitrag zur Methodik des öffentlichen Schulunterrichts (1789), zit. ebd. S. 532ff.

110 Beschrieben von: J. Heusinger, Einige Vorschläge zu einer leichten und gründlichen Verbesserung der häuslichen Erziehung (1800), zit. ebd. S. 409ff.

111 Maßnahmen, die auf die Ehre und damit auf das soziale Bewußtsein des Kindes zielen, werden ferner empfohlen bei Sulzer, Versuch von der Erziehung, S. 121f. Basedow, Methodenbuch, S. 66f. Salzmann, Konrad Kiefer, S. 76f., 80. Vgl. auch Ludwig Fertig, Zeitgeist, S. 100f.

112 Campe, Ob es rathsam sey, die Ehrbegierde zu einer moralischen Triebfeder bey der Erziehung zu machen?, zit. n. Ballauff, Schaller, Pädagogik, Bd. 2, S. 361. Vgl. Campe, Belohnungen und Strafen, S. 478, 520. Kritische Auseinandersetzung mit den Wirkungen der »Meritentafel« in Dessau ebd. S. 528ff. Kritik wird hier v.a. an der Äußerlichkeit der Regulierung geübt, die die wirklich guten Gesinnungen weder belohne noch fördere (S. 531ff., 536f., 541ff., 548).

113 Basedow, Methodenbuch, S. 45. Campe, Belohnungen und Strafen, S. 504. Pestalozzi, Tagebuch Pestalozzis über die Erziehung seines Sohnes (1774), zit. n. Rutschky (Hg.), Schwarze Pädagogik, S. 395.

114 Ein Beispiel: »Wenn ihr etwas befehlen müßt, so wartet, wenn ihr könnt, auf einen Anlaß, wo die Natur der Dinge ihren Fehler fühlbar gemacht hat und das Kind durch die Folgen des Fehlers schon zur natürlichen Empfindung der Notwendigkeit des Befehls geführt ist. Wenn ich z.B. das unangenehme Anrühren aller Sachen verbieten will, so gehe ich diesen Weg: Ich

stelle zwei Platten, eine kalte, eine siedende so, daß der Kleine gewiß probieren und seine Hände verbrennen wird. ›Man sollte nicht alles anrühren, was man nicht kennt‹, ist meine Anmerkung, wenn ich mit Öl den Brand stille. Ein paar Tage später stelle ich heiße Eier hin; gleich wird er sie nehmen und sich wieder verbrennen. Dann sage ich: ›Ich mag nicht, daß du allzeit dich verbrennst. Laß die Sachen sein, bis du sie kennst, und frage mich, was auf dem Tisch ist, ob du es anrühren darfst.‹ So bereitet, bin ich außer Gefahr gegen sein Zutrauen.« (Pestalozzi, ebd. S. 395.) Diese Methode geht auf Rousseau zurück. Vgl. Emile, 2. Buch, S. 197, 226f. Zu Rousseau vgl. Wolfgang Scheibe, Strafe, S. 75ff. Georges Snyders, Die große Wende der Pädagogik, S. 312f. – Ähnlich schon Sulzer, Versuch von der Erziehung, S. 112. Vgl. auch Campe, Belohnungen und Strafen, S. 493.

115 Basedow, Methodenbuch, S. 45. – Die Unzuverlässigkeit der pädagogisch optimalen natürlichen Folgen des Vergehens führt Campe dazu, für den Fall ihres Ausbleibens »vermischte, d.i. halbnatürliche und halbpositive« (d.h. willkürliche) Strafen zu empfehlen (Belohnungen und Strafen, S. 486), wobei aber darauf zu sehen sei, »daß diese Strafe in der Seele des Kindes ganz das Ansehen einer natürlichen und nothwendigen Folge seines Fehlers erhielte.« (Ebd. S. 489.) »Man verberge bei der Anwendung der vermischten Strafen auf das allersorgfältigste das, was von Willkührlichkeit darin enthalten ist« (ebd. S. 495).

116 Vgl. o. Anm. 114.

117 Überwachen und Strafen, S. 134; vgl. S. 151.

118 Beispiele dazu bei Könneker (Hg.), Kinderschaukel 1, S. 32f., 36f., ferner S. 137, 223 u.ö. Salzmann, Konrad Kiefer, S. 59.

119 Vgl. Jos van Ussel, Sexualunterdrückung, S. 137ff. Vgl. ferner Donata Elschenbroich, Kinder werden nicht geboren, S. 133ff.

120 Sexualunterdrückung, S. 234f.

121 Vgl. dazu o. S. 47f.

122 Zur Idee der kindlichen Unschuld: Ariès, Geschichte der Kindheit, S. 183, 187, 192 u.ö. Snyders, Die große Wende der Pädagogik, S. 205ff.

123 Die Anfänge dieser Tendenz reichen nach Ariès bis ins 15. Jahrhundert zurück, bleiben aber auf einige wenige Erzieher beschränkt (Geschichte der Kindheit, S. 180, 182ff.). Vgl. van Ussel, Sexualunterdrückung, S. 145f.

124 Peter Villaume, Ueber die Unzuchtssünden, S. 8.

125 Vgl. van Ussel, Sexualunterdrückung, S. 144, 149ff.

126 Zit. n. van Ussel, Sexualunterdrückung, S. 145. – Zu den Folgen der Onanie: Johann Stuve, Grundsätze der körperlichen Erziehung, S. 419ff. J.F. Oest, Versuch einer Beantwortung, S. 25ff. Ders., Versuch einer Belehrung, S. 296ff., 343ff. M.A. von Winterfeld, Ueber die heimlichen Sünden der Jugend, in: Campe (Hg.), Allgemeine Revision, Bd. 6, S. 507–609, hier S. 512ff. Peter Villaume, Ueber die Unzuchtssünden, S. 13ff. Christoph Wilhelm Hufeland, Makrobiotik, S. 186ff.

127 S. 187. Vgl. Oest, Versuch einer Belehrung, S. 354, 368.

128 Campe, Erfordernisse einer guten Erziehung, S. 136f., 148f. (Vererbung). Oest, Versuch einer Belehrung, S. 475 (Vererbung und Unfruchtbarkeit).

129 Oest, Versuch einer Beantwortung, S. 21.

130 Anlässe der Onanie: Oest, Versuch einer Beantwortung, S. 50ff., 123ff. Ders., Versuch einer Belehrung, S. 371ff., 475ff., 483ff. u.ö. Winterfeld, Ueber die heimlichen Sünden, S. 529ff. Villaume, Ueber die Unzuchtssünden, S. 49ff., 116ff. Hufeland, Makrobiotik, S. 263ff. – Vgl. auch van Ussel, Sexualunterdrückung, S. 43, 144.

131 Van Ussel, Sexualunterdrückung, S. 42ff.

132 Elias, Prozeß der Zivilisation, Bd. 1, S. 164; Bd. 2, S. 407.

133 Vgl. dazu ebd. Bd. 1, S. 222ff., 230ff.

134 So z.B. in den wichtigen Büchern von Paul Mog, Ratio und Gefühlskultur, und Hartmut und Gernot Böhme, Das Andere der Vernunft.

135 In diesem Sinn muß Foucaults These von der »Diskursivierung« der Sexualität eingeschränkt werden.

136 Versuch einer Beantwortung, S. 272.

137 Diskutiert und befürwortet wird die sexuelle Aufklärung etwa bei Basedow, Elementarwerk, Bd. 1, S. 127ff. Oest, Versuch einer Beantwortung, S. 227ff. Winterfeld, Ueber die heimlichen Sünden, S. 552ff., 579ff. Villaume, Ueber die Unzuchtssünden, S. 135ff. Kant, Über Pädagogik, in: ders., Werke, Bd. 10, S. 758. – Einen nützlichen Überblick über die ganze Diskussion gibt van Ussel, Sexualunterdrückung, S. 164–189.

138 Oest, Versuch einer Beantwortung, S. 267ff. Villaume, Ueber die Unzuchtssünden, S. 236ff.

139 Beispiele bei Basedow, Elementarwerk, Bd. 1, S. 128ff. Oest, Versuch einer Belehrung, S. 318ff. Villaume, Ueber die Unzuchtssünden, S. 236ff.

140 Versuch einer Beantwortung, S. 161. In diesem Sinn auch Kant, Über Pädagogik, in: ders., Werke, Bd. 10, S. 759.

141 Oest, Versuch einer Beantwortung, S. 171f.

142 Ebd. S. 172f.

143 Campe in einem Zusatzteil zu Oest, Versuch einer Beantwortung, S. 48f.

144 Hufeland, Makrobiotik, S. 263.

145 Ueber die Unzuchtssünden, S. 206f. Daß die Fallbeschreibungen die Funktion haben, zu »erschrecken«, bemerkt Villaume auch an anderen Stellen; vgl. ebd. S. 162, 193. Ebenso Oest: »Ich darf es von euch erwarten, daß sie [d.h. die Ermahnungen des Erziehers] zugleich in euch eine bange Furcht erregen würde, jemals in dieses schreckliche Laster zu verfallen« (Versuch einer Belehrung, S. 475).

146 Ueber die Unzuchtssünden, S. 264f. Eine ähnliche Verallgemeinerung bei Oest: Jeder Umgang mit Prostituierten bewirkt, so suggeriert dieser Text, die Syphilis. Diese erscheint nicht als Geschlechtskrankheit, sondern als Folge der Unzucht schlechthin (Versuch einer Belehrung, S. 420f.).

147 Campe in einer Anmerkung zu Oest, der diese Praxis empfiehlt (Versuch einer Beantwortung, S. 259). Vgl. Basedow, Methodenbuch, S. 62. Villaume, Ueber die Unzuchtssünden, S. 161f. Eine umfängliche Beschreibung der Kranken des Charité-Geistlichen Ulrich ist bei Oest, Versuch einer Belehrung, S. 421ff., abgedruckt. Die Praxis der Krankenhausbesichtigung erinnert an die im 18. Jahrhundert auf Reisen übliche des Irrenhausbesuchs

zum Zweck moralischer und anthropologischer Belehrung; vgl. Georg Reuchlein, Bürgerliche Gesellschaft, Psychatrie und Literatur, Bd. 1, S. 69–77.

148 Oest, Versuch einer Belehrung, S. 339f.; vgl. ebd. S. 307.

149 Oest, Versuch einer Beantwortung, S. 162. Ders., Versuch einer Belehrung, S. 309. Vgl. Basedow, Methodenbuch, S. 61.

150 Oest, Versuch einer Belehrung, S. 496.

151 Villaume, Ueber die Unzuchtssünden, S. 206. Dasselbe gilt für die sexuelle Ausschweifung ganz allgemein: Sie ist »Seelenkrankheit« (Campe, Erfordernisse einer guten Erziehung, S. 148). Vgl. auch die Krankheitsmetaphern: Onanie und Unzucht als »Pest der Menschheit« (ebd. S. 142) und »Krebsschaden der Menschheit« (Oest, Versuch einer Beantwortung, S. 224).

152 Villaume, Ueber die Unzuchtssünden, S. 206.

153 Campe in einem Zusatz zu Oest, Versuch einer Beantwortung, S. 209. Vgl. ebd. S. 279.

154 Zur Infibulation: Campe in einem Zusatz zu Oest, Versuch einer Beantwortung, S. 218–225; ebenso in Anmerkung zu Villaume, Ueber die Unzuchtssünden, S. 209. Vgl. Villaume unter Berufung auf C.F. Börner ebd. S. 34.

155 Sexualunterdrückung, S. 143ff., 162.

156 Vgl. die Überschriften bei Winterfeld: »Wie man Kinder, welche das Unglück gehabt haben, in das Laster der Selbstbefleckung zu fallen, zum Geständnis bringen kann« (Ueber die heimlichen Sünden, S. 594) und Peter Villaume: »Von den Mitteln, die frühe Unzucht zu entdecken« (Ueber die Unzuchtssünden, S. 171).

157 Villaume, Ueber die Unzuchtssünden, S. 201.

158 Vgl. z.B. Villaume, ebd. S. 193ff., der ein Beispiel aus den »Pädagogischen Unterhandlungen« zitiert. – Zur Rolle des Geständnisses als diskursives Grundmuster der neuen »scientia sexualis« vgl. Foucault, Sexualität und Wahrheit, S. 75ff.

159 Ausführlich zur Einbildungskraft vgl. u. Kap. 6.2.

160 Oest, Versuch einer Beantwortung, S. 18. Vgl. Kant, Anthropologie, in: ders., Werke, Bd. 10, BA 18.

161 Oest, Versuch einer Belehrung, S. 335, 476.

162 Hufeland, Makrobiotik, S. 188. Ähnlich, wohl im Anschluß an Hufeland, auch Kant, Über Pädagogik, in: ders., Werke, Bd. 10, S. 759. Daß die sexuelle Erregung höchst gefährlich sei, weil sie die Nerven schwäche, betont auch Oest, Versuch einer Belehrung, S. 470f.

163 Winterfeld, Ueber die heimlichen Sünden, S. 551. S. G. Vogel schreibt 1786, daß »ein einziges schmutziges Wort oft schon die Geschlechtsteile erhitzt« (zit. n. van Ussel, Sexualunterdrückung, S. 73).

164 Campe in Anmerkung zu Oest, Versuch einer Beantwortung, S. 214f.

165 Versuch einer Belehrung, S. 479f.

166 Campe in Anmerkung zu Oest, Versuch einer Beantwortung, S. 216. Zur Kontrolle der Phantasie ferner: Oest, ebd. S. 149. Ders., Versuch einer Belehrung, S. 387, 469. Winterfeld, Ueber die heimlichen Sünden, S. 563, 581.

Villaume, Ueber die Unzuchtssünden, S. 96ff., 146, 220f. Basedow, Elementarwerk, Bd. 1, S. 481, 491f.

167 Zit. n. Ernst Bloch, Das Prinzip Hoffnung, Bd. 1, S. 89. Vgl. zu dieser Vorstellung auch u. S. 302ff.

168 Über Erziehung für Erzieher, 2. Aufl. München 1809, zit. n. Rutschky (Hg.), Schwarze Pädagogik, S. 331. Vgl. auch Johann Stuve, Grundsätze der körperlichen Erziehung, S. 435: »Der traumlose Schlaf ist für die Stärkung und Erquickung des Körpers der wohlthätigste, also muß man die Ursachen der Träume aus dem Wege zu räumen suchen.« Vgl. auch Campe in Anmerkung zu Oest, Versuch einer Beantwortung, S. 189.

169 Prozeß der Zivilisation, Bd. 2, S. 397ff., 312ff. – Die Genese der Scham im Zivilisationsprozeß wird von einigen Pädagogen im Anschluß an Rousseau zum Argument gegen den erzieherischen Wert der Scham gemacht, die nicht als ein »natürliches Gefühl« gelten dürfe und sogar schädliche Folgen haben könne, da sie das Interesse gerade auf das lenke, wovon es abzuhalten wäre (so Winterfeld, Ueber die heimlichen Sünden, S. 582ff.; diskutiert auch bei Villaume, Abhandlung über das Verhalten, S. 556ff.). Die überwiegende Mehrzahl der Pädagogen beharrt jedoch auf der Notwendigkeit der Scham unter den Bedingungen des Kulturzustands. Vgl. dazu auch van Ussel, Sexualunterdrückung, S. 66f.

170 Oest, Versuch einer Beantwortung, S. 146f. Vgl. Villaume, Ueber die Unzuchtssünden, S. 155ff. Basedow, Methodenbuch, S. 60ff. u.ö.

171 Oest, ebd.

172 Oest, Versuch einer Belehrung, S. 387, 478f. Vgl. Villaume, Abhandlung über das Verhalten, S. 557: »Wenns doch möglich wäre, sie [die Schamhaftigkeit] soweit zu treiben, daß die Jugend sich vor sich selbst schämte, und dadurch von der Entweihung ihres eignen Leibes abgehalten würde! das ist nicht unmöglich, allein auch nicht leicht zu bewirken.« Ein weiteres Beispiel (Christian Felix Weiße) bei Könneker (Hg.), Kinderschaukel 1, S. 77.

173 Oest, Versuch einer Belehrung, S. 387, 389.

174 So der schon erwähnte Briefschreiber, den Campe zitiert in einer Anmerkung zu Oest, Versuch einer Beantwortung, S. 215. Vgl. ebd. S. 178 und Oest, Versuch einer Belehrung, S. 482f.

175 Oest, Versuch einer Belehrung, S. 478. Weitere Aufrufe zur Schamhaftigkeit bei Basedow, Elementarwerk, Bd. 1, S. 81, 491. Campe, Robinson, Bd. 1, S. 137; Bd. 2, S. 19f., 45.

176 Elias, Prozeß der Zivilisation, Bd. 2, S. 398.

177 Über Scham und Schamgefühl, S.88.

178 Abhandlung über das Verhalten, S. 563.

179 Campe in Anmerkung zu Oest, Versuch einer Beantwortung, S. 148.

180 Zit. n. van Ussel, Sexualunterdrückung, S. 68. Vgl. Peter Villaume, Abhandlung über das Verhalten, S. 561.

181 Beide zit. n. van Ussel, Sexualunterdrückung, S. 68.

182 Bedeutsam ist in diesem Zusammhang auch die Schrift von Michael Hissmann, Geschichte der Lehre der Assoziation der Ideen, Leipzig 1777. – Zur Assoziationstheorie vgl. Martin Kallich, The Association of Ideas and Criti-

cal Theory in Eighteenth-Century England. A History of a Psychological Method in English Criticism, Den Haag/Paris 1970. Zur Assoziationstheorie bei Christian Wolff: Hans Peter Herrmann, Naturnachahmung und Einbildungskraft. Zur Entwicklung der deutschen Poetik von 1670–1740, Bad Homburg/Berlin/Zürich 1970, S. 104ff. Zur Bedeutung der Assoziationstheorie für die Kunsttheorie: Armand Nivelle, Literaturästhetik, in: Walter Hinck (Hg.), Europäische Aufklärung I, Frankfurt 1974 (Neues Handbuch der Literaturwissenschaft, hg. von Klaus von See, Bd. 11), S. 15–56, hier S. 26f. Zur Bedeutung der Assoziationstheorie für das Erhabene vgl. die Bemerkungen o. S. 115f. u. 119ff.

183 Die gezielte Manipulation der Assoziation gilt im 18. Jahrhundert als eines der wirkungsvollsten Erziehungsinstrumente überhaupt. Johann Stuve, Grundsätze der Erziehung, S. 333, schreibt dazu allgemein: »Insonderheit müssen wir sehr rechnen auf die Ideenvergesellschaftung, die den Grund der Erinnerung und des Gedächtnisses in sich enthält. Wir müssen also die Vorstellungen, die wir dem Kinde verschaffen, in Ansehung des Zusammenseyns und der Aufeinanderfolge so ordnen, wie es ihrer Natur gemäß ist, und nachdem wir wollen, daß sie in der Seele auf immer verbunden seyn sollen. Wir müssen z.B. die Vorstellung des Gewitters und der Dunkelheit nicht mit schrekhaften Bildern vergesellschaften.« Vgl. ebd. S. 360ff. Vgl. ferner Sulzer, Versuch von der Erziehung, S. 111f. Carl Friedrich Bahrdt, Zweck der Erziehung, S. 70.

184 Oest, Versuch einer Beantwortung, S. 273f. Campe, der dieses Verfahren ebenfalls empfiehlt, ist selbst in seinen Genuß gekommen: »Als neunzehnjähriger Jüngling sah ich die Zergliederung eines weiblichen Körpers, wobei die Erzeugungslehre zum Teil vorgetragen ward. Alles frappirte mich und der Mann, der sie vortrug, redete so würdig und ehrerbietig, daß ich ihn oft dafür gesegnet habe. Meine Begriffe wurden hierüber so wohlgeordnet, daß, wie ich gewiß weiß, mancher leichtsinnige Gedanke dadurch zurückgehalten ist. Mögten alle Jünglinge solche Gelegenheiten haben, und mögte es auf allen Akademien solche Lehrer geben! Sie würden wahre Lehrer der Tugend seyn« (Anmerkung zu Oest, Versuch einer Beantwortung, S. 196). Vgl. ebd. S. 149. Campe in Anmerkung zu Winterfeld, Ueber die heimlichen Sünden, S. 582.

185 Freud, Vorlesungen zur Einführung in die Psychoanalyse, in: ders., Studienausgabe, Bd. 1, S. 363. Vgl. ders., Der Dichter und das Phantasieren, ebd. Bd. 10, S. 169–179, hier S. 173f.

186 Freud revidiert damit seine frühere Bestimmung des Verhältnisses von Angst und Verdrängung: »Nicht die Verdrängung schafft die Angst, sondern die Angst ist früher da, die Angst macht die Verdrängung!« (Neue Folge der Vorlesungen zur Einführung in die Psychoanalyse, in: ders., Studienausgabe, Bd. 1, S. 521 u. ff.) Zuerst wird die revidierte Angsttheorie entwickelt in: Hemmung, Symptom und Angst, ebd. Bd. 6, S. 227–308, vgl. S. 238, 252f., 269, 285, 294 u.ö.

187 Vgl. dazu u. S. 298ff. u. 312.

188 Vgl. Hans-Jürgen Schings, Melancholie und Aufklärung, S. 45, 67, 188, 322 u.ö.

189 Grundsätze der körperlichen Erziehung, S. 420. Zu Furcht und Angst vgl. Oest, Versuch einer Belehrung, S. 394f., 446, 469. Villaume, Ueber die Unzuchtssünden, S. 17f. Hufeland, Makrobiotik, S. 187. Weitere Beispiele bei Rutschky (Hg.), Schwarze Pädagogik, S. 303, 321. Zu Hypochondrie und Melancholie vgl. Oest, Versuch einer Belehrung, S. 352, 354, 357, 360, 368. Villaume, Ueber die Unzuchtssünden, S. 36, 179.

190 Z.B. Oest, Versuch einer Beantwortung, S. 32, 33, 178. Ders., Versuch einer Belehrung, S. 312, 314, 363. Winterfeld, Ueber die heimlichen Sünden, S. 518, 520 u.ö. Kann man an der Glaubwürdigkeit der hier versammelten Zeugnisse Zweifel anmelden, so scheint eine Erinnerung Ernst Moritz Arndts zuverlässig zu sein (Briefe an Freunde, Altona 1810): »In meinem funfzehnten Jahre las ich Rousseaus Emil, und Salzmann und andere über die Gefahren der Jugend, die mir zum Theil absichtlich in die Hände gegeben wurden.« (S. 167) »Das viele Studiren bei einem ungewöhnlich starken und gesunden Leibe, dabei viele Abendgesellschaften und Schmäuse, oder, wenn dies alles nicht, Jugend und Natur machten mir den Trieb fürchterlich, der in den Jahren, wo man noch nicht ganz Mann ist, am ungestümsten brennet. Bei einem feurigen Temperament, einer regen Fantasie und Beweglichkeit brachte dieser heftigste aller Triebe oft mein ganzes Wesen in Aufruhr. Ueppigkeit und Ausschweifung durfte ich mir nicht erlauben; dazu hatte ich meinen Salzmann zu viel gelesen [. . .]« (171) »Aber der Trieb war gewaltig, und da ich ihn nicht frei walten lassen wollte noch durfte, so mußte alles Jugendleben, das nach außen wollte, alle Feuerkraft, die in mir brannte, verzehrend in mich selbst zurücksinken. Ich fühlte den Stolz, ein Mann werden zu wollen, und erkannte meine Gefahr. Bei meinen Grundsätzen und meiner damaligen Weltansicht war es unmöglich, mich in Leichtfertigkeit hingehen zu lassen. Selbst eine unbezwingliche Blödigkeit gegen alle Weiber [. . .] hielt mich zurück. [. . .] Mein Kampf und meine Arbeit gieng hier durch zwei Jahre, und ließ mein von Natur fröhliches Herz und meinen leichten Sinn nicht frisch unter die Leute kommen, weil es mir däuchte, als hätte ich Geheimnisse vor ihnen. Nun wurden die meisten Gesellschaften von mir vermieden, die fröhlichsten Schmäuse, wo ich sonst gern war, ausgeschlagen: nur durch Ernst und Regel konnte ich Meister meiner selbst bleiben. Ich schlief wenig, und lag frierend unter der Decke und auf Stühlen und Brettern, wanderte wie ein Eilbote meilenlang im Schweiß des Tages und im Dunkel der Nacht, um den üppigen Leib zu ermatten, badete fast alle Tage und bis in den kalten Oktober hinein im offenen Meere, und was ich sonst noch that [. . .]« (172f.) »Mein Gemüth war indessen durch die ewige Arbeit wirklich gespannt und verfinstert, und ich konnte mich in nichts mit der Leichtigkeit fühlen und bewegen, die mir sonst alle meine Geschäfte zum Spiel gemacht hatte. Es lag wie ein schwarzer Schatten auf meinem Leben und wie drückendes Blei auf allen genialischen Trieben, was bei der Fesselung des genialischesten von allen sehr natürlich war.« (174f.) Etwas später heißt es dann: »Ich durfte freier sein; denn ich war durch lange Arbeit mehr befestigt; aber der alte Kampf und die alte Furcht dauerten noch immer fort [. . .]« (179).

191 Z.B. Oest, Versuch einer Belehrung, S. 446. Villaume, Ueber die Unzuchtssünden, S. 17f.

192 Vgl. o. Anm. 89 dieses Kapitels.

193 Freud, Neue Folge der Vorlesungen zur Einführung in die Psychoanalyse,
in: ders., Studienausgabe, Bd. 1, S. 525; vgl. S. 500ff. Vgl. auch Beatrice
Caesar, Autorität in der Familie. Ein Beitrag zum Problem schichtenspezifischer Sozialisation, Reinbek 1972, S. 80ff. Das Freudsche »Über-Ich« umfaßt freilich noch andere, hier aber irrelevante Funktionen als das Gewissen.

194 Zit. bei Jürgen Schlumbohm (Hg.), Kinderstuben, S. 421.

195 Vgl. o. Abschnitt 2 dieses Kapitels. Daß die bürgerliche Pädagogik des
18. Jahrhunderts auf die Verinnerlichung von Normen hinarbeitet, ist in der
Forschung schon behauptet, aber noch nicht am Quellenmaterial entfaltet
worden. Vgl. Jürgen Schlumbohm, Familiale Sozialisation im gehobenen
deutschen Bürgertum um 1800, in: Ulrich Herrmann (Hg.), »Die Bildung
des Bürgers«. Die Formierung der bürgerlichen Gesellschaft und die Gebildeten im 18. Jahrhundert, Weinheim und Basel 1982, S. 224–235, hier
S. 227, 232. Ders., Einleitung. Erziehung und Nicht-Erziehung in der Ent-
stehungsperiode der bürgerlichen Gesellschaft, in: ders. (Hg.), Kinderstuben, S. 15, 21. Heidi Rosenbaum, Formen der Familie, S. 273f., 281.

196 Locke, Erziehung, Nr. 10, S. 15.

197 Blaise Pascal, Über die Religion und über einige andere Gegenstände (Pen-
sées), übs. und hg. von Ewald Wasmuth, 7. Aufl. Heidelberg 1972, Nr. 93,
S. 62. Ähnlich dann auch im Pietismus, etwa bei Francke; vgl. Wolfgang
Scheibe, Strafe, S. 33.

198 Trapp in Anmerkung zu Campe, Belohnungen und Strafen, S. 476.

199 Daß die Tugend zur »Gewohnheit« werden muß und daß in diesem Vor-
gang die vermittelten Werte als »natürlich« erscheinen, betont auch Sulzer,
Versuch von der Erziehung, S. 130, 131, 137, 177. Gewohnheit als »andere
Natur«: Schummel, Spitzbart, S. 71f. Arbeit und Mäßigkeit als »andere Na-
tur«: Campe, Robinson, Bd. 2, S. 202. Bahrdt, Zweck der Erziehung, S. 64.
Kant bemerkt, die moralischen Grundsätze des Handelns müßten den Men-
schen »zur andern Natur« werden (Über Pädagogik, in: ders., Werke,
Bd. 10, S. 701). Vgl. auch Basedow, Elementarwerk, Bd. 1, S. 167.

200 Bahrdt, Zweck der Erziehung, S. 70. Vgl. Stuve, Grundsätze der Erziehung,
S. 360.

201 Campe in Anmerkung zu Villaume, Ueber die Unzuchtssünden, S. 155.

202 Heutige Sozialisationstheorien würden den hier intendierten Vorgang als
Bildung von »Motiven« beschreiben. »Mit Motiv werden [. . .] tief in der
Persönlichkeit des Individuums verankerte, eher unbewußt wirksame, affektiv gesteuerte Antriebe bezeichnet, die lebensgeschichtlich als relativ in-
variant erscheinen« (Beatrice Caesar, Autorität in der Familie, S. 69).

203 Vgl. zu diesem Zusammenhang Stuve, Grundsätze der Erziehung, S. 358ff.

204 Vgl. Foucault, Überwachen und Strafen, v.a. Teil III. Ders., Sexualität und
Wahrheit, S. 106ff., 113ff.

205 Zit. n. Rutschky (Hg.), Schwarze Pädagogik, S. 359.

206 Z.B. Rochow, Der Kinderfreund, S. 27, 62. Campe, Belohnungen und Strafen, S. 505. Weitere Beispiele bei Könneker (Hg.), Kinderschaukel 1, S. 138 (Campe), 193, 198 (Weiße).

207 Zit. n. Könneker (Hg.), Kinderschaukel 1, S. 223. Vgl. auch Rochow, Der Kinderfreund, S. 62. Indirekt wird die Angstentstehung auch an dem vielfachen Weinen und Schluchzen des Kindes bei den sanften Ermahnungen seines Erziehers deutlich. Vgl. z.B. Salzmann, Konrad Kiefer, S. 63, 96.

208 Vorlesungen zur Einführung in die Psychoanalyse, in: ders., Studienausgabe, Bd. 1, 387. Einen nützlichen Überblick über die psychoanalytischen Angsttheorien seit Freud gibt Gion Condrau, Angst und Schuld als Grundprobleme der Psychotherapie, S. 59–79. Vgl. auch Horst-Eberhard Richter, Zur Psychoanalyse der Angst, in: Hoimar von Ditfurth (Hg.), Aspekte der Angst, München 1972, S. 92–102.

209 Hemmung, Symptom und Angst, in: ders., Studienausgabe, Bd. 6, S. 294.

210 Ebd. S. 280.

211 Freud, Das ökonomische Problem des Masochismus, in: ders., Studienausgabe, Bd. 3, S. 339–354, hier S. 350. Ganz ähnlich wird das Schuldgefühl definiert: »Die Spannung zwischen den Ansprüchen des Gewissens und den Leistungen des Ichs wird als *Schuldgefühl* empfunden« (Das Ich und das Es, ebd. Bd. 3, S. 273–330, hier S. 304).

212 Hemmung, Symptom und Angst, ebd. Bd. 6, S. 285f., 302.

213 Neue Folge der Vorlesungen zur Einführung in die Psychoanalyse, ebd. Bd. 1, S. 500.

214 Hemmung, Symptom und Angst, ebd. Bd. 6, S. 270. Ich ziehe diese Beschreibung funktionaler und struktureller Entsprechungen der etwas mechanistischen Erklärung desselben Sachverhalts vor, die Norbert Elias gibt, der zwar vielfach den Freudschen Begriff des Über-Ich heranzieht (Prozeß der Zivilisation, Bd. 1, S. 262f.), die Genese der inneren Angst aber mit einer Konditionierung des Individuums, einer Art Reflexbildung erklärt: »Gesellschaftlich unerwünschte Trieb- und Lustäußerungen werden mit Maßnahmen bedroht und bestraft, die Unlust erzeugen oder dominant werden lassen. In der ständigen Wiederkehr der als Strafe durch irgendeine Bedrohung erweckten Unlust und in der Gewöhnung an diesen Rhythmus verbindet sich die Unlustdominante zwangsläufig mit dem Verhalten, das an der Wurzel auch lustvoll sein mag« (ebd. Bd. 1, S. 282f.; vgl. Bd. 2, S. 372, 403f.).

215 Damit ist einer These der Brüder Böhme zu widersprechen, die behaupten, das vernünftige Selbst, das sich durch Ausgrenzung des »Anderen der Vernunft« – Natur, Leib, Triebe etc. – konstituiere, müsse im Interesse seiner Selbstbehauptung noch das Bewußtsein dieser Trennung verdrängen und damit auch die Angst (Triebangst etc.), die aus dieser hervorgeht (Das Andere der Vernunft, S. 16, 18, 23, 327, 331).

216 Einleitung zu dies. (Hg.), Schwarze Pädagogik, S. LXII.

217 Salzmann, Konrad Kiefer, S. 29f., 35, 44.

218 Ebd. S. 29.

219 Elias, Prozeß der Zivilisation, Bd. 1, S. 228f. Vgl. zur Problematik auch Katharina Rutschkys Einleitung zu ihrer »Schwarzen Pädagogik«, S. LXff.

220 Foucault, Sexualität und Wahrheit, S. 60f., 91ff. Vgl. zur Diskussion dieser These o. S. 47ff. dieser Arbeit.

221 Ueber die Unzuchtssünden, S. 187. Die Forderung nach Überwachung auch bei Oest, Versuch einer Beantwortung, S. 27, 185, 187. Winterfeld, Ueber die heimlichen Sünden, S. 551f., 556ff.

222 Prozeß der Zivilisation, Bd. 2, S. 406f.; Bd. 1, S. 225. Vgl. auch van Ussel, Sexualunterdrückung, S. 45, 47f.

223 Sexualität und Wahrheit, S. 61.

224 Ebd. S. 91. – In diesem Sinn auch Elschenbroich, Kinder werden nicht geboren, S. 139f. Der Herausgeber von G. S. Rötgers »Über Kinderunzucht und Selbstbefleckung« von 1787 schreibt: »Mein eigener pädagogischer Weg führte mich schon längst darauf, alles zu lesen, was irgend über Onanie erhebliches erschien [. . .]«; Salzmanns Buch »Über die heimlichen Sünden der Jugend« (1785) habe er »recht eigentlich heißhungrig« gelesen (zit. n. Elschenbroich, S. 140). Purer Erkenntnistrieb?

225 Z.B. Campe, Erfordernisse einer guten Erziehung, S. 147f.

226 In diesem Sinn schon Katharina Rutschky in ihrer Einleitung zur »Schwarzen Pädagogik«, S. LXIIff. Überspitzt scheint mir Rutschkys von W. Reich inspirierte Behauptung, der Berufspädagoge wähle seinen Beruf, »um im Erziehungszwang seine eigenen unbewältigten Konflikte auszuagieren« (ebd.). Ebenso unhaltbar ist die These, Erziehung sei »wesentlich ein Versuch, mit dieser Angst fertig zu werden, sie überflüssig zu machen« (S. LX). Hier wie überall unterschlägt Rutschky die objektiven gesellschaftlichen Funktionen der Erziehung.

227 Zit. n. Heinz-Dieter Kittsteiner, Von der Gnade zur Tugend. Über eine Veränderung in der Darstellung des Gleichnisses vom verlorenen Sohn im 18. und frühen 19. Jahrhundert, in: Norbert W. Bolz und Wolfgang Hübener (Hg.), Spiegel und Gleichnis. Festschrift für Jacob Taubes, Würzburg 1983, S. 135–148, hier S. 135. Die Unterscheidung von vorhergehendem und nachfolgendem Gewissen auch im Art. Gewissen in Zedlers Universallexikon, Bd. 10 (1735), Sp. 1391. Ebenso Gottsched, Weltweisheit, Bd. 2, § 98, S. 54f.

228 Kittsteiner, Von der Gnade zur Tugend, S. 146. Vgl. ebd. S. 147: »Luthers Theologie ist präziser Ausdruck der Vorstellung, daß das Schuldigsein vor dem Vater – psychologisch und soziologisch gesehen – gar nicht überwunden werden darf, weil darin eine Herabsetzung der Heilstat Jesu Christi läge.«

229 Max Weber, Die protestantische Ethik und der Geist des Kapitalismus, S. 141f.

230 Art. Gewissen, Bd. 10, Sp. 1392.

231 Claude-Adrien Helvétius, Vom Menschen, von seinen geistigen Fähigkeiten und von seiner Erziehung, übs. von Hans-Manfred Militz, Berlin und Weimar 1976, S. 85f. – Ähnlich äußert sich auch Gottsched in seiner rationalistischen Untersuchung des Gewissens. Das »nachfolgende Gewissen«, so heißt es über dessen psychisches bzw. affektives Moment, pflege »durch die Vorstellung der übeln Folgen, die aus unsern Handlungen fließen, das

Gemüth zu beunruhigen«. Diesen Vorgang bezeichnet Gottsched als »Gewissensbisse« und betont bei deren Analyse noch einmal die Furchtkomponente: »Ferner mischet sich oft die *Furcht* mit unter: wenn man sich das viele Böse mit vorstellet, das einem aus der vollzogenen Handlung künftig erwachsen kann. Wird dieselbe sehr groß, und ist sie mit einem großen Grade der Gewißheit verknüpfet: so entsteht zuweilen gar eine *Verzweifelung* daraus.« (Weltweisheit, Bd. 2, § 104f., S. 58.)

232 Helvétius, ebd.

233 Kant, Die Metaphysik der Sitten. Zweiter Teil. Metaphysische Anfangsgründe der Tugendlehre, in: ders., Werke, Bd. 7, A 99.

234 Vgl. o. S. 39f.

235 Entsprechend treten nur in diesen Fällen Scham- und Peinlichkeitsgefühle bei Verstößen gegen den zivilisierten Verhaltenskodex auf. Das zeigt sich plastisch z.B. im »Galateo« des Giovanni della Casa von 1558, in dem die soziale Differenzierung des Schamgefühls thematisiert wird. Im Zusammenhang mit der Anweisung, sich nicht so zu setzen, daß die Geschlechtsteile sichtbar werden, heißt es: »Denn diss und der gleichen pflegt man nit zu thun, ohne allein unter den personen, dafür man sich nit schämet. War ist es, so etwa ein großer Herr solches thete für jemandt aus seinem Hausgesinde oder auch in gegenwertigkeit seines freundes, der geringeren standes were; denn er würde ihm damit nit einer hoffart, sondern vielmehr einer besonderen lieb und freundtligkeit anzeigung von sich geben.« (Zit. n. Elias, Prozeß der Zivilisation, Bd. 1, S. 187.) Daß freilich Scham und Peinlichkeit die individuellen Reaktionen auf Verstöße bilden, indiziert eine ansatzweise Verinnerlichung des Verhaltenskodex. – Vgl. zum Obigen Elias, ebd. Bd. 1, S. 186ff.; Bd. 2, S. 402f., 480ff.

236 Vgl. Elias, ebd. Bd. 1, S. 189, 204, 255, 262f.; Bd. 2, S. 317, 343, 371f., 403, 418, 480ff.

237 Lessing, Emilia Galotti, in: ders., Werke, hg. von Herbert G. Göpfert, München 1970–1979, Bd. 2, 4. Aufzug, 7. Auftritt, S. 189; 5. Aufzug, 5. Auftritt, S. 198f.

238 Ebd. 4. Aufzug, 5. Auftritt, S. 185.

239 Ebd. 5. Aufzug, 7. Auftritt, S. 202f.

240 Von der Gewalt, die von den Trieben und Leidenschaften ausgeht, spricht auch ein Text Kants: »Der Affekt tut einen augenblicklichen Abbruch an der Freiheit und der Herrschaft über sich selbst. Die Leidenschaft gibt sie auf und findet ihre Lust und Befriedigung am Sklavensinn. Weil indessen die Vernunft mit ihrem Aufruf zur innern Freiheit doch nicht nachläßt, so seufzt der Unglückliche unter seinen Ketten, von denen er sich gleichwohl nicht losreißen kann: weil sie gleichsam schon mit seinen Gliedmaßen verwachsen sind.« (Anthropologie, in: ders., Werke, Bd. 10, B 227f.)

241 »ORSINA [. . .] Der Bräutigam ist tot, und die Braut – Ihre Tochter – schlimmer als tot.

ODOARDO Schlimmer? schlimmer als tot? [. . .] ich kenne nur *ein* Schlimmeres –« (Emilia Galotti, 4. Aufzug, 7. Auftritt, S. 188).

242 In diesem aporetischen Konflikt, in dem entweder die Norm der Keusch-

heit oder das Verbot des Selbstmords übertreten wird und das Individuum notwendig schuldig werden muß, ist wohl die Tragik des Stücks zu sehen. Lessing bricht ihr die äußerste Spitze ab, indem er den Vater das Messer führen läßt.

243 2. Aufzug, 4. Auftritt, S. 148f.; 5. Aufzug, 5. Auftritt, S. 196.

244 Neue Folge der Vorlesungen zur Einführung in die Psychoanalyse, in: ders., Studienausgabe, Bd. 1, S. 501. Vgl. Beatrice Caesar, Autorität in der Familie, S. 70ff., 82, die einen guten Einblick in die neuere Sozialisationsforschung vermittelt. Vgl. auch Peter L. Berger, Thomas Luckmann, Die gesellschaftliche Konstruktion der Wirklichkeit, S. 142, 149.

245 Z.B. Sulzer, Versuch von der Erziehung, S. 78, 95f. Basedow, Methodenbuch, S. 51f. Salzmann, Konrad Kiefer, S. 40, 80. Campe, Erfordernisse einer guten Erziehung, S. 133. Ders., Früheste Bildung, S. 90.

246 Horkheimer, Autorität und Familie, S. 182.

247 Vgl. Rosenbaum, Formen der Familie, S. 274, 300f. Schlumbohm, Familiale Sozialisation, S. 226.

248 Freud, Neue Folge der Vorlesungen zur Einführung in die Psychoanalyse, in: ders., Studienausgabe, Bd. 1, S. 500f. Ders., Dostojewski und die Vatertötung, ebd. Bd. 10, S. 267–286, hier S. 278f. Auf die Rolle des Zwangs in der Genese von Moralität und Gewissen hat auch Horkheimer hingewiesen (Autorität und Familie, S. 170, 172). Vgl. auch Elias, Prozeß der Zivilisation, Bd. 2, S. 447.

249 Art. Kinder = Zucht, Bd. 15, Sp. 659.

250 Z.B. Salzmann, Konrad Kiefer, S. 19, 37, 93. Schummel, Spitzbart, passim.

251 Zum folgenden: Habermas, Strukturwandel der Öffentlichkeit, S. 64f. Karin Hausen, Die Polarisierung der »Geschlechtscharaktere«. Eine Spiegelung der Dissoziation von Erwerbs- und Familienleben, in: Heidi Rosenbaum (Hg.), Seminar: Familie und Gesellschaftsstruktur. Materialien zu den sozioökonomischen Bedingungen von Familienformen, Frankfurt 1978, S. 161–191. Schlumbohm, Familiale Sozialisation, S. 226f., 231. Ders. (Hg.), Kinderstuben, S. 17, 304ff. Zusammenfassend: Heidi Rosenbaum, Formen der Familie, S. 288ff., 300. – Zur Stellung des Vaters unter geistes- und sozialgeschichtlicher Perspektive: Sørensen, Herrschaft und Zärtlichkeit, besonders S. 11–47. – Zur Stellung des Vaters im französischen Ancien Régime: Snyders, Die große Wende der Pädagogik, S. 194ff.

252 Vgl. Horkheimer, Autorität und Familie, S. 214.

253 Vgl. Irene Hardach-Pinke, Gerd Hardach, Einleitung. Einer Sozialgeschichte der Kindheit entgegen, in: dies. (Hg.), Deutsche Kindheiten, S. 21. Fertig, Zeitgeist, S. 39f. – Daß freilich dem mit Berufsarbeit beschäftigten Vater realiter weniger Anteil an der Erziehungspraxis zukommt, als die Pädagogen fordern, beklagt schon Villaume, Allgemeine Theorie, S. 524f.

254 Caesar, Autorität in der Familie, S. 73. Zur Bedeutung der Liebe für die Über-Ich-Bildung vgl. auch Freud, Neue Folge der Vorlesungen zur Einführung in die Psychoanalyse, in: ders., Studienausgabe, Bd. 1, S. 501f. Berger, Luckmann, Die gesellschaftliche Konstruktion der Wirklichkeit, S. 142, 151.

255 Zu diesem Typus »moralischer Orientierung« vgl. Caesar, Autorität in der Familie, S. 64ff., 87f.

256 Schlumbohm, Familiale Sozialisation, S. 231. Vgl. ders. (Hg.), Kinderstuben, S. 17f.

257 Horkheimer, Autorität und Familie, S. 211ff., 218ff. Habermas, Strukturwandel der Öffentlichkeit, S. 64f.

258 Vgl. dazu das Kapitel über »The Growth of Affective Individualism« bei Lawrence Stone, The Family, Sex and Marriage in England 1500–1800, S. 239–269, v.a. S. 268f. Vgl. auch Rosenbaum, Formen der Familie, S. 251, 261ff., 285ff. Fertig, Zeitgeist, S. 3, 11 u.ö. Schlumbohm (Hg.), Kinderstuben, S. 18. Sørensen, Herrschaft und Zärtlichkeit, S. 40ff.

259 Strukturwandel der Öffentlichkeit, S. 64f. Horkheimer scheint mir die Bedeutung des Liebesmoments in der Familie zu unterschätzen; vgl. Autorität und Familie, S. 216f.

260 Anonymus, Der Hofmeister, in: Hannoversche Gelehrte Anzeigen vom Jahre 1754, 21.–24. Stück, Sp. 303, zit. n. Schlumbohm (Hg.), Kinderstuben, S. 306. Vgl. Basedow, Methodenbuch, S. 69. Stuve, Grundsätze der Erziehung, S. 377.

261 Villaume, Allgemeine Theorie, S. 526ff. – Vgl. zum Problem auch Sørensen, Herrschaft und Zärtlichkeit, S. 34ff., der ebenfalls einen Bedeutungszuwachs der Liebe gegenüber der Furcht im Schrifttum der 2. Hälfte des 18. Jahrhunderts konstatiert.

262 Unter den zahllosen Äußerungen hierzu vgl. z.B. Sulzer, Versuch von der Erziehung, S. 96. Stuve, Grundsätze der Erziehung, S. 372. Oest, Versuch einer Beantwortung, S. 266 u.ö. Salzmann, Konrad Kiefer, S. 11, 20f., 26, 76, 121f. u.ö.

263 Zur Herstellung von Abhängigkeits- und Unterlegenheitsgefühlen: Basedow, Methodenbuch, S. 70, fordert täglich wenigstens »eine Verbeugung oder irgend eine Ceremonie, welche ihre ganze Abhängigkeit von den Eltern und Aufsehern anzeigt«. Vgl. ders., Elementarwerk, Bd. 1, S. 202ff. Ähnlich die Funktion der Briefe, die Konrad Kiefer bei Salzmann zum Geburtstag seiner Eltern schreibt (S. 109ff.). Auch Campe, Früheste Bildung, S. 171, bemerkt, »daß dem Kinde zu seiner moralischen Ausbildung durchaus nichts nöthiger ist, als das Gefühl seiner eigenen Ohnmacht und seiner gänzlichen Abhängigkeit. Die Natur hat gewollt, daß das Kind eins der schwächsten und hülflosesten unter allen lebendigen Wesen seyn sollte: aber sie will auch, daß es das fühlen und durch dieses Gefühl fähig werden soll, sittlich ausgebildet zu werden.« – Zum Vorrechnen der Opfer, die die Eltern gebracht haben: Villaume, Allgemeine Theorie, S. 529. Oest, Versuch einer Belehrung, S. 320. – Zur Dankbarkeitspflicht: In Schummels »Fritzens Reise nach Dessau« sagt Wolke, der Dessauer Philanthropist: »wenn ich fähig wäre, jemanden zu hassen, obgleich ich es nicht bin, so wär es derjenige unter euch, der so gottlos sein könnte, und könnte gegen seine Eltern undankbar sein« (zit. n. Rutschky [Hg.], Schwarze Pädagogik, S. 11). Weitere Beispiele ebd. S. 14. Könneker (Hg.), Kinderschaukel 1, S. 223. Basedow, Elementarwerk, Bd. 1, S. 137ff.

264 In: Hamburger Ausgabe, Bd. 1, S. 7.

265 Zit. n. Rosenbaum, Formen der Familie, S. 271.

266 Schummel, Spitzbart, S. 71. Den Liebesentzug als Strafinstrument empfiehlt Sulzer, Versuch von der Erziehung, S. 137: »Der einzige Bewegungsgrund, den man diesen kleinen Geschöpfen geben kann, wenn man nicht Gewalt brauchen will, ist die Liebe. Habt ihr so viel erhalten, daß sie euch zärtlich lieben, so dürft ihr euch nur merken lassen, daß euch ihr Verhalten Mißvergnügen und Verdruß macht, daß dadurch euere Liebe zu ihnen gehemmt wird, so wird dieses ein starker Grund für die Kinder sein, die Sache zu unterlassen.« Das Wissen um die (vorgebliche) Instabilität der elterlichen Liebe wird schon dem Kleinkind in Sätzen wie diesen vermittelt: »Kennst Vater, der dich so lieb hat? Ja, hat dich lieb. Wenn du ein gutes Konrädchen bist – bin ich auch ein guter Vater – rechter guter Vater« (Salzmann, Konrad Kiefer, S. 20). Weitere Beispiele bei Schlumbohm (Hg.), Kinderstuben, S. 320, 417.

267 Die Kinderliteratur bemüht sich, diese Vorstellung auszuprägen und damit auch Verhaltensweisen zu formen, indem sie nicht nur die Dankbarkeit gegen die Eltern zu fördern strebt, sondern auch das Schuldgefühl des Kindes als ›natürliche‹ Reaktion auf den Kummer der Eltern über sein Vergehen darstellt und zugleich androht. Vgl. z.B. Salzmann, Moralisches Elementarbuch, S. 9f., 27, 241, 411. Campe, Robinson, Bd. 1, S. 17, 36, 90f. Ders., Abeze, S. 134f.

268 Möglicherweise kommt es, auch wenn diese Forderungen nicht erfüllt sind, zu Identifizierungen, doch sind diese dann einerseits schwächer, andererseits widersprüchlich und führen zu Identitätskonflikten. Zu diesen hier stark vereinfachten Zusammenhängen vgl. Berger, Luckmann, Die gesellschaftliche Konstruktion der Wirklichkeit, S. 174ff., 180ff., 190. Thomas Luckmann, Persönliche Identität, soziale Rolle und Rollendistanz, in: Odo Marquard und Karlheinz Stierle (Hg.), Identität, München 1979 (Poetik und Hermeneutik VIII), S. 293–313, v.a. S. 309ff.

269 Zum folgenden vgl. die einleitenden Ausführungen von Jürgen Schlumbohm (Hg.), Kinderstuben, S. 7ff., 62ff. (Bauern), 160ff. (Adel), 213ff. (städtische Unterschichten).

270 Vgl. Elias, Prozeß der Zivilisation, Bd. 1, S. 239ff., 259. Rosenbaum, Formen der Familie, S. 280f. Jürgen Schlumbohm, Straße und Familie, v.a. S. 131ff.

271 Z.B. Campe, Belohnungen und Strafen, S. 504. Oder umgekehrt, wenn etwa der Hofmeister die bessere Einsicht hat: Kant, Über Pädagogik, in: ders., Werke, Bd. 10, S. 710. – Zur Distanzierung von den Dienstboten im Bürgertum vgl. Rolf Engelsing, Zur Stellung der Dienstboten in der bürgerlichen Familie im 18. und 19. Jahrhundert, in: Heidi Rosenbaum (Hg.), Seminar: Familie und Gesellschaftsstruktur, S. 413–424, hier S. 418ff.

272 Methodenbuch, S. 50.

273 Campe, Erfordernisse einer guten Erziehung, S. 224f. In diesem Sinne auch die strikte Ermahnung, das Kind niemals zum Zeugen eines Streits zwischen den Eltern werden zu lassen; vgl. Salzmann, Konrad Kiefer, S. 64f., 93.

274 Vgl. dazu Rosenbaum, Formen der Familie, S. 276, 296f., 301ff. Schlumbohm (Hg.), Kinderstuben, S. 12, 17, 312; dort auch zur Forderung nach
Konsistenz der Erziehung S. 15.

275 Daher die Forderung nach völliger Aufrichtigkeit gegenüber dem Kind;
vgl. Salzmann, Konrad Kiefer, S. 47f. Zum Gebot, niemals Fehler einzuge-
stehen vgl. ebd. S. 97. Basedow, Methodenbuch, S. 47. Schummel, Spitzbart, S. 189f. Vgl. auch Sulzer, Versuch von der Erziehung, S. 132.

276 Die Zauberlaterne, in: ders., Sittengemälde für Kinder, Wien 1799, zit. n.
Könneker (Hg.), Kinderschaukel 1, S. 222. Ein weiteres Beispiel: In Weißes
ebenfalls bereits zitiertem Text aus dem »Kinderfreund« begründet der Vater den Kindern seine Forderung, der öffentlichen Hinrichtung eines Mörders zuzusehen, einerseits mit der Notwendigkeit der Furchtüberwindung
durch Abhärtung gegen das Schreckliche: »Eine Mannsperson muß fürs erste weniger weichlich sein. Mut und Tapferkeit ist des Mannes Anteil, seine
vorzügliche Tugend und nicht selten Pflicht.« Andererseits aber argumentiert schon der nächste Absatz mit dem Erfordernis einer Abschreckung von
»dem ersten Schritte zum Bösen«: »Endlich, meine Kinder, hat die Gerechtigkeit solche Strafen auch durch die Gesetze des Beispiels wegen eingeführt,
und Kinder müssen sich am wenigsten davon entfernen.« (Zit. ebd. S. 197f.)

277 Ausführlich dazu u. Kap. 6.4.

278 Versuch über die Kenntnis des Menschen, S. 197. Vgl. auch Villaume, Abhandlung über das Verhalten, S. 517f.

279 Goethe, Dichtung und Wahrheit, in: ders., Hamburger Ausgabe, Bd. 9, S. 32.

280 Ebd. S. 13f. Eine ähnliche Erinnerung bei Wilhelm von Kügelgen, Jugenderinnerungen eines alten Mannes, Leipzig o.J., S. 23ff.

281 Wörtlich heißt es bei Montaigne: »C'est ce dequoy j'ay le plus de peur que
la peur.« (Über die Furcht [De la peur], in: ders., Essais, S. 117.)

282 Theodor Gottlieb von Hippel, Lebensläufe nach Aufsteigender Linie, Berlin 1779, Bd. 2, S. 208. Jean Paul, Des Feldpredigers Schmelzle Reise nach
Flätz, in: ders., Werke, Bd. 11, S. 29.

Sechstes Kapitel

1 August Wilhelm Schlegel, Allgemeine Übersicht des gegenwärtigen Zustandes der deutschen Literatur, S. 68.

2 Ebd. S. 66.

3 Goethe, Dichtung und Wahrheit, in: ders., Hamburger Ausgabe, Bd. 9,
S. 375. Moritz, Anton Reiser, in: ders., Werke, Bd. 2, S. 83 u.ö.

4 Ludwig Tieck, Wilhelm Heinrich Wackenroder, Die Pfingstreise von 1793
durch die Fränkische Schweiz, den Frankenwald und das Fichtelgebirge,
Bayreuth 1970, S. 29. Dort auch Wackenroders Bericht über das Bergwerk.

5 Deren Schilderung ist abgedruckt in: König der Romantik. Das Leben des
Dichters Ludwig Tieck in Briefen, Selbstzeugnissen und Berichten, hg. von
Klaus Günzel, Berlin 1981, S. 105ff.

6 Brief an Wackenroder vom 12. 6. 1792, in: Wilhelm Heinrich Wackenroder,

Werke und Briefe, 2 Bde., hg. von Friedrich von der Leyen, Jena 1910, Bd. 2, S. 50ff. Von weiteren Halluzinationen Tiecks wird berichtet bei Rudolf Köpke, Ludwig Tieck. Erinnerungen aus dem Leben des Dichters nach dessen mündlichen und schriftlichen Mittheilungen, 2 Bde., Leipzig 1855, Bd. 1, S. 235, 314, 319, 358ff.; Bd. 2, S. 126f.

7 Vgl. Rolf Vollmann, Das Tolle neben dem Schönen. Jean Paul. Ein biographischer Essay, München 1978, S. 49ff.

8 Jean Paul, Werke, Bd. 12, S. 1065f.

9 So der Titel eines Buches von Karl Heinrich Heydenreich, Leipzig 1798. Vgl. ders., Ueber die durch gesetzwidrige Wirkung äusserer Sinne entstehenden abergläubischen Täuschungen. Zur Ankündigung seiner im Winterhalbjahre 1797 zu haltenden Vorlesungen, Leipzig 1797. Vgl. z.B. auch Herder, Psychologische Erklärung der Swedenborg'schen Geschichte, in: ders., Adrastea, in: ders., Sämtliche Werke, Bd. 23, S. 577ff.

10 So auch Hartmut und Gernot Böhme: »Was Heimsuchung, Versuchung, Besessenheit war, wurde Krankheit, was man Hexen, bösen Geistern, dem Teufel zugeschrieben hatte, muß nun der Mensch in sich selbst hineinnehmen; es ist ein Teil seiner selbst, es ist die Einbildungskraft, die nun als Ursprung dieser Plage angesehen wird.« (Das Andere der Vernunft, S. 410; vgl. S. 389, 420f.)

11 Plato Mysticus in Pietista Redivivus. Das ist: Pietistische Übereinstimmung Mit der Heydnischen Philosophia Platonis Und seiner Nachfolger [. . .], Dantzig 1699, S. 86, zit. n. Hans-Jürgen Schings, Melancholie und Aufklärung, S. 154.

12 Nachrichten an das Publicum in Absicht der Hypochondrie [. . .], Kopenhagen 1767, S. 268, zit. n. Hartmut und Gernot Böhme, Das Andere der Vernunft, S. 420.

13 Zum Interesse an Naturbeherrschung für die Entwicklung des neuen Naturbegriffs vgl. o. S. 88 ff. Zum folgenden: Ernst Cassirer, Philosophie der Aufklärung, S. 48–122. Heribert M. Nobis, Frühneuzeitliche Verständnisweisen der Natur. Silvio Vietta, Neuzeitliche Rationalität und moderne literarische Sprachkritik, Descartes, Georg Büchner, Arno Holz, Karl Kraus, München 1981, S. 10–64.

14 Silvio Vietta, Der Phantasiebegriff der Frühromantik und seine Voraussetzungen in der Aufklärung, in: ders. (Hg.), Die literarische Frühromantik, Göttingen 1983, S. 208–220, hier S. 209.

15 Meditationen über die Grundlagen der Philosophie. Auf Grund der Ausgaben von Artur Buchenau neu hg. von Lüder Gäbe, Hamburg 1959, Erste Meditation, Nr. 4f., S. 33ff.

16 Cassirer, Philosophie der Aufklärung, S. 67.

17 In: ders., Werke, Bd. 5, A 65f. Zu den Unterscheidungskriterien vgl. Hartmut und Gernot Böhme, Das Andere der Vernunft, S. 241ff.

18 Ebd. Bd. 3, B 246f.

19 Ebd. Bd. 10, BA 81.

20 Träume eines Geistersehers, erläutert durch Träume der Metaphysik, in: ders., Werke, Bd. 2, A 58. Ders., Anthropologie, ebd. Bd. 10, BA 104.

21 Anthropologie, BA 151.

22 Versuch über die Krankheiten des Kopfes, in: ders., Werke, Bd. 2, S. 885–901, hier A 22.

23 Ebd.

24 Ebd. A 26. Träume eines Geistersehers, in: ders., Werke, Bd. 2, A 66ff., A 72. Anthropologie, ebd. Bd. 10, BA 58, 81.

25 So auch Heydenreich, Psychologische Entwickelung: Der Aberglaube ist hier »Verstandeskrankheit« (S. 1). Heydenreich verfolgt seine Entstehung auf allen Ebenen des Erkenntnisvermögens (Sinne, Einbildungskraft, Urteilskraft, Verstand, Vernunft etc.) (96ff.). Von zentraler Bedeutung ist auch hier die Einbildungskraft bzw. die Beurteilung ihrer Produkte: »Die Theorie der Einbildungskraft, als eines selbstthätigen dichtenden Vermögens ist für die Theorie des Aberglaubens ganz vorzüglich wichtig.« (97)

26 Krankheiten des Kopfes, in: ders., Werke, Bd. 2, A 22. Träume eines Geistersehers, ebd. Bd. 2, A 67f., 72. Anthropologie, ebd. Bd. 10, BA 80, 86, 92, 145 u.ö.

27 Über Pädagogik, ebd. Bd. 10, A 87, vgl. A 78. Vgl. Anthropologie, ebd. BA 90.

28 Vgl. Promies, Die Bürger und der Narr. Hans Peter Herrmann, Naturnachahmung und Einbildungskraft, S. 193ff., 198ff. (dort auch zur theologischen Tradition der Phantasiekritik im 18. Jahrhundert). K. Homann, Einbildung, Einbildungskraft, in: Joachim Ritter (Hg.), Historisches Wörterbuch der Philosophie, Bd. 2, Darmstadt 1972, Sp. 346–358. Vietta, Phantasiebegriff. Zahlreiche Hinweise auch bei Schings, Melancholie und Aufklärung. Hartmut und Gernot Böhme, Das Andere der Vernunft (jedoch vorwiegend zu Kant). Wenig ergiebig in diesem Zusammenhang – wie überhaupt für das Verständnis der in dieser Arbeit untersuchten Aspekte der Phantasie – ist Dietmar Kamper, Zur Geschichte der Einbildungskraft, München/Wien 1981. Zum einen werden in Kampers vier »Stollen in den gewaltigen Schuttberg des untergegangenen Abendlandes« (S. 15) so gut wie keine Fundstücke aus dem 18. Jahrhundert gefördert, zum anderen wird Kampers »Erkenntnis auf der Höhe der Zeit« (10) nicht jedermann das Nachklettern lohnend erscheinen lassen, wenn es auf dieser theoretischen Höhe zugeht wie in den folgenden pars pro toto zitierten Sätzen: »Gerade eine von bloßen Verstandeszugaben befreite Einbildungskraft folgt eigenen strengen Gesetzen – und es ist der mangelhaften Kapazität der Theorien zuzuschreiben, daß derartiges bis heute kaum erkannt werden konnte. Man muß Lacans symbolische Ordnung auf Kants transzendentalen Schematismus projizieren und ihr dann Kassners Lehre vom Gottmenschen unterstellen, dann erhält man eine Vorstellung von der genannten Gesetzmäßigkeit und lernt (mühsam zwar) begreifen, daß solche Gesetze inkorporierte sind, körperliche, jenseits der Welt des Verstandes, die für das erkennende Subjekt dasselbe ist wie für die Spinne das Netz.« (10)

29 Zit. n. K. Homann, Einbildung, Einbildungskraft, S. 347.

30 Art. Einbildungskraft, Bd. 8, Sp. 533.

31 Diese Ambivalenz kommt gut zum Ausdruck bei Johann Gottlob Krüger,

Versuch einer Experimental-Seelenlehre, Halle und Helmstedt 1756: »Die Welt würde für uns nur ein augenblickliches Schauspiel seyn, und unsere Vorstellungen würden sich nur auf das gegenwärtige erstrecken, wenn wir außer dem Empfindungsvermögen nicht zugleich die Fähigkeit besäßen, die Bilder derjenigen Sachen, welche wir ehemahls empfunden haben, wieder hervorzubringen. Dieses Vermögen ist es, welches man die Einbildungskrafft nennet. Sie ist von solcher Unentbehrlichkeit, daß ein Mensch, ohne Einbildungskrafft eine wunderliche Figur in der Welt machen würde.« (107) »Je gewißer es ist, daß wir ohne Einbildungskraft keine Vernunft haben würden, desto wunderbarer ist es, daß sich diese Vernunft vor nichts so sehr als vor dieser Mutter zu fürchten hat. Denn sobald die Einbildungskraft ihre Stärke zusammen nimmt, so ist es um die gute Vernunft gethan. Man sieht eine Welt, welche andre nicht kennen. Man erfährt Sachen, die niemahls jemand erfahren hat, und denckt anders, als die übrigen Bürger der Welt.« (144f.)

32 Gottsched, Versuch einer Critischen Dichtkunst, ND der 4. Aufl. Leipzig 1751, Darmstadt 1982, S. 103, 105, 108. – Vgl. Herrmann, Naturnachahmung und Einbildungskraft, S. 108f.; zur Vorgeschichte der Bewertung der Phantasie ebd. S. 88ff. Vgl. auch Christoph Siegrist, Poetik und Ästhetik von Gottsched bis Baumgarten, in: Deutsche Aufklärung bis zur Französischen Revolution 1680–1789, S. 280–303, hier S. 287f.

33 Gottsched, Weltweisheit, Bd. 1, § 894, S. 484f. Vgl. ders., Critische Dichtkunst, S. 108.

34 Vgl. Herrmann, Naturnachahmung und Einbildungskraft, S. 272f., 280f. Armand Nivelle, Literaturästhetik, S. 22ff.

35 Herder, Vom Erkennen und Empfinden der menschlichen Seele, in: ders., Sämtliche Werke, Bd. 8, S. 195.

36 So heißt es in »Wilhelm Meisters Wanderjahren«, in: Hamburger Ausgabe, Bd. 8, S. 65.

37 Vgl. Vietta, Phantasiebegriff, S. 212.

38 Ebd. S. 211f.

39 Skepsis gegen die Einbildungskraft wird selbst bei Novalis laut in Klingsohrs poetologischen Ausführungen im »Heinrich von Ofterdingen« (in: Novalis, Schriften, hg. von Paul Kluckhohn und Richard Samuel, Bd. 1, 3. Aufl. Darmstadt 1977, S. 285).

40 So z.B. im Art. Einbildungskraft, in: Zedlers Universallexikon, Bd. 8, Sp. 537. Kant, Krankheiten des Kopfes, in: ders., Werke, Bd. 2, A 22f. Johann Karl Wezel, Versuch über die Kenntnis des Menschen, S. 169, 173ff., 189f., 200ff. u.ö. Heydenreich, Psychologische Entwickelung, S. 75f. u.ö.

41 Melancholie und Aufklärung, S. 65; vgl. S. 52, 110ff., 115 u.ö. Vgl. Heinz-Günther Schmitz, Phantasie und Melancholie. Barocke Dichtung im Dienst der Diätetik, in: Medizinhistorisches Journal, Bd. 4,1 (1969), S. 210–230.

42 Versuch über die Kenntnis des Menschen, S. 175f.

43 Hufeland, Makrobiotik, S. 214.

44 Erforschung der Wahrheit, S. 198f., 200ff. So schon Montaigne, Von der Einbildungskraft, in: ders., Essais, v.a. S. 142ff. Von den vielen Parteigän-

gern dieser Theorie im 18. Jahrhundert seien nur genannt: Justus Christian Hennings, Von Geistern und Geistersehern, S. 25ff. Kant, Anthropologie, in: ders., Werke, Bd. 10, BA 88. – Zur ansteckenden Einbildungskraft vgl. auch Schings, Melancholie und Aufklärung, S. 116ff. u.ö. Hartmut und Gernot Böhme, Das Andere der Vernunft, S. 388 u.ö.

45 Hufeland, Makrobiotik, S. 215. Wezel, Versuch über die Kenntnis des Menschen, S. 189f.

46 Makrobiotik, S. 215. Vgl. auch Art. Einbildungskraft, in: Zedlers Universallexikon, Bd. 8, Sp. 536. Stuve, Grundsätze der körperlichen Erziehung, S. 462.

47 Von Geistern und Geistersehern, S. 22, 24f. Vgl. den Aufsatz »Stärke der Einbildungskraft«, in: Karl Philipp Moritz (Hg.), Gnothi sauton, Bd. 5, 1. Stück, S. 62–64. – Die erfreulichere, von den Theoretikern des 18. Jahrhunderts allerdings nicht annähernd so stark akzentuierte Seite dieses Vorgangs ist, daß die Einbildungskraft auch die Heilung von Krankheiten zuwege bringen kann. Durch ihre Einwirkungen erklären skeptische Beobachter etwa die Therapieerfolge des tierischen Magnetismus oder auch ›Wunderheilungen‹ im Stile Gaßners. So z.B. Zimmermann, Ueber die Einsamkeit, Bd. 1, S. 176f. Der Gedanke der Heilung durch Einbildungskraft findet sich schon bei Montaigne, Von der Einbildungskraft, in: ders., Essais, S. 150. – Vgl. auch Henry F. Ellenberger, Die Entdeckung des Unbewußten, 2 Bde., Bern/Stuttgart/Wien 1973, Bd. 1, S. 107, 164 u.ö.

48 Campe, Erfordernisse einer guten Erziehung, S. 175.

49 Art. Einbildungskraft, Bd. 8, Sp. 537. Weitere Beispiele bei Promies, Die Bürger und der Narr, S. 189f.

50 Vgl. o. S. 218ff., 224ff.

51 Goethe, Tag- und Jahreshefte als Ergänzung meiner sonstigen Bekenntnisse, in: ders., Hamburger Ausgabe, Bd. 10, S. 490. Zu Tiecks Auffassung vgl. seine Novelle »Die Verlobung« von 1823; vgl. dazu Promies, Die Bürger und der Narr, S. 179.

52 Die Entdeckung des Unbewußten, Bd. 1, S. 41. Zur Besessenheit ebd. S. 35–49, 186f.

53 Goethe, Justus Möser, in: ders., Hamburger Ausgabe, Bd. 12, S. 322.

54 Friedrich Nicolai, Beschreibung einer Reise durch Deutschland und die Schweiz im Jahre 1781, Nebst Bemerkungen über Gelehrsamkeit, Industrie, Religion und Sitten, 12 Bde., Berlin und Stettin 1783–1796, Bd. 7, Anhang S. 109f., zit. n. Schings, Melancholie und Aufklärung, S. 144. Dort auch weitere Belege für die »Schwärmerwelle« und Literatur dazu. Vgl. ferner Böhme, Das Andere der Vernunft, S. 245ff. – Nicolais Meinung ist durchaus typisch: Vgl. Zimmermann, Ueber die Einsamkeit, Bd. 2, S. 63ff.

55 Wieland, Über den Hang der Menschen an Magie und Geistererscheinungen zu glauben, in: ders., Sämmtliche Werke, Bd. 24, S. 71–92, hier S. 86. Vgl. z.B. auch Casanova, der glaubt, daß »nichts so selten ist wie ein Gelehrter, dessen Geist völlig frei von Aberglauben wäre.« (Geschichte meines Lebens, übs. von Heinz von Sauter, hg. von Erich Loos, 12 Bde., Berlin 1964, Bd. 1, S. 83.)

56 Schon Alewyn hat den aufklärerischen Zwiespalt in Sachen Aberglauben gut gesehen. Er spricht von dem Widerstand, »gegen den die Aufklärung sich durchsetzen mußte«, und lokalisiert ihn in »den dunklen Räumen des kollektiven Unbewußten. Es stellte sich nämlich heraus, daß es den Ideen der Aufklärung schneller gelang, die Vernunft zu belehren als die Instinkte zu bekehren.« Sieht man einmal davon ab, daß hier unausgewiesen bleibt, warum der Widerstand gerade vom »kollektiven Unbewußten« oder gar den »Instinkten« ausgehen soll – das würde dann fast auf eine Ontologisierung des Gespensterglaubens hinauslaufen –, so bleibt ein weiterer Punkt in Alewyns Überlegungen unverständlich. Wenn man, wie Alewyn es ja tut, das wenigstens vorläufige Fortleben von Gespensterglauben und Gespensterfurcht im Irrationalen konstatiert, dann ist es wenig einleuchtend, die Entzauberung der Natur als »Wohltat« für eine »von Ängsten gefolterte Menschheit« zu feiern (Die Lust an der Angst, S. 317). Das setzt voraus, daß die Angst der Phantasie gegenüber der Furcht vor für real gehaltenen Objekten kaum ernstzunehmen, ja genaugenommen gar keine wirkliche Angst sei, und diese Ansicht unterfüttert Alewyns gesamten Ansatz. Daß dem keineswegs so ist, wird die nähere Betrachtung der phantastischen Angst zeigen. Damit gerät dann aber auch Alewyns zentrale These zur Schauerliteratur ins Wanken, die die Schauerroman-Forschung weithin geleitet hat (vgl. Garleff Zacharias-Langhans, Der unheimliche Roman um 1800. Horst Conrad, Die literarische Angst). Denn diese These besagt, die Schauerliteratur reanimiere eine realiter überwundene Furcht/Angst als angenehmen Schauer, habe die Funktion des »Ersatzes für eine abhanden gekommene Wirklichkeit« (Die Lust an der Angst, S. 319) und tue einem »von der puritanischen Diät des Rationalismus unbefriedigte[n] Gefühl« Genüge (S. 328), einem »Bedürfnis nach Angst«, das »die Fähigkeit zur Angst überlebt« habe (S. 329). Die Annahme eines solchen Bedürfnisses scheint mir psychologisch so fragwürdig wie die These überhaupt historisch unzutreffend, weil von falschen Voraussetzungen ausgehend.

57 Zit. n. Alewyn, Die Lust an der Angst, S. 316.

58 Sudelbücher, in: ders., Schriften und Briefe, Bd. 2, H 108, S. 192.

59 So z.B. bei Wieland: »Wir sind bei der allgemeinen Aufklärung unserer Zeit *zu viel* Philosophen, um Geistererscheinungen zu *glauben;* und wir sind mit aller unserer Aufklärung nicht Philosophen genug, um sie *nicht zu glauben.* Zwischen diesem Glauben und Nichtglauben hin und her schwankend, werden wir größtenteils immer so *raisonieren* oder *scherzen,* als ob wir sie *nicht* glaubten, und sobald uns ein neues Geistergeschichtchen erzählt wird, so andächtig *zuhören* – auch bei Gelegenheit uns ebenso herzhaft – vor Geistern *fürchten,* als ob wir sie glaubten.« (Betrachtung über den Standpunkt, worin wir uns in Absicht auf Erzählungen und Nachrichten von Geistererscheinungen befinden [1781], zit. n. Friedrich Sengle, Wieland, Stuttgart 1949, S. 473.) Joachim Heinrich Campe, Früheste Bildung, S. 190f.: »Wer unter meinen Lesern, dem ich nur einigermaßen, es sey als Mensch oder als Schriftsteller bekannt geworden bin, traut mir nicht gern so viel Aufklärung zu, als erfordert wird, um von der Thorheit des Glaubens an Gespenster

und Teufeleien so gewiß, als von unserm Daseyn überzeugt zu seyn? Wer wird sich daher nicht wundern, wer wird es mit meinem sonstigen Charakter und mit dem Maaße von Einsicht, welches man mir zutraut, reimen können, wenn ich zur öffentlichen Warnung öffentlich gestehe, daß ich noch jetzt in diesem meinen männlichen Alter zur Nachtzeit in kein finsteres Zimmer meines eigenen Hauses gehen kann, ohne mich jedesmahl von einem kleinen Schauer überfallen zu fühlen, und ohne jedesmahl erst einige Secunden Bedenkzeit nöthig zu haben, um mich von diesem unwillkührlichen Schauer zu erholen? Wie oft glaubt man wohl, daß ich über diese Schwachheit selbst gelächelt, oder unwillig mit dem Fuße gestampft haben möge? Aber da hilft kein Lächeln, kein Stampfen mit dem Fuße, und wenn ich noch heute unbereitet aus meiner Stube in meine unerleuchtete Kammer gehe, so wird mir noch heute eben dieselbe Schwachheit anwandeln.« Karl Heinrich Heydenreich, Psychologische Entwickelung: »*Aufklärung des Verstandes,* Berichtigung unserer Einsichten, Austilgung von Vorurtheilen, *sie* erheben uns noch nicht über jede Gefahr, dem Aberglauben in manchen Fällen zum Raube zu dienen, und unsere Fertigkeit von dieser Seite hängt nicht vom *Unterricht* allein ab [...]« (4). »Lächerlich ist es, daß so viele Menschen nicht begreifen können, wenn Männer, die in der Theorie Gespenster und Todtenerscheinungen leugnen, sich im alltäglichen Leben davor fürchten. [...] Sie sind wirklich nicht inkonsequent; sondern der Mechanism ihrer Furcht und Gefühle reist sie hin.« (Ebd. S. 265f.). – Vgl. – als ein literarisches Beispiel – schließlich noch Ludwig Tiecks »Blaubart« (1799), in: ders., Phantasus (1812–1816), hg. von Manfred Frank, Frankfurt 1985, S. 472:

»HANS   Du bist abergläubisch, Caspar? das ist ja gegen alle vernünftige Grundsätze.

CASPAR   Herr, am Tage hab ich Grundsätze trotz einem, aber in der Nacht, verirrt, im finstern Wald, wo die Bäume so sausen, wie hier, wo es aus der Dunkelheit ächzt und stöhnt, und sich alles in mir und außer mir so seltsam gebärdet, da, bester Herr, lassen mich meine Grundsätze im Stich.

HANS   Hast Recht, Caspar, Schauder über Schauder laufen einem den Rücken hinab, und grisseln in den Haaren, und die Vernunft duckt tief, tief unter, und tut, als wenn sie gar nicht zu Hause wäre.«

60 Heydenreich, ebd. S. 265. Das hat auch Goethe erfahren, der sich gegen die »Anfechtungen der Einbildungskraft«, die »ahndungs- und schauervollen Eindrücke der Finsternis, der Kirchhöfe, einsamer Örter, nächtlicher Kirchen und Kapellen« durch Abhärtung und Gewöhnung schützte (Dichtung und Wahrheit, in: ders., Hamburger Ausgabe, Bd. 9, S. 375).

61 Vgl. o. S. 79 und Anm. 46.

62 Sudelbücher, in: ders., Schriften und Briefe, Bd. 1, J 715, S. 755.

63 Ebd. Bd. 2, G 38, S. 140; vgl. ebd. H 2, S. 177, H 42, S. 183.

64 Brief vom 9. 12. 1798, in: Briefe an Kant, hg. von Jürgen Zehbe, Göttingen 1971, S. 174.

65 Sudelbücher, in: ders., Schriften und Briefe, Bd. 2, G 38, S. 140.
66 Ebd. G 43, S. 141.
67 Ebd. Bd. 1, J 715, S. 755f.
68 Ebd. Bd. 2, G 38, S. 140.
69 Rousseau, Bekenntnisse, 6. Buch, Bd. 1, S. 333f.
70 Bernd, Eigene Lebens-Beschreibung, S. 371.
71 Moritz, Anton Reiser, in: ders., Werke, Bd. 2, S. 100.
72 Goethe, Dichtung und Wahrheit, in: ders., Hamburger Ausgabe, Bd. 9, S. 556f.
73 François Rabelais, Gargantua und Pantagruel, übs. von Ferdinand Adolf Gelbcke, hg. von Horst und Edith Heintze, 2 Bde., Frankfurt 1976, Bd. 1, S. 354ff. (3. Buch, Kap. 10ff.)
74 Gustav Freytag, Bilder aus der deutschen Vergangenheit, 2 Bde., Berlin 1927, Bd. 2, S. 518 (Kap. »Die Stillen im Lande«). Vgl. Robert Minder, Glaube, Skepsis und Rationalismus. Dargestellt aufgrund der autobiographischen Schriften von Karl Philipp Moritz (1936), Frankfurt 1974, S. 152f. – Ein Beispiel für diese Praktik etwa in Schummels »Spitzbart«, S. 190.
75 Vgl. z.B. Kant, Anthropologie, in: ders., Werke, Bd. 10, BA 102.
76 Vgl. z.B. Moritz, Anton Reiser, in: ders., Werke, Bd. 2, S. 84.
77 Vgl. z.B. den Aufsatz »Uebergang des Aberglaubens in Wahnwitz« von Joseph Hyazinth Mathy in: Karl Philipp Moritz (Hg.), Gnothi sauton, Bd. 9, 2. Stück, S. 30; hier heißt es, »daß Begebenheiten nicht voraus gesagt wurden, weil sie geschehen sollten, sondern daß sie geschehen, weil sie voraus gesagt wurden [...]« Vgl. Heydenreich, Psychologische Entwickelung, S. 165, 168, 273ff. Vgl. auch Basedow, Elementarwerk, Bd. 1, S. 490.
78 Casanova, Geschichte meines Lebens, Bd. 4, S. 311ff., 334f.
79 Carl Friedrich Pockels, Ueber die Neigung der Menschen zum Wunderbaren, in: Karl Philipp Moritz (Hg.), Gnothi sauton, Bd. 3, 3. Stück, S. 81–99, hier S. 83. Vgl. auch Lichtenberg, Sudelbücher, in: ders., Schriften und Briefe, Bd. 1, C 178, S. 188ff.
80 Wieland, Über den Hang der Menschen an Magie und Geistererscheinungen zu glauben, in: ders., Sämmtliche Werke, Bd. 24, S. 82.
81 Ebd. S. 80. Vgl. auch Wielands Aufsatz »Was ist Wahrheit?«, ebd. S. 51ff.
82 Über den Hang der Menschen an Magie und Geistererscheinungen zu glauben, S. 83.
83 Ebd. S. 84.
84 Lessing, Hamburgische Drammaturgie, in: ders., Werke, Bd. 4, 11. Stück, S. 282: »Wir glauben keine Gespenster mehr? Wer sagt das? Oder vielmehr, was heißt das? Heißt es so viel: wir sind endlich in unsern Einsichten so weit gekommen, daß wir die Unmöglichkeit davon erweisen können [...] Das kann es nicht heißen. Wir glauben itzt keine Gespenster, kann also nur so viel heißen: in dieser Sache, über die sich fast ebensoviel dafür als darwider sagen läßt, die nicht entschieden ist und nicht entschieden werden kann, hat die gegenwärtig herrschende Art zu denken den Gründen darwider das Übergewicht gegeben [...]« Vgl. Kant, Träume eines Geistersehers, in: ders., Werke, Bd. 2, A 78f.

85 Wieland, Über den Hang der Menschen an Magie und Geistererscheinungen zu glauben, S. 80f.

86 In Jean Pauls »Die unsichtbare Loge« äußert der Erzähler: »Bloß heftige Phantasie, nicht Mangel an Mut schafft die Gespensterfurcht [. . .]«. Diese »ist ein außerordentliches Meteor unserer Natur, erstlich wegen ihrer Herrschaft über alle Völker; zweitens weil sie nicht von der Erziehung kommt [. . .]« (in: ders., Werke, Bd. 1, S. 174f.). In der »Levana« spricht Jean Paul von der »in jedem Menschen schlafende[n] Geisterfurcht« (ebd. Bd. 10, S. 775). Der Erziehung kommt gleichwohl große Bedeutung zu, da sie dem diffusen Gefühl einer zweiten Welt oft fälschlich Gegenstände unterschiebt und es erst so zum Aberglauben macht: »In jedem Kinde wohnt neben der romantischen Hoffnung eines unendlichen Himmels ebenso der romantische Schauder vor einem unendlichen Orkus. Aber diesen Orkus haltet ihr ihnen greulich offen, sobald ihr der romantischen Furcht den allmächtigen Gegenstand dadurch gebt, daß ihr irgendeinen benennt« (ebd. S. 774). Vgl. auch die »Selberlebensbeschreibung«, ebd. Bd. 12, S. 1065f. – Ludwig Tieck schreibt in der Vorrede zu »Abdallah« (1793): »Der Hang zum Wunderbaren liegt so tief in der Seele des Menschen, daß keine Aufklärung oder Freigeisterei die Eindrücke schwächen wird, die der große Dichter auf uns macht, wenn er Wesen aus jenen furchtbaren Regionen unserer Phantasie vorüberführt [. . .]« (zit. n. Ludwig Tieck, hg. von Uwe Schweikert, 3 Bde., München 1971 [Dichter über ihre Dichtungen Bd. 9], Bd. 1, S. 44). – Vgl. A.W. Schlegel, Allgemeine Übersicht, S. 68, für den die »Furcht überhaupt«, die »fantastische Furcht«, das »Grauen vor dem Unbekannten« zu den »ursprünglichen Bestandteilen unseres Daseins« rechnet. – Vgl. ferner Karl Friedrich von Klöden, Jugenderinnerungen, S. 37.

87 Herder, Ideen zur Philosophie der Geschichte der Menschheit. Zweiter Theil (1785), in: ders., Sämtliche Werke, Bd. 13, S. 299.

88 Locke, Erziehung, Nr. 138, S. 169.

89 Vgl. o. S. 64 und Anm. 181.

90 Locke, Erziehung, Nr. 138, S. 169.

91 Kant, Träume eines Geistersehers, in: ders., Werke, Bd. 2, A 70. Ähnlich äußert sich Heydenreich, Psychologische Entwickelung: »Wie mancher, der die Unmöglichkeit von Gespenstererscheinungen vollkommen einsieht, kann sich dennoch in der Einsamkeit der von lebhafter Furcht begleiteten Phantasie-Vorstellung derselben nicht erwehren, weil die abergläubische Ueberzeugung davon in seiner Kindheit tiefe Wurzeln in seiner Seele geschlagen hatte.« (S. 5, vgl. S. 61ff.)

92 Vgl. z.B. Art. Kinder=Zucht, in: Zedlers Universallexikon, Bd. 15, Sp. 660f. Christlob Mylius, Gedanken ueber das Alter und den Ursprung der Furcht unsers Pöbels vor den Gespenstern; besonders was die sogenannten Erscheinungen der Verstorbenen anlanget, in: Vermischte Schriften des Herrn Christlob Mylius gesammelt von Gotthold Ephraim Lessing, ND der Ausgabe Berlin 1754, Frankfurt 1971, S. 205ff. Wieland, Über den Hang der Menschen an Magie und Geistererscheinungen zu glauben, in: ders., Sämmtliche Werke, Bd. 24, S. 74f. Don Ferdinand Sterzingers Gei-

ster- und Zauberkatechismus, München 1783, S. 44, 71f. Herder, Adrastea, in: ders., Sämtliche Werke, Bd. 23, S. 574, 578. Ders., Ideen zur Philosophie der Geschichte der Menschheit, ebd. Bd. 13, S. 304. Ders., Kalligone, ebd. Bd. 22, S. 235f.

93 Vgl. z.B.: Wieland, Die Abenteuer des Don Sylvio von Rosalva, in: ders., Sämmtliche Werke, Bd. 11, 1. Buch, Kap. 2 u. 3, S. 12ff.; 3. Buch, Kap. 1, S. 141ff. Friedrich Schiller, Der Geisterseher, in: ders., Nationalausgabe, Bd. 16, S. 45f., 102f. Wilhelm Hauff, Das Wirtshaus im Spessart, in: ders., Märchen, 2 Bde., hg. von Bernhard Zeller, Frankfurt 1976, Bd. 2, S. 150. E.T.A. Hoffmann, Der Sandmann, in: ders., Fantasie- und Nachtstücke, hg. von Walter Müller-Seidel, München 1976, S. 332f.

94 Selberlebensbeschreibung, in: ders., Werke, Bd. 12, S. 1066. Vgl. o. S. 259.

95 Jean Paul, Bemerkungen, in: ders., Sämtliche Werke. Historisch-kritische Ausgabe, hg. von Eduard Berend, II. Abt., Bd. 5, S. 5f. Vgl. z.B. auch die autobiographische Schilderung bei Wezel, Versuch über die Kenntnis des Menschen, S. 206.

96 Im Anschluß an G.H. Mead schreiben Berger und Luckmann: »Die primäre Sozialisation ist die erste Phase, durch die der Mensch in seiner Kindheit zum Mitglied der Gesellschaft wird. Sekundäre Sozialisation ist jeder spätere Vorgang, der eine bereits sozialisierte Person in neue Ausschnitte der objektiven Welt ihrer Gesellschaft einweist« (Die gesellschaftliche Konstruktion der Wirklichkeit, S. 141). Zu primärer und sekundärer Sozialisation vgl. ausführlich ebd. S. 139–157.

97 Zu diesen Widersprüchen vgl. ebd. S. 179ff.

98 Vorangegangen war z.B. Karl Heinrich Heydenreich, Ueber die durch gesetzwidrige Wirkung äusserer Sinne entstehenden abergläubischen Täuschungen. Diese Schrift weist große Übereinstimmungen mit seiner »Psychologische[n] Entwickelung des Aberglaubens« auf.

99 In: ders., Philosophische Abhandlungen, Bd. 1, Berlin und Stettin 1808, S. 53–96. Nachweise im folgenden im Text.

100 Nicolai selbst berichtet von anderen Fällen – darunter Justus Möser und Moses Mendelssohn (S. 77ff.) – und nennt als Quelle weiterer Beispiele von Phantasmenerscheinungen die Berlinische Monatsschrift (Oktober 1800, S. 241ff.) und die in Gotha veröffentlichte Nationalzeitung (1805, Nr. 5, S. 74ff.). Vgl. auch den Abschnitt »Die Phantasiebilder am hellen Tage durch Eigenleben der Phantasie ohne Anerkennung ihrer Objectivität« bei Johannes Müller, Ueber die phantastischen Gesichtserscheinungen, S. 76ff.; dort auch zu Nicolai S. 77ff. – E.T.A. Hoffmann soll, wie seine allerdings nicht unbedingt zuverlässigen Biographen Hitzig und Kunz berichten, ebenfalls von Phantasmen heimgesucht worden sein. Hitzig schreibt: »Immer verfolgte ihn die Ahndung geheimer Schrecknisse, die in sein Leben treten würden; Doppeltgänger, Schauergestalten aller Art, wie er sie schrieb, sah er wirklich um sich, und deshalb, wenn er in der Nacht arbeitete, weckte er die schon schlafende Frau, die, ihn kennend und liebend, willig das Bette verließ, sich ankleidete, mit dem Strickstrumpf an seinen Schreibtisch setzte, und ihm Gesellschaft leistete, bis er fertig war.« (Zit. n.

E.T.A. Hoffmann in Aufzeichnungen seiner Freunde und Bekannten. Eine Sammlung von Friedrich Schnapp, München 1974, S. 708.) Allzusehr in Richtung seiner eigenen Figuren stilisiert wird Hoffmann bei Kunz (ebd. S. 237). – Noch Flaubert erinnert sich in einem Brief an Hippolyte Taine, dem er Verwandtschaft und Unterschiede von Halluzination und dichterischer Inspiration beschreibt, an Friedrich Nicolai: »Ich kenne die Geschichte von Nicolai. Ich habe das empfunden: falsche Dinge *sehen,* – wissen, daß es eine Illusion ist, davon überzeugt sein und sie doch mit solcher Schärfe wahrnehmen, als ob sie wirklich wären.« (Brief vom 1. 12. 1866, in: Gustave Flaubert, Briefe, übs. und hg. von Helmut Scheffel, Zürich 1977, S. 507; vgl. auch den ebenfalls an Taine gerichteten Brief von Ende November 1866, ebd. S. 505f.)

101 Die satirischen Darstellungen, die die Blutegelkur Nicolais provoziert hat, richten sich in der Substanz gegen den zugrunde liegenden Phantasiebegriff. Noch im Jahr des Vortrags, 1799, druckt das von den Brüdern Schlegel herausgegebene »Athenaeum« (Eine Zeitschrift von August Wilhelm Schlegel und Friedrich Schlegel Berlin 1798–1800, ND der Ausgabe Darmstadt 1960, 2. Bd., 2. Stück, S. 337f.) unter dem Titel »Entdeckung« eine Glosse, die sich nicht nur über Nicolais »völlige Widerlegung des transzendentalen Idealismus« sowie seine angebliche Methode mokiert, mittels der Blutegelprobe über das Vorliegen von Realität oder Phantasma zu entscheiden, sondern sich auch der »›lebhaften Einbildungskraft‹« des Vortragenden annimmt. Da diese selbst »offenbar kein Ding an sich, auch keine Realität, nicht einmal eine rechtliche, ordentliche Erscheinung, sondern lediglich ein Phantasma sey«, habe man, so fingiert das »Athenaeum«, die Kur erneuert und jetzt endgültigen Erfolg erzielt: »der Pazient erkannte nun« – das ist wohl die »Entdeckung«, die der Titel verspricht – »daß das, was er bisher für seine lebhafte Einbildungskraft gehalten, bloße Hämorrhoiden gewesen [...]« Einer Generation, die bei aller gebotenen Vorsicht in der Phantasie ein poetisches Prinzip, ein die endliche Welt auf ein Absolutes hin transzendierendes Vermögen sah, scheint Nicolais Theorie, die sich übrigens ganz im Horizont zeitgenössischer Ansichten bewegt (z.B. Kant, Träume eines Geistersehers, in: ders., Werke, Bd. 2, A 67f.,72), das Phantasieren zum somatischen Vorgang herabzuwürdigen, der sich noch dazu im Analbereich abspielt. Damit aber hört die Phantasie recht eigentlich auf, Phantasie – im strengen Sinn eines eigenständigen geistigen Vermögens – zu sein, und wird selbst zum »Phantasma«: Wer unter solchen Prämissen gleichwohl noch von Phantasie spricht, bildet sich deren Existenz bloß ein – und beweist sie ironischerweise zugleich damit. In eine ähnliche Richtung scheint mir Goethe zu zielen, der Nicolai als »Proktophantasmist« in der Walpurgisnachtszene des »Faust I« auftreten und gegen die tanzenden Hexen wettern läßt: »Ihr seid noch immer da! Nein, das ist unerhört./ Verschwindet doch! Wir haben ja aufgeklärt!/ Das Teufelspack, es fragt nach keiner Regel./ Wir sind so klug, und dennoch spukt's in Tegel.« (In: Hamburger Ausgabe, Bd. 3, S. 130, V.4158ff.; über die Blutegelkur V.4172ff.) Die Bezeichnung als »Proktophantasmist« legt nahe, daß Nicolai den Sitz

der Phantasie in jenem Körperteil angenommen habe, an dem er sich die Blutegel ansetzen ließ. – In E.T.A. Hoffmanns »Der goldne Topf« bezieht sich der philiströse Konrektor Paulmann auf Nicolai: »[. . .] ›man hat wohl Beispiele, daß oft gewisse Fantasmata dem Menschen vorkommen und ihn ordentlich ängstigen und quälen können, das ist aber körperliche Krankheit, und es helfen Blutigel, die man, salva venia, dem Hintern appliziert, wie ein berühmter bereits verstorbener Gelehrter bewiesen.‹« (In: Fantasie- und Nachtstücke, S. 188.) Die Ironie des Erzählers gilt hier nicht allein der ›Somatisierung‹ der Phantasie, sondern, da sich die Rede von den Phantasmen auf die Erscheinung der goldenen Schlänglein bezieht, die innerhalb des Märchens zum Personal einer ›zweiten Wirklichkeit‹ gehören, zugleich auf die ungetrübte Gewißheit Nicolais, was als Realität gelten dürfe und was nicht. – Es ist eine ausgesuchte Ironie der Literaturgeschichte, daß Walter Scott in einem ausgerechnet von Goethe zitierten und gepriesenen Aufsatz dem an der Phantasie »kranken« Hoffmann genau Nicolai, den Triumphator über die Phantasmen, als Vorbild entgegenhält: »Und wenn wir auch anerkennen, daß der Autor, wenn er seiner Einbildungskraft ernster geboten hätte, ein Schriftsteller der ersten Bedeutung geworden wäre, so dürfte er doch, indem er dem kranken Zustand seines zerrütteten Wesens nachhängt, jener gränzenlosen Lebhaftigkeit der Gedanken und Auffassungen als anheim gegeben erscheinen, welche der berühmte *Nicolai,* nachdem er viel davon gelitten, doch endlich zu besiegen das Glück hatte. Blutentleerungen und sonstige Reinigungen, verbunden mit gesunder Philosophie und überlegter Beobachtung, würden unsern Hoffmann wie jenen bedeutenden Schriftsteller zu einem gesunden Geisteszustand wieder zurückgebracht haben, und seine Einbildungskraft, in einem gleichen und stetigen Flug sich bewegend, hätte vielleicht das höchste Ziel poetischer Kunst erreicht.« (In: Goethe, Rezension von The Foreign Quarterly Review. Nr. 1. Juli 1827, zit. n. E.T.A. Hoffmann in Aufzeichnungen seiner Freunde und Bekannten. Eine Sammlung von Friedrich Schnapp, S. 746.)

102 § 96 und 99. Ein Verweis auf Nicolais Erscheinungen findet sich ebd. § 107.

103 Fjodor M. Dostojewski, Schuld und Sühne, übs. von Richard Hoffmann, München 1968, S. 369.

104 Heydenreich, Psychologische Entwickelung, S. 192. Beispiele eines solchen Versprechens z.B. bei Benjamin Franklin, Lebenserinnerungen, S. 58. Carl Grosse, Der Genius (1791–1795), Frankfurt 1982, S. 227. Jan Potocki, Die Handschrift von Saragossa, Bd. 2, S. 455f., 529.

105 Kant, Anthropologie, in: ders., Werke, Bd. 10, B 205.

106 Wezel, Versuch über die Kenntnis des Menschen, S. 200ff. Vgl. Rousseau, Emile, S. 294. – Flaubert schreibt in seiner bereits zitierten Korrespondenz mit Taine: »In der eigentlichen Halluzination liegt immer Schrecken, man spürt, daß einem die eigene Persönlichkeit entgleitet, man glaubt, daß man sterben wird.« (Brief von Ende Nov. 1866, in: Gustave Flaubert, Briefe, übs. und hg. von Helmut Scheffel, Zürich 1977, S. 506.)

107 Kant, Träume eines Geistersehers, in: ders., Werke, Bd. 2, A 70. Vgl. ders., Krankheiten des Kopfes, ebd. A 22. (Der »Phantast« wird übrigens in bei-

den Texten etwas unterschiedlich bestimmt.) Was Kant hier theoretisch beschreibt, hat der viel jüngere (1802 geborene) Wilhelm von Kügelgen am eigenen Leib erfahren. Ausführlich berichtet er über Halluzinationen in seiner Kindheit. Einmal habe er nachts gesehen, wie ein monströses Kalb seinen Vater entzweigebissen habe. Der Widerspruch seiner Mutter, die aufklärend eingreift und sagt, was ›wirklich‹ der Fall ist, bleibt machtlos gegenüber der Evidenz der Phantasmagorie, die erst durch eine konkurrierende, noch ›evidentere‹ sinnliche Wahrnehmung ausgelöscht werden kann. »Die Mutter zwar wollte es in Abrede stellen; aber gegen den Augenschein ist schlecht predigen. Wir stritten lebhaft, bis sich die Thüre wieder aufthat, und der ganze vollständigst gegliederte Vater [. . .] eintrat.« (Jugenderinnerungen eines alten Mannes, S. 27.) Diese Erinnerung wird bei Kügelgen zum Anlaß, die Frage nach der Wirklichkeit überhaupt aufzuwerfen und die Möglichkeit ihrer Beantwortbarkeit wesentlich skeptischer als die Aufklärer zu beurteilen. »Welche Bewandtnis es übrigens in Wahrheit mit alle dem haben mag, was wir als objektive, d.h. gegenständliche Welt betrachten, das ist noch gar nicht ausgemacht und wird es wahrscheinlich auch niemals werden.« (S. 27f.)

108 Anregend, aber vielfach korrekturbedürftig ist in diesem Zusammenhang Silvio Vietta, Romantikparodie und Realitätsbegriff im Erzählwerk E.T.A. Hoffmanns, in: ZfdPh 100 (1981), S. 575–591.

109 Vgl. dazu o. Nicolais diesbezügliche Versuche.

110 Vgl. o. A.W. Schlegel, S. 257f. dieser Arbeit. – Aus eigener Erfahrung spricht Klöden: Als Kind habe es ihm nachts vor einem Skelett gegraut, das er in einem Buch gesehen habe. Klöden fährt fort: »Von Gespenstern wußte ich damals noch nichts. Offenbar war es nur die Furcht vor einem unbekannten Etwas, dem die Phantasie irgendeine Gestalt geben wollte, und wobei sie unwillkürlich diejenige wählte, welche ich als etwas Furchtbares im Bilde angeschaut hatte.« (Jugenderinnerungen, S. 37.)

111 Freud, Der Dichter und das Phantasieren, in: ders., Studienausgabe, Bd. 10, S. 173f.

112 Vorlesungen zur Einführung in die Psychoanalyse, ebd. Bd. 1, S. 362f.

113 Der Dichter und das Phantasieren, S. 174f.

114 Ernst Bloch, Das Prinzip Hoffnung, Bd. 1, S. 62, 85ff., 96ff. u.ö. Herbert Marcuse, Triebstruktur und Gesellschaft, S. 140ff. Alexander Mitscherlich, Lust- und Realitätsprinzip in ihrer Beziehung zur Phantasie, in: ders., Gesammelte Schriften, Frankfurt 1983, Bd. 8, S. 69–96. Dietmar Kamper, Zur Geschichte der Einbildungskraft, S. 23ff. Vgl. auch Winfried Freund, Phantasie, Aggression und Angst. Ansätze zu einer Sozialpsychologie der neueren deutschen Literatur, S. 88ff. Trotz des vielversprechenden Titels bietet Freund keinerlei Ausblicke auf eine differenzierte Konzeption der Phantasie, sondern begnügt sich damit, auf ihrem utopischen Moment zu insistieren, dessen behauptete Dominanz in der Literatur der Goethezeit er aus den angeblich dem Bürgertum günstigen sozialen Bedingungen unvermittelt ableitet. »Die Interessenverflechtungen von politisch führendem Adel und ökonomisch erfolgreichem Bürgertum ließen in der Goethezeit eine be-

friedete Welt ständischer Harmonie greifbar nahe erscheinen.« (S. 90) Da in dieser glücklichen Epoche Aggression und Angst offenbar kaum eine Rolle spielten, entfällt für den Verfasser die Notwendigkeit, ihren etwaigen komplexen Beziehungen zur Phantasie nachzuspüren. Angst und Aggression, so erfährt man verblüfft, dominieren erst zu späterer Zeit in der psychischen Befindlichkeit und daher auch der Literatur, und zwar kurz und gut aufgrund der Tatsache, »daß nach 1815 der psychische Druck angesichts übermächtiger restaurativer Barrieren im frustrierenden Maße zunehmen mußte.« (S. 91)

115 Melancholie und Aufklärung, S. 226–255.

116 Anton Reiser, in: Karl Philipp Moritz, Werke, Bd. 2, S. 15. Nachweise im folgenden im Text.

117 Diese Funktion der Phantasie wird besonders deutlich, wenn Moritz über Iffland schreibt: »[. . .] es ist doch sonderbar, jene Ideen von häuslicher stiller Glückseligkeit, die er damals so oft gegen Reisern geäußert hat, sind doch nicht verlorengegangen, sondern fast in allen seinen dramatischen Arbeiten realisiert, da er sie in seinem Leben nicht hat realisieren können.« (S. 322; vgl. S. 139)

118 Melancholie und Aufklärung, S. 229, vgl. S. 232.

119 In der aus Not aufgesuchten »unnatürliche[n] idealische[n] Welt« sei Reisers »Geist für tausend Freuden des Lebens verstimmt [worden], die andre mit voller Seele genießen können.« (S. 19) An späterer Stelle heißt es: »So brachte er nun den Winter ziemlich glücklich zu – aber da nun einmal seine Phantasie so lebhaft angeregt und sein Gemüt durch so viele sich durchkreuzende Wünsche und Hoffnungen bis auf den stärksten Grad in Bewegung gesetzt war, so mußte er notwendig anfangen, das Einförmige in seiner Lage zu empfinden.« (S. 307; vgl. auch S. 300, 362 u.ö.)

120 Lavaters Jugend von ihm selbst erzählt (1779), hg. von Oskar Farner, Zürich 1939. Wie Reiser hat Lavater (geboren 1741) seine Kindheit als permanente Bedrückung seitens der Eltern, der Lehrer, der Mitschüler erfahren. Von der »scharfe[n] Strenge« der Mutter (S. 47) ist da zu lesen, von den »allerbittersten Vorwürfe[n]«, die über »Monate und Jahre« hin aufgewärmt werden (33), vom Verbot »alles« dessen, »was alle andern Knaben durften« (25). Von besonderer Bedeutung ist die »natürliche Beredsamkeit« der Mutter (41), der gegenüber das Kind »behutsam [. . .] alle meine Worte abwägen mußte« (73); sie führt zu einer geradezu stadtbekannten Sprachhemmung des später glänzenden Kanzelredners, der in der Kindheit als buchstäblich »unmündig« verspottet wird (16, 41f., 58). In den Bedrückungszusammenhang gehört auch, daß Lavater in seiner »frühen Jugend schon so viel Gottesfurcht hatte, daß ich nicht so leicht sündigte« (26). Die Folge alles dessen sind Melancholie (48) und dauernde Furchtsamkeit (15, 16, 35): »Freylich die Furcht bey Hause – vor ewigen hofmeisternden Unterbrechungen und das steife ängstliche Wesen, das ich vor meiner Mutter annehmen mußte – und in der Schule die Furcht vor Spott raubten mir alle Freyheit.« (42) Lavaters Reaktion besteht in einer Flucht nach innen: »Der Druck von allen Seiten trieb mich, wie es scheint in mich selbst hin-

ein.« (27) Prägnant beschreibt Lavater die doppelseitige Entfaltung der Phantasie, deren Zusammenhang mit seinen Lebensbedingungen er, anders als Moritz, nicht durchschaut. Wie dieser kennt er Größen- und Höhenphantasien: Er träumt sich als »Aufbauer babylonischer Thürme«, wie überhaupt der Aufenthalt auf Türmen ihm besonders angenehm ist. Der Unterdrückte auf der Höhe, von der »herab alles klein« erscheint (30f.) – diese Situation bezieht ihren Reiz aus der Deutung des eigenen räumlichen Standorts im Sinne der Herrschaftsmetaphorik des Oben und Unten: ›Oben‹ zu sein meint dann nicht nur ein buchstäbliches ›Über-den-Dingen-Stehen‹, sondern verbildlicht die Aufhebung des Unterdrücktseins oder vielmehr: die Umkehrung der Hierarchie. Dazu passen gut die Herrschaftsphantasien des Kindes (25, 32, 58) oder der Wunsch, »Chef einer Diebsbande zu sein«, ein edler Räuber, der »seltsame Veränderungen« hervorbringt, indem er die Güter von oben nach unten umverteilt (39). Dergleichen Tagträume lassen sicherlich Rückschlüsse auf die Funktion des äußerst beliebten edlen Räubers in der Trivialliteratur zu. Nicht in allen Phantasien aber steht das unterdrückte Kind so günstig da. Wie im Falle Reisers nämlich steht die Einbildungskraft im Bann der Unterdrückung nicht nur, insofern sie sich deren Überwindung ausphantasiert; vielmehr haben sich ihr die Beklemmungen und Schrecknisse der Repression derart eingeprägt, daß sie diese ständig reproduziert und ins Monströse übersteigert. Die ›befreiende‹ Phantasie droht so immer ins Grauenhafte umzukippen. Wiederum nehmen dabei die Bilder die Metaphorik des Drucks und der Enge sozusagen beim Wort: »[. . .] Jahre nacheinander litt' ich alle Nacht unbeschreibliche Todesängste, Gefahren, unnennbare Beklemmungen in Träumen. Ich fürchtete mich jede Nacht ins Bette zu gehen, denn jede Nacht kam ich in Abgründe der Verzweiflung. Wenige male hüpft und flog' ich – – die meisten male ward ich von den grausesten Höhen heruntergeworfen; oder von unbeschreiblich boshaften Mißgestalten zu Boden geschmettert und zermalmt; oder mußte durch enge Felslöcher lange Canäle durchkriechen [. . .]« (69). Es ist bezeichnend, daß sich diese »nächtlichen Schrecknisse« ebenso wie die »Unmündigkeit« mit der Unabhängigkeit von zuhause allmählich verlieren – obwohl Lavater die Deformationen aus seiner Kinderzeit niemals völlig überwinden kann (42, 49, 69).

121 Ulrich Bräker, Lebensgeschichte und Natürliche Ebentheuer des Armen Mannes im Tockenburg, S. 275f.: »So viel weiß ich noch gar wohl: Daß, als ich auch im Ehestand mich betrogen sah, und statt des Glücks, das ich darinn zu finden mir eingebildet hatte, nur auf einen Haufen ganz neuer unerwarteter Widerwärtigkeiten stieß, ich mich wieder aufs Grillenfängen legte, und meine Berufsgeschäfte nur so maschinenmäßig, lästig und oft ganz verkehrt verrichtete, und mein Geist, wie in einer andern Welt, immer in Lüften schwebte [. . .] Die Romanen hinwieder machten mich ganz unzufrieden mit meinem eigenen Schicksal und den Geschäften meines Berufes, und weckten mich aus meinen Träumen, aber eben nur zu grösserm Verdruß auf.«

122 Bekenntnisse, Bd. 1, S. 150.

123 Ebd. Bd. 1, S. 60; vgl. auch Bd. 1, S. 237.

124 Rousseau, Träumereien eines einsamen Spaziergängers, in: ders., Schriften, 2 Bde., hg. von Henning Ritter, München/Wien 1978, Bd. 2, S. 637–760, S. 717 (7. Promenade): »Ich mußte sogar bei meinen Träumereien befürchten, daß meine durch mein Unglück aufgebrachte Einbildungskraft endlich ihre Tätigkeit nach dieser Seite hin richten würde und daß das unaufhörliche Gefühl meiner Leiden, das mein Herz immer mehr zusammenzog, mich endlich durch seine Last niederwerfen würde. In diesem Zustand legte ein mir natürlicher Instinkt, der mich jede traurige Vorstellung meiden läßt, meiner Einbildungskraft Stillschweigen auf [. . .]«

125 Ratio und Gefühlskultur, S. 77–91.

126 Rousseau, Träumereien eines einsamen Spaziergängers, S. 694. Nachweise im folgenden im Text.

127 Dialektik der Aufklärung, S. 33. Zur Auseinandersetzung mit dieser These vgl. Paul Mog, Ratio und Gefühlskultur, S. 90.

128 Vgl. Heinz-Günter Schmitz, Phantasie und Melancholie. Hans-Jürgen Schings, Melancholie und Aufklärung, S. 56ff., 66 u.ö. Hartmut und Gernot Böhme, Das Andere der Vernunft, S. 414f., 421f.

129 Träumereien eines einsamen Spaziergängers, S. 717.

130 Mendelssohn, Über die Empfindungen (1771), in: ders., Gesammelte Schriften, Bd. 1, S. 233–334, hier S. 286 (12. Brief).

131 Ebd.

132 Ebd. Vgl. zum Zusammenhang Mog, Ratio und Gefühlskultur, S. 103ff.

133 Sudelbücher, in: ders., Schriften und Briefe, Bd. 1, J 931, S. 783.

134 Zit. n. Promies, Die Bürger und der Narr, S. 249. In dieselbe Richtung weist: »[. . .] von 1 bis 2 bei Kästnern Philosoph und von 8 bis 9 bei Wackern [einem Göttinger Gastwirt] ein Narr [. . .]« (zit. ebd.). – Vgl. die Auffassung Heinrichs von Ofterdingen vom Traum: »Mich dünkt der Traum eine Schutzwehr gegen die Regelmäßigkeit und Gewöhnlichkeit des Lebens, eine freye Erholung der gebundenen Fantasie, wo sie alle Bilder des Lebens durcheinanderwirft, und die beständige Ernsthaftigkeit des erwachsenen Menschen durch ein fröhliches Kinderspiel unterbricht. Ohne die Träume würden wir gewiß früher alt, und so kann man den Traum, wenn auch nicht als unmittelbar von oben gegeben, doch als eine göttliche Mitgabe, einen freundlichen Begleiter auf der Wallfahrt zum heiligen Grabe betrachten.« (Novalis, Heinrich von Ofterdingen, S. 199.)

135 Paradigmatisch dafür ist Wielands »Don Sylvio«, dessen Intentionen gleichermaßen auf Belustigung der Einbildungskraft wie auf deren Berichtigung gehen (in: ders., Sämmtliche Werke, Bd. 11, 6. Buch, 3. Kap., S. 288). – Den ›lebenspraktischen‹ Aspekt vernachlässigen Silvio Vietta, Fantasiebegriff, und Böhme, Das Andere der Vernunft, völlig.

136 Die nützliche gegen die schöne Aufklärung, S. 138 u. 140. Vgl. ders., Aufklärung, Absolutismus und bürgerliche Individuen, S. 50ff. Ders., Die Utopie der vernünftigen Lust, S. 122f. u.ö. Paul Mog, Ratio und Gefühlskultur, S. 14ff.

137 Kant, Anthropologie, in: ders., Werke, Bd. 10, BA 18.

138 In: Briefe und bevorstehender Lebenslauf, in: ders., Werke, Bd. 8, S. 972.

139 Ebd. S. 980.

140 Das erkennt schon Jan Potocki, in dessen »Handschrift von Saragossa« es über den Theatinerpater Sanudo heißt: »Gezwungen, die Frauen zu fürchten, dachte er schließlich nur noch an sie, und der Feind, den er so lange bekämpft hatte, war in seiner Phantasie stets gegenwärtig.« (Bd. 1, S. 363f.)

141 Freud, Die Traumdeutung, in: ders., Studienausgabe, Bd. 2, S. 242, 531, 552ff. Vgl. ders., Vorlesungen zur Einführung in die Psychoanalyse, ebd. Bd. 1, S. 219ff. Mit Ernst Bloch ist gegen die Generalisierung der Freudschen These einzuwenden, daß sicherlich nicht jeder Angsttraum eine verbotene Wunscherfüllung darstellt; für Bloch nämlich perpetuiert sich die aus der feindlichen Spannung zwischen den Individuen der bürgerlichen Gesellschaft entstandene Furcht und Angst bis in den Traum, so daß großenteils »gesellschaftliche Blockierungen des Selbsterhaltungstriebs« und »objektive Sorge des Kommenden Anlaß und Ursprung« der Angst im Traum bilden (Das Prinzip Hoffnung, Bd. 1, S. 94f.).

142 Erich Fromm, Anatomie der menschlichen Destruktivität, Reinbek 1977, v.a. S. 17ff., 207ff., 335f. Dort auch eine ausführliche Auseinandersetzung mit den Trieb- und Instinkttheorien der Aggression bzw. Destruktivität.

143 Moritz, Anton Reiser, in: ders., Werke, Bd. 2, S. 30.

144 Ebd. S. 212.

145 Lavaters Jugend von ihm selbst erzählt, S. 25, 32, 39. Ähnlich auch Lichtenberg: »Ich fand oft ein Vergnügen daran, Mittel auszudenken, wie ich diesen oder jenen Menschen ums Leben bringen oder Feuer anlegen könnte, ohne daß es bemerkt würde, ob ich gleich nie den festen Entschluß gefaßt habe, so etwas zu tun [...]« (Zit. n. Promies, Die Bürger und der Narr, S. 262.)

146 Zur »Augenlust« an der Gewalt als Produkt zivilisatorischer Modellierungen vgl. Elias, Prozeß der Zivilisation, Kap. »Über Wandlungen der Angriffslust«, Bd. 1, S. 263ff., v.a. S. 281f.

147 Schiller, Über den Grund des Vergnügens an tragischen Gegenständen, in: ders., Nationalausgabe, Bd. 20, S. 133–147, hier S. 140.

148 Platner, Neue Anthropologie, § 870, S. 384.

149 James Beattie, Erläuterungen über das Erhabene, S. 20f.

150 Vgl. z.B. Carl Grosse, Ueber das Erhabene, S. 52ff. Heinrich Zschokke, Aesthetik, S. 373f. Johann August Eberhard, Aesthetik, Bd. 2, S. 425ff., 434ff.

151 Eberhard spricht in diesem Zusammenhang von einer Verleumdung der menschlichen Natur (Aesthetik, Bd. 2, S. 428).

152 Mendelssohn, Über die Empfindungen, in: ders., Gesammelte Schriften, Bd. 1, S. 305ff.

153 Moritz, Fragmente aus dem Tagebuche eines Geistersehers, in: ders., Andreas Hartknopf. Eine Allegorie. Andreas Hartknopfs Predigerjahre. Fragmente aus dem Tagebuche eines Geistersehers, S. 68. – Zur Diskussion um den Grund des Vergnügens an schrecklichen Gegenständen vgl. auch Carsten Zelle, Strafen und Schrecken, S. 79ff.; dort weitere Texte.

154 Das gilt, so muß noch einmal betont werden, in erster Linie für die neuen

bürgerlichen Schichten. Etwas anders verhält es sich beispielsweise bei dem aus bäuerlichem Milieu stammenden und später ins Kleinbürgertum und den ›Autorenstand‹ aufgestiegenen Ulrich Bräker. Dessen Reaktion auf seine sexuellen Phantasien geht noch primär auf seine »Vorstellungen von dem, was eigentlich fromm und reinen Herzens sey«, zurück, ist also religiös motiviert und zu einem guten Teil als Furcht bestimmbar. »In meinen Jugendjahren erwachten nur allzufrühe gewisse Naturtriebe in mir; etliche Geißbuben, und ein Paar alte Narren von Nachbarn sagten mir Dinge vor, die einen unauslöschlichen Eindruck auf mein Gemüth machten, und es mit tausend romantischen Bildern und Fantaseyen erfüllten, denen ich, trotz alles Kämpfens und Widerstrebens, oft bis zum unsinnig werden nachhängen mußte, und dabey wahre Höllenangst ausstuhnd.« Den Terminus »Höllenangst« wird man hier durchaus wörtlich nehmen müssen. Gleichwohl markiert Bräker auch in dieser Hinsicht eine Übergangsposition, insofern bei ihm auch Internalisierungsvorgänge stattgefunden haben müssen, wie sich aus der Tatsache schließen läßt, daß seine sexuellen Nachtträume in Angst umschlagen. Von seiner erotisierten »Einbildungskraft« berichtet Bräker, daß sie »mir nicht nur den ganzen Tag über keine Minute Ruhe ließ sondern mich auch des Nachts verfolgte, und mir oft Träume bildete, daß mir noch beym Erwachen der Schweiß über alle Finger lief.« (Lebensgeschichte und Natürliche Ebentheuer des Armen Mannes im Tockenburg, S. 263f.)

155 Vgl. o. S. 221.
156 Jean Paul, Über das Träumen, in: Briefe und bevorstehender Lebenslauf, in: ders., Werke, Bd. 8, S. 979.
157 Maaß wie S. 221 dieser Arbeit, Anm. 167.
158 Johann Friedrich Abegg, Reisetagebuch von 1798, hg. von Walter und Jolanda Abegg in Zusammenarbeit mit Zwi Batscha, 2. Aufl. Frankfurt 1977, S. 45.
159 In: ders., Novellen, hg. von Marianne Thalmann, München 1965, S. 918. – Eine ähnliche Verwirrung über die Gegensätze des eigenen Inneren kommt in den Jugenderinnerungen Lavaters zum Ausdruck, der seine »grausame[n] und gewaltthätige[n] Phantasien«, die ihm »wenig Ehre« machen, ebenfalls von seinem ›eigentlichen‹ Wesen abtrennen und dieses dadurch rehabilitieren möchte – zweifellos auch vor sich selbst: »So grausam meine Imagination war, mein Herz war es nie [. . .] Ich hatte immer die gleiche Furcht, den gleichen Abscheu, das gleiche Mitleid bey jedem Schlage, den ein anderer empfing. Aber, meine Imagination, meine Anlage zur List, trieb mich auf solche gräuliche Phantasien.« (Lavaters Jugend von ihm selbst erzählt, S. 39f.)
160 2. Buch, Brief vom 14. Dezember, in: Goethe, Hamburger Ausgabe, Bd. 6, S. 99f.
161 Brief vom 21. Dezember, ebd. S. 104.
162 Brief vom 12. Dezember, ebd. S. 98.
163 Einige Beispiele: Von Anton Reiser heißt es mit Bezug auf die Macht der Einbildungskraft: »[. . .] er fürchtete sich vor sich selber [. . .]« (Moritz, An-

ton Reiser, in: ders., Werke, Bd. 2, S. 39). Vgl. auch Kant, Anthropologie, in: ders., Werke, Bd. 10, B 216. – In Denis Diderots »Die Nonne« (hg. von Hans Hinterhäuser, Berlin 1966) sagt die gequälte Erzählerin angesichts der ausgesuchten Grausamkeit der Klosterschwestern, die nicht zuletzt aus sexuellen Regungen erwächst: »Die Erinnerung an ihre Taten, die Scham, die Gewissensbisse werden sie bis zu ihrer letzten Stunde nicht verlassen. Schon klagen sie sich an, dessen dürfen Sie gewiß sein; sie werden sich ihr Leben lang anklagen, und das Grauen vor sich selbst wird sie ins Grab begleiten.« (S. 202, vgl. S. 206f.) – Auch in E.T.A. Hoffmanns »Lebens-Ansichten des Katers Murr« (mit einem Nachwort von Walter Müller-Seidel, München 1977) taucht diese Form des Erschreckens vor sich selbst auf und spielt eine nicht unbedeutende Rolle im Syndrom der inneren Zerrissenheit. Grauen vor sich selbst ergreift den Kapellmeister Kreisler, wenn er in dem Maler Ettlinger eine Möglichkeit seiner eigenen Entwicklung erkennt. Dieser war von einer im Gegensatz zur reinen Künstlerliebe auf reale Erfüllung drängenden Liebe zur Fürstin ergriffen worden, aufgrund des Widerspruchs von Verlangen und Versagung in Wahnsinn verfallen und hatte versucht, die kleine Prinzessin Hedwiga zu ermorden. Die durch eine strukturell gleichartige Disposition gestiftete Verwandtschaft mit Ettlinger erschreckt Kreisler, der diesen als seinen Doppelgänger imaginiert. Kreisler, so heißt es, »erbebte nun in demselben Grausen, das die Prinzessin bei seinem Anblick erfaßt, vor sich selbst, rang mit dem schauerlichen Gedanken, daß er es gewesen, der die Prinzessin in der Raserei ermorden wollen.« (S. 430; vgl. 316, 436f.) Das Erschrecken vor sich selbst ließe sich im »Kater Murr« auch an anderen Figuren nachweisen, etwa an der der reinen Julia, deren »Todesangst« vor dem Prinzen Hektor (462) deutlich als »unnennbare Angst« vor dessen Liebe (571) und der Gefahr, ihm sexuell zu verfallen, motiviert ist, als Angst also vor sich selbst. Hektor, dessen körperliche Attraktivität betont wird (572), erscheint als Verführer und Versucher, der in Julia Gefühle auslöst, die – ähnlich wie er selbst (462, 465, 474, 477, 480 u.ö.) – Züge des Fremden und Unheimlichen tragen (462, 571 u.ö.). Dieses Fremde und Unheimliche aber, das spürt Julia genau, ist der unterdrückte, nur halbwegs verleugnete eigene Wunsch: »›Barmherziger Himmel‹, rief Julia mit emporgerichteten Blick, ›schütze mich nur vor mir selber!‹« (636) – In Charles Robert Maturins Schauerroman »Melmoth der Wanderer« (übs. von Friedrich Polakovics, Stuttgart o.J.) berichtet ein von seinen Mitbrüdern gepeinigter spanischer Mönch: »[. . .] sobald wir das Gefühl haben, an unseren Einbildungen nicht weniger zu leiden als an der Wahrheit: dann gehen unsere Qualen aller Würde und allen Trostes verlustig. Wir werden uns selber zu Höllendämonen [. . .]« (S. 286f.) »Ich wehrte mich gegen etwas, das ich als Wahnvorstellungen erkannt hatte – doch gerade dies Erkennen vertiefte nur die Schrecken solchen Wahns.« (290)

164 Das Andere der Vernunft, S. 387; vgl. S. 236f., 273, 410 u.ö. Einseitig ist freilich die von den Böhmes weithin vorgenommene Reduktion der »Furcht vor der Einbildungskraft« auf diesen Bereich, innerhalb dessen überdies das von der Angst zwar überlagerte, aber nicht ausgelöschte Lust-

moment der verworfenen Phantasien unterschlagen wird. Aus diesem Grund kommen auch die geschilderte lebenspraktische Funktion der kompensatorischen und utopischen Phantasie und deren partielle Aufwertung so gut wie gar nicht in den Blick.

165 Freud, Das Unheimliche, in: ders., Studienausgabe, Bd. 4, S. 241–274, hier S. 250.

166 Ebd. S. 244. Freud bezieht sich auf E. Jentsch, Zur Psychologie des Unheimlichen, in: Psychiatrisch-neurologische Wochenschrift, Bd. 8 (1906).

167 Das Unheimliche, S. 270f.

168 Caroline Sartorius erinnert sich in einem Brief vom 27. 10. 1808 an ihren Bruder, auf die Frage, ob dem Roman nicht eine »wahre Geschichte« zugrunde läge, habe Goethe geantwortet, »»[. . .] daß es zwei Personen in einer gewesen, wovon die eine untergegangen, die andere aber lebengeblieben ist, um die Geschichte der ersteren zu schreiben, so wie es im Hiob (1,16) heißt: Herr, alle Deine Schafe und Knechte sind erschlagen worden, und ich bin allein entronnen, Dir Kunde zu bringen.‹« (Zit. in: Goethe, Hamburger Ausgabe, Bd. 6, S. 533.)

169 Eckermann, Gespräche mit Goethe, Bd. 2, S. 506.

170 Jean Paul, Vorrede zu: Des deutschen Mittelalters Volksglauben und Heroen = Sagen von Friedrich Ludwig Ferdinand von Dobeneck (1815), in: ders., Sämtliche Werke. Historisch-kritische Ausgabe, I. Abt., Bd. 16, S. 276. In der »Vorschule der Ästhetik« heißt es in anderem, aber verwandtem Zusammenhang: »Das Ich ist der fremde Geist, vor dem es schauert, der Abgrund, vor dem es zu stehen glaubt [. . .]« (in: ders., Werke in 12 Bänden, Bd. 9, § 5, S. 45).

171 Hervorzuheben ist wiederum E.T.A. Hoffmann (»Die Elixiere des Teufels«, »Ignaz Denner«, das Verhältnis von Kreisler und Ettlinger im »Kater Murr« usw.). – Einen Überblick über die Verwendungsweisen des Motivs gibt Elisabeth Frenzel, Art. Doppelgänger, in: dies., Motive der Weltliteratur. Ein Lexikon dichtungsgeschichtlicher Längsschnitte, 2. Aufl. Stuttgart 1980, S. 94–114. Aus psychoanalytischer Perspektive wird das Thema auf breiter Materialbasis behandelt von Otto Rank, Der Doppelgänger, in: Imago III (1914), S. 97–164.

172 Klaus Kanzog hat die Subjektivierung und Psychologisierung ›abergläubischer‹ Vorstellungen, die »Introversion der Transzendenz«, am Wandel des Gespenstbegriffs dargestellt, allerdings ohne Berücksichtigung der Tatsache, daß sie historisch gesehen an die Stelle eines kausalen Verhältnisses treten: Der dichterische Begriff des Gespenstes, Diss. (masch.) Berlin 1951, S. 140 u.ö. Ders., Art. Gespenstergeschichte, in: Reallexikon der deutschen Literaturgeschichte, begründet von Paul Merker und Wolfgang Stammler, 2. Aufl., hg. von Werner Kohlschmidt und Wolfgang Mohr, Bd. 1, Berlin 1958, S. 573–576.

173 Vgl. z.B. E.T.A. Hoffmann, Lebens-Ansichten des Katers Murr, S. 544f.: »Lebhaft gedachte er aller Momente in denen die Prinzessin wirklich, wie von einer im Innern aufkeimenden Leidenschaft befangen, erschienen, aber selbst wußte er nicht warum bei dem Gedanken, daß er selbst der Gegenstand jener Leidenschaft sein könne, es ihn erfaßte wie Gespensterfurcht.

Es war ihm als wolle eine fremde geistige Macht gewaltsam in sein Inneres dringen und ihm die Freiheit des Gedankens rauben.«

174 Vgl. o. S. 122f.

175 Ueber die Einsamkeit, Bd. 2, 6. Kap.

176 Ebd. Bd. 2, S. 110.

177 Ebd. Bd. 2, S. XX, XXII; vgl. S. 239, 250.

178 Choderlos de Laclos, Schlimme Liebschaften, übs. von Heinrich Mann, Frankfurt 1972, S. 30. In Diderots »Die Nonne«, S. 248, heißt es mit Bezug auf die lesbischen Neigungen der Oberin: »Das ist die Frucht der Einsamkeit! Der Mensch ist für die Geselligkeit geschaffen. Lebt er abgesondert, auf sich gestellt, so verwirrt sich sein Denken, sein Wesen entartet, tausend lächerliche Neigungen keimen in seinem Herzen, überspannte Gedanken wuchern in seinem Hirn wie Dornengestrüpp im Brachfeld. Versetzt einen Menschen in einen Wald, und er wird zum reißenden Tier; in ein Kloster, wo Bedürfnis und Zwang sich verbinden, und das Ergebnis ist noch schlimmer: aus dem Wald führt ein Weg heraus, aus einem Kloster nicht; im Wald ist man frei, im Kloster ein Sklave. Man braucht vielleicht größere Seelenstärke, um der Einsamkeit zu widerstehen als dem Elend; Elend entwürdigt, Einsamkeit verdirbt. Ist es besser, in der Verworfenheit zu leben als im Wahnsinn?«

179 Vgl. o. Kap. 5.4, Anm. 130.

180 Ueber die Einsamkeit, Bd. 2, S. 50f.

181 Ebd. Bd. 2, S. 101.

182 Ebd. Bd. 2, S. XXIV, vgl. S. 276.

183 Noch Freud weist im Zusammenhang einer Untersuchung der Phobien auf dieses Symptom einer rigiden, zu seiner Zeit ins ›Viktorianische‹ transponierten Sexualmoral hin bzw. auf seine pathologische Übersteigerung: »Ganz eindeutig [...] ist die Phobie vor dem Alleinsein, die im Grunde der Versuchung zur einsamen Onanie ausweichen will.« (Hemmung, Symptom und Angst, in: ders., Studienausgabe, Bd. 6, S. 270.)

184 Horkheimer, Adorno, Dialektik der Aufklärung, S. 28ff. u.ö. Rolf Grimminger, Aufklärung, Absolutismus und bürgerliche Individuen, S. 22f. Ders., Die nützliche gegen die schöne Aufklärung, S. 129, 132f. Hartmut und Gernot Böhme, Das Andere der Vernunft, passim.

185 Schiller, Vom Erhabenen, in: ders., Nationalausgabe, Bd. 20, S. 184. Daß die Radikalität dieses Gedankens nicht zuletzt auf seinen Zweck zurückgeht, geistige Selbstbehauptung noch angesichts der Gefahr physischer Vernichtung zu garantieren, ändert nichts an der Modellhaftigkeit, mit der hier das bürgerlich-vernünftige Verhältnis zu sich selbst ausgesprochen wird.

186 Hartmut und Gernot Böhme, Das Andere der Vernunft, S. 249f., 261, 273, 328, 366f. u.ö. Vgl. schon Grimminger, Aufklärung, Absolutismus und bürgerliche Individuen, S. 22f.

187 Paul Mog, Ratio und Gefühlskultur, S. 3 u.ö., und die Brüder Böhme, Das Andere der Vernunft, scheinen mir etwas zu großzügig mit diesem Terminus zu sein.

188 Zum Problem vgl. auch o. S. 212 und S. 226f.

Literaturverzeichnis

I. Quellen

Johann Friedrich Abegg, Reisetagebuch von 1798, hg. von Walter und Jolanda Abegg in Zusammenarbeit mit Zwi Batscha, 2. Aufl. Frankfurt 1977.

Abraham a Sancta Clara, Huy! und Pfuy! Der Welt. Huy / Oder Anfrischung zu allen schönen Tugenden: Pfuy Oder Abschreckung Von allen schändlichen Lastern [. . .], Würtzburg 1707.

Abraham a Sancta Clara, Centifolium Stultorum in Quarto. Oder Hundert Ausbündige Narren in Folio [. . .], ND der Erstausgabe von 1709, Dortmund 1978.

[Joseph] Addison and [Richard] Steele and others, The Spectator in four volumes, hg. von Gregory Smith, London/New York 1958.

Johann Christoph Adelung, Versuch eines vollständigen grammatisch-kritischen Wörterbuchs der hochdeutschen Mundart, 4 Bde., Leipzig 1775ff.

Johann Christoph Adelung, Geschichte der menschlichen Narrheit, oder Lebensbeschreibungen berühmter Schwarzkünstler, Goldmacher, Teufelsbanner, Zeichen = und Liniendeuter, Schwärmer, Wahrsager, und anderer philosophischer Unholden, 7 Bde., Leipzig 1785–1789.

Ernst Moritz Arndt, Briefe an Freunde, Altona 1810.

Johann Arndt, Sämptliche Geistreiche Bücher vom Wahren Christenthum [. . .] (1605–1609), Franckfurt am Mayn 1715.

Francis Bacon, Essays oder praktische und moralische Ratschläge (1625), übs. von Elisabeth Schücking, hg. von Levin L. Schücking, Stuttgart 1970.

Carl Friedrich Bahrdt, Ueber den Zweck der Erziehung, in: Joachim Heinrich Campe (Hg.), Allgemeine Revision, Bd. 1, S. 1–124.

Johann Bernhard Basedow, Die ganze natürliche Weisheit im Privatstande der gesitteten Bürger, Halle 1768.

Johann Bernhard Basedow, Das Methodenbuch für Väter und Mütter der Familien und Völker (3. Aufl. 1773), in: ders., Ausgewählte Schriften, hg. von Hugo Göring, Langensalza 1880, S. 1–225.

Johann Bernhard Basedows Elementarwerk (2. Aufl. 1785), hg. von Theodor Fritzsch, 3 Bde., Leipzig 1909.

James Beattie, Erläuterungen über das Erhabene (1783), in: Neue Bibliothek der schönen Wissenschaften und der freyen Künste, Bd. 30, Leipzig 1785, S. 5–52 und 195–228.

Rudolph Zacharias Becker, Noth- und Hülfsbüchlein für Bauersleute, ND der Erstausgabe Gotha und Leipzig 1788, hg. von Reinhart Siegert, Dortmund 1980.

Johann Beer, Sein Leben, von ihm selbst erzählt, hg. von Adolf Schmiedecke, Göttingen 1965.

Adam Bernd, Eigene Lebens-Beschreibung (1738), hg. von Volker Hoffmann, München 1973.

Hugh Blair, Vorlesungen über Rhetorik und schöne Wissenschaften, übs. von K. G. Schreiter, 4 Bde., Liegnitz und Leipzig 1785–1789.

Johann Jacob Bodmer, Brief = Wechsel von der Natur des Poetischen Geschmackes, ND der Ausgabe Zürich 1736, hg. von Paul Böckmann und Friedrich Sengle, Stuttgart o. J.

Johann Jacob Bodmer, Critische Betrachtungen über die poetischen Gemählde der Dichter, ND der Ausgabe Zürich 1741, Frankfurt 1971.

Ulrich Bräker, Lebensgeschichte und Natürliche Ebentheuer des Armen Mannes im Tockenburg (1789), hg. von Samuel Voellmy, Zürich 1978.

Johann Jacob Breitinger, Critische Dichtkunst, 2 Bde., ND der Ausgabe Zürich 1740, Stuttgart 1966.

Barthold Heinrich Brockes, Auszug der vornehmsten Gedichte aus dem Irdischen Vergnügen in Gott, ND der Ausgabe Hamburg 1738, Stuttgart 1965.

Edmund Burke, Philosophische Untersuchung über den Ursprung unserer Ideen vom Erhabenen und Schönen (2. Aufl. 1759), übs. von Friedrich Bassenge, hg. von Werner Strube, Hamburg 1980.

Joachim Heinrich Campe, Abeze- und Lesebuch (1807), ND der Ausgabe Braunschweig 1830, hg. von Hubert Göbels, Dortmund 1979.

Joachim Heinrich Campe (Hg.), Allgemeine Revision des gesammten Schul = und Erziehungswesens von einer Gesellschaft praktischer Erzieher, 16 Bde., Hamburg u.a. 1785–1792.

Joachim Heinrich Campe, Von den Erfordernissen einer guten Erziehung von Seiten der Eltern vor und nach der Geburt des Kindes, in: ders. (Hg.), Allgemeine Revision, Bd. 1, S. 125–232.

Joachim Heinrich Campe, Ueber die früheste Bildung junger Kinderseelen im ersten und zweiten Jahre der Kindheit, in: ders. (Hg.), Allgemeine Revision, Bd. 2, S. 3–296.

Joachim Heinrich Campe, Von der nöthigen Sorge für die Erhaltung des Gleichgewichtes unter den menschlichen Kräften, in: ders. (Hg.), Allgemeine Revision, Bd. 3, S. 291–434.

Joachim Heinrich Campe, Über die große Schädlichkeit einer allzufrühen Ausbildung der Kinder, in: ders. (Hg.), Allgemeine Revision, Bd. 5, S. 1–160.

Joachim Heinrich Campe, Ueber das Zweckmäßige und Unzweckmäßige in den Belohnungen und Strafen, in: ders. (Hg.), Allgemeine Revision, Bd. 10, S. 445–568.

Joachim Heinrich Campe, Robinson der Jüngere. Ein Lesebuch für Kinder (1779), 2 Bde., ND der Ausgabe Braunschweig 1860, Dortmund 1978.

Des Girolamo Cardano von Mailand eigene Lebensbeschreibung, übs. von Hermann Hefele, München 1969.

Giacomo Casanova, Geschichte meines Lebens, übs. von Heinz von Sauter, hg. von Erich Loos, 12 Bde., Berlin 1964.

Joseph Anton Christ, Schauspielerleben im achtzehnten Jahrhundert, hg. von Rudolf Schirmer, München und Leipzig 1912.

Michael Conrad Curtius, Abhandlung von dem Erhabenen in der Dichtkunst, in: ders., Kritische Abhandlungen und Gedichte, Hannover 1760, S. 3–68.

René Descartes, Meditationen über die Grundlagen der Philosophie (1641), auf

Grund der Ausgaben von Artur Buchenau neu hg. von Lüder Gäbe, Hamburg 1959.

Denis Diderot, D'Alemberts Traum (1769), in: ders., Philosophische Schriften, hg. von Theodor Lücke, Frankfurt 1967, Bd. 1, S. 525–572.

Denis Diderot, Die Nonne, hg. von Hans Hinterhäuser, Berlin 1966.

Georg Dreves, Resultate der philosophierenden Vernunft über die Natur des Vergnügens der Schönheit und des Erhabenen, Leipzig 1793.

Johann August Eberhard, Handbuch der Aesthetik für gebildete Leser aus allen Ständen in Briefen, 4 Bde., Halle 1803–1805.

Johann Peter Eckermann, Gespräche mit Goethe in den letzten Jahren seines Lebens, hg. von Fritz Bergemann, 2 Bde., Frankfurt 1981.

Epikur, Von der Überwindung der Furcht, übs. von Olof Gigon, 3. Aufl. München 1983.

Hans-Heino Ewers (Hg.), Kinder- und Jugendliteratur der Aufklärung. Eine Textsammlung, Stuttgart 1980.

Johann Georg Heinrich Feder, Untersuchungen über den menschlichen Willen dessen Naturtriebe, Veränderlichkeit, Verhältniß zur Tugend und Glückseligkeit und die Grundregeln, die menschlichen Gemüther zu erkennen und zu regieren, 4 Bde., Göttingen und Lemgo 1779–1794.

Johann Gottlieb Fichte, Von den Pflichten der Gelehrten. Jenaer Vorlesungen 1794/95, hg. von Reinhard Lauth, Hans Jacob, Peter K. Schneider, Hamburg 1971.

Paul Fleming, Gedichte, hg. von Johannes Pfeiffer, Stuttgart 1967.

[Friedrich Jakob] Floerken, Art. Leidenschaft, in: Johann Georg Krünitz, Encyklopädie, oder allgemeines System der Staats =, Stadt =, Haus =, und Landwirtschaft, wie auch der Erdbeschreibung, Kunst = und Naturgeschichte in alphabetischer Ordnung, fortgesetzt von Friedrich Jakob Floerken, Bd. 75, Berlin 1798, S. 1–510.

Bernhard von Fontenelle, Dialogen über die Mehrheit der Welten (1686), hg. von Johann Elert Bode, Berlin 1780.

August Hermann Francke, Pädagogische Schriften, besorgt von Hermann Lorenzen, Paderborn 1957.

Benjamin Franklin, Lebenserinnerungen, hg. von Manfred Pütz, München 1983.

P. Gäng, Aesthetik oder allgemeine Theorie der schönen Künste und Wissenschaften, Salzburg 1785.

Christian Garve, Ueber einige Schönheiten der Gebirgsgegenden (1798), in: ders., Popularphilosophische Schriften über literarische, ästhetische und gesellschaftliche Gegenstände, hg. von Kurt Wölfel, ND Stuttgart 1974, Bd. 2, S. 1067–1114.

Johann Wilhelm Ludwig Gleim, Gedichte, hg. von Jürgen Stenzel, Stuttgart 1969.

Johann Wolfgang Goethe, Werke. Hamburger Ausgabe, hg. von Erich Trunz, 14 Bde., München 1973ff.

Johann Wolfgang Goethe, Werke, hg. im Auftrage der Großherzogin Sophie von Sachsen, 133 Bde., Weimar 1887–1919.
Johann Wolfgang Goethe, Tagebuch der ersten Schweizer Reise 1775, hg. von Hans-Georg Drewitz, Frankfurt 1980.
Johann Christoph Gottsched, Der Biedermann, ND der Originalausgabe Leipzig 1727–1729, hg. von Wolfgang Martens, Stuttgart 1975.
Johann Christoph Gottsched, Erste Gründe der gesammten Weltweisheit (1734), 2 Bde., ND der 7. Aufl. Leipzig 1762, Hildesheim/Zürich/New York 1983.
Johann Christoph Gottsched, Versuch einer Critischen Dichtkunst (1730), ND der 4. Aufl. Leipzig 1751, Darmstadt 1982.
Carl Grosse, Der Genius (1791–1795), Frankfurt 1982.
Carl Grosse, Ueber das Erhabene, Göttingen und Leipzig 1788.
Carl Grosse, Ueber Größe und Erhabenheit, in: Deutsche Monatsschrift, Bd. 2, Berlin 1790, S. 275–302.

Albrecht von Haller, Die Alpen und andere Gedichte, hg. von Adalbert Elschenbroich, Stuttgart 1974.
Irene Hardach-Pinke, Gerd Hardach (Hg.), Deutsche Kindheiten. Autobiographische Zeugnisse 1700–1900, Kronberg 1978.
Wilhelm Hauff, Märchen, 2 Bde., hg. von Bernhard Zeller, Frankfurt 1976.
Johann Peter Hebel, Werke, hg. von Eberhard Meckel, 2 Bde., Frankfurt 1968.
Claude-Adrien Helvétius, Vom Menschen, von seinen geistigen Fähigkeiten und von seiner Erziehung (1773), übs. von Hans-Manfred Militz, Berlin und Weimar 1976.
Justus Christian Hennings, Von Geistern und Geistersehern, Leipzig 1780.
Justus Christian Hennings, Von den Träumen und Nachtwandlern, Weimar 1784.
Johann Gottfried Herder, Sämtliche Werke, hg. von Bernhard Suphan, ND der Ausgabe Berlin 1877–1913, Hildesheim 1967.
Marcus Herz, Etwas Psychologisch-Medizinisches. Moriz Krankengeschichte, in: C. W. Hufeland (Hg.), Journal der practischen Arzneykunde und Wundarzneykunst, Bd. 3, 2. Stück, Jena 1798, S. 259–339.
Karl Heinrich Heydenreich, Grundriß einer neuen Untersuchung über die Empfindungen des Erhabenen, in: Neues philosophisches Magazin, Erläuterungen und Anwendungen des Kantischen Systems bestimmt, hg. von J. H. Abicht und F. G. Born, Bd. 1, Leipzig 1790, S. 86–96.
Karl Heinrich Heydenreich, Psychologische Entwickelung des Aberglaubens und der damit verknüpften Schwärmerey, Leipzig 1798.
Karl Heinrich Heydenreich, Über die durch gesetzwidrige Wirkung äusserer Sinne entstehenden abergläubischen Täuschungen. Zur Ankündigung seiner im Winterhalbjahre 1797 zu haltenden Vorlesungen, Leipzig 1797.
Norbert Hinske (Hg.), Was ist Aufklärung? Beiträge aus der Berlinischen Monatsschrift, Darmstadt 1973.
Theodor Gottlieb von Hippel, Lebensläufe nach Aufsteigender Linie, 4 Bde., Berlin 1778–1781.
Christian Cay Lorenz Hirschfeld, Briefe über die vornehmsten Merkwürdigkeiten der Schweiz, Leipzig 1769.

Christian Cay Lorenz Hirschfeld, Theorie der Gartenkunst, 5 Bde., Leipzig 1779–1785.

Thomas Hobbes, Leviathan oder Wesen, Form und Gewalt des kirchlichen und bürgerlichen Staates (1651), übs. von Dorothee Tidow, hg. von Peter Cornelius Mayer-Tasch, Reinbek 1969.

E.T.A. Hoffmann, Die Elixiere des Teufels (1815/16). Lebens-Ansichten des Katers Murr (1819/21), mit einem Nachwort von Walter Müller-Seidel, München 1977.

E.T.A. Hoffmann, Fantasie- und Nachtstücke, hg. von Walter Müller-Seidel, München 1976.

E.T.A. Hoffmann, Späte Werke, mit einem Nachwort von Walter Müller-Seidel und Anmerkungen von Wulf Segebrecht, München 1969.

E.T.A. Hoffmann in Aufzeichnungen seiner Freunde und Bekannten. Eine Sammlung von Friedrich Schnapp, München 1974.

Henry Home, Grundsätze der Kritik (1762), übs. von Johann Nikolaus Meinhard, 2 Bde., Leipzig 1772.

Christoph Wilhelm Hufeland, Makrobiotik oder die Kunst, das menschliche Leben zu verlängern (5. Aufl. 1823 [1. Aufl. 1796]), hg. von Paul Dittmar, Leipzig 1905.

Johann Georg Jacobi, Vom Erhabnen, in: Iris, Bd. 4, Düsseldorf 1775, S. 106–132.

Jean Paul, Werke in 12 Bänden, hg. von Norbert Miller, München/Wien 1975.

Jean Pauls sämtliche Werke. Historisch-kritische Ausgabe, hg. von Eduard Berend, Weimar 1927ff.

Johann Heinrich Jung-Stilling, Lebensgeschichte (1777–1817), hg. von Gustav Adolf Benrath, Darmstadt 1976.

Johann Heinrich Jung genannt Stilling, Theorie der Geister = Kunde, in einer Natur = Vernunft = und Bibelmäsigen Beantwortung der Frage: Was von Ahnungen, Gesichten und Geistererscheinungen geglaubt und nicht geglaubt werden müße, Nürnberg 1808.

Immanuel Kant, Werke in 10 Bänden, hg. von Wilhelm Weischedel, Darmstadt 1975.

Briefe an Kant, hg. von Jürgen Zehbe, Göttingen 1971.

Kant, Erhard, Hamann, Herder, Lessing, Mendelssohn, Riem, Schiller, Wieland, Was ist Aufklärung? Thesen und Definitionen, hg. von Ehrhard Bahr, Stuttgart 1978.

Alfred Kelletat (Hg.), Der Göttinger Hain, Stuttgart 1972.

Karl Friedrich von Klöden, Jugenderinnerungen, hg. von Karl Koetschau, Leipzig 1911.

Klopstocks Werke, hg. von A. L. Back, 6 Bde., Stuttgart 1876.

Johann Christoph König, Philosophie der schönen Künste, Nürnberg 1784.

Marie-Luise Könneker (Hg.), Kinderschaukel 1. Ein Lesebuch zur Geschichte der Kindheit in Deutschland 1745–1860, Darmstadt und Neuwied 1976.

Rudolf Köpke, Ludwig Tieck. Erinnerungen aus dem Leben des Dichters nach dessen mündlichen und schriftlichen Mittheilungen, 2 Bde., Leipzig 1855.

Johann Gottlob Krüger, Versuch einer Experimental-Seelenlehre, Halle und Helmstädt 1756.

Wilhelm von Kügelgen, Jugenderinnerungen eines alten Mannes (1870), Leipzig o.J.

Choderlos de Laclos, Schlimme Liebschaften (1782), übs. von Heinrich Mann, Frankfurt 1972.

Peter Lahnstein (Hg.), Report einer ›guten alten Zeit‹. Zeugnisse und Berichte 1750–1805, München 1977.

Magister F. Ch. Laukhards Leben und Schicksale von ihm selbst beschrieben (1792–1802), 2 Bde., Stuttgart 1908.

[Johann Caspar] Lavaters Jugend von ihm selbst erzählt (1779), hg. von Oskar Farner, Zürich 1939.

Johann Caspar Lavater, Physiognomische Fragmente, zur Beförderung der Menschenkenntniß und Menschenliebe, 4 Bde., Leipzig und Winterthur 1775–1778.

Gotthold Ephraim Lessing, Werke, hg. von Herbert G. Göpfert, 8 Bde., München 1970–1979.

Georg Christoph Lichtenberg, Schriften und Briefe, hg. von Wolfgang Promies, 4 Bde., 2. Aufl. München 1973.

John Locke, Gedanken über Erziehung (1693), übs. und hg. von Heinz Wohlers, Stuttgart 1970.

Johann Michael von Loen, Der Redliche Mann am Hofe; oder die Begebenheiten des Grafens von Rivera. In einer auf den Zustand der heutigen Welt gerichteten Lehr= und Staats=Geschichte, ND der Ausgabe Frankfurt 1742, Stuttgart 1966.

Johann Michael von Loen, Von den Lust=Gärten, in: ders., Gesammelte kleine Schriften, ND der Ausgabe Frankfurt und Leipzig 1752, Frankfurt 1972, 4. Theil, S. 152–158.

Nicole Malebranche, Erforschung der Wahrheit (1674), hg. von Artur Buchenau, München 1920.

Charles Robert Maturin, Melmoth der Wanderer, übs. von Friedrich Polakovics, Stuttgart o.J.

Georg Friedrich Meier, Theoretische Lehre von den Gemüthsbewegungen überhaupt, ND der Ausgabe Halle 1744, Frankfurt 1971.

Christoph Meiners, Briefe über die Schweiz, 4 Bde., Berlin 1788–1790.

Moses Mendelssohn, Gesammelte Schriften. Jubiläumsausgabe, in Gemeinschaft mit F. Bamberger, H. Borodianski, S. Rawidowicz, B. Strauss, L. Strauss, begonnen von J. Elbogen, J. Guttmann, E. Mittwoch, fortgesetzt von Alexander Altmann, ND der Ausgabe Berlin 1929ff., Stuttgart 1971ff.

Michel de Montaigne, Essais (1580/1588), übs. und hg. von Herbert Lüthy, Zürich 1953.

Karl Philipp Moritz, Werke in 2 Bänden, hg. von den nationalen Forschungs- und Gedenkstätten der klassischen deutschen Literatur in Weimar, Berlin und Weimar 1976.

Karl Philipp Moritz, Andreas Hartknopf. Eine Allegorie (1786). Andreas Hartknopfs Predigerjahre (1790). Fragmente aus dem Tagebuche eines Geistersehers (1787), ND der Originalausgaben, hg. von Hans Joachim Schrimpf, Stuttgart 1968.
Karl Philipp Moritz (Hg.), Gnothi sauton oder Magazin zur Erfahrungsseelenkunde als ein Lesebuch für Gelehrte und Ungelehrte, 10 Bde., Berlin
1783–1793.
Johannes Müller, Ueber die phantastischen Gesichtserscheinungen. Eine physiologische Untersuchung mit einer physiologischen Urkunde des Aristoteles
über den Traum, Coblenz 1826.
Paul Münch (Hg.), Ordnung, Fleiß und Sparsamkeit. Texte und Dokumente zur
Entstehung der »bürgerlichen Tugenden«, München 1984.
Christlob Mylius, Gedanken ueber das Alter und den Ursprung der Furcht unsers Pöbels vor den Gespenstern; besonders was die sogenannten Erscheinungen der Verstorbenen anlanget, in: Vermischte Schriften des Herrn Christlob
Mylius gesammelt von Gotthold Ephraim Lessing, ND der Ausgabe Berlin
1754, Frankfurt 1971, S. 205–210.

Friedrich Nicolai, Beyspiel einer Erscheinung mehrerer Phantasmen (1799), in:
ders., Philosophische Abhandlungen, Bd. 1, Berlin und Stettin 1808, S. 53–96.
Friedrich Nicolai, Gotthold Ephraim Lessing, Moses Mendelssohn, Briefe die
neueste Literatur betreffend, 24 Theile in 4 Bänden, ND der Ausgabe Berlin
1759/60, Hildesheim/New York 1974.
Friedrich Immanuel Niethammer, Der Streit des Philanthropinismus und
Humanismus in der Theorie des Erziehungsunterrichts unsrer Zeit, ND der
Originalausgabe Jena 1808, in: ders., Philanthropinismus – Humanismus.
Texte zur Schulreform, hg. von Werner Hillebrecht, Weinheim/Berlin/Basel
1968.
Novalis, Heinrich von Ofterdingen (1802), in: ders., Schriften, hg. von Paul
Kluckhohn und Richard Samuel, Bd. 1, 3. Aufl. Darmstadt 1977.

J. F. Oest, Versuch einer Beantwortung der pädagogischen Frage: wie man Kinder und junge Leute vor dem Leib und Seele verwüstenden Laster der Unzucht überhaupt und der Selbstschwächung insonderheit verwahren, oder,
wofern sie schon davon angesteckt waren, wie man sie davon heilen könne?,
in: Joachim Heinrich Campe (Hg.), Allgemeine Revision, Bd. 6, S. 1–286.
J. F. Oest, Versuch einer Belehrung für die männliche und weibliche Jugend
über die Laster der Unkeuschheit überhaupt und über die Selbstschwächung
insonderheit, nebst einem kurzen Vortrage der Erzeugungslehre, in: Joachim
Heinrich Campe (Hg.), Allgemeine Revision, Bd. 6, S. 287–507.

Blaise Pascal, Über die Religion und über einige andere Gegenstände (Pensées,
1669), übs. und hg. von Ewald Wasmuth, 7. Aufl. Heidelberg 1972.
Johann Heinrich Pestalozzi, Lienhard und Gertrud. Ein Buch für das Volk
(1781ff.), 4 Bde., Trogen 1831.
Ernst Platner, Anthropologie für Aerzte und Weltweise, Leipzig o.J. [1772].

Ernst Platner, Neue Anthropologie für Aerzte und Weltweise, Bd. 1 (keine weiteren Bände erschienen), Leipzig 1790.

Jan Potocki, Die Handschrift von Saragossa (1805ff.), aus dem Französischen von Louise Eisler-Fischer, aus dem Polnischen von Maryla Reifenberg, hg. von Roger Caillois, 2 Bde., Frankfurt 1975.

Leben und Ereignisse des Peter Prosch eines Tyrolers von Ried im Zillerthal, oder Das wunderbare Schicksal, Geschrieben in den Zeiten der Aufklärung (1789), hg. von Klaus Pörnbacher, München 1964.

Thomas de Quincey, Der Mord als eine schöne Kunst betrachtet (1827–1854), hg. von Norbert Kohl, Frankfurt 1977.

François Rabelais, Gargantua und Pantagruel (1532ff.), übs. von Ferdinand Adolf Gelbcke, hg. von Horst und Edith Heintze, 2 Bde., Frankfurt 1976.

H. A. O. Reichard, Seine Selbstbiographie, hg. von Hermann Uhde, Stuttgart 1877.

Friedrich Justus Riedel, Theorie der schönen Künste und Wissenschaften, Jena 1767.

Friedrich Eberhard von Rochow, Der Kinderfreund. Ein Lesebuch zum Gebrauch in Landschulen, ND der Ausgabe Brandenburg und Leipzig 1776, hg. von Hubert Göbels, Dortmund 1979.

Jean-Jacques Rousseau, Bekenntnisse, nach der Übs. von Levin Schücking neubearbeitet und hg. von Konrad Wolter und Hans Bretschneider, 2 Bde., Leipzig und Wien 1916.

Jean-Jacques Rousseau, Emile oder über die Erziehung (1762), übs. von Eleonore Sckommodau, hg. von Martin Rang, Stuttgart 1976.

Jean-Jacques Rousseau, Julie oder Die neue Héloïse (1761), München 1978.

Jean-Jacques Rousseau, Träumereien eines einsamen Spaziergängers (1776), in: ders., Schriften, hg. von Henning Ritter, 2 Bde., München/Wien 1978, Bd. 2, S. 637–760.

Katharina Rutschky (Hg.), Schwarze Pädagogik. Quellen zur Naturgeschichte der bürgerlichen Erziehung, Frankfurt/Berlin/Wien 1977.

Die Memoiren des Herzogs von Saint-Simon, übs. und hg. von Sigrid von Massenbach, 4 Bde., Frankfurt/Berlin/Wien 1977.

Christian Gotthilf Salzmann, Ameisenbüchlein oder Anweisung zu einer vernünftigen Erziehung der Erzieher (1806), hg. von Ernst Schreck, Leipzig 1887.

Christian Gotthilf Salzmann, Konrad Kiefer oder Anweisung zu einer vernünftigen Erziehung der Kinder. Ein Buch für's Volk (1796), hg. von Theo Dietrich, Bad Heilbrunn 1961.

Christian Gotthilf Salzmann, Moralisches Elementarbuch. Erster Theil, ND der Ausgabe Leipzig 1785, hg. von Hubert Göbels, Dortmund 1980.

Johann Jacob Scheuchzer, Natur = Historie des Schweizerlandes, 3 Bde., 2. Aufl. Zürich 1752.

Friedrich Schiller, Werke. Nationalausgabe. Im Auftrage des Goethe- und Schiller-Archivs, des Schiller-Nationalmuseums und der Deutschen Akademie hg. von Julius Petersen u.a., Weimar 1943ff.

August Wilhelm Schlegel, Allgemeine Übersicht des gegenwärtigen Zustandes der deutschen Literatur (1802/03), in: ders., Kritische Schriften und Briefe, hg. von Edgar Lohner, Bd. 3, Stuttgart 1964, S. 22–85.

August Wilhelm Schlegel, Die Kunstlehre (1801), in: ders., Kritische Schriften und Briefe, hg. von Edgar Lohner, Bd. 2, Stuttgart 1963.

[Schlegel] Athenaeum. Eine Zeitschrift von August Wilhelm Schlegel und Friedrich Schlegel, ND der Ausgabe Berlin 1798–1800, Darmstadt 1960.

Friedrich Schleiermacher, Über die Religion. Reden an die Gebildeten unter ihren Verächtern (1799), hg. von Carl Heinz Ratschow, Stuttgart 1977.

Friedrich Schleiermacher, Die Vorlesungen aus dem Jahre 1826, in: ders., Pädagogische Schriften, hg. von C. Platz, 3. Aufl. Langensalza 1902, S. 1–416.

Johann Georg Schlosser, Versuch über das Erhabene als ein Anhang zum Longin vom Erhabenen, in: ders. (Übs. und Hg.), Longin vom Erhabenen, Leipzig 1781, S. 266–334.

Jürgen Schlumbohm (Hg.), Kinderstuben. Wie Kinder zu Bauern, Bürgern, Aristokraten wurden. 1700–1850, München 1983.

Andreas Heinrich Schott, Theorie der schönen Wissenschaften, 2 Bde., Tübingen 1789.

Johann Gottlieb Schummel, Spitzbart. Eine komi-tragische Geschichte für unser pädagogisches Jahrhundert (1779), hg. von Eberhard Haufe, München 1983.

Johann Gottfried Seume, Werke in 2 Bänden, hg. von den nationalen Forschungs- und Gedenkstätten der klassischen deutschen Literatur in Weimar, Berlin und Weimar 1977.

Madame de Sévigné, Briefe, übs. und hg. von Theodora von der Mühll, Frankfurt 1979.

Friedrich Wilhelm Daniel Snell, Ueber das Gefühl des Erhabenen, nach Kants Kritik der Urtheilskraft, in: Neues philosophisches Magazin, Erläuterungen und Anwendungen des Kantischen Systems bestimmt, hg. von J. H. Abicht und F. G. Born, Bd. 2, Leipzig 1791, S. 426–465.

Christian Heinrich Spieß, Biographien der Wahnsinnigen (1795/96), ausgewählt und hg. von Wolfgang Promies, Darmstadt und Neuwied 1976.

Baruch de Spinoza, Theologisch-Politischer Traktat (1670), auf der Grundlage der Übs. von Carl Gebhardt neu bearbeitet und hg. von Günter Gawlick, Hamburg 1976.

Don Ferdinand Sterzingers Geister- und Zauberkatechismus, München 1783.

Adalbert Stifter, Studien (1847–50), mit einem Nachwort von Fritz Krökel und Anmerkungen von Karl Pörnbacher, München 1979.

Christoph Christian Sturms Betrachtungen über die Werke Gottes im Reiche der Natur und der Vorsehung auf alle Tage des Jahres (1772). Für katholische Christen hg. von Bernard Galura, 2 Bde., Augsburg 1804.

Johann Stuve, Allgemeinste Grundsätze der Erziehung, hergeleitet aus einer richtigen Kenntniß des Menschen in Rücksicht auf seine Bestimmung, seine körperliche und geistige Natur und deren innigste Verbindung, seine Fähigkeit zur Glückseligkeit und seine Bestimmung für die Gesellschaft, in: Joachim Heinrich Campe (Hg.), Allgemeine Revision, Bd. 1, S. 233–381.

Johann Stuve, Allgemeine Grundsätze der körperlichen Erziehung, in: Joachim Heinrich Campe (Hg.), Allgemeine Revision, Bd. 1, S. 382–462.

Johann Georg Sulzer, Allgemeine Theorie der schönen Künste [. . .] (1771–1774), 4 Bde., ND der 2. Aufl. Leipzig 1792–1799, Hildesheim 1967.

Johann Georg Sulzer, Anweisung zur Erziehung seiner Töchter, in: ders., Pädagogische Schriften, hg. von Willibald Klinke, Langensalza 1922, S. 174ff.

Johann Georg Sulzer, Versuch von der Erziehung und Unterweisung der Kinder (2. Aufl. 1748), in: ders., Pädagogische Schriften, hg. von Willibald Klinke, Langensalza 1922, S. 42–173.

Christian Thomasius, Außübung der Vernunfft = Lehre, ND der Ausgabe Halle 1691, Hildesheim 1968.

Ludwig Tieck, Novellen, hg. von Marianne Thalmann, München 1965.

Ludwig Tieck, Phantasus (1812–16), hg. von Manfred Frank, Frankfurt 1985.

[Ludwig Tieck] König der Romantik. Das Leben des Dichters Ludwig Tieck in Briefen, Selbstzeugnissen und Berichten, hg. von Klaus Günzel, Berlin 1981.

Ludwig Tieck, hg. von Uwe Schweikert, 3 Bde., München 1971 (Dichter über ihre Dichtungen, Bd. 9).

Ludwig Tieck, Wilhelm Heinrich Wackenroder, Die Pfingstreise von 1793 durch die Fränkische Schweiz, den Frankenwald und das Fichtelgebirge, Bayreuth 1970.

Peter Villaume, Abhandlung über das Verhalten bei den ersten Unarten der Kinder, in: Joachim Heinrich Campe (Hg.), Allgemeine Revision, Bd. 2, S. 297–616.

Peter Villaume, Allgemeine Theorie, wie gute Triebe und Fertigkeiten durch die Erziehung erwekt, gestärkt und gelenkt werden müssen, in: Joachim Heinrich Campe (Hg.), Allgemeine Revision, Bd. 4, S. 3–604.

Peter Villaume, Ueber die Frage, wie kann mans erhalten, daß Kinder gehorsam und dereinst nachgebend werden, ohne willenlos zu seyn, oder wie kann man sie zur Festigkeit des Willens ohne Eigensinn bilden, in: Campe (Hg.), Allgemeine Revision, Bd. 5, S. 161–274.

Peter Villaume, Ueber die Unzuchtssünden in der Jugend, in: Joachim Heinrich Campe (Hg.), Allgemeine Revision, Bd. 7, S. 1–308.

Voltaire, Historische Lobrede auf die Vernunft, in: ders., Sämtliche Romane und Erzählungen, übs. von Liselotte Ronte und Walter Widmer, München 1969, S. 607–618.

Jacobus de Voragine, Die Legenda aurea, übs. von Richard Benz, 9. Aufl. Heidelberg 1979.

Johann Heinrich Voß, Werke in einem Band, hg. von den nationalen Forschungs- und Gedenkstätten der klassischen deutschen Literatur in Weimar, Berlin und Weimar 1976.

Wilhelm Heinrich Wackenroder, Werke und Briefe, hg. von Friedrich von der Leyen, 2 Bde., Jena 1910.

Richard Weiss (Hg.), Die Entdeckung der Alpen. Eine Sammlung schweizerischer und deutscher Alpenliteratur bis zum Jahr 1800, Frauenfeld und Leipzig 1934.

430

Johann Karl Wezel, Versuch über die Kenntnis des Menschen, ND der Ausgabe Leipzig 1785, Frankfurt 1971.

Christoph Martin Wieland, Sämmtliche Werke, 45 Bde., ND der Ausgabe Leipzig 1794–1811, hg. von der Hamburger Stiftung zur Förderung von Wissenschaft und Kultur in Zusammenarbeit mit dem Wieland-Archiv, Biberach, und Hans Radspieler, Hamburg 1984.

M. A. von Winterfeld, Ueber die heimlichen Sünden der Jugend, in: Joachim Heinrich Campe (Hg.), Allgemeine Revision, Bd. 6, S. 507–609.

Christian Wolff, Vernünfftige Gedancken von den Würckungen der Natur, ND der Ausgabe Halle 1723, Hildesheim/New York 1981.

Johann Heinrich Zedler (Hg.), Grosses-vollständiges Universal-Lexicon aller Wissenschaften und Künste, welche bißhero durch menschlichen Verstand und Witz erfunden und verbessert worden [...], 68 Bde., ND der Ausgabe Halle und Leipzig 1732–1754, Graz 1961–1964.

Johann Georg Zimmermann, Ueber die Einsamkeit, 4 Bde., Leipzig 1784/85.

Heinrich Zschokke, Ideen zur psychologischen Aesthetik, Berlin und Frankfurt/Oder 1793.

II. Wissenschaftliche Literatur

Theodor W. Adorno, Ästhetische Theorie, 2. Aufl. Frankfurt 1970.

Richard Alewyn, Die Literarische Angst, in: Hoimar von Ditfurth (Hg.), Aspekte der Angst, München 1972, S. 38–52.

Richard Alewyn, Die Lust an der Angst, in: ders., Probleme und Gestalten. Essays, Frankfurt 1974, S. 307–330.

Thomas Anz, Literatur der Existenz. Literarische Psychopathographie und ihre soziale Bedeutung im Frühexpressionismus, Stuttgart 1977.

Philippe Ariès, Geschichte der Kindheit, München/Wien 1975.

Philippe Ariès, Geschichte des Todes, München/Wien 1980.

Manfred Arndt, Frühkapitalismus in Deutschland am Ende des 18. Jahrhunderts. Ansätze kapitalistischen Wirtschaftens und ihre Auswirkungen auf das System sozialer Schichtung, Diss. Marburg 1971.

Theodor Ballauff, Klaus Schaller, Pädagogik. Eine Geschichte der Bildung und Erziehung, Bd. 2, Freiburg/München 1970.

Georges Bataille, Der heilige Eros (1957), Darmstadt und Neuwied 1974.

Hermann Bausinger, Aufklärung und Aberglaube, in: DVjs 37 (1963), S. 345–362.

Christian Begemann, Erhabene Natur. Zur Übertragung des Begriffs des Erhabenen auf Gegenstände der äußeren Natur in den deutschen Kunsttheorien des 18. Jahrhunderts, in: DVjs 58 (1984), S. 74–110.

Henning Bergenholtz, Das Wortfeld »Angst«. Eine lexikographische Untersuchung für ein großes interdisziplinäres Wörterbuch der deutschen Sprache, Stuttgart 1980.

Kurt Berger, Barock und Aufklärung im geistlichen Lied, Marburg 1951.

Peter L. Berger, Thomas Luckmann, Die gesellschaftliche Konstruktion der Wirklichkeit. Eine Theorie der Wissenssoziologie, 5. Aufl. Frankfurt 1980.

John Desmond Bernal, Sozialgeschichte der Wissenschaften, Bd. 2: Die Geburt der modernen Wissenschaft. Wissenschaft und Industrie, Reinbek 1978.

Hajo Bernett, Die pädagogische Neugestaltung der bürgerlichen Leibesübungen durch die Philanthropen, Schorndorf 1960.

Alfred Biese, Die Entwicklung des Naturgefühls im Mittelalter und in der Neuzeit, 2. Aufl. Leipzig 1892.

Rudolf Bilz, Studien über Angst und Schmerz, Frankfurt 1974.

Rudolf Bilz, Der Subjektzentrismus im Erleben der Angst, in: ders., Studien über Angst und Schmerz, Frankfurt 1974, S. 17–28.

Herwig Blankertz, Die Geschichte der Pädagogik von der Aufklärung bis zur Gegenwart, Wetzlar 1982.

Herwig Blankertz, Die utilitaristische Berufsbildungspädagogik der Aufklärung, in: Ulrich Herrmann (Hg.), »Das pädagogische Jahrhundert«. Volksaufklärung und Erziehung zur Armut im 18. Jahrhundert in Deutschland, Weinheim und Basel 1981, S. 247–270.

Ernst Bloch, Das Prinzip Hoffnung, 3 Bde., 3. Aufl. Frankfurt 1976.

Hans Blumenberg, Die kopernikanische Wende, Frankfurt 1965.

Hartmut und Gernot Böhme, Das Andere der Vernunft. Zur Entwicklung von Rationalitätsstrukturen am Beispiel Kants, Frankfurt 1983.

Otto Friedrich Bollnow, Wesen und Wandel der Tugenden, Frankfurt/Berlin/ Wien 1975.

Otto Brunner, Adeliges Landleben und europäischer Geist. Leben und Werk Wolf Helmhards von Hohberg 1612–1688, Salzburg 1949.

Heinz Otto Burger, Die Geschichte der unvergnügten Seele. Ein Entwurf, in: DVjs 34 (1960), S. 1–20.

Beatrice Caesar, Autorität in der Familie. Ein Beitrag zum Problem schichtenspezifischer Sozialisation, Reinbek 1972.

Ernst Cassirer, Die Philosophie der Aufklärung, 3. Aufl. Tübingen 1973.

Dieter Claessens, Angst, Furcht und gesellschaftlicher Druck, in: ders., Angst, Furcht und gesellschaftlicher Druck und andere Aufsätze, Dortmund 1966, S. 88–101.

Derek Clifford, Geschichte der Gartenkunst, 2. Aufl. München 1981.

Gion Condrau, Angst und Schuld als Grundprobleme der Psychotherapie. Philosophische und psychotherapeutische Betrachtungen zu Grundfragen menschlicher Existenz, Frankfurt 1976.

Horst Conrad, Die literarische Angst. Das Schreckliche in Schauerromantik und Detektivgeschichte, Düsseldorf 1974.

Werner Conze, Arbeit, in: Otto Brunner, Werner Conze, Reinhart Koselleck (Hg.), Geschichtliche Grundbegriffe. Historisches Lexikon zur politisch-sozialen Sprache in Deutschland, Bd. 1, Stuttgart 1972, S. 154–215.

Alain Corbin, Pesthauch und Blütenduft. Eine Geschichte des Geruchs, Berlin 1984.

Burghard Dedner, Vom Schäferleben zur Agrarwirtschaft. Poesie und Ideologie des »Landlebens« in der deutschen Literatur des 18. Jahrhunderts, in: Europäische Bukolik und Georgik, hg. von Klaus Garber, Darmstadt 1976, S. 347–390.

Jean Delumeau, Le discours sur le courage et sur la peur à l'époque de la renaissance, in: Revista de História (Sao Paulo) 100 (1974), S. 147–160.

Jean Delumeau, La Peur en Occident (XIVe–XVIIIe siècles). Une cité assiégée, Paris 1978. Deutsche Fassung: Angst im Abendland. Die Geschichte kollektiver Ängste im Europa des 14. bis 18. Jahrhunderts, 2 Bde., Reinbek 1985.

Jean Delumeau, Pouvoir, peur et hérésie au début du temps modernes, in: ders. u.a., La Peur, Paris 1979, S. 11–48.

Deutsche Aufklärung bis zur Französischen Revolution 1680–1789, hg. von Rolf Grimminger, München 1980 (Hansers Sozialgeschichte der deutschen Literatur, Bd. 3).

Herbert Dieckmann, Das Abscheuliche und Schreckliche in der Kunsttheorie des 18. Jahrhunderts, in: ders., Studien zur Europäischen Aufklärung, München 1974, S. 372–424.

Theo Dietrich, Geschichte der Pädagogik in Beispielen, 18.–20. Jahrhundert, Bad Heilbrunn 1970.

Hoimar von Ditfurth (Hg.), Aspekte der Angst, München 1972.

Klaus Dörner, Bürger und Irre. Zur Sozialgeschichte und Wissenschaftssoziologie der Psychiatrie, 2. Aufl. Frankfurt 1984.

Wolfgang Dreßen, Die pädagogische Maschine. Zur Geschichte des industrialisierten Bewußtseins in Preußen/Deutschland, Frankfurt/Berlin/Wien 1982.

Johannes von den Driesch, Josef Esterhues, Geschichte der Erziehung und Bildung, Bd. 1, Paderborn 1960.

Richard van Dülmen, Das Schauspiel des Todes. Hinrichtungsrituale in der frühen Neuzeit, in: Richard van Dülmen, Norbert Schindler (Hg.), Volkskultur. Zur Wiederentdeckung des vergessenen Alltags (16.–20. Jahrhundert), Frankfurt 1984, S. 203–245.

Dieter Duhm, Angst im Kapitalismus. Zweiter Versuch der gesellschaftlichen Begründung zwischenmenschlicher Angst in der kapitalistischen Warengesellschaft, Lampertheim 1972.

Norbert Elias, Die höfische Gesellschaft. Untersuchungen zur Soziologie des Königtums und der höfischen Aristokratie, 2. Aufl. Darmstadt und Neuwied 1975.

Norbert Elias, Über den Prozeß der Zivilisation. Soziogenetische und psychogenetische Untersuchungen (1936), 2 Bde., 5. Aufl. Frankfurt 1978.

Henry F. Ellenberger, Die Entdeckung des Unbewußten, 2 Bde., Bern/Stuttgart/Wien 1973.

Donata Elschenbroich, Kinder werden nicht geboren. Studien zur Entstehung der Kindheit, Frankfurt 1977.

Rolf Engelsing, Zur Stellung der Dienstboten in der bürgerlichen Familie im 18. und 19. Jahrhundert, in: Heidi Rosenbaum (Hg.), Seminar: Familie und Gesellschaftsstruktur. Materialien zu den sozioökonomischen Bedingungen von Familienformen, Frankfurt 1978, S. 413–424.

Emil Ermatinger, Deutsche Kultur im Zeitalter der Aufklärung, Frankfurt 1969 (Handbuch der Kulturgeschichte).

Ludwig Fertig, Campes politische Erziehung. Eine Einführung in die Pädagogik der Aufklärung, Darmstadt 1977.

Ludwig Fertig, Zeitgeist und Erziehungskunst. Eine Einführung in die Kulturgeschichte der Erziehung in Deutschland von 1600 bis 1900, Darmstadt 1984.

Willi Flemming, Der Wandel des deutschen Naturgefühls vom 15. zum 18. Jahrhundert, Halle/Saale 1931.

Michel Foucault, Psychologie und Geisteskrankheit, 6. Aufl. Frankfurt 1980.

Michel Foucault, Sexualität und Wahrheit, Bd. 1: Der Wille zum Wissen, Frankfurt 1977.

Michel Foucault, Überwachen und Strafen. Die Geburt des Gefängnisses, 3. Aufl. Frankfurt 1979.

Michel Foucault, Wahnsinn und Gesellschaft. Eine Geschichte des Wahns im Zeitalter der Vernunft, 3. Aufl. Frankfurt 1978.

Elisabeth Frenzel, Art. Doppelgänger, in: dies., Motive der Weltliteratur. Ein Lexikon dichtungsgeschichtlicher Längsschnitte, 2. Aufl. Stuttgart 1980, S. 94–114.

Sigmund Freud, Studienausgabe, hg. von Alexander Mitscherlich, Angela Richards, James Strachey, 10 Bde., Frankfurt 1969.

Winfried Freund, Von der Aggression zur Angst. Zur Entwicklung der phantastischen Novellistik in Deutschland, in: Phaïcon 3, hg. von Rein A. Zondergeld, Frankfurt 1978, S. 9–31.

Winfried Freund, Phantasie, Aggression und Angst. Ansätze zu einer Sozialpsychologie der neueren deutschen Literatur, in: Sprachkunst 1 (1980), S. 87–100.

Ludwig Friedlaender, Darstellungen aus der Sittengeschichte Roms in der Zeit von August bis zum Ausgang der Antonine, 8. Aufl. Leipzig 1910.

Leonhard Friedrich, Eigentum und Erziehung bei Pestalozzi. Geistes- und realgeschichtliche Voraussetzungen, Bern/Frankfurt 1972.

Erich Fromm, Anatomie der menschlichen Destruktivität, Reinbek 1977.

Erich Fromm, Die Furcht vor der Freiheit (1941), Frankfurt/Berlin 1983.

F. Gambiez, La peur et la panique dans l'histoire, in: Mémoires et communications de la commission française d'histoire militaire I (Juin 1970), S. 91–124.

Klaus Garber, Der locus amoenus und der locus terribilis. Bild und Funktion der Natur in der deutschen Schäfer- und Landlebendichtung des 17. Jahrhunderts, Köln/Wien 1974.

Hans H. Gerth, Bürgerliche Intelligenz um 1800. Zur Soziologie des deutschen Frühliberalismus (1935), hg. von Ulrich Herrmann, Göttingen 1976.

Walter Glättli, Die Behandlung des Affekts der Furcht im englischen Roman des 18. Jahrhunderts, Zürich 1949.

Hugo Göring, Basedows Leben und Wirken, in: Johann Bernhard Basedow, Ausgewählte Schriften, hg. von Hugo Göring, Langensalza 1880, S. I–CXII.

Johan Goudsblom, Zivilisation, Ansteckungsangst und Hygiene. Betrachtungen über einen Aspekt des europäischen Zivilisationsprozesses, in: Peter Gleichmann, Johan Goudsblom, Hermann Korte (Hg.), Materialien zu Norbert Elias' Zivilisationstheorie, Frankfurt 1979, S. 215–253.

Rolf Grimminger, Aufklärung, Absolutismus und bürgerliche Individuen. Über den notwendigen Zusammenhang von Literatur, Gesellschaft und Staat in der Geschichte des 18. Jahrhunderts, in: Deutsche Aufklärung bis zur Französischen Revolution 1680–1789, hg. von Rolf Grimminger, München 1980 (Hansers Sozialgeschichte der deutschen Literatur, Bd. 3), S. 13–99.

Rolf Grimminger, Die nützliche gegen die schöne Aufklärung. Konkurrierende Utopien des 18. Jahrhunderts in geschichtsphilosophischer Sicht, in: Wilhelm Voßkamp (Hg.), Utopieforschung. Interdisziplinäre Studien zur neuzeitlichen Utopie, Stuttgart 1982, Bd. 3, S. 125–145.

Rolf Grimminger, Die Utopie der vernünftigen Lust. Sozialphilosophische Skizze zur Ästhetik des 18. Jahrhunderts bis zu Kant, in: Christa Bürger, Peter Bürger, Jochen Schulte-Sasse (Hg.), Aufklärung und literarische Öffentlichkeit, Frankfurt 1980, S. 116–132.

Bernhard Groethuysen, Die Entstehung der bürgerlichen Welt- und Lebensanschauung in Frankreich (1927), 2 Bde., Frankfurt 1978.

Dieter Groh, Rolf-Peter Sieferle, Naturerfahrung, Bürgerliche Gesellschaft, Gesellschaftstheorie, in: Merkur 398 (Juli 1981), S. 663–675.

Rainer Gruenter, Landschaft. Bemerkungen zur Wort- und Bedeutungsgeschichte, in: Landschaft und Raum in der Erzählkunst, hg. von Alexander Ritter, Darmstadt 1975, S. 192–207.

Aaron J. Gurjewitsch, Das Weltbild des mittelalterlichen Menschen, München 1980.

Jürgen Habermas, Strukturwandel der Öffentlichkeit. Untersuchungen zu einer Kategorie der bürgerlichen Gesellschaft, 8. Aufl. Neuwied und Berlin 1976.

H. Häfner, Art. Angst, Furcht, in: Joachim Ritter (Hg.), Historisches Wörterbuch der Philosophie, Bd. 1, Darmstadt 1971, Sp. 310–314.

Karin Hausen, Die Polarisierung der »Geschlechtscharaktere«. Eine Spiegelung der Dissoziation von Erwerbs- und Familienleben, in: Heidi Rosenbaum (Hg.), Seminar: Familie und Gesellschaftsstruktur. Materialien zu den sozioökonomischen Bedingungen von Familienformen, Frankfurt 1978, S. 161–191.

Paul Hazard, Die Krise des europäischen Geistes, 5. Aufl. Hamburg 1939.

Elisabeth Heimpel-Michel, Die Aufklärung, eine historisch-systematische Untersuchung, Langensalza 1928.

R. Hennig, Die Entwicklung des Naturgefühls, Leipzig 1912.

Hans Peter Herrmann, Naturnachahmung und Einbildungskraft. Zur Entwicklung der deutschen Poetik von 1670 bis 1740, Bad Homburg/Berlin/Zürich 1970.

Ulrich Herrmann, Die Kodifizierung bürgerlichen Bewußtseins in der deutschen Spätaufklärung – Carl Friedrich Bahrdts »Handbuch der Moral für den Bürgerstand« aus dem Jahre 1789, in: ders. (Hg.), »Die Bildung des Bürgers«. Die Formierung der bürgerlichen Gesellschaft und die Gebildeten im 18. Jahrhundert, Weinheim und Basel 1982, S. 153–162.

Ulrich Herrmann, Die Pädagogik der Philanthropen, in: Hans Scheuerl (Hg.),

Klassiker der Pädagogik, Bd. 1: Von Erasmus von Rotterdam bis Herbert Spencer, München 1979, S. 135–158.

Ulrich Herrmann, Pädagogische Anthropologie und die »Entdeckung« des Kindes im Zeitalter der Aufklärung – Kindheit und Jugendalter im Werk Joachim Heinrich Campes, in: ders. (Hg.), »Die Bildung des Bürgers«. Die Formierung der bürgerlichen Gesellschaft und die Gebildeten im 18. Jahrhundert, Weinheim und Basel 1982, S. 178–193.

Ulrich Herrmann (Hg.), »Die Bildung des Bürgers«. Die Formierung der bürgerlichen Gesellschaft und die Gebildeten im 18. Jahrhundert, Weinheim und Basel 1982.

Ulrich Herrmann (Hg.), »Das pädagogische Jahrhundert«. Volksaufklärung und Erziehung zur Armut im 18. Jahrhundert in Deutschland, Weinheim und Basel 1981.

Heinz-Joachim Heydorn, Gernot Koneffke, Studien zur Sozialgeschichte und Philosophie der Bildung, Bd. 1: Zur Pädagogik der Aufklärung, München 1973.

Albert O. Hirschman, Leidenschaften und Interessen. Politische Begründungen des Kapitalismus vor seinem Sieg, Frankfurt 1980.

K. Homann, Art. Einbildung, Einbildungskraft, in: Joachim Ritter (Hg.), Historisches Wörterbuch der Philosophie, Bd. 2, Darmstadt 1972, Sp. 346–358.

Renate Homann, Erhabenes und Satirisches. Zur Grundlegung einer Theorie ästhetischer Literatur bei Kant und Schiller, München 1977.

R. Hooykaas, Religion and the Rise of Modern Science, Edinburgh and London 1972.

Max Horkheimer, Autorität und Familie, in: ders., Traditionelle und kritische Theorie, Frankfurt 1975, S. 162–230.

Max Horkheimer, Theodor W. Adorno, Dialektik der Aufklärung. Philosophische Fragmente (1947), Frankfurt 1969.

Johan Huizinga, Herbst des Mittelalters. Studien über Lebens- und Geistesformen des 14. und 15. Jahrhunderts in Frankreich und in den Niederlanden (1924), hg. von Kurt Köster, 11. Aufl. Stuttgart 1975.

Johan Huizinga, Naturbild und Geschichtsbild im 18. Jahrhundert, in: ders., Parerga, Basel 1945, S. 147–173.

Georg Jäger, Empfindsamkeit und Roman. Wortgeschichte, Theorie und Kritik im 18. und frühen 19. Jahrhundert, Stuttgart/Berlin/Köln/Mainz 1969.

Hans-Wolf Jäger, Politische Kategorien in Poetik und Rhetorik der zweiten Hälfte des 18. Jahrhunderts, Stuttgart 1970.

Gerhard Kaiser, Klopstock. Religion und Dichtung, Gütersloh 1963.

Martin Kallich, The Association of Ideas and Critical Theory in Eighteenth-Century England. A History of a Psychological Method in English Criticism, Den Haag/Paris 1970.

Dietmar Kamper, Zur Geschichte der Einbildungskraft, München/Wien 1981.

Klaus Kanzog, Der dichterische Begriff des Gespenstes, Diss. (masch.) Berlin 1951.

Klaus Kanzog, Art. Gespenstergeschichte, in: Reallexikon der deutschen Literaturgeschichte, begründet von Paul Merker und Wolfgang Stammler, 2. Aufl., hg. von Werner Kohlschmidt und Wolfgang Mohr, Bd. 1, Berlin 1958, S. 573–576.

Sören Kierkegaard, Der Begriff der Angst, in: ders., Die Krankheit zum Tode und anderes, hg. von Hermann Diem und Walter Rest, München 1976, S. 445–640.

Helmuth Kiesel, Paul Münch, Gesellschaft und Literatur im 18. Jahrhundert. Voraussetzungen und Entstehung des literarischen Markts in Deutschland, München 1977.

Heinz-Dieter Kittsteiner, Von der Gnade zur Tugend. Über eine Veränderung in der Darstellung des Gleichnisses vom verlorenen Sohn im 18. und frühen 19. Jahrhundert, in: Norbert W. Bolz und Wolfgang Hübener (Hg.), Spiegel und Gleichnis. Festschrift für Jacob Taubes, Würzburg 1983, S. 135–148.

Jürgen Frhr. von Kruedener, Die Rolle des Hofes im Absolutismus, Stuttgart 1973.

Jürgen Kuczynski, Geschichte des Alltags des deutschen Volkes, Bd. 1 (1600–1650), Köln 1980.

Andrea Kuhn, Tugend und Arbeit. Zur Sozialisation durch Kinder- und Jugendliteratur im 18. Jahrhundert, Berlin 1975.

Georges Lefebvre, Die Große Furcht von 1789, in: Geburt der bürgerlichen Gesellschaft: 1789, hg. von Irmgard A. Hartig, Frankfurt 1979, S. 88–135 (Auszug aus ders., La Grand Peur de 1789, 1932).

Wolf Lepenies, Melancholie und Gesellschaft, Frankfurt 1972.

Wolf Lepenies, Probleme einer Historischen Anthropologie, in: Reinhard Rürup (Hg.), Historische Sozialwissenschaft. Beiträge zur Einführung in die Forschungspraxis, Göttingen 1977, S. 126–159.

Rudolf zur Lippe, Naturbegriff, gesellschaftliche Wirklichkeit, Ästhetik bei Schiller, in: ders., Bürgerliche Subjektivität: Autonomie als Selbstzerstörung, Frankfurt 1975, S. 132–155.

Rudolf zur Lippe, Naturbeherrschung am Menschen, 2 Bde., Frankfurt 1974.

Thomas Luckmann, Persönliche Identität, soziale Rolle und Rollendistanz, in: Odo Marquard und Karlheinz Stierle (Hg.), Identität, München 1979 (Poetik und Hermeneutik VIII), S. 293–313.

Herbert Marcuse, Triebstruktur und Gesellschaft. Ein philosophischer Beitrag zu Sigmund Freud (1955), Frankfurt 1980.

Wolfgang Martens, Die Botschaft der Tugend. Die Aufklärung im Spiegel der deutschen Moralischen Wochenschriften, Stuttgart 1971.

Wolfgang Martens, Bürgerlichkeit in der frühen Aufklärung, in: Franklin Kopitzsch (Hg.), Aufklärung, Absolutismus und Bürgertum in Deutschland, München 1976, S. 347–363.

Lloyd deMause, Evolution der Kindheit, in: ders. (Hg.), Hört ihr die Kinder weinen. Eine psychogenetische Geschichte der Kindheit, Frankfurt 1977, S. 12–111.

Norbert Mecklenburg, Naturlyrik und Gesellschaft. Stichworte zu Theorie, Geschichte und Kritik eines poetischen Genres, in: ders. (Hg.), Naturlyrik und Gesellschaft, Stuttgart 1977, S. 7–32.

Heinrich Meidinger, Geschichte des Blitzableiters, Karlsruhe 1888.

Reinhart Meyer, Restaurative Innovation. Theologische Tradition und poetische Freiheit in der Poetik Bodmers und Breitingers, in: Christa Bürger, Peter Bürger, Jochen Schulte-Sasse (Hg.), Aufklärung und literarische Öffentlichkeit, Frankfurt 1980, S. 39–82.

Robert Minder, Glaube, Skepsis und Rationalismus. Dargestellt aufgrund der autobiographischen Schriften von Karl Philipp Moritz (1936), Frankfurt 1974.

Alexander Mitscherlich, Lust- und Realitätsprinzip in ihrer Beziehung zur Phantasie, in: ders., Gesammelte Schriften, Frankfurt 1983, Bd. 8, S. 69–96.

Alexander Mitscherlich, Überwindung der Angst, in: ders., Gesammelte Schriften, Frankfurt 1983, Bd. 7, S. 125–130.

Helmut Möller, Zum Sozialisierungsprozeß des Kleinbürgers, in: Ulrich Herrmann (Hg.), »Das pädagogische Jahrhundert«. Volksaufklärung und Erziehung zur Armut im 18. Jahrhundert in Deutschland, Weinheim und Basel 1981, S. 111–126.

Horst Möller, Aufklärung in Preußen. Der Verleger, Publizist und Geschichtsschreiber Friedrich Nicolai, Berlin 1974.

Paul Mog, Ratio und Gefühlskultur. Studien zu Psychogenese und Literatur im 18. Jahrhundert, Tübingen 1976.

Samuel H. Monk, The Sublime: A Study of Critical Theories in XVIII-Century England, Ann Arbor 1960.

Marjorie Hope Nicolson, Mountain Gloom and Mountain Glory: The Development of the Aesthetics of the Infinite, Ithaca/New York 1959.

August Nitschke, Wandlungen der Angst, in: Heinz Wiesbrock (Hg.), Die politische und gesellschaftliche Rolle der Angst, Frankfurt 1967, S. 22–35.

Armand Nivelle, Literaturästhetik, in: Walter Hinck (Hg.), Europäische Aufklärung I, Frankfurt 1974 (Neues Handbuch der Literaturwissenschaft, hg. von Klaus von See, Bd. 11), S. 15–56.

Heribert M. Nobis, Frühneuzeitliche Verständnisweisen der Natur und ihr Wandel bis zum 18. Jahrhundert, in: Archiv für Begriffsgeschichte XI (1967), S. 37–58.

Jean Palou, La Peur dans l'Histoire, Paris 1958.

Oskar Pfister, Das Christentum und die Angst. Eine religionspsychologische, historische und religionshygienische Untersuchung, Zürich 1944.

Wolfgang Philipp, Das Werden der Aufklärung in theologiegeschichtlicher Sicht, Göttingen 1957.

R. Piepmeier, Art. Landschaft, in: Joachim Ritter (Hg.), Historisches Wörterbuch der Philosophie, Bd. 5, Darmstadt 1980, Sp. 15–28.

Hans Prinz, Gewitterelektrizität, München 1979 (Deutsches Museum, Abhandlungen und Berichte 47, Heft 1).

Wolfgang Promies, Die Bürger und der Narr oder das Risiko der Phantasie.

438

Sechs Kapitel über das Irrationale in der Literatur des Rationalismus, München 1966.

Wolfgang Promies, Kinderliteratur im späten 18. Jahrhundert, in: Deutsche Aufklärung bis zur Französischen Revolution 1680–1789, hg. von Rolf Grimminger, München 1980 (Hansers Sozialgeschichte der deutschen Literatur, Bd. 3), S. 765–831.

Otto Rank, Der Doppelgänger, in: Imago III (1914), S.97–164.

Albert Reble, Geschichte der Pädagogik (1951), 12. Aufl. Frankfurt/Berlin/Wien 1981.

Albert Reble (Hg.), Geschichte der Pädagogik. Dokumentationsband 1, Stuttgart 1971.

Georg Reuchlein, Bürgerliche Gesellschaft, Psychiatrie und Literatur. Zur Entwicklung der Wahnsinnsthematik in der deutschen Literatur des späten 18. und frühen 19. Jahrhunderts, Diss. (masch.) München 1984.

Horst-Eberhard Richter, Zur Psychoanalyse der Angst, in: Hoimar von Ditfurth (Hg.), Aspekte der Angst, München 1972, S. 92–102.

Karl Richter, Literatur und Naturwissenschaft. Eine Studie zur Lyrik der Aufklärung, München 1972.

Manfred Riedel, Bürger, Staatsbürger, Bürgertum, in: Otto Brunner, Werner Conze, Reinhart Koselleck (Hg.), Geschichtliche Grundbegriffe. Historisches Lexikon zur politisch-sozialen Sprache in Deutschland, Bd. 1, Stuttgart 1972, S. 672–725.

Manfred Riedel, Bürgerliche Gesellschaft, in: Otto Brunner, Werner Conze, Reinhart Koselleck (Hg.), Geschichtliche Grundbegriffe. Historisches Lexikon zur politisch-sozialen Sprache in Deutschland, Bd. 2, Stuttgart 1975, S. 719–800.

Fritz Riemann, Grundformen der Angst. Eine tiefenpsychologische Studie, 14. Aufl. München 1979.

David Riesman, Die einsame Masse. Eine Untersuchung der Wandlungen des amerikanischen Charakters, Hamburg 1958.

Joachim Ritter, Landschaft. Zur Funktion des Ästhetischen in der modernen Gesellschaft, in: ders., Subjektivität. Sechs Aufsätze, Frankfurt 1974, S. 141–163.

Heidi Rosenbaum, Formen der Familie. Untersuchungen zum Zusammenhang von Familienverhältnissen, Sozialstruktur und sozialem Wandel in der deutschen Gesellschaft des 19. Jahrhunderts, Frankfurt 1982.

Heidi Rosenbaum (Hg.), Seminar: Familie und Gesellschaftsstruktur. Materialien zu den sozioökonomischen Bedingungen von Familienformen, Frankfurt 1978.

Werner Ross, Vom Schwimmen in Seen und Flüssen. Lebensgefühl und Literatur zwischen Rousseau und Brecht, in: Arcadia 3 (1968), S. 262–291.

Wolfgang Ruppert, Bürgerlicher Wandel. Studien zur Herausbildung einer nationalen deutschen Kultur im 18. Jahrhundert, Frankfurt/New York 1981.

Wolfgang Ruppert, Volksaufklärung im späten 18. Jahrhundert, in: Deutsche Aufklärung bis zur Französischen Revolution 1680–1789, hg. von Rolf Grimminger, München 1980 (Hansers Sozialgeschichte der deutschen Literatur, Bd. 3), S. 341–361.

Thomas P. Saine, Natural Science and the Ideology of Nature in the German Enlightenment, in: Lessing Yearbook VIII (1976), S. 61–88.

Gerhard Sauder, Empfindsamkeit, Bd. 1: Voraussetzungen und Elemente, Stuttgart 1974.

Tilo Schabert, Gewalt und Humanität. Über philosophische und politische Manifestationen von Modernität, Freiburg/München 1978.

Wolfgang Scheibe, Die Strafe als Problem der Erziehung, Weinheim 1967.

Max Scheler, Über Scham und Schamgefühl, in: ders., Schriften aus dem Nachlaß, hg. von Maria Scheler, 2. Aufl. Bern 1957, Bd. 1, S. 65–154.

Hans-Jürgen Schings, Melancholie und Aufklärung. Melancholiker und ihre Kritiker in Erfahrungsseelenkunde und Literatur des 18. Jahrhunderts, Stuttgart 1977.

Jürgen Schlumbohm, Familiale Sozialisation im gehobenen deutschen Bürgertum um 1800, in: Ulrich Herrmann (Hg.), »Die Bildung des Bürgers«. Die Formierung der bürgerlichen Gesellschaft und die Gebildeten im 18. Jahrhundert, Weinheim und Basel 1982, S. 224–235.

Jürgen Schlumbohm, Straße und Familie. Kollektive Formen der Sozialisation im Kleinbürgertum Deutschlands um 1800, in: Ulrich Herrmann (Hg.), »Das pädagogische Jahrhundert«. Volksaufklärung und Erziehung zur Armut im 18. Jahrhundert in Deutschland, Weinheim und Basel 1981, S. 127–139.

Heinz-Günter Schmitz, Phantasie und Melancholie. Barocke Dichtung im Dienst der Diätetik, in: Medizinhistorisches Journal, Bd. 4.1 (1969), S. 210–230.

Falko Schneider, Aufklärung und Politik. Studien zur Politisierung der deutschen Spätaufklärung am Beispiel A.G.F. Rebmanns, Wiesbaden 1978.

Werner Schneiders, Die wahre Aufklärung. Zum Selbstverständnis der deutschen Aufklärung, Freiburg/München 1974.

Wolfgang Schoene, Zur Frühgeschichte der Angst. Angst und Politik in nichtdurchrationalisierten Gesellschaften, in: Heinz Wiesbrock (Hg.), Die politische und gesellschaftliche Rolle der Angst, Frankfurt 1967, S. 113–134.

Karl Schrader, Die Erziehungstheorie des Philanthropismus, Langensalza 1928.

Jochen Schulte-Sasse, Drama, in: Deutsche Aufklärung bis zur Französischen Revolution 1680–1789, hg. von Rolf Grimminger, München 1980 (Hansers Sozialgeschichte der deutschen Literatur Bd. 3), S. 423–499.

Jochen Schulte-Sasse, Das Konzept bürgerlich-literarischer Öffentlichkeit und die historischen Gründe seines Zerfalls, in: Christa Bürger, Peter Bürger, Jochen Schulte-Sasse (Hg.), Aufklärung und literarische Öffentlichkeit, Frankfurt 1980, S. 83–115.

Dieter Schwab, Familie, in: Otto Brunner, Werner Conze, Reinhart Koselleck (Hg.), Geschichtliche Grundbegriffe. Historisches Lexikon zur politisch-sozialen Sprache in Deutschland, Bd. 2, Stuttgart 1975, S. 253–301.

Friedrich Sengle, Wieland, Stuttgart 1949.

Friedrich Sengle, Wunschbild Land und Schreckbild Stadt. Zu einem zentralen

Thema der neueren deutschen Literatur, in: Europäische Bukolik und Georgik, hg. von Klaus Garber, Darmstadt 1976, S. 432–460.

Christoph Siegrist, Poetik und Ästhetik von Gottsched bis Baumgarten, in: Deutsche Aufklärung bis zur Französischen Revolution 1680–1789, hg. von Rolf Grimminger, München 1980 (Hansers Sozialgeschichte der deutschen Literatur, Bd. 3), S. 280–303.

Georges Snyders, Die große Wende der Pädagogik. Die Entdeckung des Kindes und die Revolution der Erziehung im 17. und 18. Jahrhundert in Frankreich, Paderborn 1971.

Werner Sombart, Der Bourgeois. Zur Geistesgeschichte des modernen Wirtschaftsmenschen, München und Leipzig 1913.

Werner Sombart, Der moderne Kapitalismus, 3 Bde., 2. Aufl. München und Leipzig 1916/17.

Bengt Algot Sørensen, Herrschaft und Zärtlichkeit. Der Patriarchalismus und das Drama im 18. Jahrhundert, München 1984.

Robert Spaemann, Genetisches zum Naturbegriff des 18. Jahrhunderts, in: Archiv für Begriffsgeschichte XI (1967), S. 59–74.

Robert Spaemann, Natur, in: Handbuch philosophischer Grundbegriffe, hg. von Hermann Krings, Hans Michael Baumgartner und Christoph Wild, München 1973, Bd. 4, S. 956–968.

Adolf Spamer, Zur Aberglaubensbekämpfung des Barock. Ein Handwörterbuch deutschen Aberglaubens von 1721 und sein Verfasser, in: Miscellanea Academica Berolinensia, Bd. 2.1, Berlin 1950, S. 133–159.

Lawrence Stone, The Family, Sex and Marriage in England, 1500–1800, London 1977.

Christopher Thacker, Die Geschichte der Gärten, Zürich 1979.

Edward P. Thompson, Zeit, Arbeitsdisziplin und Industriekapitalismus, in: ders., Plebeische Kultur und moralische Ökonomie. Aufsätze zur englischen Sozialgeschichte des 18. und 19. Jahrhunderts, Frankfurt/Berlin/Wien 1980, S. 35–66.

Paul van Tieghem, Le Sentiment de la Nature dans le Préromantisme Européen, Paris 1960.

Wolfgang Trautwein, Erlesene Angst. Schauerliteratur im 18. und 19. Jahrhundert, München/Wien 1980.

Ernest Tuveson, Space, Deity and the ›Natural Sublime‹, in: Modern Language Quarterly 12 (1951), S. 20–38.

Jos van Ussel, Sexualunterdrückung. Geschichte der Sexualfeindschaft, 2. Aufl. Gießen 1979.

Frans van der Ven, Sozialgeschichte der Arbeit, 3 Bde., München 1972.

Franco Venturi, Was ist Aufklärung? Sapere aude!, in: Revista Storica Italiana 71 (1959), S. 119–130.

Rudolf Vierhaus, Deutschland im 18. Jahrhundert: soziales Gefüge, politische Verfassung, geistige Bewegung, in: Franklin Kopitzsch (Hg.), Aufklärung, Absolutismus und Bürgertum in Deutschland, München 1976, S. 173–191.

Rudolf Vierhaus, Deutschland im Zeitalter des Absolutismus (1648–1763), Göttingen 1978.

Rudolf Vierhaus (Hg.), Eigentum und Verfassung. Zur Eigentumsdiskussion im ausgehenden 18. Jahrhundert, Göttingen 1972.

Karl Viëtor, Die Idee des Erhabenen in der deutschen Literaturgeschichte, in: ders., Geist und Form. Aufsätze zur deutschen Literaturgeschichte, Bern 1952, S. 234–266.

Silvio Vietta, Neuzeitliche Rationalität und moderne literarische Sprachkritik. Descartes, Georg Büchner, Arno Holz, Karl Kraus, München 1981.

Silvio Vietta, Der Phantasiebegriff der Frühromantik und seine Voraussetzungen in der Aufklärung, in: ders. (Hg.), Die literarische Frühromantik, Göttingen 1983, S. 208–220.

Silvio Vietta, Romantikparodie und Realitätsbegriff im Erzählwerk E.T.A. Hoffmanns, in: ZfdPh 100 (1981), S. 575–591.

Mario Wandruszka, Angst und Mut, Stuttgart 1950.

Max Weber, Die protestantische Ethik und der Geist des Kapitalismus, in: ders., Die protestantische Ethik I. Eine Aufsatzsammlung, hg. von Johannes Winckelmann, 5. Aufl. Gütersloh 1979, S. 27–277.

Max Weber, Wissenschaft als Beruf, in: ders., Gesammelte Aufsätze zur Wissenschaftslehre, 3. Aufl., hg. von Johannes Winckelmann, Tübingen 1968, S. 582–613.

Richard Weiss, Das Alpenerlebnis in der deutschen Literatur des 18. Jahrhunderts, Leipzig 1933.

Hermann Wiegmann, Geschichte der Poetik. Ein Abriß, Stuttgart 1977.

Heinz Wiesbrock (Hg.), Die politische und gesellschaftliche Rolle der Angst, Frankfurt 1967.

Reiner Wild, Prometheus – Franklin: Die Gestalt Benjamin Franklins in der deutschen Literatur des 18. Jahrhunderts, in: Amerikastudien/American Studies 23 (1978), S. 30–39.

Reinhard Wittmann, Der lesende Landmann. Zur Rezeption aufklärerischer Bemühungen durch die bäuerliche Bevölkerung im 18. Jahrhundert, in: Der Bauer Mittel- und Osteuropas im sozio-ökonomischen Wandel des 18. und 19. Jahrhunderts. Beiträge zu seiner Lage und deren Widerspiegelung in der zeitgenössischen Publizistik und Literatur, hg. von Dan Berindei u.a., Köln/Wien 1973, S. 142–196.

Hans M. Wolff, Die Weltanschauung der deutschen Aufklärung in geschichtlicher Entwicklung, Bern 1949.

Garleff Zacharias-Langhans, Der unheimliche Roman um 1800, Diss. Bonn 1968.

Carsten Zelle, Strafen und Schrecken. Einführende Bemerkungen zur Parallele zwischen dem Schauspiel der Tragödie und der Tragödie der Hinrichtung, in: Jahrbuch der deutschen Schillergesellschaft 28 (1984), S. 76–103.

Personenregister

Die Namen von Herausgebern und Übersetzern sind im Register i.d.R. nicht verzeichnet.